HISTOIRE
UNIVERSELLE

PUBLIÉE

par une société de Professeurs et de savants

SOUS LA DIRECTION

DE M. V. DURUY

HISTOIRE

DE LA

LITTÉRATURE GRECQUE

EXTRAIT
DU BULLETIN DE LA SOCIÉTÉ FRANKLIN

Août 1869.

« L'*Histoire de la littérature grecque*, plus d'une fois réimprimée, est telle qu'on pouvait l'attendre du savoir et du talent de M. Pierron. Contenue en un seul volume, elle est nécessairement très-rapide, mais en même temps très-complète et très-exacte. Des chapitres judicieusement distribués y font passer en revue, sans rien omettre, et sans rien fausser, bien au contraire, dans l'ordre de leur succession chronologique, et dans celui où les classe la diversité des genres, les écrivains et les œuvres. Les uns et les autres sont appréciés avec un goût toujours juste, d'après une connaissance personnelle des textes qui manque trop souvent aux auteurs de pareils résumés. A ce mérite s'ajoute celui d'un style simple, clair, d'une élégance appropriée, qui rend la lecture de l'ouvrage aussi agréable qu'elle peut être utile. »

PATIN,
De l'Académie française, doyen de la Faculté
des lettres de Paris.

HISTOIRE
DE LA
LITTÉRATURE
GRECQUE

PAR
ALEXIS PIERRON

SEPTIÈME ÉDITION

PARIS
LIBRAIRIE HACHETTE ET Cie
79, BOULEVARD SAINT-GERMAIN, 79

1875

PRÉFACE.

(1850.)

Les histoires de la littérature grecque, même les simples manuels à l'usage de la jeunesse studieuse, tiennent souvent bien au delà de ce que promet leur titre. On y voit énumérés, jugés et classés, chacun en son lieu, tous les écrivains qui se sont servis de la langue grecque depuis les temps héroïques jusqu'à la prise de Constantinople par les Turcs; non pas seulement les poëtes, les orateurs, les historiens, les philosophes, mais les grammairiens, mais les jurisconsultes, mais les géographes, mais les médecins, mais les mathématiciens mêmes.

Ce n'est point une pareille encyclopédie que j'ai eu la prétention de faire. Littérature et écriture ne sont point, fort heureusement pour moi, termes synonymes. Les savants qui ne sont que des savants n'appartiennent pas à l'histoire de la littérature. Le père de la médecine y occupe une place éminente; mais Hippocrate avait la passion du bien et du beau en même temps que l'amour du vrai, et l'on sent vivre encore, dans ses écrits, quelque étincelle du feu qui embrasait son âme. D'ailleurs, j'avais plus d'une raison pour renfermer mon sujet dans des bornes étroites. Je serais grandement empêché, je l'avoue, s'il me fallait exprimer une opinion quelconque sur le mérite scientifique d'Archimède, d'Apollonius de Perge ou de Claude Ptolémée. Si j'ai négligé les écrivains du Bas-Empire, c'est que le génie et même le talent leur ont fait défaut, et que pas un d'eux n'est arrivé à une véritable notoriété littéraire. Il n'importe pas beaucoup au lecteur que je l'aide à se charger la mémoire des noms obscurs de Théophylacte Simocatta, de Théodore Prodrome ou de vingt autres.

La littérature grecque proprement dite finit avec Proclus et l'école d'Athènes. Il reste toujours une période de quinze siècles entre l'apparition de l'*Iliade* et l'édit de Justinien qui rendit muets les derniers échos de l'Académie et du Lycée. Les Pères de l'Église, surtout ceux du quatrième siècle, avaient droit de revendiquer pour eux-mêmes une place considérable. Les Basile, les Chrysostome, par exemple, ne sont pas moins grands par le génie littéraire que par leurs travaux dans l'œuvre de la transformation du monde. Mais je ne me suis point hasardé à manquer de respect à ces hommes vénérés. Je me suis abstenu de tracer d'imparfaites et superficielles esquisses, pour ne pas défigurer leurs images. Et puis la littérature sacrée a son caractère propre, ses origines particulières, sa filiation, son développement : c'est pour elle-même qu'il la faut étudier ; elle a son histoire, et cette histoire est certes bien autre chose qu'un appendice à l'histoire de la littérature profane.

C'est dans la littérature profane que je me suis confiné ; c'est d'elle uniquement que j'ai entrepris de raconter les vicissitudes. Tâche immense et difficile encore, et où j'ai apporté plus de bonne volonté et d'ardeur que d'espérance de succès ! Qu'on en juge à la simple énumération et des faits que j'avais à expliquer et de quelques-uns des écrivains dont j'avais à dire la vie et à juger les ouvrages.

La poésie est vieille en Grèce comme la Grèce elle-même. Née spontanément de l'exercice naturel des facultés d'un peuple artiste, après des essais dont la trace n'est pas invisible, elle brille, au dixième siècle avant notre ère, d'un éclat incomparable : elle crée l'épopée héroïque, l'épopée didactique et l'épopée religieuse; elle lègue au monde les noms immortels d'Homère et d'Hésiode. Les Homérides et les poètes cycliques laissent un instant dépérir entre leurs mains l'héritage du génie. Mais voilà l'élégie créée : avec elle, Callinus et Tyrtée aident à gagner des batailles. En même temps que l'élégie, naissaient l'iambe et la satire morale. Archiloque préludait, par la combinaison des mètres, aux splendides merveilles de la poésie lyrique. Mimnerme, Solon, Théognis, impriment successivement des caractères divers à l'élégie. Ésope répand dans la Grèce le goût des apologues. Hipponax imagine la parodie, et donne aux conteurs de fables le vers auquel ils sont restés fidèles jusque dans les bas siècles. Cependant le Lesbien Terpandre avait inventé ou perfectionné la lyre. Terpandre est le premier poète lyrique. Alcée, Sappho, Arion, Lesbiens aussi, poursuivent l'œuvre de Terpandre, et comme eux les Doriens Alcman, Stésichore, Ibycus, les Ioniens Anacréon, Simonide de Céos, Bacchylide. Cette glorieuse liste est close par le grand nom de Pindare.

La philosophie et l'histoire sont nées déjà et la prose littéraire avec elles. Quelques philosophes raniment d'une vie nouvelle l'épopée didactique, et la font servir à l'exposition des systèmes. Mais, à côté des philosophes poëtes, tels que Xénophane, Parménide, Empédocle, d'autres philosophes façonnent la langue courante de l'Ionie à l'expression des détails de la science. En même temps les logographes, ou conteurs de légendes historiques, la façonnaient aux allures de la narration suivie. Double progrès au bout duquel apparaissent les deux grands prosateurs ioniens, l'historien épique et le médecin philosophe, Hérodote et Hippocrate.

Athènes succède à l'Ionie dans l'empire de l'intelligence. Dès le sixième siècle avant notre ère, Athènes créait la poésie dramatique. Le théâtre, après quelques années d'essais, produit successivement Eschyle, Sophocle, Euripide, Aristophane. La prose attique s'élève à la majesté de l'histoire; la tribune du Pnyx ne se contente plus des paroles volantes, et les orateurs politiques écrivent les discours qu'ils ont prononcés; l'école de Socrate et les sophistes eux-mêmes font servir la langue humaine à l'analyse des nuances infinies de la pensée. Ici les grands noms se pressent; mais entre tous rayonnent quelques noms, presque aussi grands, presque aussi glorieux que ceux mêmes d'Homère, de Pindare ou des tragiques : Thucydide, Xénophon, Platon, Aristote, Eschine, Démosthène. La décadence se fait trop sentir; mais la moyenne Comédie et la nouvelle suspendent, un siècle durant, la ruine définitive du théâtre. Antiphane et Alexis, surtout Ménandre et Philémon, ne sont pas indignes d'Aristophane et de ses émules. Ils rachètent, par la vérité des peintures et par l'intérêt dramatique, ce qui leur manque de verve sarcastique et de passion. Dans le temps même où Athènes disparaît du monde politique et de la littérature, on entend siffler le fouet satirique de Timon le sillographe et retentir les sublimes accents de Cléanthe.

Alexandrie, sous les Ptolémées, aspire à se faire proclamer l'héritière d'Athènes; et les contemporains la saluent de ce titre, que n'ont point ratifié les siècles. La Sicile, plus heureuse, ajoute le nom de Théocrite à ceux des grands poëtes. Enfin les Romains sont les maîtres dans la Grèce. La puissante fécondité de l'esprit grec sommeille, mais non pas sans se réveiller par intervalles. C'est dans cette période, néfaste à tant d'égards, qu'écrivirent et Polybe l'historien philosophe, et les deux admirables moralistes Panétius et Posidonius. Mais bientôt on n'entend plus que la voix des sophistes et des faux orateurs, que les chants discordants des faux poëtes.

Le siècle des Antonins assiste à la résurrection littéraire d'un peuple que tous croyaient mort à jamais. Plutarque écrit les *Vies* des grands hommes, et laisse des chefs-d'œuvre en d'autres genres encore. Les stoïciens nouveaux sont dignes des maîtres du Portique. Lucien rivalise de génie, d'esprit et de style avec les plus parfaits prosateurs de l'ancienne Athènes. La poésie n'élève pas bien haut ses ailes : pourtant Oppien et Babrius sont plus que d'habiles versificateurs. Alexandrie trouve enfin sa voie, qu'elle avait longtemps cherchée en vain : Plotin, Longin, Porphyre, font admirer à l'univers de hautes et profondes doctrines et des talents supérieurs. L'école d'Athènes, fille et héritière de l'école d'Alexandrie, a aussi ses écrivains. Après Thémistius, après Julien, elle n'est point encore épuisée. Son dernier effort fut sublime. Un homme naquit, jusque dans le cinquième siècle, en qui revivait à la fois et quelque chose de Platon et quelque chose d'Homère, Proclus, le dernier des Grecs, un grand prosateur et un grand poëte.

L'ordre que j'ai suivi dans le livre est celui-là même que je viens de suivre dans ce sommaire. C'est, à peu de chose près, l'ordre chronologique, sauf les anticipations que commandaient quelquefois les rapports naturels de filiation et de conséquence. Je n'ai pas songé un seul instant à couper les chapitres, comme font quelques-uns, à l'aide de la nomenclature des genres. Le mot *épopée*, ou le mot *élégie*, n'a point en grec le même sens qu'en français. Il est ridicule d'ailleurs de partager en trois ou quatre un poëte comme Simonide, ou de tailler, dans Xénophon, d'abord un historien, puis un philosophe, puis un stratégiste, puis autre chose. J'ai formé quelquefois des groupes, mais qui n'ont rien de commun, je l'espère, avec ceux des amateurs de genres. Certains noms ont leurs chapitres à part, et même de longs chapitres, mais non pas aussi longs que j'aurais voulu les pouvoir faire. J'ai tâché de garder la proportion vraie entre les hommes de génie et le menu peuple des hommes de talent. Homère remplit un grand nombre de pages; tel historien, dont les ouvrages pèsent d'un poids énorme sur les rayons de nos bibliothèques, n'a pas vingt lignes; tel autre écrivain, non moins volumineux, n'a qu'une mention plus rapide encore. Mais j'ai recueilli pieusement les reliques de quelques poëtes outrageusement mutilés par le temps. En général, j'ai fait beaucoup de citations : c'est par là peut-être que vaudra ce livre, si je les ai bien choisies. J'aurais même voulu pouvoir les multiplier davantage, et m'abstenir de prendre si souvent la parole. Je n'ai disserté que là où l'exigeait impérieusement la nature du sujet. J'aspirais simplement à être utile, surtout aux jeunes gens. Il s'agissait pour moi de raviver dans leur esprit le souvenir des études classiques, et de remettre sous leurs yeux les images des héros de la pensée, héros non moins admirables que ces preneurs de villes ou ces gouverneurs de peuples qui remplissent les vulgaires histoires. Au reste, je n'ai pas cessé un instant de songer que je m'adressais à cet âge où il ne fait pas bon d'entendre des paroles légères. J'ai observé rigoureusement les lois de ce respect dont parle le poëte, et qu'on ne doit pas moins à la jeunesse qu'à la première enfance. Heureux si mes lecteurs reviennent, de cette sorte de voyage à la recherche du beau, avec quelques nobles sentiments de plus dans le cœur, et munis de quelques provisions de plus pour cet autre voyage, qui est la vie !

N. B. (1856.) L'auteur n'a rien négligé pour que la deuxième édition de cet ouvrage méritât, mieux encore que la première, le bienveillant accueil du public. Il a revu tout son travail d'un bout à l'autre, et avec le soin le plus scrupuleux. Il a fait disparaître toutes les erreurs qui lui ont été signalées; il en a même corrigé plusieurs sur lesquels de très-savants critiques avaient passé sans rien apercevoir. Il a mis à profit quelques livres excellents publiés dans ces dernières années, pour amender ou compléter divers articles. Il ne s'est pas fait faute de remanier des pages entières, et de faire profiter le lecteur de ce qu'il a pu gagner lui-même, par l'étude et la réflexion, depuis que son travail a paru. Les additions surtout sont considérables. Mais le caractère général du tableau n'a point été altéré. L'auteur dit avec plus de détails, dans certains cas, pourquoi il a été sévère ; dans d'autres cas, il insiste plus qu'il ne l'avait fait sur le bon côté des écrivains qui ont à la fois et de grands défauts et des qualités estimables. Voilà comment il espère avoir donné satisfaction à toutes les exigences raisonnables de ceux qui ont bien voulu, en France et ailleurs, s'occuper de cette histoire de lettres grecques. Ceci ne veut nullement dire qu'il s'imagine avoir porté son ouvrage à la perfection. Il l'a rendu un peu moins imparfait; ou du moins il a tâché de ne point faire mentir le titre, qui annonce une édition *revue, corrigée et augmentée*.

(1875.) La septième édition de cet ouvrage a été, comme toutes les précédentes, revue et corrigée par l'auteur lui-même.

HISTOIRE
DE LA
LITTÉRATURE GRECQUE.

CHAPITRE PREMIER.
PRÉLIMINAIRES.

Origine probable des Grecs et de leur langue. — Caractères généraux de la langue grecque. — Dialectes éolien, dorien, ionien, attique. — Qualités littéraires de la langue grecque. — Du merveilleux poétique. — Religion primitive des Grecs. — Rôle des poètes dans la formation des légendes religieuses.

Origine probable des Grecs et de leur langue.

La race hellénique se croyait autochthone, c'est-à-dire, suivant la force de ce terme, née de la terre même qu'elle habitait. Fière à bon droit des merveilles de sa brillante civilisation, elle repoussait toute idée de parenté avec les races moins heureusement douées qui bordaient ses frontières, et elle les enveloppait indistinctement dans l'injurieuse dénomination de *barbares*. Certains peuples qui pourtant parlaient sa langue, mais dont la culture lui semblait trop imparfaite, n'échappaient pas à cette proscription. Ce ne fut que fort tard, et après avoir fait leurs preuves, que les Macédoniens et les Épirotes, par exemple, furent admis à participer aux priviléges de la noble famille. Quant aux nations étrangères, celles dont la langue leur était inintelligible et sonnait à leurs oreilles comme un *gazouillement d'oiseaux*, ainsi que s'exprime le poëte antique, les Hellènes ne supposaient même pas qu'elles pussent avoir avec eux la plus lointaine communauté d'origine. Ils étaient parents néanmoins, et parents assez proches, non-seulement de leurs voisins, mais de bien d'autres encore : de ces Phrygiens, de ces Lydiens, qu'ils méprisaient; de ces Perses, d'abord presque leurs maîtres, puis leurs sujets; de vingt peuples enfin dont le nom même n'avait pas percé jusqu'à eux.

La science moderne a prouvé que les Hellènes, les Grecs, comme nous les appelons d'après le nom que leur donnaient les Romains, étaient venus de fort loin dans leur pays, et que ce grand courant de migrations, dont on peut suivre les traces du sud-est au nord-ouest, à travers l'Asie et l'Europe, les avait déposés sur cette terre prédestinée. On a confronté la langue d'Homère et de Démosthène avec ce qui reste des anciennes langues de l'Asie Mineure; avec l'arménien moderne, empreinte presque effacée d'un type antique; avec la langue primitive des Perses, conservée dans les livres attribués à Zoroastre; avec le sanscrit, la plus ancienne des langues indo-européennes. On a constaté que tous ces idiomes, si divers en apparence, avaient une foule de mots dont les radicaux sont sensiblement les mêmes, et qui tous présentent, dans l'ensemble, la même structure grammaticale et les mêmes modes de dérivation et d'inflexion. Il est donc permis de conclure qu'une grande partie des nations de l'ancien monde appartenaient à la même famille. La parenté des langues est la preuve manifeste de la parenté des races.

Les peuplades qui occupaient le sol de la Grèce aux époques les plus reculées, Pélasges, Dryopes, Abantes, Léléges, Épéens, Caucones et autres, y furent donc apportées, à une époque inconnue, par le mouvement qui semble entraîner la civilisation suivant le cours du soleil même. Quelles langues parlaient-elles à leur arrivée? nul ne le saurait dire; mais ces langues, à coup sûr, contenaient déjà en elles les éléments fondamentaux de ce que fut plus tard la langue grecque.

J'ai dit ce que nous savons. Les Grecs auraient pu en savoir autant que nous; mais l'orgueil national les aveuglait. Ils ne voulurent jamais apprendre d'autre langue que la leur, ni admirer d'autre peuple qu'eux-mêmes. Cependant quelques-unes de leurs traditions domestiques les pouvaient instruire. Homère ne dit nulle part que les Grecs parlassent, au siège de Troie, une langue différente de celle des peuples de l'Asie, Troyens, Lyciens, Dardanes, contre lesquels ils luttaient. On doit supposer que Grecs et barbares s'entendaient mutuellement, puisque Homère les fait converser entre eux : ils avaient donc un idiome sinon commun, du moins très-analogue. Persée, suivant quelques-uns, était un héros grec et perse tout ensemble : les Grecs lui attribuaient la fondation de Mycènes, et le Grand-Roi le revendiquait pour son ancêtre. Le poëte Eschyle a deviné, comme par instinct, cette fraternité des Perses et des Grecs, si tard démontrée par la science. Voici comment la reine Atossa, dans la tragédie des *Perses*, conte à ses vieux conseillers le songe qu'elle vient d'avoir : « Il m'a semblé voir deux femmes apparaître devant moi, magnifiquement vêtues. L'une était parée de l'habit des Perses, l'autre du costume dorien ; leur taille avait plus de majesté que celle des femmes d'aujourd'hui ; leur beauté était sans tache : c'étaient deux filles de la même race, c'étaient deux sœurs. A chacune le sort avait fixé sa patrie : l'une habitait la terre de Grèce, l'autre la terre des barbares. » Ces deux femmes, ces deux sœurs du songe d'Atossa, ce sont les figures symboliques de la Perse et de la Grèce.

Les traditions recueillies par les auteurs anciens nous représentent les premiers peuples de la Grèce, non point comme des brigands farouches et sanguinaires, mais comme des hommes industrieux, de mœurs simples et douces, adonnés à l'agriculture, et rendant aux puissances de la nature divinisées un culte qui n'avait rien de sauvage. Ils construisirent, dès les temps les plus reculés, des villes considérables ; et les monuments qu'on nomme cyclopéens à cause de leurs dimensions colossales, ces remparts, ces portes de cités, ces tours, sont encore là pour prouver que les ancêtres des Grecs n'étaient dénués ni du génie des arts, ni des connaissances pratiques qui supposent un long passé et l'expérience acquise à force d'essais. C'est entre les mains de ces populations intelligentes que prospéra, pendant de longs siècles, le fonds commun apporté d'Orient ; et un immense travail dut s'opérer, durant cette période pour nous si obscure d'où sortirent, rayonnantes de jeunesse, et cette nation grecque de l'âge héroïque dont les exploits ont mérité d'être chantés par Homère, et cette langue grecque dont les premiers monuments écrits demeurent à jamais des types de grâce et de beauté.

Caractères généraux de la langue grecque.

Un pays tel que la Grèce, si divisé, si découpé pour ainsi dire, et où les populations, séparées par des montagnes ou par des mers, étaient condamnées à vivre fort isolées les unes des autres, ne pouvait ni avoir par lui-même ni conserver bien longtemps cette unité absolue de nationalité et de langage qui était le caractère dominant des races d'hommes répandues dans les vastes plaines de la haute Asie. Aux temps héroïques, la Grèce compte une multitude presque infinie de peuples ou de tribus plus ou moins puissantes, toutes se distinguant non-seulement par le nom mais par des traditions qui leur sont propres, par une histoire à elles, et probablement aussi par des variétés de dialectes ou de prononciation. Les habitants de l'île de Crète, au témoignage d'Homère, ne formaient pas une nation identique, et ne parlaient pas tous la même langue. Il en devait être de même, à plus forte raison, pour les diverses parties de la Grèce les unes par rapport aux autres. Mais il faut dire qu'au fond de cette variété, subsistait la vraie unité, l'unité morale, celle qui fait que les peuples se sentent frères et que les œuvres de leur génie sont marquées, sinon d'une empreinte uniforme, au moins de traits frappants de ressemblance.

La langue grecque ne perdait pas, dans l'abondance de ses formes diverses, ce qui est son essence. Les dialectes n'étaient point des jargons, produits informes d'une décomposition de l'idiome maternel : elle était tout entière dans chacun d'eux ; et chacun d'eux n'est, si j'ose dire, qu'un aspect particulier de la même figure, vue de face ou de profil, mais toujours admirable à contempler, de quelque côté qu'on la prenne. Tous les dialectes grecs que nous connaissons ont ce caractère. Tous ils ont retenu au moins les qualités principales de cette langue incomparable, si belle et si riche, à la fois souple et forte, capable de tout peindre et de tout expliquer, et qui se prêtait sans effort à tous les besoins et même à tous les caprices de la pensée. Au reste, un grand nombre de ces dialectes ont péri avec les populations qui les parlaient, faute de cette culture littéraire sans laquelle les nations ne sont guère que des ombres qui passent; plusieurs aussi ne nous ont été révélés que par de rares inscriptions, ou par quelques remarques jetées çà et là à travers les écrits des grammairiens.

Dialectes éolien, dorien, ionien, attique.

On ramenait cette multitude de dialectes à trois types, ou à trois familles distinctes, l'éolien, le dorien et l'ionien.

Les Éoliens proprement dits habitèrent d'abord la plaine qui s'étend au midi du fleuve Pénée, et les contrées voisines jusqu'au golfe Pagasétique. On les trouve aussi établis à Calydon, dans l'Étolie méridionale. Mais, tandis que les Éoliens de l'Étolie se fondent dans d'autres races et disparaissent de l'histoire, on voit au contraire les Éoliens de la Thessalie, qui portaient proprement le nom de Béotiens, émigrer, deux générations après la guerre de Troie, vers le pays qu'on nomma désormais la Béotie, puis couvrir de leurs colonies une partie des côtes et des îles de la mer Égée. C'est dans ce qui reste des poëtes lyriques de Lesbos qu'on peut étudier et saisir les traits qui caractérisent le dialecte éolien. Ce qui frappe dès le premier abord, c'est la singulière concordance de ses formes et de ses terminaisons avec celles de la langue latine. Aussi pense-t-on, et non sans vraisemblance, qu'il est de tous les dialectes grecs le plus ancien, celui qui se rattache le plus immédiatement à la souche commune d'où sont sorties et la langue grecque et la langue latine. Je parle ici de l'éolien pur, de l'éolien de Lesbos, ou du béotien dans sa forme primitive, lequel lui est identique;

mais on classait généralement parmi les dialectes éoliques tout ce qui n'était ni ionique, ni attique, ni dorien : ainsi le thessalien, l'éléen, et d'autres dialectes plus ou moins connus par les monuments épigraphiques.

Le dialecte de la race dorienne n'était guère qu'une variété de l'éolien. Originairement confiné dans une étroite portion de la Grèce du nord, la grande révolution qu'on nomme le retour des Héraclides le répandit dans le Péloponnèse et dans d'autres contrées. Le dorien est remarquable entre tous les autres dialectes grecs par la force et l'ampleur, par la prédominance des sons ouverts et la rareté des consonnes sifflantes. Jusque dans les siècles les plus polis, et au sein de la civilisation la plus raffinée, à Syracuse par exemple, il conserva sa physionomie antique et sa robuste nature, un peu rustique, mais non pas sans grâce ni sans beauté. Disons pourtant que le goût dédaigneux de ceux qui n'étaient pas Doriens s'accommodait peu de cette mélopée naïve et de ces mots rudement accentués. « Elles vont m'assommer, tant à chaque mot elles ouvrent largement la bouche, » s'écrie un étranger dans l'idylle de Théocrite, en entendant babiller les deux Syracusaines.

Le dialecte ionien diffère de ce qu'on peut regarder comme type primitif de la langue beaucoup plus que le dorien, surtout que l'éolien. Né sur le continent de la Grèce, il se propagea dans l'Asie Mineure avec les colonies parties d'Athènes, et là il subit encore une élaboration ou une épuration nouvelle. L'influence de ces molles contrées est manifeste dans cette excessive recherche de l'harmonie, qui est son trait distinctif. Il aime les sons doux et liquides, le concours des voyelles, non pas de toutes indistinctement, mais de celles-là surtout dont la prononciation exige le moins d'efforts. L'*a* domine dans les dialectes archaïques : dans le dialecte ionien, il paraît à peine, et ce n'est jamais lui qui porte l'accent aux syllabes finales. L'euphonie règle non moins impérieusement la disposition des consonnes ou leurs permutations.

Le dialecte ionien, avant de devenir ce qu'il est dans Hippocrate ou dans Hérodote, devait se rapprocher infiniment du dialecte épique, avec lequel il conserva toujours une étroite ressemblance. Le dialecte épique fut, pendant des siècles, la langue commune de la poésie. Contemporain des premiers essais de la muse grecque, tout semble prouver qu'il était fixé déjà longtemps avant Homère, et peut-être dès l'époque de la guerre de Troie. C'est donc, sauf les licences autorisées par les besoins de la versification, la langue que parlaient les héros chantés depuis par Homère. Or, ces héros étaient des Achéens. Les Achéens du moins occupent toujours le premier plan dans les tableaux de l'âge héroïque : les Doriens ne s'y montrent pas ; les Ioniens n'y figurent que d'une façon secondaire, et jamais comme des populations différentes des Achéens. Plus tard, le nom d'Ioniens prévalut ; mais ce ne fut pas la substitution d'une race à une autre : les Ioniens n'étaient, pour ainsi dire, que des cadets de la famille achéenne. Et les deux langues, l'achéenne et l'ionienne, étaient vraiment sœurs, comme les deux peuples étaient frères. Dans les légendes généalogiques qui sont les rudiments de l'histoire ancienne de la Grèce, Ion et Achéus sont frères, étant tous les deux fils d'Hellen, personnification de la race hellénique.

L'ionien de la Grèce d'Europe, celui qu'on parlait dans l'Attique, au lieu de s'amollir et de s'efféminer comme l'ionien d'Asie, prit avec le temps un caractère de plus en plus sévère, et devint ce qu'on appelle assez improprement le dialecte attique, qui n'est autre chose que la langue classique elle-même. En effet, sauf un très-petit nombre de formes médiocrement importantes, qui sont demeurées propres aux écrivains d'Athènes, et qui sont ou des restes d'ionien ou des importations éoliques et doriennes, on peut dire que le monde grec presque tout entier finit par adopter l'idiome athénien, sinon partout comme langue usuelle, au moins comme instrument de communication littéraire. Les écrivains du siècle de Périclès, qui le firent triompher des autres dialectes, sont les attiques purs ; mais l'atticisme ne disparut point avec eux : tous les siècles qui suivirent comptèrent des atticistes ; et plus d'un retrouva les secrets de la diction des maîtres, comme nous voyons, de nos jours, certains hommes de talent rester fidèles, par un effort d'esprit et de goût, aux exquises traditions de notre grand siècle. Il y a tel auteur du temps des Antonins, Lucien par exemple, ou même tel Père de l'Église, par exemple saint Jean Chrysostome, qui ne fait pas trop mauvaise figure à côté des modèles de la langue classique. Il n'est pas jusqu'à la tourbe des écrivains qu'on nommait tout simplement *hellènes*, qui ne soient au fond plus ou moins attiques, puisque le grec littéraire leur venait précisément ou des atticistes dont j'ai parlé, ou des vrais attiques qui avaient jadis écrit dans Athènes.

Qualités littéraires de la langue grecque.

La langue grecque, considérée soit en elle-même et dans ses conditions essentielles et primordiales, soit dans l'infinie variété de ses manifestations extérieures, se distingue, entre toutes les langues connues, par cette qualité qui est essentiellement celle du génie grec et de ses productions ; je veux dire la mesure, un heureux tempérament entre la rigueur systématique et le laisser aller sans règle, entre la maigreur et la plénitude surabondante. Elle n'a pas, comme je l'entends dire du sanscrit, une grammaire quasi géométrique ; elle n'est pas non plus, comme tel idiome moderne, un amas de termes incohérents mal soudés entre eux par les hasards de l'usage. Elle a rejeté toutes les combinaisons de voyelles et de consonnes qui eussent trop blessé l'oreille, et elle a forcé maintes fois l'orthodoxie grammaticale de céder aux délicates exigences de l'euphonie. Il n'est guère d'irrégularité dans les mots ou dans la syntaxe qui ne s'explique, sans trop d'effort, par quelque haute convenance du bon goût littéraire. Les voyelles, surtout les voyelles brèves, sont nombreuses dans le grec ; et aucune langue ne saurait offrir une plus riche collection de diphthongues et de tons produits par des contractions de voyelles. Le grec était amplement prémuni contre tout danger de monotonie. Il est vrai que la prononciation moderne réduit tous ces sons à un bien moindre nombre, et fait prédominer celui de l'*i* d'une façon assez désagréable ; mais je ne crois pas que les Grecs les eussent distingués par l'écriture pour les confondre par la parole. Il y a eu certainement un temps où chacune de ces voyelles, chacune de ces diphthongues, chacun de ces tons divers avait sa valeur propre, comme il y a eu un temps où telles combinaisons de notre écriture, qui disparaissent dans l'énonciation des mots, comptaient à la fois et pour l'orthographe et pour les articulations de la voix.

Les mots, dans la langue grecque, et en général dans les langues de l'antiquité, avec leurs inflexions et les désinences variées de leurs cas, s'avançaient, suivant l'heureuse expression d'Otfried Müller, comme des corps vivants, tandis que nous les voyons réduits, dans la plupart des langues modernes, à l'état de vrais squelettes. Le même auteur compare la phrase antique, dont toutes les parties se rangent symétriquement et sans effort en vertu de leur nature et des convenances, à un bâtiment bien construit, bien ordonné, et dont notre œil admire les justes proportions. Dans les langues, dit-il encore, qui ont perdu leurs inflexions grammaticales, ou bien la vive expression du sentiment est empêchée par une invariable et monotone disposition des mots, ou bien l'auditeur est forcé de serrer son attention afin de saisir la relation mutuelle des divers membres de la phrase. Ce dernier défaut est, de l'aveu des Allemands eux-mêmes, le vice capital de la langue allemande : l'autre défaut est celui des langues néo-latines. La langue grecque n'avait ni l'obscurité de l'allemand ni la clarté un peu vulgaire des idiomes nés du latin : l'écrivain y trouvait à la fois et la discipline qui prévient les écarts trop dangereux, et cette liberté d'allure sans laquelle le génie même le plus heureux ne saurait atteindre toujours à la traduction satisfaisante et complète de tous les mouvements du cœur et de la pensée.

Cette esquisse, si grossière qu'elle soit, suffit pour rappeler au lecteur les admirables perfections de la langue grecque. Mais avant de passer à l'étude de ce qui est proprement notre sujet, il nous reste à présenter quelques observations sur un point qui n'importe pas médiocrement à l'intelligence saine et vraie des premières œuvres du génie antique.

Du merveilleux poétique.

Une erreur longtemps accréditée, c'est que la mythologie grecque n'est autre chose qu'une machine montée par certains poëtes pour l'échafaudage de leurs compositions littéraires, qu'un système d'allégories ingénieusement imaginé pour assurer à l'épopée cet indispensable ornement qu'on a nommé *le merveilleux*. L'opinion de Boileau se peut ramener à ces termes. Les critiques à la suite ont enchéri sur les affirmations de Boileau ; et, dans la plupart des traités destinés à la jeunesse studieuse, on ne manque point d'exalter, chez Homère par exemple, le mérite de l'invention, de la création réelle, là où précisément le poëte n'a guère fait qu'emprunter et choisir. Homère est un croyant; son merveilleux prétendu, ce sont les traditions religieuses que lui ont léguées ses pères. La poésie grecque est vivante, et la mythologie en est l'âme ; mais c'est que la mythologie n'est ni un système, ni une machine fabriquée à plaisir : elle est la religion grecque elle-même.

Religion primitive des Grecs.

Le culte des habitants primitifs de la Grèce était simple, mais non point grossier : ils n'adoraient ni la pierre, ni le bois; leurs dieux étaient des personnifications de ces forces qui se meuvent et agissent dans la nature. Au premier rang, ils plaçaient Zeus, que nous appelons Jupiter d'après le nom que lui ont donné les Latins : c'était le dieu du ciel ou de l'air ainsi que du jour et de la lumière. Ces deux idées, corrélatives l'une à l'autre, sont contenues dans le radical du mot, comme on le voit en comparant les cas obliques *Dios*, *Dii* et *Dia*, avec les mots latins *dies* et *dium*, dont l'un signifie le jour et l'autre l'air ou le ciel. A ce Dieu du ciel, qui habitait les régions supérieures, on donnait pour épouse la Terre, divinisée sous des noms divers, dont quelques-uns, tels que ceux de Héra et de Damater ou Déméter, n'étaient que des synonymes ou des développements du mot *terre* lui-même : Déméter signifie la terre-mère ou la terre-nourrice.

L'union de ces deux divinités n'était que l'expression symbolique de l'action fécondante de la pluie. Virgile, fidèle aux traditions antiques, dit encore, à la façon des Grecs : « Alors le Père tout-puissant, l'Éther, descend en pluies vivifiantes dans le giron de son épouse joyeuse [1]. »

A côté du dieu suprême, siégeaient d'autres dieux, qui étaient à leur tour comme les personnifications de quelques-uns de ses attributs : ils répandaient pour lui les bienfaits de la lumière, et ils combattaient les puissances malfaisantes et ténébreuses. Telle était Athéné, pour nous Minerve, née de la tête de Zeus son père : elle protégeait les cités, et elle représentait à la fois la sagesse et la vaillance. Tel était Apollon, le conducteur du soleil ou le soleil lui-même. La Terre avait, comme le Ciel, ses divinités subordonnées. Hermès faisait sortir du sein de la terre tous les trésors de la fécondité. Coré, plus tard nommée aussi Perséphone, la Proserpine des Latins, cette fille de Déméter, alternativement perdue et recouvrée par sa mère, c'était le symbole même de la fécondité, dont les énergies passent alternativement chaque année du repos à l'activité et de l'activité au repos. Je n'ai pas besoin de remarquer que d'autres puissances naturelles, d'autres éléments, comme disaient les anciens, durent avoir, dès les premiers temps, leurs personnifications particulières. Ainsi l'eau était une divinité, sous le nom de Posidon, que nous traduisons, d'après les Latins, par Neptune; le feu en était une autre, sous celui d'Héphestus, le Vulcain de la mythologie latine. Une fois engagés dans cette route, les esprits ne pouvaient guère s'arrêter; et il est probable que la plupart des noms de divinités, ceux des plus importantes surtout, furent consacrés durant la période primitive, et que ces noms correspondaient, à l'origine, avec les phénomènes les plus sensibles de la nature.

Un nom symbolique, voilà à peu près ce que furent d'abord les mythes chez les Grecs; mais cet état rudimentaire dut cesser assez vite, et bientôt ces noms eurent corps, âme et visage. L'anthropomorphisme, comme on dit, ne tarda

---

[1]. *Géorgiques*, livre II, vers 325, 326.

pas à être complet. Chaque dieu eut son histoire, sa filiation particulière, ses alliances soit avec les autres dieux soit avec les hommes. La vie humaine fut tout entière transportée aux êtres divins, avec ses grandeurs et sa beauté, mais aussi avec ses défauts et ses misères. La terre, pour parler comme Plutarque, fut confondue avec le ciel.

Rôle des poëtes dans la formation des légendes religieuses.

Les dieux païens ne sont donc pas éclos du cerveau des poëtes. La poésie se borna à fixer définitivement leurs traits, et à déterminer avec plus de précision leurs rôles respectifs et leurs caractères. Les poëtes mirent un peu d'ordre dans le chaos des théogonies traditionnelles. Ils ajoutèrent sans nul doute aux traditions, mais des ornements, mais des accessoires : ils n'innovèrent pas dans le fond même. Je suis persuadé que c'est quelque poëte qui a compté les Muses, c'est-à-dire les beaux-arts, et qui en a fait les filles de Mnémosyne ou de la mémoire. L'allégorie des Prières, ces filles boiteuses de Jupiter, qui s'attachent à la poursuite de l'Injure, est probablement une conception du génie d'Homère. Mais ce n'est pas Homère, à coup sûr, qui a inventé la légende d'Héphestus ou de Vulcain, ce dieu fameux par ses mésaventures, et qui, pour avoir voulu apaiser les querelles du ménage paternel, fut saisi par son père et précipité du haut du ciel dans l'île de Lemnos. Ce n'est pas lui non plus qui a pu imaginer que ce Jupiter, dont il exalte la puissance, avait eu besoin, dans un moment critique, qu'on appelât à son aide je ne sais quel monstre aux cent bras.

Les dieux d'Homère appartiennent au monde humain, si je puis ainsi dire; et c'est à peine si quelque trait de leur légende, ou quelque épithète consacrée, rappelle leur primitive et symbolique origine. Leur séjour habituel est sur les sommets de l'Olympe. C'est là que Jupiter tient une cour, à l'image des rois de l'âge héroïque : on dirait Agamemnon élevé à l'immortalité et à la toute-puissance. L'épouse de Jupiter partage, comme une reine, ses honneurs et sa suprématie.

Les autres dieux ne sont que les ministres du dieu souverain, ou des conseillers qui l'aident de leurs avis dans le gouvernement de l'univers. Il y a, dans le palais de Jupiter, des jalousies, des inimitiés sourdes ou déclarées; et l'assemblée céleste offre le même spectacle de lutte, et souvent de confusion, que ces conseils où les pasteurs des peuples, comme les appelle Homère, ne parvenaient pas toujours à s'entendre. Mais ce qui occupe principalement, presque uniquement, les habitants de l'Olympe, c'est le sort des nations et des cités : ce sont eux qui font réussir ou échouer les entreprises des héros; et il n'est pas rare de les voir se mêler de leur personne aux combats qui se livrent sur la terre, et s'y exposer aux plus désagréables mésaventures. Les héros ne sont pas indignes de cette haute intervention, car ils sont eux-mêmes, pour la plupart, ou les fils des dieux ou les descendants des fils des dieux. Ils forment la chaîne qui rattache la race divine au vulgaire troupeau de l'espèce humaine.

Les poëtes, malgré tous leurs efforts, ne sont pourtant jamais parvenus à faire de la religion grecque un tout systématique et bien lié. La conscience faisait sentir tout ce qu'avait d'incomplet cette explication de la conduite de l'univers. Elle contraignit même d'introduire des principes d'un autre ordre, et subversifs de toute l'économie mythologique. Le destin, force mystérieuse et toute-puissante, sert à rendre raison de l'inexplicable. Le destin est déjà dans Homère. Il est vrai que d'ordinaire ses décrets ne sont autre chose, selon le poëte, que la volonté de Jupiter, ou concordent au moins avec cette volonté; mais quelquefois aussi il y a contradiction, et le dieu très-haut, très-glorieux et très-grand est réduit à se résigner, bon gré mal gré, même aux plus amers sacrifices. Jupiter ne peut sauver d'une mort prématurée Sarpédon, son propre fils : « Hélas! s'écrie-t-il, quel malheur pour moi! c'est l'arrêt du destin que Sarpédon, celui des guerriers que j'aime entre tous, périsse sous les coups de Patrocle, fils de Ménœtius[1]. » D'ailleurs, les cultes étran-

1. *Iliade*, chant XVI, vers 433, 434.

gers, ainsi ceux de Dionysus ou Bacchus, et d'Aphrodite ou Vénus, ne dépouillèrent pas, en se naturalisant dans la Grèce, toute leur barbarie première, en dépit des élégantes légendes appliquées par le génie grec à ces divinités transformées. Enfin, dans le secret de quelques sanctuaires, il se cultivait de hautes doctrines religieuses, dont les lueurs perçaient de temps en temps hors du cercle des initiés.

Le premier mot de la philosophie spiritualiste, son premier bégayement fut un cri d'énergique protestation contre l'anthropomorphisme. Xénophane reproche rudement à Homère et à Hésiode d'avoir attribué aux dieux non-seulement les qualités et les vertus des hommes mais même des actes notés ici-bas de honte et d'infamie, tels que le vol, l'adultère et l'imposture. A entendre ce philosophe, si les animaux avaient des mains pour peindre et façonner des œuvres d'art comme font les hommes, ils représenteraient les dieux avec des formes et des corps semblables aux leurs : les chevaux en feraient des chevaux, les bœufs en feraient des bœufs. Une étude plus approfondie de la religion réconcilia les philosophes avec les symboles. La philosophie ne dédaigna même pas d'envelopper la vérité de voiles allégoriques. Les mythes de Platon sont célèbres; et elle est d'Aristote, cette parole profonde : « L'ami de la science l'est en quelque sorte des mythes[1]. »

1. *Métaphysique*, livre I, chapitre II.

CHAPITRE II.

LA POÉSIE GRECQUE AVANT HOMÈRE.

Caractère des chants primitifs. — Le *Linus*. — Le *Péan*. — L'*Hyménée*. — Le *Thrène*. — Aèdes piériens. — Orphée. — Musée. — Les Eumolpides. — Autres aèdes religieux. — Aèdes épiques. — Thamyris. — Phémius. — Démodocus.

Caractère des chants primitifs.

Bien des braves ont vécu avant Agamemnon, bien des poëtes aussi ont chanté avant Homère. Il n'est pas impossible de retrouver quelques traces de cette poésie; des noms même ont surnagé, portés par la renommée sur les ténèbres des âges.

Les premiers poëtes, en Grèce, ou, pour me servir du seul mot connu d'Homère, les premiers chantres, les premiers *aèdes* furent des prêtres ; la première forme de la poésie fut un hymne, un chant religieux. Je ne dis pas qu'on n'eût jamais chanté avant qu'il y eût des aèdes : le chant et la musique sont contemporains de la parole même, et de l'existence de l'homme en ce monde. Mais il ne s'agit ici que de ce que les anciens nommaient les œuvres de la Muse ; il ne s'agit que des chants inventés ou tout au moins façonnés par les aèdes. Durant de longues années, aède et prêtre, c'est tout un. Plus tard, les aèdes eurent leur vie propre : c'étaient des artistes travaillant pour le peuple, des *démiurges*, suivant la forte expression d'Homère. Ils chantaient encore les dieux, mais ils célébraient surtout les exploits des héros.

Le Linus.

Les peuples du nord, dans leurs climats brumeux, ne connaissent guère le printemps que par sa date astronomique et par les descriptions des poëtes. En Grèce, le printemps est une réalité de chaque année. Mais aussi la saison de la verdure et des fleurs y fait place beaucoup trop vite à celle des chaleurs brûlantes. La beauté de la lumière, les riches couleurs qui parent la terre comme le ciel, n'ôtent rien à la mélancolique tristesse dont on se sent pénétré à l'aspect de ces campagnes desséchées, de ces feuillages déformés et flétris, de ces fleurs pâles et mortes. Les Grecs représentaient la constellation de Sirius sous la figure d'un chien furieux : c'était l'emblème de l'énergie destructrice du soleil d'été. Ils déploraient, dans des chants plaintifs, la disparition du printemps ; et le *linus* était un de ces hymnes de deuil. C'est là du moins ce que pensent certains critiques. Leur conjecture n'est pas improbable, à en juger par le caractère même de la légende du personnage chanté par les poëtes sous le nom de Linus. Linus était, suivant les uns, un beau jeune homme de race divine, qui avait vécu parmi les bergers de l'Argolide, et qui fut mis en pièces par des chiens sauvages. Suivant les autres, Linus avait été un des plus anciens aèdes de la Grèce : fils d'Apollon et d'une Muse, il avait excellé dans son art ; il avait vaincu Hercule sur la cithare, et il avait péri à la fleur de l'âge, mortellement frappé par son rival. Il est possible que le fond de ces récits ne soit autre chose qu'une complainte sur la mort de la belle saison. Quoi qu'il en soit, l'exclamation *hélas, Linus!* retentissait souvent dans la poésie des vieux siècles. Hésiode dit que tous les aèdes et tous les citharistes gémissent dans les festins et dans les chœurs de danse, et qu'ils appellent Linus au commencement et à la fin de leurs chants. C'est dire qu'ils s'écrient, αἲ Λίνε, *hélas, Linus!* Avec le temps, le mot linus ou *élinus*, qui n'était que la désignation particulière du chant consacré ou au souvenir du printemps, ou au souvenir du pâtre argien, ou à celui du fils d'Uranie, s'étendit indistinctement, comme nom générique, à tous les chants tristes. *Dis l'élinus*, c'est-à-dire, *chante l'hymne lugubre*, s'écrient à diverses reprises les vieillards d'Argos, dans cette magnifique lamentation qui est le premier chœur de l'*Agamemnon* d'Eschyle.

Le linus semble donc appartenir, au moins dans ses éléments premiers, aux époques les plus reculées de la civilisation grecque et à l'antique religion de la nature. On en peut dire autant de tous les chants analogues : de l'*ialémus* par exemple, qui n'était que le linus lui-même sous un autre nom ; du *scéphrus*, dont parle Pausanias ; du chant d'Adonis, dont nous pouvons encore saisir, dans Théocrite, le symbolique caractère. Tous ces chants, où l'on pleurait traditionnellement le trépas prématuré de quelque adolescent enfant des dieux, ne sont vraisemblablement que le même mythe avec des variantes, que la même pensée revêtue du costume de pays ou de temps divers.

Le Péan.

« Thétis elle-même ne gémit plus ses lamentations maternelles, quand retentit, *ié Péan! ié Péan!* » Ces paroles sont de Callimaque. Elles expriment avec une heureuse vivacité le sens qu'on attachait à l'exclamation si fréquemment répétée dans les hymnes en l'honneur d'Apollon. *Ié Péan!* était par excellence le cri de la joie. Le passage est d'autant plus précieux qu'en opposition à ce cri, le poëte rappelle, dans le mot grec que j'ai traduit par *lamentations* (αἴλινα), les chants de deuil dont nous parlions tout à l'heure. Je n'hésite point à compter *ié Péan!* au même titre qu'*hélas, Linus!* parmi les débris ou plutôt les vestiges de la primitive poésie des Grecs. Péan (παιάν, παιών, παιήων, suivant le dialecte), c'est le dieu qui guérit ou soulage ; c'est le dieu de la lumière et de la vie, autrement dit Phœbus (φῶς, βίος) ; c'est le soleil bienfaisant. L'hymne en l'honneur de ce dieu se nommait *péan*, comme le dieu lui-même. C'était la coutume, en cette saison de l'année où les frimas disparaissent, où la nature se ranime aux feux du soleil, où partout recommence à circuler la vie avec la lumière, de chanter des péans printaniers, comme on les appelait, c'est-à-dire des hymnes d'actions de grâces au dieu qui guérissait la nature, engourdie et comme morte durant les mois d'hiver. Voilà le vrai péan, le péan sous sa forme originelle et dans son rapport avec les vieilles traditions mythologiques, celui dont le cri d'*ié Péan!* fut la base et demeura toujours le refrain, l'indispensable accompagnement. Mais il faut faire aussi remonter aux temps antéhomériques l'invention d'autres péans qui n'avaient de religieux que leur nom. Dans les poëmes d'Homère, tout chant d'allégresse est dit péan, et non point seulement l'hymne adressé au dieu qui guérit. Ainsi le péan qu'entonne Achille après sa victoire sur Hector, et qu'il invite ses compagnons à chanter avec lui : « Nous avons gagné une grande gloire; nous avons tué le divin Hector, à qui les Troyens, dans leur ville, adressaient des prières comme à un dieu[1]! » Par une extension d'idée aisée à concevoir chez une nation belliqueuse, le chant de guerre reçut aussi le nom de péan. C'est un péan, suivant Eschyle, que chantèrent les Grecs à Salamine, avant d'engager le combat.

L'Hyménée.

Ce n'est point par conjecture seulement que j'admets la haute antiquité d'une autre sorte de chants, ceux par lesquels on solennisait les fêtes du mariage. Homère, décrivant les sujets représentés sur le bouclier d'Achille : « Dans l'une des deux villes, il y avait, dit-il, des noces et des festins. Des nouvelles mariées sortaient de leur demeure, conduites par la ville à la lumière des flambeaux. Un bruyant hyménée retentissait; de jeunes danseurs formaient des rondes, et au milieu d'eux les flûtes, les phorminx, faisaient entendre leurs sons. Les femmes s'émerveillaient, debout chacune devant sa porte[2]. » L'expression d'Homère, *un bruyant hyménée retentissait*, se trouve textuellement reproduite dans un passage analogue de la description du bouclier d'Hercule, attribuée à Hésiode. Un chant caractérisé de la sorte ne pouvait être quelque chose de bien compliqué; et je ne crois pas qu'il y ait une excessive témérité à dire que ce qui le composait principalement, c'étaient quelques exclamations répétées sans fin; par exemple, *ô hyménée hymen! hymen ô hyménée!* et encore, *io hymen! hyménée io! io hymen hyménée!* Je n'en ai pas de preuve, mais je suis sûr que Catulle, qui me fournit

---

[1]. *Iliade*, chant XXII, vers 393, 394.
[2]. *Ibid.* chant XVIII, vers 490 et suivants.

ces refrains, ne les a point inventés. Il les a pris, et peut-être tout l'épithalame de Manlius et de Julie, à l'un de ces poëtes grecs qu'il aime à traduire, à Sappho probablement; et Sappho ou ce poëte quelconque ne les avait pas plus inventés que lui. C'est encore là quelque legs des âges les plus reculés, pieusement conservé par les générations suivantes.

Le Thrène.

Les lamentations mortuaires sont de tous les pays du monde. Cette poésie n'a point manqué à un peuple jeune, amoureux de l'action et de la vie, et pour qui les mots *jouir de la lumière* étaient autre chose qu'une simple métaphore. « J'aimerais mieux, dit l'âme d'Achille à Ulysse, cultiver la terre, au service de quelque laboureur pauvre et mal à son aise, que de régner sur toutes les ombres des morts[1]. » Dès les temps héroïques, le *thrène* (θρῆνος), comme les Grecs nommaient le chant en l'honneur des morts, figure parmi les actes solennels de la religion grecque. Il y avait des aèdes qui venaient assister aux funérailles. Debout près du lit où le corps était exposé, ils commençaient le chant et donnaient le ton : les femmes accompagnaient leur voix avec des cris et des gémissements.

Aèdes piériens.

Une chose qui semble fort étrange au premier regard, c'est que la plupart des anciens aèdes étaient nés dans la Thrace. Mais les traditions qui les concernent se rapportent en réalité à la Piérie. C'est en Piérie que les poëtes ont de tout temps placé la patrie des Muses. C'était à Libéthra, dans la Piérie, que les Muses avaient chanté, disait-on, des lamentations funèbres sur le tombeau d'Orphée. Les Piériens n'étaient point des barbares comme les Odryses ou les Édons : ils étaient de race grecque, ainsi que le témoignent les noms grecs de leurs villes, de leurs rivières et de leurs montagnes. Mais il est aisé de concevoir que les habitants de

---

[1]. *Odyssée*, chant XI, vers 488 et suivants.

la Grèce méridionale aient donné aux Piériens le nom de Thraces, sous lequel étaient généralement compris les peuples établis au nord-est de la Grèce. Il y avait de ces Piériens ou Thraces, vers le temps des migrations éoliennes et doriennes, jusque dans la Phocide et dans la Béotie. Ils léguèrent à ces contrées leur culte national. Les Muses s'y fixèrent avec eux, sur l'Hélicon et le Parnasse, et cessèrent de se nommer exclusivement les Piérides. Comment s'étonner d'ailleurs que des aèdes grecs soient nommés thraces, quand la tradition nous montre un roi thrace, allié de Pandion, régnant au centre de la Grèce même? C'est à Daulis, c'est au pied du Parnasse, que se passent, suivant les poëtes, les aventures de Térée avec Procné et Philomèle. Virgile lui-même ne rapproche-t-il pas, à propos d'Eurydice et d'Orphée, le Pénée, l'Hèbre, le pays des Cicons, les rochers du Rhodope et du Pangée, et même les glaces hyperboréennes et les neiges du Tanaïs? Les anciens, une fois admise l'idée de nord, se donnaient pleine carrière. Les aèdes thraces étaient donc des Piériens, des hommes du pays des Muses, et nés de cette race poétique qui, dans les chants du rossignol, entendait une mère pleurant la mort de son fils bien-aimé, et répétant sans cesse, *Itys! Itys!*

Orphée.

Le plus fameux sans contredit de tous les aèdes de l'époque anthomérique, c'est le Thrace Orphée. Sa légende est dans toutes les mémoires, et d'importants ouvrages sont restés sous son nom. Mais il n'y a aucun témoignage qui prouve réellement son existence. Homère ni Hésiode ne le connaissent. La première mention qui le concerne, dans un fragment d'Ibycus, est postérieure de cinq et six siècles à l'époque où il est censé avoir vécu. Quant aux ouvrages qu'on lui attribue, ce sont des productions des bas siècles de la littérature grecque, pour la plupart contemporaines des luttes désespérées de la théologie païenne contre le christianisme. Le nom d'Orphée n'y était qu'un leurre pour le vulgaire. Je dois dire toutefois que, bien avant cette époque, il courait déjà des poésies orphiques, et que de bons esprits croyaient à leur haute antiquité. Si l'auteur de la lettre *sur le Monde* est Aristote, Aristote lui-même est de ce nombre. Le fragment des *Orphiques* qu'il a transcrit est assez conforme, en effet, à ce que dut être la poésie religieuse des premiers temps. Ce sont de simples litanies, un même nom plusieurs fois répété, avec des épithètes et des qualifications diverses. « Zeus est le premier ; Zeus le foudroyant est le dernier. Zeus est le sommet ; Zeus est le milieu ; tout est né de Zeus. Zeus est la base de la terre et du ciel étoilé. Zeus est le principe mâle ; Zeus est une nymphe immortelle ; Zeus est le souffle de tout ce qui respire ; Zeus est la violence du feu infatigable ; Zeus est la racine de la mer ; Zeus est le soleil et la lune. Zeus est roi ; Zeus est maître de toutes choses ; il commande à la foudre : tous les êtres qu'il a fait disparaître du monde, du fond de son cœur sacré il les fait renaître à la lumière réjouissante, par sa puissante activité. »

Orphée n'est guère encore, au temps d'Ibycus, qu'un simple nom ; mais ce nom a bientôt son histoire, et une histoire toute pleine de merveilles. L'Orphée de la légende est le premier des chantres de l'époque héroïque, le compagnon des conquérants de la Toison d'or, le vainqueur des puissances infernales ; et, les poètes enchérissant à l'envi, il devient à la fois et le type du génie poétique et le type poétique de l'amour fidèle et du malheur.

Ce qu'on peut admettre sans trop de scrupule, avec les plus savants critiques, c'est qu'un aède religieux, nommé Orphée, importa ou fonda dans la Grèce le culte mystique d'un dieu souterrain, qui s'empare des âmes des morts, qui est sans cesse à la chasse des vivants, et que cet hiérophante exposa ses doctrines particulières dans des *télètes* (τελεταί) ou chants d'initiation, mais sans laisser de parler aussi au vulgaire par des hymnes en l'honneur des dieux universellement reconnus.

Musée.

Le nom de Musée se rattachait, dans les traditions des Athéniens, aux initiations des mystères d'Éleusis, c'est-à-dire au culte secret de Déméter ou de Cérès, la terre nourricière. On faisait de Musée un Thrace, un disciple d'Orphée, et on lui attribuait de nombreux ouvrages. Il est tout aussi inconnu qu'Orphée aux poëtes de la haute antiquité. Son nom n'est probablement qu'un symbole : il signifie *l'homme inspiré des Muses.* Le symbole n'est même jamais arrivé à l'état de mythe complet. Ce Thrace, cet initiateur, cet homme inspiré des Muses, il n'a pas d'histoire ; il est une caste, une famille peut-être, il n'est pas un homme. Le gracieux poëme de *Héro et Léandre* est bien, il est vrai, d'un poëte qui portait réellement le nom de Musée ; mais ce poëte vivait douze cents ans au moins après Homère, ayant écrit, selon toute probabilité, plusieurs siècles après Jésus-Christ.

Les Eumolpides.

La famille sacerdotale des Eumolpides, d'Éleusis en Attique, qui exerça dès les temps reculés les plus importantes fonctions du culte de Déméter, et qui fournissait encore, dans l'âge historique, l'hiérophante des mystères, se prétendait issue d'un aède thrace, Eumolpus, personnage absolument inconnu d'ailleurs. Mais le nom d'Eumolpides, ou de *bons chanteurs*, n'est probablement point un nom patronymique. Il n'y faut voir, à l'origine, qu'une simple qualification, un surnom emprunté au caractère poétique de l'emploi des membres de la famille : ces prêtres étaient avant tout des aèdes religieux, des chantres d'hymnes sacrés. Leur soi-disant aïeul n'est autre chose peut-être que le symbole d'un héritage de poésie religieuse, transmis à l'Attique par les aèdes de la Piérie.

Autres aèdes religieux.

On chantait, à Éleusis, des hymnes attribués à Orphée et à Musée ; on en chantait aussi d'autres aèdes, et notamment de Pamphus. Les hymnes de Pamphus se distinguaient par un caractère de tristesse et de mélancolie. On en juge ainsi d'après l'unique tradition qui le concerne. C'est lui, dit-on, qui le premier chanta l'élinus sur le tombeau même du fils d'Uranie. Le fait en soi est une fable; mais la tradition atteste au moins la prédilection de cet aède pour les chants lugubres, puisqu'on lui attribuait l'invention de l'élinus.

Le sanctuaire de Delphes, consacré à Apollon Pythien, ne pouvait manquer d'avoir ses aèdes. On y conservait le souvenir de Philammon, l'inventeur de ces chœurs de vierges qui chantaient la naissance des enfants de Latone et les louanges de leur mère. On y contait que Chrysothémis, un Crétois, avait le premier chanté l'hymne à Apollon Pythien, vêtu du magnifique costume de cérémonie que portèrent depuis les joueurs de cithare aux jeux Pythiques. Délos avait aussi, comme Delphes, ses chantres religieux. Olen, le plus célèbre, était, suivant la légende, Lycien ou Hyperboréen, c'est-à-dire né dans un pays où Apollon aimait à faire son séjour. Olen passait pour l'auteur de l'hymne en l'honneur des vierges Opis et Argé, compagnes d'Apollon et de Diane. Il était venu, disait-on, de Lycie à Délos, et c'est lui qui avait composé la plupart des anciens hymnes qui se chantaient dans cette île. On lui attribuait aussi des *nomes*. C'était probablement une sorte de stances fort simples, combinées avec certains airs fixes, et propres à être chantées dans les rondes d'un chœur. Enfin c'est à Olen que quelques-uns rapportent l'invention du vers épique, ou dactylique hexamètre. Si cette opinion a quelque fondement, Olen serait antérieur même aux aèdes thraces dont nous avons parlé plus haut; car tous les vers qui ont couru sous leur nom sont précisément des hexamètres, et prouvent, authentiques ou non, que c'était un mètre dont ils avaient dû se servir. Mais il ne semble guère permis d'établir aucune chronologie sur des paroles aussi vagues que celles de la prêtresse Bœo, citées par Pausanias : *premier aède de vers épiques* (ἐπέων). L'épos, ou vers épique, qui donna plus tard son nom à l'épopée, est aussi ancien, d'après toute vraisemblance, que la poésie grecque elle-même. Il fut le seul vers en usage pendant des siècles et pour tous les genres de poésie, non-seulement avant Homère mais jusqu'au temps de Callinus et de Tyrtée.

La Grèce avait emprunté à la Phrygie quelques instruments de musique, entre autres la flûte, et des mélodies d'un caractère fortement prononcé, qui se sentaient du culte orgiastique des Corybantes et de la Grande Mère des dieux. La légende phrygienne rapportait l'invention de la flûte au satyre Marsyas, l'infortuné rival d'Apollon, et celle des nomes fameux à Marsyas encore, surtout à son disciple Olympus, et enfin au musicien Hyagnis. La Grèce reconnaissante adopta ces noms plus ou moins fabuleux. Jusque dans les bas siècles, Marsyas et Olympus demeurèrent les symboles de la musique même. Je ne pouvais les passer sous silence, dans cette revue des traditions relatives aux développements du génie grec avant Homère.

Aèdes épiques.

Au temps de la guerre de Troie, la poésie n'est plus exclusivement l'apanage des hommes du sanctuaire ; et les pays voisins du Parnasse, ni la Piérie, ne sont plus seuls en possession de fournir des aèdes au reste de la Grèce. L'inspiration poétique souffle partout. Point de contrée qui n'ait ses aèdes. Ils chantent encore les dieux, mais ils célèbrent surtout la gloire des héros : ils charment, par de merveilleux récits, les convives des rois, et ils préludent déjà aux splendides créations de l'épopée. Tous les esprits sont ouverts à ces délicates jouissances : les peuples n'y sont pas moins sensibles que les pasteurs des peuples eux-mêmes. L'aède n'est plus un dieu, ni le fils d'un dieu : il n'enfante plus les prodiges des aèdes d'autrefois ; mais il est encore un homme divin, et un respect universel environne le favori d'Apollon et des Muses. Ulysse massacre tous les poursuivants de Pénélope ; il fait subir le même sort à des domestiques infidèles ; mais il laisse la vie à l'aède qui avait chanté dans ces festins où se dévorait le patrimoine de l'absent. Agamemnon, en partant pour Troie, confie la garde de Clytemnestre à un aède dévoué ; et Égisthe ne vient à bout de corrompre l'épouse d'Agamemnon qu'en éloignant le préservateur de sa vertu. Après les rois et les héros, après les prêtres et les devins, interprètes des volontés divines, ou plutôt à côté d'eux, les aèdes dominent, de toute la hauteur du génie et de la pensée, la tourbe des hommes libres et des esclaves. Les simples instruments qui servaient alors à soutenir les accents de la voix, la cithare et la phorminx, qui n'étaient pas encore tout à fait la lyre, ne semblaient pas indignes même de la main des héros. Achille ne déroge point en faisant, pour son plaisir propre, ce que les aèdes font pour le plaisir d'autrui. Quand on essaya de le tirer de sa funeste inaction, les députés qu'on lui adressait « le trouvèrent charmant son âme avec la phorminx harmonieuse...; et il chantait les glorieux exploits des guerriers. Patrocle se tenait en silence, assis vis-à-vis, et attendait qu'Éacide eût cessé de chanter [1]. »

Je sais bien tout ce qu'il faut revendiquer, dans ces tableaux, pour la fantaisie du poëte qui les a tracés; je sais qu'Homère voyait déjà l'époque héroïque dans un lointain favorable à la perspective : il croyait le monde dégénéré; et ces hommes qu'il peint trois ou quatre fois plus vigoureux que ceux parmi lesquels il vivait lui-même, il était naturellement porté à les faire plus vertueux aussi, plus intelligents, plus passionnés pour la musique et la poésie. Mais, sous l'exagération épique, on sent vivre une réalité véritable, une société qui n'est pas sans culture, et où règne encore, suivant le mot de Fénelon, l'aimable simplicité du monde naissant. Je vais plus loin : les aèdes nommés dans les poëmes d'Homère ne sont point des personnages inventés à plaisir : ils ont existé; et leur nom au moins, sinon toute leur légende, doit figurer dans l'histoire.

Thamyris.

Un de ces aèdes, Thamyris, qu'Homère rappelle à propos de Dorium, une des villes de Nestor, est encore un Thrace, mais ce n'est plus le ministre des dieux : il ne diffère pas des chantres qui hantaient les palais des rois, et dont l'âme se laissait trop souvent aller à l'orgueil, corrompue par les applaudissements populaires : « Les Muses, y rencontrant Thamyris l'aède Thrace, comme il revenait d'Œchalie, de chez

[1] *Iliade*, chant IX, vers 185 et suivants.

l'Œchalien Eurytus, mirent fin à ses chants; car il s'était vanté présomptueusement de vaincre, fût-ce les Muses elles-mêmes qui chantassent, les filles de Jupiter qui tient l'égide. Elles, irritées contre lui, le rendirent idiot; elles lui ravirent son chant divin, et lui firent oublier l'art de jouer de la cithare[1]. » Thamyris était fils, suivant quelques-uns, de Philammon. Il faut l'entendre probablement au sens spirituel : Thamyris le disciple, Philammon le maître. Mais Thamyris n'avait emprunté à Philammon que les secrets de la science poétique et musicale, et il portait sans doute à la cour du roi d'Œchalie des chants d'un caractère plus mondain, si j'ose ainsi dire, que les hymnes en l'honneur de Latone et de ses enfants. Thamyris est le lien qui rattache aux anciens aèdes religieux ceux que j'appelle les aèdes épiques, ces maîtres ou du moins ces précurseurs d'Homère.

Phémius.

Phémius, l'aède que les poursuivants de Pénélope forçaient de chanter dans leurs banquets, n'a rien du prêtre d'autrefois que la cithare et la voix harmonieuse. C'était certainement un aède épique, celui dont Homère parle ainsi : « Pour eux chantait un illustre aède, et eux l'écoutaient assis en silence. Il chantait le funeste retour des Achéens, quand ils revinrent de Troie, en butte au courroux de Pallas Athéné. Le chant divin va saisir, à l'étage au-dessus, l'attention de la fille d'Icarius, de la sage Pénélope. Elle descend le haut escalier de son appartement; derrière elle marchent deux de ses suivantes. Arrivée près des prétendants, la femme divine entre toutes s'arrête sur le seuil de la salle artistement construite, et se couvre les joues de son voile brillant.... Puis, tout en pleurs, elle s'adresse à l'aède inspiré : « Phémius, tu
« sais bien d'autres récits propres à charmer les mortels,
« ces actions des guerriers que célèbrent les aèdes. Chantes-
« en quelqu'une à tes auditeurs, et qu'ils boivent leur vin en

---

[1]. *Iliade*, chant II, vers 594 et suivants.

« silence. Mais cesse ce chant funeste qui ne fait que torturer
« mon cœur[1]. »

Démodocus.

Les chants attribués par Homère à Démodocus, l'aède des
Phéaciens, sont marqués au plus haut degré du caractère
épique. On dirait les arguments de quelques poëmes ilia-
ques, qu'Homère avait sous les yeux, ou, si l'on veut, dans
sa mémoire. Démodocus est aveugle; mais il n'a point
oublié l'art de tirer de la cithare des sons mélodieux;
il est plus que jamais le bien-aimé des Muses : « La
Muse inspire à l'aède de chanter la gloire des guerriers,
un sujet de chant dont la renommée montait alors jusqu'au
ciel immense. Il conte la querelle d'Ulysse et d'Achille
fils de Pélée; comment un jour, dans un splendide festin
en l'honneur des dieux, ils se prirent violemment de paroles. Or, Agamemnon, le chef des guerriers, se réjouis-
sait en son âme de voir se disputer les plus braves des
Achéens. Car c'était là ce que lui avait prédit Phœbus Apollon, dans Pytho la sainte, après qu'il eut franchi le seuil de
pierre pour consulter l'oracle, au temps où s'apprêtaient à
fondre sur les Troyens et les enfants de Danaüs les premières
calamités, en vertu des décrets du grand Jupiter[2]. » Une
autre fois, sur l'invitation d'Ulysse lui-même, Démodocus
chante le fameux stratagème du cheval de bois, et cette prise
d'Ilion si souvent célébrée depuis : « Il conte d'abord comment les Argiens montèrent sur leurs navires au solide tillac, et reprirent la mer après avoir mis le feu à leurs tentes.
Les autres, avec le très-renommé Ulysse, étaient déjà au
milieu de la place publique de Troie, enfermés dans les
flancs du cheval; car les Troyens l'avaient eux-mêmes traîné
jusqu'à la ville haute. Le cheval était donc ainsi debout; et
les Troyens délibéraient sans trop s'entendre, assis autour de
lui. Trois avis divers partageaient l'assemblée : ou bien
ouvrir avec le tranchant de l'impitoyable airain les cavités

---

1. *Odyssée*, chant I, vers 325 et suivants.
2. *Ibid.*, chant VIII, vers 72 et suivants.

de ce bois; ou bien le traîner au plus haut point de la citadelle, et le précipiter en bas des rochers; ou enfin le laisser là comme une magnifique offrande propre à charmer les dieux. Ce dernier avis finit par prévaloir; car c'était l'arrêt du destin que la ville pérît, après qu'elle aurait enfermé dans ses murs le grand cheval de bois, que remplissaient tous les plus braves des Argiens, apportant aux Troyens le carnage et la mort. Il chantait comment les fils des Achéens saccagèrent la ville, versés à flots par le cheval hors de la profonde caverne où ils s'étaient embusqués. Il chantait les assaillants se ruant de tous côtés pour dévaster la ville splendide; puis Ulysse s'avançant, comme Mars, vers la demeure de Déiphobe, accompagné de Ménélas, qui valait un dieu. Là, Ulysse, disait-il, engage bravement un combat terrible, et finit par vaincre, grâce à l'appui de la magnanime Athéné [1]. »

Une fois, il est vrai, Démodocus chante les dieux; mais ce n'est pas, tant s'en faut, pour leur attirer le respect des hommes. Il conte les amours de Vénus et de Mars, et le stratagème de Vulcain pour les surprendre; sujet fort peu mystique, et que l'aède traite d'un style qui n'est rien moins que grave. Ce n'est pas un hymne, à coup sûr, dans la manière d'Orphée.

Quand même il serait avéré que Démodocus, Phémius et Thamyris ne sont que des noms de fantaisie et des personnages de l'invention d'Homère, ce que pour ma part je ne saurais accorder, l'existence d'épopées plus ou moins complètes, ou, si l'on veut, d'embryons d'épopées antérieurs aux compositions homériques, et par conséquent l'existence d'aèdes épiques antérieurs à Homère, n'en serait pas moins un fait incontestable et valablement acquis à l'histoire. Mais ce fait a d'autres preuves encore que les chants mis par Homère dans la bouche de l'aède d'Ithaque et de celui des Phéaciens. Qu'on dise ce qu'il faut entendre par ces paroles que prononce l'âme d'Agamemnon, dans la prairie d'asphodèle, après l'arrivée des âmes des prétendants massacrés par

---

[1]. *Odyssée*, chant VIII, vers 500 et suivants.

Ulysse : « Les immortels inspireront aux habitants de la terre un chant gracieux en l'honneur de la sage Pénélope. Elle n'a point comploté, comme la fille de Tyndare, d'odieux forfaits. Clytemnestre a tué son époux, le compagnon de ses jeunes années ; mais elle sera, parmi les hommes, un sujet de chants plein d'horreur ; et la honte de sa renommée rejaillira sur toutes femmes, même sur la femme vertueuse[1]. » N'est-ce point là un assez clair témoignage ? Et le passage où Hélène dit que la postérité prendra pour sujet de ses chants les fautes que Pâris et elle ont commises, poussés par un mauvais destin[2] ; et cet autre passage, où Télémaque donne son approbation à la vengeance d'Oreste : « O Nestor, fils de Néléo, brillante gloire des Achéens ! il a bien fait de punir le meurtrier. Les Achéens répandront au loin sa gloire, et leurs chants la transmettront à la postérité[3]. » Qu'est-ce enfin que l'épithète un peu extraordinaire par laquelle Homère caractérise le navire des Argonautes, Argo *à qui tous s'intéressent*[4], sinon une allusion aux chants des aèdes sur la conquête de la Toison d'or ?

Je n'épuise pas ces considérations. Je laisse tout ce qui sortirait des limites du certain, ou au moins du probable. Il me suffit d'avoir montré que l'*Iliade* et l'*Odyssée* avaient eu des antécédents, et comme d'humbles prototypes, dans les poétiques inspirations des aèdes. Ainsi, non-seulement les traditions religieuses avaient été fixées quand Homère a paru ; non-seulement le mètre épique était inventé, et la langue assouplie et façonnée par un long usage à tous les besoins de la muse : l'art épique existait, sinon l'épopée. Homère n'a pas fait comme Dieu : il n'a pas créé de rien ; mais tout s'est transformé sous sa main puissante. A des éléments confus, disparates, incohérents, legs des anciens âges, il a imprimé l'ordre et l'unité ; il les a revêtus de la beauté, de la vie et de la durée immortelles. Ne nous étonnons donc plus de l'oubli profond où s'anéantirent, à son apparition, les aèdes

---

[1]. *Odyssée*, chant XXIV, vers 166 et suivants.
[2]. *Iliade*, chant VI, vers 357, 358.
[3]. *Odyssée*, chant III, vers 202 et suivants.
[4]. *Ibid.*, chant XII, vers 70.

et leurs œuvres. Lucrèce disait, en parlant d'Épicure : « Son génie a éteint toutes les étoiles, comme le soleil quand il se lève et monte dans les airs[1]. » Cette magnifique image, si fausse dans l'application qu'en fait le poëte, eût pu admirablement caractériser l'effet produit par Homère.

CHAPITRE III.

LES RHAPSODES.

La cithare, la phorminx et la lyre. — Récitation poétique. — Les Rhapsodes. — La Rhapsodie. — Décadence des Rhapsodes. — Transmission des compositions poétiques. — Antiquité de l'écriture chez les Grecs.

La cithare, la phorminx et la lyre.

Les aèdes chantaient en s'accompagnant d'un instrument à cordes. C'était une sorte de luth d'une extrême simplicité. Autant qu'on peut en juger par les descriptions d'Homère, ou plutôt par les traits rapides dont il le caractérise, ce luth avait deux branches, dont la partie supérieure se courbait en dehors et retombait en s'arrondissant. Le fond de résonnance, sur lequel reposaient les deux branches, était une boîte oblongue, de forme rectangulaire, qui permettait de placer l'instrument debout. Il y avait en haut un joug, ou traverse de bois, qui réunissait les deux branches, et en bas une autre traverse analogue. Les cordes étaient tendues au moyen de chevilles; mais les chevilles étaient toujours en haut, plantées dans le joug. Homère donne habituellement à ce luth le nom de cithare ; mais ce qu'il dit de la phorminx prouve que ces deux instruments différaient peu l'un de l'autre. La phorminx, vu son nom, semble avoir été une cithare plus portative. Homère confond même leurs noms. Ainsi il dit d'ordinaire *cithariser avec la phorminx*, si l'on me permet de

---

[1]. *La Nature*, livre III, vers 1057.

transcrire ainsi son expression; et il dit, au moins une fois, *phormiser avec la cithare*.

Il n'est nulle part question de la lyre dans les poëmes d'Homère. L'*Hymne à Mercure*, où l'on trouve la lyre mentionnée pour la première fois, est bien postérieur à l'*Iliade* et à l'*Odyssée*, et c'est à tort qu'on l'attribue au chantre d'Ulysse et d'Achille. La lyre n'était autre chose d'ailleurs que la cithare ou la phorminx perfectionnée : elle avait aussi deux branches, mais moins recourbées que celles de l'instrument primitif; et sa boîte, au lieu d'être plate et rectangulaire, était arrondie en forme de bouclier, et renflée dans son épaisseur comme la carapace d'une tortue. Les mots qui en grec et en latin signifient tortue, sont même des synonymes poétiques de la lyre. La lyre eut d'abord quatre cordes seulement; plus tard Terpandre lui en donna sept : il est probable, par conséquent, que le luth des aèdes était à peine un instrument tétracorde. Mais cet instrument, si simple qu'il fût, répondait à peu près aux besoins du chant, qui ne fut guère, pendant longtemps, qu'une récitation rhythmée, une déclamation musicale.

Récitations poétiques.

Les aèdes charmaient les hommes et par leurs inventions poétiques, et par leur débit harmonieux, et par les accords de la phorminx et de la cithare. Souvent ils ne faisaient qu'improviser, par exemple dans les luttes entre aèdes rivaux, et ils abandonnaient aux vents les paroles volantes. Mais souvent aussi leurs chants étaient de véritables compositions, longuement élaborées à l'avance, et qui ne périssaient pas avec l'instant de la récitation. L'aède reproduisait vingt fois un sujet favori, ou devant des auditoires divers, ou devant le même auditoire, qui le redemandait. Ce chant était bientôt dans toutes les mémoires. Rien n'empêchait qu'il ne se conservât, même de la sorte, pendant des siècles, et qu'il ne se transmît plus ou moins intact, plus ou moins altéré, jusqu'à la postérité lointaine. La collection des chants enfantés par le génie des aèdes était comme un trésor grossissant de génération en génération; et les applaudissements du public n'accueillaient pas avec moins de faveur une répétition intelligente de quelque morceau fameux des vieux maîtres, que la récitation d'un chant fraîchement éclos de la minerve d'un aède du jour. J'imagine que les auditeurs eux-mêmes, mal satisfaits de ce qu'on leur donnait, ou seulement afin de varier leurs plaisirs, ne manquaient guère de forcer les aèdes, bon gré mal gré, à faire large place dans leurs chants à la muse antique.

Les Rhapsodes.

Les maîtres du chant s'étaient fait gloire, de tout temps, de former des disciples dignes d'eux. Mais, s'il leur était facile de transmettre à d'autres les secrets de la récitation cadencée et de l'accompagnement musical, ou même les règles de la versification et de la composition poétique, l'esprit d'invention n'était pas toujours l'apanage de ces héritiers de leurs travaux. Beaucoup d'ailleurs trouvaient plus commode de fouiller dans leur mémoire que de solliciter péniblement une imagination souvent rétive. Tout l'effort poétique de ces aèdes dégénérés se bornait, peu s'en faut, à la composition de quelques courts *proèmes* (προοίμια, c'est-à-dire préludes), sous forme d'hymnes religieux ; et ces proèmes n'avaient aucun rapport, la plupart du temps, avec les chants qu'ils précédaient. Le plus grand nombre des hymnes attribués à Homère ne sont autre chose que des introductions de ce genre, qui servaient à toutes fins. Plusieurs même se terminent par une formule bien significative : « Je me souviendrai d'un autre chant. » Les récitateurs poétiques dont nous parlons, qui n'étaient plus des poëtes, au moins pour l'ordinaire, on les nomma rhapsodes, et rhapsodie leur méthode de débiter les vers.

La Rhapsodie.

Pindare appelle les Homérides, ou rhapsodes homériques, des chantres de vers épiques continus. Les termes dont il se sert ne sont qu'une diérèse du mot *rhapsode* lui-même, et en

contiennent certainement la définition : ῥαπτῶν ἐπέων ἀοιδοί [1].
Mais beaucoup entendent autrement ce passage. Suivant
eux, la rhapsodie était plus qu'une méthode de récitation :
les rhapsodes étaient des couseurs de chants épiques; ils rattachaient les uns aux autres, par des transitions de leur fabrique, les morceaux divers qu'ils débitaient dans la même
séance. Je n'ai pas besoin de remarquer que c'était là une
tâche souvent impossible, et presque toujours d'une infinie
difficulté, à moins que les rhapsodes ne se contentassent de
transitions dans le genre de la finale des proèmes, que j'ai
citée tout à l'heure; et la suture, dans ce cas, ne serait guère
digne de son nom.

J'admets un instant le travail de raccord attribué aux rhapsodes; j'admets même, si l'on veut, que ces artistes étaient
des hommes de génie. Ce qui sortait de leurs mains pouvait
n'être pas sans mérite; mais ce n'étaient en somme que des
pastiches, dans toute la force du terme, que de véritables pièces
de marqueterie. L'unité manquait à ces œuvres; je dis cette
pensée première qui est l'âme d'un poëme, et qui rayonne,
plus ou moins aperçue mais toujours vivante, jusque dans
les capricieux détails qui semblent ne relever que de la
fantaisie. En tout cas, ce n'est point de morceaux rapiécés
ainsi qu'ont été formés les poëmes homériques. L'unité,
dans l'*Iliade* et dans l'*Odyssée*, est aussi visible que le
jour.

Mais la rhapsodie n'était réellement que la récitation d'une
suite de vers d'égale mesure, liés, ou si l'on aime mieux
cousus, les uns aux autres d'une façon uniforme. Aussi ce
nom s'appliquait-il non-seulement à la récitation des poésies épiques, mais à tout ce qui était dans des conditions analogues de régularité. Tous les chants composés en vers hexamètres, tous les chants composés en ïambes avaient leur
rhapsodie. Enfin le mot rhapsode était souvent remplacé,
dans l'usage, par celui de *stichode*, comme qui dirait chanteur
de vers simples, non combinés en systèmes, et purs de tout
alliage avec des vers d'autre mesure qu'eux. Homère lui-

[1] *Neméennes*, ode III, vers 4.

même, à ce titre, était un stichode et un rhapsode ; et Platon a pu dire qu'il courait le monde en rhapsodant ses vers. Ceux qui ont établi, dans l'*Iliade* et dans l'*Odyssée*, la division en vingt-quatre parties, et qui ont laissé le nom de rhapsodie à chacune d'elles, ne songeaient nullement à rappeler par ce mot un système particulier de composition littéraire. Ils n'ont vu que le mode de récitation, ce cours continu des vers, qui coulent d'un bout à l'autre de chaque chant, de chaque poëme, toujours semblables, toujours conformes au même principe, comme le flot tient au flot et le pousse devant lui.

Décadence des rhapsodes.

Que si les anciens rhapsodes se piquaient encore de poésie, cette passion plus ou moins heureuse ne troublait plus guère le cœur des rhapsodes du temps de Socrate et de Platon. Le divorce alors est presque complet entre la Muse et les interprètes de ses œuvres. Le rhapsode n'est qu'une sorte d'acteur, un histrion dans son genre. Ion d'Éphèse est l'écho de la voix d'Homère, et un écho harmonieux ; mais il n'est pas autre chose. Socrate lui peint admirablement le peu qu'il est, au prix de ce qu'il se croit lui-même : « Ce talent, dit-il au rhapsode[1], que tu as de bien parler sur Homère, n'est point en toi un effet de l'art, comme je le disais à l'instant : c'est une force divine qui te transporte, semblable à celle de la pierre qu'Euripide a nommée magnétique, et que la plupart nomment héracléenne[2]. Cette pierre, non-seulement attire les anneaux de fer, mais elle leur communique la vertu de produire eux-mêmes un effet pareil, et d'attirer d'autres anneaux. En sorte qu'on voit quelquefois une longue chaîne de morceaux de fer et d'anneaux suspendus les uns aux autres, qui tous empruntent leur vertu de cette pierre. De même aussi la Muse inspire elle-même le poëte ; le poëte, à son tour, communique à d'autres l'inspiration divine, et il se forme une chaîne d'hommes inspirés. » Et plus loin : « Vois-tu à

---

[1]. Platon, *Ion*, chapitre v, page 553 des Œuvres.
[2]. L'aimant, qui se trouvait près de Magnésie et d'Héraclée, villes de ydie.

présent comment l'auditeur est le dernier de ces anneaux qui reçoivent, comme je disais, les uns des autres la vertu que leur communique la pierre d'Héraclée ? Toi, le rhapsode et l'acteur, tu es l'anneau du milieu : le premier anneau, c'est le poëte lui-même. »

Transmission des compositions poétiques.

Les chants des aèdes religieux n'étaient jamais de bien longue haleine ; les récits des aèdes épiques étaient plus développés, mais circonscrits encore dans des bornes très-étroites. Il n'y a donc nulle difficulté à croire que les aèdes composaient mentalement, sans avoir besoin du secours de l'écriture pour fixer leur pensée. Leurs poëmes étaient recueillis dans la mémoire des auditeurs, surtout dans celle des disciples ; l'écriture n'était pas indispensable pour les conserver, pour les transmettre aux générations futures. Est-ce à dire pourtant qu'on ne les consignât jamais par écrit, ou même que l'écriture fût inconnue au temps des aèdes et depuis encore ? Est-il possible d'expliquer, sans l'intervention de l'écriture, je ne dis pas seulement la conservation, la transmission de poëmes immenses, tels que l'*Iliade* et l'*Odyssée*, mais leur composition même ?

On affirme avec raison que le chant, et en particulier le chant épique, était la nourriture morale des contemporains d'Homère et comme leur pain de chaque jour. On affirme aussi, mais bien gratuitement, que la curiosité passionnée des peuples, la vigoureuse imagination des poëtes et leur mémoire non moins énergique, enfin l'amas des matériaux poétiques accumulés d'âge en âge, suffisent pour rendre compte de la naissance d'une *Iliade* ou d'une *Odyssée*. Le poëte, Homère par exemple, exécutait l'une après l'autre, sur un plan conçu d'un seul jet, les différentes parties d'une vaste épopée ; il les récitait à mesure, en les rattachant toujours à ce plan, et il se continuait ainsi lui-même, dans une suite de journées, intéressant jusqu'au bout les auditeurs, captivés et par l'enchaînement même du récit et par les charmes de la poésie. Les disciples, dit-on encore, étaient là, poëtes eux-mêmes, dociles à l'inspiration du maître et fidèles à sa voix ; ils recueillaient les chants à mesure qu'ils s'échappaient de sa bouche ; ils les faisaient retentir après lui dans les solennités, et se les transmettaient les uns aux autres selon l'ordre qu'il avait établi, comme un héritage sacré, comme le titre de leur mission poétique.

Je comprends ces hypothèses dans le système de ceux qui nient, contre toute évidence, l'unité de l'*Iliade* et de l'*Odyssée*. Pour eux Homère n'est qu'un nom symbolique, et les poëmes homériques ne sont que la collection, tardivement compilée, des chants des aèdes et des rhapsodes. N'y ayant pas d'épopée au sens où nous l'entendons, mais simplement des fragments épiques, il n'est plus besoin d'attribuer aux inventeurs des facultés surhumaines. Les disciples à leur tour, libres de choisir parmi les inspirations des maîtres, pouvaient alléger, chacun à sa fantaisie, leur bagage poétique, et suffire avec un petit nombre de chants bien choisis, surtout savamment débités, à toutes les exigences d'un auditoire qui se renouvelait sans cesse, ou qui ne haïssait pas la répétition des chefs-d'œuvre. Mais, dès qu'on admet l'unité de composition dans les épopées homériques, on est forcé ou à entasser impossibilité sur impossibilité, ou à reconnaître qu'Homère n'était pas uniquement un chanteur. Sans un secours mnémotechnique, les poëmes homériques n'auraient jamais existé, sinon à l'état d'ébauche ou d'embyron. L'*Iliade* n'eût été qu'un chant dans le genre de celui de Démodocus célébrant la querelle d'Achille et d'Ulysse ; et l'*Odyssée* aurait grossi de quelques centaines de vers, dans la mémoire des amateurs et des rhapsodes, la collection de ces chants sur le retour des héros que Phémius aimait à redire, mais qui brisaient le cœur de Pénélope.

Antiquité de l'écriture chez les Grecs.

Mais l'écriture, dit-on, n'était point connue en Grèce au temps d'Homère. Voici les principales raisons alléguées à l'appui de ce paradoxe.

Les lois de Lycurgue n'étaient que des rhètres ou édits

verbaux, et elles ne furent conservées durant des siècles que par la tradition orale. Les premières lois écrites, chez les Grecs, furent celles de Zaleucus, bien postérieur à Homère. Un très-petit nombre d'inscriptions grecques remontent au delà du temps de Solon, et les monnaies grecques les plus anciennes ou n'ont aucune légende, ou ne portent que quelques rares caractères, et assez mal formés. Même à l'époque des guerres Médiques, les lettres grecques n'ont point des traits parfaitement déterminés : tout y décèle une étroite parenté avec l'alphabet phénicien d'où elles sont dérivées; preuve du peu d'antiquité de cette importation, et preuve que corrobore un autre fait remarquable, c'est qu'à cette époque les signes de l'écriture se nommaient *caractères phéniciens*. Enfin le silence d'Homère sur l'usage de l'écriture alphabétique est l'argument capital qui démontre, suivant les critiques, que cet usage n'a été introduit qu'après le temps où vivait Homère.

Il n'est pas impossible peut-être de répondre à ces raisons spécieuses.

Lycurgue n'avait point écrit ses lois; mais c'est qu'il n'avait point voulu les écrire, sinon dans les âmes et dans les mœurs de ses concitoyens. Le mot *rhètre* signifie proprement oracle. Lycurgue ne parlait qu'au nom de la divinité : ses lois étaient des oracles, ou du moins il les donnait pour telles. Il avait fait exprès le voyage de Delphes, afin d'autoriser du nom de la Pythie sa rhètre fondamentale, que Plutarque a rapportée, celle qui concerne l'établissement du sénat et la convocation des assemblées du peuple entre le Babyce et le Cnacion. Écrire les lois, c'eût été, selon lui, leur enlever ce divin caractère, et les réduire à l'état de parole humaine. L'écriture était si peu ignorée du temps de Lycurgue, que les traditions recueillies par les historiens nous représentent Lycurgue lui-même copiant, durant ses voyages, les poëmes d'Homère, et, quelque temps avant sa mort, *écrivant* de Delphes à ses concitoyens, pour leur faire part du jugement d'Apollon sur ses lois. Mais ce qui réfute péremptoirement l'assertion des critiques, c'est qu'une de ses rhètres, citée par Plutarque, défendait précisément qu'aucune loi fût écrite.

Les lois de Zaleucus furent consignées par écrit, pour une raison qui est comme la contre-partie des motifs qui avaient décidé Lycurgue à ne point écrire les siennes. Zaleucus était un philosophe : ses lois ne sortaient pas du sanctuaire d'un temple, mais de l'école d'un sage. Le préambule de ces lois est un traité de morale. Le législateur s'adresse à la conscience des hommes : il veut obtenir l'assentiment, non commander l'obéissance. Il n'aspirait point, comme Lycurgue, à changer la nature ou à en violenter les instincts, mais à la régler en mettant la passion aveugle sous la conduite de la raison éclairée. Il ne redoutait pas la discussion sur son œuvre; il l'appelait avec confiance.

Il ne reste aucun monument épigraphique du temps d'Homère. Mais trop de causes expliquent la disparition de ces antiques témoins de l'histoire. Mais que reste-t-il des monuments de la sculpture, de la ciselure de cette époque! et pourtant nul ne prétendrait qu'elle n'a pas connu les arts du dessin, et que les descriptions d'Homère ne répondent à aucune réalité. Serait-il déraisonnable, d'ailleurs, de croire que le même peuple ait pu, tout à la fois, et faire usage de l'écriture sur des matières portatives, et négliger de rien graver sur la pierre?

La première idée de frapper de la monnaie appartient à un roi d'Argos du huitième siècle avant J. C., postérieur par conséquent à Lycurgue. L'absence de signes alphabétiques sur des pièces quasi contemporaines de l'invention, ou le petit nombre de ces signes, ou leur conformation grossière, prouve, mais voilà tout, l'enfance d'un art difficile, et qui n'est arrivé que lentement à la perfection. Il n'y a rien là d'où l'on puisse inférer légitimement l'ignorance de l'écriture sur tablettes de bois, sur peaux corroyées, sur papyrus.

Que les caractères de certaines inscriptions grecques ressemblent beaucoup à ceux des inscriptions puniques, c'est ce qui est incontestable : il s'ensuit seulement que la forme primitive des signes de l'écriture a persisté, plus ou moins reconnaissable, pendant longtemps chez les Grecs. Je ne nie pas qu'au temps des guerres Médiques les lettres fussent encore connues sous le nom de caractères phéniciens. Mais les Grecs n'ont jamais eu de mot particulier pour désigner les caractères de l'alphabet : on se servait de termes généraux, comme *éléments*, *dessins*, etc. Il n'est pas très-étonnant que, pour se faire entendre, on y ajoutât des épithètes ; et, tant qu'on ne se servit que des seize cadméennes, c'est-à-dire jusqu'à la fin du sixième siècle avant notre ère, l'épithète de *phéniciennes* convenait parfaitement à ces lettres. La désuétude où tomba cette appellation, soit comme simple adjectif, soit prise substantivement, s'explique par l'invention des lettres nouvelles, qui ont grossi d'un tiers, peu à peu il est vrai, l'alphabet assez indigent venu de Phénicie. Quant à la date de l'importation, elle reste problématique ; mais la tradition qui fait remonter jusqu'au temps de Cadmus, c'est-à-dire jusqu'au seizième siècle avant notre ère, cet événement considérable, a plus de vraisemblance, à mon avis, et mérite plus de créance qu'un système arbitraire qui le ramène en deçà du commencement des Olympiades. Si tout n'est pas historiquement vrai dans la tradition qui concerne Cadmus, le fond même de la légende est inattaquable ; et l'idée qui fait le fond de cette légende, c'est la haute antiquité de l'importation des lettres phéniciennes en Grèce.

On ne prétend pas que le silence d'Homère sur l'écriture soit un silence absolu, ce serait chose impossible. Il y a au moins un passage où il s'agit certainement d'écriture ; mais on soutient que ce n'est point d'une écriture alphabétique. Voici ce passage fameux ; et je le traduis aussi littéralement qu'il m'est possible : « Prœtus envoya Bellérophon en Lycie, et lui donna des signes funestes, ayant écrit sur une tablette bien pliée beaucoup de choses qui devaient lui faire perdre la vie ; et il lui recommanda de présenter la missive à son beau-père Iobatès, afin que Bellérophon pérît[1]. »

Je n'ai jamais pu voir dans ces paroles autre chose que ce qu'y a vu presque toute l'antiquité. Il s'agit là d'une lettre en bonne et due forme, et fort détaillée encore, et suffisamment explicite pour pouvoir déterminer Iobatès à un crime contre

[1]. *Iliade*, chant VI, vers 167 et suivants.

les lois de l'hospitalité. Ce ne sont pas les mots *signes funestes* qui me semblent décisifs : ils veulent dire seulement un moyen de reconnaissance, comme cela est manifeste quand Iobatès, un peu plus loin, demande *à voir le signe* apporté de la part de Prœtus, et que Bellérophon lui montre *le signe fatal*. Le signe, c'était la lettre elle-même, la tablette bien pliée sur laquelle Prœtus avait écrit tant de détestables choses. Argumenter sur la vague expression de *signes funestes*, c'est donc sortir de la question, c'est parler du contenant et non pas du contenu. On dit que la lettre était écrite en caractères symboliques, idéographiques ; mais on le dit uniquement à cause du mot *signe* mal interprété, et qui n'exprime pas plus ici des caractères symboliques qu'une écriture phonétique. Il s'agit de savoir si la longue lettre de Prœtus était ou un tableau figuré à la manière des hiéroglyphes, ou un écrit dans le sens ordinaire de ce mot. On affirme gratuitement que c'étaient des hiéroglyphes. Je serais en droit d'affirmer, même sans preuve, que c'était un écrit en lettres alphabétiques.

Mais l'hypothèse que je combats n'est pas seulement gratuite, elle est contraire à toute probabilité, et même à toute vraisemblance. Quoi! tous les peuples congénères de la nation grecque se servent de l'écriture phonétique depuis des milliers d'années, et la Grèce l'ignore! Quoi! un système complet de symboles, capable d'exprimer tous les sentiments, toutes les pensées, et de suffire aux besoins d'une correspondance entre parents, disparaît tout d'un coup sans laisser un vestige, ni même le moindre souvenir! Toute la Grèce quitte subitement un antique usage à un certain jour, pour adopter, sans réclamation aucune, un usage étranger! Mais les peuples qui se servent d'une écriture symbolique ne la quittent guère, quels qu'en soient les inconvénients. Les Égyptiens ont conservé leurs hiéroglyphes avec une invincible obstination, en dépit même de la conquête, rejetant et l'alphabet punique des Hycsos, et l'alphabet cunéiforme des Perses, et les alphabets perfectionnés des Grecs et des Romains : s'ils finirent par écrire comme tout le monde, c'est quand il n'y eut plus d'Égypte ni de peuple égyptien que dans l'histoire. Les Chinois ne sont pas près d'échanger leurs lettres sans nombre contre un alphabet plus simple et plus rationnel. Quoi! dirai-je encore, les Phéniciens ont fait, dès les temps les plus reculés, des établissements sur toutes les côtes de la Grèce; ils ont communiqué aux Grecs le culte d'Astarté, devenue si gracieuse chez les poëtes sous le nom d'Aphrodite; ils ont avec les Grecs de perpétuelles relations de voisinage et de commerce; et c'est au bout de mille ans et plus que les Grecs s'aperçoivent qu'ils peuvent emprunter aux Phéniciens quelque chose de plus précieux que leurs marchandises, et même que la pourpre de Tyr; et ces Grecs, qui ont négligé pendant tant de siècles de peindre aux yeux les mots de leur langue, ils attendent qu'Homère ait chanté et que leur poésie soit à l'apogée, pour se mettre à l'école des barbares, et pour apprendre d'eux les lettres de l'alphabet! Quant à moi, j'aimerais mieux cent fois, hypothèse pour hypothèse, admettre que les peuples primitifs de la Grèce, ces Pélasges dont les monuments nous frappent encore d'admiration, n'ont pas été dénués de la connaissance et de l'usage de l'écriture alphabétique, ce merveilleux et tout-puissant véhicule de la pensée.

Je terminerai par une observation bien simple, c'est qu'il y avait telle sorte de poésie, dans ces temps où l'écriture alphabétique était soi-disant inconnue, qui précisément n'était pas faite pour être chantée, et qui ne pouvait que courir manuscrite de main en main. Je veux parler des Iambes. Se figure-t-on ces violentes satires où Archiloque avait distillé sa rage contre Lycambès, déclamées en public par le poëte, ou même par un rhapsode? Elles n'ont pu tomber que tard dans le domaine de la rhapsodie, quand ce n'étaient plus pour les auditeurs que de beaux vers, quand Lycambès et Archiloque étaient morts, et que le temps avait emporté avec lui les violentes passions dont s'était inspiré le poëte.

Je n'ai pas tout dit, tant s'en faut, sur une question si controversée; mais j'ai presque regret à ces pages qui eussent pu être plus fructueusement remplies. Peut-être eussé-je dû me borner à élever une fin de non-recevoir contre le paradoxe que j'ai pris la peine de combattre. Ce n'est, en définitive, qu'un des échos du scepticisme historique du dernier siècle. On conçoit que ceux qui niaient l'authenticité du *Pentateuque* aient appliqué leurs théories aux œuvres de l'antiquité profane. Pour eux la civilisation n'était dans le monde qu'une nouvelle venue; l'histoire du haut Orient n'était que fables, et les monuments du génie des vieilles races qu'impudentes supercheries de faussaires. Les merveilles mêmes de l'Égypte des Pharaons ne les pouvaient convaincre que l'humanité eût depuis longtemps le don de faire de grandes choses. Nous n'en sommes plus, grâce à Dieu, à cette critique misérable qui retranchait aux pyramides de Memphis deux mille ans de leur existence; qui soutenait que Manéthon, Sanchoniaton et Bérose étaient des noms sans réalité, et leurs ouvrages, tant cités par les historiens, des contes imaginés à plaisir et jetés en pâture à la crédulité des lecteurs. Nous avons vu sortir du néant Ninive disparue depuis vingt-cinq siècles, et nous avons contemplé les œuvres de l'art assyrien. Nous savons la date des pyramides et de monuments bien plus anciens que les pyramides mêmes. Nous pouvons lire de nos yeux, toucher de nos mains des papyrus, je dis parfaitement authentiques, couverts d'une écriture très bien formée, et qui sont antérieurs de plus de mille ans à la naissance de Moïse. Le système d'écriture n'importe nullement : ce sont des manuscrits. Aussi Moïse nous paraît-il quelque peu moderne, eu égard à cette prodigieuse antiquité. Qu'est-ce donc d'Homère, qui a dû vivre si longtemps après Moïse? Et si Moïse, l'homme du désert, le chef d'une race errante, a laissé des écrits, et non pas seulement une tradition orale, comment peut-on affirmer que, cinq siècles et plus après Moïse, chez une nation où florissaient les arts, fixée de tout temps dans des villes, en relation avec tous les peuples du monde alors connu, couvrant de ses établissements en Grèce et en Asie une étendue de côtes immense; comment, dis-je, a-t-on bien le courage de soutenir que, chez ces Grecs si cultivés déjà, et même si admirablement civilisés, l'art le plus indispensable de la civilisation était ignoré, non pas seulement des hommes du vulgaire, mais des hommes qui faisaient profession de la poésie et consacraient leur vie au culte des Muses ; et que les petits enfants de Tyr ou de Jérusalem auraient pu en remontrer, sur les éléments les plus simples, aux incomparables génies dont la splendeur luit encore aujourd'hui sur l'univers?

Le bon sens est la hache qui frappe les coups les plus sûrs dans l'échafaudage des systèmes trop ingénieux. Il en savait quelque chose, ce spirituel philologue qui refusait la discussion sur les problèmes soulevés à propos des épopées d'Homère, et qui répondait avec le poëte comique, à des raisonnements désavoués par la raison : « Non tu ne me persuaderas pas, quand même tu m'aurais persuadé[1] ! »

CHAPITRE IV.

HOMÈRE.

Doutes élevés sur l'existence d'Homère. — Analyse de l'*Iliade*. — Analyse de l'*Odyssée*. — L'*Iliade* et l'*Odyssée* sont-elles l'œuvre du même poëte? — Qu'il n'y a eu qu'un Homère. — Date probable de l'existence d'Homère. — Qu'Homère était Ionien. — Traditions vulgaires sur la vie d'Homère. — Caractères des dieux d'Homère. — Caractère d'Achille. — Caractère d'Ulysse. — Caractères des autres héros d'Homère. — Les héroïnes d'Homère. — Naïveté de la poésie d'Homère. — Sublime d'Homère. — Descriptions d'Homère. — Homère jugé par les moralistes. — Style d'Homère. — Versification d'Homère. — Transmission des épopées homériques. — Travaux des critiques alexandrins. — Du chant XI° de l'*Odyssée*. — Conclusion.

Doutes élevés sur l'existence d'Homère.

« Qui croira, dit Fénelon[2], que l'*Iliade* d'Homère, ce poëme si parfait, n'ait jamais été composé par un effort du génie d'un grand poëte, et que, les caractères de l'alphabet ayant été jetés en confusion, un coup de pur hasard, comme

---

1. Aristophane, *Plutus*, vers 600.
2. *De l'Existence de Dieu*, partie 1re, chapitre 1.

un coup de dés, ait rassemblé toutes les lettres précisément dans l'arrangement nécessaire pour décrire, dans des vers pleins d'harmonie et de variété, tant de grands événements; pour les placer et pour les lier tous si bien ensemble; pour peindre chaque objet avec tout ce qu'il a de plus gracieux, de plus noble et de plus touchant; enfin pour faire parler chaque personne selon son caractère, d'une manière si naïve et si passionnée? Qu'on raisonne et qu'on subtilise tant qu'on voudra, jamais on ne persuadera à un homme sensé que l'*Iliade* n'ait point d'autre auteur que le hasard. »

Cette argumentation, au dix-septième siècle, semblait irréprochable, même à Fénelon, c'est-à-dire à un des hommes qui ont le mieux connu l'antiquité. Nul ne contestait alors l'unité de l'*Iliade* ou de l'*Odyssée*, ni l'art qui avait présidé à la composition de ces ouvrages. Mais tout a bien changé depuis. Ce n'est pas ce raisonnement de Fénelon qui aurait démontré à Vico l'existence de Dieu, puisque Vico niait précisément la personnalité d'Homère. Frédéric-Auguste Wolf en eût été touché bien moins encore. Les Grecs, suivant lui, n'avaient appris que tard à former un ensemble poétique, à composer de vrais poëmes. Tout était hasard dans la naissance de l'*Iliade* et de l'*Odyssée* : elles s'étaient formées successivement de la réunion de chants d'abord distincts, et qui étaient l'œuvre des membres divers d'une même famille d'aèdes; elles n'étaient devenues ce que nous les voyons que par le travail des siècles, et surtout par la compilation faite au temps de Pisistrate. Lachmann, un des disciples de Wolf, a même essayé de déterminer le nombre des morceaux primitifs qui avaient servi à fabriquer l'*Iliade*. Il en a reconnu seize, ni plus ni moins; et il propose, en vertu de sa découverte, une nouvelle division du poëme en seize chants, pour faire droit aux seize Homères qui ont à y revendiquer leur part respective. Aujourd'hui, surtout en France, les wolfiens purs sont assez rares; mais il ne manque pas de personnes, même dans notre pays, qui tiennent encore pour article de foi tel ou tel des paradoxes sur lesquels repose le système. Eh! n'avons-nous pas vu le bonhomme Dugas-Montbel, un traducteur d'Homère, demander presque pardon à Dieu d'avoir pu croire d'abord qu'il y avait eu un véritable Homère? N'avons-nous pas entendu le célèbre érudit Fauriel, en pleine Sorbonne, enseigner et même exagérer le wolfianisme? Ne lisons-nous pas tous les jours, dans des *Revues* littéraires, même dans des dissertations savantes, qu'il n'y a plus guère que les pauvres d'esprit qui se figurent qu'un certain poëte, nommé Homère, ait conçu et exécuté l'*Iliade* et l'*Odyssée?* Il reste, pour ainsi parler, des doutes dans l'air, à propos de la personne d'Homère et du caractère des poésies homériques. Il faut donc, avant tout, prouver qu'Homère n'est pas simplement un nom ; c'est-à-dire qu'il faut prouver que les épopées homériques sont des poëmes dans toute la force du terme, faits de main d'ouvrier, et composés, comme disait Fénelon, par un effort du génie d'un grand poëte. Les assembleurs de nuages ont si bien fait, qu'il est indispensable, de notre temps, de démontrer ce qui était, dans un autre siècle, l'évidence même, ce qui servait à démontrer Dieu. La tâche, heureusement pour moi, est des plus faciles. Il suffit de faire le sommaire exact de l'*Iliade* et de l'*Odyssée*, et de conter naïvement ces deux poëmes, comme des histoires merveilleuses dont on n'aurait retenu que les principaux traits. C'est ce que sentent très-bien Wolf et les siens : aussi se sont-ils toujours abstenus de rappeler à notre mémoire, par un fidèle exposé, l'ordre et la succession des parties dont les deux épopées se composent. Ils jugent la peinture, comme dit spirituellement M. Ernest Havet, sur une déposition de témoins, sur le vu de je ne sais quelles pièces procédurières, et ils refusent la confrontation du tableau lui-même.

Analyse de l'Iliade.

L'*Iliade* commence au moment où éclate la querelle entre Agamemnon et Achille. Irrité de l'enlèvement de Briséis sa captive, Achille se retire sur ses vaisseaux, et se condamne à une absolue inaction. Il appelle, par l'intermédiaire de sa mère Thétis, la colère du maître des dieux sur l'armée tout entière. Jupiter abuse Agamemnon par de fausses espérances, et le chef des confédérés livre la bataille aux Troyens. Dès ce jour, l'absence d'Achille se fait sentir : les Grecs, auparavant victorieux, et qui tenaient étroitement serrés leurs ennemis dans les murs d'Ilion, en sont réduits à craindre pour leur camp et leurs navires. Une courte trêve est conclue : on donne la sépulture aux morts ; et les Grecs, afin de se garantir contre une surprise, protégent leur camp d'un mur et d'un fossé.

La trêve est expirée ; la lutte s'engage de nouveau. Les Troyens mettent les Grecs en fuite ; Hector poursuit les fuyards jusqu'au fossé, où il s'arrête enfin à la chute du jour. Découragés, frappés de terreur, les Grecs ne voient plus de salut que dans Achille : ils dépêchent des députés pour apaiser le héros ; mais Achille demeure inexorable.

Au lever du soleil, le combat recommence. Les Grecs les plus braves sont blessés et quittent la mêlée. Le spectacle de ce désastre fait quelque impression sur l'âme d'Achille ; mais il se borne à envoyer Patrocle examiner de plus près ce qui se passe. Cependant Hector franchit le fossé, escalade le rempart, et les Grecs cherchent un refuge dans leurs navires. Ils reviennent pourtant à l'ennemi, et pendant longtemps la victoire reste douteuse. Mais les Grecs sont une seconde fois vaincus : c'est dans le camp même, c'est sur les navires qu'ils sont réduits à se défendre. Patrocle, saisi d'indignation et de pitié, revient auprès d'Achille : il supplie le héros de secourir enfin les Grecs, ou tout au moins de permettre que lui-même il revête ses armes et conduise les Myrmidons au combat. En ce moment, une lueur sinistre éclate aux yeux : c'est le navire de Protésilas qui brûle, embrasé par la main des ennemis. Achille n'est point encore apaisé : il persiste dans son inaction ; mais il permet à Patrocle de combattre à sa place. Patrocle revêt les armes d'Achille, et court à sa perte, mal protégé par les conseils et par les prières de son ami contre le courroux d'une divinité puissante. Apollon le dépouille de ses armes ; Euphorbe le blesse ; Hector l'achève. La bataille se ranime avec fureur autour de son cadavre. Antilochus va annoncer à Achille que Patrocle n'est plus, et que les Grecs ne peuvent parvenir à repousser les

Troyens hors des retranchements. On imagine assez la douleur d'Achille, sa rage, ses gémissements, les menaces terribles qu'il profère contre le meurtrier. Il n'a plus ses armes, il ne peut courir dans la mêlée. Il sort néanmoins ; mais il s'arrête près du fossé, soutenu par les paroles d'Iris et couvert de l'égide de Pallas : « Trois fois, dit le poëte, le divin Achille pousse un grand cri par-dessus le fossé, et trois fois les Troyens et leurs illustres alliés sont troublés d'épouvante[1]. » Enfin les Grecs respirent, et le corps de Patrocle est mis en lieu de sûreté.

Tandis que les Troyens tiennent conseil durant la nuit non loin des vaisseaux, Achille convoque, de son côté, l'assemblée des Grecs ; désormais tout entier à la vengeance, il renonce à son inaction, et il dépose ses ressentiments contre le fils d'Atrée. Vulcain, à la prière de Thétis, lui a forgé des armes nouvelles. Il s'en couvre, et se précipite sur les Troyens. Ce n'est point une bataille, c'est un carnage. Bientôt il ne reste debout dans la plaine qu'Hector, victime réservée aux destins. Enfin Hector lui-même tombe sous la main d'Achille. Le vainqueur fait à Patrocle de magnifiques funérailles. Cependant le vieux Priam, conduit par un dieu, vient trouver Achille dans sa tente, pour racheter le cadavre d'Hector. Achille n'est point insensible à la douleur et aux prières du vieillard. Priam remporte à Troie les tristes dépouilles de son fils, et les Troyens célèbrent, dans les gémissements et dans les larmes, les obsèques de leur noble héros.

Ce simple récit doit suffire. J'aurais pu l'étendre bien davantage ; mais je n'ai pas eu la prétention de montrer tout ce qu'il y a d'admirable dans le plan et dans la composition de l'*Iliade*. J'ai voulu simplement prouver que l'*Iliade* avait un plan, et que la composition de ce poëme n'était point en désaccord avec les plus sévères prescriptions d'une raison même exigeante. L'unité de l'*Iliade*, la pensée qui vit d'un bout à l'autre, à laquelle se rattachent plus ou moins étroitement toutes les inventions qui remplissent le poëme, c'est la colère d'Achille. Elle n'est pas dans tous les événements, j'en con-

---

[1]. *Iliade*, chant XVIII, vers 228, 229.

viens ; mais elle est dessous, comme parle Otfried Müller : supprimez cette idée, et tout le poëme s'écroule, et tous les événements perdent leur signification. Les épisodes mêmes ne sont jamais, quoi qu'on en ait dit, des hors-d'œuvre : qu'on retranche, par exemple, l'entretien d'Andromaque et d'Hector l'épopée subsistera toujours, mais amaigrie, trop réduite, déjà déformée. Les épisodes, d'ailleurs, ne ressemblent nullement à de petites épopées ayant eu jadis une existence par elles-mêmes avant d'être enchâssés dans l'*Iliade*. Ils ne forment jamais un tout complet. A chaque instant, presque à chaque vers, ils fourmillent d'allusions aux faits qu'on a dû lire avant d'arriver à ces prétendus poëmes. Sans les épisodes, l'*Iliade* serait encore l'*Iliade* : sans l'*Iliade*, les épisodes ne sont rien.

Ainsi nous n'avons pas même besoin de recourir à l'hypothèse imaginée par l'historien Grote. L'*Iliade* est ce qu'elle doit être, ce qu'elle a été de tout temps, et non pas une *Achilléide* à laquelle on aurait ajouté plus tard une dizaine de morceaux empruntés à quelque autre épopée dont le siége de Troie était proprement le sujet. Grote compare l'*Iliade* à un édifice bâti d'abord sur un plan resserré, et qui s'est agrandi par des additions successives. Il n'admet, dans le plan original, que le premier chant, le huitième, le onzième et les suivants, jusqu'au vingt-deuxième inclusivement, et, à la rigueur, le vingt-troisième et le vingt-quatrième. On vient de voir si l'*Iliade* est un Louvre ou un Fontainebleau, et si l'édifice suppose la main de plus d'un architecte.

La Harpe, qui ne mérite pas toujours d'être cité quand il écrit sur les anciens, a trouvé au moins une fois des accents dignes du sujet : c'est quand il parle de l'*Iliade* et de l'art incomparable qu'y déploie Homère :

« Je voyais avec regret, je l'avoue, dit le critique, que les combats allaient recommencer après l'ambassade des Grecs; et je me disais qu'il était bien difficile que le poëte fit autre chose que de se ressembler en travaillant toujours sur le même fond. Mais quand je le vis tout à coup devenir supérieur à lui-même, dans le onzième chant et dans les suivants; s'élever d'un essor rapide à une hauteur qui semblait s'accroître sans cesse; donner à son action une face nouvelle; substituer à quelques combats particuliers le choc épouvantable de deux grandes masses, précipitées l'une sur l'autre par les héros qui les commandent et les dieux qui les animent; balancer longtemps avec un art inconcevable une victoire que les décrets de Jupiter ont promise à la valeur d'Hector; alors la verve du poëte me parut embrasée de tout le feu des deux armées : ce que j'avais lu jusque-là, et ce que je lisais, me rappelait l'idée d'un vaste incendie qui, après avoir consumé quelques édifices, aurait paru s'éteindre faute d'aliment, et qui, ranimé par un vent terrible, aurait mis en un moment toute une ville en flammes. Je suivais, sans pouvoir respirer, le poëte qui m'entraînait avec lui; j'étais sur le champ de bataille : je voyais les Grecs pressés entre les retranchements qu'ils avaient construits et les vaisseaux qui étaient leur dernier asile; les Troyens se précipitant en foule pour forcer cette barrière; Sarpédon arrachant un des créneaux de la muraille; Hector lançant un rocher énorme contre les portes qui la fermaient, les faisant voler en éclats, et demandant à grands cris une torche pour embraser les vaisseaux; presque tous les chefs de la Grèce, Agamemnon, Ulysse, Diomède, Eurypyle, Machaon, blessés et hors de combat; le seul Ajax, le dernier rempart des Grecs, les couvrant de sa valeur et de son bouclier, accablé de fatigue, trempé de sueur, poussé jusque sur son vaisseau, et repoussant toujours l'ennemi vainqueur; enfin la flamme s'élevant de la flotte embrasée, et, dans ce moment, cette grande et imposante figure d'Achille monté sur son navire et regardant avec une joie tranquille et cruelle ce signal que Jupiter avait promis, et qu'attendait sa vengeance. Je m'arrêtai comme malgré moi, pour me livrer à la contemplation du vaste génie qui avait construit cette machine, et qui, dans l'instant où je le croyais épuisé, avait pu ainsi s'agrandir à mes yeux : j'éprouvais une sorte de ravissement inexprimable; je crus avoir connu pour la première fois tout ce qu'était Homère; j'avais un plaisir secret et indicible à sentir que mon admiration était égale à son génie et à sa renommée; que ce n'était pas en vain que trente siècles avaient consacré son nom, et c'était pour moi une double jouissance de trouver un homme si grand et tous les autres si justes. »

Analyse de l'Odyssée.

Horace, dans l'*Art poétique*, après avoir cité un vers du début de je ne sais quelle épopée sur la guerre de Troie, cite en regard, et comme contraste, les deux premiers vers de l'*Odyssée*, dont il loue vivement la netteté, la simplicité, le ton parfait, l'exquise convenance. Un peu plus loin, il ajoute : « Le poëte, pour dire le retour de Diomède, ne remonte pas jusqu'à la mort de Méléagre, et il ne raconte point la guerre de Troie en commençant par les deux œufs de Léda. Toujours il se hâte au dénoûment. Il entraîne tout d'abord le lecteur au milieu même des choses, supposant qu'on sait de quoi il s'agit. Ce qu'il désespère de pouvoir faire reluire en y appliquant la main, il le laisse; et il met tant d'art dans ses fictions, il entremêle si bien le vrai avec le faux, que jamais dans le poëme il n'y a discordance, du début au milieu, du milieu à la fin [1]. » Ce n'est donc point à Horace qu'il eût fallu adresser cette question, qui est en effet passablement étrange : L'*Odyssée* a-t-elle un plan? est-elle l'œuvre d'un seul poëte? Il est vrai qu'Horace n'avait pas lu les *Prolégomènes* de Wolf. Et pourtant, en dépit de Wolf et de ses *Prolégomènes*, l'*Odyssée*, ainsi que l'*Iliade* et beaucoup plus encore que l'*Iliade*, prouve un poëte, comme l'univers prouve un Dieu.

Dans l'*Iliade*, les parties se suivent simplement, selon l'ordre chronologique, pendant le temps que dure l'action racontée. Ce n'est pas le poëte seul qui nous raconte le retour d'Ulysse : c'est de la bouche du héros que nous apprenons les vicissitudes qui ont agité sa vie depuis son départ de l'île de Calypso. Quand le poëme commence, il y a bien des années déjà que Troie est prise, et qu'Ulysse tâche en vain d'atteindre le rivage de sa chère Ithaque, et de voir s'élever, comme parle Homère, la fumée de la terre natale. Pénélope

---

[1]. Horace, *Art poétique*, vers 146 et suivants.

ne sait plus comment résister aux obsessions des prétendants, qui la somment de choisir enfin un époux. Télémaque son fils, encouragé par Minerve, convoque l'assemblée du peuple, et dénonce, en face des prétendants eux-mêmes, les indignités qui se commettent dans le palais d'Ulysse. Il part ensuite pour Pylos et pour Lacédémone, où il va s'enquérir, auprès de Nestor et de Ménélas, si l'on n'a point entendu parler de son père. Télémaque jusque-là n'avait guère été qu'un enfant : il s'exerce désormais aux actions viriles; et Ulysse, à son retour, trouvera un fils digne de lui, et capable de lui prêter un utile secours, quand il fera sentir aux prétendants la pesanteur de son bras.

Cependant Ulysse languit dans l'île d'Ogygie, où le retient Calypso, loin de sa patrie et du commerce des hommes. Les dieux ont enfin pitié de son infortune : il quitte le séjour détesté, monté sur un radeau construit par ses propres mains. Mais la haine de Neptune ne s'est point endormie : le dieu se souvient d'un fils à venger. Le radeau est brisé par la tempête. Ulysse échappe pourtant au danger, et aborde, mourant de faim et de fatigue, sur le rivage de l'île de Schérie, fortuné pays des Phéaciens. Alcinoüs, roi de l'île, reçoit dans son palais le naufragé suppliant. Ulysse, en retour d'une hospitalité empressée, conte aux Phéaciens ses merveilleuses aventures. Il dit comment les vents orageux l'ont successivement poussé sur les côtes des Ciconiens, chez les Lotophages, dans la contrée habitée par les Cyclopes; comment Polyphème le retint captif dans son antre, lui et ses compagnons; il peint les sanguinaires festins du hideux fils de Neptune, la vengeance éclatante de tant de meurtres, le stratagème qui sauve les captifs survivants. Il transporte ses auditeurs avec lui chez Éole, le roi hospitalier, mais qui ne souffre pas qu'on abuse de ses dons et qu'on méprise ses conseils; chez les Lestrygons, géants anthropophages; dans l'île où l'enchanteresse Circé changé les hommes en bêtes; dans la contrée des ténèbres, où le héros avait évoqué les âmes des morts, avides de goûter le sang du sacrifice. Il échappe à la séduction du chant des Sirènes, à la gueule béante de Scylla et de Charybde, et il encourt la colère du Soleil, dont ses compagnons ont égorgé les bœufs. C'est de l'île du Soleil que la tempête, après avoir brisé son navire, l'avait jeté sur les côtes d'Ogygie.

Les Phéaciens, charmés des récits d'Ulysse, le comblent de présents, et lui donnent, pour retourner dans sa patrie, un de leurs vaisseaux, qui suivaient sans jamais dévier leur route à travers les ondes. Il dormait quand le navire toucha le rivage d'Ithaque : les Phéaciens le déposent tout endormi sur sa terre natale, avec les trésors qui étaient son bien. Éveillé, et quand il s'est assuré que les Phéaciens ne l'ont point abandonné sur quelque rive inconnue, il se rend chez le porcher Eumée, le plus fidèle de ses serviteurs, et il apprend de lui tout ce qui s'est passé durant sa longue absence. Télémaque était revenu de son voyage, et avait échappé aux embûches que lui tendaient les poursuivants de Pénélope pour le faire périr. Il vient lui-même chez Eumée, et il y trouve son père. Ulysse s'ouvre à Télémaque ; mais il exige de lui le secret le plus profond et sur sa présence et sur ses desseins.

Eumée introduit Ulysse dans la ville, et jusque dans le palais où les prétendants dévorent son patrimoine. Nul ne reconnaît le roi d'Ithaque sous les haillons du mendiant, et sous les rides dont Minerve a sillonné son visage. Je me trompe : un vieux chien, à demi mort sur un fumier, agita sa queue et baissa les oreilles, dès qu'il sentit s'approcher le maître qui l'avait élevé. La vieille Euryclée devine aussi Ulysse, mais à une marque tout extérieure. Ulysse lui impose, comme à Télémaque, un absolu silence.

Pénélope s'avise, pour dernier expédient, de promettre d'épouser celui des prétendants qui vaincra tous ses rivaux dans le combat de l'arc. Mais c'est l'arc d'Ulysse qu'il faut tendre : toutes les mains sont trop débiles pour en venir à bout. Le mendiant demande à essayer, et il finit par l'obtenir, sur les instances de Télémaque. Il tend l'arc sans effort et atteint le but ; puis, aidé de son fils, d'Eumée et d'un autre serviteur fidèle, il fait payer aux prétendants et à leurs complices le prix de leur insolence et de leurs crimes. Ulysse, qui a repris sa forme première et sa beauté, se fait reconnaître à Pénélope. Le lendemain, il quitte la ville, pour se soustraire à la fureur des parents de ceux dont il a tiré vengeance, et pour visiter Laërte son vieux père, dans sa maison des champs. L'ennemi vient l'assaillir jusque dans cette retraite; mais, après une lutte de quelques instants, la paix se conclut entre les deux partis, grâce à l'intervention des dieux.

L'Iliade et l'Odyssée sont-elles l'œuvre du même poëte?

C'est un poëte, et un poëte de génie, qui a composé l'*Iliade*; c'est un poëte aussi, et un poëte non moins grand, qui a composé l'*Odyssée*. Nul doute sur ce point. Mais le poëte de l'*Odyssée* et le poëte de l'*Iliade* sont-ils le même poëte? en d'autres termes, n'y a-t-il qu'un Homère, ou en doit-on admettre deux? c'est là une question depuis longtemps controversée, et sur laquelle de bons esprits sont d'avis différents. Dans l'antiquité même, il y a eu des critiques qui pensaient que l'*Iliade* et l'*Odyssée* n'étaient pas du même auteur. On nommait ces critiques *chorizontes*, c'est-à-dire séparateurs, à raison de la distinction, de la séparation qu'ils prétendaient établir entre les deux poëmes. Mais les motifs qu'ils alléguaient à l'appui de leur opinion paraissent en général bien légers, presque puérils. Je remarque que tous les chorizontes étaient des grammairiens de la première École d'Alexandrie, de cette École où l'on s'occupait infiniment plus des mots que des idées, et de la versification que de la poésie. Je croirais pourtant leur faire injure si je les jugeais d'après ce que rapportent d'eux les scholiastes d'Homère. Les chorizontes trouvaient étrange que le Crète n'eût que quatre-vingt-dix villes dans l'*Odyssée*, tandis qu'elle a cent villes dans l'*Iliade*. Si les deux poëmes, disaient les chorizontes, sont du même auteur, pourquoi les héros ne mangent-ils pas du poisson dans l'*Iliade*, puisqu'ils en mangent dans l'*Odyssée*? Il n'est pas besoin, je pense, de discuter de pareils enfantillages.

Quelques modernes ont essayé, surtout dans ces derniers temps, de remettre en honneur l'idée des chorizontes, et de lui donner un caractère savant et systématique. Leurs arguments ont, en effet, quelque chose de plus sérieux que ceux des Alexandrins. Ils les tirent de l'examen approfondi des deux poëmes, et de ce qu'ils nomment leur frappante diversité. Ainsi, l'*Iliade* est plus pathétique et plus simple ; l'*Odyssée* est plus morale et plus complexe. Dans l'une, c'est l'enthousiasme qui domine, et le mouvement d'un récit passionné y suffit à l'intérêt; dans l'autre, la combinaison des parties supplée à la rapidité de l'action : le poëte y sonde plus profondément les replis du cœur humain, et d'une main plus sûre, et avec une conscience plus réfléchie. L'*Iliade*, épopée de guerres et de batailles, dut être, suivant les chorizontes nouveaux, composée dans des temps assez voisins de l'époque héroïque, dont elle respire l'esprit, non loin des lieux qui avaient été le théâtre des exploits des héros, et qui sont décrits dans le poëme avec une fidélité si naïve. L'*Odyssée* est le tableau d'une civilisation plus perfectionnée, plus curieuse des arts qui procurent le bien-être de la vie : c'est, à bien des égards, une épopée de marchands et d'explorateurs de terres lointaines. Elle doit dater, par conséquent, de cette époque d'heureuse activité où les villes ioniennes donnèrent le premier essor à leur commerce et firent leurs premières tentatives de navigation. Il n'est pas jusqu'à la langue qui, malgré l'uniformité du dialecte épique, n'ait des différences sensibles de l'un à l'autre poëme : plus naïve et plus rapprochée des formes éoliques dans l'*Iliade*; plus savante et déjà plus voisine de l'ionien dans l'*Odyssée*.

Telles sont les raisons principales pour lesquelles les chorizontes d'aujourd'hui regardent l'*Iliade* et l'*Odyssée* comme l'œuvre de deux poëtes distincts, et qui n'ont vécu ni dans le même temps ni peut-être dans les mêmes lieux. Je les ai fidèlement résumées d'après M. Guigniaut, le plus habile des apologistes de la doctrine. Voici des objections auxquelles ces arguments sont bien loin, ce me semble, d'avoir péremptoirement répondu.

Qu'il n'y a eu qu'un Homère.

La différence des deux sujets explique la différence de caractère qui existe dans les deux poëmes ; et l'art plus savant, si l'on veut, dans l'*Odyssée* que dans l'*Iliade*, prouve seulement que l'auteur de l'*Odyssée* avait été forcé de tirer des ressources de son génie beaucoup plus que n'avait dû faire l'auteur de l'*Iliade*, pour soutenir jusqu'au bout l'attention du lecteur, toujours si prompte à défaillir. Il est faux parfaitement de dire que les sentiments des héros et des héroïnes de l'*Iliade* sont d'un ordre moins élevé, d'une pureté moins idéale que ce que nous admirons dans l'*Odyssée*. Andromaque, à mon avis, ne le cède point à Pénélope ; et l'Hélène de l'*Iliade* n'est pas indigne, tant s'en faut, de l'aimable femme qui reçoit Télémaque dans son palais. Les guerriers de l'*Iliade* ne sont pas toujours des saccageurs de villes et des tueurs d'hommes. Les mortels plus pacifiques de l'*Odyssée* ne sont pas tous des modèles de vertu ; et plus d'une fois nous surprenons en eux, même chez les plus sages, des passions qui ne sont pas très-civilisées, des appétits quelque peu sauvages. En définitive, c'est le même homme dans les deux poëmes, mais vu sous deux aspects divers, là dans sa vie guerrière, ici dans sa vie sociale. L'étude morale de l'homme est, il est vrai, plus étendue dans l'*Odyssée*, plus approfondie, plus réfléchie peut-être. Mais il serait étrange qu'il n'en fût pas ainsi, et qu'une épopée comme l'*Iliade*, où tout est action, et que remplissent des récits de batailles, contînt tous les enseignements qui abondent dans l'épopée du foyer domestique et de la paix. Qui empêche d'ailleurs d'admettre, avec la tradition antique, que l'*Iliade* fut la production de l'âge viril du poëte, et l'*Odyssée* l'œuvre de sa puissante vieillesse, alors qu'il avait beaucoup vécu et qu'il avait vu, comme son héros, les villes de beaucoup de peuples et étudié leur esprit ; alors qu'il devait se plaire et aux méditations intérieures et aux histoires sans fin ? Est-il d'ailleurs permis d'affirmer que les hommes de l'*Odyssée* connaissent des arts dont il n'y aurait pas trace dans l'*Iliade*, ou que les arts dont il est question dans les deux poëmes sont plus perfectionnés dans l'un que dans l'autre? nullement. Lisez par exemple, dans l'*Iliade*, la description du palais de Priam ou celle du bouclier d'Achille ; et dites s'il y a rien, dans toute l'*Odyssée*, même les plus rares merveilles d'Ithaque, ou de Sparte, ou de Schérie, d'où il faille inférer ou un développement plus complet de l'industrie humaine ou une exécution plus habile et plus brillante. Les navires qui avaient porté de Grèce en Asie l'innombrable armée commandée par Agamemnon prouvent que la navigation n'était pas chose nouvelle dès le temps de la guerre de Troie, ni par conséquent les explorations de terres plus ou moins lointaines, et que le poëte de l'*Iliade*, en quelque temps qu'il ait vécu, a pu, si telle était sa fantaisie, composer une épopée de marchands, comme on dit, et de voyageurs aventureux. Au dixième siècle avant notre ère, quand chantait le poëte de l'*Iliade*, il y avait des centaines d'années déjà que les Argonautes avaient accompli leur aventureux voyage et conquis la Toison d'or.

La confrontation impartiale des deux poëmes, dans ce qui tient aux arts de toute sorte, est donc la condamnation des chorizontes. L'*Iliade* et l'*Odyssée* se complètent l'une l'autre, mais ne se contredisent pas. Quant au caractère d'archaïsme signalé dans l'*Iliade*, c'est chose purement imaginaire. Il n'y aurait aucune témérité à défier tous les philologues du monde d'établir la soi-disant diversité lexicologique sur autre chose que des illusions et des systèmes préconçus. Les traces d'éolisme ne sont pas moins sensibles dans l'*Odyssée* que dans l'*Iliade*; et l'ionien futur germe également, si j'ose ainsi parler, dans l'un et l'autre poëme. L'*Iliade* et l'*Odyssée*, et l'une autant que l'autre, sont écrites en achéen, dans le dialecte intermédiaire entre la langue éolique et la langue ionienne.

Mais le style, les tours de phrase, l'ordre et le mouvement des pensées ! mais la versification ! mais les formules consacrées ! mais les épithètes traditionnelles ! C'est là ce que les chorizontes négligent de comparer dans les deux poëmes; et c'est là le point où éclate le plus manifestement la ressemblance. Cent vers pris au hasard dans l'un ne ressemblent pas moins à cent vers pris dans l'autre, et pour la facture, et pour la tournure, et pour le mouvement général, que ceux-ci ne ressemblent à tous les vers qui les précèdent et les suivent. Buffon a dit : « Le style est l'homme même. » Nous sommes en droit de dire ici : « Le même style, c'est le même homme. » Donc il n'y a qu'un Homère. Le style ne s'enlève pas ; et, malgré tous les efforts, on ne prend pas le tour d'esprit d'un autre : on n'écrit qu'avec soi-même, mieux qu'autrui ou plus mal, aussi bien peut-être, mais toujours autrement. Sans doute c'est une grande merveille que le même homme qui a composé l'*Iliade* soit aussi l'auteur de l'*Odyssée*. Mais le phénomène de ressemblance admis par les chorizontes est bien plus inouï encore. Ennius, en sa qualité de pythagoricien, s'était imaginé que l'âme d'Homère avait passé dans la sienne ; et l'on sait quel Homère c'était qu'Ennius. C'est bien une autre métempsycose qu'il nous faudrait supposer, pour donner raison à ces pythagoriciens nouveaux. Il y a un prodige mille fois plus extraordinaire que l'existence d'un Homère unique, c'est l'existence, successive ou non, de deux Homères.

L'illustre Otfried Müller, qui rejette l'hypothèse des chorizontes, en propose une autre bien plus inadmissible encore. Homère, suivant lui, aurait conçu le plan de l'*Odyssée*; mais ce n'est pas Homère qui aurait exécuté ce plan : il aurait chargé un de ses disciples dévoués de donner à ses conceptions la couleur et la vie. Je ne crois pas qu'aucune littérature offre un seul exemple d'où l'on puisse conclure même la simple possibilité d'un phénomène comme celui que suppose Müller. Il suffit d'ailleurs de lire l'*Odyssée* pour sentir que celui qui l'a conçue est aussi celui qui l'a faite. Le style du chantre d'Ulysse n'est pas un style d'école et de pratique ; et l'ongle du lion, la divine empreinte du génie y est partout manifeste, et aussi évidente, sinon aussi brûlante, que dans le style du chantre d'Achille.

Date probable de l'existence d'Homère.

J'ai dit ailleurs que le poëte de l'*Iliade* et de l'*Odyssée* voyait les hommes et les choses de l'âge héroïque dans un lointain favorable à la perspective, et qu'il s'imaginait vivre dans un monde dégénéré, eu égard aux merveilles et aux prouesses des anciens jours. Mais, si Homère n'est pas le contemporain des grands événements qu'il raconte, il a vécu toutefois dans un siècle où la mémoire en était fraîche encore et toute vivante. C'est un fait, je pense, qui n'a pas besoin de démonstration. « J'estime, dit Hérodote [1], qu'Homère et Hésiode ne vivaient que quatre cents ans avant moi. » D'après cette opinion, Homère aurait été contemporain de Lycurgue, et serait postérieur de trois siècles à la prise de Troie. Je suis convaincu qu'il faut reporter sa date un peu plus haut que l'époque de Lycurgue, et peut-être jusque vers l'an 1000 avant notre ère. Les traditions relatives à Lycurgue nous montrent, comme je l'ai déjà remarqué, le législateur de Sparte recueillant et copiant les poëmes homériques, déjà fameux dans toute l'Asie Mineure. Et, quand ces poëmes ont été composés, les royautés étaient florissantes, la Grèce était encore gouvernée par des monarques héréditaires, descendants des anciens héros. C'est pour charmer les loisirs de ces rois que chantait Homère, comme Thamyris, Phémius et Démodocus avaient chanté pour charmer les loisirs de leurs ancêtres. Si vous faites vivre Homère à une époque plus rapprochée, il y a mille choses dans ses poëmes que vous ne pouvez plus expliquer. « Le commandement de plusieurs n'est pas bon : qu'il n'y ait qu'un seul chef, qu'un seul roi [2]. » Ce n'est pas en pleine démocratie qu'un poëte eût parlé ainsi, même par la bouche d'Ulysse.

[1]. Livre II, chapitre LIII.
[2]. *Iliade*, chant II, vers 204, 205.

Qu'Homère était Ionien.

Sept villes se sont disputé l'honneur d'avoir donné la naissance à Homère. Voici l'ordre où elles sont énumérées dans un vers fameux : Smyrne, Chios, Colophon, Salamine, Ios, Argos, Athènes. Mais il faut dire que la plupart de ces villes n'apportaient, à l'appui de leur prétention, que des titres de seconde main ou même plus que suspects. Ainsi Athènes ne revendiquait Homère pour sien que parce qu'elle était la métropole de Smyrne. Ainsi les Colophoniens prétendaient qu'Homère leur avait été donné en otage par les Smyrnéens : c'est même de là que venait, selon eux, le nom d'Homère, Ὅμηρος, qui signifie en effet *otage*. Le débat vraiment sérieux n'est qu'entre Smyrne et Chios. C'est à Chios que florissait l'école des rhapsodes qu'on nommait les Homérides et qui se disaient les descendants d'Homère. Simonide appelle Homère *l'homme de Chios*. Le poëte qui parle dans l'*Hymne à Apollon Délien* dit aux filles de Délos qu'il est l'homme aveugle qui habite dans la montagneuse Chios; et Thucydide lui-même regarde cet hymne comme l'œuvre d'Homère. Quoi qu'il en soit de l'authenticité de l'hymne, rien n'empêche de supposer que, si Homère n'est pas né à Chios, il a passé à Chios une partie de sa vie; qu'il est devenu citoyen de Chios, et que, quelle que fût sa vraie patrie, il a pu prendre ou se laisser donner le nom d'homme de Chios. Cela suffit aussi pour expliquer l'existence, à Chios, de la grande école des Homérides, et la croyance bien ou mal fondée que ces rhapsodes étaient les descendants d'Homère. Smyrne, de son côté, montrait le temple qu'elle avait élevé à la mémoire du poëte, et où elle l'honorait comme un héros. Elle rappelait ce nom de Méonide qu'on lui donnait, c'est-à-dire d'homme du pays de Smyrne, et surtout celui de Mélésigène, appellation plus significative encore : Mélésigène, c'est le fils de Smyrne même, le fils de la ville baignée par le Mélès. La tradition des Smyrnéens a de plus l'avantage de concorder avec celle des Athéniens, et même avec celle de Colophon. Au reste, il nous importe médiocrement qu'Homère soit né à Smyrne ou à Chios. Ce qui est manifeste, même à la simple lecture de ses poëmes, c'est qu'il appartient à la Grèce d'Asie, à ce monde fortuné où se développèrent, avec une énergie si puissante, les éléments féconds apportés par toutes les familles de la race hellénique. Homère était Ionien de naissance, à en juger par mille traits significatifs. On sait, par exemple, quel rôle considérable joue dans les poëmes homériques Minerve, ou Pallas Athéné, la grande déesse des Ioniens. Il n'y a, chez Homère, aucune trace de certaines coutumes, de certains usages introduits dans la Grèce par les Doriens, tandis qu'il en a enregistré d'autres, particuliers aux cités ioniennes : ainsi la division en phratries et l'existence de la classe des thètes. Un Spartiate remarque, dans les *Lois* de Platon, qu'Homère a peint une société ionienne, bien plus que la manière de vivre des Lacédémoniens. Voyez d'ailleurs avec quelle exactitude géographique le poëte parle, même en passant, de lieux situés dans l'Ionie du nord et dans la Méonie voisine, c'est-à-dire dans les contrées où la tradition des Smyrnéens assignait sa naissance : « Les Méoniens avaient pour chefs Mesthlès et Antiphus, tous deux fils de Taléménès, tous deux enfantés par le lac Gygée, et qui menaient les Méoniens, nés au pied de Tmolus [1]. » Et ailleurs : « Ta race est près du lac Gygée, là où se trouve ton domaine paternel, non loin de l'Hyllus poissonneux et de l'Hermus aux flots tournoyants [2]. » Et encore : « Maintenant, quelque part au milieu des rochers, dans les montagnes désertes, sur le Sipyle, là où sont, dit-on, les retraites des nymphes divines qui dansent le long des rives de l'Achéloüs; là, toute pierre qu'elle est, Niobé ressent les douleurs dont l'affligèrent les dieux [3]. » Tous ces noms, tous ces détails qui s'accumulent comme d'eux-mêmes, toutes ces images qui servent à caractériser les objets, témoignent qu'Homère connaissait ces contrées autrement qu'en voyageur. Je sens là comme une sorte de retour involontaire vers les scènes du pays natal, comme un souvenir des impressions du jeune âge. On pourrait justi-

---

[1]. *Iliade*, chant II, vers 864 et suivants.
[2]. *Ibid.*, chant XX, vers 390 et suivants.
[3]. *Ibid.*, chant XXIV, vers 614 et suivants.

fier par une foule d'exemples le mot heureux d'Aristarque : « C'est un cœur ionien qui bat dans la poitrine d'Homère. »

Traditions vulgaires sur la vie d'Homère.

La vie d'Homère est inconnue. Je veux dire qu'il n'existe pas un seul écrit ancien sur lequel on puisse faire le moindre fond pour en établir les détails. Les prétendues *Vies d'Homère* que nous possédons sont des compilations de fables plus ou moins ingénieuses, ramassées par des auteurs sans critique dans le fatras des grammairiens et des commentateurs des temps de la décadence. Ces récits, quelquefois agréables, souvent ridicules, ne supportent pas l'examen; et ils n'ont rien, absolument rien, d'historique ni d'authentique. Il faut les laisser aux amateurs de romans et de contes. Tout ce qu'il est permis d'accorder, c'est que le véritable Homère, comme celui de la légende, avait beaucoup voyagé et beaucoup vu, et qu'il avait éprouvé les caprices du sort et l'injustice des hommes. Les traditions, si l'on s'en tient à ces termes, n'ont rien que de naturel et de vraisemblable. La vie d'Homère a dû ressembler à celle des aèdes dont il nous peint lui-même les traits. On dit qu'il devint aveugle dans sa vieillesse, et que, comme Démodocus, il ne cessa point de chanter jusqu'à son dernier jour. Les sculpteurs et les peintres grecs le représentaient ordinairement sous la figure d'un vieillard vénérable, les yeux éteints, mais le front rayonnant de pensée. Ce n'est point là, sans doute, le fougueux poète de l'*Iliade*, le peintre d'Achille et d'Ajax ; mais qui empêche de reconnaître, dans cette noble image, le merveilleux conteur qui filait, au déclin de sa vie, la trame savante des aventures d'Ulysse? Nous ne connaissons guère que l'Homère aveugle, et c'est celui-là seul que nos artistes aiment à reproduire. Il reste pourtant des monuments antiques où Homère est figuré voyant et jeune, ou du moins dans la force de l'âge : ainsi les monnaies des Smyrnéens ; ainsi certaines médailles contorniates; ainsi plusieurs des bas-reliefs et des peintures reproduits par Millin dans sa *Galerie mythologique*. Une surtout de ces représentations m'a frappé. Le poëte, les yeux fixés vers le ciel, est emporté loin de la terre par un aigle. L'*Iliade* et l'*Odyssée* assistent à son apothéose : l'une, coiffée du casque et tenant en main la lance, symboles guerriers qui caractérisent bien l'épopée des batailles; l'autre, tenant une rame et coiffée du piléus ou bonnet des marins, symboles non moins caractéristiques de l'épopée des voyages. Au reste, presque toutes les images d'Homère sont des apothéoses. Presque toutes, même celles qui ne sont que de simples têtes, nous le montrent avec le strophium, ce diadème ou cette bandelette qui était le signe de la divinité. Quant aux deux poëmes, on les figurait comme je viens de le dire, ou même par deux symboles hiéroglyphiques, le glaive pour l'*Iliade*, le piléus pour l'*Odyssée*.

Caractères des dieux d'Homère.

Je n'ai plus à revenir sur ce que j'ai dit des sources de la poésie d'Homère. Le poëte n'a créé ni ses dieux, ni ses héros, ni les événements qui remplissent ses poëmes. Parler ainsi, ce n'est point ravaler son divin génie. Écoutez ceci, et jugez si nous manquons de respect au plus grand des poëtes.

Jupiter était adoré en Grèce bien avant la naissance d'Homère; mais, depuis qu'Homère eut chanté, Jupiter ne s'offrit plus à l'imagination des hommes que sous les traits dont le poëte avait dépeint sa figure : « Ayant dit, le fils de Saturne fit, de ses noirs sourcils, le signe du consentement. Les cheveux du monarque, parfumés d'ambroisie, s'agitent sur sa tête immortelle; et il a fait trembler le vaste Olympe [1]. » Voilà bien le maître des dieux et des hommes; voilà bien le Jupiter que consacra, dans le sanctuaire d'Olympie, un artiste digne d'Homère. Au prix de ce dieu vivant, de cette réalité terrible, qu'est-ce, par exemple, que le Jupiter des *Orphiques*, cette abstraction vague, ce nom qui est tout, et qui demeure abîmé dans le néant de son absolue existence, sans parvenir à être rien qu'un nom?

Ce que je dis de Jupiter s'applique plus ou moins à tous

---

[1]. *Iliade*, chant I, vers 528 et suivants.

les dieux qui jouent un rôle actif dans les épopées homériques. Homère a été longtemps pour la Grèce le théologien par excellence. Sa gloire religieuse n'a commencé à pâlir que devant le vrai Dieu, celui que les philosophes ont trouvé au fond de la conscience humaine, celui d'Anaxagore, de Socrate et de Platon ; elle ne s'est éclipsée qu'à la lumière du christianisme.

Quant aux héros, Homère les peut revendiquer comme siens à plus juste titre encore que ses dieux.

Caractère d'Achille.

Le caractère d'Achille est le triomphe du génie d'Homère. Achille est à la fois un héros et un homme ; et c'est là ce qui fait l'intérêt profond de l'*Iliade*. La passion l'aveugle ; il voue aux Grecs une haine impitoyable ; son désespoir, à la mort de Patrocle, la fureur de vengeance qui le saisit, son acharnement contre Hector, toutes ces faiblesses d'une âme imparfaite, nous en sentons le germe en nous ; et les accents du poète qui les raconte vibrent jusqu'au fond de nos entrailles. Mais, d'un bout à l'autre du poème, l'âme d'Achille va se purifiant, et grandit d'un progrès continu : la partie divine de cet puissante nature se dégage peu à peu des nuages de la passion et de la colère, et brille à la fin de tout son natif éclat. L'homme s'est évanoui, et c'est le héros seul qui reste.

Achille s'écrie, le premier jour de la querelle, en regardant face à face le roi des rois : « Ivrogne aux yeux de chien, au cœur de cerf, jamais tu n'as eu le courage de t'armer pour la guerre en même temps que le peuple, ni d'aller en embuscade avec les plus braves des Achéens : cela te semble la mort même. Certes, il vaut bien mieux aller, par la vaste armée des Achéens, enlever le butin de ceux qui ont pu te contredire. Roi qui dévores le peuple ! mais c'est que tu commandes à des hommes de rien ; sinon, Atride, ton outrage d'aujourd'hui eût été le dernier[1]. » Rappelé plus tard à lui-même par

---

[1]. *Iliade*, chant I, vers 225 et suivants.

l'excès de la douleur, Achille reconnaîtra loyalement ses torts : « Atride, ce que nous faisons en ce moment, il nous eût été plus utile, à toi et à moi, de le faire alors que tous deux, le cœur plein d'amertume, nous nous livrâmes, pour une jeune fille, aux querelles dévorantes et à la colère [1]. » Et plus loin : « Très-glorieux Atride, Agamemnon chef des guerriers, tu peux, à ton gré, m'offrir ces présents, comme le veut l'équité, ou bien les retenir. Mais, pour aujourd'hui, ne songeons qu'à combattre le plus tôt possible ; car il ne faut pas que nous perdions ici notre temps à parler ou à ne rien faire : il nous reste de grands travaux à accomplir. Que l'on revoie Achille parmi les premiers combattants, détruisant de sa lance d'airain les phalanges troyennes. Et vous tous, comme lui, songez à vaillamment combattre [2]. »

Dans l'ivresse de la victoire, quand il vient de venger Patrocle et qu'Hector est étendu à ses pieds, sa pensée se trouble ; ses instincts farouches éclatent avec toute leur sauvage rudesse ; il insulte par ses paroles les insensibles restes de son ennemi : « Eh bien ! Hector, tu te flattais, en dépouillant Patrocle, de préserver ta vie ; tu ne me craignais pas, parce que j'étais absent. Insensé ! je lui restais, moi, dans les profonds navires, un vengeur tout préparé, plus fort que lui de beaucoup, moi qui t'ai jeté par terre. Les chiens et les oiseaux de proie te déchireront honteusement ; et lui, les Achéens lui feront des funérailles [3]. » Mais laissez à cette fougueuse ivresse le temps de s'exhaler ; laissez la raison reprendre son empire, et l'homme divin reparaîtra, plus grand que jamais, plus beau, plus complétement héros. Qui ne se rappelle la scène incomparable, le sublime tableau, ce que la poésie a jamais produit de plus solennel et de plus émouvant, Priam aux pieds d'Achille ?

« Le grand Priam entre sans être aperçu. Il s'arrête près d'Achille, saisit ses genoux, et baise les mains terribles, homicides, qui lui ont tué plus d'un fils. De même que, quand un homme a commis un meurtre dans sa patrie, et que,

---

[1]. *Iliade*, chant XIX, vers 56 et suivants.
[2]. *Ibid.*, chant XIX, vers 146 et suivants.
[3]. *Ibid.*, chant XXII, vers 334 et suivants.

presse par le poids du forfait, il se réfugie chez un peuple étranger et pénètre dans la maison d'un opulent citoyen, la stupeur s'empare des assistants ; de même Achille est stupéfait en apercevant Priam semblable aux dieux. Les autres aussi sont frappés de stupeur, et se regardent entre eux. Priam supplie Achille en ces mots :

« Souviens-toi de ton père, Achille égal aux dieux. Il est du
« même âge que moi, et sur le funeste seuil de la vieillesse.
« Et peut-être des peuples voisins l'assiégent et l'accablent,
« et il n'y a personne pour écarter de lui la guerre et la mort.
« Mais du moins, en entendant dire que tu vis, il se réjouit
« dans son cœur, et de plus il espère tous les jours qu'il re-
« verra son cher fils revenu de Troie. Pour moi, je suis le
« plus infortuné des hommes ; car j'avais engendré des fils
« très-braves, dans la vaste Troade, et pas un d'eux, bien sûr,
« ne me reste plus. J'en avais cinquante, quand vinrent les
« fils des Achéens : dix-neuf m'étaient nés du même sein ;
« des femmes m'avaient donné les autres dans mes palais.
« La plupart ont péri sous les coups de l'impétueux Mars.
« Mais celui qui seul me restait, qui défendait la ville et
« nous-mêmes, voilà que tu l'as tué naguère, comme il com-
« battait pour son pays ; Hector ! C'est à cause de lui que
« je viens en ce moment vers les vaisseaux des Achéens,
« pour le racheter de tes mains ; et j'apporte une immense
« rançon. Eh bien ! respecte les dieux, Achille, et aie pitié de
« moi, au souvenir de ton père. Je suis plus à plaindre que
« lui, car j'ai eu le courage de faire ce que n'a jamais fait
« un autre mortel vivant sur la terre : j'ai approché de ma
« bouche la main de l'homme qui a tué mes enfants. »

« Il dit ; et Achille, en songeant à son père, sent naître le besoin de pleurer. Il prend par la main le vieillard, et l'écarte doucement de lui. Tous deux se livrent à leurs souvenirs : Priam regrette l'homicide Hector, et pleure abondamment, prosterné aux pieds d'Achille ; Achille, à son tour, pleure sur son père, parfois aussi sur Patrocle. Et leurs gémissements remplissent les demeures [1]. »

[1] *Iliade*, chant XXIV, vers 486 et suivants.

Voltaire écrit quelque part : « Homère n'a jamais fait répandre de pleurs. Le vrai poëte est, à ce qu'il me semble, celui qui remue l'âme et qui l'attendrit ; les autres sont de beaux parleurs. » Il est vrai que Voltaire trouvait le discours de Priam très-imparfait, et qu'il a même refait en entier toute la scène entre Priam et Achille. Mais nous n'avons pas les mêmes raisons que lui pour trouver ses corrections excellentes, et nous n'en avons aucune pour nous mentir à nous-mêmes en niant qu'Homère ait connu le pathétique. On cite des jugements ineptes, on ne les discute pas. On ne démontre pas par des raisonnements qu'Homère est autre chose qu'un beau parleur, et qu'il a fait répandre des larmes.

Je ne veux point quitter Achille sans transcrire un autre passage, moins célèbre que celui qu'on vient de lire, mais non moins caractéristique, et où se révèlent déjà les plus nobles instincts de l'âme du héros :

« Cependant Antilochus aux pieds rapides vient apporter la nouvelle à Achille. Il le trouva devant les navires aux extrémités relevées, appréhendant en lui-même ce qui était déjà accompli. Il gémissait, et disait à son cœur magnanime :

« Hélas! pourquoi les Achéens à la longue chevelure cou« rent-ils effrayés à travers la plaine, fuyant de nouveau
« vers les navires? Je crains que les dieux n'aient accompli
« les malheurs que mon cœur redoute; car ma mère me
« conta jadis et me prédit que le plus brave des Myrmidons
« quitterait, moi vivant encore, la lumière du soleil, sous les
« coups des Troyens. Ah! sans doute, le vaillant fils de Mé« nœtius est mort! Le malheureux! je lui avais pourtant bien
« recommandé de revenir vers les vaisseaux, après avoir re« poussé le feu destructeur, et de ne pas lutter bravement
« contre Hector. »

« Tandis qu'il roulait ces pensées dans son esprit et dans son cœur, le fils du vénérable Nestor s'approche, versant des larmes brûlantes, et lui annonce la douloureuse nouvelle :

« Hélas! fils du belliqueux Pélée, tu vas apprendre un bien
« funeste événement, certes, et qui n'aurait point dû arriver.

« Patrocle est étendu sur la terre; et l'on combat autour de
« son corps dépouillé : quant à ses armes, elles sont au pou-
« voir du vaillant Hector. »

« Il dit; et un noir nuage de douleur enveloppe Achille.
Des deux mains il prend de la cendre; il la répand sur sa
tête, il en souille son gracieux visage; elle noircit de tous
côtés sa tunique divine. Lui-même il était étendu sur la poussière, couvrant de son grand corps un grand espace, et de
ses propres mains il dévastait impitoyablement sa chevelure.
Les femmes qui le servaient, ces captives qui étaient la part
d'Achille et de Patrocle dans le butin, sont saisies d'un violent désespoir et poussent de grands cris. Elles se précipitent hors des tentes, elles environnent le belliqueux Achille.
Toutes elles se frappent la poitrine de leurs mains; toutes
elles sentent leurs genoux se dérober sous elles. Antilochus,
de son côté, gémissait, versait des larmes, tenait les mains
d'Achille. Achille poussait des soupirs du fond de son cœur
généreux, car il craignait qu'Hector ne tranchât avec le fer
la gorge du cadavre; et ses sanglots retentissaient avec un
bruit terrible [1]. »

Caractère d'Ulysse.

Le caractère d'Ulysse n'offre pas le spectacle de ces tempêtes intérieures. Ce n'est plus la lutte des passions violentes
contre des instincts plus nobles, l'éternel combat de l'homme
et du héros. Ulysse est en paix avec lui-même; mais des
dieux courroucés lui ont déclaré la guerre. La lutte est entre
eux et lui. Ce qu'il lui faudra braver, c'est le danger sous
tous les aspects, et c'est sur les puissances de la nature dé-
chaînées par les dieux que le héros remportera ses plus éclatantes victoires. Ulysse, dans l'*Iliade*, est déjà ce que nous le
retrouvons dans l'*Odyssée*, l'homme sage entre tous, avisé,
fécond en ruses et en utiles conseils, le type enfin de l'activité intelligente, sinon de la vertu austère. Mais le malheur
aiguisera encore ses facultés, et montrera dans toute son
énergie cette fermeté industrieuse qui ne se rebute et ne se

1. *Iliade*, chant XVIII, vers 2 et suivants.

lasse jamais. Je ne dis pas qu'il ne jette jamais de plainte : il se plaint, au contraire, et avec amertume, et plus d'une fois il maudit en son cœur le jour où il est venu au monde ; mais l'amour de la vie et l'espoir de retrouver les siens raniment et retrempent sa patience et son courage. « Prenez ses paroles, dit M. Saint-Marc Girardin, il est faible et abattu ; prenez ses actions, il est ferme et indomptable. » Qu'on lise l'admirable récit de la tempête qui jette Ulysse sur les côtes de l'île des Phéaciens : c'est là qu'Ulysse est tout entier, et que son caractère apparaît tout à la fois faible et ferme, abattu et indomptable, selon qu'on a égard ou à ses discours ou à sa conduite. Je transcrirai un court passage, dans une autre partie du poëme, pour justifier cette remarque du critique que je citais tout à l'heure, qu'il n'y a rien de commun entre la patience d'Ulysse et la résignation chrétienne. Quand Ulysse s'éveille sur le rivage où l'ont déposé les Phéaciens, il ne reconnaît pas sa patrie : « Il se lève..., il frappe ses deux cuisses du plat de ses mains, et il s'écrie en poussant un soupir : Hélas! dans quel pays me trouvé-je ? Les hommes y sont-ils insolents, sauvages, injustes ; y sont-ils hospitaliers, et leur âme respecte-t-elle les dieux ? Où porterai-je tous ces trésors? Moi-même où vais-je aller? Ah! que ne suis-je resté là-bas, chez les Phéaciens! Je me serais rendu vers quelque autre roi magnanime, qui m'aurait bien reçu, et qui aurait aidé à mon retour[1]. » Mais ce même homme, que l'inconnu épouvante, et qui se désespère comme le plus vulgaire des mortels, il reprend bien vite sa première vigueur. Il foule aux pieds toutes les craintes, dès qu'il se trouve face à face avec les prétendants. Il poursuivra jusqu'au bout l'accomplissement de ses desseins, avec une invincible persévérance. Pour mieux assurer ses coups, il abaissera sa fierté, il subira sans murmure le mépris même de ses ennemis et les plus sanglants outrages. Il fera plus encore : admis en présence de Pénélope, qui ne peut le reconnaître, il imposera silence à ses affections mêmes. Il ne dira point : Je suis Ulysse ; il gardera son secret jusqu'à l'instant marqué

---

[1]. *Odyssée*, chant XIII, vers 197 et suivants.

par sa sagesse et par les dieux : « Il donnait à tous ces mensonges l'apparence de la vérité. Pénélope, à ces récits, se fondait en pleurs. Comme la neige entassée par le zéphyre sur le sommet des montagnes se fond au souffle de l'eurus et gonfle à pleins bords le courant des rivières, ainsi les belles joues de Pénélope se fondaient en larmes ; et elle pleurait son époux, qui était là devant elle. Pour Ulysse, il avait compassion, dans son cœur, de sa femme gémissante ; mais ses yeux, comme la corne ou le fer, restèrent fixes dans ses paupières. Afin de soutenir sa ruse, il renfonça ses larmes [1]. »

Caractères des autres héros d'Homère.

Je voudrais pouvoir dérouler aux yeux la longue et magnifique série des portraits tracés par le poëte ; toutes ces figures majestueuses ou terribles, mélancoliques ou riantes, qui peuplent et animent l'*Iliade* et l'*Odyssée* ; ce monde né de la fantaisie, mais complet, mais vivant, où l'idéal n'a jamais rien de vague et n'est que le relief, pour ainsi dire, que la splendeur de la réalité. Homère est, après Dieu, le plus grand et le plus fécond des créateurs d'hommes. Il n'est pas jusqu'aux personnages les plus secondaires, ceux qui ne font que passer devant le lecteur comme les ombres passent devant Ulysse, qui n'aient leur physionomie distincte, et qui ne soient quelqu'un. Les personnages d'Homère ne sont jamais des abstractions, comme le fidèle Achate par exemple, ou le fort Gyas, ou le fort Cloanthe. Ce n'est pas seulement par des épithètes qu'Homère fait connaître ses héros ; il ne se borne pas non plus à nous dire qui ils sont et d'où ils viennent : nous les voyons agir, nous les entendons parler. A leur nom, un souvenir net et précis s'éveille en notre âme. Non-seulement nous nous souvenons d'eux, mais il nous serait impossible de nous les représenter sous d'autres traits que ceux qu'Homère leur a donnés. Essayez, si vous le pouvez, d'oublier Ajax fils de Télamon, n'eussiez-vous lu de l'*Iliade* que ce que je vais transcrire :

[1] *Odyssée*, chant XIX, vers 203 et suivants.

« Cependant Jupiter, du haut de son trône, met la fuite dans l'âme d'Ajax. Le guerrier s'arrête étonné, et rejette sur ses épaules son bouclier aux sept cuirs de bœuf. Puis il s'éloigne, promenant ses regards sur la foule, semblable à une bête féroce, et retournant souvent la tête ; et ses pas lentement se succèdent. Tel un lion fauve est repoussé loin de l'étable par des chiens et des paysans, qui, veillant toute la nuit, ne lui permettent pas de se repaître de la graisse des bœufs : avide de chairs, le lion s'élance devant lui, mais ses efforts sont vains ; de toutes parts fondent sur lui une grêle de traits lancés par des mains audacieuses, et des torches enflammées devant lesquelles il recule malgré sa rage ; et il se retire, à la pointe du jour, la tristesse dans le cœur. Tel Ajax, en ce moment, s'éloignait des Troyens, l'âme triste, et bien malgré lui, car il craignait fort pour les navires des Achéens. Ainsi lorsqu'un âne à la marche lente, passant près d'un champ de blé, y pénètre en dépit des jeunes garçons qui le retiennent et des nombreux bâtons qui se brisent sur son dos : il tond la moisson profonde, et les jeunes garçons le rouent de coups de bâton ; mais leur force est impuissante, et c'est à grand'peine qu'ils parviennent à le chasser après qu'il est bien gorgé de nourriture. Ainsi les Troyens magnanimes et leurs alliés venus de loin ne cessent de poursuivre le grand Ajax, fils de Télamon, et piquent de leurs javelots le milieu de son bouclier. Tantôt Ajax se rappelle sa vigueur impétueuse : il se retourne, et il arrête les phalanges des Troyens dompteurs de coursiers ; tantôt il recommence à fuir. Mais il empêche tous les ennemis d'approcher des vaisseaux. Il est là, dans l'espace qui sépare les Troyens et les Achéens, s'agitant avec fureur ; et les traits volent contre lui, lancés par des mains audacieuses : les uns s'enfoncent dans le grand bouclier ; mais beaucoup s'arrêtent en chemin avant d'effleurer sa blanche peau, et demeurent fichés dans la terre, impatients de se rassasier de son corps[1]. »

---

1. *Iliade*, chant XI, vers 544 et suivants.

Les héroïnes d'Homère.

Ce que je dis d'Ajax, je pourrais le dire de bien d'autres, et à des titres non moins justes, mais surtout des femmes dont Homère a peint les gracieuses images. Hélène, par exemple, c'est la beauté ; c'est aussi une épouse coupable, ou plutôt c'est une victime de l'amour.

Voici comment Homère caractérise la beauté d'Hélène : « Cependant les anciens du peuple, Priam, et Panthoüs, et Thymœtès, et Lampus, et Clytius, et Icétaon, rejeton de Mars, et Ucalégon et Anténor, tous deux sages, étaient assis au-dessus des portes Scées. Ils avaient renoncé aux combats à cause de leur vieillesse ; mais ils étaient bons discoureurs, semblables à des cigales qui, posées sur un arbre dans la forêt, font entendre une voix harmonieuse. Tels étaient les chefs troyens assis sur la tour. Dès qu'ils aperçurent Hélène, qui s'avançait vers la tour, ils s'adressèrent mutuellement à voix basse des paroles volantes : « Il ne faut
« pas s'indigner que les Troyens et les Achéens à la forte
« armure souffrent tant de maux depuis si longtemps pour
« une telle femme : elle ressemble étonnamment de visage
« aux déesses immortelles[1] ! »

La femme coupable et repentante, mais soumise par faiblesse au joug de l'amour, n'est pas marquée par le poëte de traits moins profonds et moins heureux. Priam ne l'accuse point d'être la cause de la guerre : il se résigne à la volonté des dieux qui ont armé les Grecs contre Ilion ; il se montre affectueux et bon pour Hélène. Mais, si Priam lui pardonne, elle-même ne se pardonnera pas ; et, quand le vieillard lui demande le nom d'un guerrier qu'il aperçoit du haut de la tour, elle répond : « Tu me remplis, cher beau-père, de respect et de crainte. Ah ! que n'ai-je préféré une mort funeste, quand j'ai suivi ton fils en ces lieux, abandonnant ma couche nuptiale, et mes frères, et ma fille chérie, et mes aimables compagnes d'enfance ! Mais il n'en a rien été !

---

[1]. *Iliade*, chant III, vers 146 et suivants.

aussi me consumé-je dans les pleurs [1]. » Hector est bon aussi et affectueux pour elle; mais c'est devant lui surtout qu'elle laisse éloquemment éclater sa confusion et sa honte : « Mon beau-frère, s'écrie-t-elle, je suis une infâme, l'auteur de mille maux, une femme horrible. Plût aux dieux qu'en ce jour où ma mère me mit au monde, un ouragan destructeur m'eût emportée sur une montagne ou dans les flots de la mer retentissante ! les flots m'y auraient engloutie avant que ces malheurs arrivassent. Mais puisque les dieux avaient résolu de telles calamités, j'aurais dû au moins être la compagne d'un homme plus brave, et qui fût sensible à l'indignation et aux reproches répétés des autres. Ah ! cet homme a une âme sans consistance et n'aura jamais de courage : aussi jouira-t-il, je le crois, du fruit de sa faiblesse. Mais allons, entre, mon beau-frère, et assieds-toi sur ce siège; car la fatigue accable tes esprits, grâce à moi, à mon infamie et au crime d'Alexandre. Jupiter nous a imposé à tous deux une funeste destinée, afin que la postérité même nous prenne pour sujet de ses chants[2]. » L'énergique et intraduisible naïveté de l'expression relève encore la délicatesse du sentiment, la noblesse de la pensée. Un tel repentir appelle le pardon et l'oubli. Quand Vénus aura lâché sa proie, quand Ménélas aura pardonné, le calme et la paix rentreront dans cette âme torturée. Hélène redeviendra ce que nous la trouvons dans l'*Odyssée*, une femme douce et modeste, attachée à ses devoirs, et digne, même après sa faute, d'avoir retrouvé la tendresse de son premier époux.

Et Pénélope, le type de l'amour fidèle et de la vertu ! et Andromaque, l'épouse non moins dévouée et plus touchante encore ! et Nausicaa, l'aimable fille d'Alcinoüs ! et Calypso, et Circé, plus femmes encore que déesses ! Que de grâce ! que de beauté ! que de charmes ! Oui, Homère a dérobé à Vénus la merveilleuse ceinture. Les ressources de l'art humain n'atteignent pas à ces ravissantes créations; nulle part du moins on ne voit resplendir plus manifeste, plus pur de tout

---

[1]. *Iliade*, chant III, vers 172 et suivants.
[2]. *Ibid.*, chant VI, vers 344 et suivants.

terrestre mélange, le dieu qu'Homère portait en lui. L'inspiration n'est pas un vain mot, et le génie a vraiment ses trouvailles : on le sent surtout quand on pense aux femmes d'Homère.

Naïveté de la poésie d'Homère.

Les poëtes dramatiques fouillaient l'*Iliade* et l'*Odyssée* dans tous les sens ; et ils ont tiré de cette mine féconde d'incalculables trésors. Qui pourrait dire toutes les tragédies dont Homère avait fourni et le sujet et les héros? La muse comique elle-même a dû à Homère plus d'un de ses triomphes. Le *Cyclope* d'Euripide en est une preuve encore parlante ; et il est certain que ce n'est pas là le seul drame satirique ou la seule bouffonnerie dont Homère ait fait les frais. Les aventures d'Ulysse déguisé en mendiant, et sa lutte à coups de poing avec Irus, étaient dignes de la gravité des émules d'Aristophane. Thersite n'était pas non plus un héros à dédaigner pour eux, et sa franchise insolente pouvait adresser aux spectateurs quelques-unes de ces bonnes vérités qui sont le meilleur sel de la vieille Comédie. Cet étrange personnage, dont le nom désigne encore aujourd'hui l'impudence, est un des types les plus curieux de l'*Iliade*. Homère l'a peint de main de maître : « Le seul Thersite, bavard sans mesure, braillait comme un geai. C'était un homme habile à débiter toute sorte d'injures, déblatérant contre les rois à l'étourdie et sans vergogne, uniquement soucieux de faire rire les Argiens. D'ailleurs, le plus laid de tous ceux qui étaient venus sous Ilion. Il était louche, boiteux d'un pied ; il avait les épaules voûtées et ramassées sur la poitrine, la tête pointue au sommet, et sur sa tête voltigeaient quelques rares cheveux [1]. »

La Muse de l'épopée antique n'est pas cette prude que quelques-uns se figurent, froide, compassée, perpétuellement drapée dans le manteau des bienséances. Elle dit la nature humaine. Comme l'œuvre de Dieu, elle revêt tour à tour, et sans nul effort, les plus opposés caractères. Ma-

---

1. *Iliade*, chant II, vers 212 et suivants.

jestueuse et simple, sublime et familière, rien de ce qui est humain ne lui est étranger ni indifférent : souvent même, ainsi que telle de ses héroïnes, on la voit rire et pleurer tout à la fois. Ses personnages parlent le langage qu'ils doivent parler, franc, libre, énergique, toujours conforme à la situation, sans fausse pudeur, sans fard et sans apprêt. Patrocle brise d'un coup de pierre le crâne de Cébrion, qui menait les chevaux d'Hector, et il s'écrie avec un ricanement, en le voyant tomber du char : « Grands dieux, que voilà un homme agile ! comme il fait bien son plongeon ! Oui, s'il était quelque part sur la mer poissonneuse, il pourrait rassasier de sa pêche de nombreux convives, en s'élançant du navire pour chercher des huîtres, même par un temps d'orage ; car voyez comme en plaine il fait bien son plongeon du haut d'un char ! Certes, les Troyens, eux aussi, ne manquent pas de plongeurs [1]. » Cette image comique et cette bizarre ironie peignent la farouche satisfaction de Patrocle assez vigoureusement, j'imagine, sinon conformément aux règles des genres, inventées tant de siècles après Homère. Ce n'est pas moi qui me plaindrai qu'Homère n'ait pas connu ces règles ; car je ne sache guère à mettre en parallèle avec cette exclamation, pour la sauvage énergie du sentiment et de l'expression, que les paroles de Diomède à Pâris, qui vient de le blesser : « Je m'en soucie comme si le coup venait d'une femme ou d'un enfant sans raison. Il est sans pointe, le trait d'un lâche, d'un homme de rien. C'est autre chose, certes, sous ma main : si peu qu'il atteigne, mon trait est aigu, à l'instant il fait un mort. La femme du guerrier se déchire les deux joues, et ses enfants sont orphelins. Lui, rougissant la terre de son sang, il pourrit, et il a autour de lui plus d'oiseaux de proie que de femmes [2]. »

Le vieux Phœnix, un des députés envoyés pour apaiser Achille, rappelle au héros des souvenirs de sa première enfance : « Et c'est moi qui t'ai fait ce que tu es, Achille égal aux dieux; car je t'aimais de cœur. Tu ne voulais ni aller à

[1]. *Iliade*, chant XVI, vers 745 et suivants.
[2]. *Ibid.*, chant XI, vers 389 et suivants.

un festin ni manger dans le palais avec un autre que moi. Il me fallait d'abord te prendre sur mes genoux, te couper les morceaux, et te porter à la bouche les aliments et le vin. Plus d'une fois tu arrosas ma tunique sur ma poitrine, en rejetant le vin de ta bouche. Ton bas âge fut difficile; et j'ai enduré pour toi mille ennuis et mille peines, pensant que les dieux ne m'avaient pas donné d'enfant. Mais je te traitais comme mon fils, Achille égal aux dieux, afin qu'un jour tu détournasses de moi les funestes calamités[1]. » Phœnix est-il moins éloquent, dans ce passage, n'est-il pas plus touchant que dans tout le reste de son discours, même dans cette admirable allégorie des Prières, qu'il peint marchant d'un pied boiteux à la suite de l'Injure? Quelles pensées, quels sentiments, quelles images lutteraient, contre ce naïf et simple tableau, non-seulement de vérité, mais de poésie, mais de charme et d'inspiration? Demandez à Eschyle, qui n'a pas craint d'exprimer les regrets de la nourrice d'Oreste dans un langage plus simple, s'il est possible, et plus naïf encore. Heureux poëtes, qui ne connaissaient que la nature, et dont le génie marchait fier et libre, sans avoir à plier sa vive allure au caprice des sophistes et des rhéteurs!

Sublime d'Homère.

On lit, dans certains traités de littérature, parmi les exemples de sublime, le vers suivant:

Grand Dieu, rends-nous le jour, et combats contre nous.

C'est un vers de l'*Iliade* de La Motte; et La Motte cite quelque part ces mots de son propre Ajax comme un exemple du sublime d'Homère. Mais il suffit de réfléchir un instant pour sentir que ce vers n'est nullement sublime, sans compter qu'il vient après cet autre vers, qui l'est beaucoup moins encore:

Ah! faut-il, dit Ajax, que je perde mes coups?

C'est ce que Mme Dacier montra inutilement à La Motte avec

---

[1]. *Iliade*, chant IX, vers 485 et suivants.

une grande force de raison : « Dans Homère, disait-elle, Ajax ne se plaint point du tout de perdre ses coups, car il ne tire point sur ce qu'il ne voit pas. Mais il se plaint de ce que les troupes sont cachées dans un nuage si épais, qu'on ne peut se reconnaître, qu'il ne peut découvrir Antiloque pour l'envoyer à Achille, et qu'il est obligé de se tenir là les bras croisés, sans combattre et sans signaler son courage au milieu d'une si grande obscurité. Dans cette douleur, il s'écrie : *Grand Dieu*, etc. Ce second vers paraît plus noble, car M. de La Motte l'a imité de M. Despréaux, qui l'a traduit dans son Longin :

> Grand Dieu, chasse la nuit qui nous couvre les yeux,
> Et combats contre nous à la clarté des cieux.

Ce qui est beaucoup mieux, sans comparaison. Mais il ne laisse pas d'y avoir un défaut considérable. Je ne suis pas surprise que notre auteur n'ait pas senti la délicatesse d'Homère en cet endroit : il ne l'a peut-être lu que dans le passage de Longin ; mais je suis étonnée qu'elle ait échappé à M. Despréaux, qui assurément était aussi fin critique que grand poète. Ajax, quoique très-impétueux et très-fougueux, n'était pas assez emporté pour dire à Jupiter : *Rends-nous le jour, et combats contre nous*. Ç'aurait été une sorte de défi trop arrogant et trop impie : il demande seulement qu'il leur rende la clarté du jour, et qu'après cela il les fasse périr, si telle est sa volonté. » Oui, Boileau s'est mépris, et La Motte plus lourdement encore. Le véritable Ajax ne dit point ce que lui fait dire Boileau, et bien moins ce que lui prête La Motte. Il dit simplement ceci : « Jupiter, délivre de l'obscurité les fils des Achéens ; rends la sérénité au jour ; fais que nos yeux puissent voir, et extermine-nous si tu veux à la lumière, puisqu'il te plaît que nous périssions[1]. » Voilà la prière qui méritait de toucher Jupiter, et qui désarme en effet son courroux ! Voilà des sentiments dignes d'Ajax, et voilà le sublime d'Homère !

[1]. *Iliade*, chant XVII, vers 645 et suivants.

Descriptions d'Homère.

Homère ne décrit jamais pour décrire, en quelque détail qu'il se plaise quelquefois à descendre. Il lui suffit de peu de vers pour peindre le frais séjour de Calypso : « Une forêt verdoyante entourait la grotte ; c'était l'aune, le peuplier et le cyprès odorant. Des oiseaux aux larges ailes y faisaient leur nid, chats-huants, éperviers, corneilles marines croassantes, attentives à ce qui se passe sur les flots. La grotte profonde était tapissée d'une vigne en plein rapport, toute chargée de raisins. Quatre fontaines, jaillissant proche l'une de l'autre, roulaient leurs eaux limpides de quatre différents côtés. Sur leurs bords fleurissaient de molles prairies, émaillées de violette et d'ache. Un immortel même, en approchant de ces lieux, admirerait ce spectacle, et se réjouirait dans son cœur[1]. » Les jardins d'Alcinoüs sont presque aussi brièvement décrits. Le poëte se préoccupe, avant toute chose, de l'homme et de sa destinée, de ses sentiments et de ses passions. Il ne devient intarissable que s'il s'agit des œuvres de l'industrie humaine, ou des merveilles façonnées par la main de Vulcain. Il ne fait point l'anatomie de la nature extérieure; les traits principaux lui suffisent. Le monde est beau à ses yeux; mais c'est surtout parce que l'homme y vit et y donne à toute chose signification et valeur. Ce qu'il voit dans la tempête, ce ne sont pas seulement des éclairs sillonnant la nue, des tonnerres retentissant dans l'espace, des flots qui montent dans les airs, des abîmes qui s'ouvrent béants : c'est l'homme qui l'intéresse ; c'est Ulysse dont il note les plaintes, et qu'il suit avec amour de vague en vague jusque sur la côte d'Ogygie, jusque sur le rivage de l'île des Phéaciens. Tableaux, comparaisons, images ne sont pour lui qu'accessoires, et relèvent toujours de l'âme et de la pensée. S'il peint les Troyens veillant autour de leurs feux sur le champ de bataille, ce qui le frappe, c'est bien moins encore l'aspect du bivac, le clair-obscur de la scène,

---
[1]. *Odyssée*, chant V, vers 63 et suivants.

la lutte de la lumière contre les ténèbres de la nuit, que ces cinquante mille guerriers qui frémissent d'impatience en attendant le retour de l'aurore.

Il y a un monument fameux de la vaste idée que les Grecs se faisaient du génie d'Homère. C'est l'apothéose du poëte par le sculpteur Archélaüs de Priène, fils d'Apollonius. Millin a reproduit ce bas-relief, un des plus beaux ouvrages antiques qui soient à Rome. Homère est couronné par le Temps et par l'Univers; il reçoit les vœux et les sacrifices de Mythus, personnification de la parole; et neuf autres figures symboliques l'honorent en levant vers lui leurs bras ou en poussant des exclamations. On voit dans ce groupe la Poésie, cela va sans dire, et aussi la Tragédie et la Comédie. Mais ce n'est pas tout. L'Histoire, la Vertu, la Mémoire et la Fidélité y sont avec elles ; et c'est en leur nom pareillement que Mythus s'apprête à verser les libations et à faire égorger la victime qui attend près de l'autel, au pied du trône où Homère se réjouit dans sa gloire, assisté de ses deux filles immortelles, l'*Iliade* et l'*Odyssée*.

Homère jugé par les moralistes.

Je ne suis donc pas surpris du peu de succès qu'a eu, dans l'antiquité, la sévère critique à laquelle Platon soumet les principes de la morale d'Homère. Le poëte qui avait si bien fait parler les douleurs et les joies, et qui avait jeté sur le monde un coup d'œil si profond et développé d'une main si sûre les replis du cœur humain, conserva pendant des siècles, en dépit de la philosophie dogmatique, le renom de moraliste par excellence, que lui avait décerné l'admiration naïve des vieux âges. Mille ans après Homère, Horace écrivait à son ami Lollius : « J'ai relu à Préneste le poëte de la guerre de Troie, qui dit, plus complétement et mieux que Chrysippe et Crantor, ce qui est beau ou honteux, ce qui est utile ou ne l'est pas. » Et il développe sa thèse en faisant ressortir le sens moral de quelques-unes des principales inventions du poëte. Bien longtemps après Horace, et en plein christianisme, on reconnaissait encore, dans la poésie d'Homère, le même mérite qu'y avait relevé le satirique latin. Les écoles en retentissaient, et saint Basile lui-même n'hésitait pas à écrire ces lignes caractéristiques : « La poésie, chez Homère, comme je l'ai entendu dire à un homme habile à saisir le sens d'un poëte, est un perpétuel éloge de la vertu ; et c'est là le but principal que sans cesse il se propose. Cela est visible surtout dans le passage où il a représenté le chef des Céphalléniens échappé nu au naufrage. Ulysse ne fait que paraître, et il frappe de respect la fille du roi [Nausicaa, fille d'Alcinoüs], bien loin d'éprouver aucune confusion de se montrer nu. C'est que le poëte l'avait représenté orné de vertu en place de vêtements. Puis après, les autres Phéaciens le tiennent en telle estime, que, méprisant la mollesse où ils vivaient, tous ils ont les yeux fixés sur lui, tous ils lui portent envie ; et il n'y a pas un Phéacien, en cet instant, qui fasse d'autre souhait que de devenir Ulysse, oui Ulysse échappé à un naufrage. Homère, en cet endroit, disait l'interprète de la pensée du poëte, nous crie, pour ainsi dire : O hommes ! appliquez-vous à la vertu ; car elle se sauve à la nage avec le naufragé, et, arrivé nu sur le rivage, elle le rendra plus digne d'estime que les heureux Phéaciens. »

Non, certes, Homère n'est ni un philosophe dissertant sur les droits et les devoirs de l'homme, ni cette sorte de prédicateur que se figuraient saint Basile et le commentateur quelconque, Libanius ou tout autre, dont saint Basile a reproduit les paroles. Platon est parfaitement fondé à soutenir qu'il n'y a pas, dans l'*Iliade* et l'*Odyssée*, un système de morale irréprochable et bien ordonné. Je m'explique qu'il condamne, au nom de la théorie pure, les prétendues doctrines d'Homère, et qu'il chasse le poëte d'une république idéale, où tout est réglé par des principes absolus. Homère n'eût guère songé à revendiquer la gloire philosophique que Platon lui dénie. Une épopée n'est point un traité de métaphysique ou de morale. Mais cette illusion vivace, contre laquelle Platon épuise en vain tous les traits de sa dialectique, était moins dénuée de raison qu'il ne lui plaît à dire. Révéler l'homme à lui-même par la création de caractères où il se reconnaît, par la peinture vivante de ses pensées, de ses sentiments, de ses passions, c'est lui donner un enseignement d'exemple, c'est aider à son éducation tout autant que travailler à son plaisir. C'est par l'expérience que l'homme se façonne, bien plus que par les préceptes. Il y a d'autres moralistes que ceux qui mettent l'enseigne de médecins des maladies de l'âme. Peu importe qu'on leur reproche de n'avoir pas de système, s'ils ont su lever un coin du voile qui nous dérobe à nos yeux. Toute poésie vraiment digne de ce nom est, en définitive, une interprétation du texte éternel des méditations de l'esprit, à savoir, Dieu, l'homme et la nature; c'est la glose populaire des principes dont la philosophie est l'abstraite et savante expression. Ouvrez Homère au hasard, et vous verrez si jamais lui manquent le solide et l'utile. Ce n'est pas seulement à chatouiller le cœur ou l'oreille qu'il visait, celui qui répand ainsi à pleines mains les vérités qu'il puise dans le trésor de son génie.

Style d'Homère.

Les rhéteurs étaient bien plus fondés encore que les moralistes à chercher dans Homère des exemples et des préceptes. Ses héros en remontreraient, suivant Quintilien même, aux plus consommés orateurs, sur ce qui fait la puissance, la force irrésistible d'un discours. C'est qu'en effet la rhétorique de la nature vaut pour le moins celle des rhéteurs. Dès qu'un homme dit ce qu'il doit dire, et tout ce qu'il doit dire, et comme il le doit dire, rien ne manque à son éloquence. L'art ne franchit pas ces colonnes d'Hercule, et Homère y a touché du premier bond. Essayez, par exemple, de découvrir dans le discours de Priam à Achille aucune faute contre ces règles dont les rhéteurs, depuis Gorgias, font si ridiculement tant de bruit.

Je ne prétends pas que l'art fût, chez Homère, un pur instinct; je dis seulement qu'on ne l'y saurait distinguer de la nature. C'est la nature ayant conscience d'elle-même, se possédant par la réflexion, se projetant ensuite au dehors et se manifestant aux yeux. Dans l'*Iliade* et dans l'*Odyssée*, l'œuvre est égale à la conception, le réel à l'idéal ; et l'on sent que le poëte, comme Dieu après la création, n'a pas été mécontent de ce qui était sorti de ses mains. Chacun des deux poëmes est une sorte de petit monde, un ensemble harmonieux, où se sont fondus, dans je ne sais quelle mystérieuse unité, pensées, sentiments, images, expressions, tout enfin, jusqu'à l'accent des syllabes, jusqu'au son des mots. Le poëte est roi dans cet univers. Rien n'y est rétif à sa volonté ; la langue poétique est une matière qui se prête, sans nul effort, à tous les besoins de sa pensée, à tous les caprices même de son imagination. Il en crée à l'infini les formes exquises, en vertu des règles d'un goût infaillible, que ne gênent ni la tyrannie souvent absurde de l'usage, ni les mesquines prescriptions des grammairiens. Les mots ondoient, pour ainsi dire, sous le rhythme, qui les presse sans les enchaîner. On les voit s'allonger et se raccourcir au gré de la cadence, sans rien perdre jamais ni de leur merveilleuse clarté, ni de leur énergie expressive. La phrase a la limpidité du flot, comme elle en a la fluidité. Elle est courte d'ordinaire, et bornée à deux ou trois vers : les longues périodes ne se rencontrent guère que dans les comparaisons, où l'unité de pensée produit naturellement l'unité de phrase malgré la variété des détails poétiques, et aussi dans ces discours où le souffle de la passion entraîne et soutient le personnage qui parle, sans lui permettre les pauses répétées de la diction commune. Nulle part on ne sent ces artifices que les rhéteurs enseignent comme les secrets du beau style. Les termes se placent d'eux-mêmes, simplement, uniformément, dans leurs rapports naturels ; rien ne vise à l'effet, rien n'est sacrifié en vue de ces surprises qu'aiment les esprits blasés ; le poëte ne se fait faute ni de reproduire les mêmes tournures, ni de répéter les mêmes mots, quand l'idée le commande, que dis-je ? des vers entiers, de longues tirades même. Il ne court point après la vérité factice, et il ne craint ni l'ennui ni la satiété du lecteur : naïveté qui n'est qu'un charme de plus, et que le goût dédaigneux de quelques-uns n'a point assez prisée. On paye toujours trop cher ce qu'on achète au prix de la vérité ; et la recherche des synonymes marque, dans la poésie, décadence bien plus que progrès Homère est la franchise, la facilité, la clarté suprêmes. Il n'y a pas, dans toute la littérature grecque, un poète dont la lecture exige moins d'effort. Si vous possédez à fond un chant, un seul chant de l'*Iliade* ou de l'*Odyssée*, vous avez la clef d'Homère, comme on disait autrefois, vous êtes en mesure pour pénétrer partout dans les deux poëmes.

Versification d'Homère.

Le vers héroïque peut compter parmi les plus belles inventions de l'esprit humain. C'est la plus riche forme et la plus complète que jamais la poésie ait revêtue. Aristote signalait, entre les éminentes qualités de ce mètre, la fermeté et la vigueur, l'uniformité parfaite, la puissance de l'élan. La longueur du vers varie de treize jusqu'à dix-sept syllabes ; et il est susceptible d'avoir cinq dactyles ou de n'en avoir qu'un seul, comme aussi d'avoir cinq spondées ou un spondée unique, remplacé bien souvent par un trochée. Chez les poëtes grecs, le vers spondaïque, ou terminé par quatre syllabes longues, est de droit commun, et non pas, comme chez les Latins, une exception rare. Homère se permet souvent le vers terminé par trois ou même quatre spondées ; et, plus d'une fois, le dactyle obligatoire est ramené du cinquième pied jusqu'au premier : licences presque sans exemple chez les Latins, et même chez les poëtes grecs postérieurs à Homère. Ajoutez que les Grecs n'ont jamais connu les entraves de toute sorte imaginées par les Latins. Le nombre des syllabes du mot final leur est indifférent ; l'oreille seule règle la coupe de leur vers ; ils n'ont guère d'autre loi fixe que celle de remplir les six mesures ; la quantité des syllabes finales des mots dépend à chaque instant de leur volonté.

toutes ces libertés Homère en a ajouté d'autres encore, qui lui sont particulières, et qui scandalisaient les métriciens des bas siècles. Ainsi Homère a des vers *acéphales*, comme ils disent, ou qui commencent par une syllabe brève; il en a de *lagares* ou grêles, qui ont un trochée au milieu, et de *miures* ou écourtés, qui ont un ïambe au pied final.

Ce mètre merveilleux, à la fois un et multiple, grave et léger, lent et rapide, majestueux et familier, cet instrument aux sons variés, Homère l'avait reçu tout fait des aèdes, et déjà perfectionné par un long usage. Grâce à Dieu, il n'a point eu à s'user dans le labeur ingrat des tâtonnements de versification, comme Ennius chez les Latins, ou comme Lucrèce même. L'harmonie d'Homère est vivante et expressive, inséparable du sentiment qui anime le poëte, de la pensée qui l'éclaire, de l'image qui brille à ses yeux ; égale à l'objet qu'il peint, au fait qu'il raconte, au mouvement dont il veut donner l'idée.

Transmission des épopées homériques.

Les rhapsodes furent, pendant des siècles, les usufruitiers uniques, ou à peu près, du trésor que leur avait laissé Homère. La copie des poëmes homériques faite, dit-on, par Lycurgue, ou n'était pas complète ou ne fut jamais bien connue dans la Grèce continentale ; car ce n'est qu'au temps de Solon et de Pisistrate qu'il fut donné au vulgaire de lire dans leur entier l'*Iliade* et l'*Odyssée*. Ceux qui se nommaient les Homérides vivaient de la récitation des vers d'Homère ; il était de leur intérêt de se maintenir, avec une obstination jalouse, en possession de ce fond inépuisable, et de ne livrer que des fragments à la curiosité enthousiaste et à la mémoire des auditeurs. C'était s'assurer un long règne, un privilége presque sans fin. Solon, qui avait voyagé en Ionie, et dont l'esprit sagace avait su apercevoir les concordances de tous ces chants qu'il entendait, ou dont il lisait les copies, prescrivit aux rhapsodes qui figuraient à la fête des grandes Panathénées de suivre, dans la récitation des chants homériques, un certain ordre qu'il avait déterminé, et conforme, selon lui, au plan, à la pensée d'Homère. C'est là du moins la tradition la plus accréditée. Suivant une autre tradition, le règlement des Panathénées fut l'œuvre d'Hipparque, le fils de Pisistrate. Pisistrate surtout passe pour avoir bien mérité d'Homère. Il fit faire, dit-on, un manuscrit complet de l'*Iliade* et de l'*Odyssée*. Les manuscrits partiels furent mis à contribution ; tous les rhapsodes furent invités à fournir leur contingent oral ; et une critique savante fit le triage des scories et du métal de mauvais aloi pêle-mêle apporté avec l'or du poëte. « C'est moi, dit Pisistrate dans une épigramme où on le fait parler, c'est moi qui ai rassemblé les chants d'Homère, auparavant çà et là disséminés. » L'antiquité tout entière lui rend ce glorieux témoignage. Grâce à lui on cessa de gémir sur ce désordre et cette confusion où gisaient les rhapsodies colportées dans toute la Grèce par ceux qui avaient dispersé en lambeaux, comme dit un ancien, le corps sacré d'Homère.

Les *diorthuntes*, ou correcteurs, qui avaient exécuté sous la direction de Pisistrate cet immense et magnifique travail, ne laissèrent qu'à glaner à ceux qui essayèrent, après eux, des récensions nouvelles du texte des poésies homériques. Les diorthuntes des villes, par exemple, c'est-à-dire les critiques à qui on devait les fameuses éditions de Marseille, de Sinope, de Chios, d'Argos, de Cypre, de Crète, semblent s'être bornés à un travail des plus simples. Tout leur effort se concentrait sur quelques détails : ils retranchaient certains vers suspects d'interpolation ; ils en ajoutaient d'autres, rejetés jadis pour des raisons qui ne leur semblaient point assez plausibles, ou tirés par eux de quelque manuscrit ancien, de quelque source négligée ou inconnue auparavant ; ils changeaient de place un vers ou deux, sous prétexte de clarté ou de convenance ; ils modifiaient l'orthographe de tel ou tel mot, réunissaient ou séparaient telles ou telles syllabes, préféraient telle ou telle leçon à telle autre. Mais ces changements n'eurent jamais rien de radical : ces rectifications verbales, ces interversions, ces additions et ces suppressions n'allaient jamais jusqu'à une refonte du texte, et n'en affectaient que les parties les plus extérieures et les moins vitales. La fameuse diorthose qu'Aristote avait faite pour Alexandre, cette édition de la cassette, que le conquérant portait partout avec lui, n'était elle-même qu'une copie plus ou moins émendée du manuscrit de Pisistrate. Ce qui est certain, c'est que les citations de l'*Iliade* et de l'*Odyssée* qui se rencontrent dans les auteurs du ve et du ive siècle avant notre ère, sont conformes, sauf de rares exceptions, au texte que nous possédons aujourd'hui. La plupart des dissidences s'expliquent suffisamment par l'existence des éditions diverses et des variantes, et aussi par ces lapsus de mémoire si fréquents chez ceux qui citent sans se donner la peine de recourir aux originaux. Tel vers d'Homère, cité deux fois par Aristote, n'est point dans Homère, ou n'y est pas tel qu'il le cite : c'est à coup sûr une variante de son édition, car Aristote n'était point de ceux qui citent à la légère; mais je n'affirmerais pas que ce fût autre chose qu'une distraction, si la citation était chez tout autre, chez Xénophon ou chez Platon même.

Travaux des critiques alexandrins.

Les dernières récensions d'Homère, dans l'antiquité, furent celles des critiques alexandrins du temps des Ptolémées. Zénodote, Aristophane de Byzance et Aristarque sont célèbres. Ces savants hommes ne firent subir au texte aucun remaniement considérable; mais, ce qui les distingua des autres diorthuntes, ce sont leurs commentaires sur le texte, commentaires où étaient consignés leurs doutes, leurs opinions particulières, les corrections qu'ils proposaient mais qu'ils n'avaient osé opérer dans la copie même. On connaît assez bien le détail de leurs travaux depuis la découverte et la publication des *Scholies* de Venise, faite au dernier siècle par le philologue français d'Ansse de Villoison. C'est à eux aussi qu'on doit la détermination des auteurs véritables de la plupart des poëmes faussement attribués à Homère, tels que la *Batrachomyomachie*, les épopées cycliques, les *Hymnes*, etc. Ces Alexandrins excellaient dans la connaissance de la langue et des antiquités. On peut adopter sans scrupule tous les résultats de leurs investigations historiques; et il est probable que l'Homère qu'ils nous ont légué est le plus pur grammaticalement, le plus vrai, le plus authentique qu'on ait jamais possédé depuis Solon et Pisistrate.

Je me garderai bien de faire le même éloge de la partie littéraire de leur travail. Ils étaient de leur siècle, c'est-à-dire d'un siècle de beaux esprits et de savants. Leur goût se sent de leur science, surtout de l'air qu'on respirait à la cour des Ptolémées. Ils trouvent Homère trop naïf, et ils semblent avoir à cœur de le dépouiller de son antique caractère. Ils contestent l'authenticité des vers où Achille traite Agamemnon d'ivrogne aux yeux de chien et au cœur de cerf. Ils ne comprennent pas que Thétis parle à son fils des douceurs de l'amour, ni qu'Andromaque, dans son inquiète sollicitude pour la vie d'Hector, montre au guerrier l'endroit du mur que l'ennemi pourra forcer, et lui enseigne la place où il faut disposer les soldats. On ferait un livre de leurs aberrations critiques.

En réalité, il n'y a pas, dans le texte d'Homère, tel que nous le possédons, tel qu'il l'ont établi eux-mêmes, cent vers réellement suspects aux yeux d'une raison libre de préjugés; et ce sont précisément les passages les plus homériques, si j'ose ainsi parler, les mieux imprégnés du parfum des vieux âges, que les Alexandrins ont choisis de préférence pour fulminer contre eux la sentence de bâtardise et d'interpolation.

Les inadvertances qu'on a relevées dans l'*Iliade* et dans l'*Odyssée* sont presque toutes de cet ordre de faiblesses qui tiennent étroitement à l'infirmité humaine. Elles s'expliquent par le sommeil de l'attention qui s'empare souvent des plus vigoureux esprits dans le cours d'un long ouvrage. Il y en a de non moins graves dans l'*Énéide* même. On dira que c'est un poëme inachevé, et que l'auteur les eût fait disparaître. Mais, si Montesquieu a pu, dans l'*Esprit des Lois*, mettre impunément Christophe Colomb en face de François Iᵉʳ; si Cervantès a pu, non moins impunément, nous montrer Sancho monté sur son âne, que lui a volé Ginès de Passamont, et qu'il n'a pas encore retrouvé, il n'y a rien de bien étrange à voir Homère ressusciter, sans le vouloir, tel obscur guerrier mort autrefois, et qu'il a endormi, en compagnie de tant d'autres, de l'éternel sommeil d'airain.

Du chant XI° de l'Odyssée.

Je ne m'étonne point qu'on ait taxé d'interpolation certains épisodes de l'*Iliade* et de l'*Odyssée*, qui semblaient peu achevés, et qui pouvaient passer pour les œuvres d'une main vulgaire. L'évocation des morts, suivant quelques critiques, serait une interpolation, et mériterait par conséquent de disparaître de l'*Odyssée*. Voilà ce que je ne saurais admettre. Je rappellerai d'abord que c'est peut-être, de toutes les parties des poëmes homériques, celle que les anciens ont le plus souvent citée, sans que jamais aucun soupçon leur soit venu à l'esprit contre son authenticité. Je dis ensuite que ce chant est un des plus beaux de l'*Odyssée*, un des plus riches de couleur et de poésie, et que l'interpolateur eût été un insensé de noyer ainsi une œuvre de génie dans l'océan d'Homère.

On sent l'âme d'Homère dans ces paroles qu'adresse à Ulysse l'ombre de sa mère Anticlée : « Ni Diane aux flèches assurées ne m'a tuée dans ma demeure, en me frappant de ses traits soudains, ni aucune maladie n'est venue consumer tristement mon corps et m'enlever la vie. C'est le regret de ne te plus voir, c'est l'inquiétude de ton sort, illustre Ulysse, c'est le souvenir de ta tendresse pour moi, qui m'a ravi la douce existence [1]. » C'est bien le génie d'Homère qui a disposé la scène si dramatique et si saisissante de l'évocation; c'est bien au plus grand des peintres qu'on doit tous ces tableaux qui se déploient aux yeux d'Ulysse. Quel autre poëte qu'Homère eût pu décrire, avec cette naïveté et cette énergie, la mort d'Agamemnon : « Neptune n'a point submergé mes vaisseaux, dit l'ombre du roi des rois ; il n'a point soulevé contre moi l'impétueux souffle des vents terribles ; des ennemis ne m'ont point frappé sur la terre dans un combat. C'est Égisthe qui a comploté ma mort, et qui m'a assassiné à l'aide de ma criminelle épouse. Il m'a convié à un festin dans sa maison, et j'ai été tué comme le bœuf qu'on assomme sur la crèche. Voilà de quelle mort pitoyable j'ai péri. Autour de

[1]. *Odyssée*, chant XI, vers 198 et suivants.

moi tous mes amis tombaient successivement égorgés, comme des pourceaux aux dents blanches, qui vont fournir, chez un homme riche et puissant, ou à un repas de noces, ou à un pique-nique, ou à un splendide festin [1]. » Lisez l'admirable description du supplice de Tantale et de Sisyphe, et vous reconnaîtrez la main du poëte d'Ulysse et d'Achille.

Conclusion.

Homère partout, Homère toujours, voilà ce que j'ai trouvé, pour ma part, au fond du onzième chant de l'*Odyssée;* et c'est là aussi ce que j'ai rencontré à travers les deux poëmes, au lieu de cette myriade de rhapsodes ou d'aèdes, divers d'esprit, de ton et de style, rêvée par l'imagination des modernes critiques. Que ne m'a-t-il été donné d'esquisser cette divine figure telle qu'elle m'est apparue, et de la présenter à mes lecteurs sous des traits suffisamment reconnaissables? Mais c'est dans l'œuvre qu'il faut aller chercher l'artiste. C'est dans l'*Iliade* et dans l'*Odyssée* qu'on le contemplera digne des respects et de l'admiration de l'univers, et, après trois mille ans, comme parle un de nos poëtes, encore jeune de gloire et d'immortalité.

CHAPITRE V.

HÉSIODE.

Date probable de l'existence d'Hésiode. — Vie d'Hésiode. — Jugement sur la poésie d'Hésiode. — Poëme des *Œuvres et Jours.* — La *Théogonie.* — Authenticité des deux poëmes. — *Grandes Éées.* — Le *Bouclier d'Hercule.* — Ouvrages attribués à Hésiode.

Date probable de l'existence d'Hésiode.

Hésiode vivait, ainsi qu'Homère, dans un temps où la Grèce était encore gouvernée par des rois. C'est ce que lui-même, en plus d'un passage, donne clairement à entendre.

---

[1]. *Odyssée,* chant XI, vers 406 et suivants.

Mais cette vague indication laisse un large champ aux conjectures chronologiques ; et, quoique Hésiode parle en passant de la guerre de Troie comme d'un événement ancien, il reste toujours un espace de plusieurs siècles à travers lequel flotte son existence, portée par les uns jusque vers les confins de l'âge héroïque, ramenée par les autres jusque vers l'époque des Olympiades.

Plusieurs prétendent tirer de l'examen de ses ouvrages la preuve qu'il a vécu avant Homère. La langue d'Hésiode est marquée, disent-ils, d'un caractère particulier d'archaïsme ; l'ionien épique s'y trouve mêlé d'éolismes plus fréquents que chez Homère, et les règles même de la quantité ont subi, dans plus d'un vers d'Hésiode, l'influence de la prononciation éolienne. Mais il suffit, pour rendre raison de ces faits, de considérer qu'Hésiode était Éolien, et qu'il a chanté en Béotie, c'est-à-dire au centre même des contrées occupées par les populations éoliennes. La mythologie d'Hésiode, dont on argumente aussi, se rapproche, il est vrai, plus que celle d'Homère, de l'antique religion de la nature. Mais Hésiode, qui compilait, dans sa *Théogonie*, une sorte de code religieux, a dû recueillir de préférence les symboles les plus clairs, les mythes qui servaient le mieux à son dessein théologique. C'est en remontant aux traditions les plus anciennes, c'est en se rapprochant de la source populaire des inventions religieuses, qu'il a retrouvé la plupart de ces dieux qui ne sont pas connus d'Homère, ou que du moins Homère n'a pas mentionnés. Les conformités d'Hésiode avec Homère ne prouvent pas davantage qu'Hésiode ait rien emprunté au poëte ionien, et qu'il puisse être compté parmi ses successeurs ou ses disciples. Ce qu'ils ont de commun le dialecte épique, les expressions proverbiales, les épithètes appliquées à quelques noms, certaines fins de vers, certaines formules, enfin le mètre poétique, ils l'ont reçu l'un et l'autre des aèdes. Hésiode ne doit rien à Homère. Il a vécu avant Homère peut-être ; peut-être a-t-il vécu après lui : nul ne saurait rien affirmer de positif à ce sujet. Je remarque seulement que la tradition la plus accréditée chez les anciens le faisait contemporain du chantre d'Achille.

Vie d'Hésiode.

C'est en Béotie, dans la petite ville d'Ascra au pied de l'Hélicon, qu'Hésiode a vécu, et c'est là probablement qu'il était né. Son père, qui était de Cymé dans l'Éolide d'Asie Mineure, avait couru les mers pour chercher fortune, et, après s'être enrichi dans ses entreprises, était venu se fixer à Ascra. Hésiode ne dit point que son père l'eût amené avec lui de Cymé; il semble même dire le contraire quand il parle du seul voyage qu'il ait fait sur mer : « Jamais je n'ai traversé dans un vaisseau la vaste mer, sinon pour passer d'Aulis en Eubée.... Je me rendais à Chalcis, afin de disputer les prix du belliqueux Amphidamas. Ses fils magnanimes avaient proposé des prix pour plusieurs sortes de luttes. Là, j'eus la gloire de conquérir par mon chant un trépied à deux anses. Je le consacrai aux Muses héliconiennes, dans le lieu où, pour la première fois, elles m'avaient mis en possession de l'art des chants harmonieux [1]. »

Hésiode fait d'Ascra un triste tableau. C'était un séjour, suivant lui, détestable en hiver, intolérable en été, agréable jamais. Il ne laissa pas de s'y tenir, par habitude, peut-être par nécessité à cause des biens qu'il y possédait; et je doute qu'il n'eût pas aussi pour la bourgade natale un peu de cet amour qu'on porte toujours à son pays, en dépit des intempéries du climat ou de l'humeur insociable des voisins qu'on y trouve. Ainsi le surnom d'Ascréen lui conviendrait encore, alors même qu'on admettrait qu'il fût né à Cymé, et qu'il eût fait sur mer, durant son enfance, un voyage plus long que la traversée d'Aulis à Chalcis.

Hésiode semble nous dire en passant qu'il avait un fils. Il avait aussi un frère puîné, nommé Persès. Ce ne fut pas sans peine qu'ils parvinrent à s'entendre, Persès et lui, après la mort de leur père : « Terminons notre querelle, dit Hésiode à son frère, par d'équitables jugements, tels que pour notre bien les dicte Jupiter. Déjà nous avons partagé l'héritage;

---

1. *OEuvres et Jours*, vers 648 et suivants.

et tu voulais en ravir la plus forte part, en séduisant par tout moyen ces rois affamés de présents, qui se portent pour arbitres de notre procès. Les insensés! ils ne savent pas combien la moitié vaut mieux que le tout, et quel bonheur il y a à vivre de mauve et d'asphodèle[1]. » C'est pour ramener ce frère à de meilleurs sentiments, c'est pour lui faire comprendre le prix de la justice et de la vertu, qu'Hésiode composa son poëme intitulé *Œuvres et Jours*. Il est probable qu'en ce temps-là le poëte n'était déjà plus un jeune homme, quoiqu'il eût perdu depuis peu son père.

Les *Œuvres et Jours* semblent en effet tout autre chose que le produit d'un enthousiasme de jeunesse. La réflexion y domine, aux dépens même quelquefois de l'inspiration. C'est un sage qui parle, un homme d'expérience et de grand sens, qui semble avoir beaucoup vécu, et qui connaît à fond les hommes. La gravité des pensées, le ton presque sacerdotal du style, la façon un peu rude et paternelle tout à la fois dont Hésiode gourmande son frère, les désagréables vérités qu'il n'hésite point à adresser en face aux puissants et aux rois, suffiraient pour démontrer que ce poëme est l'ouvrage d'un homme mûr et rassis, et en pleine possession de lui-même.

La *Théogonie* n'est guère moins que l'autre poëme une œuvre de méditation profonde. Hésiode ne l'a pas composée non plus dans son jeune âge. On peut admettre toutefois que l'épopée théologique est antérieure à l'épopée morale; car le passage où Hésiode parle de son offrande aux Muses héliconiennes est comme une allusion au prélude de la *Théogonie*, où il raconte, sous une forme symbolique, les circonstances de sa vocation : « Commençons nos chants par les Muses.... Ce sont elles qui ont enseigné à Hésiode le bel art du chant, comme il paissait ses brebis sous l'Hélicon sacré. Ces déesses, les Muses de l'Olympe, les filles de Jupiter qui tient l'égide, m'adressèrent tout d'abord ces paroles : « Bergers qui par« quez dans les campagnes, opprobre de la race humaine, « esclaves de votre ventre! nous savons dire bien des men« songes qui ressemblent à la vérité; mais nous savons aussi,

---

[1]. *Œuvres et Jours*, vers 35 et suivants.

« quand nous voulons, dire la vérité pure. » Ainsi parlèrent les éloquentes filles du grand Jupiter. Et elles me donnèrent pour sceptre un magnifique rameau de vert laurier qu'elles venaient de cueillir; et elles soufflèrent en moi un chant divin, afin que je célébrasse et l'avenir et le passé ; et elles me commandèrent de chanter la race des bienheureux immortels, et de les prendre toujours elles-mêmes pour l'objet de mes premiers et de mes derniers chants [1]. »

Les Béotiens du temps d'Hésiode étaient probablement un peu moins grossiers qu'il ne se plait à le dire. La forte race qui était venue, après la guerre de Troie, des plaines de la Thessalie dans les contrées voisines de l'Hélicon, n'était dénuée ni d'intelligence, ni même d'aptitude littéraire. Le culte qu'elle rendait aux Muses atteste que les plaisirs sensuels ne tenaient pas seuls place dans sa vie. Elle dut avoir plus d'un aède avant qu'Hésiode chantât les travaux des hommes et les généalogies des dieux. Le poète d'Ascra n'est point un phénomène isolé dans son histoire. Les *Œuvres et Jours* et la *Théogonie* ne s'expliquent bien qu'en supposant une école de chantres nationaux, précurseurs d'Hésiode, et qui lui ont légué, avec les secrets de l'art, quelques-unes de ces traditions, de ces inventions poétiques, si différentes de tout ce que nous connaissons, et qui font un des caractères particuliers de la poésie d'Hésiode. La victoire remportée par lui à Chalcis sur quelque poète béotien, ou du moins éolien, prouve qu'il n'y avait pas cette pénurie d'hommes adonnés aux travaux de l'esprit, que ferait supposer la rude apostrophe des Muses.

Les Béotiens ne furent point les derniers parmi les Grecs à rendre des honneurs publics à la mémoire d'Hésiode. Ils lui élevèrent une statue à Thespies et une autre sur l'Hélicon. On visitait Orchomène pour admirer le tombeau d'Hésiode. Les os du poète avaient été transportés dans cette ville sur une injonction de l'oracle d'Apollon, dans un temps où les Orchoméniens étaient affligés d'une maladie contagieuse. La présence de ces restes vénérés devait, suivant le dieu, faire cesser le fléau. D'après la tradition, Hésiode aurait été

---

[1]. *Théogonie*, vers 1 et suivants.

inhumé d'abord dans le canton de Naupacte. Mais on ne sait ni dans quel pays il mourut, ni à quel âge. Il est probable qu'il parvint à une haute vieillesse ; car l'expression *vieillesse hésiodéenne* était passée chez les Grecs en proverbe, pour désigner une longévité s'étendant au delà de l'ordinaire mesure.

Jugement sur la poésie d'Hésiode.

« Hésiode s'élève rarement. Une grande place est occupée chez lui par des énumérations de noms. Pourtant il y a dans ses préceptes d'utiles sentences. Ses expressions ont de la douceur, et son style n'est point à mépriser. On lui donne la palme dans le genre tempéré. » Tel est le jugement de Quintilien sur le poëte d'Ascra. Sans doute Hésiode n'est pas un génie de premier ordre. Ses modestes poëmes ne méritent nullement d'être rangés sur la même ligne que l'*Iliade* et l'*Odyssée*. Il n'a ni la fécondité d'Homère, ni sa puissance de création, ni cet art de coordonner un tout que nous avons admiré chez le poëte ionien. Hésiode n'a laissé que quelques centaines de vers; il n'a peint ni un Achille, ni un Ulysse, ni même un Ajax; ses poëmes sont composés avec une sorte de négligence, comme s'il avait beaucoup plus songé à entasser les vérités et les enseignements qu'à les faire valoir, et à enrichir le fond qu'à perfectionner la forme; enfin sa diction a souvent je ne sais quoi d'un peu triste et revêche, qui rappelle pour ainsi dire les brumes d'Ascra, et sa versification n'a ni l'heureuse facilité ni l'harmonie variée de celle d'Homère. La lecture d'Hésiode exige une sorte d'effort: sa pensée ne se révèle pas toujours du premier coup, ni avec toute la clarté qu'exigerait notre esprit. Mais il y a dans ses ouvrages tel récit, comme celui de la guerre des Titans, comme la légende des âges du monde, qui ne pâlirait pas trop, comparé même aux plus brillantes créations de l'épopée homérique. Ses descriptions aussi sont faites de main de maître : la touche en est forte, quelquefois gracieuse ; le coloris en est inégal, mais la vigueur de l'expression y compense ce qui manque souvent du côté de la lumière et de l'éclat. Hésiode parle des phénomènes de la nature en homme qui a vécu aux champs, et dont l'âme n'est point restée froide au spectacle des œuvres de Dieu. Mais Hésiode est avant tout un moraliste, un donneur de conseils. Il excelle à présenter sous une forme concise et piquante, sous une image riante ou terrible, les vérités de sens commun. Nul poëte antique n'a laissé plus de proverbes dans la mémoire des hommes ; et, bien longtemps avant Ésope, Hésiode a eu la gloire de créer l'apologue, ou du moins de donner la forme poétique à ces allégories morales qui sont de tous les temps et de tous les pays du monde.

Poëme des Œuvres et Jours.

Le poëme des *Œuvres et Jours* débute par un court prélude en l'honneur de Jupiter ; puis le poëte entre comme il suit dans son sujet : « Il n'est pas une espèce seulement de rivalités, mais il y en a deux sur la terre. L'une serait digne des éloges du sage ; l'autre au contraire est blâmable. Elles sont animées d'un esprit bien différent, car l'une excite la guerre désastreuse et la discorde. La cruelle ! pas un mortel ne la chérit, mais les décrets des immortels font subir, malgré qu'on en ait, l'ascendant de la rivalité funeste. L'autre a été enfantée la première par la Nuit ténébreuse ; et le fils de Saturne, qui habite dans l'air et s'assied sur un trône élevé, la plaça dans les racines de la terre, et voulut qu'elle fût propice aux hommes. C'est elle qui pousse au travail l'indolent même. Car l'homme oisif, qui jette les yeux sur le riche, s'empresse à son tour de labourer, de planter, de bien gouverner sa maison ; et le voisin est jaloux d'un voisin qui tâche d'arriver à l'opulence. Or, cette rivalité est bonne aux mortels. Et le potier s'irrite contre le potier, et l'artisan contre l'artisan ; et le mendiant porte envie au mendiant, et l'aède à l'aède[1]. »

Hésiode fait énergiquement sentir à son frère qu'en dehors du travail et de la vertu, il n'y a pour l'homme que mécomptes et calamités. Il lui rappelle, d'après les traditions antiques, la dégénérescence successive de la race humaine

---

1. *Œuvres et Jours*, vers 11 et suivants.

depuis l'âge d'or, et comment la boîte de Pandore a versé sur le monde tous les maux dont les dieux l'avaient remplie. Il peint de sombres couleurs ce qu'il appelle le cinquième âge, cet âge de fer où il lui faut vivre, avec le regret impuissant d'un passé qui fut meilleur, et le pressentiment d'un avenir qui vaudra mieux aussi, mais qu'il ne verra pas. Il reproche aux rois leur violence, tout en recommandant aux faibles la patience et la résignation : « Voici ce que dit l'épervier au rossignol à la voix harmonieuse. Il l'avait pris dans ses serres, et l'emportait bien haut à travers les nues. Le rossignol, transpercé par les ongles recourbés de l'épervier, poussait de plaintifs gémissements. Mais l'autre lui dit avec dureté : « Mon ami, pourquoi crier? Tu es au pouvoir de « bien plus fort que toi; tu vas où je t'emmène, tout chanteur « que tu es; je me ferai de toi s'il me plait un repas, ou « bien je te lâcherai. » Insensé celui qui veut lutter contre plus puissant que soi! il est privé de la victoire, et la souffrance s'ajoute pour lui à la honte[1]. »

Hésiode ne se borne point à donner aux faibles les conseils de la prudence : il décrit à grands traits le bonheur qui s'attache toujours à l'accomplissement du devoir, les malheurs que l'injustice entraîne après elle. Il montre la providence des dieux dispensant à chacun, suivant ses mérites, les biens et les maux : « Souvent même, dit-il, une ville tout entière est punie à cause d'un seul méchant, qui manque à la vertu et machine de criminels projets. Du haut du ciel, le fils de Saturne lance sur eux un double fléau, la peste et la famine; et les peuples périssent. Les femmes n'enfantent plus, et les familles vont décroissant par la volonté de Jupiter, maître de l'Olympe. Quelquefois aussi le fils de Saturne ou détruit leur vaste armée, ou renverse leurs murailles, ou se venge sur leurs navires, qu'il engloutit dans la mer[2]. » Le poète rappelle à ceux qui se flatteraient de pouvoir échapper au châtiment, que trente mille génies, ministres de Jupiter, ont les yeux ouverts sur les actions des

---

1. *OEuvres et Jours*, vers 201 et suivants.
2. *Ibid.*, vers 238 et suivants.

hommes, et que la Justice est assise à côté du maître des dieux. Il faut donc pratiquer la vertu, et chercher dans le travail seul cette richesse où le méchant n'arrive pas toujours, et qui n'est entre ses mains que remords et misère.

Hésiode se complaît dans les hautes régions de la pensée. Il s'arrête avec une sorte d'amour sur ces principes moraux sans lesquels la vie humaine manque de règle, de sens même et de dignité; et c'est avec une puissante abondance d'images, une force de paroles sans cesse ravivée, qu'il tâche de faire impression sur l'âme de Persès. Ce n'est guère que vers le milieu du poëme qu'il commence à décrire les travaux auxquels il invite son frère à se livrer. Il parcourt ensuite à grands pas le cercle des occupations rurales. Cette partie du poëme n'est pas indigne de la première. Hésiode ne s'en tient pas à d'arides préceptes ou à des descriptions techniques. En face de la nature, il oublie plus d'une fois les formules didactiques, pour retracer les tableaux sombres ou gracieux qui s'offrent à ses regards. Il ne se borne point à dire, par exemple, que l'homme laborieux sait accroître son bien, même durant l'hiver, ou qu'il faut, dès la belle saison, répéter à ses serviteurs que l'été ne durera pas toujours. Il peint les rudes hivers des montagnes de la Béotie : « Précautionne-toi contre le mois Lénéon, contre ces jours mauvais, tous funestes aux bœufs, contre ces tristes frimas qui s'étendent sur la campagne au souffle de Borée, quand il s'élance à travers la Thrace nourrice des chevaux, et qu'il soulève les flots de la vaste mer. La terre et les forêts mugissent. Déchaîné sur la terre féconde, le vent renverse en foule, dans les gorges de la montagne, les chênes à la haute chevelure et les sapins énormes, en faisant crier, dans toute leur étendue, les immenses forêts. Les bêtes sauvages frissonnent, et ramènent leur queue sous leur ventre, même celles dont la peau est le plus velue : oui, malgré l'épaisseur des poils qui couvrent leur poitrine, le vent les pénètre de sa froidure. Il passe sans obstacle à travers le cuir du bœuf ; il pénètre la chèvre aux longues soies : quant aux brebis, leur toison annuelle les garantit contre les assauts de Borée. Le froid courbe le vieillard; mais il ne pénètre point la peau délicate de la jeune fille, qui reste dans la maison auprès de sa mère.... Alors les hôtes des bois, cornus et non cornus, fuient, éperdus et grinçant les dents, par vaux et broussailles. Tous ceux qui habitent des tanières profondes, des cavernes de rocher, ne songent qu'à se blottir dans leurs abris. Alors aussi les hommes ressemblent au mortel à trois pieds, dont le dos est brisé, dont la tête regarde le sol : ils se voûtent comme lui en marchant, pour éviter la blanche neige[1]. »

A propos des travaux de la moisson, Hésiode se souvient que l'été est une saison de joie et de bien-être, et il engage Persès à prendre sa part de ces plaisirs qu'on goûte à si peu de frais : « Quand le chardon fleurit, et que la cigale harmonieuse, posée sur un arbre, épanche sa douce voix en agitant ses ailes; dans la saison du laborieux été, alors les chèvres sont très-grasses et le vin excellent.... Cherche l'ombre d'un rocher, emporte le vin de Biblos, et le gâteau de fromage, et le lait des chèvres qui ne nourrissent plus, et la chair d'une génisse qui broute le feuillage et n'a pas été mère encore, et celle des chevreaux premiers-nés. Savoure le vin noir, assis à l'ombre, repu à souhait, le visage tourné du côté du zéphyre au souffle puissant, et sur le bord d'une fontaine aux flots intarissables, abondants et limpides[2]. »

Après d'intéressants détails sur l'art de s'enrichir dans les entreprises du commerce maritime, sur le choix du navire, sur les saisons favorables à la navigation, Hésiode reprend le thème des prescriptions morales, mais non plus avec cette verve et cette richesse de pensée qui distingue la première partie du poëme. Il se borne maintenant à tracer une sorte de code de la civilité et des bienséances. Que s'il touche en passant à quelque grand sujet, il est tout aussi bref que s'il s'agissait simplement de prémunir Persès contre le danger de se rogner les ongles durant le festin solennel des dieux, ou, suivant son expression, de séparer le sec du

---

[1]. *Œuvres et Jours*, vers 502 et suivants.
[2]. *Œuvres et Jours*, vers 580 et suivants.

vert, en taillant avec un fer noir la tige aux cinq rameaux. La fin du poëme est peut-être plus technique, s'il est possible, et plus sèche encore. C'est une sorte de calendrier, où Hésiode a marqué, dans le mois lunaire, les jours favorables ou néfastes, par rapport surtout aux travaux de l'agriculture. Ce morceau n'a guère d'intérêt qu'à titre de renseignement sur les superstitions populaires du temps.

Le poëme se termine à peu près comme la femme dont parle Horace : belle tête, queue de poisson. Il faut bien avouer aussi que, dans l'ensemble, on n'aperçoit pas toujours clairement la liaison des idées. Hésiode, uniquement préoccupé de l'unité morale, si je puis m'exprimer ainsi, a trop négligé cette autre unité qui naît d'une gradation savante et de transitions habilement ménagées. Il va, revient, s'avance de nouveau pour revenir encore, sautant brusquement d'un sujet à un autre, ou se bornant à une sorte de naïve annonce : « Maintenant, si tu veux, je dirai une autre histoire. — Maintenant je vais dire une fable aux rois. » L'artiste, en un mot, n'est pas, chez Hésiode, à la hauteur du moraliste et du poëte.

Le poëme des *Œuvres et Jours* nous a été transmis dans un état satisfaisant de conservation. Il semble avoir échappé complétement aux profanations des interpolateurs, malgré les tentations que leur offrait une composition dont le tissu n'est ni bien serré ni bien uni. Tout y a, d'un bout à l'autre, tournure et couleur hésiodéenne. Nulle disparate ni de style, ni de langue, ni de versification. Le prologue lui-même, que quelques-uns regardent comme ajouté après coup, porte tous les caractères de l'authenticité. Si c'est, comme on le prétend, l'ouvrage de quelque rhapsode, un proème dans le genre de ceux dont les Homérides faisaient précéder leurs récitations épiques, il faut admirer l'art avec lequel le faussaire a su imiter le ton d'Hésiode, sa vigoureuse simplicité, le mouvement de sa phrase, et lui prendre sa langue et sa physionomie.

La Théogonie.

La *Théogonie*, au contraire, porte en maint endroit des traces visibles d'interpolation. Il y a une foule de vers, dans ce poëme pourtant si court, qui ne sont que des gloses mythologiques ou grammaticales, aussi indignes d'Hésiode que de la poésie même. Il y en a d'autres qui n'ont aucun rapport ni avec ce qui les précède, ni avec ce qui les suit. Il y en a qui sont d'Homère, et qui semblent n'être entrés dans le texte qu'après avoir été d'abord placés à côté comme objet de comparaison. Ainsi, à la suite de la description de la Chimère, on lit cette autre description du même monstre, empruntée à l'*Iliade*[1] : « Lion par devant, dragon par derrière, chèvre au milieu, vomissant d'affreux tourbillons de flamme. »

Mais c'est surtout le prologue du poëme qui a été gonflé outre mesure. La *Théogonie*, avec ses nombreuses surcharges, n'a guère qu'un millier de vers, et le prologue à lui seul en compte cent quinze. Cette particularité est déjà en soi assez extraordinaire. L'examen du morceau confirme les soupçons qu'on ne peut s'empêcher de concevoir au premier aspect. On reconnaît bien vite que le vrai prologue de la *Théogonie* ne se composait originairement que des trente-cinq vers où le poëte raconte les danses et les chants des Muses sur les sommets de l'Hélicon, et comment il a reçu d'elles le don de la poésie avec le rameau de laurier, et des douze vers où il demande aux Muses de lui révéler ce qu'elles savent de l'histoire des dieux et de leurs généalogies. Toute la partie intermédiaire n'a aucun rapport avec la *Théogonie*. C'est d'abord un hymne, où les Muses sont célébrées comme des poétesses, nées de Jupiter dans la Piérie, près de l'Olympe; c'est ensuite une énumération des Muses, et un tableau des bienfaits dont elles comblent les hommes. On peut admettre, à la rigueur, que ces chants en l'honneur des Muses sont l'ouvrage d'Hésiode; et ils sont

[1]. *Iliade*, chant VI, vers 181, 182.

dignes de lui. Mais Hésiode ne les avait point destinés à figurer là où on les a intercalés. Les derniers vers de la *Théogonie*, à partir du vers 963, sont, suivant certains critiques, une transition ajoutée après coup, à l'aide de laquelle on avait rattaché la *Théogonie* au poëme intitulé *Catalogue des Femmes* ou *Grandes Éées*. Au reste, on n'aperçoit pas, dans la *Théogonie*, de lacunes très-importantes. Pour avoir dans toute sa pureté l'œuvre d'Hésiode, il suffit de faire des retranchements, et de réduire le poëme de cent cinquante vers plus ou moins.

Un poëme si court, et qui se compose, pour la plus grande partie, d'une énumération de noms propres, ne pouvait manquer de pécher par la sécheresse. En effet, on voit qu'Hésiode ne s'est guère proposé d'autre dessein que de rédiger un catalogue raisonné des divinités reconnues de son temps, et de dresser, pour ainsi dire, l'arbre généalogique de la famille divine. Souvent les noms viennent à la suite l'un de l'autre, sans plus d'apprêt, et le poëte disparaît complétement derrière le nomenclateur. Mais d'ordinaire chaque divinité est caractérisée par quelque trait rapide emprunté à sa légende, ou tout au moins marquée de quelque poétique épithète. Quelquefois enfin Hésiode donne à sa veine un plus libre cours, et la laisse s'épancher en récits mythologiques dignes de la véritable épopée.

Je transcrirai le début du poëme proprement dit, pour donner une idée du ton général de l'ouvrage : « Donc, avant toutes choses fut le Chaos, et ensuite la Terre au large sein, inébranlable demeure de tous les êtres, et le ténébreux Tartare dans les profondeurs de la terre immense, et l'Amour, le plus beau des dieux immortels, l'Amour qui amollit les âmes, et qui règne sur tous les dieux et sur tous les hommes, domptant dans leur poitrine leur cœur et leurs sages résolutions. Du Chaos naquirent l'Érèbe et la noire Nuit. La Nuit enfanta l'Éther et le Jour, fécondée par les caresses de l'Érèbe. La Terre produisit d'abord le Ciel étoilé, égal en grandeur à elle-même, afin qu'il la couvrît tout entière, et qu'il fût éternellement l'inébranlable demeure des dieux bienheureux. Puis elle produisit les hautes montagnes, gracieuses retraites des nymphes, qui habitent les monts aux gorges profondes. Elle enfanta aussi Pontus, la stérile mer aux flots bouillonnants, mais sans goûter les charmes du plaisir; puis ensuite, ayant partagé la couche du Ciel, elle enfanta l'Océan aux gouffres profonds, et Cœus, et Crius, et Hypérion, et Japet, et Thia, et Rhéa, et Thémis, et Mnémosyne, et Phœbé à la couronne d'or, et l'aimable Téthys. Après tous ceux-là, elle mit au monde l'astucieux Saturne, le plus terrible de ses enfants, et qui fut l'ennemi de son vigoureux père. Elle enfanta de plus les Cyclopes, etc.[1] »

Hésiode énumère les autres enfants du Ciel ou d'Uranus et de la Terre. Puis il raconte la querelle d'Uranus et de ses fils, comment Saturne mutila son père avec la faux qu'avait forgée la Terre elle-même, et comment du sang d'Uranus mutilé naquirent d'autres divinités, et parmi elles Aphrodite. Puis vient la longue énumération de tous les autres dieux dont la naissance remontait, suivant la tradition, à l'époque qui avait précédé le règne de Saturne et la mutilation d'Uranus. On voit ensuite Saturne dévorant ses enfants, Rhéa sauvant Jupiter, et celui-ci, avec l'aide des Titans, c'est-à-dire des fils d'Uranus et de la Terre, renversant Saturne à son tour, et établissant son empire sur les hommes et sur les immortels. La querelle de Jupiter et des dieux nouveaux contre les divinités titaniques occupe presque tout le reste du poëme. C'est dans cette partie surtout qu'Hésiode, entraîné par le sujet, a donné carrière à son génie poétique, sans s'inquiéter beaucoup s'il restait dans les justes proportions d'un épisode. On dirait qu'il a voulu faire oublier quelque *Gigantomachie* d'un des aèdes qui l'avaient précédé. Je regrette que le morceau soit trop long; je voudrais le transcrire en entier : l'immensité du champ de bataille, la grandeur de la lutte, la nature des combattants, donnent à ce tableau quelque chose de sombre et d'étrange, qui ne ressemble à rien de ce que nous a transmis l'antiquité. Je cite seulement quelques traits :

« Les deux partis déployaient leur audace et la vigueur de

---

1. *Théogonie*, vers 116 et suivants.

leurs bras. Un horrible fracas retentit sur la mer sans bornes ; la terre pousse un long mugissement ; le vaste ciel s'agite et gémit ; le grand Olympe tremble jusqu'en ses fondements, sous le choc des immortels. L'ébranlement terrible se fait sentir jusque dans le ténébreux Tartare.... Alors Jupiter ne retient plus son courroux. Son âme se remplit à l'instant de fureur ; il déploie sa force tout entière. Impétueux, il s'élance des hauteurs du ciel et de l'Olympe, faisant jaillir des feux étincelants : les foudres volaient sans relâche hors de sa main puissante, au milieu du tonnerre et des éclairs, en roulant une flamme sacrée. La terre nourricière mugissait embrasée, et les forêts immenses petillaient enveloppées par l'incendie. La terre bouillonnait au loin, et les flots de l'Océan, et la mer stérile. Une brûlante vapeur entourait les Titans fils de la Terre ; la flamme s'élevait à l'infini dans l'air divin ; et les combattants, tout braves qu'ils fussent, étaient aveuglés de l'éblouissant éclat de la foudre et du tonnerre. Le vaste incendie envahit le chaos même.... Cottus, et Briarée, et Gyès insatiable de guerre, avaient excité aux premiers rangs un combat acharné. De leurs mains puissantes ils lancent coup sur coup trois cents rochers, et ombragent les Titans d'une nuée de flèches. Vainqueurs de ces vaillants ennemis, ils les précipitent sous la vaste terre, et ils les chargent d'impitoyables chaînes, dans ces abîmes aussi profondément enfoncés sous la terre que le ciel s'élève au-dessus de sa surface. Car une enclume d'airain, tombant du ciel, descendrait neuf nuits et neuf jours, et atteindrait à la terre le dixième jour ; et une enclume d'airain, tombant de la terre, descendrait neuf nuits et neuf jours, et atteindrait le dixième jour au Tartare. L'abîme est entouré d'une barrière d'airain. Autour de l'ouverture la nuit répand à triple repli ses ombres ; au-dessus reposent les racines de la terre et de la mer stérile. C'est là que les dieux titans sont emprisonnés dans les ténèbres obscures, par l'ordre de Jupiter assembleur de nuages [1]. »

---

[1] *Théogonie*, vers 677 et suivants.

Authenticité des deux poëmes.

Il y a une telle ressemblance de caractère et de style entre la *Théogonie* et les *Œuvres et Jours*, qu'il n'est guère permis de mettre en doute l'étroite parenté des deux poëmes. C'est le même mode de composition, ou, si l'on veut, la même insouciance de ce que nous nommons ainsi ; c'est la même prédilection des thèmes favorables, aux dépens de l'harmonie de l'ensemble ; c'est le même mouvement, la même tournure de pensée ; ce sont les mêmes phrases pleines de sens, mais traînantes quelquefois et un peu obscures ; c'est la même versification naïve et le même système de prosodie ; c'est la même langue avec sa saveur béotienne et antique. Malgré la profonde différence des sujets, on retrouve plus d'une fois, dans l'un et l'autre poëme, la trace des mêmes préoccupations, les mêmes sentiments, les mêmes idées. Mais nulle part l'unité d'auteur ne se révèle plus manifeste que dans les passages où il s'agit de la femme. Hésiode n'est point un flatteur de l'autre sexe. Les bonnes ménagères sont rares de tout temps ; et ce n'est pas d'aujourd'hui que les coquettes tendent leurs filets par le monde. Le poëte du travail, de la paix et du bien-être voit le type de la femme, telle qu'elle est trop souvent, dans cette Pandore destinée par Jupiter à être tout à la fois le charme et le fléau des hommes : « A l'instant, l'illustre boiteux, Vulcain, obéissant aux volontés du fils de Saturne, façonna avec de la terre une figure qui ressemblait à une chaste vierge. Les Grâces divines lui attachèrent des colliers d'or, et les Heures à la belle chevelure la couronnèrent des fleurs du printemps. Pallas Minerve orna son corps d'une complète parure. Le messager des dieux, le meurtrier d'Argus, docile aux volontés du tonnant Jupiter, arma son cœur de mensonges, de discours artificieux, de sentiments perfides. Le héraut des dieux mit aussi en elle une voix articulée ; et il nomma cette femme Pandore, parce que tous les habitants de l'Olympe lui avaient fait chacun leur présent, afin qu'elle fût un fléau pour les industrieux mortels [1]. » C'est dans un but tout pratique et moral qu'Hésiode contait à son frère cette vieille légende. Les conseils qu'il donne à Persès en plus d'un endroit montrent assez le sens qu'il y attache. Il lui recommande de se défier des manéges de ces femmes qui en veulent plus à sa fortune qu'à son cœur. Il le met en garde contre ce qu'on appelle encore aujourd'hui de bons mariages; il lui dit de n'épouser que dans une famille voisine et connue : « Examine attentivement avant de choisir, afin que ton mariage ne fasse pas de toi la risée de tes voisins. S'il n'est pas pour l'homme d'acquisition meilleure que celle d'une vertueuse épouse, il n'est pas de pire calamité non plus qu'une femme vicieuse.... Sans torche elle consume son époux, et le livre à la vieillesse cruelle [2]. »

Il n'est pas bien étonnant que le mythe de Pandore figure aussi dans la *Théogonie*, où sa place était naturellement marquée. Mais un seul homme a pu ajouter à la légende l'affabulation un peu brutale qui la suit; et cet homme, c'est Hésiode, c'est le poëte qu'on vient d'entendre : « C'est de Pandore qu'est née la race des femmes au sein fécond. Oui, cette race funeste vient d'elle ; les femmes, fléau cruel qui habite parmi les hommes ; les femmes, qui s'associent non à la pauvreté, mais à l'opulence. De même que quand les abeilles, dans leurs ruches couronnées de toits, nourrissent des frelons qui ne savent que s'employer au mal : tout le jour, jusqu'au coucher du soleil, elles travaillent activement à former des blancs rayons de miel; eux, au contraire, ils ne bougent de l'intérieur des ruches couronnées de toits, engloutissant dans leur ventre le travail d'autrui : de même Jupiter qui tonne dans les airs a imposé aux mortels le fléau des femmes.... Celui qui, fuyant le mariage et l'importune société des femmes, refuse de prendre une épouse et parvient jusqu'à la fatale vieillesse, cet homme vit privé des soins nécessaires, et, quand il est mort, des collatéraux se partagent ses biens. Celui qui subit la destinée du mariage,

---

1. *OEuvres et Jours*, vers 70 et suivants.
2. *Ibid.*, vers 699 et suivants.

et qui possède une femme pleine de chasteté et de sagesse, chez celui-là même le bien est toujours compensé par le mal. Mais l'homme qui est allé se buter dans une engeance perverse porte en son cœur, toute sa vie, un infini chagrin [1]. »

Les grandes Éées.

Hésiode, vers la fin de la *Théogonie*, après avoir énuméré les enfants de Jupiter et quelques autres divinités, s'adresse de nouveau aux Muses, et annonce qu'il va chanter les déesses qui se sont unies à de simples mortels, et qui ont donné le jour à des enfants semblables aux dieux. Cette liste supplémentaire occupe une cinquantaine de vers, et se termine par ces mots, qui sont aussi les derniers de la *Théogonie* : « Maintenant chantez la troupe des femmes, ô Muses harmonieuses, filles de Jupiter qui tient l'égide [2]. » Ces femmes dont il est question sont celles qui avaient eu commerce avec les dieux, et qu'Hésiode avait célébrées, elles et leurs fils, dans une suite de notices épiques, légèrement rattachées l'une à l'autre, et qui étaient comprises sous le titre commun de *Catalogue des Femmes* ou de *Grandes Éées*. Peu importe que toute la dernière partie de la *Théogonie* ait été, comme le prétendent quelques-uns, ajoutée après coup pour souder le poëme religieux à l'épopée des femmes. Il nous suffit qu'Hésiode était réputé l'auteur de cette épopée. Le titre de *Grandes Éées*, ou simplement d'*Éées* (μεγάλαι Ἠοῖαι, ou Ἠοῖαι), sous lequel le *Catalogue des femmes* est souvent cité par les anciens, provient de ce que la légende de la plupart des héroïnes se rattachait aux récits précédents par les deux mots ἢ οἵη, *ou telle que*. Voici, par exemple, le début de la partie du poëme qui concernait Alcmène, mère d'Hercule : « Ou telle que, quittant sa demeure et son pays, vint à Thèbes, pour suivre le belliqueux Amphitryon, Alcmène, fille d'Électryon l'intrépide chef des guerriers [3]. »

On ne sait pas au juste le nombre des héroïnes qu'Hésiode

---

1. *Théogonie*, vers 509 et suivants.
2. *Théogonie*, vers 1021-1022.
3. *Bouclier d'Hercule*, vers 1 et suivants.

avait célébrées. Les vers qui restent de l'épopée des femmes se rapportent à Coronis, mère d'Esculape, fils d'Apollon ; à Antiope, mère de Zéthus et d'Amphion, fils de Jupiter ; à Mécionice, mère d'Euphémus, fils de Neptune ; à Cyrène, mère d'Aristée, fils d'Apollon. Encore y a-t-il telle de ces légendes qui semble avoir été ajoutée après coup à l'œuvre primitive. Celle de Cyrène, cette jeune fille thessalienne qu'Apollon avait transportée en Libye, où elle donna le jour à Aristée, doit dater, suivant quelques critiques, d'une époque postérieure à la fondation de la ville de Cyrène sur les côtes de la Libye, c'est-à-dire de plusieurs siècles après Hésiode. Le fragment de la légende d'Alcmène, dont j'ai cité le début, est assez considérable : il ne contient pas moins de cinquante-six vers, qui se suivent sans lacune. Le poëte y explique les motifs qui avaient forcé Amphitryon de se réfugier à Thèbes, l'amour de Jupiter pour Alcmène, l'absence et le retour d'Amphitryon, la naissance d'Hercule et de son frère. Ce n'est là, évidemment, qu'une portion de la légende. Le récit des exploits d'Hercule et la peinture des tourments endurés par la mère d'un héros si rudement éprouvé, avaient dû fournir une riche matière aux développements poétiques. L'exclamation d'Alcmène qui nous a été conservée : « Ô mon fils, Jupiter, ton père, t'a donc fait naître pour être malheureux et brave entre tous ! » ce cri pathétique, sorti du cœur d'une mère, prouve du moins qu'Hésiode avait fait de la légende une sorte d'*Héracléide*, mais d'où Alcmène n'était point absente.

Le Bouclier d'Hercule.

Dans les éditions d'Hésiode, immédiatement après le grand morceau de cinquante-six vers, vient, sans transition aucune, le récit du combat d'Hercule contre Cycnus fils de Mars, et contre le dieu Mars lui-même. Ce récit, à son tour, est coupé par la description infiniment détaillée du bouclier que portait le fils d'Alcmène, et ne reprend qu'au bout de cent quatre-vingts vers. L'ensemble incohérent formé de ces trois pièces diverses est le prétendu poëme qu'on nomme le *Bouclier d'Hercule*. Il n'est pas vraisemblable que le récit du combat soit un débris des *Ëées*. Hésiode n'aurait pas donné un si vaste développement au moins renommé peut-être des douze travaux d'Hercule, et cela dans une épopée où la légende d'Alcmène et de son fils n'occupait elle-même qu'une place assez restreinte. Tout d'ailleurs y décèle une main qui n'est pas celle d'Hésiode. On y trouve tel vers des *Œuvres et Jours* presque textuellement transcrit, et un bon nombre d'expressions et de formes hésiodéennes ; mais les mots, les tournures d'Homère, et jusqu'à ses comparaisons, s'y rencontrent à chaque pas. Ce n'est pourtant pas un centon, une pièce sans originalité et sans valeur. Il y a du mouvement, de l'énergie ; le style n'est pas sans souplesse ni sans éclat. C'est l'ouvrage d'un homme de talent, et le reste, selon toute apparence, de quelque hymne en l'honneur d'Hercule, ou de quelqu'une de ces *Héracléides* qui avaient été composées par les poëtes de l'âge posthomérique.

La description du bouclier est remarquable aussi par ses qualités poétiques. Il est certain, vu son ampleur, qu'elle n'a pas été faite pour le récit où elle est intercalée. Il est bien plus certain encore qu'elle n'est pas d'Hésiode. Celui qui a décrit le bouclier d'Hercule avait sous les yeux la description du bouclier d'Achille. On dirait même que, dans certaines parties, il a pris à tâche de rivaliser avec Homère. J'ai cité ailleurs, à propos du chant d'hyménée, la peinture d'un cortége nuptial, d'après le bouclier d'Achille. Une scène semblable est tracée dans la description du bouclier d'Hercule, et avec des circonstances analogues, et dans des termes quelquefois identiques. La description du bouclier d'Hercule ne peut provenir que de quelque grande épopée ; car les hymnes religieux, à cause de leur brièveté, ne souffraient point de pareils hors-d'œuvre. Ce serait perdre son temps que de chercher le nom du poëte qui l'a composée, et le siècle où il a vécu. Tout ce qu'il est permis d'affirmer, c'est que ce poëte n'est pas Hésiode, et qu'il n'a ni le ton, ni le style, ni même la langue de l'auteur de la *Théogonie* et des *Œuvres et Jours*.

Ouvrages attribués à Hésiode.

On attribuait à Hésiode, dans l'antiquité, une foule d'autres ouvrages, aujourd'hui perdus, et dont il ne reste guère que les titres. Ainsi, par exemple, un poëme didactique sur l'équitation, intitulé *Leçons de Chiron*; un autre poëme didactique, sur l'*Ornithomancie* ou l'art de deviner les présages des oiseaux; la *Mélampodie*, épopée en l'honneur du fameux roi-devin Mélampus d'Argos; l'*Égimius*, autre épopée en l'honneur d'un héros dorien de ce nom, ami et allié d'Hercule; des poëmes plus courts, ou plutôt des fragments épiques, tels que le *Mariage de Céyx*, l'*Epithalame de Pélée et Thétis*, la *Descente de Thésée et de Pirithoüs aux enfers*, etc.

Le nom d'Hésiode était comme une sorte de centre poétique, autour duquel on avait groupé la plupart des productions de ce qu'on pourrait appeler l'école béotienne, toutes celles dont les auteurs avaient gardé l'anonyme ou s'étaient volontairement cachés sous le couvert du poëte national des Éoliens. Mais la croyance à l'authenticité de ces ouvrages n'était pas universelle. Quelques-uns même poussaient le scepticisme un peu loin; et les Béotiens, au temps de Pausanias, taxaient de bâtardise non-seulement les poëmes que je viens d'énumérer, mais les *Éées*, mais la *Théogonie* même. Les *Œuvres et Jours* étaient, suivant eux, le seul poëme qu'Hésiode eût laissé. Qu'importe qu'Hésiode ait été un peu plus fécond ou un peu moins? N'eût-il fait que les *Œuvres et Jours*, il mériterait encore d'avoir été classé, dans l'estime des Grecs, au premier rang des poëtes, et d'avoir eu son nom si souvent accolé à celui d'Homère.

CHAPITRE VI.
HYMNES HOMÉRIQUES ET POËMES CYCLIQUES.

Caractère des Hymnes homériques. — *Hymne à Apollon Délien.* — *Hymne à Apollon Pythien.* — *Hymne à Mercure.* — *Hymne à Vénus.* — *Hymne à Cérès.* — *Hymne à Bacchus.* — Le Cycle poétique. — Stasinus. — Arctinus. — Leschès. — Agias et Eugamon. — La *Thébaïde*, l'*Héracléide*, etc.

Caractère des Hymnes homériques.

Les hymnes que nous possédons sous le nom d'Homère peuvent être rangés parmi les plus anciens monuments de la poésie grecque. La plupart de ces hymnes, comme je l'ai remarqué déjà, ne sont autre chose que des préludes, des ouvertures, ou, selon l'expression grecque, des proèmes, qui servaient d'introduction aux chants épiques récités par les rhapsodes. Nul doute que l'usage de commencer toute récitation poétique par une invocation aux dieux ne date de la plus haute antiquité. Plus d'un proème homérique est donc contemporain, peu s'en faut, de l'*Iliade* et de l'*Odyssée*; et, quelque récents qu'on suppose la plupart de ces hymnes, on ne les saurait faire descendre beaucoup en deçà des premières Olympiades. Je ne parle ici que pour mémoire de ces productions assez insignifiantes. Mais il y a, dans la collection, autre chose que des proèmes. Il y a des œuvres considérables et par l'étendue et par la valeur littéraire, et qui méritent de nous arrêter quelques instants. Ces grandes compositions, égales en longueur à des rhapsodies entières, suffisaient à remplir seules le temps que les auditeurs accordaient à chaque récitation. Elles sont chacune par elles-mêmes; elles forment chacune un tout complet. Ce ne sont pas des hymnes proprement dits, des litanies comme celles qu'on chantait devant l'autel des dieux; ce sont plutôt de petites épopées mythologiques. Les auteurs n'étaient pas, comme les rhapsodes des proëmes, des poëtes de rencontre, dont tout l'effort aboutissait à une ou deux douzaines de vers, pillés d'ici et de là peut-être. C'étaient de vrais fils de la Muse; c'étaient des hommes de la race de ceux qui forment le premier anneau de la chaîne dont parle Platon.

Hymne à Apollon Délien.

Thucydide a pu, sans se faire tort auprès des gens de goût, croire à l'authenticité de l'*Hymne à Apollon Délien*, et en citer, sous le nom d'Homère, d'assez longs passages. Cet hymne n'est pas trop indigne, par la pensée et par le style, de l'auteur de l'*Iliade* et de l'*Odyssée*. Je n'hésite pourtant pas à nier qu'Homère en soit l'auteur. On y fait paraître Homère, et l'on met l'hymne dans sa bouche; mais c'est par un artifice littéraire du genre de celui d'André Chénier dans sa fameuse élégie. Je l'affirme à cause surtout de l'allocution aux jeunes filles de Délos : « Souvenez-vous de moi dans l'avenir; et, si jamais, abordant en ces lieux, quelque étranger, quelque aventureux voyageur vous demande : « Jeunes « filles, quel est le plus harmonieux des aèdes qui fréquentent « cette île, celui dont les chants vous charment davantage? » répondez unanimement ces mots de bienveillance : « C'est un « homme aveugle, qui habite dans la montagneuse Chios; « tous ses chants jouissent pour jamais d'un renom incom- « parable[1]. » Homère n'a jamais tenu un pareil langage. L'auteur de l'hymne, quelque Homéride de Chios probablement, entraîné par l'admiration, fait dire à Homère ce que lui-même il pense, ce qu'il crierait aux quatre coins du monde. Quelques-uns ont attribué ce morceau poétique à Cynéthus, le plus célèbre des Homérides dont le nom nous ait été transmis. Mais cette opinion n'est guère probable, si ce rhapsode vivait, comme on le pense communément, à l'époque de Pindare et d'Eschyle, c'est-à-dire assez peu d'années avant Thucydide.

L'ouvrage est incomplet. Il y manque, selon toute appa-

---

[1]. *Hymne à Apollon Délien*, vers 166 et suivants.

rence, une partie du commencement, le récit de la rivalité de Junon et de Latone, et le détail des courses errantes de la mère d'Apollon. Le poëte du moins entre un peu brusquement en matière, après la double invocation à Latone et à son fils. Il conte comment Délos donna l'hospitalité à la déesse persécutée, et comment Apollon naquit au pied du palmier tant célébré depuis; il trace ensuite un magnifique tableau des fêtes de Délos: « Mais toi, Phœbus, Délos est le lieu le plus agréable à ton cœur. C'est là que se réunissent les Ioniens à la robe traînante, avec leurs enfants et leurs chastes épouses. Ils se livrent, en ton honneur, aux luttes du pugilat, de la danse et du chant. Il dirait des immortels éternellement exempts de vieillesse, celui qui visiterait Délos quand les Ioniens y sont réunis. A l'aspect de tant de beauté, il se réjouirait dans son cœur, admirant ces hommes, ces femmes à la gracieuse ceinture, ces rapides navires, ces richesses entassées. Ajoutez-y cette grande merveille, dont la gloire ne périra jamais, les filles déliennes, prêtresses du dieu qui frappe au loin. Elles chantent d'abord Apollon, puis elles rappellent Latone, et Diane qui aime à lancer des flèches; elles célèbrent aussi les héros et les héroïnes d'autrefois, et elles enchantent la foule des hommes. Elles savent imiter la voix de tous les peuples et le son de leurs instruments. On dirait qu'on s'entend parler soi-même, tant il y a, dans leurs accents, d'harmonie et de beauté[1]. » Ceci, bien plus encore que la croyance de Thucydide, prouve que l'*Hymne à Apollon Délien* n'est pas d'un contemporain de Miltiade et de Thémistocle. C'est un homme des temps antiques qui a vu les Ioniens dans cette gloire et dans cette opulence. Je dis plus : c'est un compatriote d'Homère qui les a chantés avec cet enthousiasme. Je sens dans ses vers la passion de la grandeur nationale; et dans sa poitrine, comme dans celle d'Homère, bat un cœur ionien.

---

[1]. *Hymne à Apollon Délien*, vers 146 et suivants.

Hymne à Apollon Pythien.

L'*Hymne à Apollon Pythien* est rangé bien à tort, par la plupart des éditeurs, à la suite du précédent, comme s'il en était la continuation naturelle. Il n'appartient ni à la même école poétique, ni au même ordre d'idées. C'est le récit, sous une forme mythique, de l'établissement du culte d'Apollon dans la Grèce continentale. A coup sûr ce récit n'est pas l'œuvre d'Homère. Il y en a plus d'une preuve, et notamment les paroles que l'auteur de l'hymne met dans la bouche de Junon, à propos de Vulcain. Elle dit que c'est elle-même qui a jeté son fils du haut du ciel; que Vulcain est tombé dans la mer, et qu'il a été recueilli et élevé par Thétis. On connaît le passage de l'*Iliade* où Vulcain conte lui-même sa mésaventure. Les deux traditions diffèrent absolument. Ce n'est pas non plus un Homéride de Chios, un Ionien d'Asie qui a célébré le sanctuaire de Crissa; c'est bien plutôt quelque aède des contrées voisines du Parnasse, quelque héritier peut-être de la muse d'Hésiode, mais qui connaissait l'*Iliade* et l'*Odyssée*, comme on le voit à de manifestes emprunts, surtout dans l'énumération des contrées que parcourt le navire crétois conduit par Apollon.

Cet hymne est encore d'une antiquité assez reculée. Il est antérieur et à la guerre de Crissa et à l'introduction des courses de chevaux dans les jeux Pythiques. C'est à Crissa qu'était encore, au temps du poëte, le sanctuaire d'Apollon; et la raison principale qui avait décidé Apollon à choisir ce lieu de préférence à tout autre, c'est qu'on n'y entendait jamais de bruit des coursiers ni des chars. Il n'y a rien, dans tout l'hymne, qui mérite d'être particulièrement cité. Ce n'est pas que cette poésie soit sans mérite : le récit est vif et intéressant, la composition sage et bien ordonnée, et le style a cet éclat tempéré qui ne fait jamais défaut aux hommes de quelque talent. Mais l'originalité est absente. C'est ce qu'on appelle un ouvrage estimable. Je me borne donc à en donner l'esquisse en quelques mots.

Apollon descend de l'Olympe, et cherche dans la Grèce

une place pour s'y bâtir un temple. Une nymphe de Béotie, Telphuse, lui conseille de s'établir à Crissa, sur le flanc du Parnasse. C'était un piége qu'elle lui tendait malicieusement; car elle savait qu'un serpent terrible avait son repaire dans cette contrée, et que le dieu y courrait de grands dangers. Apollon suit le conseil de la nymphe : il bâtit son temple dans la solitaire vallée de Crissa. Mais il tue le monstre; et, pour punir la perfidie de Telphuse, il fait disparaître, sous un éboulement de rochers, la fontaine à laquelle la nymphe présidait. Apollon se transforme en dauphin, et guide vers Crissa un navire monté par des Crétois de Cnosse. Ces Crétois, à l'invitation du dieu, y fixent leur séjour, et ils deviennent les prêtres et les gardiens du nouveau sanctuaire.

Hymne à Mercure.

L'*Hymne à Mercure* n'a rien de cette gravité religieuse qui distingue les deux hymnes à Apollon. C'est une sorte de conte presque plaisant, écrit à la manière du récit des amours de Mars et de Vénus dans l'*Odyssée*. On voit, à l'enjouement du poëte, qu'il n'a nullement la prétention de faire le prêtre et l'hiérophante, et qu'il s'agit uniquement pour lui de vers et de poésie. Le Mercure qu'il chante est un nouveau-né. Mais cet enfant merveilleux quitte son berceau, et s'en va dans la Piérie voler les bœufs d'Apollon. Il les conduit dans une grotte près de Pylos, en dérobant sa marche par d'adroits stratagèmes; puis, comme un sacrificateur consommé, il égorge et dépèce deux victimes, et il en fait un solennel hommage aux différents dieux. Il avait rencontré en son chemin une tortue : cette tortue, entre ses mains industrieuses, était devenue une lyre. Il se sert de l'instrument nouveau pour apaiser Apollon, qui a deviné le voleur de ses bœufs; et les deux fils de Jupiter contractent ensemble une étroite intimité. L'hymne, bien qu'un peu long, est agréable à lire; l'esprit y petille, mais discrètement. C'est de la poésie gracieuse, mais ce n'est guère plus que l'*Hymne à Apollon Pythien* une œuvre de génie. Ces deux morceaux sont à peu près contemporains. La lyre dont il est question dans l'*Hymne* à *Mercure* est un instrument heptacorde. Or, on sait que c'est Terpandre qui compléta la lyre, en ajoutant trois cordes à l'antique luth des aèdes. L'*Hymne à Mercure* n'a donc pu être composé que depuis l'invention de Terpandre, c'est-à-dire vers la seconde moitié du septième siècle avant notre ère. Or, l'*Hymne à Apollon Pythien* l'a été antérieurement à une guerre qui appartient à la première partie du sixième siècle.

Hymne à Vénus.

L'*Hymne à Vénus* contient le récit des amours de la déesse avec le Troyen Anchise. Vénus se montre à Anchise sur le mont Ida, sous la forme d'une jeune princesse phrygienne. A son départ, elle se fait connaître ; elle annonce à Anchise qu'il naîtra d'eux un fils ; mais elle lui défend de jamais révéler le secret de la mystérieuse naissance de cet enfant, à moins qu'il ne veuille lui-même encourir la vengeance de Jupiter. C'est à quelque Homéride qu'il faut attribuer l'*Hymne à Vénus*. Tout y a, pour ainsi dire, la senteur homérique : le sujet lui-même, le ton général du style, le soin que met le poëte à ne pas s'écarter de la tradition consacrée par Homère. Ainsi, Homère avait dit : « Énée régnera sur les Troyens, et les fils de ses fils, dans les siècles futurs[1]. » L'auteur de l'hymne dit à son tour : « Tu auras un fils qui régnera sur les Troyens ; et sa postérité ne s'éteindra jamais[2]. » On conjecture même que ce chant a été composé pour flatter la vanité de quelqu'un de ces princes des contrées voisines de l'Ida, qui se prétendaient les descendants d'Énée, et dont les familles subsistaient encore vers l'époque de la guerre du Péloponnèse. Mais nul ne pourrait fixer, à deux siècles près, la date de l'*Hymne à Vénus*. Ce morceau, du reste, est assez court : c'est une narration rapide et coulante, mais qui se distingue plus par l'absence de tout défaut que par de grandes qualités.

1. *Iliade*, chant XX, vers 307, 308.
2. *Hymne à Vénus*, vers 197, 198.

Hymne à Cérès.

De tous les hymnes homériques, le plus précieux, sans contredit, c'est l'*Hymne à Cérès*, retrouvé seulement au siècle dernier par le célèbre philologue Ruhnkenius. Cet hymne est tout à la fois et un monument historique d'une haute importance, et un ouvrage fait de main de maître. Nul doute que le poëte ne fût un initié des mystères d'Éleusis; et nous avons là, selon toute probabilité, la plus ancienne de toutes les productions connues de la muse attique. Légendes, rites, cérémonies, jusqu'au choix de certains noms et de certaines tournures de style, l'*Hymne à Cérès* a tous les traits d'un poëme athénien. Ce n'est pourtant pas un de ces chants qu'on nommait *télètes*, chants d'initiation. Le ton en est simple et populaire; c'est aux profanes que s'adresse le poëte, mais dans un dessein religieux : il célèbre la gloire du sanctuaire d'Éleusis; il vante le bonheur des initiés et dans cette vie et dans l'autre ; il cherche évidemment à inspirer aux hommes le respect des sacrés mystères, et le désir d'y participer. L'*Hymne à Cérès* n'est donc pas, comme les autres hymnes, un morceau d'apparat, un simple jeu d'esprit, un développement sur un thème mythologique. C'est quelque chose de plus sérieux; c'est de la religion, presque du culte, presque de la liturgie.

Voilà ce qui explique que le poëte ait été quelquefois si heureusement inspiré. Sa piété le fait atteindre au pathétique, comme le patriotisme ionien élevait à la dignité et au ton d'Homère l'auteur de l'*Hymne à Apollon Délien*. Cette Cérès dont il conte les tribulations, c'est une véritable mère. Pluton lui a ravi sa fille : elle, inconsolable de cette perte, elle cherche partout, jusqu'à ce qu'enfin elle apprend ce que Proserpine est devenue. Les Eleusiniens, qui avaient donné l'hospitalité à Cérès sans la connaître, lui élèvent un temple, après qu'elle leur a manifesté sa présence. Cependant la déesse fait sentir sa colère aux hommes, en refusant de leur accorder ses dons accoutumés. Mais Jupiter l'apaise, et lui rend sa fille. En vertu d'un accommodement qui met d'accord tout le monde, Proserpine doit passer alternativement les deux tiers de l'année avec sa mère, et l'autre tiers avec son époux. Cérès, revenue à la joie et au bonheur, enseigne aux Éleusiniens, en retour de leur hospitalité, les cérémonies sacrées de ses mystères.

Une telle légende était assurément de nature à toucher une âme de croyant. Le poëte souffre de la douleur de Cérès. Voici en quels termes il peint l'entrée de la déesse, déguisée en vieille femme, dans le palais de Géléus : « Cérès, la déesse des saisons et des riches présents, ne veut point s'asseoir sur le siége brillant qu'on lui offre. Elle reste silencieuse, et elle tient ses beaux yeux baissés. Mais la sage Iambé lui apporte un siége de bois, qu'elle recouvre d'une blanche peau de brebis. Cérès s'y assied, et de ses mains elle ramène son voile sur son visage. Longtemps elle resta sur le siége, tout entière à sa douleur, sans prononcer un mot, sans s'adresser à personne ni de la voix ni du geste : elle était là immobile, affligée, oubliant le manger et le boire, et consumée du désir de revoir sa fille [1]. » L'entrevue de la mère et de la fille, devant le temple d'Éleusis, était un tableau saisissant, tout plein de vivacité et de grâce; mais les traits en ont été en partie effacés par le temps. Sous les mots mutilés qui restent, on voit pourtant resplendir encore quelque chose de l'antique beauté. Je n'ajoute rien; je me borne à transcrire : « Mercure arrête le char devant le temple odorant de sacrifices, où habitait Cérès à la belle couronne. Dès qu'elle a vu sa fille, elle s'est élancée, comme une ménade à travers la montagne ombragée de forêts. Proserpine, à son tour.... vers sa mère.... elle saute du char, elle court.... La mère.... mais.... Mon enfant! etc. [2]. » Il est bien regrettable que l'*Hymne à Cérès* ne nous soit point parvenu complet. Il y a d'autres lacunes encore, et de bien plus considérables, dans cet ouvrage, une des plus riches pièces du trésor poétique des anciens âges.

---

1. *Hymne à Cérès*, vers 192 et suivants.
2. *Hymne à Cérès*, vers 386 et suivants.

Hymne à Bacchus.

L'*Hymne à Bacchus* semble avoir été conçu primitivement sur des proportions non moins vastes que tous ceux dont je viens de parler. Mais il n'en reste qu'une faible portion, le récit de la captivité du dieu sur un navire monté par des pirates tyrrhéniens, et de la vengeance qu'il avait fait subir à ses ravisseurs. L'hymne se trouve ainsi réduit à la dimension d'un simple proème ; mais il n'en a ni la forme ni le ton. Il est impossible d'y voir autre chose qu'un fragment d'une œuvre plus considérable. La perte d'ailleurs n'est pas de nature à nous laisser de bien vifs regrets, je ne dis pas sous le rapport mythologique mais quant au style et à la poésie, si la pièce entière ne valait pas mieux que l'échantillon.

Le Cycle poétique.

L'opinion vulgaire attribuait aussi à Homère la plupart des épopées qu'on nommait cycliques, parce qu'elles formaient, avec l'*Iliade* et l'*Odyssée*, un grand cycle, c'est-à-dire un cercle, composé d'une suite de poèmes qui tenaient les uns aux autres. Le cycle poétique commençait, suivant quelques-uns, à la naissance du monde, et finissait à la mort d'Ulysse. Mais on donnait plus particulièrement le nom de poèmes cycliques aux épopées dont les événements de la guerre de Troie avaient fourni le sujet, et dont les auteurs s'étaient évidemment proposé de compléter l'œuvre d'Homère. Une chose assurément fort remarquable, c'est que pas un de ces poëtes n'avait empiété sur les domaines de l'*Iliade* et de l'*Odyssée*. Ils avaient donc entre leurs mains l'*Iliade* et l'*Odyssée* elles-mêmes, et non pas seulement ce fatras épique d'où Wolf et ses adhérents rêvent qu'on les a tirées. S'ils se sont bornés aux reliefs des festins d'Homère, c'est qu'ils savaient apparemment ce qu'Homère avait pris pour lui : on ne respecte pas ce qu'on ignore. Ces poëtes méritaient d'avoir du talent, car ils prisaient dignement le génie. Mais les critiques anciens, qui avaient sous les yeux leurs ouvrages, aujourd'hui perdus, sont bien loin de leur prodiguer les éloges. Les Alexandrins ne les comptèrent jamais au nombre des classiques; et l'on se souvient que c'est à l'un des poëtes cycliques qu'Horace a emprunté le vers qu'il cite comme exemple d'un début ambitieux et de mauvais goût, et en regard duquel il place les deux premiers vers de l'*Odyssée*.

Stasinus.

Stasinus de Cypre avait reçu d'Homère, d'après la tradition, un poëme qui fut connu sous le nom de *Chants cypriens*. Il n'est guère douteux que Stasinus lui-même n'en fût l'auteur. Ce poëme, dont le titre n'indique point le sujet, n'était autre chose qu'un long prologue à l'*Iliade*. Il embrassait tous les événements principaux qui avaient précédé la querelle d'Achille et d'Agamemnon. Le poëte expliquait en détail les causes de la guerre de Troie, et remontait jusqu'à la naissance d'Hélène. C'est peut-être à ce poëme que fait allusion Horace, quand il remarque qu'Homère, pour raconter la guerre de Troie, ne remonte point jusqu'aux œufs de Léda. Toutefois l'épouse de Ménélas n'était point, suivant l'auteur des *Chants cypriens*, la fille de Jupiter et de Léda. Jupiter l'avait eue de Némésis, et Léda l'avait élevée avec les Dioscures. La guerre de Troie apparaissait à Stasinus sous de sombres couleurs. Ce qui le frappe, ce ne sont point les exploits des héros, ni la gloire dont ils se couvrent; c'est l'extermination à laquelle les a voués Jupiter : « Il fut un temps où d'innombrables races d'hommes se répandaient sur toute l'étendue de la terre au vaste sein.... Jupiter, qui le vit, eut pitié de la terre, qui nourrit tous les hommes, et, dans sa sagesse, il résolut de la soulager. Il alluma la grande querelle de la guerre d'Ilion, afin de faire disparaître par la mort le fardeau pesant; et les héros étaient tués dans les plaines de Troie, et le dessein de Jupiter s'accomplissait. » Ce passage des *Chants cypriens* suffirait à lui seul pour me convaincre que le poëme n'était pas d'Homère. Stasinus était une sorte de mythologue systématique. Mais expliquer, ce n'est pas toujours peindre; et, à être parfaitement raisonnable, on court risque trop souvent de rester en deçà de la poésie.

Arctinus.

Arctinus de Milet avait continué l'*Iliade* dans une épopée de plus de neuf mille vers, intitulée *Éthiopide*. Comme Stasinus, ce poëte appartient à une époque très-reculée, car il passe pour avoir été le disciple d'Homère. L'*Éthiopide* commençait à l'arrivée des Amazones devant Troie, c'est-à-dire immédiatement après les funérailles d'Hector. Les événements principaux du poëme étaient la mort de Memnon, fils de l'Aurore et roi des Éthiopiens, sous les coups d'Achille; la mort d'Achille lui-même, sous les coups de Pâris; le jugement des armes, le stratagème du cheval de bois, la prise d'Ilion. On reprochait à ce poëme de manquer d'unité, et d'embrasser un trop grand nombre d'événements, qui se suivaient sans être subordonnés les uns aux autres. L'épopée de Stasinus méritait le même reproche; ce qui ne justifie point Arctinus. Il ne reste de l'*Éthiopide* qu'un petit nombre de vers, notamment ceux par lesquels elle se rattachait à l'*Iliade*, et dont le premier est presque tout entier d'Homère : « Ainsi ils s'occupaient des funérailles d'Hector, quand arriva l'Amazone (Penthésilée) fille de Mars, le dieu vaillant et meurtrier. » Le passage le plus important concerne Machaon et Podalire, fils d'Esculape : « Neptune lui-même leur donna à tous les deux des talents, et les rendit plus illustre l'un plus illustre l'autre. L'un avait, grâce à lui, les mains plus légères, afin qu'il tranchât et taillât dans le corps, et qu'il guérît les blessures. L'intelligence de l'autre savait discerner, avec une parfaite exactitude, les symptômes invisibles, et remédier aux maux inguérissables : il s'aperçut le premier du courroux d'Ajax, à ses yeux étincelants, au trouble de sa pensée. » Le scholiaste d'Homère, qui nous a conservé ce morceau, cite le poëme d'Arctinus sous le titre de *Sac d'Ilion*.

CHAPITRE VI.

Leschès.

Un poëte de l'île de Lesbos, contemporain d'Archiloque, Leschès, ou Leschéus, entreprit à son tour de compléter l'*Iliade*, et de la conduire jusqu'à la fin de la guerre : « Je chante Ilion, disait-il, et la Dardanie fameuse par ses coursiers, qui fit endurer mille maux aux fils de Danaüs, serviteurs de Mars. » Mais il ne remontait pas jusqu'aux funérailles d'Hector. Il laissa de côté ce qui concernait les Amazones et Memnon ; et, dans le reste, il ne suivit pas toujours les traces de son devancier. Son poëme, qu'il intitula *Petite Iliade*, est connu aussi, comme celui d'Arctinus, sous le titre de *Sac d'Ilion*. Leschès s'était soucié aussi peu que Stasinus, ou que l'auteur de l'*Ethiopide*, de l'unité de composition. Aristote comptait, dans la *Petite Iliade*, plus de huit sujets différents, qui eussent pu former autant de tragédies indépendantes : le jugement des armes, Philoctète, Néoptolème, Eurypyle, les mendiants, les Lacédémoniennes, le sac d'Ilion, le départ, Sinon, les Troyennes. Ainsi il est probable que la *Petite Iliade* ne commençait qu'après la mort d'Achille, à la contestation entre Ulysse et Ajax. Puis venaient les exploits des héros récemment arrivés au siége, et l'illustration nouvelle d'un des héros d'Homère ; puis l'entrée d'Ulysse à Troie sous un déguisement, ses aventures dans la ville, et tout ce qui suivit jusqu'au dernier jour d'Ilion. Il reste quelques fragments de ce poëme. Il faudrait accuser Leschès d'indigence poétique et de froideur, si on pouvait juger de son talent d'après ces tristes reliques. Voyez, par exemple, avec quelle sécheresse d'annaliste il se borne à enregistrer les plus saisissantes catastrophes, des malheurs dont la simple prévision avait jadis arraché à l'âme d'Homère de si pathétiques accents : « Mais l'illustre fils du magnanime Achille entraîne vers les profonds vaisseaux l'épouse d'Hector ; et, ayant enlevé l'enfant (Astyanax) du giron de sa nourrice à la belle chevelure, il le prit par le pied et le lança du haut d'une tour : la sanglante mort et la destinée terrible s'emparèrent de la victime. Il choisit dans le butin Andromaque, la belle épouse d'Hector, que les chefs des confédérés achéens lui avaient donnée en possession comme une satisfaisante récompense de sa valeur. Il fit monter aussi sur ses navires voyageurs le fils du belliqueux Anchise, l'illustre Énée, portion du butin distinguée entre toutes, que lui avaient décernée les enfants de Danaüs, pour qu'il l'emmenât avec lui. » Si Leschès n'avait jamais fait que des récits de cette sorte, il n'est pas fort surprenant que la postérité ait laissé périr son ouvrage et presque son nom.

Agias et Eugamon.

Le poëme intitulé les *Retours*, par Agias de Trézène, reliait à l'*Odyssée* les épopées d'Arctinus et de Leschès. Agias racontait comment Minerve, pour commencer sa vengeance, avait excité une querelle entre les deux Atrides; puis il retraçait les aventures diverses de chacun des deux frères. C'était là vraisemblablement le principal sujet qu'il eût traité, car le poëme est cité plus d'une fois sous le titre de *Retour des Atrides*. Cependant Agias avait aussi donné place dans ses chants à Diomède, à Nestor, à cet Ajax locrien qui périt misérablement dans une tempête, à tous les héros enfin dont les infortunes éveillaient, dès avant Homère, le génie des aèdes et la compassion des hommes. Les *Retours* étaient divisés en cinq parties ou livres, et devaient former une somme de plusieurs milliers de vers. De tous ces vers, il n'en reste que trois; encore n'ont-ils rien qui rappelle le sujet du poëme, puisqu'il s'y agit du rajeunissement d'Éson par Médée.

Il reste bien moins encore de la *Télégonie* d'Eugamon le Cyrénéen, qui était le complément de l'*Odyssée* et du cycle poétique tout entier. Il ne s'en est pas conservé un seul vers. Cette épopée s'ouvrait par le récit des funérailles des poursuivants, massacrés par Ulysse. Mais on ne sait pas très-bien de quels événements Eugamon l'avait remplie. Télégonus, son héros, était fils d'Ulysse et de Circé. Il est probable que le poëte avait conté les voyages de ce jeune homme à la recherche de son père. Télégonus finissait par aborder à Ithaque, où il se mettait à piller pour vivre, et où il tuait Ulysse sans le connaître.

La Thébaïde, l'Héracléide, etc.

On attribuait à Homère, dès le temps de Callinus, ou tout au moins dès le temps d'Hérodote, diverses épopées dont la guerre de Thèbes avait fourni le sujet, et qui faisaient partie, suivant quelques-uns, du cycle poétique : ainsi une *Thébaïde* en sept livres, de plus de cinq mille vers ; ainsi un poëme sur Amphiaraüs ; ainsi un autre poëme intitulé les *Épigones*. La *Thébaïde* débutait comme il suit : « Déesse, chante Argos, la ville altérée, où les chefs.... » C'est à Argos que s'était retiré Polynice, auprès du roi Adraste, et qu'il avait préparé l'expédition contre Thèbes. Amphiaraüs était un des chefs qui avaient pris parti pour Polynice. Le poëme désigné par le nom d'Amphiaraüs n'est peut-être que la *Thébaïde* elle-même, ou une portion de la *Thébaïde*, et non pas une épopée distincte. En tous cas, les malheurs de ce sage héros et les tragiques catastrophes dont sa maison fut le théâtre eussent amplement suffi à l'intérêt d'un poëme. Les *Épigones*, étaient la suite de la *Thébaïde*. Le sujet des *Épigones* était la seconde guerre de Thèbes, où avaient figuré les fils des héros du premier siége. Ce poëme est cité quelquefois sous le titre d'*Alcméonide*, à cause du rôle qu'y jouait Alcméon, fils d'Amphiaraüs. Il débutait ainsi : « Maintenant, Muses, c'est le tour des guerriers de la génération qui suit vit. » L'auteur des *Épigones* était donc le même que celui de la *Thébaïde*, ou du moins il n'avait eu d'autre prétention que d'être son continuateur.

Parmi les poëmes dont les exploits d'Hercule avaient fourni la matière, il n'y en a guère qu'un seul dont Homère ait passé pour être l'auteur. Encore n'était-ce pas une *Héracléide* complète, mais un simple épisode de la légende, intitulé la *Prise d'Œchalie*. Voici un passage de Strabon[1] où il est question de cette épopée : « Créophyle aussi était

---

1. Livre XIV, p. 638.

Samien. Il avait donné, dit-on, l'hospitalité dans le temps à Homère, et avait reçu de lui en cadeau le poëme de la *Prise d'Œchalie*. Mais Callimaque, au contraire, montre clairement, dans une épigramme, que Créophyle l'avait composé, et qu'on l'attribuait à Homère à cause de ses relations d'hospitalité avec Créophyle : *Je suis l'œuvre du Samien qui jadis reçut dans sa maison le divin Homère. Je pleure les maux qu'endurèrent Eurytus et la blonde Iolée. On me nomme un écrit homérique : c'est là, par Jupiter! un grand honneur pour Créophyle.* » Il ne reste de la *Prise d'Œchalie* qu'un seul vers, et qui n'est même pas entier.

Je n'ai pas épuisé la liste des poëmes cycliques. J'ai passé sous silence tous ceux dont le titre seul nous est connu, la *Phoronide*, l'*Europie*, les *Corinthiaques*, etc. Je me suis abstenu aussi d'énumérer les noms obscurs d'une foule de poëtes dont on ne sait rien, sinon qu'ils ont vécu dans des siècles assez rapprochés d'Homère et d'Hésiode, et qu'ils s'étaient essayés dans l'épopée. Qu'importe qu'il y ait eu un Chersias d'Orchomène, un Asius de Samos, ou tel autre personnage non moins ignoré? nous n'avons pas même les titres de leurs ouvrages.

La perte peu s'en faut complète des épopées cycliques n'est peut-être pas un bien grand malheur. Il y a cependant telle de ces compositions, la *Thébaïde* par exemple, dont je ne saurais m'empêcher de regretter la disparition. C'est évidemment à cette source antique qu'avaient puisé les poëtes qui ont fait verser tant de larmes sur les infortunes d'Œdipe et de ses enfants. Les autres poëmes cycliques n'ont pas dû être inutiles non plus à Eschyle, à Sophocle, à Euripide, à tous les poëtes qui s'appliquaient à raviver sans cesse l'illustration des héros des vieux âges.

CHAPITRE VII.

POÉSIE ÉLÉGIAQUE ET POÉSIE IAMBIQUE.

Origine de l'élégie. — Récitation élégiaque. — Callinus. — Tyrtée. — Archiloque. — Simonide d'Amorgos. — Le Margitès.

Origine de l'élégie.

Le mot *élégie* n'avait pas, chez les Grecs, le sens restreint que nous lui donnons. Il s'appliquait à des chants de nature infiniment diverse, et qui n'avaient de commun que le mètre dans lequel ils étaient écrits. Toute pièce de vers, quels qu'en fussent le sujet et la dimension, où le pentamètre alternait avec l'hexamètre, était une *élégie*. Le nom propre du pentamètre était ἔλεγος, *élége*, comme ἔπος était celui de l'hexamètre : « Les vers accouplés de longueur inégale, dit Horace[1], servirent d'abord à l'expression de la plainte, puis à celle du contentement. Mais quel fut l'inventeur des courts *éléges*, c'est sur quoi les grammairiens disputent, et le procès est encore pendant. » Il est probable en effet qu'à l'origine, l'élégion, comme on disait, ou le vers double, le distique, comme on disait encore, avait été particulièrement employé dans des chants de douleur et des lamentations. Le mot élégie vient, selon les uns, de deux mots qui signifient *dire hélas !* ἒ λέγειν, et, selon les autres, du mot qui signifie *pitié*, ἔλεος. Mais il ne reste rien des premiers essais de l'élégie, et les plus anciens monuments connus de la poésie élégiaque nous montrent déjà le pentamètre en possession de tous ses privilèges, et non point borné à l'expression de la plainte ou même à celle du contentement. Callinus et Tyrtée ne chantent point leurs chagrins ni leurs joies : ils chantent pour réveiller dans le cœur des hommes l'amour de la

---

[1]. *Art poétique*, vers 76 et suivants.

patrie, pour leur rappeler d'impérieux devoirs, et pour soutenir, dans les rudes épreuves, leur courage prêt trop souvent à défaillir.

Le vers élégiaque est sorti du vers héroïque. Retranchez, dans le premier vers de l'*Iliade*, la deuxième syllabe du troisième pied et la deuxième du sixième, et ce qui restera sera un pentamètre, un élége. Tout hexamètre se peut réduire en pentamètre, à condition que le quatrième et le cinquième pied soient des dactyles ; car la quantité, dans le vers élégiaque, est strictement déterminée, excepté pour les deux premiers pieds : le troisième pied est toujours un spondée, le quatrième et le cinquième toujours des anapestes ou dactyles retournés. Mais les poëtes élégiaques des premiers temps se sont rendu le joug assez léger. Ils remplissent les cinq mesures de mots longs ou courts, suivant leur caprice ; ils négligent assez souvent de couper le vers à l'hémistiche, et ils ne s'inquiètent nullement de terminer la phrase ou même de suspendre le sens à la fin du pentamètre. Cependant il est vrai de dire que les distiques sont généralement isolés les uns des autres, et qu'ils forment comme autant de petites strophes distinctes. L'invention du vers élégiaque est donc un premier pas sur la route au bout de laquelle devait apparaître la poésie lyrique, avec ses formes si savantes et si variées.

Récitation élégiaque.

Le mode de récitation appliqué à l'élégie ne dut point différer d'abord de la rhapsodie ordinaire. C'était un instrument à cordes qui servait à l'accompagnement. Mais la déclamation cadencée fit place peu à peu au chant proprement dit : le chanteur quitta son luth, et appela le joueur de flûte à son aide. Les élégies de l'Arcadien Echembrotus furent chantées au son de la flûte, quand les Amphictyons, après la conquête de Crissa, célébrèrent pour la première fois les jeux Pythiques, dans les premières années du sixième siècle avant notre ère. Rien n'empêche de croire toutefois que Callinus et Tyrtée aient chanté les leurs en s'accompagnant de la phorminx ou de la cithare.

Callinus.

Callinus d'Éphèse a dû fleurir dans la première moitié du septième siècle avant notre ère : « Maintenant, dit-il lui-même, s'avance sur nous l'armée des Cimmériens destructeurs. » Il nomme aussi les Trères, comme des ennemis contre lesquels il faut combattre. Ces Trères et ces Cimmériens étaient des hordes barbares qui avaient envahi l'Asie Mineure au temps d'Ardys, et qui n'en furent définitivement chassées que par Halyatte, après avoir ravagé pendant de longues années, la Lydie et les contrées voisines. Sardes fut prise deux fois durant cette interminable guerre ; Magnésie sur le Méandre fut détruite de fond en comble ; les villes grecques endurèrent mille maux. Les Ioniens, amollis par une civilisation raffinée, et tout entiers adonnés aux arts de la paix, étaient bien dégénérés de la vertu guerrière de leurs ancêtres. Ils ne résistèrent pas beaucoup mieux que les Lydiens aux premiers chocs des barbares. Les vers que leur adresse Callinus sont un monument qui dépose de leur faiblesse et de leur indécision en face du péril. Cette élégie si vive et si passionnée est avant tout une protestation du poëte contre l'inaction de ses concitoyens, et un appel énergique au sentiment du devoir, endormi dans leur âme. Elle date, selon toute apparence, des premiers temps de la guerre. La nécessité et le désespoir ranimèrent à la fin le courage des Lydiens eux-mêmes. Ce n'est pas quand les barbares fuyaient devant les armes d'Halyatte, que Callinus aurait gourmandé si durement les Éphésiens : « Jusques à quand cette indolence, ô jeunes gens ? quand aurez-vous un cœur vaillant ? Ne rougissez-vous pas devant vos voisins, de vous abandonner ainsi lâchement vous-mêmes ? Vous croyez vivre dans la paix ; mais la guerre embrase la contrée tout entière.... Et qu'en mourant on lance un dernier trait. Car il est honorable, pour un brave, de combattre contre les ennemis, pour son pays, pour ses enfants, pour sa légitime épouse. La mort viendra à l'instant que marquera le fil des Parques. Eh bien ! marchez devant vous, la lance haute ;

que votre cœur, sous le bouclier, se ramasse en sa vaillance, au moment où commencera la mêlée. Car il n'est pas possible à un homme d'éviter la mort décrétée par le destin ; non ! eût-il les immortels mêmes pour ancêtres de sa race. Souvent celui qui s'en va, pour éviter le combat et le retentissement des traits, la mort le frappe dans sa maison ; mais il n'y a dans le peuple nulle affection pour lui : il n'y laisse nuls regrets. L'autre, au contraire, petits et grands le pleurent, s'il lui arrive mal. Oui, la mort d'un guerrier à l'âme vigoureuse excite les regrets de la nation tout entière. Vivant, on l'estime à l'égal des demi-dieux. Aux yeux de ses concitoyens, il est comme un rempart ; car il suffit seul à l'œuvre de vingt autres. » Je dois dire que, suivant quelques critiques, la première partie seule de ce morceau serait de Callinus. Ils attribuaient tout le reste, depuis *et qu'en mourant*, à Tyrtée. Mais la ressemblance des pensées et des sentiments s'explique par celle des situations où se trouvaient les deux poëtes, sans qu'il soit besoin de supposer ou que Stobée, qui a conservé ces vers, ait oublié de rapporter le dernier passage à son auteur, ou que quelque copiste ait négligé de transcrire à cet endroit le nom de Tyrtée. Quoi qu'il en soit, j'aime à croire que les Éphésiens n'attendirent pas jusqu'au dernier moment pour sortir de leur léthargie, et que ces patriotiques accents furent pour quelque chose dans leur réveil. La muse de Callinus était digne de sauver Éphèse et l'Ionie.

Tyrtée.

Tyrtée était un contemporain de Callinus. La deuxième guerre de Messénie, à laquelle il prit une part si glorieuse, commença en l'an 685 et finit en l'an 668. En 685, Tyrtée devait être un homme dans la force de l'âge. Il vivait alors à Athènes, soit qu'il y fût né, selon l'opinion la plus probable, soit, comme le veulent quelques-uns, qu'il y fût venu de la ville ionienne de Milet. On dit qu'il était boiteux, et qu'il exerçait à Athènes la profession de maître d'école. La même légende rapporte que les Spartiates, sur l'ordre de l'oracle, avaient demandé aux Athéniens un chef capable de prendre en main la conduite de la guerre, et que es Athéniens, par dérision, leur envoyèrent Tyrtée. Mais il se trouva que cet humble personnage était un poëte de génie et un héros.

Je n'affirme pas que cette tradition ne soit point conforme à la réalité. Mais elle sent son merveilleux ; et il n'est pas étonnant qu'on y ait vu une sorte de mythe, plutôt qu'une véritable histoire. Ainsi, suivant certains critiques, l'expression que nous traduisons par *maître d'école* signifie non pas que Tyrtée enseignait à lire et à écrire aux petits enfants, mais qu'il était un maître en ce qui s'écrit, un maître de style, un écrivain, un poëte ayant ses disciples, comme Homère, comme Hésiode avaient eu les leurs. Quant à l'épithète de boiteux, c'est par corruption aussi, à les en croire, qu'on l'a entendue de la personne même du poëte. Elle ne marquait, dans l'origine, que le caractère particulier de la versification de Tyrtée. Tyrtée le boiteux, c'est Tyrtée le poëte élégiaque, celui dont la poésie marchait en distiques, portée sur deux vers de mesure inégale.

Ce qui est certain, c'est que Tyrtée était venu d'Athènes à Lacédémone, et qu'il rendit aux Spartiates, durant la lutte, de signalés services. Il apaisa par ses conseils les discordes qui troublaient la cité. Les Spartiates, dont l'ennemi avait envahi les domaines, demandaient à grands cris un nouveau partage des terres, c'est-à-dire un bouleversement social : Tyrtée les amena à renoncer à des prétentions insensées ; et l'intérêt suprême, la défense de l'indépendance nationale, fit taire, à sa voix, tous les intérêts privés, toutes les jalousies, toutes les passions mauvaises. Il ne reste malheureusement rien, peu s'en faut, de la fameuse élégie qui avait opéré ces merveilles, ou qui avait du moins contribué à les opérer. Les anciens la citent sous les titres d'*Eunomie* et de *Politie*, mots qui signifient, l'un, bonnes institutions, et l'autre, gouvernement de l'État.

Les Doriens du Péloponnèse n'étaient point des barbares. La culture de l'esprit tenait aussi une place dans leur éducation. Malgré la rudesse de leurs mœurs, ils aimaient la musique, et la poésie n'était jamais absente de leurs fêtes : « Dans les fêtes publiques, dit Plutarque, il y avait trois chœurs, suivant les trois différents âges. Le chœur des vieillards entonnait le chant : *Nous avons été jadis jeunes et braves.* Le chœur des jeunes gens répondait : *Nous le sommes maintenant. Approche, tu verras bien!* Le troisième chœur, celui des enfants, disait à son tour : *Et nous un jour le serons, et bien plus vaillants encore.* En général, si l'on considère les poésies des Lacédémoniens, dont quelques-unes se sont conservées jusqu'à nous, et les airs militaires qu'ils chantaient sur la flûte quand ils marchaient à l'ennemi, on reconnaîtra que Terpandre et Pindare n'ont pas eu tort de faire du courage le compagnon de la musique. Le premier dit, en parlant de Lacédémone : *Là fleurissent le courage des guerriers, et la muse harmonieuse, et la justice protectrice des cités.* Et Pindare : *C'est là qu'on voit des conseils de vieillards, et de vaillants guerriers la pique à la main, et des chœurs, et des chants, et des fêtes.* Tous deux ils nous représentent les Spartiates aussi passionnés pour la musique que pour la guerre. C'est qu'en effet, *il y a deux choses qui se valent, tenir le fer et bien manier la lyre,* comme dit le poëte lacédémonien.[1] »

Il n'est donc pas surprenant que Tyrtée ait trouvé à Sparte un auditoire profondément sympathique, et que ses chants y aient fait sur les âmes une vive et durable impression. Le poëte ionien ou attique (en ce temps-là c'était tout un) ne laissa pas de parler sa langue accoutumée, quoiqu'il s'adressât à des Doriens. Le dialecte ionien était encore la langue commune de la poésie ; et les Doriens, familiarisés dès l'enfance avec les accents de la Muse, n'avaient pas besoin que Tyrtée désapprît, pour se mettre à leur portée, l'idiome d'Hésiode et d'Homère. Mais ce qui respire dans les vers ioniens de Tyrtée, c'est un esprit tout dorien et spartiate, c'est-à-dire la raison austère, l'amour de la gloire, la crainte de la honte, le mépris de la mort, et, ce qui comprend tout le reste, le dévouement à la patrie. Les exhortations guerrières du poëte ne nous sont pas connues seulement par de vagues indications, ou par des lambeaux plus ou

[1] *Vie de Lycurgue.*

moins précieux : nous possédons trois de ses élégies. Je voudrais les pouvoir transcrire tout entières, afin de faire comprendre comment Tyrtée s'est placé, dans l'estime des Grecs, au premier rang des poëtes, et comment il a mérité qu'Horace citât son nom à côté de celui d'Homère. Voici du moins le premier de ces trois morceaux, sauf quelques vers d'une couleur un peu antique, et que je n'ai pas osé traduire :

« Il est beau, pour un homme brave, de tomber aux premiers rangs de bataille, et de mourir en défendant sa patrie. Mais il n'est pas de plus lamentable destin que d'abandonner sa ville, ses fertiles domaines, et d'aller mendier par le monde en traînant après soi une mère chérie, et un vieux père, et de petits enfants, et une légitime épouse. Le fugitif sera un objet de haine parmi ceux à qui il viendra demander asile, poussé par le besoin et par l'affreuse pauvreté. Il déshonore sa race, il dégrade sa beauté ; à sa suite marchent tous les opprobres et tous les vices. Non, cet homme ainsi errant, nul éclat ne luit sur sa personne, nul respect ne fleurit désormais sur son nom. Combattons donc avec courage pour cette terre, et mourons pour nos enfants. N'épargnez plus votre vie, ô jeunes gens ! mais combattez de pied ferme, serrés les uns contre les autres. Ne vous laissez aller ni à la fuite honteuse ni à la crainte. Excitez dans votre âme un grand et vaillant courage, et ne songez pas à vous-mêmes dans la lutte contre les guerriers. Quant aux vieillards, dont les genoux ne sont plus agiles, ne fuyez pas en les abandonnant ; car c'est chose honteuse que, tombé aux premiers rangs de bataille, gise, en avant des jeunes gens, un vieillard à la tête déjà chenue, au menton grisonnant, exhalant dans la poussière son âme valeureuse.... Mais tout sied à la jeunesse. Tant qu'il a la noble fleur de la jeunesse, le guerrier est pour les hommes un objet d'admiration, un objet d'amour pour les femmes, durant sa vie ; et il est beau encore quand il tombe aux premiers rangs de bataille. »

La deuxième élégie ne le cède point à la première. C'est la même vivacité de sentiment, le même éclat d'images, la même énergie d'expression. Le poëte rappelle aux Spartiates qu'ils sont de la race d'Hercule, et que Jupiter n'a point encore détourné d'eux ses regards. Il insiste longuement sur les avantages de la bravoure, et il peint de couleurs saisissantes l'ignominie de la lâcheté. Le brave ne périt pas toujours ; le lâche ne sauve pas toujours sa vie : « Mais c'est laide chose, dit Tyrtée, qu'un cadavre étendu dans la poussière, le dos percé par la pointe de la lance. » Viennent ensuite les conseils du soldat sur l'ordre de bataille, et sur la façon dont il faut porter les coups. Cette portion de l'élégie est un peu technique, et perdrait presque tout mérite dans la traduction. Je ne puis cependant m'empêcher d'en citer quelques mots, qui forment un tableau achevé : « Tenons-nous ferme, les jambes écartées, les deux pieds bien posés sur la terre. Que les dents mordent la lèvre; que le ventre du large bouclier protége en bas les cuisses et les jambes, et en haut la poitrine et les épaules. Brandissons dans la main droite la lance terrible; jetons l'épouvante en agitant l'aigrette qui surmonte notre tête. »

La troisième élégie commence par un nouveau panégyrique de la vertu guerrière. Le poëte place la bravoure au premier rang des biens de ce monde. A mourir comme à vivre, le brave recueille un fruit inestimable de son dévouement. Dans le premier cas, « tous, dit Tyrtée, jeunes gens et vieillards, le pleurent à l'envi, et la ville entière est affligée d'un cuisant regret. Et son tombeau et ses enfants sont renommés parmi les hommes, et les enfants de ses enfants, et sa race dans la postérité. Sa noble gloire ne périt jamais ni son nom; mais, quoique étant sous la terre, il demeure immortel.... Si au contraire il échappe à la mort qui étend les corps sur la terre ; si, vainqueur, il emporte une noble réputation de vaillance, tous l'honorent, jeunes et vieux ; et c'est après avoir été comblé d'honneurs qu'il descend aux enfers. Vieillissant, il brille d'un lustre éclatant parmi ses concitoyens. Par respect et par justice, nul ne songe à lui nuire. Tous, pour lui faire place, se lèvent de leur siége ; tous indistinctement, les jeunes gens et ceux de son âge, et ceux qui sont nés avant lui. » La conclusion de Tyrtée, c'est qu'il faut tâcher de s'élever à cette vertu suprême, et lutter intrépidement contre l'ennemi.

On sait comment finit la deuxième guerre de Messénie. Aristomène, le héros des Messéniens, ne put que retarder, par son courage et par son indomptable opiniâtreté, l'asservissement de son pays. Les chants de Tyrtée, et aussi les exemples dont il appuyait personnellement ses exhortations, contribuèrent pour une large part au triomphe définitif des Lacédémoniens. Sparte honora Tyrtée vivant de ces distinctions que le poëte offrait comme un appât à la bravoure. Après sa mort, elle ne l'oublia pas davantage. Il n'était pas un Spartiate qui ne sût par cœur les poésies de Tyrtée. Quand on était en campagne, c'était la coutume, après le repas du soir, après le péan en l'honneur des dieux, de réciter solennellement les élégies composées jadis pour la lutte contre les Messéniens. Chacun récitait à son tour, et rivalisait de zèle à bien dire. Celui qui avait le mieux chanté recevait du chef une récompense : sa portion de nourriture était plus considérable que celle des autres. Plusieurs siècles après les guerres de Messénie, les vers de Tyrtée aidaient encore à gagner des batailles.

Tyrtée n'avait pas composé seulement des élégies. Il reste de lui quelques vers anapestiques. Ce sont les débris, selon toute apparence, des chants qui servaient à régler la marche des soldats, ou qui retentissaient dans la bataille même. Les vers anapestiques n'admettent, pour remplacer l'anapeste ($\smile\smile-$), que des équivalents complets, comme le dactyle ($-\smile\smile$) ou le spondée ($--$); ils n'ont pas un nombre de pieds déterminé, et ils n'ont d'autre règle que la succession indéfinie des anapestes ou de leurs équivalents. On pourrait même dire qu'il n'y a pas de vers anapestiques à proprement parler, mais un rhythme anapestique, qui commence avec le premier anapeste et qui finit avec le dernier. Cette continuité rhythmique n'existe pas dans l'élégie. La dernière syllabe de l'hexamètre et du pentamètre est à volonté : le vers épique peut finir par un trochée ($-\smile$) et le vers élégiaque par un tribraque ($\smile\smile\smile$), deux pieds qui rompent la mesure, car ils sont d'un quart plus courts que l'anapeste, le dactyle ou le spondée. Un rhythme parfaitement égal et uniforme convient mieux à l'uniformité des pas dans la marche. Le mètre anapestique remplissait admirablement cette condition. Il avait sur le spondée l'avantage de la légèreté ; et le dactyle, qui commence par une longue, lui était inférieur par là même, dès qu'il s'agissait de solliciter le pied à se lever de terre. Aussi ne souffrait-il qu'à grand'peine la présence çà et là de quelque dactyle et de quelque spondée, dans ce qui était si proprement son domaine.

Archiloque.

Archiloque fut contemporain de Callinus et de Tyrtée. Il était fils de Télésiclès, qui conduisit une colonie de l'île de Paros dans celle de Thasos, vers les dernières années du huitième siècle avant notre ère. Archiloque était né à Paros même, et florissait vers l'an 680, un peu plus tôt un peu plus tard. A la fin de sa vie, il habitait, selon toute probabilité, son île natale, car il fut tué dans une guerre entre les Pariens et leurs voisins de Naxos. Les combats inspirèrent sa muse, et il se vante lui-même d'être un serviteur du dieu Mars. On ne saurait douter qu'il fût brave, et les fragments de ses élégies rappellent quelquefois les fiers accents de Tyrtée et de Callinus. Il avoue néanmoins qu'un jour il a jeté son bouclier pour sauver sa vie ; et il se borne à dire qu'il se procurera un autre bouclier, afin de remplacer celui dont l'ennemi peut faire trophée. Mais ce n'est ni le poète élégiaque ni le soldat, que la Grèce admirait dans Archiloque, c'est l'inventeur de mètres nouveaux et d'un nouveau genre de poésie. Archiloque est le père de la satire ; et c'est lui qui a le premier fait usage de l'ïambe : il se l'est du moins approprié, comme dit Horace, et il s'en est fait une arme terrible pour assouvir sa rage. Voici à quelle occasion il quitta les sentiers battus, pour se jeter dans les routes où il devait trouver son vrai génie. Il aimait une jeune fille de Paros, nommée Néobulé. Sa passion était fort vive, et la trace s'en retrouve encore dans le peu qui nous reste de ses vers : « Infortuné, abattu par le désir, je n'ai plus un souffle de vie ; les dieux l'ont voulu, et la douleur cruelle transperce mes os.... Telle est la violence de cet amour qui s'est glissé dans mon cœur, répandant sur mes yeux un épais nuage, et ravissant hors de mon sein ma raison énervée. » Ces deux fragments n'appartiennent déjà plus, par le mètre, à la poésie que nous connaissons. A côté du dactyle et du spondée on y voit paraître l'iambe; et le trochée n'y joue plus ce simple rôle de remplaçant qu'il avait à la fin de l'hexamètre : il est employé, comme l'iambe, concurremment avec les pieds anciennement connus.

Il paraît que Lycambès, père de Néobulé, avait promis d'abord sa fille au poëte, et qu'il manqua plus tard à sa parole. Le ressentiment d'Archiloque ne connut pas de bornes. Lycambès fut diffamé dans toute la Grèce comme un homme sans probité et sans foi, Néobulé et ses sœurs comme des femmes dépravées et qui avaient bu toute honte. On dit que le père et les filles se pendirent de désespoir. Deux des vers d'Archiloque donnent à croire que l'amant courroucé ne s'était pas borné aux invectives violentes et aux injures. Il mettait, pour ainsi dire, en scène ses ennemis; il les faisait parler eux-mêmes, pour les rendre plus noirs encore, ou pour les accabler les uns par les autres. C'est Néobulé ou une de ses sœurs qui disait : « Lycambès mon père, quelle parole viens-tu de prononcer ? qui a égaré ton esprit ? »

Cet homme qui faisait de la poésie un si funeste usage fut admiré pourtant de ses contemporains mêmes. La postérité l'admira davantage encore. On ne faisait pas de difficulté de dire Homère et Archiloque, comme on disait Homère et Tyrtée. Il reste même un admirable buste géminé, qui présente d'un côté la tête d'Archiloque et de l'autre celle d'Homère. La nouveauté des formes métriques, la verve inépuisable, l'énergie des peintures, l'habileté avec laquelle Archiloque intéressait à sa cause les mauvaises passions du cœur humain, un style simple, populaire, et qui était une nouveauté aussi après les solennités de l'épopée et de l'élégie, il n'en fallait pas tant pour séduire les Grecs enthousiastes, et pour faire élever aux nues le poëte de Paros, l'impitoyable persécuteur de Lycambès et de ses filles.

Mais de toute cette poésie, de cet art consommé, de cette inspiration si vive, de cette véhémence et de cette fougue, il ne reste guère qu'un souvenir. Les fragments des ïambes d'Archiloque que j'ai transcrits sont bien peu de chose, et ce sont les plus importants qu'on ait recueillis. Il y en a deux autres néanmoins qui méritent une mention particulière. Ce sont les débuts de deux apologues, dont on ne peut que deviner les sujets : on voit seulement que les personnages de l'un sont le renard et l'aigle, et ceux de l'autre le singe et encore le renard.

Je n'ai rien à dire de la langue d'Archiloque, sinon que c'est toujours le dialecte ionien, mais rapproché, autant que possible, de l'usage commun, et assez analogue à ce que fut depuis la diction des poètes comiques d'Athènes. Quant aux inventions métriques, qui comptaient pour une si grande part dans la gloire littéraire d'Archiloque, je n'ai pas la témérité de vouloir établir avec précision en quoi elles consistaient. Je remarque seulement qu'il y a, dans ses fragments, des vers de diverses mesures. Il y a le vers ïambique de six pieds, qui devait faire, dans la tragédie et la comédie, une si brillante fortune. Archiloque semble même avoir composé dans ce rhythme des pièces entières. Mais ce qui est le plus commun chez lui, ce ne sont pas les vers purement ïambiques ; ce sont des vers où se combinent, en proportions variables, l'ïambe et le trochée avec les mètres anciens. Archiloque a employé aussi le vers hexamètre, mais suivi d'un des vers de son invention. Il a transporté à la poésie ïambique le principe, déjà appliqué dans l'élégie, de faire alterner deux vers de longueur inégale, en plaçant d'ordinaire le plus long vers avant le plus court. Cette sorte de distiques est ce qu'on a nommé des *épodes*. Les épodes d'Horace sont des imitations de ceux d'Archiloque. C'est ce qu'Horace dit lui-même : « J'ai montré le premier au Latium les ïambes de Paros ; j'ai emprunté le rhythme d'Archiloque et son inspiration, mais non pas sa colère, ni ces invectives dont il poursuivait Lycambès[1]. »

---

[1]. *Épîtres*, livre 1, xix, vers 23 et suivants.

Simonide d'Amorgos.

Archiloque trouva, parmi ses contemporains mêmes, un émule de sa malice, et qui mania l'iambe avec une remarquable dextérité. Ce poëte, assez peu connu, se nommait Simonide, et vivait dans l'île d'Amorgos. Il florissait vers l'an 660 avant notre ère. Quelques-uns font de lui un fondateur de villes, qui était venu à Amorgos avec une colonie samienne. Il avait eu des démêlés avec un certain Orodœcidès, et il l'avait flagellé dans des iambes à la façon de ceux d'Archiloque. Mais son titre à la renommée, c'est d'avoir appliqué l'iambe à la satire morale. Il ne reste rien de ses attaques contre Orodœcidès ; mais nous possédons de lui un poëme sur les femmes, en cent dix-neuf vers iambiques sénaires ou trimètres. Ce poëme, rangé à tort parmi les débris des ouvrages de Simonide de Céos, est une sorte d'amplification du passage d'Hésiode que j'ai cité ailleurs. Le poëte énumère successivement les différents caractères de femmes, et il assigne à chacun d'eux son origine. Toute femme provient, selon lui, de quelque élément ou de quelque animal ; et c'est de cette source que dérivent les traits qui distinguent une femme d'une autre. Ainsi la femme malpropre descend de la truie ; la rusée, du renard ; la piailleuse, de la chienne ; la fainéante, de la terre ; c'est la mer qui a produit la femme inégale et changeante ; la femme gourmande et sensuelle provient de l'âne ; la femme perverse, de la belette ; la femme qui aime la parure, du cheval ; la femme laide et malicieuse, du singe. Tous ces portraits, Simonide les a esquissés avec une naïveté un peu rustique et même un peu grossière, en homme qui n'hésite jamais à se servir du mot propre, et qui se met en médiocre souci de charmer le lecteur par de gracieuses images. Il ne se déride qu'à la fin de l'énumération, quand il s'agit de cette bonne ménagère dont Hésiode, avant lui, avait proclamé l'excellence, et aussi la prodigieuse rareté: « Celle-ci est de la race de l'abeille. On est heureux si on l'a en partage. C'est la seule qui ne mérite aucun reproche. La vie, par ses soins, devient florissante et riche. Dévouée à un époux qui l'aime, elle vieillit avec lui, et donne le jour à une belle et noble famille. Elle est distinguée entre toutes les femmes, et une grâce divine est répandue autour d'elle. Elle ne se plaît pas assise dans une compagnie de femmes où se tiennent des discours licencieux. C'est Jupiter qui fait don aux hommes de femmes d'un tel caractère, si excellentes et si sages. »

Simonide d'Amorgos résume sa pensée générale à peu près dans les mêmes termes qu'Hésiode. Selon lui aussi, les femmes sont un fléau que nous a imposé Jupiter. Il consacre quelques vers à la démonstration de son principe ; et cette discussion morale termine le morceau.

Je n'ai pas la superstition des choses de l'antiquité, et je suis bien loin d'admirer comme un chef-d'œuvre la boutade du poëte d'Amorgos. La fin du poëme manque de précision et quelquefois même de clarté ; il n'y a pas beaucoup d'ordre dans la succession des divers caractères, ni beaucoup d'art dans les transitions qui les rattachent les uns aux autres. Mais les vers de Simonide offrent assez de traits heureux pour que la lecture n'en soit pas sans agrément.

Le Margitès.

L'opinion commune attribuait à Homère un poëme satirique intitulé *Margitès*, du nom du personnage qui y était tourné en ridicule. Aristote lui-même cite le *Margitès* comme un des poëmes d'Homère. Mais le *Margitès* était composé de vers hexamètres et de vers ïambiques irrégulièrement mélangés, comme on le voit encore dans le peu qui reste de cet ouvrage. La présence de l'ïambe ne permet pas de le ranger parmi les productions d'Homère, puisque l'ïambe était inconnu avant Archiloque. Il n'est pas probable non plus qu'il le faille rapporter à une époque beaucoup moins ancienne que celle qui nous occupe. L'étrangeté même du mélange des deux mètres me porte à croire que le *Margitès* doit compter au nombre des premiers essais suscités par les inventions du poëte de Paros. Voici le début du *Margitès* : « Il vint à Colophon un vieux et divin aède, serviteur des Muses et d'Apollon qui frappe au loin ; il tenait dans ses mains une lyre aux sons harmonieux. » Le mot lyre, à lui seul, prouverait que le *Margitès* n'était point d'Homère. Je serais fort embarrassé de dire en quoi consistait le poëme. Tout ce qu'on sait, c'est que Margitès y était présenté comme un sot, ou à peu près, qui avait une assez haute opinion de lui-même : « Margitès, suivant le poëte, dit quelque part saint Basile, à supposer que l'ouvrage soit d'Homère, n'était ni laboureur ni vigneron, et n'entendait rien à quoi que ce fût d'utile aux choses de la vie. » On a les deux vers dont saint Basile donne ici le sens, et un autre vers où il est encore question de Margitès : « Il savait beaucoup de choses, mais il les savait toutes mal. » La perte du *Margitès* est grandement regrettable. Cette satire, au jugement d'Aristote, avait été à la comédie ce qu'étaient à la tragédie l'*Iliade* et l'*Odyssée*. Les poëtes comiques y avaient trouvé le prototype des caractères qu'ils mettaient sur le théâtre, et du style approprié à la peinture des ridicules et des vices.

CHAPITRE VIII.

SUITE DE LA POÉSIE ÉLÉGIAQUE.

Mimnerme. — Solon. — La *Salamine*. — Élégie sur l'anarchie. — Élégies de Solon en l'honneur de ses lois. — Œuvres de la vieillesse de Solon. — Élégie morale; poésies diverses de Solon. — Phocylide. — Théognis. — Caractère politique des poésies de Théognis. — Sentences morales de Théognis.

Mimnerme.

L'Ionie, à la fin du septième siècle, n'avait plus à craindre, comme au temps de Callinus, des barbares venus de loin. Mais elle n'était plus qu'une province du royaume de Lydie. Smyrne elle-même avait subi le joug des voisins qu'elle détestait. Un habitant de Smyrne, un sujet du roi de Lydie, pouvait être encore un homme de noble nature ; mais

CHAPITRE VIII. SUITE DE LA POÉSIE ÉLÉGIAQUE. 139

sa pensée n'était plus libre, et il avait perdu, avec la sainte vertu de l'indépendance, tout ce qui fait la vie grande et digne du nom de vie. Poëte, il était réduit au culte des souvenirs, ou à la prédication des voluptés sensuelles. Mimnerme en est un exemple. Il avait écrit une élégie en l'honneur d'une victoire remportée jadis par les Smyrnéens sur Gygès. Cette dette une fois payée aux gloires antiques, il s'était livré tout entier à cette mollesse et à cette mélancolie qui sont le bonheur des esclaves. C'est Mimnerme qui a composé la première élégie amoureuse.

Les vers qui restent de ce poëte nous montrent un homme indifférent à tout, hormis au plaisir. La jeunesse et l'amour, voilà selon lui les biens suprêmes. Vieillir lui est pire que la mort. Il souhaite de ne pas dépasser la soixantième année ; il peint de sombres couleurs les misères de l'homme qui a vécu trop longtemps : « Quand la douloureuse vieillesse est survenue, la vieillesse qui réduit au même point l'homme laid ou beau, l'âme est sans cesse harcelée, accablée de fâcheux soucis ; on n'a plus de joie à contempler la lumière du soleil. On vit haï des jeunes gens, méprisé des femmes. » Nous voilà bien loin de Callinus. Mimnerme revient perpétuellement à ces pensées, avec une merveilleuse abondance d'images, avec une grande vivacité de sentiment, quelquefois une rare énergie d'expressions. Je dois dire pourtant qu'il y a quatre ou cinq vers iambiques cités sous le nom de Mimnerme. Mais ces vers sont trop insignifiants pour nous permettre de dire si les ïambes du poëte étaient, oui ou non, des satires. Par son talent du moins Mimnerme était digne d'avoir vécu et chanté dans la patrie d'Homère. C'est à Smyrne en effet qu'il a passé sa vie. Il nous apprend lui-même qu'il était un des Colophoniens qui étaient venus s'établir dans cette ville, et dont les ancêtres étaient originaires de Pylos. Quant à l'époque où il florissait, tout ce qu'on sait de certain, c'est qu'il était encore dans la force de l'âge quand Solon était déjà un poëte. Solon, en effet, lui adresse ses critiques sur ce souhait d'une mort prématurée, dont je parlais tout à l'heure. Solon propose pour correction le chiffre de quatre-vingts ans, au lieu de soixante, et il ajoute : « Que la mort ne me vienne pas sans faire verser des larmes ; que je laisse à mes amis après moi des regrets et des gémissements. » La façon dont il invite Mimnerme à changer son mot *sexagénaire* indique assez clairement qu'il s'adressait à un vivant en état de déférer à son désir, et non point à un habitant du royaume des ombres.

Solon.

Le contradicteur de Mimnerme était loin pourtant d'être antipathique à la poésie de l'amour et du plaisir. Solon n'était pas seulement un homme d'un esprit droit, résolu, ferme en ses desseins, un politique consommé, un législateur incomparable ; c'était aussi le plus bienveillant et le plus aimable des hommes. Il ne cessa jamais de sacrifier aux Grâces. Jusque dans sa vieillesse, il disait encore : « Ce que j'aime aujourd'hui, ce sont les dons de Cypris, de Bacchus et des Muses ; c'est là ce qui fait le bonheur des mortels. » Il n'était pas insensible aux jouissances de la vie ; mais il n'en faisait pas, comme le poète ionien, le but unique et suprême. Aussi bien il vivait dans un pays où un homme de génie n'était pas condamné à prêcher l'indolence. Solon aimait à se récréer ; mais c'était dans ses instants de loisir. Il fit quelquefois des vers par passe-temps ; mais presque toujours l'utile y était mêlé à l'agréable. En général, la poésie fut entre ses mains un instrument au service des plus nobles pensées. Elle était pour lui, si je puis dire, le complément de l'éloquence politique. Il alla même une fois jusqu'à déclamer sur la place publique une de ses élégies, en guise de discours. Il est vrai qu'il n'eût pas osé ni même pu, ce jour-là, haranguer en prose sur le sujet dont il voulait entretenir les Athéniens.

La Salamine.

C'était en l'an 604 avant notre ère. « Les Athéniens, dit Plutarque dans la *Vie de Solon*, fatigués de la longue guerre qu'ils avaient faite sans succès contre les Mégariens pour leur reprendre l'île de Salamine, avaient défendu par un décret, sous peine de mort, de jamais rien proposer, ni par écrit ni de vive voix, pour en revendiquer la possession. Solon s'indigna d'une telle honte. Il voyait d'ailleurs que les jeunes gens, pour la plupart, ne demandaient qu'un prétexte de recommencer la guerre, mais qu'ils n'osaient s'avancer, retenus par la crainte de la loi. Il imagina donc de contrefaire le fou, et fit répandre dans la ville, par les gens mêmes de sa maison, qu'il avait perdu l'esprit. Cependant, il avait composé en secret une élégie, et l'avait apprise par cœur. Un jour, il sortit brusquement de chez lui, et courut à la place publique. Le peuple l'y suivit en foule ; et là, Solon, monté sur la pierre des proclamations, chanta son élégie, qui comence ainsi : *Je viens en héraut, de la belle Salamine. Au lieu d'un discours, j'ai composé pour vous des vers.* Ce poëme est appelé *Salamine*, et il contient cent vers, qui sont d'une grande beauté. »

Il reste malheureusement fort peu de chose de ce chef-d'œuvre, assez toutefois pour en faire plus vivement déplorer la perte. On voudrait savoir comment Solon peignait à ses concitoyens le dommage qu'ils se faisaient à eux-mêmes par leur inaction, dommage à leur puissance politique comme à leur renom militaire. On l'entend du moins protester contre tant de honte : « Que ne puissé-je être alors un Pholégandrien ou un Sicinite, et non plus un Athénien ! que ne puissé-je avoir changé de patrie ! Car à l'instant cette parole retentira parmi les hommes : Celui que vous voyez, c'est un homme de l'Attique, un de ceux qui ont lâchement abandonné Salamine ! » Nous avons aussi les deux derniers vers de l'élégie. Au moment où Solon s'écria : « Allons à Salamine ! allons combattre pour cette île aimable, et repoussons loin de nous un funeste déshonneur ! » la jeunesse athénienne, saisie d'un transport d'enthousiasme, répéta tout d'une voix : « Allons à Salamine ! » L'ancien décret fut rapporté ; une nouvelle expédition fut sur-le-champ résolue, et bientôt les Mégariens étaient chassés de l'île aimable.

Élégie sur l'anarchie.

On sait dans quel état de trouble et d'anarchie était tombée la ville d'Athènes, quand Solon entreprit de réformer la constitution et les lois. Avant de rien proposer au peuple, il fallait lui faire sentir l'urgente nécessité de la réforme, et ramener les esprits aux saines pensées d'ordre et de soumission. Ce fut le triomphe de la Muse, non moins que du génie politique. Démosthène nous a conservé presque entière une élégie qui appartient à cette mémorable période de la vie de Solon, et qui débute ainsi : « Non, notre ville ne périra jamais par un décret de Jupiter, ni par la volonté des dieux immortels. Car une magnanime protectrice, la fille d'un père puissant, Pallas Athéné étend sur elle ses mains. » Le poëte déplore amèrement les maux qui affligent la cité ; il stigmatise énergiquement l'insolence et la rapacité des démagogues, et il peint de tristes couleurs la misère des pauvres, de ces débiteurs que les riches vendaient comme esclaves, et qu'on emmenait, chargés de chaînes, loin de la terre natale et du foyer de leurs pères. Au tableau navrant des maux enfantés par l'anarchie, il oppose celui des biens qui sont les fruits de sages institutions. Cette élégie est une leçon, une remontrance. Solon le dit lui-même ; il dit aussi qu'en signalant les maux et le remède, il ne fait qu'obéir aux impérieuses suggestions de sa conscience. Une telle poésie, si profondément sensée, et tout étincelante de verve et de passion, ne pouvait manquer d'avoir sur les âmes un empire irrésistible.

*

Élégies de Solon en l'honneur de ses lois.

Solon eut un instant, dit-on, la pensée de rédiger ses lois en vers épiques. Plutarque cite même les deux premiers hexamètres du préambule : « Je prie d'abord le roi Jupiter, fils de Saturne, d'accorder à ces lois bonne chance et gloire. » Je n'affirmerais pas la parfaite authenticité de ces vers, ni la réalité du dessein qu'on prête à Solon. Ce n'est pas que je le trouve trop invraisemblable. Il y avait, dans ses lois, une partie morale qui eût été noble matière à des poëmes d'une sévère facture, comme il les savait composer. Si le préambule des lois de Zaleucus était écrit en vers, dans le style de ceux de Solon, ce serait un poëme didactique admirable.

Quand Solon eut mené à bout le grand œuvre de la réforme, il n'hésita pas à s'applaudir lui-même. Il écrivit de nouvelles élégies, pour faire comprendre aux citoyens toute l'étendue des bienfaits dont il les avait dotés : « J'ai donné au peuple, dit-il, le pouvoir qui suffisait, sans rien retrancher à ses honneurs, sans y rien mettre de trop. Quant aux puissants, aux hommes fiers de leur opulence, je ne leur ai point permis l'injustice. J'ai armé chaque parti d'un invincible bouclier : ni l'un ni l'autre ne peuvent plus s'opprimer jamais. »

Œuvres de la vieillesse de Solon.

On sait comment Solon quitta Athènes pour quelque temps, afin que ses concitoyens s'accoutumassent à appliquer eux-mêmes les institutions nouvelles, et comment, durant ses voyages, il contribua à la fondation d'une ville dans l'île de Cypre. Le roi de qui cette ville dépendait lui avait donné le nom de Soles, en l'honneur de l'illustre Athénien. Solon, en quittant son hôte, lui fit ses adieux dans une élégie dont Plutarque cite ce passage : « Puisses-tu régner ici, à Soles, de longues années, paisible dans ta ville, toi et tes descendants ! Pour moi, que mon rapide vaisseau m'emporte sain et sauf loin de cette île célèbre, protégé par Cypris à la couronne de violettes. Puisse cette fondation me valoir, par la déesse, reconnaissance, noble gloire, et un heureux retour dans ma patrie ! »

Solon, à son retour, trouva sa patrie divisée entre les factions de Mégaclès et de Pisistrate. Bientôt Pisistrate, soutenu par la populace, maître de la citadelle et défendu par une garde d'hommes armés, fut dans Athènes un véritable roi, ou, comme parlaient les Grecs, un tyran. Solon s'opposa avec une extrême énergie à l'adoption des décrets proposés par Ariston en faveur de Pisistrate. Même après l'établissement de la tyrannie, il ne se tut pas. Il gourmanda vivement les

Athéniens de nouvelles élégies, et il n'hésita point à répéter tout ce qu'il pensait du personnage tout-puissant. Solon était vieux alors. Comme on ne cessait de l'avertir que Pisistrate pourrait bien lui faire un mauvais parti, il répondait que sa vieillesse lui permettait de ne pas craindre la mort. Il n'y a rien dont on doive plus regretter la perte que des poëmes où se rencontraient ces éloquentes invectives : « Si vous endurez ces maux par votre lâcheté, n'accusez pas les dieux de votre malheur. Ces hommes, c'est vous qui les avez faits si grands, en leur donnant ces appuis ; et voilà pourquoi vous êtes dans ce honteux esclavage... Vous ne regardez qu'à la langue, qu'aux paroles d'un homme artificieux ; mais vous ne voyez nullement la façon dont il se gère.... Chacun de vous en particulier marche sur les traces du renard ; mais, réunis, vous n'êtes qu'une troupe imbécile. »

Pisistrate, homme d'esprit avant tout, ne s'offensa pas de la franchise du vieillard ; il finit même par le désarmer à force de déférence et de respects. Il n'innova rien dans les institutions, content de posséder la réalité du pouvoir, et de diriger à son gré la marche des affaires. Cette soumission aux lois établies fut sans doute la flatterie la plus sensible au législateur. Solon passa ses dernières années dans un repos profond, tout entier aux études libérales, à la poésie, et aux plaisirs que lui permettait son grand âge. C'est de cette époque probablement que datent ces vers où il avait consigné, à l'usage de ses contemporains, les notions scientifiques qu'il avait puisées dans le commerce des sages, dans les livres, dans la contemplation de la nature, et dont Plutarque et d'autres citent des échantillons. Le vers fameux : « Je vieillis en apprenant toujours davantage, » témoigne de l'ardeur qui l'animait dans ses recherches savantes.

Élégie morale ; poésies diverses de Solon.

On ne peut pas rattacher à une circonstance particulière de sa vie la magnifique élégie qui commence par une invocation aux Muses, la seule que nous possédions dans un état parfait d'intégrité. Cette élégie est toute morale. Après avoir exprimé les souhaits qu'il forme pour lui-même, le poëte montre la justice divine frappant le crime de coups inévitables; il dit comment les hommes, malgré le cri de leur conscience, ne laissent pas de s'abandonner aux folles passions; il peint leur ambition, leurs espérances toujours trompées, et, au bout de toutes choses, la souffrance et la mort. Sa conclusion, c'est que la sagesse est le premier de tous les biens, le bien unique et suprême. Solon s'est mis tout entier dans cette élégie, surtout dans les vers qui suivent l'invocation. Il souhaite fortune et renommée; il demande d'être doux à ses amis, amer à ses ennemis; d'être à ceux-là un objet de respect, un objet de crainte aux autres. Il ajoute ensuite : « Oui, je désire avoir des richesses, mais je ne veux pas en jouir injustement. L'opulence que donnent les dieux, c'est pour l'homme qui la possède un édifice solide du fondement au faîte. Mais celle que recherchent les hommes n'est qu'un fruit de la violence et du crime. Forcée par des actes iniques, elle vient, mais malgré elle : bien vite elle est mêlée d'infortune. »

Solon n'était pas uniquement un poëte élégiaque. Je ne saurais dire s'il s'était essayé dans le genre épique, car il n'est pas prouvé qu'il ait rien écrit en vers hexamètres, sauf peut-être la courte invocation que j'ai citée, qui devait servir de début au préambule de ses lois. Mais il avait manié supérieurement l'iambe et le trochée. Solon n'est point un satirique outrageux et violent comme Archiloque, ni un observateur morose comme Simonide d'Amorgos. Il se sert d'un rhythme vif et passionné, non point pour attaquer, mais pour se défendre. C'est en vers trochaïques qu'il fit son apologie contre ceux qui lui reprochaient de n'avoir pas su constituer un pouvoir plus énergique et moins contesté, et d'avoir refusé la tyrannie quand on la lui offrait. Plutarque a transcrit le passage où Solon rapporte les piquantes railleries que faisaient de sa conduite certains habiles de ce temps-là : « Solon n'a été ni un vrai sage ni un homme de sens. Les biens que lui donnait la divinité, lui-même n'a pas voulu les recevoir. Le poisson pris, il a regardé tout ébahi, et n'a point retiré le grand filet. Il a perdu la raison; il ne se connaît plus. Autrement, pour posséder en maître tant de trésors, pour régner sur Athènes un seul jour, il eût consenti à être ensuite écorché vif, et à voir sa race périr tout entière. » Plutarque cite encore la ferme et noble réponse du grand citoyen à toutes les imputations de faiblesse ou d'incapacité, et le témoignage qu'il se rend à lui-même : « Si j'ai épargné ma patrie, car la violence impitoyable de la tyrannie n'a pas souillé mes mains; si je n'ai point terni ni déshonoré ma gloire, je ne m'en repens point. C'est par là surtout que je l'emporte, ce me semble, sur tous les hommes. » Il est probable que les deux passages sont tirés du même morceau. Cette apologie était rédigée en forme d'épître, et Solon l'avait adressée à un de ses amis, nommé Phocus.

Le plus long fragment des ïambes de Solon, qui n'a pas moins de vingt-six vers, est aussi une apologie politique, mais plus solennelle, et dont les premiers mots sont un appel au témoignage de la Terre, la meilleure des divinités de l'Olympe. Solon rappelle les mesures par lesquelles il a rendu à leurs possesseurs les domaines engagés, et ramené dans Athènes les débiteurs que leurs créanciers avaient vendus comme esclaves, ces infortunés « qui ne parlaient plus la langue attique, à force d'avoir erré çà et là par le monde. Pour ceux, dit encore le poëte, qui subissaient ici même une infamante servitude, et qui déjà tremblaient devant des maîtres, je les ai rendus libres. Ces choses, je les ai faites par l'association puissante de la force et de la justice ; et j'ai accompli tout ce que j'avais promis. » Il ajoute que bien d'autres, à sa place, auraient songé à toute autre chose qu'à l'intérêt public, et n'auraient eu cesse ni fin qu'ils n'eussent tout brouillé pour satisfaire leur ambition et leur cupidité. Il se félicite hautement d'avoir méprisé toutes les critiques, et de n'avoir pas voulu, c'est son expression même, se comporter en loup parmi les chiens.

Je n'ai point tout dit sur les œuvres poétiques de Solon Je n'ai pas même mentionné le poëme de l'*Atlantide*, que Solon avait ébauché, et qu'il avait laissé là, soit, comme le prétend Platon, que d'autres soins l'eussent distrait de son œuvre; soit, comme le veut Plutarque, qu'il eût été empêché par la vieillesse, et par l'effroi d'un trop long travail. Mais il me suffit d'avoir montré que, dans les genres qu'il a traités, Solon méritait d'être mis au premier rang. La renommée du sage et du législateur a fait tort à celle de l'émule d'Archiloque et de Tyrtée. Nous laissons à l'histoire proprement dite le soin de proclamer les titres glorieux du héros de la civilisation, du vrai fondateur de la prospérité d'Athènes ; mais c'était notre devoir de jeter quelque lumière sur le côté le moins connu de cette riche et puissante nature, où se confondaient, dans une si merveilleuse harmonie, le courage et la prudence, l'enthousiasme et la réflexion, la raison pratique et les spéculations savantes, la force et la grâce, l'homme aimable et le grand homme.

Phocylide.

Les sentences, les maximes, les mots à retenir par cœur (γνῶμαι), abondent dans les vers de Solon. Solon n'est pourtant point, à proprement parler, ce que les Grecs nommaient un poëte gnomique. Il n'est pas sentencieux par métier, mais en passant, mais à son heure, et ni plus ni moins que ne le comporte chaque sujet. Il n'en est pas ainsi de Phocylide de Milet, qui florissait un peu après Solon, c'est-à-dire au milieu du sixième siècle. Ce qui reste de Phocylide est sec et tout didactique. On dirait qu'il dicte des oracles. Il se donne lui-même pour un maître de la sagesse. La plupart de ses maximes débutent par cette formule : « Voici encore ce que dit Phocylide. » Elles n'ont rien de bien remarquable. Il en est même que Phocylide s'est borné à emprunter à des poëtes plus anciens. Ainsi il a concentré en huit vers la substance de la satire de Simonide d'Amorgos. Le mérite de Phocylide est dans la netteté du style, dans cette précision élégante que les Grecs estimaient par-dessus toute chose, et qui permet aux maximes de se graver aisément dans la mémoire.

Il n'est pas question ici de cette espèce d'abrégé des devoirs, en deux cents et quelques vers, qu'on imprime aussi sous le nom de Phocylide. Cet ouvrage, qui n'a pas grande valeur, est d'une époque bien plus récente. C'est un de ces pastiches littéraires comme on en faisait au temps de la lutte du paganisme et du christianisme.

Théognis.

Phocylide rédigeait ordinairement ses sentences morales en vers épiques : parmi les vers qui lui sont attribués, il n'y qu'un seul pentamètre. Théognis, qui compte à tant de titres au nombre des poëtes gnomiques, ne s'est servi que de la forme élégiaque. Il avait composé des élégies proprement dites, à propos de certains événements dont il avait été le témoin ; et l'espèce de poëme moral que nous possédons sous son nom semble être formé de fragments empruntés à des ouvrages divers, dont chacun formait un tout et avait son sujet particulier. Cette collection a été faite sans aucun ordre, remaniée probablement plusieurs fois, et grossie par des interpolations : il s'y trouve des vers qui ne sont pas de Théognis, et dont on connaît les véritables auteurs. Mais, dès le temps de Xénophon, Théognis était considéré surtout comme un moraliste ; on apprenait par cœur ses sentences, comme celles de Phocylide. On les avait probablement extraites déjà de ses élégies ; et peut-être dès ce temps le corps des élégies elles-mêmes avait-il déjà péri, négligé au profit des membres qu'on en avait dépecés.

Théognis était de Mégare, et il vivait dans la dernière moitié du sixième siècle. Il paraît même avoir prolongé sa carrière jusqu'au temps de la deuxième guerre Médique. Il appartenait à cette aristocratie dorienne qui avait gouverné Mégare depuis que cette ville s'était séparée de Corinthe, et qui fut dépossédée de ses priviléges quand Théagénès, soutenu par le parti populaire, s'empara du souverain pouvoir. Théognis ne perdit pas seulement ses honneurs : il vit son patrimoine passer en d'autres mains, et il alla mourir dans l'exil. Il mourut probablement à Thèbes ; mais il n'y faisait pas un constant séjour, car on trouve dans ses vers la trace de voyages à Sparte, en Sicile, en Eubée.

Caractère politique des poésies de Théognis.

Théognis ne tarit pas en invectives contre les hommes du parti populaire. Même dans les endroits où il a l'air de n'adresser à ses amis que des leçons de morale, on sent percer la rancune politique. Les méchants (κακοί) et les lâches (δειλοί), dont il parle sans cesse, ne sont pas ceux qu'on appelle ainsi dans tous les temps et dans tous les lieux. Il gratifie indistinctement de ces noms tout ce qui n'est pas de la race antique, tout ce qui n'a ni traditions de famille ni richesses héréditaires. En revanche, les Doriens, la vieille aristocratie, ce sont les bons (ἀγαθοί), les braves (ἐσθλοί) : le poète leur prodigue les belles épithètes avec autant de libéralité qu'il prodigue aux autres les qualifications injurieuses.

Théognis s'adresse ordinairement à Cyrnus, fils de Polypas, et quelquefois à d'autres personnages, à Simonide, à Onomacritus, à Cléariste, à Démoclès, à Démonax, à Timagoras. Cyrnus est un jeune homme, auquel le poète parle d'un ton paternel, et qu'il veut pénétrer de ses idées politiques et morales. Les autres sont des amis, des compagnons de plaisirs, avec lesquels il se déride, et qu'il entretient de sujets moins sérieux. Ainsi il recommande à Simonide de laisser aux convives une parfaite liberté; de ne pas retenir qui veut quitter le banquet; de ne pas éveiller le buveur qui s'est endormi trop bien *cuirassé de vin*. La partie enjouée du poème est du temps sans doute où Théognis vivait dans la maison de ses pères, où le gouvernement de Mégare allait à son gré, et où florissaient dans la ville ces associations d'amis, ces *phidities*, comme disaient les Doriens, où l'on passait de longues heures à boire et à deviser agréablement.

Dès les premiers vers que Théognis adressa à Cyrnus, on aperçoit, au contraire, je ne sais quelle disposition d'esprit atrabilaire et misanthropique. La ruine de l'aristocratie mégarienne n'est point encore consommée, mais elle se prépare : les *méchants* et les *bons* sont déjà en lutte. Bientôt le tyran va apparaître. La ville est en travail, comme dit Théognis, et il est à craindre qu'elle n'enfante son fléau. Malgré les vœux et les espérances du poëte, et probablement malgré ses efforts, le mal s'accomplit. Le monde est renversé; tout est perdu : ceux qui n'étaient pas des citoyens sont des citoyens. Voici comment Théognis se lamente sur l'invasion des Périœces, ces paysans de la banlieue de Mégare, qui venaient de conquérir violemment le droit de cité : « Cyrnus, cette cité est encore une cité; mais, certes, c'est un autre peuple. Ce sont des gens qui ne connaissaient auparavant ni tribunaux ni lois. Ils portaient autour de leurs flancs des peaux de chèvres; comme des cerfs, ils habitaient hors de cette ville. Et maintenant, fils de Polypas, ils sont les bons; et ceux qui jadis étaient les braves sont les lâches maintenant. Qui pourrait supporter un pareil spectacle? Ils se trompent mutuellement, en se moquant les uns des autres ; ils n'ont pas le sentiment de ce qui est bien ni de ce qui est mal[1]. » Théognis recommande à son jeune ami de détester cordialement ces grossiers, ces fourbes, ces méchants, sans toutefois cesser de leur faire bonne mine, de peur probablement de quelque mésaventure. Quand les nouveaux venus, enivrés de leur victoire, ont usé de représailles contre les anciens oppresseurs, Théognis s'enflamme d'une véritable rage. Il va jusqu'à souhaiter de boire le sang de ceux qui l'ont dépouillé de son patrimoine.

Sentences morales de Théognis.

Les sentences morales de Théognis ne sont pourtant pas indignes de leur réputation. Ce sont, pour la plupart, des vérités de sens commun, ou des observations fines et profondes, toujours exprimées avec précision, quelquefois avec cette vive éloquence qui part de l'âme. Je ne m'étonne donc pas que la Grèce démocratique ait tenu en si grande estime les œuvres de cet aristocrate entêté. Les préjugés de l'homme de parti n'offusquaient pas toujours la raison du penseur; et le talent poétique rachetait amplement les erreurs mêmes de la passion et les assertions inconsidérées. Quand Théognis touche aux grands sujets, son style s'élève et se colore

---

[1]. *Sentences*, vers 52 et suivants.

sans cesser d'être vif et précis : nul n'a jamais parlé de la vertu en termes mieux sentis, ni plus énergiquement combattu le vice. Il n'a pas vu assez peut-être que le mal ici-bas est la condition du bien et son ombre inséparable, et qu'il n'y a de mérite que dans l'effort qui nous dégage du joug de notre terrestre nature. Les plaintes que lui arrache le spectacle désordonné du monde ressemblent presque à des blasphèmes contre la Providence. Il conclut du moins à l'action, si le bien est possible, et à la résignation, si le mal ne se peut empêcher :

« Bon Jupiter, je t'admire; car tu commandes à tous les êtres, car tu possèdes en toi la plénitude des honneurs et de la puissance. Tu connais à fond les pensées et le cœur de chaque homme; et ton autorité, ô roi! est la plus haute qu'il y ait dans le monde. Comment donc, fils de Saturne, as-tu bien le courage de tenir le même compte de l'homme criminel et du juste? comment ton esprit se tourne-t-il indifféremment ou vers la sagesse, ou vers les attentats de ces mortels qui ne craignent pas de commettre des actes pervers? Non, la divinité n'a marqué aucune règle à notre conduite, aucune route par où l'on soit sûr de gagner la faveur des immortels. Des scélérats jouissent d'une prospérité qu'aucun chagrin ne trouble; et ceux qui préservent leur âme des œuvres du mal, ceux qui aiment la justice, ont en partage néanmoins la pauvreté, mère du désespoir, la pauvreté qui pousse au crime le cœur des hommes.... C'est dans la pauvreté que se décèlent et l'homme pervers et l'homme réellement vertueux; c'est quand ils sont aux prises avec l'indigence. L'un médite de criminels projets, et jamais dans sa poitrine ne germe une pensée de justice. L'âme de l'autre, au contraire, ne se laisse aller ni au gré de la mauvaise fortune, ni au gré de la bonne. Oser le bien, supporter le mal, voilà le devoir de l'homme vertueux [1]. »

J'ai expliqué ailleurs comment l'Ionien Tyrtée s'était servi, tout en s'adressant à des Doriens, de cette langue ionienne, qui était en ce temps-là l'idiome unique de la poésie. Le

[1] *Sentences*, vers 373 et suivants.

Dorien Théognis, écrivant à Mégare ou à Thèbes, c'est-à-dire dans des villes doriennes, se conforma au commun usage, et si complétement, que tous les efforts du monde ne sauraient établir une sensible différence entre son dialecte et celui des poëtes élégiaques nés dans les villes ioniennes, et écrivant pour des Ioniens.

CHAPITRE IX.

POÉSIE CHOLIAMBIQUE. PARODIE. APOLOGUE.

Hipponax. — Ananius. — Apologue. — Ésope.
La *Batrachomyomachie*.

Hipponax.

Hipponax était célèbre, dans l'antiquité, pour avoir fait subir au vers ïambique sénaire ou trimètre, une modification importante, et pour avoir inventé un nouveau genre de poésie. Le vers sénaire, tel que l'avaient employé Archiloque, Simonide et Solon, et tel qu'il est resté dans la poésie dramatique, a pour le moins trois ïambes, un au second, un au quatrième et un au sixième pied : l'ïambe final est surtout de rigueur. Hipponax imagina de remplacer cet ïambe final par un spondée, et de donner au vers, par cette altération, une marche brisée et irrégulière, je ne sais quoi de heurté et de sarcastique, parfaitement approprié à la satire. On donnait à ce vers mutilé le nom de *choliambe*, ou d'ïambe boiteux, et celui aussi de *trimètre scazon*, qui a le même sens.

Le genre nouveau dont on attribuait l'invention à Hipponax est la *parodie*, ou ce que nous nommons le poëme héroï-comique. C'est lui, dit-on, qui le premier fit servir les nobles formes et le langage solennel de l'épopée à la peinture de caractères grotesques, d'événements ridicules, de sentiments vulgaires. Il ne reste des satires épiques d'Hipponax qu'un court fragment; et les fragments de ses satires choliambiques, fort courts aussi, n'ont guère d'intérêt que pour les grammairiens et les amateurs de métrique et de prosodie.

La vie d'Hipponax est mieux connue que celle de la plupart des poëtes dont nous nous sommes occupés jusqu'ici. Il était né dans la ville ionienne d'Éphèse, et il vivait dans la dernière moitié du sixième siècle. Persécuté dans sa patrie par les tyrans Athénagore et Comas, il se retira à Clazomènes, et c'est là probablement qu'il passa ses dernières années. L'exil ne contribua pas à adoucir son humeur, naturellement aigre et misanthropique. Hipponax était Ionien, mais il n'avait rien de cette affabilité et de ce laisser-aller qui distinguait ses compatriotes. Il eût mérité de vivre à Sparte et de manger le brouet noir. Il voyait avec douleur l'abaissement de son pays; il s'indignait contre des hommes qui ne songeaient qu'à leur bien-être et à leurs plaisirs, et qui avaient perdu le sentiment des grandes choses et le souvenir des jours de la liberté. Impuissant à ranimer leur torpeur, il ne se laissa pas entraîner, comme autrefois Mimnerme, aux séductions du luxe et aux enivrements de la volupté. Il attaqua avec une indomptable énergie tous les vices, tous les ridicules, tous les goûts dépravés ou frivoles. On devine du moins, en parcourant ce qui reste de ses poésies, qu'il avait quelquefois traité la satire en moraliste curieux des choses et des principes, bien plus qu'en détracteur acharné des personnes. Le plus considérable de ses fragments est une diatribe contre ces prodigues qui dévorent, dans de splendides festins, la fortune péniblement amassée par leurs pères. Ce n'est pas qu'Hipponax se fît faute d'user contre ses ennemis, et même d'abuser cruellement, de ses armes poétiques. Il était maigre, fort laid et de taille chétive. Deux sculpteurs de Chios, Bupalus et Athénis, s'étaient permis de faire rire à ses dépens, en le figurant sous des traits qui n'étaient sans doute rien moins que flattés. Cette caricature mit le poëte en fureur. Il fut pour Bupalus et Athénis ce qu'Archiloque avait été pour Lycambès et ses filles. Il les poursuivit de ses sarcasmes et de ses injures avec une rudesse impitoyable, sans relâche et sans trêve. On conte qu'eux aussi finirent par se pendre de désespoir

Ananius.

Je n'ai rien à dire d'Ananius, sinon que c'était un poëte satirique de l'école d'Hipponax, son contemporain selon toute apparence, et qui s'était servi comme lui du choliambe. On ne sait pas dans quel pays il était né; et il n'est pas bien sûr que les vers cités sous son nom par certains auteurs ne soient pas d'Hipponax lui-même, car plusieurs de ces vers sont attribués par d'autres à Hipponax. D'après les règles ordinaires du trimètre iambique, les pieds impairs peuvent être indifféremment des spondées ou des iambes. Il paraît qu'Hipponax n'usait pas, ou du moins n'usait qu'accidentellement, de la liberté de mettre un spondée au cinquième pied. Ananius, au contraire, pour donner à sa versification un caractère d'originalité, et sans doute afin d'enchérir sur son maître, se fit une loi de ce qui n'était qu'un accident chez Hipponax : ses choliambes se terminaient régulièrement par deux spondées. C'est ce qu'on a nommé le vers *ischiorrhogique*, autrement dit le vers dégingandé, le vers déhanché.

Apologue.

L'apologue, que nous avons vu apparaître dans la poésie grecque dès le temps d'Hésiode, et dont nous avons trouvé aussi la trace dans les fragments d'Archiloque, ne commença pourtant à être cultivé comme genre particulier de littérature que dans le sixième siècle, et peut-être même après Hipponax et Ananius. Encore n'est-ce que par conjecture qu'on reporte jusqu'à cette époque les premiers essais des poëtes fabulistes. Ésope, que les Grecs regardaient comme l'auteur de tous ces apologues qui couraient par le monde, vivait, il est vrai, dans la première moitié du sixième siècle. Mais Ésope n'était ni un Grec ni un poëte; et il est douteux qu'Ésope ait jamais rien écrit, en quelque langue que ce soit. Les inventions de ce conteur moral, ou, si l'on veut, les emprunts qu'il avait faits aux trésors des littératures orientales, n'arrivèrent sans doute que lentement, apologue par apologue, aux oreilles des Grecs; mais, quand cette matière poétique eut grossi, et que toutes les conversations s'égayaient des mots heureux attribués au vieil esclave, il ne dut pas manquer de poètes pour s'exercer sur des sujets si bien préparés, et pour dessiner les premiers traits de ce qui devint un jour l'ample comédie à cent actes divers. Mais les noms mêmes de ces fabulistes ne nous sont point parvenus. Les poëtes du sixième ou même du cinquième siècle dont on cite des apologues, n'étaient fabulistes, comme Hésiode et Archiloque, qu'en passant et par occasion. Nous savons que Socrate, dans sa prison, se récréait en versifiant des fables ésopiques. Dira-t-on qu'il était le premier qui eût eu l'idée d'ajouter par la forme au mérite de ces leçons de sagesse? C'est par conjecture aussi qu'on suppose que les premiers fabulistes grecs se servirent de l'ïambe, de préférence à tout autre mètre, et du trimètre scazon, de préférence au trimètre d'Archiloque et de Simonide d'Amorgos. Babrius et d'autres ont écrit leurs fables en choliambes. Ils ne faisaient sans doute que se conformer à un usage établi.

Ésope.

Quant à l'homme fameux dont tous les fabulistes ne sont, suivant la tradition vulgaire, que les héritiers et les copistes, voici ce qu'on sait d'à peu près authentique sur sa personne et sa vie. Il était né à Mésembrie dans la Thrace, et il était contemporain du roi égyptien Amasis. Il fut d'abord esclave d'un Samien, nommé Iadmon. Son esprit et sa bonne conduite lui valurent la liberté. Il ne cessa pas pourtant de vivre dans la famille de son ancien maître, comme ami, comme conseiller, ou à quelque autre titre honorable. Ce qui prouve qu'il ne resta pas toujours esclave, c'est qu'on le voit se porter pour défenseur en justice d'un homme accusé de délits politiques, et faire ainsi acte de citoyen. Ce que l'on conte de ses pérégrinations est assez vraisemblable, et n'est point en contradiction avec les témoignages qui concernent son long séjour à Samos. Il habitait d'ordinaire dans la maison d'Iadmon, mais une humeur aventureuse, le désir de voir et de s'instruire, le soin peut-être des affaires de son protecteur, suffisent pour expliquer ses courses en Asie, en Égypte et en Grèce. Il est très-probable aussi que, dans sa jeunesse, et avant de venir aux mains d'Iadmon, il avait été esclave dans quelque contrée de l'Orient, et y avait puisé ce goût des sentences et des récits allégoriques, qu'il répandit plus tard à Samos et dans la Grèce continentale. On admet généralement qu'il périt à Delphes. Les Delphiens, irrités de ses remontrances, et des sarcasmes qu'il leur avait décochés sous le couvert de l'apologue, le mirent à mort, comme coupable d'un vol qu'il n'avait pas commis. Aristophane, dans les *Guêpes*, fait allusion en passant à cet événement déplorable : « AIME-CLÉON. Un jour Ésope, étant à Delphes.... HAIT-CLÉON. Peu m'importe. — Fut accusé d'avoir dérobé une coupe du dieu. Alors il leur conta comment une fois l'escarbot.... — Ah! tu m'assommes avec tes escarbots. »

La Batrachomyomachie.

La poésie héroï-comique avait été inventée par Hipponax. D'autres la cultivèrent après lui, et non sans succès; mais tous ne lui conservèrent pas ce caractère satirique et mordant qu'elle avait à l'origine. On peut l'affirmer hardiment, car la preuve en subsiste encore. La *Batrachomyomachie*, ou le combat des grenouilles et des rats, est un poëme héroï-comique. C'est une parodie de l'*Iliade*, mais parfaitement pure de tout fiel, de toute intention malfaisante. Ce n'est point une satire morale ; ce n'est pas non plus une insulte au divin génie d'Homère. L'auteur semble ne s'être proposé que de prouver qu'il était homme d'esprit, et qu'il savait manier la langue et le mètre poétiques. S'il emprunte le style d'Homère, s'il fait parler ses humbles héros à la façon d'Ajax ou d'Achille, s'il fait délibérer les dieux dans l'Olympe, comme s'il s'agissait de fixer le destin des armées qui combattaient sous Ilion, s'il donne à son court poëme quelque chose de la pompe et de l'appareil extérieur de l'épopée, c'est qu'il n'y avait guère d'autre moyen d'élever à la hauteur de la poésie les infortunes de Pille-Miettes, les perfidies de Joufflue et la lutte engagée par les rats contre les grenouilles. La poésie, dans cette bluette agréable, n'a d'objet qu'elle-même. Toute la valeur d'une telle œuvre est dans le piquant contraste du fond et de la forme, dans le charme des détails, dans la vivacité des expressions et des tournures, dans l'art surtout avec lequel la fable est soutenue et conduit.

Le rat Pille-Miettes, qui vient d'échapper à la dent d'une belette ou d'un chat, s'arrête près d'un marais pour se désaltérer, car il a couru fort et longtemps. Joufflue, reine des grenouilles, entre en conversation avec lui. Elle lui persuade de venir dans son palais; et c'est sur son dos qu'elle le prend pour l'y transporter. La nouveauté du voyage enchante d'abord Pille-Miettes, mais sa joie n'est pas de longue durée. Une hydre apparaît sur les eaux: Joufflue effrayée plonge au fond; Pille-Miettes, malgré ses efforts, périt submergé par les vagues, en dévouant Joufflue aux dieux vengeurs. Un rat, qui se trouvait sur le rivage, court annoncer au peuple rat la triste fin de Pille-Miettes. Une assemblée générale est convoquée; et là, sur la proposition de Ronge-Pain, père de la victime, on se décide à faire la guerre aux grenouilles. Tout s'arme, et le héraut Fouille-Marmite est chargé de dénoncer les hostilités. Joufflue se déclare parfaitement innocente et même ignorante de la mort de Pille-Miettes. Entraînées par elle, les grenouilles se préparent à faire une vigoureuse résistance. Cependant les dieux, dans l'Olympe, s'inquiètent de cette agitation qu'ils remarquent sur la terre. Mais Minerve opine pour que personne ne descende, et tous les dieux se bornent au rôle de spectateurs. Bientôt la mêlée s'engage, terrible, acharnée, et avec des chances diverses. A la fin, les rats l'emportent, et Avale-Tout ne parle de rien moins que d'exterminer toute la gent batracienne. Alors Jupiter n'y tient plus. Il veut envoyer Pallas ou Mars, pour arrêter le féroce Avale-Tout. Mars recule devant cette rude besogne. Jupiter prend en main la foudre, mais la foudre elle-même est impuissante. Effrayés un instant, les vainqueurs se remettent bien vite de leur peur, et recommencent leurs exploits de plus belle. Jupiter fait avancer une autre armée contre la leur, des guerriers munis par la nature d'armes défensives et offensives, et qui changent en un clin d'œil la fortune de la bataille. Ces guerriers sont des crabes. Les rats prennent la fuite, et la guerre finit au coucher du soleil.

Pour donner une idée de la manière générale du poëte et de la flexibilité de son talent, je traduirai deux morceaux de différent caractère, le discours de Ronge-Pain pour animer les rats à la vengeance, et celui de Minerve pour engager les dieux à la neutralité entre les deux partis. Voici comment s'exprime l'infortuné père de Pille-Miettes :

« O mes amis! quoique j'aie seul enduré mille maux de la part des grenouilles, mon mauvais sort doit vous intéresser tous. Je suis aujourd'hui bien digne de pitié, car j'ai perdu trois fils. Le premier, c'est cet animal destructeur, la belette, qui l'a saisi et tué, comme il sortait du trou. Les hommes cruels ont conduit le second à la mort, à l'aide de cet engin nouveau, de ce piége de bois qu'ils ont inventé : ils le nomment ratière, et c'est le fléau de notre engeance. Un troisième me restait, cher à moi, cher à sa chaste mère. Eh bien ! Joufflue l'a noyé en l'entraînant dans l'abîme. Allons donc, armons-nous, et marchons contre elles, le corps enveloppé de nos brillantes armures[1]. »

On a reconnu, dans la triste énumération que fait Ronge-Pain de ses pertes domestiques, l'évidente intention de rappeler les pathétiques regrets du vieux Priam quand il parle de ses cinquante fils, dont presque tous ont péri, et de celui qui était pour lui et pour son peuple le cher, le bien-aimé, l'unique. Minerve ne parodie les dieux d'Homère que dans la diction. Ses sentiments n'ont rien d'olympien, tant s'en faut, ni même de guerrier : on dirait une bonne ménagère, bien amoureuse de sa tranquillité, bien regardante, bien laborieuse. C'est encore, si l'on veut, Minerve, mais ce n'est guère Pallas, la fille d'un père puissant, la déesse qui tient en main la lance :

« O mon père! jamais je ne marcherai au secours des rats dans leur détresse; car ils m'ont fait trop de mal. Ils endommagent mes couronnes; ils boivent l'huile de mes lampes.

---

[1] *Batrachomyomachie*, vers 140 et suivants.

Mais voici un trait qui m'a surtout blessée au vif : ils ont rongé mon voile, un voile de si fine trame, que j'avais filé et tissu avec tant de soin ; ils me l'ont tout troué. Or, le raccommodeur me presse ; il exige son payement : aussi je suis furieuse. Il prétend même que j'aie à payer les intérêts de la somme : c'est un peu dur pour une immortelle. Enfin, j'avais emprunté pour faire ce voile, et je n'ai pas de quoi rendre. Mais je n'ai nullement envie pourtant de secourir les grenouilles. Il n'y a pas davantage à compter sur elles. Naguère encore, comme je revenais du combat, toute brisée de fatigue et ayant besoin de sommeil, leur vacarme ne me permit pas de fermer un instant les yeux ; et je suis restée étendue sans dormir, la tête malade, jusqu'au chant du coq. Ainsi donc, ô dieux, abstenons-nous de leur venir en aide. Peut-être un de nous serait percé d'un trait aigu, d'une lance ou d'un glaive ; car ils sont braves à ne pas reculer, eussent-ils même un dieu pour adversaire. Divertissons-nous, tous tant que nous sommes, à contempler la lutte des hauteurs du ciel[1]. »

Je n'ai pas besoin de démontrer que la *Batrachomyomachie* figure à tort parmi les œuvres d'Homère, et que ce n'est pas le poëte de l'*Iliade* qui s'est parodié lui-même. Une tradition assez vraisemblable en attribue la composition à Pigrès, frère de la première Artémise, reine d'Halicarnasse en Carie, celle qui seconda si vaillamment Xerxès dans son expédition contre la Grèce.

1. *Batrachomyomachie*, vers 178 et suivants.

CHAPITRE X.
LYRIQUES ÉOLIENS.

Terpandre. — Musique grecque. — Nomes de Terpandre. — Successeurs de Terpandre. — Alcée. — Odes politiques d'Alcée. — Autres odes d'Alcée. — Mètres lyriques d'Alcée. — Sappho. — Condition des femmes chez les Éoliens et les Doriens. — Rôle de Sappho à Lesbos. — Poésies de Sappho. — Erinna. — Arion.

Terpandre.

Les Lesbiens contaient que la tête et la lyre d'Orphée, jetées dans l'Hèbre par les Ménades, avaient été portées par le fleuve jusqu'à la mer, et par les vents jusque sur les côtes de l'île de Lesbos. Ils montraient à Antissa un tombeau renfermant, disaient-ils, ces précieuses reliques du chantre de Thrace. C'est au culte dont elles étaient l'objet qu'ils attribuaient non-seulement les heureuses facultés dont étaient doués leurs musiciens et leurs poëtes, mais même les charmes incomparables du chant des rossignols qui nichaient dans les bosquets de la contrée. Cette gracieuse légende avait son fondement, sans nul doute, dans les traditions domestiques de la nation. Les Éoliens de Lesbos étaient venus de l'ancienne Béotie, c'est-à-dire du pays des Muses et des aèdes piériens ou thraces. En apportant dans leur nouveau séjour les rudiments de la poésie, ils y avaient apporté aussi le respect de ces noms sacrés qui étaient comme le symbole des premiers efforts du génie poétique et de ses premières merveilles. Il n'est donc pas surprenant qu'ils aient rendu des honneurs particuliers à la mémoire d'Orphée, et qu'ils aient cru sentir revivre en eux-mêmes l'inspiration de l'antique aède. Ce n'est toutefois qu'au septième siècle avant notre ère, vers le temps de Callinus et de Tyrtée, que Lesbos commença à faire admirer à la Grèce les œuvres de la muse éolienne. C'est l'époque où vivait Terpandre, Lesbien d'Antissa, l'inventeur de la lyre à sept cordes, le fondateur du système musical des Grecs, le père de la poésie lyrique. Tout ce qu'on sait de la vie de ce musicien fameux prouve que ses contemporains le tinrent en haute estime; et son renom ne fit que s'accroître après sa mort. Ses voyages dans la Grèce continentale ne furent que des triomphes. Il charma les Lacédémoniens par ses chants. Il l'emporta sur tous ses rivaux, dans les fêtes d'Apollon Carnius, la première fois qu'y furent convoqués les aèdes. Aux luttes musicales de Pytho, il fut quatre fois de suite couronné vainqueur. Il ne reste rien de ses poésies, sinon quelques vagues souvenirs épars çà et là dans les auteurs, quelques rares citations, deux vers entre autres où Terpandre lui-même se fait gloire d'avoir perfectionné le luth d'autrefois : « Pour nous, dédaignant le chant à quatre sons, nous ferons retentir des hymnes nouveaux sur la phorminx à sept cordes. »

Musique grecque.

La musique ancienne affectait, comme la moderne, des caractères fort différents, selon la diversité des sentiments qu'il s'agissait de faire naître dans les âmes. Les Grecs désignaient chacun de ces caractères par des expressions distinctes, entre lesquelles trois surtout sont fameuses, à savoir celles de mode dorien, de mode phrygien et de mode lydien. Le mode dorien, le vrai style national, était le plus sérieux et le plus grave, et, comme dit Aristote, le plus calme et le plus viril. Le mode phrygien, né dans le culte orgiastique des Corybantes, avait quelque chose de violent, de passionné et de criard, propre à l'expression de l'enthousiasme et même du délire. Quant au mode lydien, il avait les notes plus élevées que le dorien et le phrygien, et il allait mieux aux voix féminines. Plus doux et plus faible que les deux autres, il admettait aussi une plus grande variété d'expression, tantôt triste et mélancolique, quelquefois joyeux et plaisant. Aristote, qui a donné, dans sa *Politique*, de judicieux préceptes sur l'emploi de la musique dans l'éducation, considère le mode lydien comme particulièrement propre à la culture de la première jeunesse. Il est vraisemblable que c'est par l'intermédiaire des musiciens de Lesbos, et particulièrement de Terpandre, que les modes en usage chez les Phrygiens et les Lydiens s'introduisirent dans la Grèce. Leur relation fixe et systématique avec le mode dorien, et les transcriptions nécessaires pour les réduire à la notation grecque, ne purent être déterminées qu'au temps où la musique grecque, par l'invention de l'heptacorde, sortit de sa longue enfance, et devint propre à exprimer toutes les nuances du sentiment.

Nomes de Terpandre.

La forme rhythmique des compositions de Terpandre était d'une extrême simplicité. Quelquefois même il s'était borné à appliquer des récitatifs nouveaux à d'anciennes poésies, à certains passages des poëmes d'Homère. Il avait écrit des hymnes dans le mètre épique, analogues à ceux que nous possédons, et dont l'accompagnement n'était aussi qu'un récitatif plus ou moins animé. Mais il ne s'était pas borné à perfectionner la déclamation des aèdes et des rhapsodes. Les airs guerriers que chantaient les Lacédémoniens, ces nomes qu'ils tenaient pour la plupart de Terpandre, devaient être autre chose que des chants épiques. Les noms d'*orthien* et de *trochaïque*, sous lesquels sont mentionnés deux de ces nomes, suffiraient à prouver que Terpandre s'était servi de quelques-uns des mètres inventés de son temps. Il y a d'ailleurs un fragment de Terpandre uniquement spondaïque, et non moins grave par le ton du style que par la forme de la versification : « Jupiter, principe de toutes choses, toi qui gouvernes tout ; Jupiter je t'adresse ce commencement de mes hymnes. » Quelques-uns de ces hymnes, de ces chants si divers, dont Terpandre avait fait les paroles et la musique, offraient probablement des combinaisons de mètres variés, unis dans des proportions harmonieuses, et se formant déjà en assemblages réguliers, en strophes, comme on les appelle, qui répondaient par leur étendue aux exigences de la conception musicale.

Successeur de Terpandre.

La plupart des musiciens grecs ou étrangers qui recueillirent l'héritage de Terpandre semblent n'avoir été, pendant assez longtemps, que des compositeurs de nomes, des inventeurs de mélodies, ou même de simples instrumentistes. Aucun d'eux n'est cité à titre de poëte par les auteurs anciens, ni le deuxième Olympus, ni Thalétas, ni Cléonas de Thèbes, ni Xénodamus de Cythère, ni tant d'autres dont les noms seuls sont connus. Quant à l'école de Lesbos, elle rentra pour quelques années dans l'obscurité d'où Terpandre l'avait tirée. Mais le travail poétique et musical fut loin de s'interrompre autour du saint monument d'Antissa : le feu sacré fut soigneusement entretenu dans l'île entière ; et, vers la fin du septième siècle, le génie lesbien recommença à luire de tout son éclat. Alcée et Sappho étaient tous les deux nés à Mitylène, dans l'île de Lesbos.

Alcée.

Alcée appartenait à une noble famille, et sa vie fut mêlée aux événements politiques qui changèrent plusieurs fois en peu d'années le sort de Mitylène. En 612, il combattait, dans la Troade, contre les Athéniens, qui s'étaient emparés de la ville de Sigée. A la même époque, ses deux frères, Antiménidas et Cicis, conjurés avec Pittacus, tuaient le tyran Mélanchrus à Mitylène. Mais d'autres tyrans naquirent bientôt du sang de Mélanchrus ; et le parti aristocratique, loin de ressaisir ses priviléges, ne fit qu'encourir la vengeance de ses adversaires. Beaucoup furent bannis, et, parmi eux, Alcée et son frère Antiménidas. Celui-ci alla offrir ses services au roi de Babylone, et suivit les armées de Nabuchodonosor dans la guerre contre le roi d'Egypte Nécho. Alcée courut longtemps aussi par le monde, ou seul ou en compagnie de son frère. Il traversa la mer dans plusieurs directions, et il poussa jusqu'en Égypte ses pérégrinations aventureuses. Plus tard, Alcée et Antiménidas reparaissent dans l'île de Lesbos à la tête des bannis, pour rentrer à Mitylène les armes à la main. Ils échouèrent dans leur entreprise. Pittacus avait été mis à la tête du gouvernement, sous le titre d'*ésymnète* ou distributeur de la justice. Il repoussa énergiquement les attaques des bannis ; mais en même temps il préparait les voies à un accommodement honorable. A la fin, les bannis se réconcilièrent avec leurs concitoyens, et abdiquèrent de hautaines prétentions en se soumettant à la loi commune. Alcée lui-même, qui s'était montré le plus violent détracteur de Pittacus, ne fut point excepté de l'amnistie générale. Il put se reposer des longues agitations de sa vie errante, et mourir dans cette patrie qu'il avait désespéré de revoir.

Odes politiques d'Alcée.

Alcée, homme d'action et homme de parti, se servit de la poésie comme d'une arme contre ses ennemis politiques, et plus d'une fois ses vers menaçants les firent trembler. Mais il faut bien dire que le poëte ne consultait guère que sa passion. C'est donc la verve, l'enthousiasme, c'est la vivacité des expressions et la frappante originalité des images, que les anciens admiraient dans ses satires, comme dans celles d'Archiloque, bien plus qu'un profond bon sens et une parfaite raison. Je ne prétends pas que ces qualités aient fait défaut au poëte lesbien ; je remarque seulement qu'hommes et choses, il voyait tout avec ses préjugés de caste. Le renversement de l'aristocratie était pour Alcée le renversement de tout ordre et de tout droit dans le monde. Je veux bien croire que tout n'était pas pour le mieux dans Mitylène, quand les chefs des factions démagogiques cherchaient par tous les moyens à se supplanter les uns les autres, et même quand Myrsilus eut triomphé de ses compétiteurs. La belle ode qu'Horace a imitée[1], dans laquelle Alcée comparait la cité à un navire battu par la tempête, devait être un tableau vrai du désordre et des troubles fomentés par les ambitieux. Mais

---

[1]. *O navis, referent in mare....* Ce qui reste des vers de l'ode d'Alcée semble prouver qu'il avait donné plus de développement qu'Horace aux détails de la description du navire en détresse.

Myrsilus, tout scélérat qu'il pût être, ne méritait probablement pas que sa mort fût chantée sur le ton qu'annonçait un début comme celui-ci : « C'est maintenant qu'il faut s'enivrer, c'est maintenant qu'il faut se forcer à boire ; car Myrsilus est mort. » L'ode n'existe plus, et Horace même, qui s'en est inspiré dans un de ses plus beaux chants[1], n'en a pris que le mètre, le mouvement et quelques mots ; mais il n'est pas difficile de deviner qu'Alcée avait dépassé, dans ses invectives contre Myrsilus, les bornes d'une juste colère.

Je ne décide point si le poëte, en attaquant d'autres démagogues, tels que Mégalagyrus et les Cléanactides, ne fit qu'un légitime usage de ses armes puissantes. Quant à sa conduite envers Pittacus, ni les malheurs d'un long exil, ni la rancune aristocratique, ni le dépit d'une défaite en rase campagne, ne le sauraient justifier de ses torts. Ce n'était pas d'un tel homme qu'on pouvait dire : « Ce mauvais citoyen, ce Pittacus, le peuple, d'une voix unanime, l'a établi tyran de la cité infortunée, dévolue à un funeste destin. » Alcée n'épargnait à Pittacus aucune outrageante épithète. Il enrichissait même la langue de mots nouveaux, pour égaler l'injure à ses ressentiments. Il va jusqu'à reprocher au sage la frugale simplicité de sa vie. Il l'appelle *zophodorpide*, c'est-à-dire soupant dans les ténèbres, et non point à la façon des gens bien nés, qui faisaient leurs festins aux flambeaux. Il regrette, au prix du maître d'aujourd'hui, ce Mélanchrus même, à la mort duquel ses frères avaient coopéré avec Pittacus : « Mélanchrus est digne du respect de la cité. » Voilà ce qu'on trouve encore dans le peu qui reste des œuvres d'Alcée. Que serait-ce donc si nous avions quelqu'un de ces poëmes où il avait distillé sa bile contre Pittacus ?

Alcée du moins était un brave. Son âme connaissait aussi les nobles pensées ; et, quand il s'adressait à ses compagnons d'armes, il savait parler le langage des héros. Comme les Spartiates, il pensait que les murailles ne sont rien par elles-mêmes : « Les hommes, dit-il, sont le meilleur rempart de la cité. » Il avait dit avant Eschyle : « Des emblèmes sur des bou-

---

[1] L'ode xxxvii° du livre I, *Nunc est bibendum*.

cliers ne font point de blessures. » Il rappelle avec fierté les
exploits de son frère dans l'armée babylonienne, et les trophées qu'Antiménidas avait rapportés de l'Orient : « Tu es venu
des extrémités de la terre avec un glaive à la poignée d'ivoire
enrichie d'or. » Une fois pourtant il avait songé, de son propre aveu, plus à la vie qu'à la gloire. C'était à la bataille de
Sigée, contre les Athéniens. Mais il était jeune alors, et il
n'avait point encore appris à regarder le danger sans pâlir.
Comme jadis Archiloque, il parlait sans rougir de sa mésaventure. Il a pris soin lui-même de faire connaître à la
postérité qu'il avait jeté ses armes dans le combat, et que
les ennemis en avaient décoré le temple de Pallas à Sigée.

Autres odes d'Alcée.

La passion politique n'empêchait pas Alcée d'être un
homme de plaisir. Les fragments de ses compositions bachiques prouvent qu'ils ne s'abandonnait pas tous les jours aux chagrins de la vie. C'est à lui qu'Horace a emprunté l'idée et les
principaux détails de la belle ode : « Tu vois comme s'élève
le Soracte, blanc d'une neige épaisse ; » et c'est à Alcée qu'il
doit probablement la plupart de ses autres chansons à boire.
Pour celle-là du moins le doute n'est pas permis, car il reste
six vers de l'original, qui débute ainsi : « Jupiter verse la
pluie ; une tempête violente descend du ciel ; le courant des
eaux est pris par la glace. » La philosophie d'Alcée semble se
résumer tout entière dans ce vers d'une autre ode, où l'on
reconnaît encore la preuve qu'Horace avait puisé largement
aux trésors de la poésie lesbienne : « Ne plante aucun arbre
avant la vigne. » Il célèbre avec enthousiasme les dons du fils
de Jupiter et de Sémélé. Il presse les convives de boire,
même avant qu'on ait allumé les flambeaux ; il veut que pas
un ne chôme, et que toujours une coupe en chasse une autre.

L'amour dut tenir aussi une assez large place dans l'existence d'Alcée, et la perte de ses poésies érotiques n'est pas
ce qu'il y a de moins regrettable. Ce que je voudrais surtout
connaître, ce sont les chants qu'il adressait à Sappho, et dont
quelques traces subsistent encore. Il la salue en ces termes :

« Couronnée de violettes, chaste et doucement souriante Sappho. » Il lui déclare son amour avec tout l'embarras d'un cœur vivement épris : « Je veux dire quelque chose, mais la honte me retient. » Horace a imité aussi plus d'une fois, mais en les amollissant peut-être, les chansons amoureuses d'Alcée. C'est Alcée, dit-il lui-même, qu'il se propose sans cesse pour modèle; c'est le poëte « qui, au milieu des armes, ou quand il venait d'amarrer au rivage humide son navire battu des flots, chantait Bacchus, et les Muses, et Vénus, et l'enfant toujours présent aux côtés de Vénus [1]. »

Les poésies religieuses d'Alcée, ses hymnes aux dieux, ne devaient pas différer beaucoup, pour le fond des pensées, de ce qu'on trouve dans les vieilles poésies ioniennes inspirées du souffle d'Homère. Mais si Alcée se conformait, comme les poëtes qui l'avaient précédé, aux traditions consacrées, aux formules ordinaires, aux épithètes reçues, il chantait du moins d'une façon nouvelle, car il ne s'adressait aux dieux ni dans le mètre héroïque, ni dans les rhythmes de Tyrtée et de Solon. Il est probable enfin que ces hymnes n'affectaient guère la forme narrative, et qu'ils se distinguaient des hymnes anciens par un ton plus vif et plus animé.

Horace a célébré le *plectre d'or* d'Alcée, c'est-à-dire la beauté de son style. Quintilien dit que l'orateur peut puiser, dans la lecture d'Alcée, d'heureuses ressources pour l'expression des idées morales. Il compare le style d'Alcée à celui d'Homère. Nous pouvons constater par nous-mêmes que Quintilien n'a pas tort de vanter la précision, la magnificence et l'énergie de la diction du poëte lesbien; mais ce qui nous reste d'Alcée ne rappelle guère l'*Iliade*. Le commentaire de la comparaison de Quintilien, dans *Anacharsis*, n'est lui-même qu'une vague et imparfaite image. Ce n'est rien dire que de nous affirmer qu'Alcée *s'élève presque à la hauteur d'Homère, lorsqu'il s'agit de décrire les combats et d'épouvanter un tyran*. Barthélemy a eu tort aussi de faire des réserves à propos de ce qu'il nomme *les défauts* du dialecte de Lesbos. Alcée n'avait rien à se faire pardonner pour

---

1. *Carmina*, livre I, ode XXIII.

sa langue. Il a été classique dans toute la Grèce. Sa langue, à Athènes même, n'a jamais été taxée de patois. C'est du grec aussi légitime et aussi pur que celui d'Homère. C'est même le plus conforme au type premier de l'idiome que parlaient les Grecs.

Mètres lyriques d'Alcée.

Les mètres lyriques d'Alcée sont fort variés, et on conjecture que la plupart étaient de son invention. Il est certain que la strophe nommée alcaïque, dont Horace a fait tant d'usage, était inconnue en Grèce avant Alcée. Cette strophe est une des plus heureuses combinaisons possibles des anciens pieds, dactyle et spondée, avec le trochée et l'iambe. Elle est courte, nette et preste, et je ne sache rien de mieux approprié à l'expression des sentiments passionnés, rien de plus vif, rien enfin de plus lyrique. La strophe sapphique elle-même, d'ailleurs composée des mêmes éléments et d'étendue analogue, n'a ni le même mouvement ni la même vigueur, et ne sent pas, comme la strophe alcaïque, le buveur et le soldat : aussi bien n'avait-elle guère été faite que pour exprimer des pensées d'amour. Je ne prétends pas que Sappho n'ait composé que des poésies amoureuses; je dis seulement que Sappho employait de préférence, dans ses poésies amoureuses, cette strophe qu'elle avait inventée. Les fragments de Sappho, comme ceux d'Alcée, témoignent d'une riche variété et dans le choix des rhythmes, et dans la combinaison des mètres poétiques.

Sappho.

La poétesse lesbienne doit être née quelques années plus tard qu'Alcée, car elle vivait encore en 568, et il ne paraît pas qu'elle ait prolongé sa vie jusqu'à une grande vieillesse. Vers l'an 596, elle quitta Mitylène, on ne sait pour quelle raison, et elle séjourna quelque temps en Sicile. Nous savons par Hérodote que son père se nommait Scamandronyme, et Hérodote nous apprend aussi que Charaxus, frère de Sappho, se passa un jour la fantaisie d'acheter en Égypte, au prix d'une somme considérable, la fameuse courtisane Rhodopis, et de lui rendre sa liberté. Il est difficile, par conséquent, de comprendre que Sappho n'ait été elle-même autre chose qu'une sorte de courtisane, comme quelques-uns le répètent encore aujourd'hui. De quel front cette courtisane aurait-elle osé reprocher à Charaxus l'indignité de son amour pour Rhodopis, et, comme dit Hérodote, le déchirer dans ses vers, quand il revint à Mitylène après avoir affranchi sa bien-aimée ?

Ce n'est pas non plus à une courtisane qu'Alcée eût adressé les vers où il parle de la chasteté de Sappho. Encore moins est-ce une courtisane qui eût inspiré au fier poëte la passion presque craintive qu'annoncent ces expressions que j'ai déjà citées : « Je veux dire quelque chose, mais la honte me retient. » Voici la réponse de Sappho à la transparente énigme dont Alcée lui voulait faire deviner le mot : « Si c'était la passion du bien ou du beau qui t'eût pénétré, et si ta langue ne s'apprêtait à dire quelque chose de mauvais, la honte ne couvrirait point tes yeux, mais tu ferais ta juste requête. » Est-ce là le langage d'une courtisane ?

Condition des femmes chez les Ioniens.

Il est vrai que des témoignages anciens, et en assez grand nombre, semblent autoriser l'opinion vulgaire. Mais ces témoignages sont bien loin d'être contemporains de Sappho ; et les plus importants, ceux des comiques d'Athènes, ne sont en définitive qu'un monument des préjugés de leur temps et de leur nation. Chez les peuples de race ionienne, et en particulier chez les Athéniens, la condition des femmes, au siècle de Périclès ou d'Alexandre, était bien différente de ce qu'elle avait été jadis. Confinées dans la partie la moins accessible de la maison, exclues de toute participation aux choses de l'esprit, condamnées par la jalousie de leurs époux à n'exercer leur intelligence que dans le cercle des occupations domestiques, les femmes athéniennes n'avaient plus rien de cette naïveté d'allure et de cette aimable liberté dont telle héroïne d'Homère, Nausicaa par exemple, nous offre la charmante image. Aux courtisanes seules, à Aspasie et à ses émules, on permettait de tout dire et de tout faire, de se mêler des affaires les plus importantes, de parler politique et de tenir bureau d'esprit. Une femme comme Sappho, une poétesse disputant hardiment aux hommes sa place parmi les privilégiés de la Muse, initiant le public à ses pensées intimes, lui contant ses amours et cherchant à lui faire partager ses affections ou ses haines, une telle femme ne pouvait être, aux yeux d'un Athénien, qu'une éhontée sans mœurs, qu'une impudique qui trafiquait de son corps.

Condition des femmes chez les Éoliens et les Doriens.

Les poëtes comiques ont jugé Sappho la Lesbienne, morte depuis deux siècles, d'après les idées qui avaient cours parmi leurs auditeurs. Mais les Éoliens et les Doriens en usaient plus libéralement que leurs frères d'Athènes ou d'Ionie avec le sexe féminin. Ils ne renfermaient pas les femmes dans le gynécée ; ils cultivaient leur esprit, et ne craignaient point de les voir s'élever à la gloire littéraire. Il y avait, à Sparte même, des associations féminines que présidaient les femmes les plus en renom pour leurs vertus et leurs talents, et où les jeunes filles se formaient aux nobles manières en même temps qu'elles apprenaient à chanter et à bien dire. A Lesbos, où les arts élégants étaient particulièrement en faveur, l'éducation des femmes avait un caractère plus poétique et plus relevé encore. Voilà ce que font observer les critiques qui ont pris parti pour Sappho, entre autres Otfried Müller, celui de tous les savants qui a le mieux connu les institutions et le caractère des peuples de race éolienne et dorienne. Sappho n'était pas la seule Lesbienne qui se fût fait un nom par ses ouvrages : elle cite elle-même, comme ses rivales en poésie, Gorgo et Androméda. Les femmes de Lesbos ne rougissaient pas de leurs talents ; elles s'en vantaient avec fierté ; et l'ignorance, même opulente, même entourée de luxe et d'honneurs, ne trouvait pas grâce devant elles. Voyez avec quel ton de hauteur dédaigneuse Sappho s'adresse à une femme qui n'avait d'autre mérite que sa naissance et sa richesse, et peut-être sa beauté : « Morte, tu seras ensevelie tout entière ; nul souvenir ne restera de toi, et la postérité ignorera ton nom ; car tu n'as pas ton lot des roses de Piérie. Tu erreras sans gloire dans les demeures de Hadès, voltigeant parmi les ombres des morts les plus obscurs. »

Rôle de Sappho à Lesbos.

Quand Sappho parle à quelqu'une de ces jeunes filles dont elle était, suivant les mœurs de son pays, la poétique institutrice, ses reproches comme ses éloges ont quelque chose de si vif et de si passionné qu'on dirait un violent amour, bien plus qu'une calme affection maternelle. L'extrême vivacité du sentiment qui remplit l'ode fameuse conservée par Longin a même fait croire à quelques-uns que cette ode devait avoir pour titre, *Au bien-aimé*, et non pas, *A la bien-aimée*. C'est une opinion qui n'est pas insoutenable. Quant aux passages divers où l'on ne peut nier que Sappho s'adresse à des femmes, puisqu'elle les nomme, rien ne nous autorise à chercher, sous des expressions même passionnées, aucun sens détourné ou honteux. Un des traits essentiels du caractère hellénique, c'est que des sentiments qui ont toujours été parfaitement distincts chez les nations d'un tempérament plus calme, sont restés, chez les Grecs, comme mêlés et confondus, ou tout au moins se sont prêté l'un à l'autre leurs termes et leur vocabulaire. Cette judicieuse remarque, qui est d'Otfried Müller, ne sert pas seulement à décharger la mémoire de Sappho d'accusations infamantes, elle explique aussi comment Platon a pu prêter à Socrate, parlant à tel ou tel de ses disciples, un langage quelquefois si peu d'acord avec l'idée que nous nous formons de la décence et de la vertu. J'ajoute que nous avons nous-mêmes, dans notre poésie, un exemple fameux de cette confusion de l'amour et de l'amitié, et qu'il n'est jamais venu à personne l'idée d'incriminer les mœurs de la Fontaine, pour avoir terminé par l'affabulation qu'on sait le touchant récit des aventures de ses deux pigeons.

Sappho était femme, et elle a payé, je n'en doute pas, son tribut aux faiblesses humaines. Je n'ai pas la prétention d'en faire une prude insensible et farouche. Elle a connu l'amour, et l'amour malheureux. Je n'en veux pour preuve que cette belle ode à Vénus, où elle supplie la déesse de venir mettre un terme à ses cuisants chagrins. On voit là, par ses paroles mêmes, que celui qu'elle aime ne l'aime point encore. Est-il vrai que Sappho, méprisée ou repoussée par Phaon, se soit précipitée dans la mer du haut du rocher de Leucade ? Quand on prouverait, comme prétend le faire Otfried Müller, que Phaon n'est autre chose qu'un personnage mythologique que Sappho avait célébré dans ses vers, et quand l'historiette du saut de Leucade ne serait qu'une invention poétique, il n'est pas moins certain que Sappho a souffert et vivement souffert de l'amour, peut-être jusqu'à en mourir.

Poésies de Sappho.

Si la poétesse lesbienne n'avait chanté que ses amours, la Grèce n'eût pas laissé de lui assigner, parmi les noms les plus glorieux de sa littérature, une place éminente et glorieuse. Mais c'est dans presque tous les genres, et sur tous les tons propres à la poésie lyrique, que Sappho avait fait admirer à l'antiquité cette grâce et cette douceur que nul n'a jamais unies à plus de véhémence et de passion. Ceux qui avaient recueilli ses œuvres les avaient distribuées en divers livres, mais en ayant égard uniquement au mètre, et sans tenir compte de la nature même des sujets. Le premier livre contenait, par exemple, tout ce que Sappho avait écrit dans le mètre auquel est resté attaché le nom de sapphique. Il y avait, dans chacun de ces livres, des morceaux du caractère le plus différent, comme on en peut juger encore à la diversité des idées et des sentiments qu'on trouve dans les fragments dont la forme métrique est la même. Mais le genre où la poétesse avait particulièrement excellé, ce sont les épithalames ou chants d'hyménée. Il y a dans les œuvres de Catulle, outre l'*Epithalame de Pélée et de Thétis*, deux autres épithalames, qui paraissent n'être autre chose que des traductions ou des imitations de Sappho, et qui sont dignes non-seulement du talent de Catulle, mais du génie de la poétesse lesbienne. Nous possédons encore un certain nombre de vers incontestés des épithalames de Sappho, et ces vers comptent parmi les plus beaux qui nous restent d'elle. C'est là qu'on trouve les plus aimables images, les plus gracieuses comparaisons que la contemplation de la nature ait inspirées à la muse antique. Voici comment Sappho caractérise la fraîcheur de la jeunesse et de la beauté : « Comme la douce pomme rougit sur la haute branche, au sommet de la branche la plus haute : les cueilleurs l'ont oubliée; non, ils ne l'ont pas oubliée, mais ils n'ont pu y atteindre. » La femme qui a un époux pour la protéger, c'est, selon Sappho, la fleur qui s'épanouit dans un jardin, et qui n'a rien à craindre des outrages du passant. Celle qui est abandonnée à elle-même, Sappho la compare à ces fleurs des champs dont nul ne prend souci : « Telle l'hyacinthe, que les bergers foulent aux pieds dans les montagnes : la fleur empourprée est gisante sur la terre. » Je pourrais multiplier les exemples.

L'étude seule des faibles reliques du génie de Sappho, et indépendamment de tous les témoignages, suffirait donc pour justifier l'enthousiasme qu'inspira aux Grecs, dès le premier jour, cette femme extraordinaire. Aussi n'ai-je pas de peine à comprendre le mot de Solon, cité par Stobée. Solon, entendant un de ses neveux qui récitait un poëme de Sappho, s'écria : « Je ne serais pas content si je mourais avant de savoir ce morceau par cœur. »

Érinna.

Sappho nous a conservé les noms de quelques-unes de ses rivales en poésie. D'autres auteurs ont cité d'autres noms de femmes lesbiennes qui s'étaient aussi exercées, avec plus ou moins de succès, aux travaux littéraires. La seule qui semble avoir joui, dans la postérité, d'une célébrité véritable, c'est Érinna, morte à dix-huit ans, une de ces jeunes filles qui avaient reçu les leçons de Sappho. Érinna avait laissé un poëme de trois cents vers hexamètres, intitulé la *Quenouille*, dont on ne sait autre chose sinon qu'il passait pour une œuvre très-distinguée, et que plusieurs n'hésitaient pas à lui marquer sa place à côté même des épopées d'Homère. Faisons la part de ce que la pitié a mis du sien dans ce jugement sur l'œuvre d'une poétesse ravie si jeune à la vie et au culte des Muses. Mais qui empêche que, bien au-dessous de l'*Iliade* et de l'*Odyssée*, à côté, par exemple, des *Hymnes* et de la *Batrachomyomachie*, la *Quenouille* ait pu figurer avec honneur? C'est à Érinna qu'on attribue d'ordinaire l'*Hymne à Roma*, c'est-à-dire *à la Force*, qui est une ode en strophes sapphiques, et dans le dialecte éolien. Ceux qui pensent que la *Roma* de cette ode est la ville de Rome elle-même, parfaitement inconnue en Grèce au temps de Sappho et d'Érinna, mettent l'*Hymne à Rome* sous le nom d'une autre Lesbienne, de l'inconnue Mélinno, qu'on peut faire vivre, si l'on veut, à une époque où il était possible à une femme grecque de chanter les grandeurs de la ville éternelle. Sans prendre parti dans la question, je transcrirai cet hymne, qui ne fait point affront à la réputation d'Érinna, et qui est sans conteste l'ouvrage d'une main habile et surtout d'un talent inspiré: « Je te salue, Force [ou Rome], fille de Mars, déesse à la mitre d'or, à l'âme belliqueuse, toi qui habites sur la terre un Olympe à jamais invulnérable. A toi seule la Parque auguste a donné la royale gloire d'une puissance indestructible, afin que tu commandasses avec la vigueur qui se fait obéir. Sous le joug de tes courroies solides est enlacée la poitrine de la terre et de la mer blanchissante, et tu gouvernes avec autorité les villes des peuples. Le temps redoutable, qui ébranle toutes choses, et qui transporte la vie tantôt d'un côté tantôt d'un autre, pour toi seule ne change point le vent favorable qui enfle les voiles de ta puissance. Car toi seule entre toutes tu portes dans ton sein des hommes braves et belliqueux, et tu enfantes des bataillons de guerriers, aussi pressés que les gerbes dans les champs de Cérès. »

Arion.

Arion, Lesbien de Méthymne et contemporain d'Alcée, de Sappho et d'Érinna, semble pourtant appartenir à la fable encore plus qu'à l'histoire. Qui ne connaît le trait de sa légende conté par Hérodote, et comment un dauphin, charmé des accords de sa lyre, le reçut sur son dos et le sauva de la mort ? Ce qui est vraisemblable, c'est qu'Arion fut le plus habile des joueurs de lyre de son temps ; ce qui est certain, c'est que ses chants lui valurent les bonnes grâces des hommes les plus puissants de la Grèce, et qu'il jouit d'une faveur toute particulière auprès de Périandre, tyran de Corinthe.

Arion, suivant le témoignage de plusieurs auteurs anciens, avait perfectionné le dithyrambe, ou chant en l'honneur de Bacchus. Ce chant, à l'origine, n'avait presque aucune règle, et ne consistait guère qu'en cris de joie inarticulés, en *évohé* répétés mille fois, et accompagnés de sauts ou de contorsions bizarres. Arion imagina de mettre dans le dithyrambe le récit des aventures du dieu, et de donner au poëme la dignité et la régularité qui lui manquaient. Suidas dit que les dithyrambes d'Arion avaient un caractère tragique. Au lieu de la danse effrénée de buveurs avinés, il y eut un véritable chœur pour le dithyrambe, chœur vif et bondissant, mais dont les mouvements les plus impétueux n'étaient que la traduction des sentiments exprimés par les paroles et la musique. Les choreutes du dithyrambe, depuis le temps d'Arion, dansaient en se tenant par la main, et en tournant autour de l'autel où brûlait le sacrifice. De là le nom de *chœur cyclique*, c'est-à-dire chœur circulaire, que portait la ronde dithyrambique, et celui de *cyclodidascalie*, qui désignait l'art d'instruire et de mener les choreutes de la ronde. De là aussi la synonymie, chez les auteurs anciens, des expressions *maître de chœurs cycliques* et *poëte de dithyrambes*.

C'est à Corinthe, c'est dans la noble et florissante cité de Périandre, qu'Arion fit subir au chant orgiastique de Bacchus ces graves modifications. C'est à Corinthe aussi que le dithyrambe fut cultivé, pendant longtemps, avec le plus de soin et de succès. Pindare ne l'oublie point, en célébrant un des vainqueurs d'Olympie, Xénophon de Corinthe. Il rappelle en deux mots l'invention d'Arion et le prix que les Corinthiens décernaient au vainqueur dans le concours dithyrambique : « A l'inventeur, toute œuvre. Qui a fait paraître aux fêtes de Bacchus le dithyrambe et le bœuf triomphal [1] ? »

---

[1]. Pindare, *Olympiques*, ode XIII, épode 1.

CHAPITRE XI.

LYRIQUES DORIENS.

Alcman. — Originalité d'Alcman. — Chants choriques. — Mètres poétiques d'Alcman. — Tynnichus. — Stésichore. Invention de l'épode. — Caractère impersonnel de la poésie de Stésichore. — Vie de Stésichore. — Ibycus. — Lasus. — Corinne. — Timocréon.

Alcman.

Alcman vivait à Sparte vers la fin du septième siècle et dans les premières années du sixième, comme on le conjecture d'après certains passages de ses poésies, où sont cités des noms suffisamment connus, et notamment d'après la mention qu'il fait des îles Pityuses. Ces îles, et en général toutes les contrées occidentales de la Méditerranée, n'ont commencé à être connues des Grecs que depuis les premiers voyages de découvertes entrepris par les Phocéens. Le temps où florissait Alcman était favorable à la culture de la musique et de la poésie chez les Doriens de Sparte. Ce peuple qui, même au milieu des angoisses d'une guerre désespérée, avait prêté une oreille attentive aux accents des chantres inspirés, jouissait d'une paix profonde, et n'avait autour de lui que des nations soumises ou des alliés complaisants.

Alcman, citoyen de Sparte, poëte dorien s'il en fût, et par les sentiments et par la langue, n'était pourtant pas né à Sparte et n'était pas même Grec d'origine. Il était né à Sardes en Lydie, et peut-être dans une condition servile. Transporté à Sparte fort jeune, il avait été l'esclave d'un Lacédémonien nommé Agésilas ; puis son maître l'avait affranchi, et ses talents lui avaient fait obtenir le droit de cité. Il était fier de sa nouvelle patrie ; il bénissait le sort qui l'avait transformé en fils de la Grèce : « Sardes, antique séjour de mes pères, si j'avais été élevé chez toi, aujourd'hui, prêtre de Cybèle, vêtu d'habits dorés, je ferais retentir les sacrés tambours. Au lieu de cela, Alcman est mon nom, et je suis citoyen de Sparte. J'ai appris à connaître les Muses grecques ; et, grâce à elles, je suis plus grand que les rois Dascylès et Gygès. » On se tromperait pourtant, si l'on allait penser qu'Alcman rougît de son origine étrangère. Il rappelle quelque part avec orgueil le nom de sa ville natale : « Ce n'est, dit-il en parlant de lui-même, ni un sauvage, ni un malhabile, ni un homme sorti d'une race inepte, un Thessalien, un Érysichéen, un pâtre de Calydon, mais un homme de Sardes la puissante. » Quoi qu'il en soit, Alcman, à Sparte, dévoua sa vie aux Muses et fut, dans toute l'acception du mot, un artiste. Il célèbre lui-même ses inventions poétiques, la nouveauté et l'originalité des formes sous lesquelles il avait su présenter ses pensées. Ainsi dans ce début de l'ode qui était, selon les anciens, la première de son recueil : « Allons, Muse, Muse à la voix claire, chante la mélodie à plusieurs membres ; commence à chanter aux jeunes filles sur un ton nouveau. »

Originalité d'Alcman.

C'est surtout dans la langue et dans le style qu'Alcman fut inventeur. Jusqu'à lui le dialecte dorien avait été négligé, même par les poëtes qui chantaient à Sparte, comme trop rude et trop grossier, et comme peu propre à la culture littéraire. Alcman l'assouplit, le polit, lui donna la prestesse et la grâce, le fit digne enfin de ses aînés en poésie, l'éolien et la langue ionienne. Cela ne veut pas dire que le poëte ait uniquement parlé dorien. On sent en maint endroit qu'Homère ou Tyrtée a fourni le terme que n'offrait pas l'idiome national, ou que la langue dorienne n'avait que sous une forme trop peu élégante ; on aperçoit aussi çà et là des éolismes, qui rappellent que le Lesbien Terpandre avait vécu à Lacédémone.

Les fragments des poésies d'Alcman sont en général fort courts, et assez insignifiants, sinon aux yeux des chercheurs de faits grammaticaux. On y reconnaît pourtant un poëte, un amant passionné de la nature, un homme qui a réfléchi profondément sur la condition humaine, et qui sait donner à sa pensée cette énergie vivante et cet éclat d'expression qui sont, peu s'en faut, toute la poésie. C'est un poëte, celui qui décrit ainsi le repos de la nuit : « Ils dorment et les sommets et les gorges des monts, et les promontoires et les ravins, et les bêtes sauvages des montagnes, et le peuple des abeilles, et les monstres qui habitent les profondeurs de la mer empourprée ; elles dorment aussi les troupes des oiseaux aux larges ailes. » C'est un poëte, celui qui s'écrie, à l'aspect des belles jeunes filles dont il conduit les chants : « Vierges à la voix harmonieuse, aux sacrés accents, mes membres ne peuvent plus me porter. Ah ! que ne suis-je, oui, que ne suis-je un plongeon, qui voltige parmi les alcyons sur l'écume des flots, oiseau du printemps, au plumage empourpré, au cœur exempt de soucis! » C'est un poëte, celui qui appelle la mémoire *l'œil intérieur de l'esprit*, φρασίδορκον, littéralement, *ce qui regarde dans l'esprit*; c'est un poëte, et un digne fils de la race des Héraclides, celui qui a le premier donné la forme au proverbe, *Rien sans travail:* « Le principe de la science, dit Alcman, c'est l'effort. »

Chants choriques.

Les odes d'Alcman étaient destinées, pour la plupart du moins, à être chantées dans des chœurs de jeunes filles. Voilà pourquoi les auteurs anciens les ont citées souvent sous le nom de *Parthénies*, c'est-à-dire *poésies pour les vierges*. Alcman passait même pour le premier inventeur, ou, si l'on veut, le premier régulateur des chants choriques. Dans les chants dont il avait composé les paroles et la musique, et dont il dirigeait l'exécution, tantôt c'était le maître du chœur qui parlait en son propre nom et les choreutes lui répondaient, tantôt c'étaient les choreutes qui dialoguaient entre elles.

Mètres poétiques d'Alcman.

Quant aux autres poëmes dont on lui attribue la composition, hymnes aux dieux, péans, épithalames, etc., il serait difficile de dire si Alcman n'avait fait que suivre les modèles que lui offraient, dans ces genres divers, les œuvres de ses prédécesseurs et des contemporains, ou si ces morceaux différaient par la forme, comme par la langue, des pièces analogues d'Archiloque, d'Alcée ou de Sappho. Il paraît, en général, qu'Alcman s'était donné une extrême liberté dans l'emploi des mètres poétiques. S'il se sert assez souvent de quelques-uns des vers les plus connus, même du vers hexamètre, on peut dire toutefois qu'il n'obéit guère qu'à sa fantaisie, et dans l'agencement des pieds du vers, et dans la disposition des vers en strophes ; ou plutôt il a une loi, mais une loi toute musicale : ses vers, pour la plupart, ne sont que des rhythmes, conformés d'après l'exigence de la mélodie. La conception musicale est comme un moule qui détermine la longueur de la strophe et les dimensions de ses diverses parties. On ne trouve rien, dans les fragments du poëte dorien, qui ressemble à la strophe de Sappho ou à celle d'Alcée, combinaisons heureuses de mètres fixes et de vers en nombre strictement déterminé, mais étroites et bornées, et où se fût trouvée mal à l'aise la musique d'un chœur, même une mélodie un peu solennelle, chantée à plusieurs voix en l'honneur de nouveaux époux ou pour la célébration d'un sacrifice.

Tynnichus.

C'est à un chant religieux que nous devons la conservation du nom de Tynnichus: « Tynnichus de Chalcis, dit Platon dans un de ses dialogues, est une preuve de ce que je dis. Nous n'avons de lui aucune pièce de vers qui mérite d'être retenue, si ce n'est son péan, que tout le monde chante, la plus belle ode peut-être qu'on ait jamais faite, et, comme il parle lui-même, *une trouvaille des Muses*[1]. » Tynnichus était Dorien, et les trois mots qui restent de son péan montrent qu'il l'avait écrit en langue dorienne. Ce poëte doit avoir vécu dans le sixième siècle avant notre ère. Il y avait longtemps du moins qu'il était mort, au temps des guerres Médiques. Ce qu'Eschyle admirait surtout, dans le péan de Tynnichus,

[1]. Platon, *Ion*, paragraphe V, page 534 des Œuvres.

c'était un caractère d'antique majesté qui suppose qu'on ne le chantait pas depuis peu d'années.

Stésichore. Invention de l'épode.

Le renom des travaux poétiques de Stésichore s'est perpétué jusqu'à nous par les témoignages d'auteurs bien informés. Si les fragments de ses ouvrages nous apprennent fort peu de chose et sur sa personne, et sur son génie, et sur la nature de ses compositions, il y a, dans les traditions qui le concernent, plus d'un fait important, et parfaitement acquis à l'histoire littéraire.

Avant Stésichore, on ne connaissait que deux sortes de chœurs, le chœur cyclique, ou la ronde continue, et le chœur avec strophe et antistrophe, c'est-à-dire faisant une évolution et revenant ensuite sur ses pas, pour recommencer le même mouvement d'aller et de retour, qui ne cessait qu'avec le chant lui-même, et dont chaque partie, strophe ou antistrophe, correspondait aux diverses coupures du chant. Stésichore imagina une troisième sorte de chœur, ou plutôt il introduisit dans la seconde une modification considérable. Il rompit la monotone alternance de la strophe et de l'antistrophe, par l'introduction de l'épode après chaque retour. L'épode, qui différait de mesure avec la strophe et l'antistrophe, se chantait au repos; puis après, le chœur reprenait son mouvement de strophe, pour revenir en antistrophe et s'arrêter de nouveau en épode; et ainsi de suite jusqu'à la fin du poëme. Cette innovation fit fortune. Elle devint la règle habituelle des poètes lyriques, comme on le peut voir et dans les odes de Pindare et dans la partie lyrique des tragédies. C'est même à l'invention de l'épode que Stésichore dut son nom, qui signifie *arrête-chœur*. Il se nommait auparavant Tisias. Cependant le nom de Stésichore peut signifier simplement celui qui tient ou dirige un chœur, et avoir été donné à Tisias dès ses débuts dans la poésie lyrique et avant qu'il eût imaginé l'épode.

Les strophes de Stésichore étaient d'une grande étendue, formées de vers de toute sorte et dont la mesure est souvent impossible à trouver. C'est déjà tout le système de Pindare. Ce qui paraît propre à Stésichore, c'est une prédilection marquée pour le mètre dactylique. Il y a, dans les fragments de ses poëmes, de nombreux morceaux écrits en vers dactyliques de dimensions diverses, depuis le dimètre jusqu'à l'heptamètre, le plus long des vers connus, car il dépasse d'une mesure le long vers épique lui-même. Stésichore a souvent usé aussi du mètre anapestique, ou dactyle retourné, et du choriambe, qui tient à la fois de la nature du dactyle et de celle de l'anapeste. Quant à sa musique, tout ce qu'on en sait, c'est qu'il n'admettait dans ses chœurs que la cithare ou la lyre, et qu'il choisissait soigneusement, parmi les modes alors en usage et parmi les nomes qu'avaient inventés ses prédécesseurs, les tons le plus en harmonie avec les sentiments et les pensées exprimés dans ses vers. On ne le cite pas comme un inventeur en musique, comme un émule des Terpandre et des Thalétas.

Caractère impersonnel de la poésie de Stésichore.

La lyre avait été, entre les mains d'Alcée, un instrument de lutte et de combat; Sapho s'en était servie pour attirer sur elle-même la sympathie des âmes tendres; Alcman mêlait ses sentiments propres, en même temps que sa voix, dans les chœurs dont il dirigeait les mouvements. Stésichore, au contraire, se désintéressa toujours dans toutes ses compositions. Il n'écrivit jamais ni pour peindre les mouvements de son âme, ni pour raconter les événements de sa vie; et il préférait les thèmes anciens aux sujets poétiques qu'il eût trouvés dans le présent. Ses épithalames mêmes n'étaient point des chants en l'honneur de quelques nouveaux époux de sa connaissance : c'étaient des poëmes de fantaisie sur quelques-uns des hymens fameux dans les traditions de la mythologie ou de l'histoire. Le poëme de Catulle sur les noces de Thétis et de Pélée peut donner une idée du genre. La dix-huitième idylle de Théocrite, où l'on voit les vierges laconiennes chanter l'épithalame devant la chambre nuptiale de Ménélas et d'Hélène, était imitée en partie d'un des poëmes de Stésichore. Les chants d'amour qu'on attribuait à Stésichore, tels que *Calycé* et *Rhadina*, étaient des histoires de jeunes filles mortes depuis longues années, victimes de quelque violent ravisseur ou de quelque tyran jaloux.

Les grands poëmes lyriques de Stésichore, ceux qui avaient fait sa réputation, avaient un caractère analogue. C'étaient des légendes héroïques ou mythologiques, empruntées aux poëtes des anciens âges, et développées sous une forme nouvelle, dans un autre langage, avec un appareil musical plus savant et plus compliqué que l'antique rhapsodie. Le long et magnifique récit de l'expédition des Argonautes, dans la quatrième *Pythique* de Pindare, peut faire comprendre la manière de Stésichore, et montrer que les sujets de l'épopée se sont prêtés sans trop d'efforts aux exigences de la composition lyrique. Nous avons les titres d'un certain nombre des grands ouvrages de Stésichore : la *Géryonide*, c'est-à-dire le combat d'Hercule contre le géant aux trois corps; divers autres morceaux dont les anciennes *Héracléides* avaient probablement fourni la matière, tels que *Cycnus*, *Cerbère*, *Scylla*; la *Destruction d'Ilion*, les *Retours des Héros*, l'*Orestie*, sujets pris dans le cycle troyen; les *Jeux en l'honneur de Pélias*, légende qui se rattache à celle de Jason; *Eriphyle* : c'est l'histoire d'Amphiaraüs et de son épouse; les *Chasseurs de sanglier* : c'est celle probablement de Méléagre et de sa mère Althée; l'*Europie*, que remplissaient en partie, sans nul doute, les voyages et les aventures de Cadmus. Quelques-uns de ces poëmes étaient d'une grande longueur. L'*Orestie*, par exemple, était divisé en deux livres; et plusieurs des scènes représentées sur la Table iliaque sont empruntées, comme le marque l'inscription même, à la *Destruction d'Ilion* de Stésichore.

Voici comment Quintilien apprécie le génie de Stésichore, et cherche à faire comprendre la nature de ses ouvrages, leurs mérites, et aussi leurs défauts : « La puissance d'esprit de Stésichore se montre jusque dans le choix des sujets qu'il a traités. Il chante les plus grandes guerres, les chefs d'armée les plus illustres, et soutient sur la lyre le fardeau de l'épopée. Chaque personnage a chez lui la dignité d'action et de langage qui lui est due ; et, si ce poëte avait su garder la juste mesure, nul autre, ce semble, n'eût approché plus près d'Homère ; mais son style est redondant et diffus. » Cette diffusion et cet excès d'abondance, que Quintilien remarque dans Stésichore, est un défaut commun à la plupart des lyriques de tous les temps et de tous les pays, mais qu'on n'avait pu encore reprocher ni aux Éoliens ni aux Doriens qui s'étaient fait, avant Stésichore ou en même temps que lui, un nom dans la littérature.

Vie de Stésichore.

Stésichore était contemporain d'Alcman ; mais il avait vécu dans d'autres contrées. Il était né à Himère en Sicile, vers l'an 640 ou 630 avant J. C. Sa famille était originaire de Métaure ou Mataure, ville de l'Italie méridionale, fondée par les Locriens. Himère était demi-dorienne et demi-ionienne, ayant reçu ses habitants de Syracuse et de Zancle. Le langage qu'on y parlait devait se sentir d'un tel mélange ; et ce seul fait suffirait, indépendamment de la tournure tout épique de l'esprit de Stésichore, pour expliquer comment la diction du poète ressemble si fort, malgré les terminaisons doriennes, à celle des poëtes de l'école d'Homère. La famille de Stésichore, d'après certaines traditions, était adonnée de temps immémorial à la culture de la musique et de la poésie. Plusieurs générations après l'homme qui l'avait illustrée, elle produisit encore deux poëtes de mérite : du moins on conjecture que les deux Stésichore d'Himère, qui florissaient l'un au commencement du cinquième siècle avant J. C., l'autre une centaine d'années plus tard, étaient les descendants de Tisias Stésichore, ou de quelqu'un de ses proches. Quant à l'ancien Stésichore, il passa sa vie dans la Sicile et dans la Grande-Grèce, et il parvint jusqu'à une extrême vieillesse. Dans le temps où Phalaris réussissait à établir sa domination sur Agrigente et d'autres villes, c'est-à-dire vers l'an 565 environ, il vivait encore, et il habitait Himère. Il essaya, selon ses moyens, de prémunir ses compatriotes contre l'ambition de Phalaris, qui leur offrait sa protection et son alliance. Il leur récita, dit-on, l'apologue du cheval qui voulut se venger du cerf, et qui demeura esclave de l'homme. Platon raconte, dans le *Phèdre*, que Stésichore devint aveugle, pour avoir composé un poëme où la vertu d'Hélène n'était pas assez respectée : « Il reconnut sa faute, dit le philosophe, et il fit aussitôt ces vers : *Non, ce récit n'est pas vrai; non, tu n'es point montée sur les vaisseaux au solide tillac, et tu n'es point arrivée à Troie.* Après avoir composé le poëme qu'on appelle *Palinodie*, il recouvra la vue sur-le-champ[1]. » Il est fort possible que Stésichore ait perdu, puis recouvré la vue; mais tout ce que je veux conclure de l'histoire dont Platon a égayé son dialogue, c'est que Stésichore aimait à se jouer quelquefois de son art, et qu'il ne restait pas toujours sur les hauteurs de l'épopée.

Ibycus.

Ibycus de Rhégium est surtout connu par la légende dont sa mort a fourni le texte. Les enfants mêmes ont entendu conter comment il fut assassiné par des brigands sur une grande route, et comment il prit à témoin, contre ses meurtriers, une troupe de grues qui passait dans les airs. Quelque temps après, les brigands étaient à Corinthe, sur la place publique. Un d'eux s'écria, dit-on, en voyant passer des grues : « Voilà les témoins d'Ibycus. » Les Corinthiens attendaient Ibycus, et Ibycus ne paraissait point. Le propos du brigand parut suspect. On dénonça aux magistrats l'homme qui l'avait tenu et ceux qui l'accompagnaient. Les meurtriers sont saisis, mis à la torture; ils confessent leur forfait et en subissent le châtiment. Quoi qu'on puisse penser d'un tel récit, il reste toujours avéré qu'Ibycus n'est point mort dans sa contrée natale, et qu'il poussait ses voyages plus loin que la Grande-Grèce et la Sicile. Il avait même vécu quelque temps à la cour de Polycrate, tyran de Samos. Par conséquent, l'époque où florissait Ibycus se place autour de l'an 530 avant J. C., c'est-à-dire assez longtemps après la mort du poëte d'Himère.

Ibycus semble avoir été d'abord un émule, sinon un imita-

---

[1]. Platon, *Phèdre*, page 243 des Œuvres.

teur, de Stésichore. Même système de composition, même prédilection pour les sujets épiques, même mode de versification, même dialecte, ionien au fond avec une teinture dorienne. Rhégium en Italie, comme Himère en Sicile, avait une population mêlée : parmi ses habitants, les uns descendaient d'Ioniens de Chalcis, les autres de Doriens du Péloponnèse. Ibycus n'eût donc guère qu'à se servir de la langue qu'on parlait dans sa ville, pour ressembler par le dialecte à son devancier. Il n'est pas douteux d'ailleurs que l'étude des ouvrages de Stésichore n'ait exercé une puissante influence sur la tournure de l'esprit d'Ibycus. L'extrême ressemblance des deux poëtes a permis plus d'une fois aux auteurs anciens d'attribuer à l'un ce qui était de l'autre, et réciproquement; et le hasard à lui seul ne produit pas de tels phénomènes. Quintilien eût pu dire aussi d'Ibycus qu'il soutenait sur la lyre le fardeau de l'épopée. Ibycus a traité les mêmes sujets que Stésichore, *Argonautiques*, épisodes de la guerre de Troie, vies de héros, et avec le même amour du merveilleux mythologique. C'est ce qu'on voit encore dans ces paroles, qu'il faisait prononcer quelque part à Hercule : « Et je tuai les jeunes hommes aux blancs coursiers, les fils de Molione, deux jumeaux de même taille, n'ayant qu'un corps unique, nés tous les deux dans un œuf d'argent. »

Ce n'était pas là sans doute le genre de poésie que prisaient le plus Polycrate et ses courtisans. Polycrate, qui tenait sous sa domination les principales îles de la mer Égée, ressemblait beaucoup plus à un roi d'Orient qu'à ces tyrans populaires, souvent simples et rudes dans leurs mœurs, qui gouvernaient alors quelques-unes des villes de la Grèce. Il possédait des trésors considérables; il avait fait construire dans Samos de magnifiques palais; il traitait d'égal à égal avec les plus puissants souverains, et il rivalisait avec eux de luxe, d'élégance, et aussi de mollesse et de vices. A supposer qu'Ibycus, avant son départ pour Samos, ne se fût encore exercé que dans le genre héroïque, il ne tarda point à baisser le ton de sa lyre à l'unisson des poëtes gracieux qui chantaient à la cour de Polycrate. C'est à Samos probablement qu'il composa ses poésies érotiques, plus vantées encore des anciens que ses grands ouvrages. Homme de passions vives et fougueuses, ses chœurs amoureux étaient tout pleins du feu qui embrasait son âme. Comme autrefois Alcman, mais avec plus de force et de verve encore, il aimait à y prendre personnellement la parole, et à exprimer ses propres sentiments. Ainsi dans ce morceau admirable, que nous a conservé Athénée : « Au printemps les cognassiers fleurissent, arrosés par des filets d'eau que versent les rivières dans le jardin sacré des Vierges; les grappes de la vigne poussent et grossissent, abritées par les pampres ombreux. Quant à moi, l'Amour en aucune saison ne me donne repos. Comme la tempête de Thrace brûlante d'éclairs, il s'élance d'auprès de Cypris; saisi d'un transport farouche, il m'assaille à l'improviste; il s'acharne à m'arracher le cœur du fond de mes entrailles [1]. » Ainsi encore dans cet autre passage, que nous devons à Proclus : « L'Amour de nouveau me lance, de dessous les noirs cils de ses paupières, des regards qui me consument; il use de charmes de toute sorte, pour me jeter dans l'immense filet de Cypris. Ah! je tremble à son approche, comme un coursier déjà vieux, attelé pour disputer le prix, descend malgré lui dans la carrière où il doit lutter avec les chars rapides. »

J'aurai mis sous les yeux du lecteur tout ce qui peut l'intéresser dans ce qui reste d'Ibycus, quand j'aurai transcrit le passage où le poëte trace le portrait d'un jeune homme : « Euryalus, rejeton des douces Grâces, souci des jeunes filles à la belle chevelure, Cypris et la Persuasion aux aimables regards t'ont nourri parmi les roses. »

Lasus.

Avec Lasus d'Hermione et Corinne, nous touchons à Pindare. Lasus fut le maître du lyrique thébain, et Corinne fut sa rivale plus d'une fois heureuse. Lasus introduisit, dit-on, le premier dans Athènes la poésie dithyrambique. Quelques-

---

[1]. Je lis παιδόθεν au lieu de παιδόθεν, que donnent la plupart des éditeurs.

uns même lui attribuent l'invention du dithyrambe; mais cette opinion n'est pas soutenable. Il excella dans ce genre, il le perfectionna sans doute, voilà tout ce qu'on peut affirmer. Nous n'avons que deux vers de Lasus, mais qui ne sont pas sans importance, car ils nous apprennent que le poëte se servait quelquefois, dans ses chants doriens, de l'harmonie ou de la musique éolienne. Malgré l'estime que faisaient de lui ses contemporains, il ne paraît pas que ce fût un homme d'un goût parfaitement irréprochable. Du moins il se plaisait aux choses extraordinaires, aux tours de force. Il avait composé des odes dans lesquelles il était parvenu à se passer de la lettre *sigma*, dont le sifflement lui semblait trop désagréable.

Corinne.

Quant à Corinne, elle était de Tanagre en Béotie. Cinq fois, dit-on, elle l'emporta, dans les luttes poétiques, sur Pindare lui-même. Mais quelques-uns prétendaient qu'elle avait dû ses succès à l'ignorance de ses juges ou à l'effet de sa beauté, bien plus qu'au mérite de ses chants. Les fragments de ses poésies ne sont remarquables que par la mention du nom de Myrtis, autre poétesse béotienne, qui osait aussi descendre dans la lutte contre Pindare. Mais il y a un mot fort connu, qui peut donner une idée de la façon judicieuse dont Corinne entendait l'emploi des ornements mythologiques dans la poésie. Pindare lui lisant un hymne dont les six premiers vers, qui existent encore, contenaient presque toute la mythologie thébaine : « Il faut, dit-elle, ensemencer avec la main, et non à plein sac. »

Timocréon.

Un autre contemporain de Pindare, que nous ne devons pas oublier non plus, c'est Timocréon de Rhodes. Il était à la fois athlète et poëte lyrique. Il passa une grande partie de sa vie à Athènes, mais il écrivit toujours dans le dialecte dorien. Il était l'ennemi acharné de Simonide, et Simonide lui rendait amour pour amour. Il poursuivit Thémistocle des plus violentes invectives ; mais il faut dire à son honneur qu'il exalta la vertu d'Aristide. Voici comment Plutarque, dans la *Vie de Thémistocle*, nous renseigne sur la personne de Timocréon : « Timocréon le Rhodien, poëte lyrique, fait, dans un de ses chants, un reproche bien mordant à Thémistocle : il l'accuse d'avoir rappelé les bannis pour de l'argent, tandis que, pour de l'argent, il l'avait abandonné, lui son ami et son hôte. Je vais citer les paroles de Timocréon : « Loue, si tu veux, Pausanias; loue Xanthippe, loue Léoty« chide; moi, c'est Aristide que je loue, l'homme le plus « vertueux qui vint jamais d'Athènes la grande. Pour Thé« mistocle, ce menteur, cet homme injuste, ce traître, Latone « le déteste. Lui, l'hôte de Timocréon, il s'est laissé cor« rompre par un vil argent, et il a refusé de ramener Timo« créon dans Ialysus sa patrie. Oui, pour le prix de trois « talents d'argent, il a mis à la voile, l'infâme ! ramenant « injustement ceux-ci d'exil, bannissant ceux-là, mettant les « autres à mort; du reste, repu d'argent. Et, à l'Isthme, il « tenait table ouverte ; avec quelle lésinerie ! il servait des « viandes froides, et l'on mangeait en souhaitant que Thé« mistocle n'allât pas jusqu'au printemps. » Mais Timocréon lance contre Thémistocle des traits plus piquants encore, et il le ménage moins que jamais, dans un chant qu'il fit après le bannissement de Thémistocle, et qui commence ainsi : « Muse, donne à ces vers, parmi les Grecs, le renom « qu'ils méritent et que tu leur dois. » On dit que Timocréon fut banni pour avoir embrassé le parti des Mèdes, et que Thémistocle opina pour la condamnation. Aussi, lorsque Thémistocle subit la même accusation, Timocréon l'attaqua-t-il en ces termes : « Timocréon n'est pas le seul « qui ait traité avec les Mèdes. Il y a bien d'autres pervers, « et je ne suis pas le seul boiteux ; il y a d'autres renards « encore. »

On voit que la poésie du Rhodien, un peu rude et brutale, ne manquait ni de verve ni d'esprit.

CHAPITRE XII.

LYRIQUES IONIENS. SCOLIES.

Recueil des poésies anacréontiques. — Vie d'Anacréon. — Odes authentiques d'Anacréon. — Simonide de Céos. — Génie lyrique de Simonide. — *Élégies* de Simonide. — *Épigrammes* de Simonide. — Bacchylide. — Scolies. — Callistrate. — Hybrias.

Recueil des poésies anacréontiques.

« Le poëte, dit Platon, est chose légère, ailée et sacrée. » Ces paroles, qui s'appliquaient, dans la pensée du philosophe, à tous ceux que pénètre et échauffe l'inspiration de la Muse, semblent avoir été écrites après quelque lecture nouvelle des poésies d'Anacréon, bien plus encore qu'au souvenir de l'*Iliade* et de l'*Odyssée*, ou du *Péan* de Tynnichus, tant vanté dans le dialogue de Platon. Rien de plus léger, de plus aérien, de plus sacré, c'est-à-dire de plus inspiré et de plus divin, que ces chants qui ont résonné jadis sur la lyre du poëte de Téos. Il en reste peu d'entiers; mais ceux qui ont échappé sains et saufs à la destruction, et même les membres mutilés des autres, sont un trésor inappréciable, et expliquent l'enthousiasme des contemporains d'Anacréon et de toute l'antiquité lettrée.

C'est un travail de retrouver, dans le recueil si souvent imprimé sous le nom d'Anacréon, ce qui appartient en propre à l'ami de Polycrate, et ce qui est l'œuvre de ses imitateurs, l'œuvre de l'école anacréontique. Tous les petits poëmes qui le composent se recommandent par des mérites divers; à aucun la grâce ne fait défaut, et c'est par là qu'ils ne sont pas indignes de la place qu'ils ont usurpée. Mais plusieurs ont trop d'esprit, et sentent déjà l'affectation et la manière; plusieurs ont une tournure quelque peu épigrammatique et visant à la pointe : tous signes auxquels se reconnaît une époque plus sophistique et plus raffinée que le siècle où vivait Anacréon. La vraie poésie d'Anacréon est simple, naïve, savante dans la forme mais sans pédanterie, forte et vigoureuse quelquefois, doucement pathétique, gracieuse, et, comme l'héroïne d'Homère, mêlant une larme à son sourire.

Il y a d'autres raisons encore qui infirment l'authenticité de la plus grande partie des odes du recueil. Les auteurs anciens ont maintes fois cité Anacréon; et, sur cent cinquante passages et plus qu'ils ont transcrits, c'est à peine si un seul appartient à un des poëmes que nous connaissons. Les personnages sont bien, par le nom, de ceux qu'Anacréon avait célébrés dans ses vers; mais ces personnages semblent avoir perdu leur réalité individuelle, et n'être plus que des types sur lesquels se sont exercés à leur tour, et par un passe-temps purement littéraire, les poëtes anacréontiques. Tout a le même vague, le même air de lieu commun. C'est toujours l'éloge de l'amour ou du vin, la puissance du fils de Cypris, et d'autres sujets généraux, sans rien qui rappelle aucun événement particulier, et qui soit la marque propre du temps où vivait Anacréon. Or, le géographe Strabon dit positivement, à propos de Samos, que les poëmes d'Anacréon sont pleins d'allusions au tyran Polycrate. Il n'est pas jusqu'à l'Amour lui-même, dont les anacréontiques n'aient tracé des images assez peu conformes aux traits que lui donne le véritable Anacréon : « L'Amour, disait quelque part le poëte, m'a frappé, comme eût fait un forgeron, de sa grande cognée, et il m'a fait prendre un bain dans le torrent glacé. » On voit que le maître devant lequel tremblait Anacréon était un peu plus redoutable que le petit dieu malin des anacréontiques. Enfin, des critiques habiles ont remarqué, dans la plupart des odes du recueil, des imperfections de toute sorte : ici, la diction est prosaïque et presque barbare; là, les lois de la versification n'ont pas été respectées; plus loin, il y a autre chose. Mais ce qui frappe au premier coup d'œil, c'est, dans les fragments qui suivent les pièces entières, c'est-à-dire dans ce qui est incontestablement d'Anacréon, une infinie variété de mètres, et dans les odes, au contraire, la monotone répétition du petit vers iambique dimètre catalectique, le plus simple, le plus facile, et on peut dire le plus vulgaire de tous les mètres connus : presque toutes les odes en sont uniquement composées.

Je n'entreprends pas de déterminer, comme le font quelques-uns, l'époque respective de telle ou telle des odes anacréontiques. Il me suffit d'avoir montré qu'en général elles ne sont point ou ne sauraient être d'Anacréon, et qu'elles appartiennent aux siècles de décadence. Je répète aussi que ces bluettes ne sont presque jamais sans charme, et que les plus insignifiantes ont encore leur valeur. Voyez, par exemple, la petite pièce qui ouvre le recueil. La pensée n'est rien; pourtant il y a dans ce chant, si simple et si peu rempli, je ne sais quelle gracieuse naïveté qui plaît à l'âme : « Je veux dire les Atrides, je veux chanter Cadmus ; mais mon luth, sur ses cordes, ne fait retentir que l'amour. J'avais changé les cordes naguère, et remonté complétement ma lyre ; et je chantais, moi aussi, les combats d'Hercule. Mais ma lyre m'accompagnait de chants d'amour. Adieu donc désormais, héros ; car ma lyre ne chante que les amours. » Quelques-uns de ces morceaux sont même des tableaux achevés, et que ne désavoueraient pas les plus grands maîtres : ainsi la *Colombe*, la *Rose*, l'*Amour mouillé*, d'autres encore trop connus pour qu'il soit besoin de les nommer.

Vie d'Anacréon.

Je reviens à Anacréon lui-même. Anacréon était né à Téos, on ne sait en quelle année, mais assez longtemps avant la prise de la ville par Harpagus et la fuite des habitants, qui allèrent fonder en Thrace ou plutôt repeupler Abdère. Ceci se passait environ l'an 540 avant Jésus-Christ. Anacréon, homme fait déjà et poëte célèbre, se trouvait parmi les exilés téiens. Quelques années après, il était à la cour de Polycrate. Il resta à Samos jusqu'à la chute de son protecteur, traîtreusement renversé et mis à mort, en 522, par Orœtès, satrape de Cambyse. Les Pisistratides lui offrirent alors un asile à Athènes, où ils avaient réuni la plupart des poëtes fameux du temps. Anacréon passa là plusieurs années, puis il alla visiter la Thessalie, attiré par la munificence des Alévades ; enfin, il revint fixer son séjour dans sa ville natale, qui avait pu se relever de ses ruines. Il vivait encore à Téos quand les Ioniens se soulevèrent contre Darius, à l'instigation d'Histiée. C'est là probablement qu'il mourut, dans un très-grand âge. Le nom de vieillard de Téos, sous lequel il est si souvent désigné par les auteurs anciens, semble prouver qu'il avait conservé, jusque dans ses dernières années, sa verve poétique et son génie.

Odes authentiques d'Anacréon.

Nous nous dispenserons de chercher fastidieusement, parmi les fragments d'Anacréon, des citations qui ne donneraient, en définitive, qu'une très-imparfaite idée de la manière du poëte et de sa tournure d'esprit. Il y a une ode au moins dont l'authenticité est incontestable. Elle a été conservée, non pas dans le manuscrit dont les autres sont tirées, mais dans l'ouvrage d'un des commentateurs d'Homère. C'est une allégorie qui a fourni à Horace plus d'un trait heureux. Elle est en petites strophes de quatre vers chacune, et analogues dans leurs éléments à la strophe d'Alcée ou à celle de Sappho : « Cavale de Thrace, pourquoi me jeter ce regard de travers, et me fuir impitoyablement, comme si je ne savais rien d'habile ? Eh bien ! apprends que je te mettrais le frein selon les règles, et que, les rênes en main, je te ferais tourner autour du but de la lice. Mais tu pais maintenant dans les prairies, et tu te joues en bonds légers; car tu n'as pas un cavalier adroit, et qui s'y connaisse à dompter ta fougue. » Aulu-Gelle cite une des pièces qui se trouvent dans le recueil, comme l'ouvrage authentique d'Anacréon. C'est celle où le poëte s'adresse au ciseleur qui lui fait une coupe d'argent. Elle est dans le simple mètre si cher aux anacréontiques; mais ce n'est pas une raison suffisante pour la leur attribuer. Elle n'est pas trop indigne d'ailleurs de celle qu'on vient de lire : « En ciselant cet argent, Héphestus, fais-moi, non point une armure (qu'y a-t-il entre les combats et moi?), mais une coupe profonde : autant que tu peux, creuse-la. Représente-moi, sur cette coupe, non point les astres, ni le Chariot, ni le triste Orion (qu'ai-je affaire des Pléiades, qu'ai-je affaire de l'astre du Bouvier?), mais des vignes verdoyantes, et des raisins qui rient, et des ménades qui vendangent. Fais-y aussi un pressoir à vin, et des figures d'or foulant la grappe, le beau Lyéus et avec lui l'Amour et Bathylle. »

Le génie d'Anacréon, essentiellement tempéré, n'était pas né pour les grands sujets. Aussi ne les a-t-il jamais abordés. Même dans ceux où il s'est prudemment restreint, il a laissé à d'autres les élans de la passion et les troubles orageux de l'âme, bien plus curieux de ravir aux poëtes éoliens les secrets de leur art, que de rivaliser avec eux d'enthousiasme et de véhémence. La poésie d'Anacréon fut celle d'un homme heureux, ou du moins qui n'avait trouvé dans les misères de la vie qu'un assaisonnement à son bonheur.

Simonide de Céos.

Simonide de Céos forme avec Anacréon un frappant contraste. Ce qui le distingue surtout entre les poëtes antiques, c'est ce caractère de tristesse et de mélancolie dont la trace est si vive encore dans ce qui nous reste de lui. Simonide était un penseur, un moraliste profond, et, pour le temps où il vivait, un savant véritable. Il perfectionna l'alphabet grec, par l'invention des lettres doubles ξ, ψ, et des voyelles longues η, ω. On lui attribuait également un système mnémonique fort en vogue dans l'antiquité. Quelques-uns des mots les plus fameux qui couraient sous le nom des sept sages étaient, selon certains auteurs, sortis de la bouche de Simonide. Plusieurs le comptaient parmi les philosophes; les sophistes le considéraient comme un de leurs précurseurs; et l'on disait en proverbe, chez les Grecs, *modération de Simonide*.

Simonide naquit à Iulis, dans l'île ionienne de Céos, entre les années 560 et 555 avant notre ère. Il vécut quatre-vingt-neuf ans, et mourut par conséquent entre les années 471 et 466. Il était, comme Stésichore, d'une famille où les talents littéraires se transmettaient de génération en génération. Son aïeul paternel avait été un poëte; Bacchylide son neveu se distingua à ses côtés dans la poésie lyrique; et Simonide le jeune, son petit-fils, est cité comme auteur d'un ouvrage en prose. Simonide, après s'être fait une grande réputation dans sa patrie, vint se fixer à Athènes, auprès d'Hipparque fils de Pisistrate, qui eut pour lui les plus grands égards Les Alévades et les Scopades de Thessalie l'attirèrent à leur tour à Larisse et à Cranon, probablement après la mort d'Hipparque, ou après l'expulsion de son frère Hippias. Enfin les deux tyrans siciliens Théron d'Agrigente et Hiéron de Syracuse honorèrent la vieillesse de Simonide, et s'honorèrent eux-mêmes en prodiguant au poëte de Céos des marques signalées de respect, d'estime et d'affection. Il passa plusieurs années en Sicile. Il eut même le bonheur, dit-on, de réconcilier les deux tyrans, au moment où leurs armées, des deux côtés du fleuve Gélas, n'attendaient que le signal pour engager le combat. Pendant les guerres Médiques, Simonide eut des relations assez intimes avec Thémistocle et avec Pausanias. Ce fut l'apogée de sa gloire littéraire. On le choisit, d'un consentement unanime, pour être le héraut des exploits des Grecs dans ces luttes immortelles; et il célébra, sous toutes les formes, les journées de Marathon, de Salamine, d'Artémisium, et le triomphant désastre des Thermopyles.

Simonide fut probablement un des poëtes lyriques les plus féconds qu'il y ait eu au monde; et la poésie lyrique n'était qu'une part, la principale il est vrai, des occupations de son génie. D'après un tableau votif dont lui-même avait rédigé l'inscription, il avait gagné, dans les concours poétiques, cinquante-six bœufs et autant de trépieds : or, c'était là des prix qu'on ne donnait que dans certaines solennités assez rares. Que serait-ce donc si le poëte eût énuméré toutes ses victoires dans tous les genres? Et ces morceaux d'apparat n'étaient eux-mêmes, relativement au total de ses œuvres lyriques, qu'une portion assez peu considérable. Simonide passa plus de soixante ans de sa vie à chanter toutes les gloires de son pays, ou même, comme le lui ont reproché quelques anciens, tout ce qui brillait d'un éclat emprunté ou légitime. Il paraît que Simonide fut, suivant d'assurés témoignages, le premier poëte qui consentit à mettre, pour

un salaire, sa muse au service du premier venu : « Simonide
lui-même, à ce que j'imagine, dit aussi Platon dans le *Protagoras*, a souvent cru qu'il était de son devoir de louer et de
combler d'éloges tel tyran ou tel grand personnage ; non
qu'il s'y portât de plein gré, mais forcé par une nécessité de
bienséance. » Ce n'est pourtant pas un reproche que Platon
adresse à Simonide ; ce n'est que le commentaire d'un
mot de Simonide lui-même : *Je ne suis pas enclin à la censure.*

Génie lyrique de Simonide.

Quintilien apprécie assez légèrement le mérite littéraire
d'un homme qui balançait, dans l'estime des Grecs, même
le grand Pindare ; d'un homme qui passait chez ses contemporains pour le favori des dieux, et dont un jour les Dioscures préservèrent miraculeusement la vie, selon cette légende
fameuse que la Fontaine a rendue familière à notre enfance :
« Simonide, dit le rhéteur latin, maigre d'ailleurs, peut se
recommander par la propriété de la diction et un certain
charme dans le style. Toutefois c'est à exciter la pitié qu'il
excelle principalement ; en sorte que quelques-uns le préfèrent, sous ce point de vue, à tous ceux qui ont traité des
sujets analogues aux siens. » Il faut se rappeler que Quintilien se borne à indiquer, parmi les poëtes et les prosateurs
célèbres, ceux dont la lecture peut être utile à un orateur, ou
plutôt à ce que nous nommons un avocat, et qu'il ne fait
guère, la plupart du temps, que transcrire les jugements
des critiques alexandrins, sans se donner la peine de les
contrôler lui-même. Il est évident que beaucoup de ces
écrivains ne sont pour lui que des noms, ou, si l'on veut,
qu'il ne connaissait qu'assez superficiellement leurs ouvrages.

On ne saurait sans injustice refuser à Simonide une place
éminente parmi les poëtes les plus heureusement doués et
les plus habiles dans l'art de charmer les hommes. C'est
lui qui a donné la forme définitive à ces hymnes de triomphe
(ἐπινίκια) qu'on chantait en l'honneur des vainqueurs des
jeux publics. A l'origine, quelques vers suffisaient pour

fixer dans la mémoire des contemporains le nom proclamé par le héraut. Mais quand on eut commencé à élever des statues à ces vainqueurs, il fallut bien que la poésie à son tour leur prodiguât toutes ses magnificences. Le chœur de Stésichore, avec ses marches savantes et son appareil pompeux, se prêta à la célébration de ces fêtes, dont un simple mortel était l'objet soit sur le lieu même de la lutte, soit à son retour au foyer domestique. Ce que durent être les chants de victoire composés par Simonide, il ne serait pas aisé de le dire : je ne crois pas pourtant qu'ils ressemblassent autrement que par l'extérieur à ceux de Pindare. Simonide traitait ses héros avec moins de parcimonie que le poëte thébain ; il décrivait la lutte en détail, et il ne se lançait pas du premier bond dans les sphères éthérées. Il n'oubliait pas même les animaux dont la vigueur avait si bien servi l'ambition de leur maître, pas même ces mules qui avaient traîné le chariot de Léophron, fils du tyran Anaxilas. S'il mêlait aux louanges de son héros celles des personnages mythologiques, ce n'étaient jamais des hors-d'œuvre, ni même des digressions. Il se permettait quelquefois une plaisanterie, un innocent jeu de mots.

Voilà ce qu'il est permis de conjecturer, après un attentif examen des fragments de ses chants de victoire. Mais ce qu'on peut assurer avec confiance, c'est que le moraliste, le philosophe, se montrait à chaque pas, et développait complaisamment quelquefois ses opinions particulières. Le plus considérable reste de la poésie de Simonide, retiré avec grand effort de la prose du *Protagoras* de Platon, où il était enseveli, est une sorte de dissertation morale, sur laquelle Platon s'est complu à broder un ingénieux et agréable commentaire ; et ce morceau faisait partie d'un chant de victoire adressé à Scopas le Thessalien : « Il est difficile, sans doute, de *devenir* véritablement homme de bien, carré des mains, des pieds et de l'esprit, façonné sans nul reproche.... Je n'approuve pas non plus le mot de Pittacus, quoique prononcé par un sage mortel. Il est malaisé, dit Pittacus, d'*être* vertueux. Dieu seul peut posséder ce privilége : quant à

l'homme, il est impossible qu'il ne soit pas méchant, si une
calamité insurmontable le vient abattre. Tout homme est bon
qui agit bien, méchant qui agit mal; et ceux que les dieux
aiment sont d'ordinaire les plus vertueux. Il me suffit qu'un
homme ne soit pas méchant ni tout à fait malhabile, qu'il
ait du sens, et qu'il pratique la justice, conservatrice des
cités. Je ne le censurerai point, car je ne suis pas enclin à
la censure. Aussi bien, le nombre des sots est infini. Oui,
tout est beau où rien de laid n'est mêlé. C'est pourquoi
jamais je ne tenterai la recherche de ce qui ne saurait exister; jamais je ne jetterai une part de ma vie dans le vain et
irréalisable espoir de trouver un homme absolument sans
défaut, parmi nous qui mangeons les fruits de la terre au
vaste sein. Si je le rencontre, alors je viendrai vous le dire.
Mais je loue et j'aime volontiers quiconque ne fait rien de
honteux. Au reste, les dieux eux-mêmes ne combattent pas
contre la nécessité. »

Ce ne sont là que les membres mutilés non pas même d'un
poëme entier, mais d'une portion de poëme. Or, je demande
où l'on y voit rien de cette maigreur dont parle Quintilien.
Si ce mot a quelque sens, ce n'est que par la comparaison du
style de Simonide avec celui de Pindare, qui est moins simple, moins naïf, plus chargé de mots composés et de métaphores. Simonide emprunte aux Doriens leurs formes poétiques et certaines particularités de langage; il parle aussi
éolien quelquefois; mais au fond il reste ionien, surtout
par l'esprit, c'est-à-dire sobre, tempéré, déjà presque attique.

Mais c'est dans la louange des vrais héros que Simonide a
pu s'élever à toute la hauteur de son génie. Rien de plus
magnifique, rien de plus noble que ce qui reste du chant où
il avait célébré Léonidas et les siens : « Qu'il est glorieux le
destin de ceux qui sont morts aux Thermopyles! Qu'il est
beau leur trépas! Leur tombe est un autel. Au lieu de larmes [1], nous leur donnons un immortel souvenir. La façon
dont ils sont morts est leur panégyrique. Ni la rouille ni le

---

1. Je lis πρὸ γόων et non προγόνων.

temps destructeur n'effaceront cette épitaphe des braves. La chambre souterraine où ils reposent renferme l'illustration de la Grèce. Témoin Léonidas roi de Sparte, qui a laissé le plus beau monument de la vertu, une gloire impérissable. »

Pathétique de Simonide.

Il y a surtout un mérite que l'antiquité, comme l'avoue Quintilien, s'accordait à reconnaître au plus haut degré dans Simonide : c'est le pathétique, cet heureux don d'émouvoir dont la nature est si peu prodigue, même envers ses favoris. Ses chants les plus estimés étaient des *thrènes* ou chants de douleur, espèces de complaintes dont quelque illustre infortune avait fourni le sujet, et au caractère desquelles Horace a fait quelque allusion, quand il nomme la *nénie* de Céos. L'ode admirable où Danaé exhale ses douleurs est un de ces thrènes tant vantés, et, si l'on en peut juger par cet échantillon, vraiment dignes de tout éloge. Danaé et son fils Persée sont enfermés dans un grand coffre, et livrés à la merci des vagues : « Dans le coffre artistement façonné grondent et le vent qui souffle et la mer agitée. Danaé tombe, saisie de frayeur, les joues baignées de larmes; elle entoure Persée de ses bras, et s'écrie : « O mon enfant, quelle dou-
« leur j'endure! Mais toi, tu n'entends rien; tu dors d'un
« cœur paisible dans cette triste demeure aux parois jointes
« par des clous d'airain, dans cette nuit sans lumière, dans
« ces noires ténèbres. Tu ne t'inquiètes pas du flot qui passe
« au-dessus de toi sans mouiller ta longue chevelure, ni du
« vent qui résonne, et tu reposes enveloppé de ta couver-
« ture de pourpre, visage de beauté. Ah! si ce qui m'effraye
« t'effrayait aussi, tu prêterais à mes paroles ta charmante
« oreille. Allons, dors, mon enfant; dorme aussi la mer
« dorme notre immense infortune. Mais puissent voir mes
« yeux, ô Jupiter! que tes desseins me sont redevenus fa-
« vorables! Ce vœu que je t'adresse, il est présomptueux
« peut-être : pardonne-le-moi, par grâce pour ton fils! »

Élégies de Simonide.

Simonide avait excellé dans tous les chants lyriques qui servaient à la célébration des solennités religieuses. C'est ce que prouve la table votive qu'il avait consacrée à ses victoires sur les poëtes rivaux. Il nous est impossible de dire par quelles qualités particulières se distinguaient ses prières aux dieux, ses péans à Apollon, ses hyporchèmes ou chansons à danser, ses dithyrambes. Il paraît toutefois que les dithyrambes de Simonide n'étaient pas tous exclusivement remplis des louanges de Bacchus ou du récit de ses aventures : un de ces poëmes était intitulé *Memnon*. Il nous est permis du moins de parler avec connaissance de cause des succès de Simonide dans la poésie élégiaque. Après la bataille de Marathon, il remporta le prix proposé pour une élégie en l'honneur de ceux qui avaient succombé dans cette grande journée. Eschyle lui-même, jeune encore, et qui avait été un des héros de la bataille, fut vaincu par le vieux poëte de Céos. Le biographe anonyme d'Eschyle, qui rapporte ce fait, remarque à cette occasion que l'élégie demande une tendresse de sentiments et un genre de pathétique qui étaient étrangers à Eschyle. Le chantre de Danaé, le poëte des thrènes, possédait naturellement ces qualités, et à un degré incomparable. Ses élégies cependant n'étaient pas de pures lamentations, des thrènes sous une autre forme. Les réflexions morales y abondaient, les pensées philosophiques, les préceptes pour régler la vie. C'est Solon qu'on croirait entendre, mais un Solon moins ami de la joie, plus mélancolique, et tout prêt à verser des larmes. Qui ne connaît les vers fameux où Simonide commente une pensée d'Homère, et qui sont le plus considérable fragment de ses élégies ? « Il n'est rien sur la terre qui demeure à jamais inébranlable. L'homme de Chios a dit une bien belle chose : *Telle est la génération des feuilles, telles sont les générations des hommes*. Combien peu de mortels, après avoir reçu ces paroles dans leurs oreilles, les ont logées dans leur âme ! C'est que l'espérance est présente en chacun de nous, l'espérance qui pousse naturellement au cœur des jeunes gens. Tant qu'un mortel possède l'aimable fleur de la jeunesse, son esprit est léger et rêve mille projets impossibles. Car il n'a crainte ni de vieillir ni de mourir ; et, quand il est bien portant, il ne s'inquiète nullement de la maladie. Insensés ceux dont la pensée est en cet état, ceux qui ne savent pas combien le temps de la jeunesse et de la vie est court pour les mortels! Mais toi, qui le sais, dirige-toi vers le terme de la vie en travaillant avec courage à faire jouir ton âme des biens de la vertu. »

Épigrammes de Simonide.

Ce que les Grecs appelaient *épigramme* n'était à l'origine qu'une inscription, comme l'exprime le mot lui-même, et se disait indistinctement de tout ce qui servait à indiquer aux passants qu'ici était inhumé tel personnage, que ce monument avait été consacré pour telle raison et dans telles circonstances, et d'autres choses analogues. Ces inscriptions étaient ordinairement en vers. Depuis l'invention du distique, on les rédigea de préférence en vers élégiaques. L'*Anthologie* contient des épigrammes qui sont données pour être d'Archiloque, de Sappho, d'Anacréon. Ce sont des morceaux assez insignifiants, et qui probablement n'ont été composés que longtemps après la mort des poëtes auxquels on les attribue. Simonide fut le premier qui fit de l'épigramme un genre de poésie vraiment digne de la Muse. Parmi les épigrammes de Simonide, il en est une, mais une seule, dont le ton est sarcastique, et qui serait encore aujourd'hui ce que nous nommons une épigramme. C'est une inscription funéraire pour un poëte que Simonide n'aimait pas, ce Timocréon de Rhodes dont nous avons parlé plus haut. Simonide le traite fort mal; et il n'est pas besoin de forcer les conjectures pour assurer que cette épitaphe n'a jamais été gravée sur le tombeau de Timocréon. Les autres épigrammes de Simonide sont des œuvres sérieuses, et qui comptent comme monuments de l'histoire. Ainsi cette inscription sur une statue du dieu Pan : « C'est Miltiade qui m'a dressé, moi Pan le chèvre-pied, l'Arcadien, moi qui ai pris parti contre les Mèdes et pour les Athéniens. » Ainsi l'inscription funéraire des morts de Marathon; ainsi surtout l'épitaphe sublime de Léonidas et de ses compagnons de dévouement : « Étranger, va dire aux Lacédémoniens que nous sommes enterrés ici pour avoir obéi à leurs ordres. »

Bacchylide.

Bacchylide, neveu de Simonide de Céos, et qui vécut avec lui à la cour d'Hiéron de Syracuse, n'était pas un poëte méprisable. Il n'avait pas le génie de Simonide ; mais il rachetait, par la perfection du style et le fini de l'exécution, ce qui manquait à sa poésie de verve inspirée, d'invention, de passion, de pensées profondes, d'élévation morale. Comme son oncle, il avait chanté avec succès les vainqueurs des jeux publics de la Grèce, et de façon même à porter ombrage à Pindare. Ces bavards qui n'ont que de l'acquis, ces corbeaux qui poussent des cris contre l'aigle, ces ennemis personnels que le poëte thébain stigmatise en passant, dans la deuxième *Olympique* et dans d'autres ouvrages, c'étaient, suivant les commentateurs, Bacchylide et Simonide lui-même. Mais la haine de Pindare, légitime ou non, n'a rien ôté ni à Simonide de son génie, ni à Bacchylide de sa facilité élégante et gracieuse.

La plupart des fragments qui restent de Bacchylide n'ont pas le ton héroïque. Le poëte semble s'être arrêté de préférence aux scènes de plaisir, aux riantes et folâtres images. Il y a quelquefois des pensées qui rappellent Simonide. Ainsi, par exemple : « Il est bien peu de mortels à qui la divinité ait donné d'atteindre la vieillesse aux tempes chenues, en se conduisant comme il faut, et sans s'être heurtés contre l'infortune. » Ainsi encore : « Il est heureux celui à qui un dieu a fait don d'une part de biens, et qui mène une existence opulente, un destin digne d'envie ; car jamais habitant de la terre n'a été complétement heureux. » Mais Bacchylide parle trop du vin et de l'amour pour avoir été uniquement un disciple et un imitateur du poëte des thrènes et des plaintives élégies. Je ne doute pas qu'il n'ait chanté aussi souvent pour des convives attablés que pour les dieux de l'Olympe ou les vainqueurs de Pytho. C'est pourtant à un chant de victoire qu'a pu appartenir cet éloge de la paix, que cite Stobée : « La puissante paix enfante la richesse aux mortels, et les fleurs de la poésie aux doux accents. Sur les autels artistement façonnés, brûlent en l'honneur des dieux, dans la blonde flamme, les cuisses des bœufs, des brebis à l'épaisse toison. Les jeunes gens ne s'occupent que des jeux du gymnase, que des flûtes, que des festins. Sur les anneaux de fer des boucliers, les noires araignées tendent leur métier ; et la rouille ronge les lances à la pointe aiguë et les épées au double tranchant. On n'entend plus le fracas des trompettes d'airain, et le sommeil aux agréables rêves, le sommeil charme de nos cœurs, n'est plus ravi à nos paupières. Les rues sont pleines de joyeux banquets, et les hymnes d'amour retentissent. »

Scolies.

Les Alexandrins, dans leur canon littéraire, c'est-à-dire dans la liste des auteurs classiques qu'il avaient dressée, ne comptent en tout que neuf lyriques. Nous en avons déjà mentionné plus de douze, et nous n'avons point encore parlé de Pindare. Il est vrai que plusieurs de ceux qui nous ont occupés n'avaient pas des titres suffisants pour être rangés parmi les classiques. Quintilien semble même réduire à quatre ceux dont il recommande la lecture : Pindare, Stésichore, Alcée, Simonide. Ceux qui ont parcouru des yeux la table du recueil des lyriques grecs nous reprocheront peut-être d'en avoir omis presque autant que nous en avons cité ; et ils allégueront les noms de Pythermon, de Praxille, de Mésomède, d'autres encore. Mais ces noms ne sont que des noms : ils n'ont point d'histoire ; on ne sait pas même à quelle époque vivaient ceux qui les ont portés ; et les vers qu'on joint à ces noms ne sont bien considérables ni par la qualité ni même par la quantité.

Il y a pourtant deux de ces poëtes, Callistrate et Hybrias, qui méritent une attention particulière. Ils nous ont laissé deux précieux échantillons d'un genre de poésie lyrique dont je n'ai encore dit mot, et que je ne dois point passer sous silence. Il s'agit de ces chansons de table qui s'improvisaient parmi les coupes, et qu'on nommait *scolies*. C'était la coutume, dans presque toute la Grèce, mais particulièrement à Athènes, de faire circuler de main en main, à la fin du repas, une lyre ou un rameau de myrte, et d'exiger quelque bout de chanson, quelque pensée revêtue de la forme lyrique, de tous ceux qu'on supposait en état de divertir agréablement les convives. Beaucoup s'en tiraient à bon marché, comme on peut croire, et payaient avec leurs souvenirs, ou avec des impromptus longuement médités d'avance. Mais souvent aussi le convive interpellé se piquait d'honneur : en recevant le rameau ou la lyre, il invoquait mentalement le secours de la Muse; et la Muse, à son tour, lui donnait de ne rien dire qu'elle eût à désavouer. Le mot σκολιόν, sous-entendu ᾆσμα, signifie *chant tortu*. Le scolie tirait son nom soit de cette course irrégulière du chant autour de la table, soit plus vraisemblablement des irrégularités de forme et des licences métriques qu'on passait à l'improvisation, et dont on se fût choqué dans tout autre chant composé à loisir. Il n'est guère de poëte un peu fameux, depuis Terpandre jusqu'à Pindare, qui ne passe pour avoir fait d'admirables choses en ce genre. Il ne reste rien, ou à peu près, des scolies de Terpandre, d'Alcée, de Sappho, de tant d'autres. Nous parlerons plus bas de ceux de Pindare.

Callistrate.

Le scolie de Callistrate est la chanson en l'honneur des meurtriers d'Hipparque. C'était une illusion générale, chez les Athéniens, que la liberté avait été rendue à leur patrie par Harmodius et Aristogiton, tandis qu'au contraire la mort d'Hipparque n'avait fait que consolider le pouvoir d'Hippias, et rendre le tyran plus cruel et plus soupçonneux. Hippias ne fut renversé que plusieurs années après, et par le Lacédémonien Cléomène. Au reste, voici le scolie, qui n'avait pas besoin d'être une pièce historique pour devenir populaire à Athènes, et qui dut être chanté assez peu de temps après la disparition du dernier des Pisistratides : « Dans le rameau de myrte je porterai l'épée, comme Harmodius et Aristogiton, quand ils tuèrent le tyran et établirent l'égalité dans Athènes. Très-cher Harmodius, tu n'es point mort sans doute : tu vis dans les îles des Bienheureux, là où sont Achille aux pieds rapides et Diomède fils de Tydée. Dans le rameau de myrte je porterai l'épée, comme Harmodius et Aristogiton, quand aux fêtes d'Athéné, ils tuèrent le tyran Hipparque. Toujours votre renom vivra sur la terre, très-cher Harmodius, et toi Aristogiton, parce que vous avez tué le tyran et établi l'égalité dans Athènes. » Callistrate était Athénien ; c'est tout ce qu'on sait sur sa personne.

Hybrias.

Le scolie d'Hybrias est la chanson d'un soldat, fier de sa valeur et de ses armes, et qui n'estime rien au-dessus de lui-même. Hybrias était un Crétois ; il n'est pas moins Dorien par ses sentiments que par sa naissance et les formes de ses mots : « Je possède une grande richesse : c'est ma lance, et mon épée, et mon beau bouclier long, rempart du corps. Oui, avec cela je laboure, avec cela je moissonne, avec cela je foule l'agréable vin que produit la vigne ; avec cela j'ai des esclaves, qui m'appellent maître. Eux, ils n'ont pas le cœur d'avoir une lance, ni une épée, ni un beau bouclier long, rempart du corps. Tous tombent de frayeur et embrassent mon genou, en s'écriant : Maître ! et : Grand roi ! »

Callistrate, dans sa chanson ionienne, se rapproche du système métrique des poëtes de l'école de Lesbos. Ses strophes sont de quatre vers fort courts, et qui ne contiennent que des combinaisons assez simples de l'iambe et du trochée avec le dactyle ou ses deux équivalents. La chanson dorienne d'Hybrias se compose de vers analogues, mais d'inégale longueur, et se suivant jusqu'au bout à la file, sans apparence de strophe ni indication de repos.

CHAPITRE XIII.

PINDARE.

Vie de Pindare. — Jugement d'Horace sur Pindare. — Odes triomphales. — Caractère des odes triomphales. — Diversité des odes triomphales. — Versification de Pindare. — Plan des odes de Pindare. — Épisodes pindariques. — Obscurité de Pindare. — Fragments de Pindare.

Vie de Pindare.

Pindare, le plus illustre des poëtes lyriques de la Grèce, naquit en 522 aux Cynoscéphales, village de Béotie situé à peu de distance de la ville de Thèbes. Il était d'une famille de musiciens. Son père, ou selon d'autres son oncle, passait pour un excellent joueur de flûte. Quant à lui, il annonça presque dès l'enfance ses dispositions poétiques : à l'âge de vingt ans, il composait déjà des odes triomphales en l'honneur des athlètes vainqueurs aux jeux sacrés. La dixième *Pythique*, adressée au Thessalien Hippoclès, est précisément de l'an 502. Pindare, comme je l'ai dit plus haut, avait eu pour maître Lasus d'Hermione, poëte médiocre peut-être, mais qui connaissait à fond la théorie de l'art. Bientôt après ses premiers débuts, nous le voyons en grande faveur dans toutes les parties de la Grèce. Les tyrans siciliens Théron d'Agrigente et Hiéron de Syracuse, Arcésilas roi de Cyrène, Amyntas roi de Macédoine, les Alévades et les Scopades, toutes les cités libres, toutes les familles opulentes, se disputent sa présence, et payent à grand prix les moindres éloges de sa muse. Les Athéniens lui décernent le titre et les priviléges de *proxène*, c'est-à-dire d'hôte public de leur ville. Les habitants de Céos, qui avaient pourtant leurs poëtes nationaux, l'emploient à la composition d'une prière pour une procession solennelle. Pindare voyage par toute la Grèce, prodiguant les trésors de son génie, et se montre également bienveillant pour tous, Doriens, Éoliens ou Ioniens, sans acception de races ni de personnes.

Sa longue vie ne fut guère qu'une fête continuelle. Quelques échecs dans les concours littéraires, des querelles avec certains poetes rivaux, altérèrent peut-être assez souvent la sérénité de son âme; mais on aime à croire que la raison avait bien vite repris le dessus, et calmé les souffrances de l'amour-propre et de la vanité. Thèbes était le séjour ordinaire de Pindare. C'est là qu'était cette maison qu'Alexandre respecta quand il détruisit la ville ; c'est là que vécurent longtemps les descendants du poëte, honorés, en mémoire de leur ancêtre, d'importants priviléges ; et c'est là probablement que Pindare mourut, à quatre-vingts ans, comblé de gloire, de richesses, de distinctions de toute sorte, et, ce qui vaut mieux, digne de l'enthousiasme de ses contemporains et léguant à la postérité des monuments éternels.

Jugement d'Horace sur Pindare.

L'ode à Julus Antonius[1], où Horace essaye d'apprécier Pindare, est encore, à tout prendre, ce qu'on a jamais écrit, sur le lyrique thébain, de plus clair, de plus satisfaisant et de plus complet. C'est le jugement d'un homme qui s'y connaissait, et qui avait en main l'œuvre immense et prodigieusement variée dont nous possédons il est vrai une part intacte, mais dont les trois quarts au moins ont péri :

« Vouloir rivaliser avec Pindare, c'est s'élever, Julus, sur les ailes de cire façonnées par Dédale, pour donner un nom à la mer transparente. Tel qu'un torrent, grossi par les orages, se précipite des montagnes et franchit les rives connues, ainsi bouillonne, ainsi déborde à flots profonds le vaste génie de Pindare. A lui le laurier d'Apollon, soit que, dans ses audacieux dithyrambes, il déroule un langage nouveau et s'emporte en rhythmes désordonnés ; soit qu'il chante les dieux et les enfants des dieux, ces rois dont le bras vengeur fit tomber et les Centaures et la flamme de la redoutable Chi-

---

1. Horace, *Carmina*, livre IV, ode II.

mère ; soit qu'il célèbre l'athlète ou le coursier que la victoire ramène d'Élide chargés de palmes immortelles, et qu'il leur consacre un monument plus durable que cent statues ; soit qu'il pleure un jeune époux ravi à une épouse désolée, et le dérobe à la nuit infernale en élevant jusqu'aux astres sa force, son courage, ses mœurs de l'âge d'or. Toujours un souffle vigoureux soutient le cygne de Dircé, quand il monte dans la région des nues. » Quintilien ne dit que quelques mots vagues, et s'en réfère d'ailleurs à l'arrêt par lequel Horace proclame Pindare inimitable. Quant aux modernes, et j'entends surtout par là nos écrivains des trois derniers siècles, ils n'ont guère fait en général que déraisonner à propos de Pindare, détracteurs, apologistes même. Disons pourtant que La Harpe n'est point tombé dans le travers commun : il a su rendre justice au génie du poëte ; et, ce qui vaut mieux encore, il a su expliquer et faire sentir quelques-uns des mérites de cette admirable poésie que niaient ses contemporains sur la foi de Fontenelle et de Voltaire.

Odes triomphales.

De tous les chants auxquels Horace fait allusion, de tous ces *dithyrambes*, de tous ces hymnes religieux, *péans*, *prosodies*, *parthénies*, de tous ces *hyporchèmes*, de toutes ces *odes encomiastiques*, de tous ces *thrènes* et de tous ces *scolies* qu'avait composés Pindare, rien ne reste que des lambeaux ; mais nous avons les *odes triomphales*, Ἐπινίκια, et nous les avons toutes, et parfaitement conservées : *Olympiques*, *Pythiques*, *Néméennes*, *Isthmiques*. Otfried Müller pense que ce qui a sauvé ce recueil à travers les siècles, c'est la supériorité reconnue des pièces qui le composent sur les autres ouvrages de Pindare. Mais Horace ne met pas au premier rang les chants de victoire ; et il est douteux que Pindare se soit surpassé lui-même précisément quand il chantait des hommes qui pour la plupart ne lui étaient que des inconnus, et quand il prenait la lyre non par devoir, ou saisi d'un transport subit, mais par intérêt ou par complaisance. S'il était besoin, pour expliquer la conservation des odes triomphales, de recourir à une autre cause que le pur caprice du hasard, je ne la chercherais pas dans cette hypothétique supériorité dont parle Müller. Ces chants étaient, pour ainsi dire, les archives d'une foule de familles, qui descendaient ou prétendaient descendre des héros célébrés par Pindare : la vanité de ces familles, le culte des traditions antiques, devaient multiplier de préférence les copies de ces poëmes, et par conséquent diminuer pour eux les chances de destruction.

Caractère des odes triomphales.

Au reste, c'est là surtout que nous avons à chercher Pindare, si nous voulons nous faire une idée de son caractère et de son génie. Et d'abord, qu'on se garde bien de croire que le poëte abdiquât jamais sa dignité d'homme, ni l'indépendance de ses jugements, alors qu'il se prêtait à satisfaire les fantaisies plus ou moins vaniteuses de ses hôtes. Il donne fréquemment à ses héros de grandes et nobles leçons. Il n'épargne pas les remontrances, même à ses puissants et redoutables protecteurs, les Hiéron, les Arcésilas. Il proclame devant eux que la tyrannie est odieuse [1]; que le mérite et la vertu sont les seuls biens véritables, et qu'ils finissent toujours par triompher de l'aveuglement du vulgaire et de la calomnie [2]; il montre, comme une menace éternellement pendue sur la tête de ceux qui abusent de la force, le sort de Tantale, d'Ixion, de Typhon, de Phalaris [3]; il réclame avec énergie contre l'injuste bannissement de Damophilus, qu'Arcésilas tenait éloigné de Cyrène, et qui vivait à Thèbes, soupirant en vain après son rappel [4]. Rien, dans Pindare, qui sente le complaisant vil ou le mercenaire. Partout et toujours le poëte thébain est digne de se déclarer, comme il fait, l'interprète des lois divines. Une morale pure et sainte respire dans ses vers ; les tableaux qu'il déroule devant les yeux ne sont pas moins propres à élever qu'à charmer l'âme. C'est,

1. Pindare, *Pythiques*, ode II.
2. *Pythiques*, ode V.
3. *Olympiques*, ode II, *Pythiques*, odes I, II, III.
4. *Pythiques*, ode IV, vers la fin.

par exemple, Pollux qui se dévoue pour Castor[1]; c'est Antilochus qui meurt pour son père[2]. Sans être un philosophe de profession, Pindare laisse échapper de temps en temps quelques-uns de ces mots profonds, quelques-unes de ces images saisissantes, où se révèle le penseur qui a longuement médité sur les choses humaines. C'est lui qui s'écrie, avec une éloquence comparable à celle du psalmiste pénitent : « Que sommes-nous? que ne sommes-nous pas? Le rêve d'une ombre, voilà les hommes[3]. » L'amour-propre national lui-même ne l'aveugle ni sur les défauts de ses concitoyens, ni sur les vertus des étrangers. On sait que les Thébains, durant les guerres Médiques, avaient pris parti pour les Perses contre les Grecs. Pindare n'essaye nulle part d'atténuer leur trahison ; et, dans plusieurs de ses chants, il proclame ouvertement son admiration pour l'héroïsme des vainqueurs de Salamine et de Platées. Il insiste particulièrement sur les services rendus à la cause commune par les Éginètes ; et comme Égine, d'après les vieilles légendes de la race dorienne, avait un étroit lien de parenté avec Thèbes, on dirait qu'il cherche indirectement à relever, suivant l'expression d'un critique, la tête humiliée de la Béotie.

Diversité des odes triomphales.

Les chants de triomphe composés par Pindare sont fort divers et de sujets, et d'étendue, et de style, et de forme même. Il est probable que ceux qui n'ont que des strophes sans épodes étaient chantés par une procession qui se rendait ou au temple de la divinité des jeux ou à la maison du vainqueur. Il pouvait se faire cependant que cette procession chantât quelquefois des hymnes avec épodes : il suffisait que le cortége s'arrêtât, dans sa marche, à des intervalles réglés. Mais la plupart des poëmes à épodes se chantaient durant le *comos* ou fête joyeuse qui terminait la journée après les sacrifices et les actions de grâces aux dieux. C'est ce qu'attestent encore

---
1. Pindare. *Néméennes*, ode x.
2. *Pythiques*, ode vi.
3. *Pythiques*, ode viii.

ces expressions, si fréquentes chez Pindare, *hymne épicomien, mélodie encomienne.*

La langue de Pindare est loin d'être purement dorienne. Le fond en est épique ; et les formes doriennes ou quelquefois éoliennes dont le poëte l'assaisonne ne sont pas déterminées, comme on le pourrait croire, seulement par une volonté fantasque : c'est presque toujours la forme métrique et musicale qui en décide, et qui appelle le dialecte le plus analogue au nome adopté, par conséquent à la nature et à la tournure des sentiments et des idées. On peut distinguer, même encore aujourd'hui, trois sortes d'hymnes dans le recueil. Il y en a de doriens, d'éoliques, de lydiens. Dans les hymnes doriens, on retrouve les mêmes rhythmes que dans les chœurs de Stésichore, et notamment ces systèmes de dactyles et de dipodies trochaïques, qui ont presque la noblesse de l'hexamètre et sa gravité majestueuse. Le caractère de ces hymnes a quelque chose de particulièrement digne et calme ; les récits mythologiques y sont développés avec ampleur ; le poëte se renferme plus étroitement dans les conditions générales de son sujet, et évite d'introduire sa personnalité et ses sentiments propres au travers de l'harmonieux ensemble. Les rhythmes des odes éoliques sont, au contraire, ces mètres légers qu'affectionnaient les poëtes lesbiens, et dont nous avons parlé ailleurs. C'est dans ces odes surtout que Pindare se met à l'aise. Son allure est vive et rapide, souvent capricieuse ; quelquefois même il s'arrête court au milieu d'un récit ; il s'interrompt par quelque apostrophe inattendue ; il se mêle lui-même à tout ce qu'il dit, et il s'adresse à son héros avec un ton moins solennel que d'ordinaire, et qui prend par instants une teinte de familiarité. Il nous entretient complaisamment de ses relations avec celui qu'il célèbre, de ses querelles personnelles avec ses rivaux littéraires : il vante son propre style et déprime le style des autres. En somme, l'ode éolique, comme le remarque Otfried Müller, est plus variée, plus vive, moins élevée et moins uniforme que l'ode dorienne. Rien de plus différent, en effet, que la première *Olympique*, avec ses joyeuses et brillantes images, et la seconde, où domine un souffle d'orgueil qui tient constamment le poëte dans les hautes régions, sans lui laisser le loisir de toucher un moment la terre. Le langage, dans les odes éoliques, est hardi et d'une marche moins régulière et moins facile à saisir. Les odes lydiennes sont en fort petit nombre, comparativement aux deux autres genres. Le mètre en est principalement trochaïque, d'une extrême douceur, et en parfait accord avec l'expression des sentiments tendres et religieux. Pindare n'a guère employé le mode lydien que dans les odes destinées à être chantées durant la procession qui se rendait au temple ou à l'autel, et où l'on implorait humblement la faveur de quelque divinité.

Versification de Pindare

Il n'est pas aisé de dire ce que sont les vers de Pindare, ni même de déterminer où ils commencent et où ils finissent. Si les vers des odes pindariques étaient écrits sans distinction à la suite les uns des autres, on pourrait défier tous les métriciens du monde d'en retrouver les vraies divisions. Les manuscrits fournissent des indications suffisantes, quant à la division en strophes, antistrophes et épodes, ou, dans quelques cas, en strophes simplement. Quant au vers lui-même, ils permettent aux éditeurs à peu près de tout oser : les uns le donnent plus court, les autres plus long. C'est qu'en réalité il n'y a rien dans Pindare qui soit proprement vers, rien qui se scande et se mesure d'une façon incontestable comme l'hexamètre ou le vers iambique, ou même comme le vers de Sappho et celui d'Alcée. Chaque portion de l'ode n'est qu'une série continue de rhythmes plus ou moins perceptibles, et que réglaient non pas les lois de la versification proprement dite, mais celles de l'acompagnement musical. A ceux qui parlent des *vers* de Pindare, ou qui se figurent qu'en grec comme en français tout ce qui n'est point prose est vers et tout ce qui n'est point vers est prose, un homme instruit n'a qu'une question bien simple à faire, c'est de demander s'ils ont jamais scandé un vers, un seul vers de Pindare.

Plan des odes de Pindare.

Ce n'est plus aujourd'hui le temps où il n'était bruit, chez les littérateurs, que du délire pindarique, et du désordre, admirable selon les uns, presque ridicule selon les autres, des compositions du poëte thébain. Ces assertions, nées de la prévention ou de l'ignorance, ont disparu devant une étude approfondie du texte de Pindare. Toutes les odes ont un plan raisonné, et qui en détermine l'économie. Un Allemand, nommé Dissen, a même essayé de représenter, sous un certain nombre de formules géométriques, les diverses dispositions auxquelles se réduisent, dans Pindare, toutes les combinaisons de A, sujet direct de l'ode, avec B, sujet indirect mythique, et C, deuxième sujet indirect, qui n'est pas mythique, et D, troisième sujet indirect, qui n'est pas non plus mythique. Ceci est la superstition, ou, si l'on veut, la folie de la régularité. Mais, pour n'avoir rien de mathématique, les plans de Pindare n'en sont pas moins réels, et visibles à qui sait y regarder. Je remarque même que le poëte ne chantait pas avant d'avoir reçu de son héros certaines données positives, certains renseignements indispensables. Il convenait avec lui d'une sorte de programme, et il s'obligeait à faire entrer dans son œuvre tel ou tel fait particulier, telle ou telle idée principale; ce qui n'avait d'ailleurs rien d'incompatible avec sa liberté. Il y fait allusion lui-même en plus d'un passage. Ainsi, par exemple : « J'en dirais davantage, mais le programme que je dois suivre, mais les heures qui se pressent m'en empêchent[1]. » Et ailleurs : « Et vous, Éacides aux chars d'or, sachez que mon programme le plus clair est de ne jamais aborder dans votre île sans vous combler d'éloges[2]. » On le voit fréquemment s'arrêter au milieu des plus vifs élans de sa verve, pour s'avertir lui-même de rentrer dans les limites qui lui sont tracées; de traiter encore tel point qu'il oubliait, et, selon son expression, d'acquitter sa dette, de mériter son salaire.

1. Pindare, *Néméennes*, ode VI.
2. *Isthmiques*, ode V.

Le canevas uniforme de l'ode pindarique se compose de quatre parties, savoir : l'éloge du vainqueur, celui de sa famille, celui de sa patrie, celui des dieux protecteurs des jeux et dispensateurs de la victoire. Pour animer, pour diversifier sa matière, pour lui donner la forme et la vie, Pindare a recours aux trésors des légendes mythologiques; il rappelle les antiques traditions; il adresse à son héros des leçons et des conseils; il fait des vœux pour son bonheur; il sème çà et là les maximes; il invoque les dieux; il vante son art et parle de lui-même. Ces éléments se mêlent dans des proportions diverses, mais non point au hasard : la raison qui a fait préférer telle combinaison à telle autre est toujours assez facile à deviner; et il n'est nullement téméraire de prétendre que l'on connaît les grandes directions de la pensée de Pindare. Ainsi, ou le poëte se borne strictement à l'éloge du héros et à ce que comporte la donnée commune de l'ode, et alors le plan est d'une parfaite simplicité; ou bien à cet éloge il mêle des développements épisodiques, et le plan est complexe : il y a un sujet direct, un ou plusieurs sujets accessoires, et une pensée générale qui fait l'unité du tout.

Presque toujours Pindare annonce, dès le début, le sujet de son chant, le genre de la victoire, le nom du vainqueur. Des récits de divers genres, religieux ou épiques, remplissent ordinairement le milieu, et forment une portion considérable, quelquefois la plus considérable, de l'œuvre totale. Les louanges du héros reparaissent à la fin, et servent de conclusion. Ce n'est que fort rarement qu'on voit l'hymne se terminer en épisode.

Épisodes pindariques.

Les épisodes ne sont point, comme on l'a trop répété, des ornements poétiques ajoutés sans autre raison que leur beauté, et destinés simplement à parer la nudité du sujet. Souvent les héros dont Pindare mêle le souvenir aux louanges de son vainqueur sont ou les ancêtres mêmes dont ce vainqueur prétend descendre, ou les fondateurs de sa ville natale, ou les instituteurs des jeux dans lesquels il a triomphé de ses rivaux. Il n'y a pas une ode en l'honneur d'un vainqueur éginète, où Pindare ne célèbre la race illustre des Éacides, dont le nom se présentait de lui-même à l'esprit dès qu'on nommait Égine. D'autres fois ces événements de l'âge héroïque sont présentés comme une sorte de miroir, où le vainqueur doit reconnaître l'image idéalisée de sa propre vie, des travaux, des périls qu'il a endurés. D'autres fois enfin, il y a sous la légende, ou plutôt sous l'allégorie, une leçon, un sage conseil, sur lequel s'arrêtera sa pensée, et dont il fera son profit. Pélops et Tantale, dans la première *Olympique*, sont deux types où Hiéron pouvait se reconnaître, ici par ses vices, là par ses vertus. Les récits les plus longs, par exemple celui de l'expédition des Argonautes, dans la quatrième *Pythique*, ont leur but aussi, et sont autre chose que des contrefaçons lyriques de l'épopée. Le poëte ne s'y oublie qu'en apparence. Le sujet est en réalité présent à ses yeux. Ce qu'il se propose, dans la quatrième *Pythique*, c'est de revendiquer pour Arcésilas, roi de Cyrène, l'honneur de descendre des conquérants de la Toison d'or; et, s'il insiste sur la peinture des caractères de Pélias et de Jason, le tyran soupçonneux et le noble exilé, c'est une ouverture qu'il prépare à la requête par laquelle il termine le poëme, en faveur de son ami Damophilus.

Obscurité de Pindare.

Il faut bien dire que Pindare laisse toujours infiniment à faire à l'esprit de son lecteur. Il dissimule ses voies; il affecte de tenir dans le vague et l'incertitude son véritable dessein, afin de nous procurer le plaisir de le découvrir nous-mêmes. Il semble désirer qu'on le croie à chaque instant entraîné hors du droit chemin par son ardeur poétique : ainsi quand il revient brusquement à son thème après un long épisode ; ainsi quand, à propos d'une expression proverbiale, il se lance dans un récit qui dure quelquefois assez longtemps. On disait, chez les Grecs, qu'une chose impossible, c'était de pénétrer, par mer ou par terre, dans le pays des Hyperboréens. L'histoire du séjour de Persée chez ce peuple fabuleux, qui tient dans la dixième *Pythique* une place notable, a l'air au premier abord de n'être venue là que par hasard, et comme à la remorque du proverbe. Mais un examen attentif montre que dans ce cas, de même que dans les autres passages analogues, le défaut de suite n'est pas réel, et que la légende n'est point sans relation avec le sujet. Pindare lui-même avoue quelque part qu'il est besoin d'intelligence et de réflexion pour bien saisir la signification cachée de ses épisodes. Après une description des îles des Bienheureux, il ajoute : « J'ai sous mon coude, au fond de mon carquois, bien des flèches rapides, qui ont une voix pour les habiles; mais le vulgaire ne les comprend pas [1]. »

Ce poëte, qui ne chantait pas pour tout le monde mais seulement pour les esprits d'élite, et qui voilait sa pensée ou lui donnait mille tours extraordinaires et imprévus; ce poëte, qui est tout en allusions, en allégories et en métaphores, est d'une lecture pénible, et ne saurait être goûté qu'après des efforts persévérants. Mais quand on a triomphé des obstacles, et que l'on est parvenu à percer toutes ces obscurités historiques, mythologiques, littéraires, grammaticales, on voit apparaître un génie de premier ordre, un esprit élevé et profond, un homme inspiré, un incomparable artisan de style. Malheureusement pour nous, Pindare est, de tous les poëtes grecs, celui dont une traduction, surtout dans notre langue, est le plus impuissante à retracer l'image. Si fidèle qu'on la suppose, Pindare ne s'y montrera toujours que sous les traits les plus grossiers de sa physionomie. Il y a tel mot, dans Pindare, qui est à lui seul, par sa forme, par la place où il rayonne, par les idées ou les sentiments qu'il éveille, tout un tableau, tout un bas-relief, tout un poëme; et ce mot quelquefois n'a pas d'équivalent chez nous, et le traducteur est réduit, bon gré mal gré, à en noyer tout le charme, toute l'énergie, toute la valeur, dans une insipide et souvent ridicule paraphrase.

Je manquerais toutefois au but que je me propose, si je n'essayais pas de transcrire quelque passage, choisi parmi ceux qui ont le moins à perdre en passant du grec en fran-

[1] Pindare, *Olympiques*, ode II.

çais. Je ne prendrai donc pas le début de la première *Olympique*, objet jadis de si vifs débats, ni aucun des morceaux que dans notre langue on appellerait pindariques, au sens vulgaire de cette expression, mais quelque chose de simple, au moins relativement, surtout de clair et net, et qui réponde à quelqu'un de ces sentiments que la nature humaine n'a pas dépouillés depuis le temps de Pindare. Tel me semble le récit du dévouement de Pollux, dans la dixième *Néméenne* :

« Castor et Pollux passent alternativement un jour dans la demeure de Jupiter leur père chéri, et un jour sous les cavernes de la terre, dans les tombeaux de Thérapna, partageant ainsi le même destin. C'est que Pollux a mieux aimé cette existence, que d'être entièrement dieu et d'habiter le ciel, après que Castor eut péri dans un combat. Car Idas, courroucé de l'enlèvement de ses bœufs, avait percé Castor d'un coup de sa lance d'airain.

« Du haut du Taygète, Lyncée avait découvert les Tyndarides assis sur le tronc d'un chêne ; Lyncée, dont l'œil était le plus perçant de tous les yeux mortels. Aussitôt, d'un pas rapide, partent les fils d'Apharée [Lyncée et Idas], et ils s'empressèrent d'exécuter un coup hardi ; mais ils furent cruellement châtiés par les mains de Jupiter. Le fils de Léda sur-le-champ s'élance à leur poursuite ; et eux lui font tête près du tombeau paternel. Ils arrachent une pierre polie, décoration sépulcrale, et la jettent à la poitrine de Pollux. Mais ils n'écrasèrent point le héros, ni ne le firent reculer. Pollux pousse en avant, armé d'un javelot rapide, et enfonce l'airain dans les flancs de Lyncée. Puis Jupiter frappe Idas de la foudre embrasée et fumante....

« Bien vite le Tyndaride revient près de son vaillant frère. Castor n'était pas encore expiré : il le trouve râlant avec effort. Il verse des larmes brûlantes, et s'écrie à haute voix : « Fils de Cronus, ô mon père ! quel sera le terme de mes « douleurs ? Envoie-moi aussi, dieu puissant, la mort comme « lui.... »

« Il dit ; Jupiter vint à lui, et lui adressa ces mots : « Tu « es mon fils ; mais celui-ci a reçu la vie d'un germe mortel « déposé plus tard dans le sein de ta mère par le héros son

« époux. Eh bien ! je t'en laisse parfaitement le choix : si tu
« veux, exempt de la mort et de l'odieuse vieillesse, habiter
« toi-même l'Olympe, avec Minerve et Mars à la lance noire
« de sang, ce sort sera le tien ; mais, si tu prends en main
« la cause de ton frère, et si tu songes à tout partager éga-
« lement avec lui, tu respireras la moitié du temps sous la
« terre, la moitié dans les palais d'or du ciel. »

« Ainsi parla Jupiter; et Pollux n'hésita pas. Alors Jupiter rouvrit l'œil, puis la lèvre de Castor au baudrier garni d'airain. »

Fragments de Pindare.

Resterait maintenant à étudier les fragments des autres poëmes, pour y découvrir quelque face nouvelle du génie de Pindare. Mais ces fragments sont en général fort courts, et ces débris de péans, de prosodies, de dithyrambes, etc., n'ont rien de bien caractéristique, et n'offrent guère que des matériaux analogues à ceux qu'on peut admirer, resplendissants de tout leur lustre, et non pas frustes et endommagés, dans les odes triomphales. Ce sont, par exemple, des maximes morales, des métaphores hardies, des invocations à quelque dieu, des descriptions brillantes. Qui reconnaîtrait, dans une peinture, fort belle d'ailleurs, du bonheur des justes après la mort et du châtiment des méchants, ces thrènes où le poëte pleurait, comme dit Horace, un jeune époux ravi à une épouse désolée ? Il n'y a que les scolies, dont les reliques aient une véritable importance littéraire. Une de ces chansons, adressée au beau Théoxène de Ténédos, nous est parvenue tout entière ; une autre, sur les courtisanes de Corinthe, n'a que deux imperceptibles lacunes. Ce n'est point la fierté guerrière d'Hybrias, c'est encore moins la passion politique de Callistrate. Il ne s'agit que de plaisir et d'amour. Je regrette que la nature même des sujets ne nous permette point de transcrire ici ces petits chefs-d'œuvre. On y verrait Pindare sous un aspect bien différent de celui où nous sommes accoutumés à envisager le chantre des Hiéron et des Arcésilas. Le ton du poëte n'a plus rien de la gravité dorienne. Pindare se montre à nous avec un enjouement gracieux qu'on chercherait en vain dans les odes triomphales, et qui n'exclut ni les regrets mélancoliques, ni même une légère pointe d'ironie. On dirait qu'il se souvient d'Anacréon et de son sourire.

CHAPITRE XIV.
THÉOLOGIENS ET PHILOSOPHES POËTES.

École orphique. — Poëtes orphiques. — Philosophes poëtes. — Xénophane. — Pocrménide. — Empédocle. — Pythagore.

École orphique.

Les aèdes religieux de l'époque antéhomérique avaient eu des héritiers; mais la poésie sacerdotale, dénuée de qualités éclatantes et presque de tout intérêt populaire, tomba, durant des siècles, dans une obscurité profonde, éclipsée par les splendeurs de l'épopée et de l'élégie. Il n'est pas douteux que la plupart des sanctuaires n'aient conservé leurs chantres particuliers, distincts du vulgaire des poëtes, et dépositaires des traditions antiques. Ces aèdes chantaient pour les initiés, partout où, à côté du culte public et officiel, il y avait un autre culte, secret et mystique. Mais la foule ou ignorait leurs œuvres, ou ne les comprenait pas, ou n'en faisait nulle estime au prix des poëmes d'Homère, d'Hésiode, de Callinus, de Tyrtée : elles restèrent à l'état latent, pour ainsi dire, et furent aux yeux des Grecs comme si elles n'étaient pas. Cependant, à l'époque où la philosophie naquit en Grèce, il existait des poëmes, plus ou moins importants, où étaient exposées, sous forme mythique, certaines conceptions cosmogoniques, théologiques et morales, différentes des idées qui avaient cours parmi le peuple, de celles dont Homère et après lui Hésiode avaient été jadis les harmonieux interprètes. Il y avait aussi, à la même époque, une école de poëtes mystiques, qui prenaient eux-mêmes le nom d'orphiques ou sectateurs d'Orphée, et qui prétendaient, à tort ou à raison, se rattacher par une chaîne non interrompue à l'aède de Piérie, et posséder le dépôt authentique des doctrines du maître. Les orphiques étaient répandus en divers lieux, et ils exerçaient, ce semble, une assez grande influence, non pas peut-être par leur génie ou par la supériorité de leur talent, mais parce qu'ils enseignaient aux hommes de hautes et consolantes doctrines.

C'est surtout de la nature de l'âme et de sa destinée après la mort que s'inquiétaient les poètes théologiens réunis sous l'invocation d'Orphée, et c'est d'ordinaire au culte de Bacchus qu'ils se consacraient. Mais leur Bacchus n'était point le Dionysus populaire, le dieu du comos et du dithyrambe. C'était une divinité d'un ordre plus sévère, et en qui se personnifiaient à la fois les joies et les chagrins de la vie. Dionysus Zagreus, comme ils le nommaient, le chasseur des âmes, suivant le sens de son surnom, participait, selon eux, de la puissance d'Hadès ou du roi des enfers. C'était lui qui présidait à la purification de notre âme dans cette vie, et qui assurait à nos mérites l'immortalité avec ses châtiments ou ses récompenses. Le culte particulier qu'ils rendaient à ce dieu n'avait rien du caractère enthousiaste et désordonné qui signalait les fêtes lénéennes et dionysiaques. Les orphiques mettaient la décence extérieure au nombre des devoirs; ils visaient à une sorte d'ascétisme, et leurs habits de lin blanc étaient des symboles de cette pureté morale où aspirait leur âme.

Poëtes orphiques.

Ce n'est guère qu'au temps de Pisistrate et des Pisistratides que la secte orphique compta des adhérents dont les ouvrages obtinrent une véritable notoriété, et dont le nom est resté dans la littérature. Bien avant eux néanmoins, Phérécyde de Scyros, qui vivait dans la première moitié du sixième siècle, avait publié une *Théogonie*, écrite en prose ionienne et dans un style tout poétique, où se trouvaient la plupart des idées que l'on rencontre chez les poètes orphiques, telles que l'identité de Jupiter et de l'Amour, et l'existence du dieu Ophionée. L'influence des doctrines orphiques sur un philosophe comme Phérécyde prouve que, dès le commencement du sixième siècle, la secte était parvenue déjà à trouver de savants et estimés auxiliaires. Quant aux orphiques proprement dits, il y en a plusieurs que l'école pythagoricienne revendique pour siens, et qui paraissent avoir été tout à la fois et des philosophes pythagoriciens et des mystiques de la secte d'Orphée. Tel est, par exemple, un certain Brontinus, auteur d'un poëme intitulé *le Manteau et le Filet*, expressions symboliques qui désignaient, dit-on, la création ou la cosmogonie. Mais il y a deux autres poëtes, Cercops et Onomacritus, qui ne sont jamais appelés que du nom d'orphiques. Cercops avait composé un grand poëme en vingt-quatre chants, les *Légendes sacrées*, où il développait le système entier de la théologie dont on attribuait les principes à Orphée. Onomacritus, le plus célèbre des orphiques, avait vécu dans l'intimité de Pisistrate et de ses fils. Il avait fait, à la prière des Pisistratides, une collection des oracles de Musée, et on l'accuse de l'avoir remplie de ses propres interpolations. Il avait écrit des chants pour les initiations au culte mystique de Bacchus : il rattachait, dans ces poëmes, la légende des Titans à celle de Dionysus, et il représentait le jeune dieu en butte à la haine et aux embûches des fils de la Terre.

Les débris des œuvres de l'école orphique gisent çà et là, dispersés au travers du recueil qui porte le nom d'Orphée. La plupart des pièces qui forment ce recueil appartiennent incontestablement à une époque beaucoup plus récente; mais un certain nombre de passages cités, sous le nom d'Orphée, par les Pères de l'Église et par d'autres auteurs anciens, sont marqués d'un tel caractère d'antiquité, qu'il n'est guère permis d'en faire honneur aux faussaires religieux de la décadence païenne. Ainsi les deux hymnes à Musée sur Jupiter, dont l'un est le développement de l'autre, et qui ne sont tous les deux que la reprise, sous une forme moins hiératique et plus littéraire, du thème posé plutôt qu'expliqué dans le fragment que j'ai transcrit d'après Aristote, quand je parlais d'Orphée. Voici le plus court des deux hymnes, qui a été conservé par saint Justin le martyr :

« Je parlerai pour qui doit m'entendre. Fermez les portes à tous les profanes sans exception; mais toi écoute-moi, fils de la Lune à la lumière brillante, Musée; car je te dirai la vérité. Et ne laisse jamais, durant ta vie, s'échapper de ta mémoire les leçons qui ont auparavant éclairé ton âme. Tourne tes yeux vers la raison divine; applique-toi à elle; dirige vers elle le vase intelligent de ton cœur; marche droit dans le sentier, et n'aie de regards que pour le maître du monde. Il est unique, né de lui-même; de lui seul sont nées toutes choses; lui seul a tout façonné. Il circule au milieu des êtres; mais pas un des mortels ne le voit en face : lui, au contraire, il les voit tous. C'est lui qui dispense aux mortels les maux après les biens, et la guerre funeste, et les douleurs qui font verser des larmes. Il n'est pas d'autre roi que le grand roi. Je ne le vois pas, car une nuée le presse de toutes parts, et tous les mortels ont dans leurs yeux des pupilles mortelles, impuissantes pour apercevoir Jupiter, arbitre de l'univers. Car le dieu est établi sur le ciel d'airain, dans un trône d'or, les pieds posés sur la terre, la main droite étendue au loin vers les limites de l'océan. Devant lui tremblent les vastes montagnes, et les fleuves, et l'abime de la mer azurée. »

Philosophes poëtes.

Les premiers philosophes durent profiter, et profitèrent en effet, des travaux de ces théologiens poëtes, qui avaient découvert d'importantes vérités morales, et dont ils ne différaient eux-mêmes que par leur mépris pour les formes mythiques et pour les obscurités calculées du style des hiérophantes. Les Xénophane, les Parménide, qui aspiraient à montrer la vérité sans voiles, sont tombés eux-mêmes dans quelques-uns des abus qu'ils reprochaient durement aux poëtes. Ils ont été, dans leurs vers, plus poëtes qu'ils ne voulaient; et leurs allégories, pour être mieux raisonnées peut-être que les mythes vulgaires, ou même que ceux des orphiques, appartiennent à la poésie par autre chose encore que par la versification. Tant il était difficile de parler, à des hommes nourris d'Homère et d'Hésiode, autrement que dans le style d'Hésiode et d'Homère, même pour injurier les héros de l'antique littérature !

Xénophane.

Xénophane était né à Colophon en Ionie, et il fut un de ceux qui allèrent fonder, dans la Grande-Grèce, la ville d'Élée ou de Vélia, en l'an 536 avant notre ère. Il était dans la fleur de l'âge quand il quitta l'Ionie; il vécut de longues années dans sa patrie nouvelle, et il y laissa à sa mort une école florissante.

Ce n'est pas ici le lieu d'exposer ce qu'on sait des doctrines particulières à Xénophane, et d'en apprécier la valeur. Le philosophe ne nous appartient que par son habileté à manier les rhythmes de la poésie, surtout par ses vives et ingénieuses satires contre ceux qui ravalaient par d'indignes images la majesté de l'être divin. Peu nous importe qu'il se soit gravement trompé lui-même, après avoir si bien montré les erreurs des autres. Ses élégies, dont il reste un fragment considérable, et qui étaient l'ouvrage de sa jeunesse, avaient déjà une tendance philosophique, quoiqu'il ne s'y agît que de choses joyeuses. Ainsi il dissuade les convives de chanter dans le banquet ces fables de Titans, de Centaures, ou autres pareilles, inventées par les anciens poëtes; il blâme le luxe tout oriental des Colophoniens ses compatriotes, et la folie des Grecs qui comptent pour rien le plus sage des hommes, au prix d'un athlète vainqueur aux jeux d'Olympie. On trouve, dans tout ce qui reste de lui, cette sorte de gaieté sérieuse qui ne messied pas aux hommes même occupés des pensées les plus profondes. Voyez avec quelle grâce, à quatre-vingt-douze ans, il confesse la décadence de son esprit et de sa mémoire : « Soixante-sept ans se sont écoulés depuis que ma pensée est ballottée sur la terre de Grèce. Lorsque j'y vins, j'en comptais vingt-cinq, si tant est que je puisse encore supputer mon âge avec certitude. » Ce que je regrette le plus dans la perte des ouvrages de Xénophane, ce ne sont pas ses poëmes sur la fondation de Colophon et sur la colonisation d'Élée; ce n'est pas même son poëme sur la nature [1]; ce sont ces élégies et ces ïambes où il épanchait, sur toute sorte de sujets, sa veine sarcastique et son bon sens impitoyable.

Parménide.

Parménide d'Élée, disciple et continuateur de Xénophane, donna au système panthéistique, ébauché par son maître, la rigueur logique et la précision, sinon la réalité et la vraisemblance, dont il se mettait médiocrement en souci. Il construisait le monde d'après sa pensée, et ne réglait pas sa pensée d'après le spectacle des choses. Cette disposition d'esprit, qui le préparait fort mal à la découverte de la vérité, n'était pas la pire pour le maintenir poëte, en dépit même des sujets souvent peu poétiques qu'il traitait dans ses vers. Son poëme intitulé περὶ φύσεως, *de la Nature*, dont il reste de nombreux fragments, n'était pas seulement une sèche exposition de doctrines : le style en était vif et plein d'images; les détails les plus techniques y avaient je ne sais quelle animation singulière; et, comme Lucrèce, qui le traduit quelquefois, le philosophe d'Élée s'échappait fréquemment à travers les champs de la fantaisie. Cette épopée scientifique était digne, à certains égards, de figurer à côté des plus grandes œuvres de la muse antique. Homère lui-même n'eût guère désavoué, dans l'allégorie du début, que la concision un peu obscure de quelques phrases et la physionomie un peu sévère de l'ensemble :

« Les coursiers qui m'entraînent m'ont amené aussi loin que me portait mon ardeur; car ils m'ont fait monter sur la route glorieuse de la divinité, sur cette route qui introduit le mortel savant au sein de tous les secrets. C'était là que j'allais, c'était là que mes habiles coursiers entraînaient mon char. Des jeunes filles dirigeaient notre course, les filles du soleil, qui avaient quitté les demeures de la nuit pour celles de la lumière, et qui de leurs mains avaient rejeté les voiles

---

1. Περὶ φύσεως. C'est le titre commun de presque tous les grands traités des anciens philosophes.

de dessus leurs tempes. L'essieu brûlant dans les moyeux faisait entendre un sifflement; car il était pressé des deux côtés par le mouvement circulaire des roues, quand les coursiers redoublaient de vitesse. C'était au lieu où sont les portes des chemins de la nuit et du jour...; c'est l'austère Justice qui en tient les clefs. Les vierges, s'adressant à elle avec des paroles douces, lui persuadèrent adroitement d'enlever pour elles à l'instant les verrous des portes; et les battants s'ouvrirent au large, en faisant rouler dans leurs écrous les gonds d'airain fixés au bois de la porte par des barres et des chevilles. Soudain, par cette ouverture, les vierges lancèrent à l'aise le char et les coursiers.

« La déesse m'accueillit favorablement ; et, me prenant la main droite, elle me parla ainsi : « Jeune homme, toi que
« guident des conductrices immortelles,.... réjouis-toi ; car
« ce n'est pas un destin funeste qui t'a poussé sur ce chemin,
« bien en dehors de la route battue : c'est la Loi suprême et
« la justice. Il faut que tu connaisses tout, et les entrailles
« incorruptibles de la vérité persuasive, et les opinions
« des mortels, qui ne renferment pas la vraie conviction
« mais l'erreur ; et tu apprendras comment, en pénétrant
« toutes choses, tu devras juger de tout d'une manière
« sensée. »

On voit que Parménide, quand il composa son poëme, n'était pas fort avancé en âge, puisqu'il se fait donner le titre de jeune homme. En tout cas, c'était longtemps avant ce voyage d'Athènes qui a fourni à Platon l'occasion du fameux dialogue. Parménide, à l'époque où il vint en Attique, c'est-à-dire en 460, avait déjà soixante-cinq ans.

Empédocle.

Empédocle d'Agrigente n'était pas ce fou dont parle Horace, qui se précipita dans le cratère de l'Etna afin de passer pour un dieu. Si Empédocle périt véritablement dans les fournaises de la montagne, ce n'est pas une vanité insensée, c'est le désir de connaître et de s'instruire qui l'avait conduit au bord du gouffre béant. Il essayait d'examiner de près l'étrange et redoutable phénomène, qui ne datait en Sicile que de quelques années, comme Pline le naturaliste devait plus tard sacrifier sa vie quand le Vésuve, après des siècles de repos, redevint un volcan et détruisit d'un seul coup trois ou quatre villes.

Empédocle était, sans contredit, le premier savant de son siècle. Il l'emportait sur Parménide, dont il fut peut-être le disciple, par l'étendue de ses connaissances, surtout dans l'ordre des choses physiques. C'est lui qui avait trouvé les moyens d'assainir les marais de Sélinonte, comme l'attestent encore aujourd'hui de magnifiques médailles. D'autres services d'un genre analogue, rendus à d'autres villes, suffisent pour expliquer la haute estime où le tenaient ses concitoyens, et comment les Doriens de la Sicile voyaient en lui un personnage doué de facultés surhumaines et de dons prophétiques. Il a célébré lui-même, en vers pompeux, les triomphes de son génie : « Salut à vous, mes amis, qui habitez le haut de la ville immense, sur les rives dorées de l'Acragas, livrés aux nobles et utiles travaux. Je suis pour vous un dieu immortel, non je ne suis plus un mortel, lorsque je m'avance au milieu d'universelles acclamations, environné de bandelettes comme il convient, couvert de couronnes et de fleurs. Aussitôt que j'approche de vos cités florissantes, hommes et femmes viennent me saluer à l'envi. Ceux-ci me demandent la route qui conduit à la fortune, ceux-là la révélation de l'avenir ; les autres m'interrogent sur les maladies de tout genre. Tous viennent recueillir mes oracles infaillibles. »

La philosophie d'Empédocle était toute mystique et enthousiaste : il admettait la métempsycose ; il regardait l'homme comme une divinité déchue, et condamnée, pour quelque méfait commis durant sa vie antérieure, à demeurer loin du séjour des immortels jusqu'au moment où l'expiation serait accomplie. Il se rapproche, sur beaucoup de points importants, des doctrines de Parménide et de Xénophane. L'influence des deux philosophes ioniens est manifeste, non-seulement dans les idées du philosophe dorien, mais dans la forme sous laquelle il a présenté son système, dans l'emploi de la langue et du mètre épiques, et jusque dans le choix du titre de son grand ouvrage. Le poëme philosophique d'Empédocle était aussi un περὶ φύσεως, un traité *de la Nature*.

Il reste des vers assez nombreux cités par les anciens sous le nom d'Empédocle. Ceux que j'ai transcrits plus haut sont à peu près les seuls qui puissent conserver dans une traduction quelque chose de leur mérite. Les autres sont presque tous du genre didactique. Le style en est nerveux, animé, riche en métaphores; mais des obscurités souvent impénétrables ôtent à ces précieux débris une grande part de leur intérêt littéraire, et rebutent à chaque pas le lecteur. Si nous étions moins ignorants, ou si nous possédions quelque long morceau du περὶ φύσεως, peut-être acquiescerions-nous au jugement de quelques anciens, qui comparaient Empédocle poëte à Homère; peut-être proclamerions-nous, avec Lucrèce, que la Sicile n'a jamais rien produit d'égal au philosophe d'Agrigente.

Pythagore.

Une autre école de philosophes, fondée à Crotone quelque temps avant que Xénophane établît la sienne à Élée, l'école ou plutôt la secte pythagoricienne, ne méprisait pas non plus le culte des Muses. Il est douteux que Pythagore lui-même ait jamais rien écrit. Comme Thalès avant lui, comme après lui Socrate, il se contentait de communiquer aux autres, par un enseignement oral, les vérités auxquelles il avait foi. Mais ses disciples écrivirent pour lui; quelques-uns même publièrent sous son nom leurs propres ouvrages. Rien ne se prêtait mieux à revêtir les couleurs de la poésie que les nobles doctrines morales prêchées dans la Grande-Grèce par le réformateur samien. Ses rêveries mêmes sur la nature de l'âme et sur ses destinées, et cette théorie des nombres qui faisait de l'univers une grande harmonie, étaient aussi de riches matières sur quoi pouvait s'exercer le talent des poëtes.

Quand l'association pythagoricienne, qui s'était peu à peu étendue par toute l'Italie méridionale, eut encouru la haine des soupçonneux tyrans de la contrée, et qu'elle fut dissoute par la violence, ceux des adhérents qui avaient échappé à la mort portèrent dans la Grèce proprement dite les doctrines de leur maître. Une étroite affinité les unit bientôt aux théologiens orphiques, avec lesquels on les trouve confondus pendant tout le cinquième siècle, et avant que le système des nombres revécût chez les pythagoriciens spéculatifs de l'Académie.

Il est possible que le petit poëme intitulé *Vers dorés*, qui nous est parvenu sous le nom de Pythagore, ait été composé par quelqu'un des mêmes poëtes qui nous ont laissé les plus beaux hymnes orphiques. Cet abrégé de morale n'est pas moins excellent par le style que par les idées. Toutes les qualités que comporte ce genre sévère, et même une sorte de vivacité gracieuse, distinguent éminemment les *Vers dorés* entre toutes les compositions analogues. C'est un vrai poëte qui a fait ces vers ; c'est surtout un homme de bien, sentant ce qu'il dit, et dont les leçons ont un pénétrant parfum d'honnêteté naïve et sérieuse. Ce n'est pas un faussaire des bas siècles, qui eût écrit ce passage d'une simplicité et d'une beauté vraiment antiques : « N'accueille pas le sommeil sur tes yeux appesantis, avant d'avoir examiné par trois fois chacun des actes de ta journée. Par où ai-je péché ? qu'ai-je fait ? quel devoir ai-je négligé d'accomplir ? Reprends ainsi tous tes actes l'un après l'autre ; puis, si tu as fait quelque chose de honteux, gourmande-toi toi-même ; si quelque chose de bon, réjouis-toi. Tels doivent être tes efforts, telle doit être ton étude. Voilà ce qu'il te faut aimer, voilà ce qui te mettra sur les traces de la vertu divine. Oui, j'en jure par celui qui a doué notre âme du principe de justice ; j'en jure par la source de l'éternelle nature ! »

CHAPITRE XV.
PREMIÈRES COMPOSITIONS EN PROSE.

Pour quelle raison les Grecs ont écrit si tard en prose. — Législateurs. — Zaleucus. — Phérécyde de Scyros. — Anaximandre et Anaximène. — Héraclite. — Anaxagore. — Autres philosophes. — Logographes. — Cadmus de Milet et Acusilaüs. — Hécatée de Milet. — Phérécyde de Léros, Charon et Hellanicus.

Pour quelle raison les Grecs ont écrit si tard en prose.

Une chose qui semble fort extraordinaire au premier abord, c'est le peu d'usage que les Grecs ont fait de la prose, jusque vers le commencement du cinquième siècle avant notre ère. Durant les périodes les plus florissantes de leur poésie, ils n'écrivaient, dans la langue parlée, que ce qui n'eût pas souffert aisément les lois du rhythme et de la prosodie. Mais la poésie suffisait à tous les besoins. C'est elle qui conservait, en les embellissant, les traditions de la gloire nationale ; c'est elle qui gravait dans les âmes les prescriptions de la règle des mœurs, et qui montrait, comme dit Horace, la route de la vie ; c'est elle qui transmettait de génération en génération les secrets des arts et de la science, les découvertes de l'expérience ou de hasards heureux. Les oracles s'exprimaient en vers ; les prêtres étaient des poètes, et les législateurs eux-mêmes essayèrent quelquefois de donner la forme poétique à leurs constitutions et à leurs codes. Quelques inscriptions, des textes de traités de paix, des décrets politiques, des articles de lois, tels sont, peu s'en faut, les seuls monuments de la prose grecque, du neuvième au sixième siècle ; monuments précieux pour l'archéologie et la grammaire, mais où l'histoire de la littérature n'a rien ou n'a que peu de chose à voir.

Législateurs.

Il est probable toutefois que, si nous possédions l'œuvre entier de quelqu'un des législateurs de la haute antiquité, nous aurions à citer plus d'une page de prose, digne, et par l'élévation des pensées et par la mâle noblesse du style, de figurer à côté des productions les plus admirées de l'antique poésie. Ces législateurs ne se bornaient pas à régler les institutions politiques et civiles, et à fixer des peines pour les délits et les crimes. On n'avait point encore fait le départ de ce qui est d'équité pure ou de droit écrit, de ce qui appartient à la conscience ou de ce qui est du domaine de la loi : les pensées du citoyen ressortissaient, comme ses actes, au gouvernement de l'État. Le législateur était avant tout un moraliste et un sage, un interprète de la raison divine : il donnait des préceptes aux hommes, en même temps qu'il leur imposait des décrets. Quelques-uns se prétendaient même, témoin Lycurgue, des délégués directs de la divinité. Les paroles qui tombaient de cette hauteur ne pouvaient manquer d'avoir cette sérénité majestueuse, cette sobre élégance, cette force et cette précision, sans lesquelles une leçon de morale, même excellente en soi, court la chance de ne point pénétrer dans les âmes.

Zaleucus.

J'en juge ainsi non pas seulement sur de plausibles conjectures, mais d'après ce que l'on conte de Zaleucus, législateur des Locriens Epizéphyriens. Zaleucus, dont Diodore de Sicile fait un disciple de Pythagore, n'eut pas plus que Numa de relations avec le philosophe de Samos : il est antérieur à Pythagore de plusieurs générations, et il vivait dans la première moitié du septième siècle. Or, dès ce temps, un homme au moins mérita le nom de prosateur ; et cet homme, c'est Zaleucus. En voici la preuve, fournie par Diodore : « Zaleucus, dit l'historien, établit, au commencement du préambule de ses lois, que les citoyens doivent être convaincus d'abord qu'il existe des dieux, et qu'il suffit d'observer l'ordre et l'harmonie de l'univers pour se persuader que ce n'est point l'œuvre du hasard ni des hommes. Il faut, selon lui, vénérer les dieux comme les auteurs de tous les biens dont les mortels jouissent pendant leur vie. Il faut aussi avoir l'âme pure de tout vice, car les dieux ne se réjouissent pas des sacrifices somptueux des méchants, mais des actions justes et honnêtes des hommes vertueux. Après avoir exhorté ses concitoyens à la pratique de la piété et de la justice, il leur défend de jamais entretenir des haines implacables, et il ordonne qu'on traite son ennemi comme si l'on devait passer envers lui du ressentiment à l'amitié : le contrevenant devait être considéré comme un homme sauvage et sans culture. Le législateur invitait les magistrats à n'être ni absolus ni arrogants, et à ne se laisser guider dans leurs jugements ni par la haine ni par l'affection. Enfin chacune des lois de Zaleucus renferme beaucoup de dispositions parfaitement sages. »

Stobée donne aussi le préambule de Zaleucus, mais avec quelques variantes, au reste peu considérables. Ces variantes tiennent à ce que Stobée cite textuellement, ou du moins en style direct, les prescriptions de Zaleucus, tandis que Diodore en fait seulement l'analyse. Mais je dois dire que certains critiques contestent, pour des raisons plus ou moins spécieuses, l'existence même de Zaleucus, par conséquent l'authenticité et l'antiquité du code de lois que lui attribuaient les Locriens Épizéphyriens.

Phérécyde de Scyros.

Quoi qu'il en soit, le premier livre en prose grecque dont il nous reste des fragments authentiques fut écrit par Phérécyde de Scyros, contemporain des sept sages. C'est cette *Théogonie* dont j'ai dit un mot à propos des théologiens orphiques. Mais à peine peut-on compter Phérécyde au nombre des prosateurs. Il a le ton inspiré d'un poëte ; il parle la langue d'Homère ; on dirait que les mots, sous sa main, sont tentés à chaque instant de se construire en hexamètres. Par les idées, il appartient à l'école orphique : il ne lui a manqué que le rhythme épique, pour être classé parmi les héritiers directs des aèdes religieux. Voici comment débutait son ouvrage : « Zeus et Cronos et Chthonia existaient de toute éternité. Chthonia fut appelée la Terre, depuis que Zeus l'eut dotée d'honneur. »

Anaximandre et Anaximène.

Thalès de Milet, fondateur de l'école ionienne, n'avait rien écrit. Anaximandre son disciple, Milésien comme lui, composa, vers l'an 550, un petit traité en prose, cité sous le titre de περὶ φύσεως, *de la Nature*. Autant qu'on peut en juger par de rares et courts fragments, le style de ce livre était d'une concision extrême; et la langue, analogue à celle de Phérécyde, était d'un poëte plus encore que d'un prosateur. Anaximène, autre Milésien, philosophe de la même école, lequel florissait au temps des guerres Médiques, donna à la prose un caractère plus sévère : il écrivit dans le simple dialecte ionien, et il se garda des expressions poétiques et des tours que n'admettait pas le langage parlé. Son livre, dont il reste fort peu de chose, était un traité *de la Nature*.

Héraclite.

C'est encore sous le titre de περὶ φύσεως qu'on cite l'ouvrage dont Héraclite d'Éphèse était si fier, et qu'il avait dédié à la déesse protectrice de sa ville natale, à la puissante Artémis ou Diane, seule capable sans doute d'apprécier un tel présent. Cet ennemi de toutes les opinions reçues, ce contradicteur de tous les systèmes, ce sceptique plein de mélancolie, était à peu près contemporain d'Anaximène. Mais ce n'est point Anaximène qu'il prit pour modèle dans son style. Comme à Phérécyde, comme à Anaximandre, il ne lui manque que le mètre poétique. Il y a plus d'un poëme où l'on chercherait en vain cette vivacité d'allure et cette hardiesse d'expressions qui distinguent éminemment tout ce que les anciens ont cité d'Héraclite. Le livre d'Héraclite avait même pour titre les *Muses*, comme Hérodote nomma aussi son histoire. Il est vrai que la clarté n'était pas ce qu'on y prisait le plus, et l'épithète d'*obscur* est souvent accolée, chez les anciens, au nom d'Héraclite. Mais ce reproche d'obscurité s'adressait probablement au philosophe beaucoup plus qu'à l'écrivain, à la doctrine beaucoup plus qu'au style.

Anaxagore.

Anaxagore de Clazomènes, qui fut le maître de Périclès, tira la philosophie des fausses spéculations où l'avaient engagée les Ioniens et les Éléates, et établit le premier que le monde n'était pas le produit d'une force aveugle et brutale : « Aussi, quand un homme proclama, dit Aristote, que, comme dans les animaux, il y avait dans la nature une intelligence, cause de l'arrangement et de l'ordre universel, cet homme parut seul jouir de sa raison, vu les divagations de ses devanciers. » Anaxagore avait écrit en prose, et dans le simple dialecte ionien à la façon d'Anaximène, un περὶ φύσεως dont les débris considérables nous permettent de nous faire une suffisante idée et de la tournure d'esprit de l'auteur, et du caractère de sa diction. L'argumentation d'Anaxagore est serrée, et les parties en sont disposées avec art. Il procède en général par synthèse, énonçant d'abord la proposition à démontrer, et administrant la preuve ensuite. Il n'y a rien chez lui qui ressemble à des périodes. Ses phrases sont courtes, mais non pas hachées : des particules forment la liaison et des phrases entre elles et des membres de phrase entre eux.

Voici le début du livre d'Anaxagore : « Toutes choses existaient à la fois, infinies en nombre et en petitesse, car le petit était infini ; et, tandis que toutes choses existaient à la fois, aucune n'était apparente, à cause de sa petitesse. Car l'air et l'éther sont les plus grandes choses en nombre et en grandeur qui soient dans le tout. » Voici la phrase où le philosophe caractérise l'esprit, et celle où il peint le plus nettement l'action de l'esprit dans le débrouillement du chaos : « Les autres choses sont une partie distincte du tout ; mais l'esprit est infini, indépendant ; il ne se mêle à aucune chose, et seul il ne relève que de lui-même.... Quand l'esprit eut commencé à mouvoir, par ce mouvement toutes choses se distinguèrent; et, autant l'esprit mouvait, autant se distinguaient toutes choses; et, plus le mouvement s'opérait en séparant les choses, plus il devenait puissant à les séparer. »

Autres philosophes.

J'aurai indiqué, si je ne me trompe, tout ce qui regarde l'histoire littéraire dans les compositions en prose des premiers philosophes, si j'ajoute à ce qui précède que Diogène, d'Apollonie en Crète, avait écrit un traité *de la Nature* en dialecte ionien; que Mélissus de Samos paraît avoir traduit en prose ionienne les doctrines que Xénophane et Parménide avaient exposées en vers; enfin, que Zénon d'Élée, disciple et ami de Parménide, avait développé les mêmes doctrines dans un ouvrage aussi en prose, où il s'attachait surtout à justifier la philosophie éléatique de sa discordance avec les opinions vulgaires. L'école pythagoricienne ne faisait point usage de la prose. On cite pourtant un livre de Philolaüs, qui fut un des maîtres de Platon. Stobée en a conservé une page, d'un style fort obscur, et où il y a des choses passablement bizarres. Philolaüs écrivait en dialecte dorien.

Logographes.

A côté de ces hommes, différents d'esprit et de talents, qui avaient essayé d'exprimer, dans la langue de tous, les rêves de l'imagination ou les spéculations de la pensée, il y en avait d'autres qui s'adressaient non plus au sentiment ou à la raison, mais à la curiosité, et qui aspiraient à donner à leurs concitoyens des annales véridiques, purgées des mensonges forgés autrefois par la fantaisie des poëtes. Ces historiens, si l'on peut les nommer ainsi, ces *logographes*, comme les appellent les anciens, ces collecteurs de traditions et de légendes, ne réussirent guère qu'à remplacer des fables par d'autres fables; mais ils façonnèrent peu à peu la langue ionienne aux allures de la narration suivie, comme les philosophes la façonnaient à celles de l'argumentation et à la précision scientifique. Ils créaient le style historique, sinon l'histoire, et ils préparaient les voies à Hérodote, comme les philosophes rendaient possible la merveille du style d'Hippocrate.

Tous les logographes ne sont pas des Ioniens; mais tous ont écrit en langue ionienne, parce que c'est d'Ionie qu'était partie l'impulsion, et parce que l'ionien était le seul dialecte qui eût des prosateurs. C'était l'idiome commun de tous les écrivains en prose, comme le dialecte épique, l'antique ionien, avait été durant des siècles l'idiome commun des poëtes grecs de tout pays, et comme il demeura jusqu'au bout l'idiome de la poésie narrative et de la poésie didactique.

Milet eut l'honneur de produire le premier historien, comme elle avait produit le premier philosophe. L'amollissement des mœurs et l'affaissement des courages avaient compromis plus d'une fois l'indépendance des cités ioniennes, pressées de tous côtés par des voisins puissants, et les avaient réduites au rôle humiliant de complaisantes, sinon d'esclaves, des monarques lydiens d'abord, ensuite des maîtres du grand empire. La haute poésie avait dû mourir et était morte, en Ionie, mais non pas les facultés de l'intelligence. Les spéculations des philosophes, les récits des logographes, n'étaient aux yeux des gouvernants que d'innocentes récréations, dont il ne fallait non plus priver la foule que des chants gracieux de Mimnerme et de ses pareils.

Cadmus de Milet et Acusilaüs.

Cadmus de Milet avait choisi un sujet propre à charmer ses concitoyens : c'était l'histoire de la fondation de leur ville natale, ou plutôt le recueil des fables qui avaient cours sur les merveilleuses origines de Milet. L'ouvrage de Cadmus n'existait déjà plus dès le temps de Denys d'Halicarnasse.

Acusilaüs d'Argos, Dorien, qui fut presque contemporain de Cadmus de Milet, et qui prit son style pour modèle, écrivit dans la première moitié du sixième siècle avant notre ère. Son ouvrage n'embrassait que la période mythologique et héroïque des traditions anciennes. On peut se faire une idée de la manière de ce logographe, d'après ce mot de Clément d'Alexandrie, qu'il avait mis Hésiode en prose.

Hécatée de Milet.

Hécatée de Milet, qui joua un rôle dans la révolte des Ioniens contre Darius en l'an 503, avait beaucoup voyagé et beaucoup vu. Il publia les généalogies de quelques familles illustres; non pas seulement des listes de noms plus ou moins connus, mais le récit de toutes les actions capables de recommander ces noms à la mémoire des hommes. Il essayait de ramener les aventures merveilleuses aux proportions d'événements naturels, mais sans s'arrêter toujours, dans l'interprétation, aux limites du vraisemblable. Il avait fait aussi une description du monde connu de son temps, περίοδος γῆς, *Tour de la terre*, dont les deux livres étaient intitulés, l'un *Europe*, l'autre *Asie*. Les fragments d'Hécatée sont en ionien vulgaire; le style en est d'une simplicité nue, mais non sans mouvement ni sans grâce.

Phérécyde de Léros, Charon et Hellanicus.

Phérécyde le logographe, né à Léros, petite île voisine de la côte d'Ionie, florissait au temps des guerres Médiques. Il passa de longues années à Athènes, et il y recueillit les traditions relatives à l'histoire de l'Attique. Il est souvent cité par les mythographes anciens. Les généalogies athéniennes qu'il avait dressées descendaient sans interruption depuis Ajax jusqu'à Miltiade. D'après la méthode d'Hécatée son modèle, à chaque nom étaient rattachés des récits où ces noms avaient place; quelquefois même ces récits avaient un développement considérable. Ainsi l'établissement de Miltiade dans la Chersonèse de Thrace lui avait fourni l'occasion de raconter l'expédition de Darius contre les Scythes.

Charon, né à Lamsaque, colonie de Milet, est un contemporain de Phérécyde de Léros. Il continua les recherches ethnographiques d'Hécatée, et il écrivit des ouvrages séparés sur la Perse, sur la Libye, sur l'Éthiopie et sur d'autres contrées. Il écrivit aussi une histoire, ou plutôt une sèche chronique, des événements de la guerre de Darius et de Xerxès contre les Grecs : ouvrage qui a fourni peut-être à Hérodote quelques renseignements précieux, mais non pas certes le modèle de cette narration et de ce style que nous admirons dans les *Muses*.

Hellanicus de Mitylène, Éolien, qui florissait vers le même temps qu'Hérodote, écrivit, dans la manière d'Hécatée, de Phérécyde et de Charon, des descriptions ethnographiques, des généalogies, des chroniques nationales et étrangères. Un de ses écrits contenait la liste des femmes qui avaient desservi, dès la plus haute antiquité, le sanctuaire de Junon à Argos, et le récit des événements plus ou moins authentiques auxquels s'étaient mêlées ces prêtresses, ou dont Argos avait été le théâtre. Hellanicus toucha aussi à l'histoire contemporaine, et raconta quelques-uns des faits qui s'étaient passés entre les guerres Médiques et la guerre du Péloponnèse. Son livre était peu détaillé, et manquait, non pas seulement d'intérêt, mais même, à en croire Thucydide, de toute exactitude chronologique.

Aucun des écrivains que je viens d'énumérer, aucun de ceux que je pourrais énumérer encore, ni Xanthus de Sardes, auteur d'un ouvrage intitulé *Lydiaques*, ni Denys de Milet, dont on ne connait que le nom, aucun des logographes enfin n'a mérité assurément le noble nom d'historien ; mais les logographes, comme je l'ai déjà dit, aidèrent à la venue du père de l'histoire : ils furent à cet autre Homère ce qu'avaient été au poëte de l'*Iliade* et de l'*Odyssée* ces aèdes dont nous avons péniblement cherché les noms et la race littéraire.

CHAPITRE XVI.

HÉRODOTE. HIPPOCRATE.

Vie d'Hérodote. — Plan de l'histoire d'Hérodote. — Hérodote écrivain. — Hérodote moraliste. — Excellence de l'ouvrage d'Hérodote. — Vie d'Hippocrate. — Ouvrages d'Hippocrate. — Style d'Hippocrate.

Vie d'Hérodote.

La ville d'Halicarnasse, en Carie, fondée autrefois par une colonie dorienne, était, au commencement du cinquième siècle, la capitale d'un petit royaume héréditaire dont les souverains dépendaient des satrapes de l'Asie Mineure et reconnaissaient la suzeraineté du Grand-Roi. C'est à Halicarnasse que naquit Hérodote, en 484, sous le règne de la première Artémise, celle qui s'immortalisa par son héroïsme à la bataille de Salamine, où ses navires soutinrent la lutte contre les Grecs sans trop de désavantage. La famille d'Hérodote comptait entre les plus considérables de la ville. On ne négligea rien pour son éducation, et il profita des ressources littéraires qui abondaient alors dans Halicarnasse, non moins que dans les cités voisines. Le poëte Panyasis, un des classiques de l'épopée grecque, était l'oncle maternel d'Hérodote : c'est à lui sans doute et à ses exemples que le jeune homme dut l'amour du bien et du beau, et cette passion de s'instruire qui l'entraîna de bonne heure à travers le monde, pour voir et pour entendre. Ce fut aussi un des hasards heureux de la destinée du futur historien, qu'il fût né sujet du Grand-Roi. Il put librement satisfaire son goût pour les voyages, dans un temps où tout Grec, d'une des nations en guerre avec la Perse, n'eût pu mettre le pied en Égypte et dans la haute Asie sans courir le risque d'être traité en ennemi et vendu comme esclave. Il visita l'Égypte, et remonta le Nil jusqu'à Éléphantine. Il parcourut la Libye, la Phénicie, la Babylonie, et probablement aussi la Perse. Il pénétra jusqu'au fond du Pont-Euxin, en suivant le rivage méridional de cette mer, et il séjourna dans tous les lieux qui offraient quelque aliment à sa curiosité. Dès l'âge de vingt-cinq ans peut-être, il méditait déjà son grand ouvrage. A trente ans, il vivait dans sa ville natale, travaillant à mettre en ordre les immenses matériaux qu'il avait amassés, et s'essayant à la composition de ces récits qui devaient charmer la Grèce, quand un événement funeste vint bouleverser sa fortune et détruire son repos.

Ce n'était plus le temps de la grande Artémise, ce temps où les lettres étaient en honneur dans le palais même des souverains, et où Pigrès, frère de la reine, ambitionnait le nom de poëte et la gloire de se dire un des disciples d'Homère. Lygdamis, roi d'Halicarnasse, n'était qu'un cœur bas et féroce; et Panyasis fut particulièrement en butte à sa haine pour tout ce qui était noble et grand. Le poëte périt un jour, égorgé par l'ordre du tyran. Hérodote lui-même, que Lygdamis n'aimait pas davantage, faillit aussi perdre la vie, et ne se mit à l'abri qu'en fuyant d'Halicarnasse.

Il alla s'établir, vers l'an 442, dans l'île ionienne de Samos. C'est là qu'il se perfectionna dans l'étude du dialecte qui était la langue de la prose, et qu'il se pénétra de cet esprit ionien qui vit d'un bout à l'autre de son œuvre. Car Hérodote n'a rien de cette fierté aristocratique, de cette roideur, de ces préjugés nationaux, que les Doriens portaient partout avec eux : il s'est, si je puis ainsi dire, dépouillé du vieil homme, en quittant le dialecte de ses pères. C'est à Samos encore qu'Hérodote prépara les moyens de délivrer ses compatriotes du joug de leur tyran. Il réussit dans son entreprise contre le meurtrier de Panyasis, et il revit sa patrie après un exil de plusieurs années. Mais, au lieu de ce loisir et de cette douce quiétude où il comptait passer sa vie, il ne trouva qu'amertume et dégoûts. Halicarnasse ne sut pas jouir de la liberté; et les dissensions civiles ne tardèrent point à en rendre le séjour intolérable pour un homme d'étude et de paix. Hérodote, désespérant de la raison de ses concitoyens, les abandonna à leurs passions, et alla chercher, loin d'Halicarnasse, une retraite à l'abri de tous les orages. Il choisit pour son exil volontaire la ville de Thuries, que les Athéniens avaient fondée en 444 dans la Grande-Grèce, sur l'emplacement de l'ancienne Sybaris. On ignore l'époque précise de son départ pour Thuries; mais il ne fut pas un des fondateurs de la ville. Il vécut de longues années dans sa patrie nouvelle, et il y mourut dans un assez grand âge, vers l'an 406 avant notre ère. Il se donne à lui-même, en tête de son Histoire, le nom d'Halicarnassien, à raison du lieu de sa naissance; mais plus d'une fois il est désigné comme Thurien par les auteurs. Thuries l'avait adopté pour sien, et on le connut longtemps en Grèce comme citoyen de Thuries.

Hérodote avait parcouru pendant sa jeunesse, comme je l'ai dit, les merveilleuses contrées de l'Orient et les villes grecques de l'Asie. Ses explorations dans la Grèce européenne commencèrent plus tard, mais sans qu'on sache à quel moment. Ce qui est certain, c'est qu'il avait visité presque tous les lieux de quelque renom, villes, temples, champs de bataille, et dans les îles et sur le continent, depuis la Thrace jusqu'en Italie.

La réputation littéraire d'Hérodote remplissait déjà la Grèce, avant même qu'il passât d'Halicarnasse à Thuries. En 446, à l'âge de trente-huit ans, il était venu à Athènes pour la fête des grandes Panathénées, et il y avait lu en public des fragments de son ouvrage, fort incomplet encore, mais dont certaines parties étaient à peu près au point où il les voulait mettre et où il les a laissées. L'assistance avait été émerveillée de ces récits, et les Athéniens avaient voté au conteur incomparable une récompense de dix talents, plus de cinquante mille francs de notre monnaie. Longtemps avant cette époque, dès 456 selon une tradition plus douteuse, il avait déjà fait une lecture de ce genre à Olympie; et c'est là que s'était allumée, dit-on, dans le cœur de Thucydide enfant, cette noble ambition de gloire si bien secondée depuis par le génie.

Quoi qu'il en soit, ce n'est ni en 456 ni même en 446 qu'Hérodote pouvait livrer à l'admiration des hommes autre chose que des récits partiels et des lambeaux de son œuvre. Le plan immense qu'il avait conçu ne fut complétement réalisé que longtemps après; et c'est seulement dans les dernières années de sa vie qu'il cessa de travailler, et qu'il vit son monument debout, tel qu'il avait jadis rêvé de le construire.

Plan de l'histoire d'Hérodote.

L'ouvrage d'Hérodote embrasse l'histoire de tous les peuples alors connus; mais le sujet principal, le fait autour duquel se groupent tous les autres faits, et où tout vient aboutir de près comme de loin, c'est la grande et terrible lutte de l'Asie contre la Grèce. Pour former un tout des innombrables détails qu'il se proposait de déployer Hérodote conçut une sorte d'épopée, dont l'ordonnance n'est pas sans analogie avec celle des poëmes d'Homère. Comme l'auteur de l'*Odyssée*, il transporte dès le début, ou peu s'en faut, le lecteur au sein même des événements qui ont préparé la lutte; et, conduit de souvenir en souvenir, montant et descendant dans les siècles, tournant à droite, tournant à gauche, il arrive à la journée de Mycale, après avoir passé en revue tout ce qu'offraient d'important, ou seulement de curieux, les traditions des peuples. Sa manière de rattacher les récits les uns aux autres tient un peu de celle du vieux Nestor. Seulement les parenthèses du vieillard de Pylos, ces aventures qu'un nom lui remet en mémoire, et qu'il intercale les unes dans les autres, mais sans oublier le but où il tend, ont pris, dans Hérodote, des dimensions proportionnées à l'immensité d'un discours où il s'agit de montrer l'opposition de deux mondes et le triomphe de l'Europe sur l'Asie. L'unité de l'ouvrage est dans cette opposition fondamentale; unité qui admet une diversité infinie, car tout ce qui a trait, de près ou de loin, et aux cités grecques et à l'empire des Perses, histoire, géographie, mœurs, usages, religions, toutes les traditions, tous les faits, toutes les légendes, appartient en définitive au vaste domaine conquis par l'écrivain; j'allais dire, par le poète. Ce titre glorieux, Hérodote le mérite à plus d'égards que bien des poëtes faisant des vers, même avec talent; et les noms de Muses que portent chacun de ses neuf livres ne disent rien de trop en annonçant que ce qu'on a sous les yeux est une œuvre d'art, et d'un art inspiré, non moins qu'une œuvre de science.

Voici un court sommaire qui fera comprendre, tout à la fois, et l'immensité des trésors amassés par Hérodote, et l'heureux cadre dans lequel il les a disposés.

Après quelques mots sur les anciennes luttes de la Grèce et de l'Asie durant l'époque héroïque, et sur les motifs de part et d'autre allégués, comme les enlèvements d'Io, d'Europe, de Médée et d'Hélène, Hérodote passe à Crœsus, héritier de ces rois de Lydie qui les premiers entreprirent sérieusement, dans les temps historiques, contre la liberté des Grecs. Il nous fait connaître en détail la vie et les aventures de Crœsus, tout ce qu'on sait de ses ancêtres et des dynasties qui se sont succédé dans le royaume de Lydie, en un mot tout ce qui offre quelque intérêt dans la destinée du peuple lydien. A propos d'un oracle qui recommande à Crœsus de rechercher l'amitié des Grecs, Hérodote est amené à parler de l'état où se trouvaient alors Athènes et Lacédémone. L'attaque de Sardes par Cyrus fait paraître devant nous un autre peuple, les Perses, qui détruisent le royaume de Lydie, et qui se trouvent désormais, par le fait de leurs conquêtes, en contact immédiat avec les Grecs. Hérodote nous apprend ce que sont les Perses, et comment ils ont succédé, dans le haut Orient, à l'empire des Mèdes, dont l'origine, le progrès et la chute se déroulent successivement à nos yeux. A l'histoire de Cyrus se mêlent l'histoire des colonies grecques de l'Asie Mineure, et celle de la destruction de la puissance assyrienne.

L'expédition de Cambyse, fils de Cyrus, contre l'Egypte conduit le lecteur sur les bords du Nil. Hérodote décrit la contrée, et raconte de ce peuple extraordinaire tout ce qu'il a vu, tout ce qu'il a entendu raconter sur les lieux mêmes. Il reprend l'histoire de Cambyse; puis il passe au mage Smerdis et à Darius, fils d'Hystaspe. L'expédition de Darius contre les Scythes et la soumission de la Libye portent la vue de l'historien vers les deux extrémités du monde alors connu : il nous fait le tableau des mœurs du Nord et de celles du Midi, la description de ces pays si divers, et le récit des vicissitudes des nations qui les habitent.

La conquête de la Thrace et de la Macédoine par Mégabazès, lieutenant de Darius, et la révolte des Ioniens contre les Perses, mettent directement en lutte les deux mondes. Hérodote, reprenant l'histoire des Etats grecs au point où il l'avait laissée, s'attache particulièrement à peindre les progrès de la puissance athénienne, l'esprit d'entreprise qui anime la république depuis la chute des Pisistratides. Il rend compte et des inimitiés qui divisaient les nations grecques entre elles, et des alliances, des sympathies qui les rattachaient les unes aux autres, à l'époque où Darius comprima la révolte de ses sujets grecs, et où ses armées s'avancèrent au cœur de la Grèce. L'expédition de Datis et d'Artaphernès échoue, et la bataille de Marathon délivre pour quelques années la Grèce du danger. Xerxès, fils de Darius, essaye de venger en personne l'affront fait aux armes des Perses. Après des batailles sans résultat aux Thermopyles et au promontoire d'Artémisium, la flotte des Perses est détruite à Salamine, et leur armée de terre à Platées. Le dernier livre d'Hérodote se termine au moment où la Grèce est définitivement purgée de ses envahisseurs, et où les peuples grecs qui avaient favorisé les entreprises de l'ennemi ont reçu leur juste châtiment.

Il n'y a qu'une seule lacune dans cette histoire universelle. Hérodote dit trop peu de chose de cette grande nation assyrienne qui avait enfanté les merveilles de Babylone et de Ninive. Mais il nous apprend lui-même qu'il avait composé un ouvrage détaillé sur l'Assyrie; et c'est à cet ouvrage, malheureusement perdu, qu'il se réfère pour tout ce qui manque dans le livre où il est question des Assyriens.

Hérodote écrivain.

Hérodote n'a rien de commun avec les écrivains qu'on appelle éloquents. Il ne cherche pas plus les effets de style qu'Homère ne vise au sublime. Il ignore même ce que c'est que le style, ou du moins ce qu'on appelle ordinairement ainsi, cet agencement des phrases et des mots, ces savantes combinaisons qui donnent au discours l'aspect d'un tissu bien façonné. Il parle sa pensée, voilà tout son art : le mot le plus simple, le plus naïf et le plus nu, la tournure aussi la moins contournée, la moins tournure, si j'ose ainsi dire, voilà tout ce qu'on trouve d'un bout à l'autre de son ouvrage. Toutefois, quand il fait parler les personnages eux-mêmes, il ramasse ses arguments sous une forme presque arrondie, qui offre comme une apparence ou plutôt une ébauche de période, et qui fait pressentir le style des historiens futurs. Hérodote a fait en langue ionienne, mais naturellement et sans effort, ce que Platon devait faire plus tard en langue attique, mais avec le labeur d'un art consommé : il a écrit comme il parlait, ou du moins comme il aurait pu parler. De là ces phrases qui semblent n'avoir ni commencement ni fin, ni construction raisonnable, et qui ne laissent pas d'exprimer parfaitement ce qu'Hérodote veut dire, tout en nous plaisant, dit Paul-Louis Courier, par un air de bonhomie et de peu de malice, moins étudié que ne l'ont cru les anciens critiques. La grâce de la diction n'est pas seulement dans l'heureux négligé des formes, elle est aussi dans le caractère même de la langue. Le dialecte ionien, avec ses diérèses, ses voyelles accumulées, les souvenirs poétiques que réveillent les mots qui lui sont propres, ajoute à tous les autres charmes son charme particulier, si bien en rapport avec la physionomie de l'œuvre entière.

Hérodote ne s'échauffe jamais : il laisse aux faits qu'il raconte le soin d'intéresser eux-mêmes, et de passionner le lecteur. C'est du même ton sérieux qu'il fait l'histoire des infortunes conjugales de Candaule et celle des batailles qui ont préservé le monde du joug des barbares. Aussi serait-il malaisé de proclamer quel est, entre ces innombrables récits, celui qui mérite le plus d'être cité, abstraction faite, bien entendu, de l'importance des choses, et en ne tenant compte que des qualités de la narration. A mon avis, le plus long est aussi le plus beau.

CHAPITRE XVI.

Hérodote moraliste.

Hérodote n'écrivait pas uniquement pour raconter; et lui-même il tire plus d'une fois l'enseignement moral qui sort si souvent du spectacle des choses humaines. Il aime à montrer la présence et l'action d'un pouvoir souverain dans le monde. Il croit que tout est réglé de tout temps, et que rien ne saurait garantir de l'envie des dieux, comme il s'exprime souvent, le crime, la violence, même l'opulence excessive, et la vanité, son inévitable compagne. Je ne veux pas dire qu'Hérodote soit un grand philosophe, ou qu'il ait inventé, dès le cinquième siècle avant J. C., la philosophie de l'histoire. Je dis seulement qu'il sait réfléchir, et que son âme d'honnête homme lui suggère quelquefois les idées les plus vraies, et même les plus profondes. Il a un vif sentiment de ce qui est bien et de ce qui est mal; et ce n'est pas lui qu'on verra jamais ou excuser des actes mauvais, ou déprimer la vertu des grands hommes. L'histoire pour lui est l'histoire, et non point un plaidoyer : il n'est d'aucun parti, à moins qu'on ne nomme ainsi l'amour passionné de la vérité et de la justice. Il ne dissimule point les défauts des Grecs eux-mêmes. A côté de leur gloire, il montre les écueils où se peut briser un jour tant de puissance. La chute successive des empires est une leçon qu'il leur donne à méditer sans cesse; et ses fréquents appels au sentiment religieux et à la crainte des vengeances divines sont des avertissements qui regardent l'avenir, bien plus encore que des explications du passé.

Excellence de l'ouvrage d'Hérodote.

Hérodote était religieux, mais non pas crédule. Il raconte souvent des prodiges, mais toujours avec des formules qui reportent sur d'autres la responsabilité de l'erreur ou du mensonge. Il est la véracité même. Ce qu'il dit avoir vu, il l'a vu en effet; ce qu'il dit avoir entendu, on le lui a en effet conté. Il est impossible de suspecter sa bonne foi. Ceux qui l'ont fait étaient ou des esprits prévenus, comme Plutarque, descendant de ces Béotiens qui avaient trahi la cause commune dans les guerres Médiques, ou des sceptiques raffinés, qui ne reconnaissaient d'autres réalités que celles qu'ils avaient sous les yeux, et qui reléguaient parmi les fables tous les faits tant soit peu étranges ou non conformes aux choses accoutumées. Les voyageurs modernes ont complétement vengé le caractère méconnu de l'antique voyageur. Les découvertes de l'archéologie, monuments déterrés dans les ruines des villes d'Orient, écritures mystérieuses déchiffrées, témoignages contemporains des plus reculées époques de l'histoire, démontrent chaque jour de plus en plus qu'Hérodote n'avait pas mis moins de soins à s'informer des annales des peuples, qu'à visiter leurs pays et à observer leurs mœurs. Ainsi Thucydide lui-même s'est trompé, si c'est Hérodote qu'on doit entendre, quand l'auteur de la *Guerre du Péloponnèse* parle quelque part d'historiens dont les écrits n'ont d'autre but que de flatter un instant l'oreille.

La première composition vraiment digne du nom d'histoire n'est donc pas seulement un chef-d'œuvre historique, elle est une œuvre unique en son genre; sinon la plus parfaite de toutes, du moins la plus étonnante, la plus originale, celle que nul ne pouvait être tenté de prendre pour modèle, car tout y est de génie, et les imitateurs ne saisissent jamais que la manière, les traits d'école, le convenu; elle est la seule où coulent à pleins canaux toutes les sources de l'intérêt. Figurez-vous une merveille impossible, la relation de Marco Polo, par exemple, qui ne ferait qu'un avec la chronique de Joinville et les contes des *Mille et une Nuits*, et tout cela enfermé dans le plan d'une *Odyssée* et écrit dans la langue d'Homère : cette merveille impossible, elle existe, et c'est le livre d'Hérodote.

Vie d'Hippocrate.

Le droit d'Hippocrate à figurer à côté d'Hérodote dans un ouvrage qui n'a rien de commun avec les études médicales, c'est, avant tout, sa qualité de prosateur ionien. Mais le père de la vraie médecine nous appartient par d'autres côtés encore. Il y a, dans ses ouvrages, une partie tout humaine dont nous sommes aptes à juger, nous autres profanes, et qui compte aussi dans la gloire de cet incomparable génie; il y a le philosophe, le moraliste, l'homme qui a le premier rédigé, sous une forme impérissable, les axiomes de la vérité éternelle; il y a enfin Hippocrate lui-même, admirable nature, aussi grande par le cœur que par l'esprit; simple et ingénue comme tout ce qui a conscience de sa force; calme comme la raison, et remarquable par la douceur non moins que par l'austérité.

Hippocrate, comme Hérodote, était Dorien de naissance; mais, comme Hérodote, comme les logographes, comme les premiers philosophes, il écrivit dans l'ancienne langue de la prose. Il était né pourtant en 460, plus de vingt ans après Hérodote. Mais cette différence d'âge n'était pas suffisante pour décider Hippocrate à renoncer à l'emploi du dialecte ionien. Les hommes d'État athéniens élevèrent de son temps le dialecte attique à la dignité oratoire; Thucydide, de son temps aussi, écrivit l'histoire en langue attique; mais ce n'est que dans les dernières années du cinquième siècle que les disciples de Socrate mirent au jour les ressources de l'idiome d'Athènes pour l'expression des plus imperceptibles nuances de la pensée. Il ne faut donc pas s'étonner si Hippocrate, philosophe avant tout, demeura fidèle aux traditions littéraires de la philosophie, et s'il ne déserta pas les errements des Phérécyde, des Héraclite et des Anaxagore.

Il était de l'île de Cos, où son père exerçait lui-même la profession de médecin. Hippocrate est souvent désigné par le surnom de fils des Asclépiades. Sa famille, comme toutes celles qui se transmettaient de génération en génération les préceptes de l'art de guérir, se vantait en effet de descendre d'Asclépius, que nous nommons Esculape, le père de Machaon et de Podalire. Hippocrate, après s'être formé sous les yeux de son père et par les soins des maîtres qu'il avait dans sa maison et dans sa ville natale, alla prendre, à Sélymbrie en Thrace, les leçons d'Hérodicus, le plus fameux des médecins d'alors.

Il est probable qu'il exerça son art de ville en ville pen-

dant de longues années, particulièrement dans les villes de
la Thessalie, Larisse, Mélibée et autres, et dans l'île de
Thasos. Les descriptions si vives et si vraies qu'il donne de
plusieurs contrées lointaines prouvent aussi qu'il n'avait pas
borné ses voyages aux îles et au continent de la Grèce. Il
avait parcouru une grande partie la haute Asie, et visité
en détail les provinces septentrionales de l'Asie Mineure.
« Un médecin, dit Homère, équivaut à un grand nombre
d'hommes. » Tous les peuples antiques avaient pour les médecins une vénération profonde. Encore aujourd'hui, dans
le haut Orient, il n'est pas de plus noble titre que celui de
médecin, ni de meilleur passe-port, ni de recommandation
plus efficace. Hippocrate revint à Cos dans sa vieillesse,
et y fonda une école de médecins, dont la renommée se
conserva longtemps après sa mort. Il prolongea sa vie jusqu'à un grand âge; jusqu'à quatre-vingt-cinq ans, selon
les uns ; jusqu'à quatre-vingt-dix, selon les autres; selon
d'autres encore, jusqu'à cent quatre ou même cent neuf
ans. Son biographe anonyme dit qu'il mourut non point
dans sa ville natale, mais près de Larisse, dans la
Thessalie.

Quelques-uns ont écrit qu'Hippocrate avait délivré
Athènes de la peste, pendant la guerre du Péloponnèse, et
qu'il avait refusé de se rendre auprès d'Artaxerxès pour secourir les barbares décimés par le fléau. Mais il est invraisemblable qu'à l'époque de la peste, Hippocrate, âgé d'une
trentaine d'années, ait joui de la réputation qu'on lui prête,
et qu'Artaxerxès ait eu l'idée de députer à ce jeune homme
une ambassade et des présents. Quant à la ville d'Athènes,
il est douteux qu'Hippocrate y ait même jamais mis le pied.
Il ne la nomme nulle part dans ses ouvrages ; et Galien dit
que Smyrne, que le plus petit quartier de Rome renfermait
plus d'habitants que la plus grande ville où Hippocrate eût
jamais exercé son art. Thucydide, qui fait avec tant de détails
le lugubre tableau des désastres de la peste dans Athènes,
ne nomme point Hippocrate, et nous apprend que tous les
remèdes furent impuissants et que les médecins furent les
premières victimes du fléau.

Il y a bien d'autres récits fabuleux dont les écrivains des bas siècles ont essayé d'embellir la vie d'Hippocrate, et qui l'ont transformée en une sorte de légende comme celles des temps héroïques. Nous n'avons pas à discuter ces fantaisies plus ou moins ingénieuses. C'est ailleurs qu'il faut chercher, si l'on veut se faire une juste idée de la personne d'Hippocrate et de son caractère : « Ce grand homme, dit avec raison l'auteur d'*Anacharsis*, s'est peint dans ses écrits. Rien de si touchant que cette grandeur avec laquelle il rend compte de ses malheurs et de ses fautes. Ici, vous lisez les listes des malades qu'il avait traités pendant une épidémie, et dont la plupart étaient morts entre ses bras. Là, vous le verrez auprès d'un Thessalien blessé d'un coup de pierre à la tête. Il ne s'aperçut pas d'abord qu'il fallait recourir à la voie du trépan. Des signes funestes l'avertirent enfin de sa méprise : l'opération fut faite le quinzième jour, et le malade mourut le lendemain. C'est de lui-même que l'on tient ces aveux ; c'est lui qui, supérieur à toute espèce d'amour-propre, voulut que ses erreurs mêmes fussent des leçons. »

Ouvrages d'Hippocrate.

Les savants modernes ont montré tout ce que la science devait au médecin de Cos en découvertes de tout genre. La collection des œuvres qui portent le nom d'Hippocrate contient des écrits de nature et de valeur fort diverses, et dont un certain nombre seulement sont regardés comme authentiques. Les autres sont revendiqués pour quelques-uns des philosophes antérieurs à Hippocrate ou ses contemporains, surtout pour les médecins qui furent ses héritiers, et par qui fleurirent à Cos son école et ses doctrines.

Parmi les écrits qui sont réellement d'Hippocrate, il y en a qui ne sont que des journaux détaillés de clinique, et dont tout le mérite littéraire consiste dans la précision avec laquelle les circonstances nosographiques ont été résumées et décrites. D'autres sont de véritables traités philosophiques, sur des matières ressortissant au domaine médical. Le petit livre *des Airs, Eaux et Lieux*, où Hippocrate expose l'influence des climats et des saisons sur la santé des hommes, n'est pas seulement un chef-d'œuvre scientifique, remarquable par la profondeur et la justesse des observations; ce n'est pas seulement un des plus utiles écrits qu'ait jamais inspirés l'étude approfondie de la nature : on aurait peine à trouver dans toute l'antiquité, chez Aristote, chez Platon même, un morceau qui soit tout à la fois et plus sérieux et plus intéressant. Je n'ai besoin, pour en fournir la preuve, que de prendre au hasard une des pages de cet opuscule, qui en compte une trentaine à peu près :

« Quant à la pusillanimité, à l'absence de courage viril, si les Asiatiques sont moins belliqueux et plus doux que les Européens, la principale cause en est dans les saisons, qui, en Asie, n'éprouvent pas de grandes variations ni de chaud ni de froid, mais sont à peu près uniformes. En effet, l'esprit n'y ressent point ces commotions, le corps n'y subit pas ces changements intenses, qui rendent naturellement le caractère plus farouche, et qui lui donnent plus d'indocilité et de fougue qu'un état de choses toujours le même ; car ce sont les changements du tout au tout qui éveillent l'esprit de l'homme et ne le laissent pas dans l'inertie. C'est, je pense, à ces causes extérieures qu'il faut rapporter la pusillanimité des Asiatiques, et aussi à leurs institutions. En effet, la plus grande partie de l'Asie est soumise à des rois; et, toutes les fois que les hommes ne sont ni maîtres de leurs personnes, ni gouvernés par les lois qu'ils se sont faites, mais par la puissance despotique, ils n'ont pas de motif raisonnable pour se former au métier des armes : ils en ont, au contraire, pour ne point paraître guerriers, car les périls ne sont pas également partagés. C'est contraints par la force qu'ils vont à la guerre, qu'ils en supportent les fatigues, et qu'ils meurent pour leurs despotes, loin de leurs enfants, de leurs femmes et de leurs amis. Tous leurs exploits et leur valeur guerrière ne servent qu'à augmenter la puissance de leurs despotes : quant à eux, ils ne recueillent d'autres fruits que les dangers et la mort. En outre, leurs champs se transforment en déserts, et par les dévastations des ennemis, et par la cessation des travaux; de sorte que, s'il se trouvait parmi eux quelqu'un qui fût, de sa nature, courageux et brave, il serait, par l'effet des institutions, détourné d'employer sa bravoure. Une grande preuve de ce que j'avance, c'est qu'en Asie, les Grecs et les barbares qui ne se soumettent pas au despotisme, et qui se gouvernent par eux-mêmes, sont les plus guerriers de tous; car c'est pour eux-mêmes qu'ils courent les dangers, et eux-mêmes reçoivent le prix de leur courage ou la peine de leur lâcheté[1]. »

Style d'Hippocrate.

Le style d'Hippocrate est, comme on le voit, la simplicité même, mais une simplicité qui n'exclut pas des qualités éminentes, et qui s'associe admirablement avec la vigueur et la concision. Ce style atteint à la haute éloquence et à la poésie, dans les traités où Hippocrate trace les devoirs du médecin, de cet homme qu'il compare à un dieu, sans s'apercevoir qu'il était lui-même ce dieu parmi les hommes. La formule de serment qu'il a rédigée a la majesté et le ton d'un hymne religieux : « Je jure par Apollon médecin, par Esculape, par Hygie et Panacée, je prends à témoin tous les dieux et toutes les déesses, de tenir fidèlement, autant qu'il dépendra de mon pouvoir et de mon intelligence, ce serment et cet engagement écrit; de regarder comme mon père celui qui m'a enseigné cet art, de veiller à sa subsistance, de pourvoir libéralement à ses besoins; de considérer ses enfants comme mes propres frères ; de leur apprendre cet art sans salaire et sans aucune stipulation, s'ils veulent l'étudier.... Je conserverai ma vie pure et sainte aussi bien que mon art.... Si je tiens avec fidélité mon serment, si je n'y fais point défaut, puissé-je passer des jours heureux, recueillir les fruits de mon art, et vivre honoré de tous les hommes et de la postérité la plus reculée ; mais, si je viole mon serment, si je me parjure, que tout le contraire m'arrive[2] ! »

Hippocrate fait une guerre impitoyable aux charlatans, à tous les médecins prétendus qui compromettent la dignité de

---

[1]. Hippocrate, *des Airs*, etc., chapitre XVI.
[2]. Hippocrate, *Serment*, passim.

l'art ou par leur ignorance ou par leurs mauvaises pratiques. Contre eux, et en général contre les hommes qui aiment les opinions paradoxales, Hippocrate ne dédaigne pas d'employer quelquefois l'ironie, sans préjudice des éclats d'une légitime indignation. Voici, par exemple, le début du traité *de l'Art* : « Il est des hommes qui se font un art de vilipender les arts. Qu'ils arrivent au résultat qu'ils s'imaginent, ce n'est pas ce que je dis ; mais ils font étalage de leur propre savoir. »

Le seul reproche qu'on puisse faire au style d'Hippocrate, c'est de pécher de temps en temps par excès de concision, ou plutôt par une sorte d'entassement de pensées, qui nuit à la clarté de la phrase. On comprendra ce que je veux dire, à la simple inspection du fameux aphorisme dont les premiers mots ont été tant de fois cités : « La vie est courte, l'art est long, l'occasion est prompte à s'échapper, l'empirisme est dangereux, le raisonnement est difficile. Il faut, non seulement faire soi-même ce qui convient, mais encore être secondé par le malade, par ceux qui l'assistent et par les choses extérieures[1]. » Au reste, pour la force de la diction, pour la vivacité et la grâce, le médecin de Cos n'a rien à envier à ceux-là même qui étaient le mieux doués, et qui ont eu le loisir de se mettre tout entiers dans leurs ouvrages.

CHAPITRE XVII.
ORIGINES DU THÉÂTRE GREC.

La tragédie avant Thespis. — Innovations de Thespis. — Appareil scénique. — Phrynichus le tragique. — Pratinas ; le drame satyrique. — Chœrilos le tragique. — Concours dramatiques. — Description du théâtre. — Forme extérieure de la tragédie et du drame satyrique. — Rôle du chœur. — Répétitions dramatiques.

La tragédie avant Thespis.

C'est vers l'époque où Pisistrate préparait ses entreprises contre la liberté, que naquit dans Athènes cette poésie dra-

1. Hippocrate, *Aphorismes*, Ire section, 1.

matique qui devait résumer en soi toutes les poésies, depuis l'épopée jusqu'à la satire outrageuse; les égaler chacune en particulier, par la richesse des détails, par la variété des inventions, par l'éclat de la forme; les dépasser par la vérité et l'intérêt des peintures, et laisser au monde les noms immortels d'Eschyle, de Sophocle, d'Euripide, d'Aristophane, de Ménandre : « En ce temps-là, dit Plutarque dans la *Vie de Solon*, Thespis commençait à changer la tragédie ; et la nouveauté du spectacle attirait la foule, n'y ayant point encore de concours où les poëtes vinssent se disputer le prix. Solon, naturellement curieux, et qui, dans sa vieillesse, se livrait davantage aux passe-temps et aux jeux, et même à la bonne chère et à la musique, alla entendre Thespis, lequel, suivant l'usage des anciens poëtes, jouait lui-même ses pièces. Après le spectacle, il appela Thespis, et lui demanda s'il n'avait pas honte de faire publiquement de si énormes mensonges. Thespis répondit qu'il n'y avait point de mal à ses paroles ni à sa conduite, puisque ce n'était qu'un jeu. « Oui, « dit Solon, en frappant avec force la terre de son bâton ; « mais si nous souffrons, si nous approuvons le jeu, nous « trouverons la réalité dans nos contrats. »

Ce qu'on appelait déjà *tragédie*, avant Thespis, n'était autre chose que le dithyrambe, le chant en l'honneur de Bacchus. Ce chant, tantôt triste et plaintif, tantôt vif et joyeux, libre dans son allure, dégagé de presque toutes les entraves métriques, était une sorte d'épopée, où se déroulait le récit des aventures du dieu. Le chœur dithyrambique dansait, en chantant, une ronde continue autour de l'autel de Bacchus. Sur cet autel on immolait un bouc; et le nom de la victime, τράγος, fait comprendre comment le chant du sacrifice a pu recevoir le nom de *tragédie*, τραγῳδία, c'est-à-dire chant du bouc, et pourquoi tels et tels poëtes dithyrambiques, antérieurs à Thespis, sont cités comme auteurs de tragédies. Suivant quelques-uns, le mot tragédie vient de ce que les chanteurs du dithyrambe se déguisaient en satyres, avec des jambes et des barbes de bouc, pour figurer le cortége habituel de Bacchus. Cette opinion peut jusqu'à un certain point se soutenir, mais non pas celle qu'a exprimée Boileau d'après

Horace, qu'un bouc était le prix de celui qui avait le mieux chanté. Le prix du dithyrambe était un bœuf, qu'on décernait, non pas au meilleur choreute, mais au poëte qui avait composé le chant, la musique et la danse, et qui en avait dirigé l'exécution. Virgile pourtant aurait dû faire réfléchir Boileau, et lui faire comprendre la méprise d'Horace. Il s'agit quelque part, dans les *Géorgiques*, de la victime de Bacchus ; et c'est au sacrifice du bouc que Virgile rapporte l'origine des représentations dramatiques, et de ces concours où les enfants de Thésée, comme il dit, proposaient des prix aux talents. Mais les critiques n'ont pas même fait attention à cet important témoignage.

Innovations de Thespis.

Voici quelles étaient les innovations poétiques dont s'était scandalisé le vieux Solon. Thespis avait imaginé de prendre pour sujet de poëme une portion bornée de la légende de Bacchus, l'histoire de Penthée par exemple, et de la mettre non plus en récit, mais en action. Le chœur chantait et dansait encore, mais non plus d'une façon continue. De temps en temps un personnage s'en détachait, et parlait seul, soit pour répondre aux paroles du chœur, soit pour raconter ses pensées, soit pour provoquer le chœur à de nouveaux chants. Thespis n'employait dans ses tragédies, au dire des anciens, qu'un seul acteur ; un seul à la fois, bien entendu, mais non pas toujours le même. Les *Suppliantes* d'Eschyle peuvent donner une idée du système dramatique de Thespis, car, sauf un seul dialogue, il n'y a jamais qu'un seul acteur en scène avec les filles de Danaüs. Au reste, la partie purement lyrique, dans les compositions de Thespis, était de beaucoup la plus considérable. Le sujet dramatique, l'épisode, comme on disait, avait très-peu de développement ; et l'acteur, ὑποκριτής, le répondant, suivant l'acception du terme grec, s'adressait au chœur en vers dont la forme et le caractère tenaient de bien près encore aux mètres lyriques. Thespis se servait, dans le dialogue, du tétramètre trochaïque, et non de l'iambe.

Il paraît que Thespis avait poussé l'audace jusqu'à se passer quelquefois de prendre ses sujets de tragédies dans la légende de Bacchus. Parmi les titres des pièces que lui attribuent les anciens, il y a une *Alceste*. Ce qui rend le fait assez vraisemblable, c'est que les poëtes dithyrambiques eux-mêmes n'avaient pas toujours été fidèles à la tradition de leurs devanciers. Ceux de Sicyone, dit-on, fatigués de répéter sans cesse ni fin les mêmes récits, avaient ajouté aux louanges de Bacchus celles de quelques autres dieux, ou de héros des vieux âges : ils finirent même par oublier Bacchus, dans le dithyrambe, dans le chant bachique, au profit d'Adraste, leur héros national. La première fois qu'il en fut ainsi, les assistants étonnés s'écrièrent : « Quel rapport ceci a-t-il avec Bacchus ? » mot qui passa depuis en proverbe. Il n'est pas étonnant que Thespis, une fois en possession de l'art merveilleux de captiver les hommes, ait essayé de s'en servir de diverses façons, et indépendamment de toutes les circonstances où l'avait découvert son génie. Peu lui importait, pourvu qu'il intéressât les spectateurs au dévouement de la femme d'Admète, que tel censeur morose rappelât le chœur à ses devoirs habituels, et murmurât le proverbe sicyonien : « Quel rapport ceci a-t-il avec Bacchus ? »

Il ne reste rien des tragédies de Thespis. Les vers qu'en citent quelques anciens n'ont aucun caractère d'authenticité. Nous ne savons pas même si Thespis était un écrivain d'un vrai talent. Aristophane nous apprend que la partie chorégraphique des compositions du vieux poëte était fort remarquable ; et il y avait encore, au siècle de Périclès, des amateurs qui préféraient à des chœurs plus modernes les danses surannées de Thespis.

Appareil scénique.

Tout le monde a répété, d'après Horace, l'historiette du tombereau où Thespis promenait ses acteurs : « Thespis, dit-on, inventa la muse tragique, genre auparavant inconnu ; et il porta sur des chariots ses poëmes, que chantaient et jouaient des hommes au visage barbouillé de lie[1]. » Pourtant,

---

[1] Horace, *Art poétique*, ers 75 et suivan

sur ce point, Horace s'est manifestement trompé. Il a confondu Thespis avec Susarion, l'inventeur de la comédie. C'est de Susarion que d'autres anciens content la chose. La tragédie, dès le temps du simple dithyrambe, se représentait auprès de l'autel de Bacchus. Les acteurs de Thespis récitaient et n'improvisaient pas; et un chariot ambulant ne saurait être un théâtre que pour des improvisateurs. Horace, qui parlait tout à l'heure des *poëmes* de Thespis, a pu les lire comme d'autres Romains : « Les Romains, dit-il, dans le repos qui suivit les guerres Puniques, se mirent à s'enquérir des beautés de Sophocle, et de Thespis, et d'Eschyle[1]. » Peu importe que les vers attribués à Thespis soient ou non authentiques : dès que Thespis a écrit, il est évident que ses acteurs étaient autre chose que ces hommes que nous peint Horace. Je ne puis me faire à l'idée d'une *Alceste* représentée sur une charrette roulante, par des vendangeurs avinés.

La nécessité d'une estrade est telle, pour qui veut se donner en spectacle, qu'il est à peu près impossible que Thespis lui-même s'en soit toujours passé, et qu'on ait attendu, comme le prétend Horace, jusqu'au temps d'Eschyle, pour avoir l'idée de mettre les personnages en scène sur des tréteaux. J'en dirai autant du costume, et de tout le reste de l'appareil théâtral. Il est permis de ne pas croire qu'Eschyle ait le premier songé à distinguer les acteurs d'avec le public auquel ils s'adressaient. On n'imagine pas aisément un Bacchus, un Penthée, surtout une Alceste, car les rôles de femmes étaient joués par des hommes, sous la figure et dans le costume habituel de Thespis. Vrais ou faux, conventionnels ou non, il fallait bien que certains insignes distinguassent aux yeux le personnage.

L'emploi du masque et du cothurne doit remonter aussi aux premiers temps de l'art dramatique. Le masque répondait à un double besoin : c'était la représentation traditionnelle ou idéale du dieu ou du héros dont on supposait la présence; c'était aussi un moyen physique de renforcer la voix de l'acteur, de la faire mieux entendre à tout un peuple assemblé. Le cothurne, brodequin à semelles très-épaisses,

[1] Horace, *Épîtres*, livre II, épître I, vers 162, 163.

servait à rehausser la taille du personnage en scène, et à lui donner quelque chose de cette majesté extérieure qui distinguait, selon l'opinion populaire, et les êtres divins et les mortels des anciens âges. Il est probable même que, dès avant le temps de Thespis, quand on faisait figurer les dieux en personne dans certaines cérémonies solennelles, ils se montraient à la foule en masque et en cothurne, et avec le costume dont la statuaire revêtait de tout temps leurs images : ainsi quand un jeune homme de Delphes jouait le rôle d'Apollon qui tue le serpent; ainsi quand, à Samos, on célébrait le mariage de Jupiter et de Junon; ainsi quand Cérès, à Éleusis, allait s'enquérant des nouvelles de sa fille.

Il n'est pas douteux, d'ailleurs, que les successeurs de Thespis, surtout Eschyle et Sophocle, n'aient perfectionné les moyens d'agir par les yeux sur l'esprit des spectateurs, comme ils ont perfectionné la fable dramatique et le style théâtral. Quant au chant et à la danse, j'ose affirmer que plus les poètes tragiques s'éloignèrent de la forme du dithyrambe, plus ils affaiblirent l'élément chorégraphique et musical de la tragédie, et que Thespis lui-même, comparé aux poètes dithyrambiques, marqua le premier degré de cette décadence. Qu'on se figure, en effet, ce que devait être le vrai chœur tragique, le chœur du dithyrambe, quand on y voyait Bacchus menant la troupe avinée des satyres, des évants et des ménades. Les vers suivants, d'une des pièces perdues d'Eschyle, intitulée les *Edons*, ne sont qu'un trait de la description du cortége de Bacchus : « L'un, tenant dans ses mains des bombyces, ouvrage du tour, exécute, par le mouvement des doigts, un air dont l'accent animé excite la fureur; l'autre fait résonner des cymbales d'airain.... Un chant de joie retentit. Comme la voix des taureaux, on entend mugir des sons effrayants, qui partent d'une cause invisible; et le bruit du tambour, semblable à un souterrain tonnerre, roule en répandant le trouble et la terreur. » Le progrès, s'il y en eut, ne fut point un accroissement de passion et d'enthousiasme. Si les danses du chœur gagnèrent en décence et en grâce, si la musique revêtit une infinie variété de formes, et s'appropria tous les modes de la mélodie, il n'est pas moins vrai que ce qui resta du dithyrambe, dans la poésie dramatique, n'eut plus ni la même puissance que jadis sur les âmes, ni cet entraînement sympathique qui transformait en un vrai délire les sentiments de la foule assemblée pour entendre célébrer Bacchus.

Phrynichus le tragique.

L'œuvre de Thespis trouva, dès le sixième siècle, d'habiles et intelligents continuateurs. Phrynichus fils de Polyphradmon, Athénien, passe pour avoir introduit le premier les rôles de femmes au théâtre. Cela signifie sans doute que Phrynichus donna aux rôles de femmes une importance qu'ils n'avaient pas dans les pièces de Thespis. Il ne quitta pas les voies de Thespis pour ce qui est de la forme extérieure de la tragédie, et il fut, comme Thespis, poëte lyrique encore plus que poëte dramatique. Mais il choisit les sujets de ses épisodes partout où il y avait quelque chose de pathétique et d'intéressant; non point seulement dans la légende de Bacchus et dans les traditions de l'époque héroïque, mais jusque dans les faits de l'histoire contemporaine. Hérodote raconte que Phrynichus mit sur la scène la prise de Milet par les Perses, et qu'il fut condamné à une amende de mille drachmes, pour avoir ravivé le souvenir d'une calamité nationale. On défendit même aux poëtes dramatiques de traiter désormais aucun sujet de ce genre. Cette défense n'empêcha pas Phrynichus de mettre au moins une fois encore ses contemporains sur la scène. Mais il s'agissait cette fois des triomphes d'Athènes, et non plus de la défaite de ses alliés. Voici ce qu'on lit dans l'argument grec ou didascalie, qui précède les *Perses* d'Eschyle : « Glaucus, dans son écrit sur les pièces d'Eschyle, dit que les *Perses* sont imités des *Phéniciennes* de Phrynichus. Il cite le commencement du drame de Phrynichus, qui est tel : *Vous voyez, des Perses qui sont partis jadis*, etc. Seulement, chez Phrynichus, il y a, au début, un eunuque qui annonce la défaite de Xerxès, et qui dispose des sièges pour les gouverneurs de l'empire; tandis que c'est par un chœur de vieillards que se fait l'exposition dans les *Perses*. » Je n'ai pas besoin de dire que les *Perses* d'Eschyle ne sont pas une imitation. Ce souffle guerrier, ces inspirations patriotiques, ce sont les souvenirs vivants d'un des vainqueurs de Salamine et de Platées, ce ne sont point des réminiscences littéraires. Peut-être les deux poëtes ont-ils traité en même temps le même sujet; peut-être Eschyle aura-t-il voulu faire oublier la pièce de Phrynichus; enfin, la citation faite par Glaucus pourrait bien avoir été tirée, non pas du poëme original de Phrynichus, mais de quelque contrefaçon des *Perses*, recommandée par son auteur du nom d'un poëte tragique antérieur à Eschyle.

Phrynichus faisait un grand usage, dans le dialogue même, du tétramètre trochaïque. Suidas lui attribue l'invention de ce vers vif et rapide. Mais cette invention remonte plus haut : elle est contemporaine de celle du vers ïambique. Archiloque a fait des combinaisons de trochées, en même temps que des combinaisons d'ïambes; et c'est lui qui a le premier employé le tétramètre trochaïque.

La réputation de Phrynichus se maintint à Athènes pendant de longues années. *Achéomélèsidónophrynichèrata*, cet étrange vers ïambique, ce mot aux proportions gigantesques inventé par Aristophane pour désigner les chants qui plaisaient entre tous aux vieillards athéniens, et qu'ils répétaient sans cesse, suffirait à lui seul pour attester, aujourd'hui même encore, la profonde et durable impression qu'avaient causée les représentations de Phrynichus.

Pratinas; le drame satyrique.

Pratinas de Phliunte, Dorien du Péloponnèse, qui vint lutter au théâtre d'Athènes contre Phrynichus, et qu'Eschyle trouva en possession de la faveur publique, est cité par quelques anciens comme l'inventeur du drame demi-sérieux demi-bouffon dont le chœur était toujours composé d'une troupe de satyres, et qui reçut pour cette raison le nom de *drame satyrique*. La tragédie, au moins les pièces tirées de la légende de Bacchus, avait d'abord souffert tous les tons, comme autrefois le dithyrambe, suivant le caractère tantôt triste et tantôt gai des aventures attribuées au dieu, et suivant la nature des personnages dont Bacchus était entouré. Mais elle se maintint, depuis l'invention de Pratinas, dans la région des hautes idées, des nobles sentiments, des grandes catastrophes, et elle s'appropria ce style héroïque qui n'excluait ni la simplicité du langage, ni même la plus touchante naïveté. La plaisanterie, les quolibets, les danses égrillardes, furent dévolus aux satyres du drame, qui s'en acquittèrent à la complète satisfaction des spectateurs. Nous possédons un drame satyrique, le *Cyclope* d'Euripide, qui donne une idée du genre. Horace, dans l'*Art poétique*, expose les préceptes qui s'y rapportent, et décrit en ces termes les caractères du style qui sied bien aux rustiques compagnons de Bacchus : « Pour moi, chers Pisons, ce que j'aimerais, si j'écrivais un drame satyrique, ce ne serait pas une diction uniquement brute et triviale, et je ne m'efforcerais pas de m'éloigner de la couleur tragique au point qu'il n'y eût aucune différence entre les propos d'un Davus, ou d'une effrontée Pythias escamotant l'argent du benêt Simon, et le langage de Silène, serviteur et nourricier d'un dieu [1]. »

Chœrilus le tragique.

Chœrilus l'Athénien, qui prolongea sa carrière poétique jusqu'au temps des débuts de Sophocle, fut le rival heureux de Phrynichus, de Pratinas, et plus d'une fois d'Eschyle lui-même. Il composa un très-grand nombre de pièces, et il fut treize fois couronné vainqueur dans le concours des tragédies nouvelles. Il passe pour avoir particulièrement excellé dans le drame satyrique. On dit toutefois que Sophocle reprochait à Chœrilus de n'avoir rien perfectionné, et de n'avoir pas même soutenu la tragédie à la hauteur où l'avait portée Phrynichus son devancier.

---

[1]. Horace, *Art poétique*, vers 234 et suivants.

Concours dramatiques

C'est aux travaux, c'est aux succès de ces quatre hommes, que l'art dramatique dut l'importante place qu'il occupa, dès avant la fin du sixième siècle, dans la vie publique des Athéniens. Pisistrate et ses fils ne jugèrent pas comme Solon des inventions de Thespis. Ils les favorisèrent ; ils encouragèrent, autant qu'il était en eux, les successeurs de Thespis à s'avancer plus loin dans la voie. On ignore l'époque précise où furent établis les concours dramatiques, qui se célébraient chaque année aux fêtes de Bacchus, aux Lénéennes, surtout aux grandes Dionysiaques. Mais ces concours existaient déjà quand Eschyle n'était pas encore né, et éclipsaient l'éclat des concours lyriques. Un des archontes, celui dont le nom désignait légalement la date de l'année, l'archonte éponyme, choisissait parmi les compétiteurs les trois poètes dont les ouvrages lui paraissaient le plus dignes d'être représentés ; et il donnait à chacun d'eux un chœur, selon l'expression consacrée, c'est-à-dire qu'il les autorisait à faire apprendre leurs vers aux acteurs, et à disposer, pour la représentation, d'une troupe dont le chorége, qui était quelque citoyen opulent, fournissait l'habillement et l'entretien. Chaque poëte présentait au concours quatre pièces, trois tragédies et un drame satyrique, autrement dit une tétralogie. Les trois tragédies pouvaient être ou sur des sujets isolés et complètement divers, ou sur des sujets tirés de la même légende, et qui se faisaient suite les uns aux autres. Dans ce dernier cas, l'ensemble tragique prenait proprement le nom de trilogie. Le drame satyrique était comme la petite pièce du spectacle, et servait à remettre les assistants des impressions mélancoliques produites par la représentation successive des trois tragédies. Vers le milieu du cinquième siècle, la tétralogie ne fut plus exigée. Les poëtes luttèrent pièce contre pièce, surtout depuis l'introduction de la comédie dans les concours ; et l'archonte put donner un chœur à plus de trois poëtes à l'a fois. Au temps de Ménandre et de Philémon, il en choisissait jusqu'à cinq, du moins pour le concours des comédies.

Au temps de Phrynichus, de Pratinas, de Chœrilus, et même durant une partie de la carrière dramatique d'Eschyle, c'était le peuple lui-même qui réglait, par acclamation, les rangs des poëtes dont il avait vu représenter les nouveaux ouvrages. Plus tard, on institua un tribunal de cinq juges tirés au sort, qui assistaient aux représentations, et qui prononçaient l'arrêt en plein théâtre, après avoir invoqué les dieux. Le nom du vainqueur était inscrit sur les monuments publics, entre celui du chorége qui avait fait les frais du spectacle et celui de l'archonte qui avait présidé aux représentations. Les deux autres noms ne figuraient que sur les registres du concours, et selon l'ordre assigné par les juges.

Description du théâtre.

On ignore l'époque où fut construit le premier théâtre permanent capable de recevoir une grande foule. Ce n'est qu'assez tard, et quand Périclès dota Athènes de ces monuments dont les débris font encore aujourd'hui l'admiration du monde, que le théâtre de Bacchus fut construit en matériaux durables, et avec une magnificence digne de la ville des arts. Mais, dès le temps de Chœrilus et de Pratinas, et avant les débuts d'Eschyle, il y avait à Athènes un théâtre de bois, de vastes dimensions, disposé d'après les règles les plus savantes de l'acoustique, suffisant à tous les besoins essentiels, et où pouvaient s'asseoir à l'aise des milliers de spectateurs. Les femmes, les enfants, les esclaves même, assistaient à la représentation des tragédies et des drames satyriques; et si, comme on le croit, il leur fut interdit plus tard d'assister aux représentations comiques, durant la période de la Comédie ancienne, on ne les priva jamais des enseignements qui sortent de la tragédie, cette rhétorique, comme dit Platon dans le *Gorgias*, à l'usage des enfants et des femmes, des hommes libres et des esclaves. Les pièces qu'on donnait au théâtre de bois étaient les mêmes que celles qu'on joua depuis dans le théâtre de pierre; c'est le même système dramatique et lyrique qui se maintint jusqu'à l'extinction de l'art dans la Grèce : il est donc fort probable que tout était ordonné, dans le théâtre de bois même, comme dans les édifices plus solides qui furent construits plus tard non-seulement à Athènes, mais sur presque tous les points de la Grèce proprement dite ou des territoires habités par les Grecs. Les livres des anciens ne fournissent que des renseignements fort incomplets, si l'on s'en tient au texte des descriptions; mais les débris des théâtres grecs parlent encore aujourd'hui, et servent de commentaires aux obscures indications des écrivains. Nous sommes en état de deviner ce qu'étaient les édifices eux-mêmes, et comment s'y passaient les choses.

Le théâtre était entièrement découvert, et les représentations se faisaient en plein jour. La scène, ou, comme on disait plus exactement, le *logéum*, le parloir, était une longue plate-forme, qui n'avait qu'une médiocre largeur, et qui présentait un parallélogramme régulier. Les gradins occupés par les spectateurs décrivaient un demi-cercle, et le banc inférieur était au niveau du logéum. L'espace vide entre le logéum et l'amphithéâtre, c'est-à-dire l'orchestre, la place de danse, s'enfonçait un peu au-dessous, et ne contenait pas de spectateurs. C'était comme un prolongement de la scène, car le chœur y faisait ses évolutions. Au point central d'où partaient les rayons du demi-cercle, en avant du logéum, et à l'extrémité d'une ligne qui aurait partagé le parallélogramme en deux portions égales, s'élevait la *thymèle*, ou, suivant la force du mot, l'autel du sacrifice; tradition manifeste du vieux temps de la tragédie-dithyrambe. Peut-être continua-t-on, durant de longues années, d'immoler à Bacchus le bouc accoutumé, surtout dans la représentation des pièces tirées de la légende du dieu; mais à la fin, la thymèle, tout en conservant son nom et sa signification symbolique, avait cessé d'être employée à cet usage, et servait uniquement de lieu de repos aux personnages du chœur. Les simples chorentes restaient debout ou assis sur les degrés de l'autel, lorsqu'ils ne chantaient pas; et c'est de là qu'ils regardaient l'action à laquelle ils étaient intéressés. Le *coryphée*, littéralement le capitaine, le chef de la troupe chorale, se tenait dans la partie la plus élevée de la thymèle, observant ce qui se passait dans toute l'étendue de la scène, prenant la parole quand il fallait qu'il se mêlât au dialogue, et donnant à ses subordonnés le signal qui réglait leurs chants et leurs danses.

Les décorations de la scène représentaient d'ordinaire la façade d'un palais ou d'un temple, et, dans une perspective plus éloignée, les tours de quelque ville, une échappée sur la campagne, des montagnes, des arbres, une grève au bord de la mer. D'une tragédie à une autre, et même d'une tragédie à un drame satyrique, la décoration principale restait, à peu de chose près, ce qu'on l'avait vue auparavant, parce que le lieu de la scène était toujours en plein air, par conséquent dans des conditions analogues, sinon parfaitement identiques. On se contentait de retrancher tel ou tel objet, d'en ajouter quelque autre, un tombeau par exemple, et d'ouvrir, au besoin, la porte du temple ou celle du palais, s'il était nécessaire de voir ce qui se passait à l'intérieur. Les décorations latérales, dressées sur des échafaudages à trois faces et tournant sur pivot, pouvaient changer à vue, et présenter successivement leurs tableaux les plus appropriés aux lieux décrits ou simplement nommés dans les vers du poëte.

Les machinistes anciens obtenaient, par des moyens plus ou moins savants, des résultats frappants et presque merveilleux. Ils imitaient la foudre et les éclairs, l'incendie ou l'écroulement des maisons; ils faisaient descendre les dieux du ciel dans des chars ailés, sur des gryphons, sur toute sorte de montures fantastiques. Leur art, dès le temps d'Eschyle, devait avoir fait déjà de grands progrès. On voyait, dans le *Prométhée enchaîné*, le chœur des Océanides arriver, suivant son expression, par la route des oiseaux, et porté tout entier sur un char volant. On voyait leur père, le vieil Océan, à cheval sur un dragon ailé. Mais les comédies d'Aristophane supposent de vrais prodiges. Les imaginations les plus étranges, des choses à peine aujourd'hui possibles sur notre scène, y sont à chaque instant données comme des réalités que les spectateurs avaient sous les yeux : des hommes, par exemple, déguisés en guêpes, en grenouilles, en oiseaux, en nuées, jouant ces rôles sur la scène, ou planant au-dessus de la tête des personnages empruntés à notre humanité vulgaire.

Le spectacle était continu, depuis un bout de la pièce jusqu'à l'autre, et quelquefois d'un bout à l'autre de la trilogie, ou même de la tétralogie ; car le drame satyrique n'était, dans certains cas, qu'un prolongement et une conclusion de l'histoire déroulée successivement à travers les trois compositions tragiques. Les Grecs ignorèrent toujours ce que nous entendons par actes et par entr'actes ; et, comme on ne voit dans les pièces la mention d'aucun préparatif qu'il fût nécessaire de cacher, le rideau, si l'on s'en servait dans les temps anciens, ne fermait la scène qu'en attendant le commencement du spectacle, et peut-être aussi durant les intervalles d'une pièce à une autre.

Forme extérieure de la tragédie et du drame satyrique.

La tragédie, ainsi que le drame satyrique et plus tard la comédie, avait pourtant des parties distinctes; et les auteurs anciens nous citent quelquefois les noms de *monodies*, de *stasima*, de *commata*, d'*exodes*, et d'autres plus ou moins utiles à retenir. Sans entrer dans aucune discussion à ce sujet, je dirai que la tragédie antique se montre à nous comme un ensemble de chants lyriques et de dialogues, étroitement unis les uns aux autres, mais différant profondément et par le caractère et par les rhythmes poétiques. Les successeurs de Thespis avaient adopté pour le dialogue, et en général pour tout ce qui concernait l'épisode ou le sujet dramatique, le vers iambique trimètre, qui se rapprochait plus que tout autre de la simplicité du langage courant, et qui était capable, comme dit Horace, de dominer les tumultes populaires. C'est en iambes que parlaient les héros, soit entre eux, soit avec le chœur ; et le chœur leur répondait en iambes. Quand le chœur se séparait en deux moitiés, pour délibérer sur quelque question perplexe, et qu'il s'associait ainsi, quoique indirectement, à l'action dramatique, il se servait aussi du mètre approprié à l'action, comme Horace caractérise encore le vers iambique. Le vers trochaïque tétramètre ne paraissait que dans les circonstances où le dialogue prenait une couleur plus vive, une véhémence inaccoutumée, et qui sentait non plus seulement l'action, la marche régulière, mais la marche rapide, la course enfin, selon la force du mot même de trochée.

Rôle du chœur.

Les chants par lesquels préludait le chœur dans les intermèdes étaient en mètres anapestiques; et souvent les anapestes, comme on nommait le prélude, étaient d'une longueur assez considérable. Puis venait le chant proprement dit, qui était une ode véritable, une ode à la façon de celles de Pindare, avec strophe, antistrophe et épode. Les vers de ce chant n'étaient, non plus que ceux de Pindare, des vers dans le sens ordinaire de ce mot. Ils ne se scandaient point par pieds. C'étaient des rhythmes qui n'avaient rien de fixe, et qui dépendaient uniquement de la forme musicale. La strophe, comme dans l'exécution des chants lyriques, c'est-à-dire le *tour*, était ce que le chœur chantait durant sa première évolution, et l'antistrophe, ou le *retour*, ce qu'il chantait en revenant au point de départ; l'épode se chantait au repos, devant la thymèle. Puis le mouvement recommençait autant de fois qu'il y avait strophe, antistrophe et épode.

Il serait intéressant peut-être de chercher quelle était la nature des accompagnements affectés aux diverses parties du poëme dramatique; ou quelle sorte de ressemblance une tragédie antique pouvait avoir avec un opéra moderne; ou si les personnages en scène se bornaient à une déclamation accentuée; ou enfin si la *paraloge* et la *paracataloge*, comme on nommait la manière de dire les ïambes, étaient quelque chose d'analogue à notre récitatif. Mais il me suffit de faire remarquer que la musique était toujours d'une extrême simplicité, même dans les morceaux lyriques, et que jamais le poëte ne disparaissait devant le musicien. Il faut dire que le musicien, c'était le poëte lui-même, au moins pour l'ordinaire. Quand le chœur chantait, ce n'étaient pas seulement des sons qu'il faisait entendre : les paroles étaient articulées, et le poëte arrivait tout entier aux oreilles des auditeurs et à leur âme. Les instruments à vent et les instruments à cordes respectaient sa pensée, et ils ne retentissaient avec éclat qu'au moment où le chœur se taisait, ou quand le chœur passait du chant à la danse.

Répétitions dramatiques.

Le coryphée, qui dirigeait tous les mouvements du chœur, qui parlait au nom de tous, qui entonnait le chant, et dont le chœur imitait les intonations et même les gestes; cet homme qui était à la fois chef d'orchestre, maître de ballet et premier chanteur, ne pouvait être qu'un artiste consommé dans la pratique de l'art musical et chorégraphique. Mais les choreutes n'étaient bien souvent que des chanteurs et des danseurs d'occasion, des jeunes gens de famille pour qui c'était une récréation agréable de chanter de beaux vers, et de déployer dans les danses leur souplesse et leur grâce. Ceux qui jouaient les grands rôles dramatiques étaient aussi des artistes dans toute l'acception du mot, et quelques-uns même se sont fait un nom célèbre; mais les rôles secondaires se donnaient au premier venu. Le poëte, selon ses moyens, se réservait à lui-même le rôle le plus à sa guise, et, au besoin, celui de quelque personnage muet. Il paraissait sur la scène, soit à un titre, soit à un autre, afin de surveiller ainsi de plus près l'exécution de ses ordres, et d'assurer, autant qu'il était en lui, le succès de la représentation.

Les poëtes dramatiques n'étaient nullement tenus de figurer en personne sur le théâtre. Ils finirent même par s'en dispenser tout à fait, et ils laissèrent toute la besogne à ceux dont c'était le métier, et qu'on nommait les hommes de la scène, les hommes de Bacchus, les artistes de Bacchus. Quant aux répétitions, c'était tout autre chose. L'archonte éponyme, en accordant un chœur, imposait au poëte de sérieux devoirs. Il s'agissait de faire comprendre aux artistes ce qu'on exigeait d'eux; de les initier profondément au sens des compositions nouvelles qu'ils allaient interpréter eux-mêmes à la foule; de leur donner ces leçons sans lesquelles l'œuvre la plus parfaite courait le risque de rester lettre morte et pour eux et surtout pour les spectateurs. Le poëte seul était capable de pareils soins. C'était lui qui réglait et disposait souverainement toutes choses ; c'était lui qui *enseignait*, selon le terme consacré (διδάσκειν), sa pièce ou ses pièces aux artistes que le chorége mettait à sa disposition. Ce mot d'enseignement n'est pas trop fort pour désigner tout ce qu'il fallait dépenser de temps, de patience et de peine, afin de préparer dignement une solennité qui ne perdit jamais complétement son caractère religieux, et qui n'était pas pour les compétiteurs une affaire de lucre simplement, ou même de gloriole littéraire.

Les Athéniens appelaient Eschyle le père de la tragédie. Quintilien interprète à sa façon ce titre d'honneur : « Eschyle le premier mit des tragédies au jour. » Les noms de Thespis, de Phrynichus, de Chœrilus, de Pratinas, suffiraient à eux seuls pour convaincre d'erreur l'assertion du rhéteur latin. Quand Eschyle parut, il y avait longtemps déjà que la tragédie était constituée. Le théâtre était construit ; l'appareil scénique existait ; les mètres poétiques étaient fixés ; les concours dramatiques avaient tout leur éclat, et conviaient périodiquement la vive et intelligente population de l'Attique aux fêtes de l'esprit et du génie. Ne disons donc pas, avec Quintilien, qu'Eschyle a mis le premier des tragédies au jour. Eschyle n'est pas l'inventeur de la tragédie. Non, certes ! mais il a donné à la tragédie le souffle divin, la vie et la durée immortelles ; et c'était là la grande, la véritable, l'unique invention. Il y avait longtemps aussi qu'on représentait des tragédies sur notre théâtre, quand la merveille du *Cid* a paru : c'était après Jodelle, Garnier, Hardy, Tristan, Mairet, Rotrou même ; et pourtant Corneille est le père de la tragédie française. Voilà dans quel sens Eschyle est le père de la tragédie antique, et voilà comment W. Schlegel a pu dire que la tragédie sortit, armée de toutes pièces, du cerveau d'Eschyle, de même que Pallas s'était élancée de la tête de Jupiter.

CHAPITRE XVIII.

ESCHYLE.

Vie d'Eschyle. — Tragédies d'Eschyle. — Drames satyriques d'Eschyle. Génie lyrique et dramatique d'Eschyle. — Poésie d'Eschyle.

Vie d'Eschyle.

Éschyle naquit en l'an 525 à Eleusis, ce dème ou bourg de l'Attique où Cérès avait le plus fameux de ses temples. Il était frère des deux héros Cynégire et Aminias, célèbres dans les récits des guerres Médiques. Il combattit lui-même, et en brave, à Marathon, à Salamine et à Platées. A Marathon, il fut blessé; et, dans l'épitaphe qu'il fit pour son tombeau, il oublia le poëte, et ne se souvint que du soldat : « Ce monument couvre Eschyle fils d'Euphorion. Né Athénien, il mourut dans les plaines fécondes de Géla. La bois tant renommée de Marathon et le Mède à la longue chevelure diront s'il fut brave : ils l'ont bien vu ! »

A l'époque où Eschyle combattait à Marathon, il avait trente-cinq ans, et il s'était déjà fait un nom au théâtre. Il avait lutté, six ans auparavant, contre Pratinas, et il n'avait pas eu le dessous. Cette première victoire fut suivie de douze autres victoires. Il n'y a donc pas à se lamenter, comme font quelques-uns, sur l'injustice des Athéniens envers leur grand poëte. Cinquante-deux pièces d'Eschyle ont été couronnées. « Je consacre mes tragédies au temps; » ce mot d'Eschyle n'est point une récrimination à propos de quelque échec non mérité peut-être, mais seulement l'expression du juste orgueil d'un homme qui avait conscience de son génie.

Eschyle, trois ans avant sa mort, c'est-à-dire vers l'an 460, quitta Athènes, et se retira en Sicile. L'enthousiasme des Siciliens pour la grande poésie explique suffisamment et le départ d'Eschyle, et son séjour prolongé dans un pays où il vivait comblé d'honneurs. Il est ridicule de dire, comme le font quelques-uns, qu'en 460 il s'en allait dépité de ce que Simonide, quinze ou vingt ans auparavant, avait emporté sur lui le prix de l'élégie. Il ne l'est guère moins d'attribuer le dépit du poëte à l'échec qu'il avait subi, en 469, dans le concours des tragédies, quand le jeune Sophocle lui fut préféré. Élien et Suidas prétendent que l'exil du poëte n'était pas volontaire. Le premier dit qu'Eschyle fut accusé d'impiété, ce qui n'est pas très-vraisemblable; le second dit qu'il avait fui d'Athènes parce que, dans la représentation d'une de ses pièces, les gradins de l'amphithéâtre s'étaient écroulés : ceci est beaucoup moins vraisemblable encore.

Eschyle continua, dans sa retraite, les travaux de toute sa vie. Il composa des tragédies nouvelles, qu'il faisait représenter à Syracuse, ou dans quelque autre ville, par des artistes siciliens. Le récit que Valère-Maxime fait de la mort d'Eschyle est connu de tout le monde, grâce aux vers de La Fontaine sur la destinée. Mais cet aigle qui enlève une tortue, qui prend une tête chauve pour un morceau de rocher, et qui laisse tomber dessus sa proie, toute cette historiette a bien l'air d'un de ces contes à dormir debout comme on en a tant fait sur la vie mal connue des anciens auteurs. Eschyle mourut à l'âge de soixante-neuf ans, en l'an 456 avant notre ère. Son tombeau était à Géla, et portait l'inscription que j'ai citée. Pendant longtemps ce tombeau fut, pour les poëtes dramatiques, l'objet d'un culte religieux. Ils venaient, dit-on, le visiter avec toute sorte de respects. Mais il ne paraît point, hélas! qu'on y respirât ce qui fait le génie, ni que tous ces visiteurs en aient jamais rien emporté, sinon peut-être des intentions magnifiques. A la mort d'Eschyle, Sophocle était déjà Sophocle; Euripide n'a jamais rien demandé, ce semble, à la mémoire d'un homme dont il méprisait les œuvres; et la mollesse d'Agathon n'avait rien de commun avec l'énergique et enthousiaste poésie d'Eschyle.

Les Athéniens rendirent à Eschyle mort le plus grand hommage qu'on pût faire à un poëte dramatique. Ils voulurent que ses tragédies reparussent dans ces concours où tant d'entre elles avaient triomphé; et il arriva plus d'une fois qu'elles triomphèrent de nouveau. « Ma poésie n'est point morte avec moi, » s'écrie fièrement Eschyle dans les *Grenouilles* d'Aristophane. Nul autre poète, pas même Sophocle, pas même Euripide, n'obtient de vivre ainsi une seconde fois. Comme Euripide et Sophocle, Eschyle eut une statue de bronze dans Athènes; et l'on voyait encore, au temps de Pausanias, dans le théâtre d'Athènes, le portrait d'Eschyle, peint à côté des portraits de ses deux émules. Eschyle eut même ses rhapsodes, à la façon d'Homère : ils chantaient, une branche de myrte à la main.

Tragédies d'Eschyle.

Le nombre des pièces d'Eschyle dont on connaît les titres est considérable, et monte à soixante-dix au moins, tragédies ou drames satyriques. Il nous reste sept tragédies seulement, et quelques lambeaux des autres pièces.

Prométhée enchaîné est le tableau du supplice infligé par Jupiter à celui des Titans qui avait eu pitié de la misère et de l'ignorance des hommes. Vulcain, assisté de la Puissance et de la Force, enchaîne Prométhée sur un rocher escarpé, au sommet d'une montagne entre l'Europe et l'Asie. La victime garde un profond silence, malgré l'affection que lui témoigne Vulcain. Prométhée attend, pour donner un libre cours à ses plaintes, le départ des bourreaux. Les nymphes Océanides accourent pour le consoler. L'Océan leur père vient comme elles, et essaye de faire fléchir devant Jupiter cette âme obstinée. Il part sans avoir rien obtenu. Io paraît à son tour, amenée par ses courses errantes jusqu'en ces climats lointains. Elle raconte ses malheurs, et le dieu captif lui prédit la fin de ses tristes aventures. Il laisse échapper des paroles qui éveillent l'attention de Jupiter. Mercure descend du ciel, pour forcer Prométhée à s'expliquer; mais Prométhée demeure inébranlable à toutes les menaces. Mercure se retire; le tonnerre gronde, les vents sifflent, la mer se soulève, le rocher vole en éclats, brisé par la foudre; et Prométhée est abîmé sous les débris.

Eschyle avait composé d'autres pièces dont la légende de

Prométhée avait fourni le sujet; mais ces pièces ne sont pas de la même époque que le *Prométhée enchaîné*, n'ont pas été représentées le même jour, et n'avaient pas avec lui cette liaison intime qui eût fait de l'ensemble une véritable trilogie.

Les *Perses*, qui furent représentés le même jour que *Phinée*, *Glaucus de Potnies* et un drame satyrique intitulé *Prométhée allumeur du feu*, n'avaient rien de commun avec ces trois pièces. Toutes trois elles étaient tirées des légendes antiques, tandis que les *Perses* étaient un sujet tout contemporain. Il n'y avait pas sept ans que Xerxès avait échoué honteusement dans son entreprise contre l'indépendance de la Grèce, quand Eschyle le fit paraître sur la scène, et peignit son désespoir et celui des siens à la suite du grand désastre. La pompe du spectacle avait de quoi frapper vivement les yeux : des vieillards assemblés qui se consultent sur la conduite des affaires d'un vaste empire remise entre leurs mains ; une reine effrayée par un songe ; un roi évoqué du fond de son tombeau ; un autre roi, tout-puissant naguère, et maintenant seul, abandonné de tous, sans flotte, sans armée, sans cortége, les vêtements en désordre, l'esprit troublé par la douleur. Ce n'est là pourtant que l'extérieur, le costume, si je puis dire, de la tragédie. Tout l'intérêt est vers les rives de cet Hellespont, traversé d'abord avec tant de pompe, et puis avec tant d'ignominie ; il est surtout vers les côtes de Salamine et les champs de Platées. C'est dans les magnifiques récits dont tremblent les Perses qu'est véritablement l'action, le drame, toute la tragédie.

Les *Sept contre Thèbes* sont le sujet tant de fois mis au théâtre sous des titres différents, et par Racine sous celui des *Frères ennemis*. Seulement, dans la tragédie d'Eschyle, le premier personnage, celui sur lequel porte l'intérêt, c'est la ville de Thèbes. On ne voit Polynice que mort, et Étéocle ne songe pas un instant à lui-même : pilote assis au timon, comme il dit, il répond de la vie de tous ceux qui sont sur le navire. Aucun des sept chefs coalisés ne paraît, sinon dans les admirables récits que fait l'éclaireur au roi. Les préparatifs d'un combat, une lamentation funèbre sur deux frères qui se sont percés l'un l'autre, voilà tous les événements de la tragédie. Mais ce qui la remplit d'un bout à l'autre, c'est la terreur et la pitié, ainsi que parlaient les anciens critiques ; c'est le destin de cette ville que menacent l'incendie et le pillage ; c'est surtout la vie, le souffle belliqueux ; c'est l'esprit de Mars, suivant l'expression d'Aristophane.

Les *Sept contre Thèbes* faisaient partie d'une tétralogie ainsi composée : *Laïus*, *Œdipe*, les *Sept*, tragédies ; le *Sphinx*, drame satyrique. Eschyle avait été vainqueur ; et ses deux rivaux é'aient Aristias et Polyphradmon, inconnus aujourd'hui. Voilà ce que nous apprend une didascalie récemment découverte. Elle nous donne aussi la date de la représentation. C'était sous l'archontat des Théagénidès, dans la 78ᵉ olympiade, c'est-à-dire en l'an 468 avant notre ère. Les trois tragédies, comme on peut le voir, se suivaient l'une l'autre, et le drame satyrique, sans en être la conclusion, était du moins tiré de la même légende que tout le reste de la tétralogie.

L'*Orestie*, ou la trilogie formée d'*Agamemnon*, des *Choéphores* et des *Euménides*, est, avec l'*Iliade* et l'*Odyssée*, la plus grande œuvre poétique que nous ait léguée l'antiquité. Il n'y a rien, ni dans le théâtre grec, ni dans aucun théâtre, qu'on puisse mettre en parallèle avec ce gigantesque drame, ni pour la grandeur de la conception, ni pour cette vigueur de ton qui s'allie sans effort avec la naïveté et la grâce. Sans doute, pris à part, considéré uniquement en soi-même, aucun des trois poëmes de la trilogie n'est un tout complet, et qui satisfasse véritablement l'esprit ; et rien n'est plus fondé peut-être que quelques-uns des reproches exprimés par la critique ignorante et à courte vue : l'exposition de l'*Agamemnon* est trop prolongée ; celle des *Choéphores* l'est trop peu, et elle manque de clarté ; et tout est motivé bien vaguement dans les *Euménides*. Mais les trois pièces ont entre elles un lien indissoluble. C'est de suite qu'il les faut lire, comme jadis elles étaient représentées : l'une amène l'autre, et la prépare, et l'explique ; et l'exposition immense de l'*Agamemnon* n'a que l'étendue proportionnée à l'immensité de l'action triple et une qui se développe dans l'*Orestie*.

Une ligne de signaux par le feu, qu'Agamemnon a fait établir, doit annoncer à Argos la prise de Troie, le jour même où succombera la ville de Priam. Un homme veille sur le toit du palais des Atrides, épiant, dans l'obscurité de la nuit, la lueur de la bonne nouvelle. Il allait se désespérer, quand il voit briller le joyeux signal. Il descend éveiller la reine. Cependant le chœur paraît. Ce sont des vieillards, que les infirmités de l'âge ont empêchés de suivre Agamemnon. Ils chantent et l'origine de la lutte entre l'Europe et l'Asie, et les prophéties de Calchas, et le sacrifice d'Iphigénie à l'autel de Diane. Clytemnestre vient se réjouir avec eux de la nouvelle qui met fin à toutes les anxiétés. Puis le temps s'est écoulé; et un héraut arrive, qui décrit le spectacle de la prise d'Ilion. Bientôt Agamemnon entre lui-même sur la scène avec Cassandre sa captive. Clytemnestre fait à son époux un accueil empressé. Agamemnon entre dans le palais; mais Cassandre reste muette et immobile, à tous les témoignages d'intérêt que lui prodigue la reine. Seule avec le chœur, elle est saisie tout à coup de l'esprit prophétique. Elle décrit tous les forfaits dont le palais a déjà été ensanglanté et tous ceux qui se préparent; puis, entraînée par une force irrésistible, elle court se livrer au fer des bourreaux. On entend les cris d'Agamemnon qui expire, et le palais s'ouvre. Clytemnestre, debout à côté des deux victimes, se glorifie d'un meurtre qui n'est à ses yeux que la juste vengeance du meurtre d'Iphigénie. Égisthe, à son tour, vient s'applaudir de la part qu'il a prise par ses conseils à l'assassinat d'Agamemnon.

Il s'est écoulé plusieurs années; la deuxième action commence. Oreste a grandi; l'oracle lui a commandé de punir les meurtriers de son père. Il revient de son exil, accompagné de Pylade, et il s'arrête près du tombeau d'Agamemnon. Il invoque les mânes paternels, et annonce ses projets de vengeance. Cependant conduites par Électre, des captives troyennes viennent faire des libations[1]. C'est Clytemnestre

---

[1]. De là le titre de la pièce. Le mot *choéphores* signifie les porteuses de libations.

qui les envoie, afin de détourner de funestes présages. Le frère et la sœur, après s'être reconnus, méditent ensemble les moyens de se défaire de leurs communs ennemis. Oreste se donnera pour un étranger, pour un homme du pays où avait été élevé le fils d'Agamemnon. Lui-même il apportera la nouvelle de sa propre mort. On le recevra dans le palais, et les assassins périront à leur tour. Tout s'exécute en effet selon le plan convenu. Egisthe et Clytemnestre reçoivent le juste salaire de leur forfait. Oreste fait déployer devant le peuple d'Argos le voile où les meurtriers avaient enveloppé son père pour l'égorger sans qu'il pût se défendre. Mais tout à coup il sent que sa raison s'égare, et il annonce qu'il va se réfugier à Delphes, auprès du dieu qui a commandé le parricide.

Au début des *Euménides*, le poète nous transporte devant le temple de Delphes. La Pythie s'apprête à y entrer, pour se placer sur le trépied prophétique. Elle s'arrête sur le seuil du temple, saisie d'une horreur profonde. Elle a vu Oreste, les mains dégouttantes de sang, et, autour de lui, les Furies qui dormaient accablées par la fatigue. Oreste sort, conduit par Apollon, et va chercher un nouvel asile, où les Furies puissent le laisser en repos. L'ombre de Clytemnestre paraît, et tire les Furies de leur sommeil. Rien ne saurait rendre ni le terrible réveil de ces êtres affreux, ni l'accent infernal de leurs chants. Apollon les chasse de son sanctuaire. Alors la scène change, et nous voyons le temple de Minerve et la colline de Mars. Nous sommes à Athènes. Oreste tient embrassée la statue de la déesse. Mais les Furies sont déjà là, et réclament leur proie. Pallas accourt, à la prière du suppliant; elle se charge du rôle d'arbitre entre les deux parties. Elle s'entoure de juges équitables; la cause est débattue, et le nombre des suffrages est égal des deux côtés. Pallas, qui n'a pas encore donné le sien, décide le procès en faveur d'Oreste. Les Furies ne contiennent pas leur colère; mais elles se calment peu à peu, persuadées par l'éloquence de Pallas. Elles promettent de bénir le sol de l'Attique, où Pallas leur offre un sanctuaire. Elles se montrent dignes du nom nouveau qu'elles vont porter, les Euménides, c'est-à-dire les bienveil-

-fantes. Une troupe de vieillards, de femmes et d'enfants, vêtus d'habits de fête, les accompagnent en chantant jusqu'à la demeure qui leur est destinée.

Eschyle avait soixante-cinq ans, en 460, quand l'*Orestie* parut au théâtre avec un drame satyrique intitulé *Protée*, tiré probablement du chant de l'*Odyssée* où Homère a conté les aventures de Ménélas en Égypte, et qui tenait par conséquent à cette trilogie, comme le *Sphinx* tenait à celle dont faisaient partie les *Sept contre Thèbes*. Eschyle remporta le prix sur ses compétiteurs. C'est en l'année même où l'on faisait ainsi justice à son génie, ou du moins très-peu de temps après, qu'il quitta l'Attique et se rendit en Sicile. Nouvelle preuve qu'il ne dut pas quitter sa patrie pour une misérable contrariété littéraire.

Le lexicographe Pollux nous a conservé un souvenir de la représentation de l'*Orestie*, ou du moins une de ces traditions qui, sous leur exagération manifeste, renferment d'assurés témoignages de l'impression profonde produite par certains faits sur l'imagination des peuples. Pollux conte donc qu'à l'instant où les Furies apparurent, avec leurs masques où la pâleur était peinte, avec leurs torches à la main et leurs serpents entrelacés sur la tête, tous les spectateurs furent saisis; mais quand ces monstres, vêtus de noir, formèrent leurs danses infernales et poussèrent leurs cris sauvages après la fuite d'Oreste, l'effroi glaça toutes les âmes : des femmes avortèrent, des enfants expirèrent dans les convulsions.

Les *Suppliantes* sont la plus simple de toutes les tragédies d'Eschyle, et peut-être de toutes les pièces de théâtre connues. Il n'y faut voir qu'une sorte d'introduction à une action plus vive et plus dramatique, qu'avait dû fournir la légende des Danaïdes. Seule, comme nous la possédons, cette pièce est encore un merveilleux cantique en l'honneur de l'hospitalité.

Les cinquante filles de Danaüs, pour ne pas épouser les fils d'Egyptus leur oncle, quittent l'Égypte avec leur père, et vont chercher un refuge en Argolide. Elles se font reconnaître au roi Pélasgus comme des rejetons de la race d'Io, et le peuple argien les prend sous sa protection. Les fils d'Égyptus envoient un héraut pour réclamer les fugitives. Pélasgus répond courageusement à toutes les menaces; et Danaüs, avec ses filles, est honorablement reçu dans Argos.

Drames satyriques d'Eschyle.

Nous ne pouvons nous faire qu'une idée fort imparfaite de l'espèce de verve comique qu'un homme de la trempe d'Eschyle avait pu déployer dans les drames qui complétaient ses tétralogies. Ce qu'il y a de certain, c'est qu'Eschyle avait excellé dans ce genre, au témoignage des anciens, et que ses drames satyriques l'emportaient et sur ceux de Sophocle, et sur ceux d'Euripide même. Une chose dont nous pouvons juger encore aujourd'hui, c'est que sa muse ne croyait pas déroger en quittant le ton grave et l'accent passionné, pour rire un instant avec les satyres et égayer le bon Bacchus. Je n'en veux pour preuve que ce passage des *Argiens*, où l'on voit comme un avant-goût des grotesques inventions des Eupolis et des Aristophane : « C'est lui qui se servit contre moi d'une arme ridicule. Il me lance un fétide pot de nuit, et il m'atteint. Au choc, le pot se brise en éclats sur ma tête, exhalant une odeur qui n'était pas celle des vases à parfums. »

Génie lyrique et dramatique d'Eschyle.

On ne conteste guère aujourd'hui la valeur littéraire des poëmes d'Eschyle, et l'on s'accorde en général à reconnaître, dans l'auteur du *Prométhée* et de l'*Orestie*, un des plus puissants génies qu'il y ait jamais eu au monde. Mais quelques-uns borneraient volontiers sa gloire à l'enthousiasme lyrique, à la noblesse et à la pompe du style, à la grandeur des images, à l'originalité de la diction. Sans doute Eschyle est poëte lyrique avant tout; et l'on sent encore, à travers sa tragédie, le souffle de l'antique dithyrambe. Mais Eschyle n'est pas tout entier dans les chants qu'il prête à ses chœurs; et ces chants eux-mêmes sont autre chose que de pures fantaisies poétiques. Les chœurs d'Eschyle font partie essentielle du drame : c'est à eux que s'applique à la lettre la définition d'Horace. Ils jouent réellement un rôle de personnage, et jamais ils ne disent rien qui n'ait trait au dessein de la pièce, et qui ne cadre exactement avec l'action. D'ailleurs, il y a dans ces chœurs, que l'ignorance seule a pu taxer d'obscurité impénétrable, d'autres mérites encore que ceux dont parlent la plupart des critiques. Eschyle est un penseur, non moins qu'un artiste en rhythmes et en paroles. Ce n'est pas pour rien qu'il s'était fait initier aux mystères d'Éleusis, et que Cérès avait nourri son âme, comme il s'exprime lui-même dans les *Grenouilles* d'Aristophane ; ce n'est pas pour rien qu'il était compté au nombre des adeptes de la secte pythagoricienne. Il abonde en mots profonds ; les grandes idées morales n'ont pas eu d'interprète plus convaincu ni plus digne. Ajoutez que le poëte lyrique ne se tient pas toujours dans les régions sublimes, et que le chœur trace quelquefois des tableaux d'une fraîcheur et d'une naïveté exquises, et comparables aux plus charmantes productions d'Anacréon ou de Sappho. J'en appelle sur ce point à ceux qui ont lu les chants des Océanides et les consolations qu'elles adressent à Prométhée. Il n'est pas jusqu'à l'*Agamemnon*, où l'on ne trouve des merveilles de sentiment et de grâce. Ainsi le portrait d'Hélène à son entrée dans Ilion : « Ame sereine comme le calme des mers, beauté qui ornait la plus riche parure, doux yeux qui perçaient à l'égal d'un trait, fleur d'amour fatale au cœur[1] ; » ainsi encore la peinture de la douleur de Ménélas après la fuite de son épouse[2].

Mais le poëte dramatique ne le cède ni en puissance ni en génie au poëte lyrique. Seulement il ne faut pas chercher dans les tragédies d'Eschyle autre chose que ce qui s'y trouve, que ce qu'y a voulu mettre le poëte. L'action, le drame, ce qui fait chez nous toute la tragédie, y est d'une parfaite simplicité. C'est une situation presque fixe, presque immobile. Chaque rôle n'est qu'un sentiment unique, qu'une idée, qu'une passion, celle que commande l'unique conjoncture.

---

1. *Agamemnon*, vers 740 et suivants.
2. *Ibid.*, vers 410 et suivants.

C'est l'unité absolue, ou plutôt ce sont des lignes parallèles, selon l'expression de Népomucène Lemercier; mais la grandeur de ces lignes et leur harmonie sévère sont d'un immense et saisissant effet. L'absence de mouvement dramatique et de péripéties n'ôte pas tant qu'on l'imagine à l'intérêt du spectacle et à l'émotion du spectateur. Les tragédies d'Eschyle en sont la preuve. Mais il faut dire que ces grands récits qu'Eschyle met dans la bouche des personnages ne sont guère moins propres à frapper les esprits que ne ferait la vue même des choses. C'est une hypotypose perpétuelle, pour parler comme les rhéteurs; c'est une vie si réelle et si puissante, qu'on a vu de ses yeux ce que l'esprit seul vient de concevoir, et qu'on oserait presque dire : « J'étais là! » Oui, nous connaissons les sept chefs aussi bien que s'ils avaient paru en scène; oui, nous avons vu Clytemnestre frapper Agamemnon; oui, nous étions avec le soldat-poëte sur cette flotte qui sauva, à Salamine, la Grèce et peut-être le monde!

Les critiques anciens prétendent qu'Eschyle fut le premier qui introduisit sur la scène un deuxième interlocuteur; c'est-à-dire qu'avant lui, tout se passait entre le chœur et un seul personnage, et qu'il n'y avait pas de dialogue de deux personnages entre eux. Qu'Eschyle soit ou non l'inventeur du véritable dialogue dramatique, peu nous importe ; mais il y a excellé avant Sophocle, et ses personnages se donnent la réplique avec une verve et un entrain qu'on a pu égaler peut-être, surpasser jamais. L'unique supériorité de Sophocle, c'est d'avoir fait un habile usage du troisième interlocuteur, qu'on voit à peine figurer dans Eschyle. Mais, pour le dialogue à deux, je ne crois pas qu'il existe rien de plus vif et de plus vraiment dramatique que maint passage d'Eschyle que je pourrais citer, entre autres celui où le poëte met en scène Prométhée et Mercure, et dont je rappellerai quelques traits[1] :

« MERC. Voilà donc encore cette farouche obstination qui t'a déjà plongé dans l'infortune. — PROM. Contre ton vil ministère, jamais, crois-le bien, je ne voudrais échanger mon

---

1. *Prométhée*, vers 964 et suivants.

sort déplorable. J'aime mieux languir captif sur ce roc que d'avoir Jupiter pour père et d'être son docile messager. A ceux qui nous outragent répondons aussi par l'outrage. — Merc. Ton sort présent, je crois, fait ta joie ? — Prom. Ma joie ! oui ; puissé-je voir se réjouir ainsi mes ennemis, et tu en es, Mercure!... — Merc. Je le vois : ta raison se trouble, le délire est violent. — Prom. Qu'il dure donc, ce délire ! si c'en est un de haïr ses ennemis. — Merc. Heureux, tu serais insupportable ! — Prom. (*Il pousse un cri de douleur.*) Hélas ! — Merc. Voilà un mot que Jupiter ne connut jamais. — Prom. Le temps marche, et c'est un grand maître. — Merc. Ce maître pourtant ne t'a pas encore appris la sagesse. — Prom. En effet ; sans cela te parlerais-je, vil esclave ? — Merc. Ainsi tu ne veux donc rien dire de ce que mon père désire savoir ? — Prom. Eh ! je lui dois tant ! il faut bien lui donner un témoignage de ma reconnaissance !... »

Il y a une autre partie de la perfection dramatique, et la plus importante peut-être, qui n'a pas manqué davantage à Eschyle. Je veux parler de l'art d'exposer le sujet, et de préparer les spectateurs aux scènes qu'ils vont avoir sous les yeux. Eschyle délègue quelquefois ce soin au chœur lui-même, qui s'en acquitte à merveille ; mais il sait aussi mettre en action ses personnages dès le début, et entamer par le vif, avec un rare bonheur, toutes les émotions de notre âme. Sophocle lui-même n'a rien qu'on puisse comparer, pour la terreur et l'intérêt poignant, à l'exposition du *Prométhée*.

Poésie d'Eschyle.

Ne nous étonnons donc pas que les Athéniens aient toujours tenu Eschyle, dans leur estime, au premier rang des poétes dramatiques, et qu'Aristophane le préfère non-seulement à Euripide, mais même à l'auteur d'*Œdipe-Roi* et d'*Antigone*. Les monuments de la muse d'Eschyle justifient les prédilections d'un peuple artiste et les éloges des anciens.

La poésie d'Eschyle ne ressemble pas toujours à ce que nous sommes habitués à admirer. Qu'importe ? Elle déborde de toutes parts, je le sais, hors des cadres étroits où les faiseurs de poétiques enserrent le génie. Mais elle n'est pas pour cela plus mauvaise ; et il ne tient qu'à nous de comprendre l'enthousiasme des Athéniens. Nous n'avons qu'à secouer un peu notre paresse, au lieu de nous en tenir aux opinions courantes. Lisons Eschyle, je dis le texte lui-même, et Eschyle sera bientôt vengé des ridicules sottises qu'ont écrites à son intention tant de gens qui n'avaient pas même essayé de déchiffrer le premier mot de son théâtre. Personne n'a mieux compris qu'Aristophane la grande âme d'Eschyle ; personne n'a mieux décrit ce caractère de beauté morale qui distingue entre toutes les œuvres du vieux tragique. Eschyle avait refusé un jour de composer un nouveau péan, parce que l'hymne de Tynnichus avait, selon lui, une majesté simple et nue dont tout l'art du monde n'eût pas donné l'équivalent. C'est bien cet homme pour qui la poésie était une chose sainte et sacrée, et non pas un vain exercice de bel esprit, qui pouvait prononcer cette fière apologie :

« Oui, ce sont là les sujets que doivent traiter les poëtes. Vois en effet quels services ont rendus, dès l'origine, les poëtes illustres. Orphée a enseigné les saints mystères et l'horreur du meurtre ; Musée, les remèdes des maladies et les oracles ; Hésiode, l'agriculture, le temps des récoltes et des semailles. Et ce divin Homère, d'où lui est venu tant d'honneur et de gloire, si ce n'est d'avoir enseigné des choses utiles : l'art des batailles, la valeur militaire, le métier des armes ?... C'est d'après Homère que j'ai représenté les exploits des Patrocle et des Teucer au cœur de lion, pour inspirer à chaque citoyen le désir de s'égaler à ces grands hommes, dès que retentira le son de la trompette. Mais, certes, je ne mettais en scène ni des Phèdres prostituées ni des Sthénobées ; et je ne sais si j'ai jamais représenté une femme amoureuse[1]. »

---

1. Aristophane, *Grenouilles*, vers 1057 et suivants.

CHAPITRE XIX.

SOPHOCLE.

Comparaison de Sophocle et d'Eschyle. — Système dramatique de Sophocle. — Tragédies de Sophocle. — Vie de Sophocle.

Comparaison de Sophocle et d'Eschyle.

L'art d'Eschyle n'était pas un pur instinct : il y avait en cet homme extraordinaire autre chose que le dieu dont parle Platon, qui se sert à sa guise du génie des poëtes inspirés. Je ne crois donc guère à ce mot qu'on prête à Sophocle : « Eschyle fait ce qui est bien, mais sans le savoir. » Si Sophocle tenait ce langage, il faut le taxer de prévention et d'injustice. Mais ce que Sophocle eût pu dire avec toute raison, c'est ce qu'un pareil mot donne à entendre ; car personne n'a jamais su, mieux que Sophocle, ce qu'il faisait : Sophocle est l'artiste par excellence, l'artiste habile entre tous à préparer l'effet qu'il veut produire, à disposer les moyens en vue de la fin. Il n'est pas difficile de relever, dans Eschyle, des invraisemblances quelquefois choquantes, des comparaisons fausses, des images outrées, des expressions bizarres ; défauts bien plus rares pourtant qu'on ne le crie, et rachetés par combien de qualités ! Mais Sophocle échappe au blâme, et n'a pas même ces instants de sommeil qu'Horace pardonne à Homère. C'est la perfection, autant qu'il est donné de la réaliser ; non pas une simple absence de défauts, qui est le pire de tous les défauts, mais un ensemble continu de beautés, et dans l'invention, et dans la coordination des parties, et dans la pensée, et dans la diction.

Sophocle n'a pas toute l'audace d'Eschyle ; et, s'il atteint quelquefois au sublime, pourtant le sublime n'est pas son élément ordinaire. « Il respecte tellement, dit l'abbé Barthélemy d'après les anciens, les limites de la véritable grandeur, que, dans la crainte de les franchir, il lui arrive quelquefois de n'en pas approcher. Au milieu d'une course rapide, au moment qu'il va tout embraser, on le voit soudain s'arrêter et s'éteindre. » Il ne faut pourtant pas prendre au pied de la lettre ces vives expressions. Sophocle a la modération dans la force : voilà à quoi il les faut réduire. Les héros qu'il peint n'ont plus rien de titanique ni de gigantesque; mais ce sont toujours de vrais héros. Ils sont au-dessus de nous, mais non pas trop loin de nous; et rien de ce qui les concerne ne nous est étranger. C'est l'homme idéal, plus beau, plus noble que la réalité, mais qui s'en rapproche parce qu'il n'est exempt ni de faiblesses ni d'erreurs, et que l'infortune ne le trouve jamais complétement insensible à ses atteintes. Avec Sophocle, le ton de la tragédie est descendu à cette juste limite où la poésie conserve encore la grandeur et la dignité, et où déjà nous trouvons en elle ce que nous aurions pu penser et ce que nous aurions pu dire. La diction de Sophocle est loin de ressembler à celle des prosateurs, beaucoup moins loin toutefois que celle d'Eschyle. Ce ne sont plus les impétueux élans du dithyrambe, les tours extraordinaires, les mots volumineux; mais Sophocle n'est guère moins difficile à lire qu'Eschyle même. Il emploie les termes de la langue dans le sens étymologique, bien plus que dans leur acception vulgaire; et l'esprit est forcé à chercher au-dessous de la surface, pour trouver la pensée du poëte. Sophocle n'a ni cette clarté ni cette fluidité dont le dotent certains critiques, si ce n'est dans quelques récits où il semble avoir voulu rivaliser, avec Euripide, de facilité et d'abondance oratoire. Ses chœurs sont d'un style non moins savant que toute cette ancienne poésie lyrique dont avait hérité la tragédie; mais le pathétique y domine, et surtout une grâce et une douceur ineffables. Beaucoup de ses odes, même considérées en soi, et indépendamment de l'action où elles concourent, peuvent être comptées parmi les chefs-d'œuvre de la muse lyrique. Sophocle a mis dans le choix des mètres les plus propres à l'expression des sentiments affectueux un soin délicat dont notre ignorance même peut encore saisir les heureux effets. Les Athéniens donnaient à Sophocle le nom d'abeille attique; et ce nom, qu'il méritait, nous pouvons nous-mêmes en apprécier la justesse et l'exquise convenance.

Système dramatique de Sophocle.

Sophocle n'a point fait de trilogies proprement dites. Du moins il ne paraît pas que, même au temps où l'on exigeait encore quatre pièces de chacun des concurrents dramatiques, Sophocle ait jamais tiré ses trois tragédies de la même légende, ni construit un ensemble dramatique dans le genre de l'*Orestie*. Que si trois des pièces qui nous restent de lui se font à peu près suite l'une à l'autre, *Œdipe-Roi*, *Œdipe à Colone*, *Antigone*, il n'y a rien là que de fortuit, car ces trois pièces n'ont pas été composées à la même époque, ni représentées le même jour. Mais les drames de Sophocle ont assez d'étendue pour suffire, chacun en particulier, au complet développement d'une action, et pour satisfaire à toutes les exigences de l'esprit du spectateur. Les personnages y sont plus nombreux que dans ceux d'Eschyle, mais non point assez pour diviser l'intérêt et nuire à l'unité d'impression. Tout ce que la fable comporte d'incidents et de péripéties s'y déroule successivement, mais sans confusion, sans encombre, sans aucune surcharge inutile. Le temps y est réglé d'une manière calme et ferme; rien ne s'y fait par sauts, rien n'y rappelle les brusques suppressions de la durée et de l'espace qu'Eschyle s'est permises dans l'*Agamemnon* et dans les *Euménides*. Sophocle ne se borne pas à un trait unique, dans le dessin des caractères : ses personnages se développent eux-mêmes avec l'action, et révèlent peu à peu leur âme. On ne les connaît tout entiers qu'au dénoûment, et après qu'ils ont passé par les épreuves que leur fait subir le poëte.

Sophocle réduit à un rôle moral ce chœur dont Eschyle faisait encore quelquefois le principal personnage de ses tragédies. Toutefois il ne le désintéresse nullement de l'action qui se passe sous ses yeux : le chœur y est personnage, mais conseillant, dissuadant, plutôt qu'agissant; mais représentant, pour ainsi dire, la conscience publique, et répondant à ce qui se passe dans l'âme même des spectateurs. J'ai dit, en parlant d'Eschyle, que Sophocle faisait dans le dialogue un habile usage du troisième interlocuteur. C'est par le dialogue à trois qu'il aime à faire saillir les oppositions de caractères, et à mettre dans toute sa lumière la grandeur du principal personnage. Chrysothémis à côté d'Électre, Ismène à côté d'Antigone, ont une valeur poétique, dans l'économie de la fable, que le système dramatique d'Eschyle n'aurait pu leur donner. Quant au dialogue à deux, je ne saurais faire de Sophocle un plus bel éloge qu'en disant qu'il a dignement suivi les traditions d'Eschyle.

Tragédies de Sophocle.

Sophocle avait composé plus de cent pièces de théâtre. Il nous reste sept tragédies, qui sont toutes des ouvrages de son âge mûr ou de sa vieillesse, et dont la plupart ont été citées par les anciens au nombre de ses chefs-d'œuvre. Dans l'ordre chronologique, ou de composition, ces tragédies se rangent comme il suit : *Antigone*, *Électre*, les *Trachiniennes*, *Œdipe-Roi*, *Ajax*, *Philoctète*, *Œdipe à Colone*. Les fragments des autres pièces, tragédies ou drames satyriques, ne sont pas très-considérables.

Quelle que soit la date à laquelle on fixe la naissance de Sophocle, il avait plus de cinquante ans à l'époque de la représentation de l'*Antigone*; et cette pièce, selon un témoignage authentique, était déjà la trente-deuxième de celles qu'il avait fait représenter. Elle fut mise au théâtre vers les années 442 ou 440 avant notre ère. Tout nous prouve qu'elle eut un prodigieux succès.

Antigone se dévoue à la mort, pour rendre à son frère Polynice les honneurs de la sépulture. C'est la femme-héros; mais, malgré la décision et l'austérité de son caractère, c'est la femme encore. Son âme est tout entière dans sa réponse à Créon, à propos du crime commis par Polynice contre Thèbes : « Mon cœur est fait pour aimer, non pour haïr[1]. » Quand sa mort est décidée, elle pleure sa jeunesse, elle pleure les joies de la vie et les douceurs inconnues d'un

---

[1]. *Antigone*, vers 523.

hymen heureux. Elle est touchante, quoiqu'elle laisse à peine soupçonner son penchant secret pour le fils de Créon. Elle meurt; mais ce sang précieux est payé par la ruine et la destruction de la famille entière du tyran. Tout est disposé, dans la tragédie, pour concentrer l'intérêt sur la grande figure d'Antigone : et le farouche caractère de Créon, devant lequel son dévouement pieux ne fléchit pas, et l'affection profonde d'Hémon, et la faiblesse craintive d'Ismène, et la lâcheté même des vieillards du chœur, qui obéissent sans résistance aux ordres de Créon, et qui ne savent que gémir sur les malheurs de ses victimes.

Électre est le même sujet qu'Eschyle avait traité dans les *Choéphores;* mais ici ce n'est plus Oreste, c'est sa sœur qui joue le principal rôle. Oreste n'est guère que le bras qui exécute. La pensée de vengeance, la passion, l'impitoyable rigueur, sont dans l'âme d'Électre. Électre pousse jusqu'à l'excès sa juste haine pour la meurtrière d'Agamemnon. Elle n'est plus, elle ne veut plus être la fille d'une telle mère. Mais l'art du poëte nous fait entrer peu à peu dans les ressentiments qui ulcèrent son cœur; et les côtés mêmes par où elle tient à son sexe, surtout son affection pour son frère, sont ceux précisément dont Sophocle a profité, pour légitimer à nos yeux les résolutions plus que viriles où s'est fixée sa volonté, et pour préparer le parricide qui punira l'assassinat d'un époux par une épouse adultère. Il n'est guère douteux que le succès d'*Antigone* n'ait influé considérablement sur la manière dont Sophocle a traité ce dramatique sujet. La prédominance absolue, trop absolue peut-être, du caractère d'Électre, semble comme une exagération du système suivi dans *Antigone*. Chrysothémis joue un rôle qui rappelle de près celui d'Ismène. Créon se retrouve, mais bien effacé, dans Clytemnestre et dans Égisthe. Oreste est sans physionomie, et ne nous inspire pas même cet intérêt secondaire que mérite si bien la noble figure d'Hémon. Au reste, on ignore la date précise de la représentation d'*Électre*, et on ne sait pas davantage si cette œuvre nouvelle fut reçue avec les mêmes applaudissements que celle qui en était, pour ainsi dire, le prototype.

Les *Trachiniennes*, ainsi nommées parce que le chœur est formé de jeunes filles de la ville de Trachine au pied du mont Œta, sont le tableau de la jalousie de Déjanire et de la mort d'Hercule, empoisonné par la tunique du centaure Nessus. C'est un ouvrage inférieur aux autres tragédies de Sophocle, mais non pas, comme quelques-uns le disent, sans unité de plan, sans force dramatique, ni dénué de grandes qualités. Que si l'intérêt passe de Déjanire à Hercule, c'est par la progression naturelle des événements, et non pour aucun manquement du poëte aux règles fondamentales de l'art. L'impression est une, en définitive; et ce que le spectateur emporte de la tragédie, c'est un double exemple des effets désastreux de l'amour. D'ailleurs, le caractère de Déjanire et celui d'Hercule sont tracés de main de maître, sinon encadrés dans une action bien serrée et bien saisissante.

Œdipe-Roi, qui est postérieur d'une dizaine d'années à l'*Antigone*, n'eut que la seconde place au concours des tragédies. Philoclès, neveu d'Eschyle, remporta le prix. Cette fois l'arrêt des Athéniens, ou celui des cinq juges, fut dicté par la passion et par des préventions aveugles. Toutes les productions de Philoclès étaient la médiocrité même; et l'*Œdipe-Roi* est la plus dramatique, je ne dis pas la plus belle, des tragédies de Sophocle. L'intérêt de curiosité y est ménagé avec un art extrême. Une première lueur jetée sur les sombres mystères où se trouve abîmé le roi de Thèbes amène des clartés de plus en plus manifestes, jusqu'au moment terrible où Œdipe s'écrie : « Hélas! hélas! hélas! tout est révélé maintenant. O lumière du jour, je te vois pour la dernière fois [1]! » La fierté un peu présomptueuse d'Œdipe, et la légèreté ou plutôt l'irréflexion de Jocaste, sont les moyens dont s'est servi le poëte pour dérober presque complétement au spectateur le sentiment des invraisemblances dont est pleine la légende des forfaits d'Œdipe et de son expiation.

Ajax est une composition beaucoup plus simple, mais pleine aussi de passion et de vie. Les armes d'Achille ont été

---

1. *Œdipe-Roi*, vers 1181, 1182.

décernées à Ulysse. Ajax, irrité de cet affront, a juré de se venger des Grecs. Mais Minerve lui enlève sa raison : ce ne sont pas ses ennemis qu'il égorge, mais de vils animaux, que la déesse lui fait prendre pour des hommes. Revenu à lui-même, le héros se sent déshonoré : il se voit devenu la fable de l'armée s'il reste devant Troie, et la honte de son vieux père s'il retourne à Salamine. Il se condamne lui-même à la mort. Sa résolution prise une fois, rien au monde ne peut plus le dissuader. Tecmesse sa captive, les guerriers salaminiens ses compagnons, n'obtiennent autre chose qu'une apparence de résignation. Ajax, après avoir pourvu aux intérêts de tous ses proches, consomme le sacrifice, et se dépouille de la vie, mais non pas sans regret. Il dédaigne la pitié d'autrui, mais c'est pour cela même qu'il la soulève avec tant de force : dans ses dernières paroles, il y a une émotion profonde, un vif sentiment d'admiration pour la lumière du jour. Les scènes qui suivent la mort d'Ajax s'expliquent par l'importance qu'avaient aux yeux des Grecs les cérémonies funèbres, sans lesquelles les ombres des morts ne trouvaient pas le repos dans les régions infernales. Le désespoir de Teucer, frère d'Ajax, ses véhémentes invectives contre les ennemis du héros, et la noble générosité d'Ulysse, qui prend la défense du mort, relèvent ce qu'il y a d'un peu languissant dans une discussion à propos d'un cadavre.

Le *Philoctète* a été représenté en 410, quand Sophocle était plus qu'octogénaire, et peu de temps probablement après l'*Ajax*, car il y a, dans le *Philoctète* même, une évidente allusion à la scène de l'*Ajax* entre Teucer et Ménélas; ce qui suppose que les spectateurs avaient encore cette scène présente à l'esprit. Le *Philoctète* remporta le prix des tragédies nouvelles. C'est la plus pathétique des pièces de Sophocle, malgré la simplicité de la fable, et quoique presque tout s'y passe entre trois personnages, Ulysse, Néoptolème et Philoctète. La lutte, dans l'âme de Philoctète, entre le désir de quitter une affreuse solitude, de recouvrer la santé et d'aider efficacement à une glorieuse entreprise, et cette haine qu'il a vouée à ceux qui l'ont abandonné jadis; le tableau des souffrances physiques du héros, et celui de ses tortures morales, plus poignantes encore, quand il croit que Néoptolème l'a trompé, ne sont pas choses moins frappantes que ces coups de théâtre qu'on obtient en multipliant les incidents et les personnages. C'est un autre genre d'intérêt que celui de *l'Œdipe-Roi*, mais non moins vif, ni moins saisissant.

Œdipe à Colone, le dernier ouvrage de Sophocle, n'est pas un drame du même genre que ses autres tragédies. Il n'y a guère plus d'action que dans les *Suppliantes* ou dans le *Prométhée*. Mais nulle part Sophocle ne s'est élevé à une plus grande hauteur poétique. Sa pièce est un hymne magnifique en l'honneur d'Athènes, et où les plus pures idées morales sont exprimées dans un langage maintes fois sublime.

Œdipe a expié par de longs malheurs ses crimes involontaires. Les dieux lui ont rendu leur affection; ils lui ont annoncé sa mort prochaine, et ils lui ont prédit que le peuple qui posséderait son tombeau serait assuré de la victoire sur tous les peuples ennemis. Arrivé à Colone, tout proche d'Athènes, Œdipe s'arrête dans le bois des Euménides, et il reconnaît que c'est là qu'il doit disparaître du monde. C'est là en effet qu'une voix divine le somme, du haut du ciel, de venir dans un meilleur séjour : « Œdipe! Œdipe! pourquoi tardons-nous à partir[1]? » Mais, avant l'instant suprême, plus d'une scène se passe, où figurent des personnages intéressés à savoir si Œdipe restera dans l'Attique, ou s'il retournera dans la Béotie.

Vie de Sophocle.

Ce poëme admirable était la dette que payait le génie de Sophocle non-seulement à la grande ville dont il était citoyen, mais à l'humble bourgade qui avait été son berceau. C'est à Colone même, c'est dans ce village situé sur la rive gauche du Céphise, que Sophocle était né, dès 498 selon les uns, en 495 selon les autres. Sa famille, comme celle d'Eschyle, tenait dans l'Attique un rang distingué, s'il en faut croire certains témoignages; mais quelques-uns rapportent,

---

1. *Œdipe à Colone*, vers 1627, 1628.

avec plus de vérité peut-être, que Sophile son père était
forgeron. Eupatride ou fils d'artisan, peu nous importe. Il
reçut une éducation brillante, et il révéla de bonne heure
ses heureuses dispositions naturelles. Après la bataille de
Salamine, à l'âge de quinze ans, de dix-huit au plus, il
fut choisi pour conduire le chœur des adolescents qui chantèrent l'hymne de victoire, et qui dansèrent autour des trophées formés des dépouilles de l'ennemi. Il n'était pas moins
remarquable par sa beauté que par la précocité de ses talents.
Il est probable que Sophocle s'exerça, dès sa tendre jeunesse, dans divers genres de poésie, surtout dans le genre
lyrique, et que les péans et autres poëmes lyriques qu'on
avait de lui étaient quelques-uns des essais par lesquels il
avait préludé à de plus vastes compositions. C'est à l'âge
de vingt-huit ans, entre les années 470 et 467, qu'il reçut
pour la première fois un chœur de l'archonte éponyme. Il
débuta par un coup de maître, car il l'emporta sur Eschyle
même, non pas au jugement d'une populace légère ou de
juges ignorants ou passionnés, mais d'après la sentence
portée par des hommes qui ne pouvaient avoir à cœur que la
vérité et la justice. Plutarque raconte, dans la *Vie de Cimon*,
que les juges du concours n'avaient point été tirés au sort
selon l'ancien usage. Cimon, qui venait de rapporter à Athènes les ossements de Thésée, ayant paru dans le théâtre avec
les autres généraux, l'archonte Aphepsion les avait retenus,
leur avait fait prêter le serment des juges, et c'était Cimon
et ses collègues qui avaient préféré le jeune homme à son
illustre compétiteur. On ignore jusqu'aux titres des pièces qui
furent jouées ce jour-là. Sophocle, durant sa longue carrière
dramatique, triompha vingt fois dans les concours. Quand
il ne fut pas vainqueur, il eut toujours le second rang, jamais
le troisième. Après la représentation de l'*Antigone*, l'estime
dont il jouissait le fit choisir par ses concitoyens pour un des
stratéges ou généraux qui commandèrent, avec Périclès,
l'expédition contre Samos. Il ne paraît pas que Sophocle ait
déployé, durant ce commandement, de grands talents militaires. Mais une armée qui avait Périclès à sa tête pouvait
se consoler de ce que l'auteur d'*Antigone* n'était à la guerre,

comme le prétend Ion de Chios, qu'un homme aimable et d'une conversation charmante. Et pourquoi d'ailleurs les Athéniens s'étaient-ils avisés de se figurer qu'un grand poëte devait faire un bon général; non pas seulement un bon soldat, comme avait été Eschyle, mais un homme capable de commander à des soldats?

La vieillesse de Sophocle fut admirable de noblesse et de sérénité. Platon, qui l'avait vu sans doute chez son père, cite un mot de lui, au commencement de la *République*, qui prouve que Sophocle avait su vieillir : il se félicitait d'avoir secoué depuis longtemps le joug des passions sensuelles. Et cette sagesse ne dut pas être sans influence et sur sa longévité, et sur ce merveilleux phénomène d'un esprit qui a toujours été grandissant et n'a touché son apogée qu'à l'âge ordinaire de la décrépitude. C'est à quatre-vingts ans et plus que Sophocle composait le *Philoctète* et l'*Œdipe à Colone*. Il mourut en 406, à quatre-vingt-douze ans, ou tout au moins à quatre-vingt-neuf, dans toute la plénitude de ses facultés et de son génie.

On conte que, peu de temps avant sa mort, son fils Iophon chercha à le faire interdire, comme atteint d'imbécillité ou de folie. Il paraît qu'Iophon était jaloux de l'affection extrême de Sophocle pour un de ses petits-fils, né d'Ariston et nommé Sophocle comme son aïeul, et qu'il craignait de perdre sa part de l'héritage paternel. La cause fut déférée au tribunal des phratores, espèce de justice municipale ; et les juges, après avoir entendu Sophocle, donnèrent tort à Iophon. On dit que Sophocle se borna, pour toute réponse aux imputations de son fils, à lire aux juges quelques passages de l'*Œdipe à Colone*, qu'il venait de composer, et entre autres le chœur où les vieillards de Colone énumèrent à Œdipe toutes les merveilles d'une contrée chérie des dieux. Peut-être toute cette histoire n'a-t-elle rien d'authentique ; peut-être Iophon est-il resté jusqu'à la fin un fils respectueux et dévoué. Mais, si le chant des vieillards de Colone n'a pas servi à l'apologie de Sophocle, on peut bien dire que nul plaidoyer n'eût été plus capable de mettre contre Iophon tous les juges du monde, à plus forte raison des hommes de cette terre d'Attique dont le poëte chantait les vertus. Je ne saurais mieux finir qu'en citant cette page, écrite par une main nonagénaire :

« Etranger, te voici dans le plus délicieux séjour de cette contrée riche en coursiers ; c'est Colone aux blanches maisons. Là gémissent, dans de verdoyantes vallées, une foule de rossignols à la voix mélodieuse, cachés sous le sombre lierre, sous l'épaisse feuillée de mille arbres chargés de fruits divers, où ne pénètrent jamais les rayons du soleil, où ne soufflent jamais les vents glacés. Là se promène sans cesse le joyeux Bacchus, escorté des nymphes ses nourrices.

« Sans cesse la rosée du ciel fait fleurir de jour en jour et le narcisse au calice gracieux, antique couronne des deux grandes déesses[1], et le safran à la couleur dorée. Les sources du Céphise ne tarissent jamais, et fournissent des flots en abondance à la rivière qui serpente à travers la plaine. Sans cesse et chaque jour ses eaux limpides fécondent en passant le vaste sein de la terre. Ni les chœurs des Muses ne dédaignent cette contrée, ni Vénus aux rênes d'or.

« Il y a aussi un arbre tel qu'il n'en pousse, dit-on, ni dans la terre d'Asie, ni dans la grande île dorienne de Pélops[2] ; un arbre que n'a pas planté une main mortelle ; qui croît sans culture ; devant lequel reculent les lances ennemies[3] ; qui nulle part ne verdoie plus vigoureux qu'en cette contrée : c'est l'olivier au pâle feuillage, le nourricier de l'enfance[4]. Jamais chef ennemi, ni jeune ni vieux[5], ne l'extirpera du sol avec sa main dévastatrice ; car toujours sont fixés sur lui les regards protecteurs de Jupiter Morius[6] et de Minerve aux yeux brillants.

« J'ai à dire encore un autre mérite de cette métropole, magnifique don d'un dieu puissant, et la plus noble gloire de notre pays : c'est l'art de dompter les coursiers, et l'empire

1. Cérès et Proserpine.
2. Le Péloponnèse.
3. Les Lacédémoniens, pendant la guerre de Péloponnèse, n'avaient pas osé détruire en Attique les oliviers sacrés.
4. Dans les exercices du gymnase, les enfants se frottaient d'huile.
5. Allusion à Xerxès, qui était jeune, et à Archidamus, qui était vieux.
6. C'est le nom qu'on donnait à Jupiter protecteur des oliviers sacrés.

des mers. O fils de Saturne, roi Neptune! c'est toi qui l'as élevé à ce haut point de gloire, en inventant le frein qui maîtrisa le premier, à travers nos rues, la fougue des coursiers. Par toi aussi le navire, que meuvent des mains armées de rames, s'élance avec une agilité merveilleuse sur les flots des mers, à la suite des innombrables Néréides[1]. »

CHAPITRE XX.

EURIPIDE.

Vie d'Euripide. — Dates et sujets des tragédies d'Euripide. — Le *Cyclope*. — Génie dramatique d'Euripide. — Pathétique d'Euripide. — Style d'Euripide. — Enthousiasme des anciens pour Euripide.

Vie d'Euripide.

Le génie d'Euripide est tellement différent de celui de Sophocle, et la façon dont les deux poëtes ont conçu l'idéal dramatique présente un si frappant contraste, qu'on serait tenté de croire qu'ils n'ont vécu ni dans le même temps, ni sous l'empire des mêmes institutions et des mêmes mœurs. Ils étaient pourtant contemporains. Euripide n'était que de quelques années plus jeune que son rival; et Sophocle a survécu, peu de mois seulement il est vrai, à Euripide, qui est mort dans un grand âge.

Euripide était né à Salamine en l'an 486, ou, selon une tradition plus accréditée, en l'an 480 avant notre ère. Non-seulement on place sa naissance en l'année où Salamine vit le désastre de Xerxès et le triomphe des Athéniens, mais on veut qu'il ait vu le jour pendant la bataille même. Il est permis d'avoir un doute, et de tenir cette date pour suspecte, puisqu'il n'y a pas accord entre les témoignages anciens. Il est possible qu'on ait rajeuni Euripide par amour du merveilleux, et afin de rattacher le souvenir du dernier grand tragique à cette journée fameuse où Eschyle avait

---

[1]. *OEdipe à Colone*, vers 608 et suivants.

combattu en héros, et qui avait fourni à Sophocle la première occasion de déployer ses talents.

Aristophane reproche trop souvent à Euripide l'humilité de son origine, pour que les biographes aient osé sérieusement transformer en eupatride le fils de la marchande de légumes, comme ils ont anobli peut-être le fils du forgeron de Colone. On éleva d'abord Euripide pour en faire un athlète, et il réussit dans les exercices du corps. Mais l'activité de son esprit ne tarda pas à l'entraîner vers de plus nobles études. Le mépris qu'il professa depuis pour les athlètes, la pire engeance du monde, selon lui[1], et le plus détestable des fléaux où la Grèce fût en proie, semble prouver qu'il ne conservait pas une bien vive reconnaissance des leçons de ses premiers maîtres. Il s'adonna à la peinture, puis à l'art oratoire, puis à la philosophie. Prodicus et Anaxagore eurent une influence décisive sur la tournure de ses idées, et furent pour beaucoup dans cette subtilité de sophiste et dans cette rhétorique un peu vide, qui déparent trop souvent ses œuvres. Socrate, qui fut son ami, ne put guère le corriger de ses défauts poétiques ; peut-être même contribua-t-il pour sa part à les invétérer, en discutant avec lui d'épineux problèmes, et en lui dévoilant les secrets de l'argumentation ironique.

Euripide débuta dès l'an 452 dans la carrière; mais ce n'est que dix ans plus tard qu'il remporta pour la première fois le prix des tragédies nouvelles. Il n'avait obtenu jusquelà que la seconde ou la troisième place. En général, il ne fut pas très-heureux, en dépit de ses efforts, ou peut-être à cause de ses efforts mêmes : il n'eut que cinq fois l'honneur de vaincre ses compétiteurs, malgré le grand nombre de pièces qu'il avait présentées au concours, quatre-vingt-douze selon les uns, soixante-quinze selon d'autres. Il est vrai qu'en 452, et même quelques années plus tard, l'archonte éponyme exigeait encore la tétralogie. Par conséquent il faut compter à Euripide plus de cinq pièces couronnées. Disons aussi qu'il a pu obtenir fréquemment la seconde place,

---

[1]. Euripide, *Fragments de l'Autolycus*.

et que ce n'était pas toujours un échec d'être relégué à la troisième : des représentations subséquentes pouvaient donner gain de cause au poëte contre l'arrêt des juges, au moins dans l'estime des auditeurs. Mais quelquefois il arrivait que le peuple rejetait par ses clameurs une pièce nouvelle avant d'en avoir vu la représentation entière ; et la pièce ainsi honnie ne pouvait reparaître sur la scène qu'après des corrections et des remaniements souvent considérables. Ce désagrément, que n'avaient éprouvé ni Eschyle ni Sophocle, on ne l'épargna point à Euripide : il fut forcé de refaire après coup plusieurs de ses tragédies. Sa réputation néanmoins alla tous les jours croissant ; et, quand il se retira, deux ou trois ans avant sa mort, auprès d'Archélaüs roi de Macédoine, les Athéniens le regrettèrent plus vivement peut-être que leurs pères n'avaient regretté Eschyle quittant Athènes pour Syracuse et Géla. Archélaüs, qui renouvelait les nobles traditions des Hiéron et des Arcésilas, attirait à sa cour les poëtes, les artistes et les philosophes, et préludait par sa magnificence à la future grandeur de son peuple et de sa maison.

C'est en Macédoine qu'Euripide mourut, en 407 ou en 406, six mois environ avant que Sophocle mourût à Athènes. Quelques-uns content que les femmes macédoniennes, furieuses des outrages qu'Euripide, dans ses tragédies, avait vomis contre leur sexe, le déchirèrent de leurs mains, comme les bacchantes avaient jadis mis en pièces Orphée. Ce n'est là que l'exagération d'une triste réalité. Euripide, se promenant dans une campagne solitaire, fut déchiré non point par des femmes, mais par des chiens. Les femmes avaient sans doute assez peu de tendresse pour le poëte qui les a traitées souvent en juge sévère, presque en ennemi ; mais, qu'elles lui aient fait subir le supplice dont l'avait menacé plaisamment Aristophane, surtout que cet événement se soit passé en Macédoine, et qu'un vieillard étranger ait misérablement péri, dans cette contrée alors demi-barbare, pour des peccadilles littéraires commises en Attique, c'est une histoire qui sent trop sa légende pour que nous ayons la moindre idée d'en soutenir l'authenticité.

La nouvelle de la mort d'Euripide causa dans Athènes une sensation inexprimable. Le vieux Sophocle, qui n'avait jamais eu aucune haine contre son rival, unit ses regrets à ceux des Athéniens. Il se disposait, pour la dernière fois, à lutter au concours des tragédies nouvelles, et il faisait répéter l'*Œdipe à Colone*. Le jour de la représentation, il exigea que ses acteurs parussent sans couronnes sur la tête, en signe de deuil et pour faire hommage au grand poëte qui n'était plus.

Dates et sujets des tragédies d'Euripide.

Le temps a beaucoup moins maltraité les œuvres d'Euripide que celles de Sophocle et d'Eschyle. Il nous reste de lui dix-huit tragédies complètes, de nombreux et souvent considérables fragments de la plupart des autres, enfin un drame satyrique. Je ne puis donner ici qu'un catologue raisonné des dix-huit tragédies d'après leur ordre chronologique, en indiquant la date précise ou approximative [1] de chaque pièce, le titre et la nature du sujet.

438. *Alceste*. Dévouement de la femme d'Admète, qui consent à mourir pour son époux et qu'Hercule ramène à la vie. *Alceste* est la plus touchante des tragédies antiques. Il y a des scènes de pathétique que Racine lui-même regardait comme incomparables.

431. *Médée*. Jalousie et désespoir de la femme de Jason, qui fait périr sa rivale et égorge ses propres enfants. Cette tragédie est un des chefs-d'œuvre d'Euripide.

428. *Hippolyte porte-couronne*. Pièce remaniée par Euripide. Elle se nommait d'abord *Hippolyte voilé*, et elle avait soulevé au théâtre des tempêtes que voulut conjurer l'auteur. Hippolyte résiste à l'amour incestueux de Phèdre, et meurt victime des imprécations de son père. Hippolyte est le principal personnage de la tragédie. C'est là ce qui fait la différence essentielle de l'*Hippolyte* d'Euripide et de la *Phèdre* de Racine. Chez le poëte français, tout l'intérêt est concentré sur l'épouse de Thésée; et il est même permis de trouver

---

[1]. Le signe (?) indique une simple probabilité.

qu'Hippolyte, dans notre *Phèdre*, est devenu un peu plus pâle que de raison.

(?) 427. *Ion*. Créuse, fille d'Erechthée roi d'Athènes, a eu un fils d'Apollon. L'enfant, exposé par elle, a été transporté à Delphes par Mercure. Xuthus épouse Créuse ; et, n'ayant pas d'enfants, il adopte Ion, le fils même de sa femme, qui a été élevé par la Pythie, et que ni lui ni Créuse ne connaissent. Créuse prend le jeune homme en haine, s'imaginant qu'il est le fruit des amours de son époux avec quelque rivale préférée. Elle veut l'empoisonner ; mais elle découvre bientôt son propre fils dans le fils adoptif de Xuthus. Il y a quelque analogie entre la situation du fils de Créuse et celle du petit Joas. Mais on ne saurait faire aucune comparaison entre le drame imparfait d'Euripide et cette *Athalie* qui est, peu s'en faut, la perfection même.

(?) 424. *Hécube*. Immolation de Polyxène sur le tombeau d'Achille, et vengeance que tire Hécube de Polymestor, meurtrier de Polydore son fils. Le défaut capital de cette tragédie, c'est que l'action manque d'unité, ou, si l'on veut, que le poète n'a point serré suffisamment le lien qui en unit les deux parties. Mais le pathétique y abonde, et jamais Euripide n'a été plus éloquent.

(?) 421. Les *Héraclides*. Persécution des enfants d'Hercule par Eurysthée. Démophon, fils de Thésée, leur donne asile dans Athènes. Cette pièce offre un médiocre intérêt.

420. *Andromaque*. Hermione, pendant l'absence de Pyrrhus, veut faire périr Andromaque et son fils Molosse. Pélée, aïeul de Pyrrhus, les sauve des fureurs d'Hermione et de son père Ménélas. L'*Andromaque* de Racine doit beaucoup à Virgile, et diffère de celle d'Euripide bien plus encore que la *Phèdre* française ne diffère de l'*Hippolyte porte-couronne*.

418. Les *Suppliantes*. Thésée, touché par les supplications des mères de ces chefs argiens qui avaient péri sous les murs de Thèbes, réclame leurs corps, restés sans sépulture. Sur le refus des Thébains, il conquiert par la force des armes ces tristes dépouilles, qui reçoivent les honneurs accoutumés. Il n'y a donc de commun que le titre entre les *Suppliantes* d'Euripide et celles d'Eschyle.

415. *Les Troyennes*. Partage des captives après la prise de Troie, et mort d'Astyanax fils d'Hector, précipité du haut des murs de la ville. C'est une œuvre d'un ordre inférieur, malgré quelques parties remarquables, et quoique le plus pathétique des poëtes n'y soit pas toujours indigne de lui-même.

412. *Électre*. Même sujet que les *Choéphores* d'Eschyle et l'*Électre* de Sophocle. Mais Euripide a bouleversé toute la terrible légende : il n'en a fait qu'une sorte de drame bourgeois, dont les personnages ne sont ni très-intéressants ni même très-naturels.

412. *Hélène*. Ménélas retrouve en Égypte son épouse, parfaitement chaste et fidèle. Ce n'était qu'une ombre d'elle-même, façonnée par Junon, et non point sa personne véritable, que Pâris avait séduite et emmenée à Troie. Cette pièce, toute de fantaisie, est une de celles qui justifient le reproche qu'on a souvent fait à Euripide, de se livrer trop volontiers au goût du romanesque.

(?) 410. *Iphigénie en Tauride*. Iphigénie, prêtresse de Diane, reconnaît Oreste et Pylade, qu'on lui amène pour les sacrifier à la déesse, et elle s'enfuit avec eux loin de la Tauride. Cette tragédie est bien supérieure à la précédente. On admire avec raison les scènes où le frère et la sœur, sans se connaître encore, s'entretiennent de ce qu'ils ont de plus cher au monde, et surtout la scène de la reconnaissance, une des plus belles de ce genre qu'il y ait au théâtre.

408. *Oreste*. Oreste et Électre, après le meurtre de leur mère, sont condamnés à mort par les citoyens d'Argos. Avec l'aide de Pylade, ils entreprennent de se venger de Ménélas et des siens; mais l'intervention des dieux sauve toutes les vies menacées, et rétablit la paix dans la famille des Atrides et dans la ville d'Argos. Il n'y a pas beaucoup d'art dans la composition de cet ouvrage. Les caractères, comme dans *Électre*, manquent de noblesse et de dignité, et le pathétique y est trop gâté par la profusion de l'esprit et l'abus de la rhétorique.

(?) 408. *Les Phéniciennes*. Même sujet que les *Sept contre*

Thèbes d'Eschyle. Le nom de la pièce vient de ce que le chœur est composé de femmes phéniciennes, qui se sont arrêtées à Thèbes en se rendant à Delphes pour y être consacrées au culte d'Apollon. Les caractères des deux frères sont heureusement tracés, et l'entrevue d'Etéocle et de Polynice est une scène très-belle et du plus grand effet.

(?) 408. *Hercule furieux*. Hercule, à son retour des enfers, se défait de Lycus, qui s'était emparé de la royauté dans Thèbes. Junon frappe le héros de démence. Il tue sa femme et ses fils; puis, revenu à lui-même, il veut quitter la vie. Thésée le console, et l'emmène à Athènes où il expiera ses crimes involontaires. Il y a dans cette pièce, comme dans *Hécube*, duplicité d'action; mais ce défaut n'est pas toujours racheté par des qualités éminentes.

Après la mort d'Euripide, probablement en 406, on représenta trois tragédies que le poëte avait composées ou achevées pendant son séjour en Macédoine. Une de ces tragédies, intitulée *Alcméon*, n'existe plus; mais nous possédons les deux autres, qui sont les *Bacchantes* et *Iphigénie à Aulis*. Ces deux tragédies sont, avec *Médée*, ce qu'Euripide nous a laissé de plus parfait. *Iphigénie à Aulis* est de tout point un chef-d'œuvre, et je ne sais si Racine est parvenu à l'égaler en l'imitant; je sais du moins qu'il y a telle scène de l'original que Racine n'a pas osé reproduire; et tout ce que son génie a ajouté aux inventions d'Euripide est bien loin, selon moi, de compenser l'absence de ce petit Oreste qui implorait pitié pour sa sœur en tendant ses bras vers Agamemnon. Le sujet des *Bacchantes* est un de ceux que traitaient de préférence les premiers tragiques. C'est la mort terrible de Penthée, mis en pièces par les ménades, pour s'être opposé à l'établissement du culte de Bacchus en Grèce. Celui d'*Iphigénie à Aulis* n'a pas besoin d'être indiqué. Je remarquerai seulement que Diane enlève la victime, et qu'elle substitue une biche à la place de la fille d'Agamemnon.

Aucune des tragédies que je viens d'énumérer n'appartient aux débuts d'Euripide, puisqu'en 438 il y avait déjà quatorze ans qu'il présentait des pièces aux concours. Le *Rhésus*, dont il est impossible de fixer même approximativement la date, est, selon toute vraisemblance, de l'époque où Euripide se cherchait encore et ne s'était point trouvé. Cette tragédie est tellement inférieure à toutes les autres, que plusieurs critiques doutent de son authenticité. Ce n'est pas qu'elle n'offre aucune trace de talent; mais on peut dire qu'il était difficile à un homme comme Euripide de tirer plus mal parti des aventures contées dans le dixième chant de l'*Iliade*, et de mieux défigurer les grands caractères tracés par Homère.

Le Cyclope.

Le *Cyclope*, dont on ignore également la date, mais qui vaut infiniment mieux dans son genre que le *Rhésus* dans le sien, mérite de nous arrêter un instant, puisqu'il est le seul de tous les drames satyriques qui nous ait été conservé.

C'est l'aventure d'Ulysse dans la caverne de Polyphème. Mais Euripide a égayé la légende fournie par le neuvième chant de l'*Odyssée*, en y introduisant l'élément indispensable à tout drame satyrique, à savoir les satyres. Les satyres, avec Silène leur père, sont tombés entre les mains de Polyphème, tandis qu'ils couraient sur les mers à la recherche de Bacchus, qu'avaient enlevé des pirates. Polyphème en a fait ses esclaves. Ils sont occupés à paître ses troupeaux, à bien tenir en ordre son habitation; et l'on voit, au début de la pièce, le vieux Silène armé d'un râteau de fer, et s'apprêtant à nettoyer l'antre ou plutôt l'étable du cyclope. Ulysse, aidé de ses compagnons, les délivre de leur captivité, par les mêmes moyens dont il se sert dans l'*Odyssée*.

Polyphème est bien tel que l'a peint Homère; mais à ses traits connus Euripide a ajouté une sorte de jovialité grossière, qui ne lui messied point. Avant même de s'être enivré, et avant d'avoir aperçu Ulysse, il ne dédaigne pas de plaisanter avec les satyres : « Mon dîner est-il prêt? — Oui. Pourvu seulement que ton gosier le soit aussi. — Les cratères sont-ils pleins de lait? — Oui ; à en boire, si tu veux, tout un tonneau. — De lait de brebis ou de vache, ou de lait mélangé? — A ton choix ; seulement ne m'avale pas moi-même. — Je n'ai garde; vous me feriez périr, une fois dans mon ventre, par vos sauts et vos gambades[1]. » Un peu plus tard, dans ses réponses au fils de Laërte, qui demande la vie pour lui et les siens, il expose avec une verve bouffonne les principes de sa philosophie d'anthropophage, et il va jusqu'à l'impiété et à l'ordure, quand il se compare à Jupiter et qu'il exprime à sa manière l'estime qu'il fait du bruit de la foudre. Mais, après qu'il a bu, il se déride tout à fait; et le terrible personnage dépasse de beaucoup les bornes de cette plaisanterie décente que permettait, suivant Horace, la gaieté du drame satyrique.

Silène, voleur, ivrogne et menteur, au demeurant aimable compagnon, et qui se signale, pendant le festin du cyclope, par plus d'une espièglerie, n'est pas dessiné non plus conformément au type quelque peu sévère que préfère Horace, et qu'avaient sans doute réalisé Sophocle ou Eschyle.

Les satyres n'ont pas les défauts de leur père; ils en ont un autre, qui n'est pas fort noble non plus, mais qui les rend plus divertissants encore que Silène : ils sont poltrons à merveille. Il faut les voir et les entendre au moment décisif, après qu'ils ont promis à Ulysse de le seconder dans son entreprise, quand le tison est prêt, et qu'Ulysse les appelle à l'œuvre :

« ULYSSE. Silence, au nom des dieux, satyres! Ne bougez; fermez bien votre bouche. Je défends qu'on souffle, ou qu'on cligne de l'œil, ou qu'on crache : gardons d'éveiller le monstre, jusqu'à ce que le feu ait eu raison de l'œil du cyclope. LE CHOEUR. Nous faisons silence, et nous renfonçons notre haleine dans nos gosiers. ULYSSE. Allons, maintenant, entrez dans la caverne, et mettez la main au tison. Il est bien et dûment enflammé. LE CHOEUR. Est-ce que tu ne régleras pas quels sont ceux qui doivent saisir les premiers la poutre brûlante et crever l'œil du cyclope? car nous voulons avoir part à l'aventure. 1er DEMI-CHOEUR. Quant à nous, la porte est trop loin pour que nous poussions d'ici le feu dans cet œil. 2e DEMI-CHOEUR. Et nous, nous voilà tout à l'instant devenus boiteux. 1er DEMI-CHOEUR. C'est le même accident que j'é-

---

1. Euripide, le *Cyclope*, vers 214 et suivants.

prouve aussi. Debout sur nos pieds, nos nerfs nous tiraillent je ne sais pourquoi. 2ᵉ DEMI-CHOEUR. Vraiment? 1ᵉʳ DEMI-CHOEUR. Et nos yeux sont pleins de poussière ou de cendre, venue je ne sais d'où. »

Ulysse gourmande leur lâcheté : ils répondent en invoquant l'intérêt de leur peau ; ils disent connaître un chant d'Orphée, qui suffira d'ailleurs à l'affaire, et qui mettra seul le tison en branle. Ulysse les quitte, et court dans la caverne. Alors ils retrouvent toute la bravoure de leurs paroles, et ils encouragent, par de vives exhortations, ceux qui font pour eux la besogne. Ils s'amusent ensuite du cyclope aveuglé, et ils tirent bon parti de l'équivoque inventée par Ulysse. Le nom de *Personne* fournit une scène d'un comique fort gai, que complète le tableau des tâtonnements du cyclope et de ses fureurs impuissantes.

Je ne prétends pas mettre cette bluette dramatique au rang des chefs-d'œuvre. Mais la marche de la pièce est vive, les caractères nettement esquissés, la diction pleine d'entrain. C'est une lecture fort agréable, et qui n'exige aucun de ces efforts auxquels nous sommes réduits à nous condamner pour pénétrer le sens des vers d'Aristophane, trop souvent impénétrable à notre ignorance. Ce n'est pas tout à fait de la comédie ; c'est encore moins de la tragédie, malgré les noms des personnages : c'est un je ne sais quoi qui n'est ni sans mérite ni sans charme.

Revenons aux tragédies.

Génie dramatique d'Euripide.

Je ne partage aucune des préventions qui ont armé W. Schlegel contre Euripide, et dont d'autres critiques plus bienveillants n'ont pas su tout à fait se défendre. Je ne ferme cependant pas les yeux sur les grands et nombreux défauts que présentent la plupart de ses pièces, encore que ces défauts soient amplement compensés par des qualités admirables. Je conviens donc qu'Euripide a eu tort de sacrifier quelquefois l'unité d'action au désir d'entasser les incidents et les catastrophes ; que la gradation des scènes n'est pas toujours fort sensée, et qu'il compte trop, pour exciter ou ranimer l'intérêt, sur les coups de théâtre et les péripéties imprévues. Je lui reprocherai aussi d'avoir beaucoup trop souvent éludé, et par des moyens vulgaires, les capitales difficultés de l'art. Il est par trop commode d'envoyer, au début d'une tragédie, quelque dieu ou quelque héros, qui nous dit son nom, qui nous compte pourquoi il est venu, et quel est le lieu où il nous apparaît, et ce qui s'y est déjà passé, et ce qui s'y passe maintenant, et même ce qui va s'y passer tout à l'heure; une manière de cicérone enfin, dont le discours officieux nous introduit dans l'action de la pièce et tient à peu près lieu d'exposition. Il n'est pas moins commode, quand on ne sait comment dénouer une action, ou quand on ne s'en veut pas donner la peine, d'appeler un dieu à son aide, et de le faire descendre de la machine, pour donner aux choses une tournure satisfaisante. Horace dit avec raison que la divinité ne doit intervenir dans la tragédie que si le nœud est vraiment digne d'être dénoué par un dieu. Le *Philoctète* de Sophocle était peut-être présent à l'esprit d'Horace, au moment où il rédigeait cette règle de bon sens. Hercule y apparaît parce qu'il y doit apparaître, et parce que nos vœux l'y appellent. Mais plusieurs des dieux d'Euripide ne viennent que parce que le poëte a besoin d'eux. Je regrette aussi qu'Euripide semble s'être défié de son génie lyrique. Le chœur, dans ses tragédies, est réduit à des proportions trop exiguës : il figure, si j'ose dire, pour la forme, il n'est point véritablement personnage, et il n'a guère qu'un rapport indirect avec l'action.

Il faut donc bien convenir, avec Aristote, qu'Euripide n'est pas toujours heureux dans la conduite de ses pièces, et que Sophocle avait mieux entendu que lui l'art de combiner le drame avec les chants du chœur. Mais il m'est impossible de m'associer entièrement à d'autres reproches que certains modernes lui adressent. S'il était vrai qu'Euripide eût altéré à son gré la mythologie, serait-ce bien à nous qu'il conviendrait de lui en faire un crime? mais je crois qu'il n'avait pas même besoin d'inventer, pour donner aux vieilles traditions le caractère qu'il désirait. Des milliers de poëtes, avant lui, les avaient altérées, surchargées, maniées et remaniées dans tous les sens. Il y avait, sur chaque sujet, une foule de versions différentes. Ainsi, pour ne prendre qu'un exemple, Stésichore avait essayé, bien avant Euripide, de prouver qu'Hélène n'avait jamais mis le pied dans Troie, et de réhabiliter sa vertu. Cela ne justifie pas Euripide d'avoir fait une assez mauvaise pièce; mais on voit qu'il était permis d'oser beaucoup, même contre les traditions les mieux consacrées. Je crois bien que la mythologie n'était pour Euripide qu'une matière poétique, et qu'il en usait assez librement avec elle, surtout parce que les vieilles légendes n'avaient ni sa foi ni même son respect. Mais, si Euripide est coupable pour s'être fait une trop haute idée de la divinité, pour en avoir conçu l'unité, la spiritualité, l'ineffable toute-puissance, nous devons applaudir au noble dévouement des citoyens qui ont accusé Socrate, et à l'admirable vertu des juges qui lui ont fait boire la ciguë; nous devons nier tout progrès moral, et condamner tout ce qui nous a fait nous-mêmes ce que nous sommes.

Quant à l'idée du destin, qu'Euripide a trop affaiblie selon les mêmes critiques, je dirai d'abord que la fatalité est loin d'être toute l'âme de la tragédie avant Euripide. Il y a quelque chose de bien plus humain qui se montre à côté d'elle, et qui sert à en corriger les effets. La fatalité fait le coupable involontaire; mais le coupable réagit à son tour, et même victorieusement, contre la fatalité. Oreste parricide, Œdipe parricide et incestueux, rentrent en grâce avec eux-mêmes, avec la divinité et avec les hommes, par l'expiation de la souffrance, par la prière et le repentir. Euripide ne peint pas des hommes précipités directement par les dieux dans d'inévitables infortunes; il a, selon la judicieuse expression d'un critique, déplacé la fatalité, il ne l'a pas effacée. Chez lui, les dieux envoient aux mortels d'invincibles passions; et ces passions sont la source des maux où s'abîment le bonheur et la vertu des mortels.

On dit qu'Euripide avait été marié deux fois, et que ces deux unions n'avaient pas été fort heureuses. De là, à en croire quelques-uns, la mauvaise opinion que le poëte s'était faite de l'autre sexe, et qu'il a si souvent exprimée dans ses vers. On le caractérisait même par le surnom de *misogyne*, c'est-à-dire ennemi des femmes. Il est vrai qu'on trouve en plus d'un endroit de ses poëmes des mots que les femmes n'ont pas pu prendre pour des compliments ; mais il s'agit de savoir si les personnages qui les prononcent parlent selon leur caractère, ou si le poëte perce à travers le masque de ses personnages. Il était bien difficile d'éviter de pareils traits dans des rôles que passionnent et bouleversent les désespoirs de l'amour. Eschyle lui-même, qui n'a jamais peint des héros amoureux, pourrait en fournir de semblables, et même de plus violents, particulièrement dans le rôle d'Étéocle des *Sept contre Thèbes*. D'ailleurs Euripide a donné, ce semble, un éclatant démenti à sa réputation, en créant ces pures et touchantes figures de jeunes filles qui se résignent à la mort, Iphigénie, Polyxène, Macarie ; d'épouses dévouées jusqu'au sacrifice de leur vie, Évadné et surtout Alceste ; en traçant enfin, dans *Oreste*, le tableau de la tendresse presque maternelle d'Électre pour son frère.

Quoique Euripide ait abusé trop souvent des apophthegmes et des sentences morales ; quoique ses héros aient l'air quelquefois de sortir, tout frais émoulus, des leçons d'Anaxagore ou des spirituelles causeries de Socrate, on peut dire, en général, que cette altération des caractères antiques était dans le droit d'Euripide, tout autant que celles dont ne s'étaient fait faute, dans l'intérêt de leurs compositions, aucuns de ses devanciers, ni Sophocle, ni même Eschyle. Euripide n'est blâmable que pour les avoir rajeunis et civilisés à l'excès, non pas tous encore, mais un très-grand nombre, à commencer par Hippolyte et Achille. Que si ses héros prononcent quelquefois des paroles malsonnantes, faut-il mettre sur son compte tout ce que leur fait débiter la passion ou la colère, et lui intenter un procès, comme ce contemporain qui le traduisit en justice parce qu'Hippolyte avait dit : « La langue a juré, mais l'âme n'a pas juré[1] ? » Eschyle et Sophocle, à ce compte, ne seraient guère moins répréhensibles. Les légèretés de Jocaste, par exemple, auraient dû faire taxer d'impiété le pieux auteur d'*Œdipe-Roi* et d'*Œdipe à Colone*. Euripide

---

[1]. Euripide, *Hippolyte*, vers 612.

avait raison, quoi qu'en dise W. Schlegel, de soutenir que, pourvu qu'un personnage portât à la fin la peine de ses méfaits, le poëte était en droit de le peindre même vicieux et scélérat, et de mettre dans sa bouche des discours blasphématoires. Mais je ne félicite que médiocrement Euripide d'avoir un peu trop mérité l'éloge que fait de lui Quintilien, qu'il est, de tous les tragiques, celui dont l'étude est le plus utile aux aspirants orateurs. Ses personnages discutent et avocassent quelquefois, et oublient, dans le plaisir d'étaler leur faconde, qu'ils sont là pour autre chose que pour une escrime oratoire.

Pathétique d'Euripide.

Quintilien corrige, il est vrai, ce que son éloge pourrait avoir de fâcheux pour Euripide, en indiquant les grandes et magnifiques qualités par lesquelles le poëte s'est placé à côté et non pas au-dessous de Sophocle et d'Eschyle : « Il est admirable dans l'expression de toutes les affections de l'âme, de celles particulièrement que fait naître la pitié; là, il est sans rival. » Oui, quand même Euripide aurait plus de défauts encore que la loupe des critiques n'en a découvert et que leur imagination n'en a inventé, Euripide n'en resterait pas moins au rang que lui a assigné l'admiration des siècles. C'est le peintre des passions humaines; c'est l'homme qui a pénétré le plus avant dans les abimes de notre être. Ce n'est pas le héraut de la vertu, et il a songé à émouvoir et à dominer les âmes, bien plus peut-être qu'à les purifier et à les instruire. Nul n'a produit sur la scène avec des traits plus vifs et plus poignants les séductions du désir, le trouble des sens, l'anéantissement de la volonté, les ivresses de bonheur suivies du repentir et du désespoir, et, comme dit Longin, l'effrayante image de la raison abattue et détruite par le malheur. Ne le comparons point à Sophocle, encore moins à Eschyle; ne l'estimons qu'en lui-même. Eschyle ni Sophocle n'ont jamais retracé les douloureuses dévastations du cœur, qui sont le thème le plus ordinaire des compositions d'Euripide. Confessons qu'Euripide n'a ni l'enthousiasme profond d'Eschyle, ni la sereine majesté de Sophocle, et qu'il leur est inférieur à tous deux par les plus nobles côtés de l'art; mais revendiquons pour lui l'honneur d'avoir montré l'homme à lui-même, et d'avoir excellé à peindre des tableaux merveilleux de vérité et de pathétique, dans une manière que personne avant lui n'avait soupçonnée, dont nul après lui, chez les anciens, n'a retrouvé le secret. Aristote, qui lui adresse tant de reproches plus ou moins fondés, n'a pourtant pas essayé de nier la puissance de son génie. Il n'hésite pas à proclamer Euripide le plus tragique des poëtes. C'est là le jugement le plus exact et le plus sensé qu'on ait jamais porté sur Euripide ; c'est celui auquel je me tiens, et dont je voudrais réussir à mettre les éléments en lumière.

Peu nous importe que le grand poëte, se défiant trop de la puissance des paroles, ait recouru de temps en temps au costumier du théâtre de Bacchus, pour faire entrer par les yeux la pitié dans les âmes. Ces rois qu'il faisait paraître en haillons, et qui tendaient la main comme des mendiants, n'étaient nullement des gueux sans vergogne, quoi qu'en aient dit les comiques, et ils s'exprimaient dans un langage décent et digne. C'est à une pièce d'Euripide, aujourd'hui perdue, que songeait Horace, et à quelques-uns de ces rôles tant honnis par Aristophane, quand il écrivait ; « Télèphe et Pélée, tous deux pauvres et exilés, rejettent bien loin les phrases ampoulées et les mots longs d'une aune, s'ils veulent toucher par leurs plaintes [1]. » Je conçois que des héros travestis de la sorte aient scandalisé les vieux Athéniens, les restes héroïques des combats de Marathon et de Salamine ; mais nous, qui avons vu et toléré sur la scène toutes les laideurs physiques et toutes les horreurs morales, serons-nous plus sévères, pour un poëte mort depuis vingt-deux siècles, que ne l'ont été, en définitive, ses délicats et difficiles contemporains? Car les Athéniens ont fini par lui pardonner ces images. Ils s'y sont parfaitement accoutumés ; et ils n'ont pas cru qu'il valût la peine, pour si peu, de dévouer Euripide aux dieux infernaux, ou de lui faire avaler la ciguë.

---

1. *Art poétique*, vers 96 et suivants.

Dans tout ce qui précède, je n'ai guère fait que résumer les caractères généraux des tragédies d'Euripide. Je me hâte d'ajouter que plusieurs sont de vrais chefs-d'œuvre, presque complétement exempts des défauts habituels du poëte, et où brillent dans tout leur éclat les vertus qui lui sont propres. Ainsi *Médée*, ainsi surtout les *Bacchantes* et *Iphigénie à Aulis*. Ces belles compositions n'ont pas beaucoup à envier, et pour la conception de l'ensemble, et pour l'ordonnance des parties, et pour la tenue des principaux personnages, et pour l'unité et la force de l'impression, aux plus rares merveilles du théâtre antique. Seulement le souffle lyrique ne les embrase pas, et la vie héroïque y a pris quelque chose des teintes de la vie commune. A elles encore s'applique le mot qu'on prête à Sophocle : « Euripide a peint les hommes tels qu'ils sont. »

Style d'Euripide.

Le style d'Euripide dans le dialogue ne diffère proprement de la prose que par le choix exquis et la position des mots, et par leurs combinaisons métriques. On dit cependant que c'est avec une extrême difficulté qu'il faisait ces vers qui nous paraissent si faciles. Lui-même affirmait une fois que trois de ses vers lui avaient coûté trois jours de travail. Peu nous importe d'ailleurs : le temps ne fait rien à la chose. Ce qui est certain, c'est que le style d'Euripide se recommande à notre admiration par quelques-unes des plus rares qualités qu'on puisse désirer chez un écrivain. Élégant, clair, harmonieux, toujours coulant et flexible, ce style se prête à tous les besoins de la pensée; il en saisit et en illumine, pour ainsi dire, les plus fugitives nuances : « Euripide, dit l'abbé Barthélemy d'après les anciens, ne retint presque aucune des expressions spécialement consacrées à la poésie; mais il sut tellement choisir et employer celles du langage ordinaire, que, sous leur heureuse combinaison, la faiblesse de la pensée semble disparaître et le mot le plus commun s'ennoblir. » Voilà pourquoi la lecture des tragédies d'Euripide n'offre aucune de ces difficultés qu'on rencontre à chaque pas à travers la diction de Sophocle et surtout d'Eschyle. Je ne regrette pas qu'Eschyle et Sophocle soient ce qu'ils sont ; mais je regrette bien moins encore qu'Euripide soit Euripide, et qu'il n'ait pas tenté, contre nature, d'écrire à la façon de Sophocle ou d'Eschyle. Les chants de ses chœurs sont dans le dialecte de la grande poésie lyrique ; mais Euripide s'y retrouve encore : si l'inspiration est plus élevée, si le ton est plus poétique, si la phrase prend un tour plus ample et plus majestueux, la pensée se révèle, au travers des mots, presque aussi claire et aussi aisée à comprendre que dans le dialogue. Les poëtes de la nouvelle Comédie ne s'acharnèrent point, comme ceux de l'ancienne, sur les vices réels ou supposés du style d'Euripide. Ménandre, par exemple, professait pour le poëte une admiration sans bornes : « C'est lui qu'il prit pour modèle, dit Quintilien, malgré la différence des genres. » C'est le style d'Euripide, ce sont ses formes poétiques, c'est sa diction même, qui se montrent en effet dans tout ce qui nous reste des œuvres de Ménandre et de ses émules.

Enthousiasme des anciens pour Euripide.

Je finirai ce chapitre par quelques anecdotes qui donneront une idée de la réputation extraordinaire dont jouit Euripide et pendant sa vie et après sa mort, et des merveilleux effets que produisaient ses poésies, non-seulement sur les âmes des Athéniens, mais sur celles de tous les peuples grecs et même des barbares grécisés.

Les soldats de l'armée de Nicias qui avaient été faits prisonniers par les Siciliens furent enfermés dans les Carrières, ou vendus comme esclaves. Mais beaucoup d'entre eux durent aux vers d'Euripide leur vie et leur liberté : « Il paraît, dit Plutarque dans la *Vie de Nicias*, qu'entre tous les Grecs du dehors, il n'en était pas qui eussent pour les poésies d'Euripide autant de passion que ceux de Sicile. Chaque fois que les voyageurs leur en apportaient des fragments et leur en faisaient goûter quelques essais, ils les apprenaient par cœur et se les transmettaient avec amour les uns aux autres. Aussi dit-on qu'alors beaucoup de ceux qui revinrent sains et saufs allèrent, en rentrant dans leur patrie, saluer Euripide avec reconnaissance, et lui raconter les uns qu'ils avaient été affranchis pour avoir appris à leurs maîtres ce qu'ils se rappelaient de ses poëmes, les autres qu'en errant après le combat ils avaient reçu à manger et à boire pour avoir chanté ses vers. » A ce propos, Plutarque raconte encore qu'un vaisseau de Caunus en Carie, poursuivi par des corsaires, et à qui on avait d'abord refusé l'entrée d'un port de la Sicile, y fut admis après qu'on eut demandé à ceux qui le montaient s'ils savaient quelque chant d'Euripide, et qu'ils eurent répondu à la satisfaction des Siciliens.

L'*Électre* n'est pas, à beaucoup près, la meilleure des pièces d'Euripide. La fable est romanesque et invraisemblable, les caractères manquent de dignité, et le dialogue tourne quelquefois presque au comique et à la parodie. Ainsi la façon plus ou moins heureuse dont Eschyle, dans les *Choéphores*, avait ménagé la reconnaissance d'Oreste et de sa sœur, est indirectement l'objet, dans l'*Électre* d'Euripide, d'une critique vive et spirituelle, mais un peu outrée, et qui n'est guère à sa place. Cette médiocre tragédie est encore une tragédie d'Euripide : il y a du mouvement, de l'intérêt, du pathétique; les Athéniens n'ont pas été si durs pour elle que la plupart des critiques modernes, et ils ont tout pardonné à ce qui leur faisait verser des larmes. Après la prise d'Athènes par Lysandre, il fut question parmi les vainqueurs de détruire la ville, et de réduire tous les citoyens en esclavage : « L'assemblée, dit Plutarque dans la *Vie de Lysandre*, fut suivie d'un festin où se trouvèrent tous les généraux, et pendant lequel un Phocéen chanta ces vers du premier chœur de l'*Electre* d'Euripide : *O fille d'Agamemnon, je suis venue vers ta demeure rustique....* A ce moment, tous les convives se trouvèrent attendris ; et ils virent tout ce qu'il y aurait d'horrible à détruire une ville si célèbre et qui avait produit de si grands hommes. »

Les Arsacides, tout Parthes qu'ils étaient, mettaient leur vanité à suivre les exemples des rois descendus des successeurs d'Alexandre. Ils avaient des acteurs grecs à leur cour, et ils faisaient leurs délices des tragédies d'Euripide. Le jour où l'on apporta à Hyrodès la tête de Crassus, on jouait devant lui les *Bacchantes*. L'acteur Jason de Tralles saisit cette hideuse dépouille; et, comme la bacchante qui porte la tête de Penthée, il chanta avec un enthousiasme frénétique : « Nous apportons des montagnes ce cerf qui vient d'être tué ; nous allons au palais ; applaudissez à notre chasse[1] ! »

Lucien, dans plus d'un passage, se moque de ce qu'il nomme *l'euripidomanie*. Il en accuse et le philosophe Ménippe, et Jupiter le maître des dieux, et lui-même Lucien, tout le premier. Il conte même assez sérieusement une fort plaisante histoire, arrivée selon lui du temps de Lysimachus[2]. Un artiste de talent avait joué à Abdère l'*Andromède* d'Euripide, tragédie qui n'existe plus. Depuis lors et pendant plusieurs mois, jusqu'au retour de l'hiver, on vit les Abdéritains se promener par la ville, gesticulant comme l'artiste dont l'enthousiasme avait fasciné leur imagination, et déclamant à l'envi : « O amour, tyran des hommes et des dieux ! »

W. Schlegel, qui a épuisé peu s'en faut contre Euripide tous les traits d'une critique aussi savante que rude et passionnée, est bien forcé de convenir lui-même que nul poète n'a été doué d'un esprit plus fécond en ressources, ni plus merveilleusement adroit dans tous les exercices intellectuels, ni plus distingué par une foule de qualités aimables et brillantes. Il rend justice à cette heureuse facilité et à ce charme séduisant qui n'abandonnent jamais Euripide, même dans ses plus condamnables écarts.

1. *Bacchantes*, vers 1168. Mais le texte de Plutarque, dans la *Vie de Crassus*, diffère légèrement de celui des éditions d'Euripide.
2. Au début du traité *de la Manière d'écrire l'Histoire*.

CHAPITRE XXI.

DÉCADENCE DE LA TRAGÉDIE.

Poëtes tragiques du cinquième siècle dont les œuvres sont perdues. — Poëtes tragiques du quatrième siècle.

Poëtes tragiques du cinquième siècle dont les œuvres sont perdues.

Un siècle entier sépare les débuts dramatiques d'Eschyle des représentations de l'*Œdipe à Colone*, de l'*Iphigénie à Aulis* et des *Bacchantes*. Combien de poëtes, durant ces cent années, ont triomphé dans le concours des tragédies nouvelles ! combien plus encore ont dû tenter la fortune littéraire sans jamais emporter la couronne, sans même parvenir à recevoir un chœur de l'archonte éponyme ! Mais c'est à peine si les noms de quelques-uns ont surnagé ; et de tant d'œuvres considérables il ne reste plus que des débris informes. Deux poëtes pourtant avaient mérité de figurer, après Eschyle, Sophocle et Euripide, dans le canon alexandrin, comme on nomme la liste des auteurs classiques dressée par Aristarque et Aristophane de Byzance. Ces deux poëtes tragiques, aujourd'hui inconnus, Ion et Achéus, avaient disputé maintes fois le prix de la tragédie et à Sophocle, et à Euripide, et à d'autres contemporains.

Ion était de Chios, mais il passa presque toute sa vie à Athènes. Il eut d'assez grands succès au théâtre, et il fut l'ami de Sophocle en même temps que son rival quelquefois heureux. Il prenait dans les épopées d'Homère presque tous les sujets de ses compositions dramatiques. C'était agir en bon et digne compatriote envers l'homme que les habitants de Chios revendiquaient de tout temps pour leur concitoyen. Les pièces d'Ion manquaient, à ce qu'il semble, de chaleur et de vie. C'étaient des poëmes dont le mérite principal consistait dans une sage ordonnance, et, comme nous pouvons encore en juger, dans un style modérément orné et qui n'était ni sans élégance ni sans grâce. Ion n'était pas seulement un poëte dramatique. Il avait écrit aussi des élégies, des chants lyriques, et même un ouvrage historique en prose ionienne, où il avait rassemblé de curieux détails sur les aventures et la vie publique et privée de plusieurs personnages du temps et de Sophocle lui-même.

Achéus était d'Érétrie. Il ne remporta qu'une fois le prix ; mais il passe pour avoir excellé dans le drame satyrique, sinon tout à fait dans la tragédie. On le regardait, après Eschyle, comme le plus parfait auteur en ce genre. Le style d'Achéus était parfois, dans ses tragédies, un peu obscur et forcé ; et ses combinaisons de fables mythologiques, à n'en juger que d'après les fragments mêmes de ses pièces, étaient bien autrement étranges encore, relativement à nos idées habituelles, que ces inventions tant reprochées à Euripide.

Agathon d'Athènes, que les Alexandrins n'ont point porté sur leur liste, semble avoir été pourtant un poëte dramatique d'une réelle valeur, et supérieur peut-être aux deux hommes que je viens de nommer. Il est probable que l'afféterie de son style lui aura nui dans l'esprit de ces critiques, bien plus préoccupés de l'expression de la pensée que de la force inventrice qui sait créer des œuvres nouvelles. Agathon débuta jeune au théâtre, en l'an 416 ; et il mourut environ l'an 400, dans la force de l'âge, en Macédoine. Il avait passé à la cour du roi Archélaüs d'assez longues années, car il s'y était trouvé en même temps qu'Euripide. Le dialogue de Platon intitulé le *Banquet* n'est autre chose qu'une conversation qui s'était tenue, selon le philosophe, dans un souper donné par Agathon à ses amis, le lendemain du jour où Agathon avait sacrifié aux dieux pour leur rendre grâces de sa première victoire dramatique, qui était aussi l'honneur décerné à sa première tragédie. Platon fait parfaitement connaître et l'élégance efféminée des mœurs d'Agathon, et la nature sophistique et raffinée de son esprit. Il lui prête un discours fort spirituel, mais plein d'ornements recherchés et d'antithèses. Agathon semble pourtant n'avoir pas manqué, malgré ses défauts, d'habileté à combiner des éléments dramatiques, et à exciter l'intérêt par la nouveauté des tableaux et par le mouvement de la scène, sinon par la vérité et la profondeur des sentiments et par la puissance d'un grand talent poétique. Il se fiait tellement aux ressources de son imagination, qu'il entreprit de se passer complétement, au moins une fois, de toute base historique ou mythologique, et de composer une tragédie où tout était d'invention, événements et caractères. W. Schlegel conjecture que cette pièce, intitulée la *Fleur*, n'était ni touchante ni terrible, et qu'elle offrait des tableaux agréables dans le genre de l'idylle. Rien n'empêche en effet de voir, dans l'essai d'Agathon, la création d'une sorte de drame, héroïque seulement à demi, et, comme dit Schlegel, une transition préparatoire à la Comédie nouvelle.

Le plus long des morceaux qui nous restent des tragédies d'Agathon n'a que six vers; mais ces six vers suffisent pour nous faire connaître à quels jeux d'esprit s'abaissait quelquefois ce poëte. Un berger, qui ne sait pas lire, décrit lettre par lettre le nom de Thésée (ΘΗΣΕΥΣ), en rapportant ce qu'il vient d'apercevoir : « Parmi ces caractères, on voyait d'abord un rond avec un point au milieu, puis deux lignes debout, jointes ensemble par une autre; la troisième figure ressemblait à un arc de Scythie; puis venait un trident couché, puis deux lignes faisant un angle au sommet d'une ligne debout; puis la troisième figure de nouveau, et c'était la fin. » Ce qui est encore plus étrange que la chose même, c'est qu'Euripide avait fourni à Agathon le modèle de cette scène bizarre. Il va sans dire que les successeurs d'Agathon ne manquèrent pas d'imiter ces beaux exemples, et d'enchérir sur leurs devanciers.

Je dois mentionner pour mémoire Néophron de Sicyone, qu'Euripide avait, dit-on, imité de fort près dans sa *Médée*, ou qui, suivant d'autres, s'était approprié la *Médée* d'Euripide en la remaniant et en la remplissant de ses interpolations. Ce Néophron avait pourtant composé cent vingt pièces. Je n'ai rien de particulier à noter sur ce Carcinus dont Aristophane s'est tant moqué, ni sur les fils de Carcinus, ni sur Critias, qui fut un des trente tyrans, sinon qu'ils avaient fait des tragédies. Denys l'Ancien, qui se piquait, ainsi qu'on sait, de poésie, obtint une fois le prix dans les concours dramatiques d'Athènes. Le sujet de la tragédie couronnée était emprunté à Homère. C'était le rachat du cadavre d'Hector, tableau plus d'une fois mis sur la scène par les vieux maîtres. C'est pour avoir dit la vérité sur les pièces de Denys, que le railleur Philoxène avait été conduit aux Carrières. Elles ne valaient rien ; et pourtant Denys avait acheté les tablettes d'Eschyle à grand prix, et c'est sur les tablettes d'Eschyle qu'il déposait chaque jour les produits de sa muse. Soyez donc tyran, et même bel esprit, et même un peu poëte ! Je dois énumérer aussi les nombreux tragiques fournis par les familles d'Eschyle, de Sophocle et d'Euripide, savoir : Euphorion et Bion fils d'Eschyle, qui remportèrent plusieurs fois le prix ; Philoclès son neveu, qui évinça du premier rang un des chefs-d'œuvre de Sophocle ; Morsimus fils du précédent, poëte détestable ; Astydamas fils de Morsimus, poëte d'une fécondité prodigieuse, et qui remporta quinze victoires dramatiques ; un autre Philoclès et un autre Astydamas, tous deux fils de celui que je viens de nommer ; Iophon et Ariston, fils de Sophocle ; Sophocle le jeune, fils d'Ariston ; Euripide le jeune, fils ou neveu d'Euripide. Les contemporains semblent avoir fait quelque estime de la plupart de ces poëtes ; mais les siècles suivants ont laissé périr leurs ouvrages, et tomber leur renommée dans un profond et éternel oubli.

Poëtes tragiques du quatrième siècle.

Aristote cite comme un auteur digne d'être lu Chérémon, qui florissait au commencement du quatrième siècle, et qui avait innové à sa façon dans la poésie dramatique. Chérémon avait mêlé tous les mètres dans une de ses pièces, intitulée le *Centaure ;* étrange amalgame, et qu'il n'a pu se faire pardonner qu'à force de talent. Au reste, Chérémon était à peine un poëte dramatique. L'action de ses tragédies était nulle ; les personnages n'y paraissaient que pour fournir à Chérémon l'occasion de parler lui-même sous leur masque. Ce n'était pas comme dans Eschyle, où les récits et les descriptions appartiennent réellement aux personnages, et suppléent à ce qui manque à l'action. Chérémon aimait surtout à peindre des objets capables de faire une agréable impression sur les sens. Il excellait dans les portraits de la beauté féminine ; et ce thème inépuisable, il y puisait sans cesse et sans fin, à la grande satisfaction de ses auditeurs.

On peut bien dire qu'à partir de ce temps il n'y a plus de tragédie. Les concours subsistent encore, et chaque année on couronne plusieurs fois des auteurs tragiques, ou prétendus tels, au théâtre de Bacchus ; mais les œuvres de ces poëtes n'ont plus rien de commun avec l'art d'Eschyle, de Sophocle et d'Euripide. Chérémon avait remplacé le dialogue et l'intérêt dramatique par des récitations de tirades : en voici un, bientôt après, qui supprime, dans la tragédie, et les caractères, et les sentiments, et la poésie même, et qui transforme la tragédie en un plaidoyer. Ses personnages sont des avocats qui soutiennent des thèses les uns contre les autres, et avec toute la science, avec toutes les subtilités des plus consommés sophistes ; et ce poëte remporte le prix au théâtre ! Il se nommait Théodecte ; il était né à Phasélis, et il florissait vers le milieu du quatrième siècle. La scène d'une de ces pièces, intitulée *Lyncée*, était au tribunal d'Argos. Danaüs et Égyptus étaient les deux parties adverses ; et le premier finissait par être condamné à mort, grâce au talent déployé par Lyncée dans la défense de son père.

La tragédie était donc morte, et elle ne devait pas revivre. Les pastiches tragiques des lettrés alexandrins ou des écrivains des bas siècles n'étaient pas faits pour en ressusciter même l'ombre. Mais le génie dramatique ne s'était pas éteint avec elle : il s'appliquait à d'autres sujets, et il créait la grande comédie.

CHAPITRE XXII.

ANCIENNE COMEDIE.

Origines de la comédie. — Susarion. — Comédie dorienne. — Caractère politique de la comédie athenienne. — Vie d'Aristophane. — Caractère d'Aristophane. — Style d'Aristophane. — Intérêt historique des comédies d'Aristophane. — Comédies d'Aristophane. — Un côté peu connu de la poésie d'Aristophane. — Poëtes contemporains d'Aristophane.

Origines de la comédie.

« On connaît, dit Aristote au chapitre cinquième de la *Poétique*, les transformations de la tragédie et leurs auteurs ; il n'en est pas de même de la comédie, parce que, dans le principe, elle attira peu l'attention. Ce ne fut qu'assez tard que l'archonte donna un chœur aux poëtes comiques ; et les auteurs ne dépendirent d'abord que d'eux-mêmes. Mais, une fois que la comédie a pris certaines formes, on commence à citer les noms des poëtes comiques. Ainsi on ignore qui introduisit les masques et le prologue, et qui augmenta le nombre des acteurs, et tous les détails de ce genre. Mais on sait qu'Épicharme et Phormis inventèrent la fable comique. Cette partie est donc d'origine sicilienne. A Athènes, Cratès fut le premier qui renonça à la satire personnelle, pour traiter des fables et des sujets généraux. »

Il y avait en Attique, dès le temps de Solon et de Thespis, quelque chose qui se nommait déjà *comédie*, mais qui n'était pas plus la comédie que la tragédie-dithyrambe ne ressemblait aux drames de Sophocle et d'Euripide. C'était un chant de buveurs, le chant du *comos*, selon la plus vraisemblable étymologie. Toutes les fêtes se terminaient par un comos ou banquet ; mais ce mot désignait plus particulièrement le banquet des fêtes de Bacchus. Le dithyrambe était la partie grave et sérieuse de la solennité ; mais la joie éclatait bien vite après que le poëte s'était tu et que la ronde avait cessé. Une procession plus animée que recueillie promenait le phallus, emblème de la génération ; et les phallophores chantaient, comme on peut croire, des hymnes qui différaient quelque peu du récit des aventures héroïques de Bacchus. Les chants phalliques accompagnaient des danses désordonnées, et qui ne ressemblaient guère non plus à la ronde dithyrambique. Quand l'ivresse physique venait se mêler à cette ivresse de l'imagination et des sens ; quand les banqueteurs, tout pleins de leur dieu, tout hors d'eux-mêmes et saisis d'un frénétique délire, gambadant, gesticulant, trébuchant, se mettaient à chanter à tue-tête, s'injuriaient à qui mieux mieux, se poussaient, se battaient ; quand on les voyait se barbouiller de lie, se grimer, se déguiser en bêtes ; quand ce tohu-bohu, cette espèce de carnaval, ce comos enfin, dansait et chantait à sa manière, on disait : « Voilà la comédie ! » Le mot *comédie* ne signifie en effet autre chose que *chant du banquet* : κωμῳδία, de κῶμος, banquet, et de ᾠδή, chant. Les campagnes avaient, comme les carrefours d'Athènes, des comédies de ce genre. Celle de la saison d'automne se nommait, comme de raison, *trygédie*, c'est-à-dire chant des vendanges[1] ; mais le mot comédie était le nom générique, et il finit par prévaloir sur tous les autres.

Susarion.

Ce fut un homme de génie, celui qui le premier essaya de ramener à des règles tous ces éléments confus, et de faire passer le chœur comique sous le joug de la Muse. Les Athéniens en attribuaient la gloire à un poëte né à Mégare, mais qui avait vécu en Attique, Susarion, contemporain de Thespis. Il est même probable que c'est lui qui fit monter ses choreutes sur le tombereau attribué à Thespis, et qui promena par les bourgs, comme dit Boileau, cette heureuse folie. La comédie devint, entre ses mains, une satire dialoguée et chantée, avec accompagnement de danses appropriées au sujet. Cette satire n'était ni moins licencieuse dans les paroles, ni plus réservée dans les gestes, que ne l'avait été la

---

1. De τρύγη, vendange, et de ᾠδή, chant.

primitive comédie. Mais le coryphée et sa troupe chantaient ou parlaient en vers, tantôt récités par cœur, tantôt improvisés. Le chœur comique se perfectionna peu à peu, insensiblement, par l'œuvre de poëtes dont nous ne connaissons pas plus qu'Aristote la date et les noms. Mais la grande invention, le perfectionnement par excellence, ce fut l'introduction de la fable, de l'épisode comme on disait, de l'élément dramatique enfin, dans la comédie. Que ce soit la Sicile ou l'Attique qui ait vu la première s'opérer cette révolution littéraire, assurément peu nous importe : il nous suffit que c'est au temps où florissait Eschyle, c'est-à-dire dans le premier tiers environ du cinquième siècle, qu'on joua les premiers drames intitulés comédies. Nul doute que cet art nouveau ne soit né, à Athènes ou ailleurs, des succès fortunés du spectacle tragique, suivant l'expression de Boileau : il est même assez étrange qu'on ait attendu si tard avant d'appliquer au chœur comique le procédé qui avait si merveilleusement réussi sur le dithyrambe, et qui en avait fait sortir, grâce à Thespis, à Phrynichus, à Pratinas, la tragédie et le drame satyrique.

Comédie dorienne.

Épicharme était un Dorien de Cos, mais il avait été transporté à Syracuse dès son bas âge. Il vécut en Sicile à la cour de ces souverains dont j'ai si souvent parlé, qui attiraient auprès d'eux, de toutes les parties de la Grèce, les poëtes, les musiciens, les artistes. Il était célèbre surtout comme philosophe. Voici l'inscription que les Syracusains avaient fait graver sur sa statue : « Autant le grand soleil l'emporte par son éclat sur les autres astres et autant la mer a une puissance supérieure à celle des fleuves, autant l'emporte par sa sagesse Épicharme, à qui Syracuse a décerné des couronnes. » Il avait écrit un grand nombre d'ouvrages très-sérieux, et il passait pour le plus illustre représentant de l'école pythagoricienne. Il fut pourtant poëte, et poëte de génie. C'est grâce à lui que la comédie prit rang parmi les œuvres littéraires. Ses comédies, ou plutôt ses satires dramatiques, semblent avoir été surtout des parodies antireligieuses. Les sujets en étaient pris dans la mythologie, et les dieux y jouaient des rôles plus ou moins bouffons et ridicules. C'est là qu'on voyait, par exemple, Jupiter transformé en gourmand obèse, Minerve en musicienne de carrefour, Castor et Pollux en danseurs obscènes, Hercule en brute vorace et insatiable. On admet généralement que l'original de l'*Amphitryon* de Plaute, et par conséquent de celui de Molière, était l'œuvre d'Épicharme. Ce qu'on ne saurait du moins contester, c'est que Plaute prenait souvent Épicharme pour modèle. Horace le dit en propres termes; il dit aussi que les admirateurs de Plaute mettent le poëte latin sur la même ligne que le poëte sicilien. Cette seule remarque est de nature à nous faire vivement regretter la perte des comédies d'Épicharme; mais ce qui rend les regrets plus vifs encore, c'est qu'Horace donne clairement à entendre que Plaute, dans ses imitations de la comédie dorienne, était resté bien au-dessous de son modèle. Nous n'avons pas même de quoi, dans les tristes reliques du génie d'Épicharme, contrôler sur aucun point ou l'opinion des admirateurs de Plaute, ou l'opinion sous-entendue d'Horace.

Épicharme fonda en Sicile une sorte d'école poétique. Le plus célèbre des comiques siciliens après Épicharme, c'est Phormis. Nous le connaissons moins encore que son maître. On conjecture seulement que Phormis n'avait pas quitté les voies ouvertes par Épicharme, et que ses comédies, comme celles d'Épicharme, étaient avant tout des satires mythologiques, des parodies antireligieuses.

Caractère politique de la comédie athénienne.

La comédie athénienne, dans une démocratie ombrageuse et passionnée, devait être et fut avant tout une satire politique. Ce n'est pas qu'elle épargnât toujours les dieux, et qu'elle ne fît son profit de mainte scandaleuse légende pour égayer les auditeurs. Mais l'intérêt prédominant, sinon unique de ses tableaux, c'était la critique des actes, des opinions, de toutes les fautes, de toutes les folies; une critique acerbe, mordante, impitoyable, qui n'épargnait ni grand, ni petit, ni le talent, ni le génie, ni la vertu même.

J'ignore, comme tout le monde, ce qu'étaient les pièces de ce Cratès mentionné par Aristote; mais je n'hésite pas à affirmer que Cratès fut essentiellement un poëte politique. Il en est de même de Cratinus et d'Eupolis, qui sont rangés, dans le canon alexandrin, parmi les classiques de l'ancienne Comédie, et qui précédèrent, mais d'assez peu, Aristophane. C'étaient, comme Aristophane, des moralistes à leur manière, et qui s'imaginaient aussi rendre de grands services à la chose publique et travailler dans l'intérêt du juste et de l'honnête : « Eupolis, Cratinus et Aristophane, dit Horace, et tous les autres poëtes de l'ancienne Comédie, rencontraient-ils quelque caractère digne d'être dessiné, un méchant, un voleur, un impudique, un coupe-jarret, ou tout autre vaurien, ils ne se gênaient pas pour le signaler à tous [1]. »

Ce n'est pas seulement par la nature des sujets ou par le choix des personnages, que les poëtes se donnaient toute licence satirique. Il y avait, dans le chœur, des passages où les acteurs n'étaient plus des acteurs, et où le coryphée parlait pour le compte de l'auteur même. C'est ce qu'on nommait *parabase*, c'est-à-dire passage en rang, à raison du mouvement que faisait le chœur pour se mettre en face du public, avant de lui chanter ou de lui débiter ce qui s'adressait directement à lui :

« La parabase, dit Otfried Müller, formait une marche de chœur au milieu de la comédie. Elle est évidemment sortie de ces cortéges phalliques qui avaient été l'origine de tout le drame. Elle est l'élément primitif de la comédie, depuis développée et devenue une œuvre d'art. Le chœur qui, jusqu'au moment de la parabase, a eu sa position entre la scène et la thymèle le visage tourné vers la scène, fait un mouvement, et passe en rangs le long du théâtre, dans le sens le plus étroit du mot, c'est-à-dire devant les bancs des spectateurs. Telle est proprement la parabase. Le chœur l'accompagne d'un chant qui consiste d'ordinaire en tétramètres anapesti-

---

[1]. Horace, *Satires*, livre I, satire IV, vers 1 et suivants.

ques ou autres vers longs. » Puis vient l'adresse directe au peuple. Le poëte parle de ses affaires personnelles, du but qu'il se propose dans ses ouvrages, des services qu'il a rendus à l'État, de ses rapports avec ses rivaux. Il dit ses griefs contre la cité, lance des boutades par-ci par-là à sa fantaisie. C'est ainsi que s'était transformée la licence de l'ancien chœur ambulant : « Il était naturel, remarque à ce propos Otfried Müller, dès que la parabase devint comme le centre de la comédie, qu'on mît, à la place des brocards contre les individus, quelque pensée importante, une pensée d'intérêt général, tandis que les plaisanteries à l'intention de tel ou tel spectateur pouvaient toujours, conformément aux traditions comiques, être placées dans la bouche du chœur, à n'importe quel endroit de la pièce, et sans aucun égard ni au sujet ni à la vraisemblance. » On trouve en effet, dans plusieurs pièces d'Aristophane, des sorties de ce genre; et c'est bien en vain que certains commentateurs ont cherché à les expliquer autrement que par les caprices du poëte. La moindre réminiscence passagère suffit, comme dit très-bien l'illustre critique, pour déterminer de pareilles sorties.

Quoi qu'il en soit, c'est au talent poétique de Cratinus et d'Eupolis que la comédie dut son installation au théâtre de Bacchus sur le pied d'égalité avec la tragédie et le drame satyrique. L'archonte éponyme accorda enfin le chœur aux poëtes comiques, et il y eut, pour la comédie aussi, des concours, des prix solennellement décernés. On dit que Périclès obtint momentanément la suppression des représentations comiques, dont la licence choquait son goût délicat, et qui nuisaient, par la rude franchise des attaques, à ses desseins ambitieux. Mais le peuple ne put se passer longtemps des plaisirs accoutumés. La comédie rentra, au bout de trois ans, dans tous ses priviléges. Il paraît seulement qu'on imagina de refuser le chœur à tout poëte qui n'était pas âgé de quarante ans au moins selon les uns, de trente selon les autres. On ne voulait pas laisser cette arme terrible de la censure politique et morale à des mains inexpérimentées. Mais cette limite d'âge s'éludait sans trop de peine, à l'aide de prête-noms, ou grâce à des magistrats complaisants. Au reste, quand Aristophane débuta dans la carrière, vers le commencement de la guerre du Péloponnèse, nul ne contestait plus aux poëtes comiques le droit de traduire sur la scène tous les personnages vivants, avec le masque et le costume qui les rendaient à l'instant reconnaissables ; le droit de les peindre et même de les défigurer ; le droit de médire de tout et de tous ; que dis-je? le droit de calomnier, d'outrager, d'imputer aux plus honnêtes gens ou des actions ou des pensées honteuses :

« L'usage des masques, dit Otfried Müller, et d'un costume varié et très-apparent, était commun à la comédie et à la tragédie ; mais rien ne se ressemblait moins que ce qu'on voyait sur les deux scènes. D'après les allusions d'Aristophane, car nous n'avons point de renseignements précis, les acteurs de l'ancienne Comédie différaient beaucoup des acteurs mêmes de la Comédie nouvelle, de la comédie de Plaute et de Térence. Ceux-ci nous sont connus par de curieuses miniatures des vieux manuscrits. Ils portaient à peu près le costume de la vie ordinaire, la tunique, le pallium des personnages représentés. Le costume des acteurs d'Aristophane se rapprochait de celui des bouffons de tréteaux peints sur certains vases de la Grande-Grèce : veste et pantalons collants, rayés de diverses couleurs et rappelant ceux de l'arlequin moderne ; de grosses panses et autres enlaidissements et accessoires d'une indécence et d'une insolence intentionnelles ; toute la figure grotesque voilée par un petit mantelet tout au plus ; des masques enfin à traits marqués, exagérés jusqu'à la caricature, quoiqu'il fut facile d'y reconnaître le personnage réel, au cas où il y en avait quelqu'un dans la pièce. On sait qu'Aristophane obtint à très-grand'peine des faiseurs de masques qu'ils lui fissent, pour la représentation des *Chevaliers*, le visage reconnaissable du redouté démagogue Cléon. Mais c'est surtout le costume du chœur qui avait un caractère fantastique et bizarre. »

La comédie était donc, sous une forme fantastique, l'image ou, si l'on veut, la caricature de la vie publique des Athéniens ; une répétition des scènes de la rue et de l'agora ; quelque chose enfin de vif, de violent, de populacier ; un composé d'or-

dures, d'obscénités, de mensonges, de folies, de bon sens, de
vérités, de peintures souvent pleines de charme, de fraîcheur et
de grâce; un monstre sans doute, mais un monstre athénien,
c'est-à-dire la beauté encore, quoique souillée et flétrie par
d'impurs éléments. Aussi les hommes seuls assistaient-ils à
ces représentations, où se remuaient tous les intérêts, toutes
les passions, toutes les idées, et où les femmes et les enfants
n'auraient trouvé que des leçons de cynisme et d'immoralité.
Aristophane fut le maître du genre; et, comme il est le seul
poëte comique de l'antiquité grecque dont nous ayons autre
chose que des débris, nous devons nous arrêter quelque
temps sur ce nom fameux.

Vie d'Aristophane.

On ne sait ni en quelle année Aristophane naquit, ni en
quelle année il mourut. On croit seulement qu'en 427, quand
il fit représenter sa première comédie, il n'avait pas encore
l'âge légal pour être apte à obtenir un chœur, c'est-à-dire,
selon toute vraisemblance, qu'il n'avait pas encore trente
ans. Aussi fit-il recevoir sa pièce sous un nom d'emprunt; et
il usa plusieurs fois, avec les archontes, du même subterfuge.
Les *Nuées*, jouées en 424, sont, comme il le dit lui-même dans
la parabase, c'est-à-dire dans l'endroit de la pièce où il parle
directement par la bouche du chœur, la première comédie
qu'il ait donnée sous son nom. Le *Plutus*, son dernier ouvrage,
ou du moins le remaniement du *Plutus* et sa remise au théâtre, est de l'an 390. A partir de ce temps, ou Aristophane est
mort, ou il a cessé tout commerce avec la scène.

On croit que la famille du poëte était originaire de l'île de
Rhodes; et il est possible que lui-même il ne fût pas né en
Attique. Le démagogue Cléon, qu'il avait attaqué dans sa
première comédie, intitulée les *Babyloniens*, que nous n'avons
plus, chercha à se venger de ses sarcasmes, et l'accusa de
n'être pas citoyen d'Athènes. Mais Aristophane échappa heureusement aux poursuites de son ennemi, et se vengea à son
tour, en traduisant Cléon, de sa personne, sur le théâtre, et
en l'y flagellant sans pitié. C'est Aristophane lui-même qui

joua le rôle de Cléon, aucun acteur n'ayant eu le courage de s'exposer aux ressentiments de cet homme vindicatif et presque tout-puissant.

Caractère d'Aristophane.

Aristophane est un adversaire de toute nouveauté bonne ou mauvaise, en politique, en morale, en littérature. Tel il s'est montré dès son début, en gourmandant le peuple et en frondant ses favoris; tel il est resté durant toute sa carrière. C'est le plus aristocrate des poëtes, malgré ses semblants de respects pour la multitude; et le peuple est un des personnages dont il a le plus souvent et le plus heureusement persiflé les vices et les travers. Aristophane lui adresse à chaque instant les plus sévères leçons; et ce mentor étrange prodigue tant de sel et tant d'esprit, qu'on l'écoute et qu'on lui pardonne. Il se fait applaudir par ceux-là mêmes sur lesquels il frappe à coups redoublés : « Jamais aucun souverain, dit W. Schlegel, et le peuple d'Athènes en était un dans ce temps-là, ne s'est laissé dire d'aussi bonne grâce des vérités aussi fortes, et n'a mieux entendu la plaisanterie. » Mais je doute fort que ce souverain ait fait grand profit, pour s'amender, de ces réprimandes si vertement et si joyeusement administrées. Il est allé se corrompant de jour en jour davantage; et la comédie, en assaisonnant de poisons et d'ordures le bon sens et la vérité, n'a travaillé, en définitive, qu'à l'avilissement des mœurs, à la destruction des idées saintes, à l'abaissement des caractères. Je condamne donc, et en soi et dans leurs résultats pratiques, les moyens employés par Aristophane pour se faire accueillir de ses contemporains. Je n'examine pas même s'il lui était loisible d'en employer d'autres, et d'épurer la comédie.

Aristophane n'est certes point le plus grand des comiques. Mais nul satirique ne l'a jamais égalé, ni dans l'antiquité ni dans les temps modernes; nul homme n'a jamais été doué d'une imagination plus puissante et plus féconde; nul poëte n'a jamais réuni en sa personne plus de qualités opposées, la verve sarcastique et la rêverie, le calcul de la raison et les élans lyriques, la fougue indomptable de la pensée et l'exquise perfection de la forme ; nul poëte enfin n'a jamais été plus complétement poëte qu'Aristophane. Et l'on ne peut pas même dire qu'il ait traîné la Muse dans la fange : c'est la fange, que son esprit a pétrie, façonnée, dorée, animée du souffle de la vie, et qu'il a rendue digne, s'il est permis de profaner ce mot, des regards et des embrassements de la Muse. La Bruyère disait du livre de Rabelais, que c'était le charme de la canaille, et que ce pouvait être aussi le mets des plus délicats. Mais il n'y a que la canaille athénienne, c'est-à-dire le plus fin, le plus spirituel, le plus dédaigneux, le plus lettré des peuples du monde, qui fût en état de dignement goûter Aristophane. Les plus délicats ont été de tout temps les plus décidés admirateurs du génie de ce grand poëte, à commencer par Platon, à finir par l'auteur du *Télémaque*. Platon, qui avait fait figurer Aristophane au banquet d'Agathon, et qui lui avait prêté un discours digne tout à la fois de son esprit et de son cynisme, écrivit, après sa mort, cette épigramme, qui n'a rien de trop exagéré : « Les Grâces, cherchant un sanctuaire indestructible, trouvèrent l'âme d'Aristophane. »

Il est vrai que Platon n'a pas connu les poëtes de la Comédie nouvelle. Peut-être eût-il moins admiré l'atticisme d'Aristophane, s'il avait eu pour point de comparaison l'atticisme de Ménandre. Ce qui reste de l'ouvrage de Plutarque sur les deux grands comiques de la Grèce nous montre que Ménandre avait fait tort à Aristophane, et que la comédie de mœurs, c'est-à-dire la vraie comédie, avait rendu les esprits plus délicats, plus sévères par conséquent dans l'appréciation des mérites de la comédie-satire : « Le style d'Aristophane, dit Plutarque, est un mélange de tragique et de comique, de sublime et de bas, d'enflure et d'obscurité, de sérieux et de badin, qui va jusqu'à la satiété. C'est, en un mot, une inégalité continuelle. Il ne donne pas à ses personnages le ton qui convient à leurs caractères. Chez lui, un prince parle sans dignité, un orateur sans noblesse ; une femme n'y a pas la simplicité de son sexe ; un bourgeois et un paysan, le langage commun et grossier de leur état. Il les fait tous parler au hasard, et il leur met à la bouche les premières expressions qui se présentent; en sorte qu'on ne peut distinguer si c'est un fils ou un père qui parle, un homme rustique, un dieu, une femmelette ou un héros. » Il est probable que Ménandre observait mieux qu'Aristophane la vérité des caractères, et que ses personnages avaient plus de tenue, une harmonie de sentiments plus parfaite, et qu'ils parlaient toujours le langage même de la nature. Voilà ce qui a fait porter à Plutarque ce jugement plus que rigoureux, sur un poëte qui n'eut jamais d'autre but que de soulever le rire, et qui traçait non point des portraits vivants, mais des charges de la réalité. Il y a donc bien des réserves à faire sur cette impitoyable condamnation. Le style d'Aristophane ne doit point être confronté avec un idéal comique qu'Aristophane n'a pu deviner. C'est en lui-même qu'il le faut sentir ; c'est aux effets produits qu'il le faut mesurer, c'est-à-dire à la force des coups satiriques, à la verve du sarcasme, au succès du fou rire. Même encore aujourd'hui, il ne tient qu'à nous de nous convaincre qu'Aristophane fut bien le favori des Grâces, et que Platon n'a point à rougir de son épigramme.

Style d'Aristophane

Un pareil éloge n'eût pas été au-dessous de ce que méritait Sophocle lui-même. C'est qu'en effet ces deux hommes si dissemblables en tout le reste, Sophocle et Aristophane, furent deux écrivains de même famille, et doués de plusieurs talents parfaitement comparables. Oubliez un instant l'absolu contraste des sujets traités par les deux poëtes ; ne faites attention qu'à l'expression de la pensée, au tour de la phrase, aux choix des termes, à leur position, à la physionomie du style, à l'harmonie intérieure de cette poésie et à son harmonie musicale : c'est la même vigueur et la même souplesse, le même tact infaillible, la même plénitude de sens ; ce sont les mêmes grâces et le même charme ; c'est la perfection de l'art consommé. Le seul défaut du style d'Aristophane, et ce défaut n'en est un que pour nous, c'est d'être chargé d'allusions, que saisissait à l'instant la malice des contemporains, et où nous ne distinguons trop souvent que d'indéchiffrables énigmes. J'ajoute encore que, de tous les mérites que prisaient les Athéniens dans cette diction à la fois savante et naïve, qui fut le secret d'Aristophane, les plus grossiers seulement nous sont perceptibles. Mais, en dépit de tant de siècles écoulés, et malgré l'imperfection de nos connaissances, nous y savourons quelque chose encore de ce parfum pénétrant et léger, qui était comme la naturelle émanation du sol de l'Attique, et dont est imprégnée toute la poésie d'Aristophane. C'est là, ou nulle part, qu'il peut nous être donné de comprendre ce qu'était l'atticisme tant célébré par les critiques anciens.

Intérêt historique des comédies d'Aristophane.

On exagère assez volontiers l'importance des comédies d'Aristophane, considérées comme des monuments de l'histoire d'Athènes. Oui sans doute, sous ces fictions plaisantes, sous ces masques grotesques, sous ce monde fantastique né du cerveau d'un homme, il y a des réalités, il y a quelque chose de ce qui se remuait et vivait, au cinquième siècle avant notre ère, dans la société athénienne. Les comédies d'Aristophane sont la gazette, si j'ose ainsi parler, de la cité de Périclès, durant sa période la plus turbulente, la plus remplie d'événements, la plus féconde en péripéties. Mais cette gazette a été écrite par un homme de parti. C'est assez dire qu'Aristophane est loin de toujours mériter créance, et que ses assertions ont généralement besoin d'être soumises à un contrôle sévère. Cicéron a eu raison de le remarquer : la partialité des poëtes de la Comédie ancienne avait quelque chose de révoltant. Médire des Cléon ou des Hyperbolus, passe encore ; mais calomnier un héros comme Lamachus, un sage comme Socrate, un homme d'État comme Périclès ! Il est évident que, si nous n'avions qu'Aristophane pour nous renseigner sur ceux-là mêmes qui furent l'honneur et la gloire du peuple athénien, nous courrions risque de tomber dans d'étranges bévues. On conte pourtant que, Denys le Jeune voulant connaître le gouvernement d'Athènes, Platon lui envoya les comédies d'Aristophane. Mais Platon lui-même n'était pas exempt de préjugés politiques. Comme Aristophane, il détestait la démocratie : il n'est donc pas très-surprenant que la caricature ait eu à ses yeux les traits d'un tableau véritable, et qu'il l'ait donnée pour telle au tyran. Quant à nous, que rien n'aveugle plus sur les mérites ou les défauts des personnages joués par Aristophane, et qui n'aspirons point à réformer les mœurs et les institutions des Athéniens, nous ne devons accepter les renseignements fournis par le poëte satirique, que sous bénéfice d'inventaire. Même avec ces réserves, il reste beaucoup à puiser dans ses œuvres, et l'histoire peut se féliciter, elle aussi, de l'heureux hasard qui en a préservé une portion si considérable. Le temps a traité Aristophane avec autant de faveur, peu s'en faut, qu'Euripide même. De cinquante-quatre comédies, ou, selon d'autres, de quarante-quatre seulement, il nous en reste onze, et qui se sont conservées jusqu'à nous dans un parfait état d'intégrité. Ces onze comédies, ou, si l'on veut, ces onze satires, se peuvent partager en groupes, à peu près comme il suit : satires politiques, les *Acharniens*, les *Chevaliers*, la *Paix*, *Lysistrate*; satires philosophiques, les *Nuées*, les *Guêpes*, l'*Assemblée des Femmes*, *Plutus*; satires littéraires, les *Fêtes de Cérès*, les *Grenouilles*. Une seule pièce, les *Oiseaux*, ne rentre dans aucun de ces trois groupes. C'est une sorte de revue critique où tout est mêlé, politique, philosophie, littérature, mille choses encore, et dont le but n'est pas très-nettement indiqué. C'est de la fantaisie, bien plus que de la polémique; c'est de la poésie qui ne vise guère qu'à être de la poésie et à charmer l'imagination des hommes.

Comédies d'Aristophane.

Aristophane est un partisan de la paix, et même de la paix tout prix. La guerre suscitée, selon lui, par Périclès, et que la mort de Périclès n'avait point suspendue, ne pouvait aller à ses goûts. Il essaya, en 426, de ramener ses concitoyens à des sentiments plus calmes, et de leur démontrer qu'un bon accommodement avec les ennemis était préférable à cent victoires désastreuses. La rude population du dème d'Acharne, composée presque tout entière de bûcherons et de charbonniers, était la plus animée contre les Lacédémoniens, la plus infatuée de passions belliqueuses. On voit pourquoi Aristophane a mis en scène des hommes d'Acharne, et pourquoi la pièce porte ce titre, les *Acharniens*. Donc, l'Acharnien Dicéopolis, c'est-à-dire, comme l'indique son nom, le bon citoyen, l'homme de bien qui connaît les droits et les devoirs de la justice, est un ami de la paix comme Aristophane. Voyant qu'il ne peut faire partager ses idées à personne, il imagine de conclure un traité avec les Lacédémoniens, pour lui seul et sa famille. Pendant que tout le reste de l'Attique souffre mille maux, sa maison devient un séjour de plaisir et de bombances. Tous les habitants des contrées voisines de l'Attique apportent en foule leurs denrées au marché ouvert par Dicéopolis. Une irruption soudaine des ennemis appelle les Athéniens aux combats : Dicéopolis, qui a fait sa paix, ne s'occupe que d'un pique-nique où il doit ce jour-là prendre part. D'un côté du théâtre, le général Lamachus prépare son harnais de guerre et tout l'attirail de la tuerie ; de l'autre, Dicéopolis fait plumer la grive et apporter le pot au vin. On part des deux côtés, mais pour revenir bientôt : Lamachus, la tête fêlée, le pied brisé, geignant et se lamentant, soutenu par deux de ses soldats ; Dicéopolis, conduit par deux jeunes filles complaisantes, riant, chantant, se gaudissant, ivre déjà et buvant encore.

En 425, Aristophane donna les *Chevaliers*, pièce ainsi nommée à cause des personnages qui formaient le chœur, et qui étaient d'une classe de citoyens particulièrement odieuse à Cléon : c'étaient les chevaliers qui lui avaient fait rendre ses comptes, et dégorger cinq talents qu'il avait pris indûment pour lui. Voici en quelques mots l'esquisse de la comédie. Le vieux bonhomme Peuple a deux esclaves fidèles et dévoués, Démosthène et Nicias ; mais Cléon, un de leurs camarades, un Paphlagonien, un corroyeur, un vil scélérat, s'est emparé de l'esprit du vieillard, et le gouverne à son gré. Pour combattre l'influence du corroyeur, les deux esclaves fidèles se servent d'un charcutier, plus fripon, plus outrageux, plus impudent encore que Cléon, et que les oracles destinent au gouvernement de la république. Le charcutier, aidé du chœur, triomphe de son rival. Cléon est chassé comme indigne, et dépouillé de tous ses honneurs. Peuple, miraculeusement rajeuni, ne veut plus entendre parler de charlatans et de démagogues. Le charcutier lui-même quitte désormais son caractère d'ignoble coquin, et sert consciencieusement son maître.

La *Paix* est de l'an 420. Il y avait onze ans que durait la guerre. On avait ri des *Acharniens*, mais on avait continué à se battre. La mort de Cléon, qui s'était bravement fait tuer à Amphipolis, était une occasion favorable pour reprendre le thème pacifique au théâtre ; et Aristophane ne manqua pas d'en profiter. Vigneron, le principal personnage de la comédie, monte au ciel sur un escarbot. Il n'y trouve que Mercure pour lui rendre raison des maux dont la Grèce est affligée. Mercure révèle à Vigneron que la Paix est prisonnière au fond d'une caverne, dont l'ouverture est obstruée par des monceaux de pierre. Vigneron, aidé de citoyens de tous les pays, délivre la déesse. La joie et les fêtes renaissent de toutes parts. Les armuriers seuls sont désespérés. Vigneron épouse l'Abondance, compagne de la Paix.

Lysistrate est un nouveau plaidoyer en faveur de la paix, et de huit ans environ postérieur à la comédie précédente. Voici la fable imaginée cette fois par le poète. Lysistrate, ou comme qui dirait Pacifique, femme d'un des principaux citoyens d'Athènes, veut forcer les Athéniens et les Lacédémoniens à s'entendre. Elle réunit les femmes de l'Attique et des principales villes grecques, et elle leur fait jurer de s'interdire toute accointance avec leurs maris, jusqu'à la conclusion de la paix. Cette armée nouvelle s'empare de la citadelle d'Athènes. Les hommes se trouvent bientôt dans une situation fort embarrassante. Lysistrate, de son côté, ne maintient pas sans peine la discipline parmi les femmes. On entre en pourparlers; on conclut un accommodement. Sparte et Athènes négocient leur traité ; les portes de la citadelle s'ouvrent ; chaque mari retrouve sa femme, et tous les peuples grecs oublient, dans les festins et dans les danses, leurs longues et implacables inimitiés.

Si l'on pouvait retrancher des *Nuées* le nom de Socrate, et substituer à ce nom révéré celui de quelqu'un des sophistes qui pullulaient en ce siècle, il faudrait applaudir d'un bout à l'autre à cette comédie si vive et si originale. Mais c'est bien Socrate qu'Aristophane a voulu peindre si ridicule et si odieux; ce sont bien les idées de Socrate qu'il a voulu personnifier dans ces nuées qui dansent et chantent en chœur; et c'est à l'école de Socrate, et non point à celles des sophistes, qu'il envoie Strepsiade et son fils, pour y apprendre à prouver que le jour est la nuit et la nuit le jour, surtout pour se rendre experts dans l'art de ne pas payer leurs dettes. Aussi ne regrette-t-on pas qu'Aristophane ait reçu des Athéniens une leçon un peu sévère, puisque ce chef-d'œuvre de verve comique, de haute éloquence et de poésie inspirée n'eut point de succès au théâtre, et ne fut point admis à y reparaître après correction et remaniement. Socrate se reconnut si peu à ce portrait d'un instituteur athée et immoral, qu'il n'eut contre Aristophane ni colère ni rancune. Les *Nuées* sont de l'an 424 : or, Platon nous représente Aristophane et Socrate conversant, au banquet d'Agathon en 416, comme deux bons camarades dont rien n'a jamais troublé l'amitié. Mais il faut bien le dire, la comédie dut avoir une fatale influence sur le sort du philosophe. Elle fit naître et elle nourrit, durant de longues années, des préventions contre lui. C'est là qu'Anytus et Mélitus puisèrent le texte de leurs accusations, et les juges probablement les motifs de la sentence. Les vingt-cinq ans écoulés entre l'apparition des *Nuées* et la mort de Socrate ont fait germer et mûrir les semences jetées dans le peuple par Aristophane; et l'échec théâtral fut malheureusement trop compensé par le succès littéraire.

Les *Guêpes*, si connues par la charmante imitation qu'en a faite Racine dans les *Plaideurs*, sont une leçon adressée au peuple athénien, et non pas seulement, comme la pièce française, le portrait d'un juge maniaque. En 425, quand Aristophane écrivit sa comédie, tout citoyen âgé de trente ans pouvait être élu membre des tribunaux, qu'on renouvelait tous les ans; et tous les Athéniens avaient la passion de gagner les trois oboles que Périclès avait fait autrefois décréter pour le salaire de la journée des juges. Or, Aime-Cléon, c'est-à-dire le peuple, est devenu presque fou à force de juger. Hait-Cléon, son fils, le fait enfermer et garder à vue par deux esclaves. Le vieillard cherche à s'évader, et appelle à son secours les juges ses amis, qui sont déguisés en guêpes et armés de l'aiguillon, comme insectes toujours prêts à piquer. Bataille entre les gardiens d'Aime-Cléon et les guêpes. Hait-Cléon intervient, et persuade à son père de rester à la maison, où il jugera tous les délits domestiques. Jugement du chien Labès, qui a volé dans la cuisine un fromage de Sicile. Par méprise, Aime-Cléon absout le coupable, et s'en désespère; mais son fils le console, et le vieillard finit même par se transformer en un bon vivant, joyeux et égrillard.

L'*Assemblée des Femmes* est la critique des utopies de quelques philosophes qui avaient rêvé, avant Platon, une république idéale. C'est une satire toute morale, malgré l'immoralité de plusieurs scènes ; je veux dire que le poëte n'y fait nulle part de la politique militante. La date de l'ouvrage en explique la raison. Après la prise d'Athènes par Lysandre et l'établissement de la tyrannie des Trente, un décret interdit aux poëtes comiques de désigner par son nom aucun personnage vivant, et de faire usage de la parabase, c'est-à-dire de parler directement aux spectateurs par la bouche du coryphée. L'*Assemblée des Femmes* est de l'an 393, suivant une conjecture parfaitement probable. La loi des Trente n'était pas rapportée ; et on ne la rapporta point, on l'aggrava au contraire de jour en jour.

Les femmes d'Athènes, conduites par Praxagora, se déguisent en hommes, et s'introduisent dans l'assemblée du peuple. Fortes de leur nombre, elles font passer un décret qui dépouille les hommes du gouvernement, et établissent une constitution nouvelle, fondée sur la communauté absolue, et sur la suprématie du sexe féminin. De là une suite de scènes fort gaies, où le poëte dépeint la confusion produite par le mélange des biens, par la promiscuité des femmes, par l'égalité de droit en amour, concédée aux vieilles comme aux jeunes, aux laides comme aux jolies. La conclusion, qu'il ne tire pas, saute d'elle-même aux yeux, toute étincelante à la fois de poésie et de raison.

Le *Plutus* se sent, bien plus encore que l'*Assemblée des Femmes*, des effets de la loi portée par les Trente. On l'avait représenté en 409, plusieurs années avant la loi; mais, pour le remettre au théâtre en 390, Aristophane supprima la parabase et les chœurs même. Sans doute il effaça aussi plus d'un trait licencieux ; car, dans la pièce telle que nous la possédons, quelques mots malsonnants rappellent seuls les gravelures des autres comédies. Il est à croire qu'on avait dès lors étendu au chœur tout entier la proscription dont la parabase seule était primitivement frappée, et que déjà le chœur se taisait honteusement, comme dit Horace, dépouillé qu'il était du droit de nuire. Au reste, le *Plutus* est bien fait pour donner gain de cause à ceux qui blâment dans Aristophane la personnalité des injures, l'indécence des tableaux et l'obscénité du langage. Cette comédie, pour être moins libre, n'en est ni moins piquante, tant s'en faut, ni moins animée ; et c'est peut-être la mieux conduite, la mieux composée, la plus dramatique des pièces d'Aristophane.

Plutus, c'est-à-dire *Richesse* (ce mot en grec est du masculin), est aveugle. Un homme pauvre, nommé Chrémyle, est allé demander à l'oracle d'Apollon comment il devait s'y prendre pour s'enrichir. Le dieu lui dit d'emmener avec lui la première personne qu'il rencontrera hors du temple. Chrémyle rencontre Plutus, et l'emmène. Mais Plutus n'y voit pas; et ce n'est point le compte de l'honnête Chrémyle, que tant d'intrigants et de coquins profitent des largesses du dieu. Il entreprend donc de rendre la vue à Plutus; et, pour cela, il le conduit au temple d'Esculape. Le miracle s'opère : les gens de bien seuls vont avoir désormais la richesse. Les métamorphoses ne se font pas attendre. Aristophane en fait passer successivement plusieurs sous nos yeux, des plus comiques et des plus divertissantes.

Aristophane détestait Euripide. Il voyait en lui, autant pour le moins qu'en Socrate, un sophiste dangereux, un novateur, le corrupteur du bon goût et de la morale antique.

Déjà, dans les *Acharniens*, il s'était spirituellement moqué des gueux tragiques, en envoyant Dicéopolis chez Euripide, emprunter les haillons de Télèphe, pour émouvoir à l'aide de cette défroque le peuple athénien, qu'il voulait haranguer.

C'est la misogynie d'Euripide, et en général la morale relâchée de ses héros et de ses héroïnes, qu'Aristophane tourne en ridicule dans les *Fêtes de Cérès*. Les femmes sont réunies dans le sanctuaire de la déesse, dont l'entrée, à certains jours solennels, était interdite aux hommes. Elles méditent de se venger d'Euripide leur ennemi. Euripide, pour conjurer l'orage, prie le poëte Agathon de se déguiser en femme, costume sous lequel il ne courra pas risque d'être reconnu, vu son extérieur et ses manières efféminées, et d'aller au temple prendre sa défense. Sur le refus d'Agathon, Euripide y dépêche Mnésilochus, son propre beau-père. Mnésilochus est bientôt reconnu, et on lui fait un mauvais parti. Euripide essaye de le délivrer. Après divers stratagèmes inutiles, le misogyne conclut avec les femmes un traité de paix. Il s'engage à ne plus médire d'elles, et il obtient la liberté de Mnésilochus.

Cette pièce est pleine de parodies d'une foule de passages d'Euripide. Ces parodies, dont le sel n'a plus pour nous beaucoup de saveur, semblent n'avoir été que médiocrement du goût des Athéniens. Quoique le poëte eût tout mis en œuvre pour leur plaire, et quoique nulle de ses pièces n'ait plus de vivacité et d'entrain ; enfin malgré des priapées qui ne sont ni moins audacieuses ni répandues avec moins de profusion que dans *Lysistrate*, les *Fêtes de Cérès* n'eurent pas plus de succès, en 412, que les *Nuées* en 424. Aristophane les remania aussi. Nous ne savons pas même s'il parvint à les faire reparaître au théâtre ; mais nous savons que notre texte est la première version de la comédie.

Les *Grenouilles*, nouvel assaut livré à la gloire d'Euripide en 406 ou au plus tard en 405, trouvèrent plus de faveur, malgré l'engouement des Athéniens pour les œuvres du poëte mort naguère en Macédoine. Il faut dire qu'Aristophane s'y est maintenu à peu près dans les bornes permises ; que sa critique, pour être vive, n'est pas toujours injuste ; que le ton de la pièce est décent, et que l'admiration du poëte pour

Eschyle et Sophocle y tempère l'odieux de son acharnement contre Euripide.

Eschyle, Euripide et Sophocle sont morts, Agathon a quitté Athènes. Bacchus, dégoûté des tragédies qu'on joue dans ses fêtes, va aux enfers chercher un tragique digne de lui. Il part, travesti en Hercule, mais non pas armé du courage que suppose un tel nom. Son esclave Xanthias, monté sur un âne, n'est ni moins poltron ni moins amusant. Après avoir traversé le Styx au milieu des grenouilles coassantes, Bacchus arrive aux enfers. Il y trouve tout en émoi. Euripide y disputait le trône de la tragédie, occupé depuis longtemps par Eschyle. Eschyle défendait avec une vigueur invincible sa domination menacée. Bacchus assiste en juge à ce grand débat. Il fait exposer aux deux parties tous leurs arguments; puis, sur l'invitation de Pluton, il prononce la sentence. C'est à Eschyle que Bacchus décerne l'empire ; c'est lui qu'il emmène sur la terre. Euripide n'a pas même la satisfaction de remplir aux enfers l'interrègne. Pendant l'absence d'Eschyle, le sceptre tragique restera aux mains de Sophocle.

La dernière pièce dont il nous reste à parler, les *Oiseaux*, est de l'an 415. Deux Athéniens, Pisthétère et Évelpide, quittent l'espèce humaine, pour aller vivre parmi les oiseaux. Ceux-ci veulent se venger sur les deux arrivants des injures que leur ont faites les hommes. Les deux Athéniens se tirent d'affaire, en démontrant à la gent emplumée sa supériorité sur tous les êtres vivants. Ils persuadent aux oiseaux de bâtir une grande ville dans les airs; et bientôt accourent dans le nouvel État toutes sortes d'hôtes non conviés, prêtres, devins, poètes, législateurs, etc. On les renvoie chacun chez eux. On crée des dieux à l'image des oiseaux, et on bloque l'ancien Olympe, afin que l'odeur des offrandes n'y parvienne plus. Les anciens dieux, réduits à l'extrémité, sont forcés d'en passer par les conditions qu'on leur pose, et l'empire du monde reste aux oiseaux.

Cette espèce de féerie, où le poëte transforme tout et dispose à son gré de l'univers; cette satire universelle, qui a tant de buts qu'elle n'en a pas; cette merveille fantastique, où la raison trouve sans cesse à applaudir, est la plus charmante composition d'Aristophane : « C'est, dit W. Schlegel, une poésie aérienne, ailée, bigarrée, comme les êtres qu'elle dépeint. C'est le jeu innocent, dit encore le même critique, d'une imagination pétulante et badine, qui touche légèrement à tout, et qui se joue de la race des dieux comme de celle des hommes, mais sans se diriger vers aucun but particulier. »

Un côté peu connu de la poésie d'Aristophane.

Je ne saurais quitter Aristophane sans citer un morceau pour le moins à l'appui de quelques-unes de mes assertions ; et, comme on ne conteste guère au poëte d'avoir excellé dans le dialogue, ou même dans la narration comique, je choisirai de préférence quelque chose de quasi sérieux, une sorte d'idylle demi-lyrique où l'on respire les plus fraîches senteurs de la campagne. C'est un délicieux tableau des douceurs de cette paix tant souhaitée d'Aristophane, et qui fut si lente à venir : « Il n'est rien de plus agréable, quand les semailles sont faites, que de voir Jupiter verser la pluie, et de se dire entre voisins : Dis-moi, que faisons-nous à cette heure, cher Comarchide? Mon avis est de boire, tandis que le dieu fait si bien nos affaires. Allons, femme, fais griller trois chénices de fèves ; mêles-y du froment ; va chercher des figues. Que la Syrienne rappelle Manès des champs ; car il n'y a pas moyen d'ébourgeonner la vigne aujourd'hui ni de briser les mottes, vu que la terre est toute trempée. — Et qu'on apporte de chez moi la grive et les deux pinsons. Il doit y avoir aussi du petit lait et quatre morceaux de lièvre, à moins que le chat n'en ait volé quelqu'un hier au soir ; car j'ai entendu à la maison je ne sais quel bruit, quel remue-ménage. Enfant, apportes-en trois pour nous, et donnes-en un à mon père. Demande à Eschinade des branches de myrte, de celles qui ont des fruits ; et, par la même occasion, car c'est sur le chemin, qu'on appelle Charinade, afin qu'il boive avec nous, tandis que le dieu nous rend si bien service et féconde nos labours. — Quand la cigale chante son doux refrain, j'aime à visiter mes vignes de Lemnos, pour savoir si elles commencent à mûrir, car c'est un plant hâtif. J'aime à voir se gonfler la jeune figue ;

et, quand elle est mûre, je la mange et la savoure, et
m'écrie : Jours de bonheur¹ ! » C'est bien là un de ces îlots de
pure et gracieuse poésie, qu'on voit sortir, comme dit le spirituel critique Émile Deschanel, du milieu d'un fleuve d'imagination burlesque, amphigourique et ordurière.

Poëtes comiques contemporains d'Aristophane.

Aristophane, durant sa carrière dramatique, rencontra de
nombreux rivaux, sans compter les deux poëtes qui avaient
débuté avant lui, Cratinus et Eupolis. Les critiques anciens
ne parlent pas avec beaucoup d'éloges de Phrynichus le comique, de Magnès, d'Hermippus, d'Amipsias, de plusieurs
autres poëtes aussi peu connus aujourd'hui, qui l'emportèrent
plus d'une fois, dans le concours des comédies, sur Cratinus,
sur Eupolis, sur Aristophane lui-même. Les Alexandrins
n'ont admis dans leur liste, après le nom d'Aristophane, que
ceux de Phérécrate et de Platon le comique. Mais on peut
dire que Platon et Phérécrate ne sont pas moins inconnus
que ceux dont je parlais tout à l'heure. L'ancienne Comédie, aux yeux des Grecs mêmes, se personnifiait tout entière dans trois hommes, Eupolis, Cratinus et Aristophane.
Eupolis est représenté comme un poëte agréable et ingénieux, bien plus que comme un satirique véhément et redoutable. Il excellait dans l'allusion, dans la critique indirecte;
il n'avait pas besoin de la parabase pour faire entendre aux
Athéniens tout ce qu'il voulait qu'on entendît, et pour adresser aux spectateurs de bonnes et piquantes leçons. Il paraît
que ses attaques, pour être plus détournées et moins outra-
geuses, ne plaisaient guère plus, à ceux qui en étaient l'objet,
que les sarcasmes et les invectives d'Aristophane. On conte
en effet qu'Alcibiade fit noyer Eupolis, pour se venger d'a-
voir été livré par lui aux risées populaires. Cratinus manquait,
dit-on, de grâce et de bonne humeur, et il ne savait ni combiner harmonieusement le plan de ses pièces, ni les conduire et les développer avec art. Il se distinguait surtout par

1. La *Paix*, vers 1141 et suivants.

son âpreté satirique, et par l'à-propos de ses saillies. Voici toutefois un passage qui prouve que Cratinus n'était pas toujours injuste, et qu'il s'entendait aussi à louer les hommes de bien : « Et moi je me flattais, moi Métrobius le greffier, que cet homme divin et le plus hospitalier du monde, le premier des Grecs en toutes vertus, Cimon enfin, me ferait passer heureusement ma vieillesse dans une douce abondance à ses côtés, jusqu'à la fin de mes jours. Mais Cimon m'a laissé; il est parti avant moi. »

Aristophane, qui n'était pas seulement un homme de talent, mais un homme de génie; qui réunissait en lui toutes les qualités et de Cratinus et d'Eupolis, la verve mordante et la passion de l'un, la gaieté, la finesse, la grâce et l'art plus savant de l'autre, et qui avait au souverain degré l'enthousiasme lyrique et la perfection du style, se plaça, dès son début, non pas à côté mais au-dessus d'eux, dans l'estime des contemporains ; et les siècles suivants n'ont fait que ratifier ses droits à cette espèce de royauté sur tous les poëtes de l'ancienne Comédie.

CHAPITRE XXIII.

AUTRES POËTES DU SIÈCLE DE PÉRICLÈS.

Panyasis. — Chœrilus de Samos. — Antimachus. — Critias. — Les véritables élégiaques du cinquième siècle.

Panyasis.

L'éclat extraordinaire de la poésie dramatique, durant le grand siècle de Périclès, ne doit pas nous empêcher d'apercevoir çà et là, à travers cette époque, les figures de quelques hommes qui avaient continué de marcher dans les voies de l'antique poésie, et qui ne furent pas toujours indignes des vieux maîtres.

Panyasis, cet oncle d'Hérodote dont j'ai déjà cité le nom, était l'auteur d'une épopée sur Hercule. L'*Héracléide* de Panyasis l'emportait, au jugement des Grecs, sur tous les autres poëmes dont la vie et les travaux du héros thébain avaient fourni le sujet. Panyasis était compté parmi les classiques. On estimait, dans son œuvre, la sagesse de l'ordonnance et l'intérêt des narrations; et le style, qui laissait à désirer pour l'élévation et la force, se recommandait par l'élégance et la grâce.

Chœrilus de Samos.

Chœrilus de Samos, différent du poëte tragique de ce nom, s'essaya dans l'épopée historique, mais avec un médiocre succès. Il avait pris pour sujet la seconde guerre Médique. Je doute que cet ouvrage, qui dut venir quelque temps après les *Perses* d'Eschyle, ait fait autre chose que d'augmenter l'admiration des Grecs pour l'épopée dramatique du soldat de Marathon et de Salamine. Horace dit que Chœrilus avait du bon, mais assez peu ; et rien ne prouve qu'Horace ait porté sur son poëme un jugement trop sévère.

Antimachus.

Antimachus, né à Claros en Ionie, mais qu'on nomme Antimachus de Colophon à cause de la ville où il faisait son séjour, était un autre homme que Chœrilus. On le mettait, parmi les poëtes épiques, au premier rang après Homère. Il était à peu près contemporain d'Hérodote. Son poëme était une *Thébaïde*. Quintilien, écho des critiques d'Alexandrie, caractérise comme il suit cet ouvrage : « Il faut louer, chez Antimachus, la force, la gravité, un style qui n'a jamais rien de vulgaire. Mais, quoique les grammairiens, d'un consentement presque unanime, lui décernent la seconde place dans l'épopée, je dois dire qu'il manque de pathétique, d'agrément, d'ordre, d'art enfin, et qu'il montre manifestement combien c'est chose différente d'être tout proche d'un autre ou d'être un degré au-dessous. » Antimachus avait aussi composé un poëme élégiaque intitulé *Lydé*, dont on ignore le sujet, et qui offrait probablement des qualités et des défauts analogues à ceux de son épopée. J'ajoute en passant qu'Antimachus avait travaillé à une nouvelle récension du texte d'Homère.

Critias.

Critias, qui fut un des trente tyrans d'Athènes, ne manquait pas d'un certain talent poétique. Les fragments qui restent de ses élégies, notamment celui où il fait l'éloge de la vertu des Spartiates, ne sont pas sans mérite ; mais c'est de la poésie un peu sèche, encore que les expressions soient quelquefois hardies et figurées. Les élégies de Critias semblent n'avoir été, pour la plupart, que des satires politiques. C'était du moins une satire, cette élégie où il disait à Alcibiade : « Le décret qui t'a ramené, c'est moi qui l'ai proposé dans l'assemblée; c'est à moi que tu dois ton retour. Le sceau de ma langue est imprimé sur ces événements. »

Les véritables élégiaques du cinquième siècle.

Mais les véritables élégiaques du cinquième siècle, ce sont les trois grands poètes tragiques. Nous ne savons pas jusqu'à quel point l'élégie d'Eschyle sur les morts de Marathon était au-dessous du génie de l'auteur des *Perses*. La victoire remportée par Simonide ne prouve pas que ce fût un chant sans valeur. Eschyle a excellé dans l'épigramme, qui n'était que l'élégie même, réduite à de plus étroites proportions. J'ai déjà cité son inscription funéraire; en voici une autre, en l'honneur des Grecs morts aux Thermopyles, qui prouve qu'Eschyle pouvait rivaliser, dans le mètre de Tyrtée, avec les poètes les mieux inspirés : « Eux aussi, ces valeureux guerriers, ils ont péri sous les coups de la sombre Parque, en combattant pour leur patrie aux riches troupeaux. Mais, tout morts qu'ils sont, elle est vivante la gloire de ceux dont jadis les robustes corps ont été ensevelis dans la terre de l'Ossa. »

Il n'est pas besoin, je crois, de démontrer que Sophocle n'avait qu'à vouloir, pour être le premier des élégiaques, et que les élégies qu'il avait composées devaient être des chefs-d'œuvre. Quant à Euripide, nous sommes à même de juger de ce qu'il savait faire en ce genre. Car c'est une élégie, je dis un chant en vers élégiaques, qu'il a mise dans la bouche de la veuve d'Hector, suppliante au pied des autels : « Ce n'était pas une épouse, mais une furie, que Pâris conduisit dans la haute Ilion, cette Hélène qui vint partager sa couche. A cause d'elle, ô Troie! le rapide Mars de la Grèce, avec ses mille vaisseaux, t'a prise et t'a détruite par la lance et par le feu. A cause d'elle, infortunée j'ai perdu Hector mon époux, que le fils de Thétis, la déesse des mers, traîna autour des murailles, attaché à son char! Et moi, de la couche nuptiale on m'a traînée au rivage de la mer, la tête chargée du joug de la servitude. Bien des larmes ont coulé le long de mes joues, quand j'ai laissé dans la poussière et ma ville, et ma couche nuptiale, et mon époux. Ah! infortunée, fallait-il que je visse encore le jour, pour être l'esclave d'Hermione? Victime de sa cruauté, j'entoure de mes mains suppliantes la statue de la déesse, et je me fonds de douleur, comme la source qui dégoutte du rocher[1]. » Nous voilà à pleines voiles dans le pathétique, dans la vraie poésie, et bien loin de Critias et de ses rancunes rétrospectives.

Il y eut aussi, depuis la mort de Simonide et de Pindare, des poètes qui prenaient le nom de lyriques; mais nul d'entre eux n'est arrivé même à la notoriété de Chœrilus ou de Critias. La poésie lyrique avait passé tout entière, avec armes et bagages, si je l'ose dire ainsi, dans le camp dramatique, dans la tragédie, dans le drame satyrique, dans la comédie même.

---

1. Euripide, *Andromaque*, vers 103 et suivants.

CHAPITRE XXIV.

THUCYDIDE.

Vie de Thucydide. — Caractère de l'ouvrage de Thucydide. — Style de Thucydide. — Excellence morale de l'ouvrage de Thucydide. — Un portrait tracé par Thucydide.

Vie de Thucydide.

Tandis qu'Aristophane et ses émules interprétaient à leur façon les événements de la guerre du Péloponnèse, et en ridiculisaient les acteurs, un homme d'un génie bien différent, qui avait aperçu, dès les premiers moments de la lutte, que de grandes révolutions se préparaient, et qui avait mis lui-même la main aux affaires, étudiait les causes réelles des dissensions intestines de la Grèce, et travaillait à en retracer un complet et impartial tableau, dévouant à cette grande œuvre sa fortune, son activité, et les loisirs que lui avaient faits ses concitoyens. Je veux parler de l'historien Thucydide, fils d'Olorus.

Thucydide était né à Halimunte, dème de l'Attique, en l'an 471 avant notre ère. Sa famille était une des plus riches et des plus considérables d'Athènes. Son père descendait, dit-on, d'un roi de Thrace, et sa mère était petite-fille de Miltiade le vainqueur de Marathon, ou, selon d'autres, rapportait son origine au tyran Pisistrate. Les anciens content que Thucydide, âgé d'environ quinze ans, avait assisté à une des lectures faites par Hérodote dans les assemblées publiques de la Grèce, et que, tout jeune qu'il fût encore, il avait été saisi d'admiration jusqu'à verser des larmes. C'est là, suivant quelques-uns, que s'était révélée cette vocation d'historien que Thucydide devait si bien remplir. Mais, comme vingt-cinq ans entiers se sont écoulés depuis ce jour jusqu'au temps où Thucydide, de son propre aveu, commença à recueillir les matériaux d'une histoire, et qu'à l'âge de quarante ans il n'avait encore rien écrit en ce genre, ni probablement en aucun autre, il est douteux que les applaudissements qui avaient accueilli Hérodote à Olympie aient donné, comme on le dit quelquefois, Thucydide à la Grèce. Ce qui est certain, c'est que Thucydide n'admirait que médiocrement le livre d'Hérodote. Il reproche même assez rudement au vieil historien d'avoir eu en vue le plaisir du lecteur plus que son utilité, et d'avoir sacrifié trop souvent à l'amour du merveilleux. Mais c'est ici le jugement de Thucydide homme déjà mûr, préoccupé avant tout des enseignements politiques qui doivent découler de l'histoire, et travaillant avec effort, comme il le dit lui-même, afin de léguer aux siècles à venir un monument impérissable.

Thucydide, durant les premières années de la guerre, fut chargé d'importantes fonctions. Il s'en acquitta d'abord à la satisfaction des Athéniens. Mais, en 424, n'ayant pu réussir à empêcher Brasidas de s'emparer d'Amphipolis, il fut mis en jugement, et condamné à l'exil. Cet exil dura vingt ans, depuis 423 jusqu'en 403; car l'arrêt porté contre Thucydide ne fut révoqué qu'après la fin de l'interminable guerre. C'est dans la Thrace, à Scapté-Hylé, où il possédait, du chef de sa femme, des mines de métaux précieux, qu'il passa ces vingt années, suivant de l'œil toutes les fluctuations de la Fortune; se faisant rendre compte, par des agents qu'il payait, de tout ce qui se passait jour par jour dans la Grèce; méditant profondément sur les effets pour en découvrir les causes; rédigeant enfin ce livre extraordinaire, qui n'est pas une des moins admirables merveilles de la pensée antique. On croit qu'il revint se fixer à Athènes, après le rappel des exilés. Quelques-uns disent toutefois qu'il vivait, à peu près vers ce temps, à la cour d'Archélaüs; d'autres, qu'il ne quitta point la Thrace ni Scapté-Hylé. Plutarque dit formellement qu'il périt en Thrace, sous les coups d'un assassin. Mais on pourrait facilement concilier tous ces témoignages. Rien n'empêche que Thucydide, tout en profitant de l'amnistie pour rentrer à Athènes, n'ait été faire visite au roi Archélaüs, et ne soit retourné de temps en temps voir ses mines de Thrace, jusqu'au jour où il tomba victime de quelque brigand, ou peut-être de quelque ennemi personnel. Il n'est nullement besoin, parce qu'il serait mort en Thrace, de supposer qu'il soit mort au moment même où il se préparait à revenir dans sa patrie. L'opinion la plus vraisemblable, c'est qu'il mourut huit ans après le décret de rappel, c'est-à-dire en l'an 395 avant notre ère, par conséquent dans sa soixante-seizième année.

Thucydide n'a point achevé son ouvrage, puisqu'il se proposait de le conduire jusqu'à la prise du Pirée et des longues murailles, et qu'il s'est arrêté, dans son huitième et dernier livre, au milieu de la vingt et unième année de la guerre. Encore ce huitième livre n'est-il qu'une ébauche, mais où les aveugles seuls ne reconnaissent pas la main et le génie de Thucydide. Aucune partie de l'ouvrage n'avait été, ce semble, publiée par l'auteur. L'unique manuscrit qui en existât était heureusement tombé au pouvoir d'un homme en état de comprendre le prix d'un pareil trésor. Cet homme était Xénophon. Si l'anecdote est véritable, ce n'est pas un de ses moindres titres de gloire d'avoir fidèlement transmis à la postérité le legs de Thucydide.

Caractère de l'ouvrage de Thucydide.

Le plan de l'ouvrage n'a pas besoin d'analyse, puisque c'est purement et simplement une narration chronologique, où les événements se succèdent avec la régularité de la succession même des saisons. C'est par étés et par hivers que compte l'historien, sans jamais se permettre, même pour plus de clarté, d'empiéter d'une année sur l'autre. Ce n'est plus, comme chez Hérodote, la poétique ordonnance d'une sorte d'épopée. Ce n'est plus Homère, c'est pourtant un poëte encore. Cette assertion, qui semblera étrange peut-être, n'est que l'expression de la stricte vérité. Thucydide est poëte par le fait, sinon par l'intention ; et son livre est comme une grande tragédie fortement intriguée, avec des péripéties et des coups de théâtre, et dont le dénoûment devait être plus terrible et plus saisissant que toutes les catastrophes de la maison d'Atrée ou de la race des Labdacides. Il connaît l'art de peindre les caractères par un mot, par un geste. Il n'a pas besoin de décrire en détail les portraits de ses héros pour les figurer à nos yeux. Il s'abstrait le plus qu'il peut de son œuvre, et il laisse parler les événements. Je me trompe, il intervient quelquefois, mais à la manière du chœur tragique, tantôt par de rapides et courtes réflexions, tantôt par de longues et magnifiques monodies. J'entends par là ces harangues qu'il met dans la bouche de ses personnages, et qui sont, non pas ce qu'ils ont dit, mais ce qu'ils ont dû dire, ce que Thucydide lui-même aurait dit à leur place. Il l'avoue ingénument; et, quand il n'en conviendrait pas, on n'aurait nulle peine à s'en convaincre. C'est là qu'il a prodigué les réflexions; c'est là qu'il a donné le commentaire moral, et, si j'ose ainsi parler, la philosophie des faits racontés. Et le style de ces harangues, qui n'a rien d'oratoire, comme le remarque Cicéron, et que des insensés pouvaient seuls, comme Cicéron le dit encore, prendre pour modèle dans la composition de véritables discours, ce style n'est pas sans quelque étrange analogie avec celui des chœurs de Sophocle et surtout d'Eschyle. C'est la même audace de tournures, la même concision elliptique, la même vigueur et souvent le même éclat d'expressions; c'est enfin la même violence faite à l'esprit du lecteur, pour le forcer à chercher, à deviner même, avant de comprendre.

La narration est en général d'une simplicité extrême, et presque d'une absolue nudité, qui ne rappelle guère à l'esprit Sophocle ni Eschyle. Mais, dès que le sujet en vaut la peine, le récit s'anime et se colore, sans rien perdre de sa gravité; le poëte reparaît, et l'on entend, comme disait un ancien, jusque dans le mouvement des mots, jusque dans les sons heurtés des syllabes, le cliquetis des armes, les cris aigus des combattants, le bruit des navires qui s'entre-choquent et se brisent. Et ce n'est pas seulement dans le récit des batailles que Thucydide s'élève aux proportions majestueuses de la poésie. Le spectacle des grandes calamités humaines émeut son âme, et lui arrache de pathétiques accents. Il admire les nobles actions; il rend justice à tous les talents, à toutes les vertus. La chaleur du sentiment pénètre et échauffe la diction, et lui communique je ne sais quelle indéfinissable vie, alors même que Thucydide exprime le plus simplement sa pensée. La fameuse description de la peste d'Athènes, à la fin du poëme de Lucrèce, n'est qu'une traduction du récit de Thucydide; et cette copie, d'où le moraliste a disparu et où il ne reste que le naturaliste poëte, ne produit pas, à beaucoup près, la terrible mais salutaire impression de l'original. Il y a, dans Thucydide, bien d'autres récits, et dans presque tous les genres, que je pourrais alléguer à l'appui de mon opinion ; mais je me borne à en indiquer un seul, c'est le récit du départ de la flotte athénienne pour l'expédition de Sicile. Et quelques-uns ont assez de grâce et d'élégance pour justifier le mot des anciens : « Ici le lion a ri. »

Style de Thucydide.

On se ferait, du reste, une bien fausse idée du style de Thucydide, si l'on se figurait une sorte de prose poétique, comme celle du *Télémaque* ou des *Martyrs*. Thucydide ne se sert jamais des termes de la poésie. Sa langue est celle que parlaient les hommes de son temps à Athènes. C'est le pur attique, puisé à l'endroit de la source le plus limpide. Mais l'écrivain exerce sur les mots un despotique empire : il leur fait rendre tout ce qu'ils peuvent donner de sens et d'images; il les range, non point à la place où ils se mettraient d'eux-mêmes, mais à celle que désigne la raison pittoresque : ce sont là ces hyperbates, ou interversions de l'ordre naturel des mots, que quelques-uns ont reprochées à Thucydide. Nul poëte, même lyrique, n'a plus fréquemment que lui usé de cette figure. Pour Thucydide d'ailleurs, comme pour les poëtes, il n'y a guère d'autre grammaire que les convenances de l'oreille et du goût. Mais ces phrases, incorrectes en apparence, ne sont pas l'œuvre d'un art moins consommé que les plus régulières périodes des écrivains qui reprochaient à Thucydide et à Hérodote de n'avoir pas su écrire. Que dis-je? elles sont l'œuvre de l'art : celles-ci ne sont que les produits de l'artifice.

Depuis la première édition de cette histoire des lettres grecques, Thucydide a trouvé en France un traducteur digne de lui. Je n'apprendrai rien à personne en disant que, grâce au dévouement de M. Zévort, Thucydide est devenu aussi facile à lire qu'il était difficile auparavant. Ce qui ajoute encore au prix de cette œuvre d'érudition et de talent, c'est l'excellent morceau de critique qui est en tête. On n'avait jamais parlé de Thucydide avec une connaissance si approfondie, ni avec une si vive admiration, ni avec cette force de raison qui est l'éloquence même. C'est à ces belles pages que je renvoie le lecteur curieux de vérifier mes assertions sur le caractère du génie de Thucydide. Toutes ces opinions, que je n'avançais qu'avec une extrême défiance, M. Zévort les a reprises en détail avec l'autorité de sa science, et leur a imprimé l'évidence absolue, incontestable, irrésistible. Je me fais un plaisir de citer ce qui a plus particulièrement trait au style et à la diction de Thucydide :

« L'absence complète de tout développement périodique, l'usage fréquent de l'ellipse, les associations insolites de mots, donnent au style une apparence lyrique qui rappelle la manière de Pindare et des tragiques. On ne peut pas dire que la lumière manque : elle jaillit, au contraire, de tant de points à la fois, qu'on est quelque temps à se reconnaître.... Quand on est assez familiarisé avec la pensée et la langue de Thucydide pour le suivre sur les escarpements où il aime à se tenir, on éprouve un plaisir analogue à celui du savant qui, maître enfin de la clef d'une science, avance désormais avec assurance, et voit se découvrir devant lui des horizons infinis. Chaque pas est pénible encore ; mais la fatigue est largement payée : ce qui était obscurité au début devient énergique précision ; la composition des mots, si embarrassante dans toutes les langues par le vague qu'elle introduit dans le discours en groupant les idées et en les présentant synthétiquement et par masses, ne nuit en rien, chez Thucydide, à la netteté et à l'exacte détermination des contours ; elle ajoute même à la vigueur de la pensée et à l'effet général, comme ces instruments qui semblent multiplier la lumière en concentrant tous ses rayons sur un seul point. L'antithèse, dont il fait un usage trop fréquent peut-être, suivant les habitudes du temps, ne forme pas du moins disparate avec sa manière habituelle; car, saisissant les objets par leurs points culminants, les opposant pour les éclairer mutuellement, elle s'harmonise sans peine avec un style dont le procédé général est la mise en relief et comme la notation accentuée des choses. Ces oppositions, d'ailleurs, sont toujours simples, naturelles; elles naissent du sujet, sans affectation et sans recherche. Thucydide prodigue les inversions, au mépris de la logique ordinaire, souvent même de l'harmonie; il groupe les mots plutôt qu'il ne les arrange; il les jette par grandes masses, et semble les violenter pour les faire entrer dans l'exécution de son plan: comme on voit, dans une nature bouleversée, les éléments les plus divers, les rochers les plus abrupts, concourir à d'admirables effets d'ensemble. L'aspect général est heurté, sauvage, sans aucune trace d'arrangement artificiel : il n'y a rien à faire avec un pareil guide, pour le lecteur qui ne cherche que le plaisir. Mais l'effet est saisissant, l'impression durable, pour qui ne se laisse point décourager. Du choc des mots et de leur désordre apparent, la pensée jaillit pressée, grave, imposante, terrible. »

Excellence morale de l'ouvrage de Thucydide.

Je n'absous nullement Thucydide du reproche d'obscurité, puisque Cicéron lui-même affirme que ses harangues sont malaisées à comprendre. Mais je crois que notre ignorance et notre défaut d'application sont pour infiniment dans cette obscurité, comme dans celle de Sophocle ou d'Eschyle. Oui, pour le lire, il faut l'étudier; oui, il faut le méditer pour le comprendre. Mais quelle ample récompense d'un travail qui par lui-même n'est pas sans charme! Il en savait quelque chose, ce Démosthène qui, selon Lucien, copia huit fois de sa main l'histoire de la guerre du Péloponnèse. Ce que Démosthène cherchait dans Thucydide, ce n'étaient pas seulement les secrets de la vraie diction attique, ni même cette science des intimes rapports de l'expression et du tour de phrase avec la pensée, où nul n'a jamais surpassé Thucydide; c'était aussi, c'était surtout cette explication des affaires humaines, si sage, si sévère et si grave, dont parle Cicéron;

j'ajoute, si sublime parfois, et si profonde. Les événements racontés par l'historien n'ont pas toujours en eux-mêmes un bien vif intérêt; le livre pourtant n'a pas vieilli d'un jour. C'est que l'homme, que Thucydide a si bien connu, et dont il a tracé la vivante et fidèle image, est encore aujourd'hui ce qu'il était au temps de Périclès et de Nicias, avec les mêmes vices peu s'en faut, avec les mêmes vertus. Le tableau de ses passions, de ses erreurs, de ses crimes, et la consolante peinture de sa magnanimité et de ses dévouements, n'ont pas perdu, ne perdront jamais, cet autre intérêt plus vif et plus intime qui saisit aux entrailles tout lecteur vraiment digne de se dire à lui-même le mot du poëte : « Je suis homme, et rien de ce qui est humain ne m'est étranger. »

Il paraît que Thucydide s'était formé dès sa jeunesse aux études sérieuses et à la méditation, par les entretiens et les leçons du philosophe Anaxagore. C'est à cette école qu'il puisa ce mépris de la superstition, ce profond respect pour tout ce qui est beau, pour tout ce qui est bon, pour tout ce qui est saint, ces doctrines spiritualistes enfin, qui l'ont fait taxer, lui aussi, d'impiété et d'athéisme par les sectateurs des faux dieux. Thucydide était d'ailleurs d'un caractère taciturne et un peu triste, mais non pas morose, ni surtout vindicatif. Il ne déclame point, comme Tacite, contre l'espèce humaine; il ne trouve point son bonheur à noircir même les scélérats. Il sait rendre, même à ses ennemis, la justice qui leur est due; et Cléon, qui avait été le principal auteur de sa disgrâce, n'est pas devenu entre ses mains quelque chose d'analogue au vil esclave, au corroyeur paphlagonien, forgé par les rancunes d'Aristophane. Thucydide ne loue pas Cléon; mais il dit ce que Cléon a fait le bien comme le mal. C'est la pratique des hommes, c'est la vie des camps, c'est le maniement des affaires, qui achevèrent l'œuvre ébauchée par le philosophe de Clazomènes, et qui préparèrent Thucydide à sa noble mission. Les sophistes ni les rhéteurs ne furent pour rien dans cette élaboration lente et continue. Plus heureux qu'Euripide et que tant d'autres, Thucydide échappa à leurs délétères influences. Après Dieu, après Anaxagore, il ne dut rien qu'à l'expérience et à lui-même.

Il n'a pas même dû recevoir, quoi qu'on en ait dit, les leçons d'Antiphon le Rhamnusien. Antiphon méritait, par ses talents et son caractère, d'exercer sur l'esprit de Thucydide l'empire qu'on lui attribue; mais c'est lui probablement dont l'éloquence subit l'influence de cette forte nature, et qui devint digne, grâce à Thucydide, des éloges que l'historien lui a décernés. L'artiste, dans Thucydide, est devenu ce qu'il est, non point à l'aide de cet art prétendu, ou, comme parlait Platon, de cette cuisine inventée ou perfectionnée par Gorgias et les siens, mais par la contemplation des antiques chefs-d'œuvre, par la lecture assidue des œuvres non moins admirables qu'avaient produites la philosophie et la poésie durant les deux générations précédentes. Thucydide est le fils, et le plus légitime à mon avis, de Parménide, d'Empédocle, de Simonide, de Pindare, surtout d'Eschyle; et l'héritage du génie n'a pas déchu entre ses mains.

Un portrait tracé par Thucydide.

Je vais transcrire un court passage qui donnera une idée de cette modération d'esprit, de cette justesse d'aperçus, de cette vigueur et de cette sobriété de touche, qu'on ne saurait trop admirer dans Thucydide, et qui font de son ouvrage, par excellence, le livre des hommes d'État et des penseurs. C'est le portrait moral de ce grand Périclès, dont nous n'avons rien dit encore, mais dont nous ne tarderons pas à parler : « Périclès, puissant par sa dignité personnelle, par la sagesse de ses conseils, et reconnu incapable entre tous de se laisser corrompre jamais à prix d'argent, contenait la multitude par le simple ascendant de sa pensée. C'était lui qui la menait, et non pas elle qui le menait lui-même; car, n'ayant pas acquis son autorité par des moyens illégitimes, il n'avait pas besoin de dire des choses agréables. Il savait, en conservant sa dignité, contredire la volonté du peuple et braver sa colère. Quand il voyait les Athéniens se livrer hors de saison à une audace arrogante, il rabattait leur fougue par ses discours, et il les frappait de terreur; tombaient-ils mal à propos dans la crainte, il relevait leur abattement, et ranimait leur audace. C'était, de nom, un gouvernement populaire : de fait, il y avait un chef, et l'on obéissait au premier de tous les citoyens[1]. »

Pour traduire cette intraduisible langue, il m'a fallu ajouter beaucoup de mots; et je n'ai pas même pu conserver la tournure ni la physionomie de la moindre des phrases de Thucydide. Je ne garantis guère que la pensée, non pas tout entière peut-être, mais telle que je l'ai sentie; et, même ainsi nue et défigurée, elle est assez belle encore pour justifier au besoin les plus passionnés éloges.

CHAPITRE XXV.

ANCIENNE ÉLOQUENCE POLITIQUE.

Origines de l'éloquence, selon les rhéteurs. — Véritables origines de l'éloquence. — Thémistocle. — Aristide. — Périclès.

Origines de l'éloquence, selon les rhéteurs.

Les historiens et les critiques ont un thème tout fait sur les origines de l'éloquence. Ils sont généralement d'avis que l'éloquence naquit en Sicile, et qu'un certain Corax en fut le père. Ils disent qu'un autre Sicilien, nommé Gorgias, la transplanta en Attique vers l'an 440; et, grâce aux travaux de ce grand homme et de ses illustres disciples, elle ne tarda pas à s'acclimater dans sa nouvelle patrie, et elle s'y développa avec une merveilleuse rapidité. Voilà ce qu'on lit dans une foule de livres, sinon textuellement, du moins quant à la substance. Je comprends très-bien que les Grecs aient été dupes jadis d'une illusion pardonnable; qu'ils aient pris les agencements de mots, imaginés par Gorgias et les siens pour l'éloquence elle-même, et qu'ils aient appelé du même nom l'orateur véritable et le vide parleur; mais j'ai toujours admiré qu'on ne se lassât pas de répéter ce que les rhéteurs

[1]. Thucydide, livre II, chapitre LXV.

ont écrit pour relever la dignité de leur art bien plus que pour rendre hommage à la vérité, et qu'on nous donnât pour l'éloquence ce qui en est l'antipode : la rhétorique ! Je crois fermement que Gorgias et son école auraient tué l'éloquence en Attique, si l'éloquence n'y avait pas eu une vie trop puissante ; je crois qu'ils lui ont fait tout le mal qu'il était possible de lui faire, et qu'il n'y eut pas de leur faute si elle se releva avec tant d'éclat après leur triomphe, dans le siècle d'Eschine et de Démosthène.

Véritables origines de l'éloquence.

L'éloquence est vieille en Grèce comme la Grèce elle-même. Elle existait déjà dans ces conseils que nous peint Homère, où les chefs assemblés discutaient entre eux sur de grands intérêts politiques ou militaires. Après la disparition des monarchies, le talent de la parole devint le premier de tous les talents. Quoique nous n'ayons aucun renseignement particulier sur la façon oratoire dont Lycurgue, par exemple, ou Dracon, ou tel autre homme écouté du peuple, s'y prenait pour faire valoir son avis, cependant il serait quelque peu impertinent de dire que ces hommes n'étaient pas des orateurs, et qu'ils n'ont pas connu l'éloquence. Et Solon, n'a-t-il donc pas su parler ? N'a-t-il pas su parler non plus, ce Pisistrate, cet homme si souple et si divers, qui mena si longtemps à sa fantaisie le peuple athénien ? Mais je ne veux pas remonter si haut dans l'histoire. Je m'en tiens au cinquième siècle ; et je trouve que l'éloquence, pour produire des merveilles dans Athènes, n'avait point attendu l'arrivée du bonhomme Gorgias.

Thémistocle.

Voici, par exemple, un citoyen qui a vu la Grèce envahie, et qui prévoit dans l'avenir de nouveaux malheurs. Il rêve aux moyens d'assurer d'avance le salut de son pays, et il les trouve. Il monte à la tribune, devant une foule composée d'artisans et de laboureurs. Il propose à des hommes qui ne connaissent que les combats de terre de construire des vaisseaux, et de lutter avec une flotte contre les ennemis ; et sa proposition est accueillie, et tout se fait comme il l'a conseillé. Ce fut là le triomphe de l'éloquence de Thémistocle. Je ne sache pas qu'aucun orateur en ait jamais remporté de plus complet et de plus beau. Il y a, dans la vie de Thémistocle, mainte autre circonstance où le talent de la parole dut avoir et eut en effet une influence non moins décisive. Ainsi quand il obtint des Athéniens qu'ils déférassent le commandement général, contre leur vœu, au Lacédémonien Eurybiade ; ainsi encore lorsque, dans le conseil des amphictyons, les Lacédémoniens voulant retrancher de l'amphictyonie les peuples grecs qui avaient refusé de combattre les Mèdes, il défendit la cause des accusés et amena les pylagores à son sentiment. L'éloquence de Thémistocle était à la fois insinuante et passionnée. Nul n'y pouvait résister, surtout quand elle n'était, comme d'ordinaire, que l'assaisonnement de la raison. Dès son enfance, le héros de Salamine avait annoncé ce qu'il serait un jour : « Dans les heures de récréation et de loisir que lui laissaient ses premières études, jamais, dit Plutarque, il ne jouait ni ne restait oisif comme font les autres enfants. On le trouvait méditant, composant des discours à part lui : c'était ou l'accusation ou la défense de quelqu'un de ses camarades. » Qu'on me dise si, avec de pareilles dispositions, avec l'ardente ambition qui possédait son âme, Thémistocle, devenu homme, avait besoin d'apprendre quelque chose dans le manuel de Corax, ou dans tout autre ridicule fatras de ce genre.

Aristide.

Aristide fut le rival de Thémistocle, et ses avis l'emportèrent plus d'une fois dans les assemblées du peuple athénien, à force de bon sens, d'honnêteté, de grandeur, sinon peut-être de passion et de finesse. Aristide savait pourtant aussi mettre l'esprit au service de la raison ; et l'indignation, au besoin, ne lui faisait pas défaut. Ainsi, son intégrité dans l'administration des finances de l'État lui ayant attiré des désagréments, il feignit qu'il se repentait de sa conduite, et il laissa faire à leur aise ceux qui pillaient le trésor; puis, comme le peuple, trompé par leurs acclamations intéressées, se disposait à le continuer dans la charge de trésorier : « Athéniens, dit-il, quand j'ai fait vos affaires en magistrat fidèle et en homme de bien, on m'a couvert de boue. Depuis que j'ai livré aux voleurs presque toute la fortune publique, je suis à vos yeux un citoyen admirable. Je rougis donc bien plus de l'honneur que vous voulez me décerner aujourd'hui que de la condamnation que j'ai subie l'année dernière, et je plains sincèrement votre misère lorsque je vois qu'il est plus glorieux auprès de vous de complaire à des gens pervers que de conserver les biens de la république[1]. » Puis il déploya devant eux les preuves manifestes de toutes les déprédations qui avaient été commises, et les fit revenir de leur erreur. L'éloquence d'Aristide, bien plus encore que celle de Thémistocle, était en état de se passer de tous les artifices. C'était cette éloquence de l'âme, dont la puissance est irrésistible; et sans doute il songeait à Aristide, le premier qui définit l'orateur, *un homme de bien sachant parler*. J'aimerais mieux ajouter foi aux contes les plus invraisemblables, que de croire qu'Aristide n'a pas excellé dans l'éloquence; et rien ne me fera refuser le titre de grand orateur au grand citoyen qui méritait qu'on lui appliquât, en plein théâtre, les vers d'Eschyle sur Amphiaraüs : « Il ne veut point paraître brave, mais l'être; son âme est un sol fécond, où germent les prudents conseils[2]. »

Périclès.

J'accorderai volontiers que la plupart de ceux qui eurent quelque influence à Athènes avant l'avénement définitif de Périclès, étaient des hommes de guerre bien plus que des orateurs, et que Cimon, le fils de Miltiade, dut surtout son empire sur ses concitoyens à ses talents militaires, à sa richesse,

---

[1]. Plutarque, *Vie d'Aristide*.
[2]. Les *Sept contre Thèbes*, vers 592-593.

à sa libéralité, au souvenir du trophée de Marathon dressé par son père. Mais Périclès fut essentiellement un politique, un orateur. Le soldat n'était, chez lui, que le glorieux complément de l'homme d'État. Nous en savons assez sur l'éloquence de Périclès pour être en droit d'affirmer que jamais orateur ne réunit à un plus haut degré toutes les qualités qui constituent le génie oratoire, depuis les plus sublimes jusqu'aux plus humbles. Il avait la grandeur des pensées, l'éclat des images, la vigueur des expressions, la majesté de la tenue et du geste, une voix pénétrante et sympathique, une âme vive et passionnée mais maîtresse d'elle-même, enfin cette fécondité de ressources, cette présence d'esprit que rien ne peut mettre en défaut : « Quand je l'ai terrassé, disait un de ses adversaires, et que je le tiens sous moi, il s'écrie qu'il n'est pas vaincu, et le persuade à tout le monde. » Périclès fut pendant quarante ans, pour les Athéniens, non pas seulement le premier des orateurs, mais, si je l'ose dire, l'éloquence personnifiée. Les trois discours que Thucydide a mis dans sa bouche[1] sont dignes, en effet, d'avoir été prononcés par un tel homme, surtout l'oraison funèbre des guerriers athéniens, et je ne doute pas que l'historien n'ait cette fois fidèlement reproduit les principales idées de l'orateur. Il y a même quelques expressions qu'on croirait entendre sortir de la bouche de Périclès, et qu'assurément Thucydide n'a pas inventées. C'est bien Périclès qui a dû dire, par exemple : « La ville tout entière est l'école de la Grèce[2]; » lui par qui Athènes était devenue le musée des arts et la capitale du monde antique. Mais ces discours si admirables ne sont que de courts résumés, malgré leur étendue; et, s'ils ont gagné en force et en concision sous la main de Thucydide, que n'ont-ils pas perdu de cette ampleur, de cet éclat, surtout de cette élégance et de cette grâce sans afféterie, qui étaient es caractères de l'éloquence de Périclès! Aussi n'hésité-je point à affirmer que, si Périclès n'avait pas négligé d'écrire,

1. Thucydide, livre I, chapitres cxl et suivants; livre II chapitres xxxiv et suivants; ibid., chapitres lx et suivants.
2. Thucydide livre II, chapitre xli.

ou que, si nous possédions sous leur forme véritable quelques-uns de ses discours, ne fût-ce que les trois harangues dont Thucydide a perpétué le souvenir, ce seraient là les plus magnifiques monuments, et les plus impérissables, de l'éloquence athénienne.

Eupolis disait que Périclès, seul entre tous les orateurs, laissait l'aiguillon dans l'âme de ceux qui l'écoutaient. Aristophane, peu de temps après la mort de Périclès, nous le représente comme un Jupiter Olympien, lançant des éclairs, roulant son tonnerre, bouleversant la Grèce. C'est aux leçons d'Anaxagore qu'il dut, selon Cicéron, d'être digne d'un tel éloge. Platon fait dire à Socrate, dans le *Phèdre*, que Périclès l'a emporté sur tous les orateurs, pour avoir été le disciple d'Anaxagore, et que le philosophe lui avait enseigné, entre autres sciences, quelle sorte de discours était propre à faire impression sur chacune des parties de l'âme. C'est en effet par un commerce assidu avec Anaxagore durant de longues années, que Périclès perfectionna les merveilleuses qualités dont l'avait doué la nature : « Il puisa, dit Plutarque, dans les conversations d'Anaxagore, la connaissance des phénomènes de la nature; et c'est de là aussi que lui vinrent l'élévation et la gravité de son esprit, son élocution noble et exempte des affectations de la tribune et de la bassesse du style populaire, et en même temps la sévérité de ses traits, où jamais ne parut le sourire, la tranquillité de sa démarche, le ton de sa voix, toujours soutenu et toujours égal, la simplicité de son port, de son geste, de son habillement même, que rien n'altérait tant qu'il parlait, quelques passions qui l'agitassent; enfin tout ce qui faisait de Périclès l'objet de l'admiration universelle. » Avant Anaxagore, Zénon d'Élée avait été déjà son maître, et l'avait façonné à la dialectique et aux spéculations profondes. Sans exagérer les obligations de Périclès envers la philosophie, il est donc permis de dire qu'il lui fut grandement redevable. C'est grâce à elle qu'il lui fut donné d'atteindre, autant que le permet l'humaine faiblesse, à la perfection suprême.

Périclès avait plus de cinquante ans, à l'époque où la ville retentit pour la première fois du savant bavardage des prétendus orateurs siciliens. Dira-t-on que le puissant homme d'État, à l'apogée de sa gloire et de son génie, soit allé se mettre à l'école des nouveaux docteurs? Ses habitudes connues, la dignité de son caractère, les nobles principes qu'il professa toute sa vie, tout en un mot ne crie-t-il pas que Périclès ne put jamais avoir pour les sophistes que pitié et mépris?

CHAPITRE XXVI.

SOPHISTES.

Éducation des enfants à Athènes. — Les sophistes. — Doctrines et éloquence des sophistes. — Prodicus. — Polus.

Éducation des enfants à Athènes.

Aristophane introduit, dans la comédie des *Nuées*, deux personnages fantastiques, le Juste et l'Injuste, qui se disputent entre eux l'honneur de donner leurs leçons au fils de Strepsiade. Le Juste vante l'ancienne éducation et les anciennes mœurs. L'Injuste fait le panégyrique des mœurs du jour et des nouvelles doctrines. Autrefois, selon le Juste, les enfants recevaient chez le maître d'école une instruction simple et solide; le cithariste, ou maître de musique, ne leur enseignait que des chants mâles et belliqueux; le pédotribe, ou maître d'exercices, en faisait des hommes adroits, vigoureux, infatigables : « C'est ainsi, dit le Juste, que se formèrent les héros de Marathon. » Il promet à Phidippide, s'il suit les vieux et salutaires exemples, une santé parfaite et un esprit non moins dispos, la poitrine robuste, le teint frais, les épaules larges, la langue réservée. L'Injuste entre en lice contre le Juste, et vante à son tour ce qu'il sait faire. Tout se résume en quelques mots : enseigner à jouir de la vie. Mais la vertu dont l'Injuste est surtout fier, c'est l'art d'en imposer aux hommes : « Les philosophes, dit-il, me nomment l'Injuste, parce que le premier j'ai imaginé les moyens de contredire la justice et les lois; mais c'est chose qui vaut des sommes d'or.

de prendre en main la cause la plus faible, et puis de la gagner. » Il est impossible de mieux résumer que ne l'a fait Aristophane, non pas, comme Aristophane le prétendait, les principes moraux de Socrate et le but de ses enseignements, mais la morale, mais les desseins avoués ou secrets de ceux qui s'enorgueillissaient en ce temps-là du nom de sophistes.

Des sophistes.

Le mot *sophiste* signifie, dans son acception propre, un homme habile, un savant. C'est le nom dont se parèrent, vers le milieu du cinquième siècle, une foule d'hommes venus de tous les coins de la Grèce, et qui s'abattirent sur Athènes, où ils trouvèrent ce qu'ils cherchaient : l'argent et la réputation. Gorgias de Léontium, Protagoras d'Abdère, Prodicus de Céos, Hippias d'Élis, Thrasymaque de Chalcédoine, Polus d'Agrigente, Euthydème de Chios et d'autres encore, tous les sophistes enfin, maîtres et disciples, se vantaient de posséder la science universelle. Ils discouraient sur tous les sujets avec une abondance intarissable, et ils enseignaient, moyennant finance, l'art d'en faire autant. Ils assemblaient la foule au théâtre, dans les gymnases, sur la place publique, et ils défiaient les auditeurs de proposer aucune question qu'ils ne fussent en état de résoudre. Ils improvisaient indifféremment un discours politique ou une dissertation grammaticale ; une oraison funèbre ou l'éloge de la fièvre ; un plaidoyer en faveur de la mouche, de l'escarbot, de la punaise, ou la défense d'un innocent traduit en justice. Et ils s'enrichissaient. Les disciples affluaient ; tout le monde aspirait à parler aussi de tout ce qui se peut savoir et d'autres choses encore.

Doctrines et éloquence des sophistes.

Le fond de la sophistique est un scepticisme absolu. Gorgias enseignait qu'il n'y a rien de réel, que rien ne peut être connu, et que les mots ne répondent pas à des objets véritables. Protagoras faisait de l'homme, selon son expression même, la mesure de toutes choses. Il niait toute distinction entre la vérité et l'erreur, et il réduisait la réalité à l'opinion présente du sujet pensant. Les disciples enchérissaient à qui mieux mieux sur les assertions des maîtres, et prêchaient plus ou moins ouvertement l'athéisme, le nihilisme, surtout les satisfactions sensuelles. Le succès des sophistes tenait à leur impudence bien plus qu'à leurs talents. Un homme qui ne croit à rien, qui n'a respect de rien, ne saurait être à court de raisons bonnes ou mauvaises; et toute la rhétorique des sophistes consistait à emporter, coûte que coûte, l'assentiment des auditeurs. Ils avaient toute sorte d'arguments captieux en réserve, toute sorte d'artifices dialectiques avec lesquels ils déconcertaient leurs adversaires et changeaient du blanc au noir l'aspect d'une cause. Leur style valait leur morale et leur système oratoire. Nous possédons une page authentique écrite de la main de Gorgias, qui est bien la plus sotte et la plus ridicule chose qu'il soit possible d'imaginer. C'est un fragment d'oraison funèbre en l'honneur de guerriers morts en combattant pour leur pays; c'est le reste de quelque discours d'apparat, par lequel Gorgias espérait sans doute effacer le souvenir de ces adieux adressés, dans un simple et sublime langage, par des généraux vainqueurs, par un Périclès ou un Cimon, aux braves qu'ils avaient vus tomber à leur côtés. Gorgias construit ses phrases au cordeau; les membres s'y correspondent comme les ailes d'un bâtiment régulier : ce sont des antithèses, des équations; ce sont des combinaisons de semblables ou de contraires; ce sont des assonances symétriques par l'identité des racines des mots ou de leurs désinences, et d'autres merveilles de ce genre à faire pâmer d'aise tous les amateurs. Il me suffira d'en citer les premières et les dernières lignes, pour faire apprécier à sa valeur celui qui fut, dit-on, le père nourricier de l'éloquence : « Que désirer en eux de ce qui convient à des hommes? que regretter en eux qui fît tort à des hommes? Je pourrais dire ce que je veux, mais je voudrais ne dire que ce qu'il convient.... Aussi le regret de leur mort n'est pas mort avec eux : il survit à ce corps mortel qui a cessé de vivre. »

Prodicus.

Il faut dire, pour être juste, que ces hommes de trop d'esprit étaient quelquefois des hommes ; que ces jongleurs littéraires oubliaient quelquefois leurs finesses et leurs tours de passe-passe, et qu'il leur arrivait de tomber assez souvent sur des idées justes, de les exprimer avec bonheur, et d'atteindre, en dépit de leurs systèmes, au beau moral et à l'éloquence. C'est un sophiste, Prodicus de Céos, qui a représenté le premier le Vice et la Vertu se disputant l'âme d'Hercule. Vous pouvez admirer, au deuxième livre des *Mémoires de Socrate*, les magnifiques développements qu'il avait donnés à cette sublime allégorie. Saint Basile a consacré quelque part tout un chapitre à Prodicus et à son Hercule, et parle du sophiste avec une véritable estime. Je vais citer ce passage du discours *sur la Lecture des Livres profanes :* « Le sophiste de Céos, Prodicus, a développé dans un endroit de ses écrits, au sujet de la vertu et du vice, des principes analogues à ceux-là. Lui aussi il est un de ceux qui méritent notre étude ; car ce n'est point un auteur méprisable. Voici à peu près quel est son récit, autant du moins que je me rappelle la pensée de l'écrivain ; car je ne sais point par cœur les termes mêmes dont il s'est servi ; je sais seulement qu'il s'exprime en simple prose, et non pas en vers. Hercule, selon lui, extrêmement jeune encore, et ayant à peu près l'âge que vous avez maintenant, délibérait sur celle des deux routes qu'il devait prendre, ou celle qui mène à la vertu à travers les fatigues ou celle qui est si facile à suivre, quand deux femmes se présentèrent devant lui ; et ces deux femmes étaient la Vertu et le Vice. Dès le premier abord, et même sans ouvrir la bouche, elles trahissaient par leur extérieur la différence de leur caractère. L'une faisait valoir sa beauté par tous les artifices de la parure. Elle était languissante de mollesse, et elle menait suspendu à sa suite tout l'essaim des plaisirs. Elle montrait ces objets à Hercule, lui faisait des promesses plus douces encore, et s'efforçait de l'entraîner vers elle. L'autre, au contraire, était desséchée, amaigrie, avait le regard sévère, et tenait un langage tout différent.

Elle ne promettait à Hercule ni relâche ni agrément aucun, mais des sueurs, des fatigues et des dangers sans nombre sur toutes les terres et sur toutes les mers. Mais la récompense de ces travaux, c'était de devenir un dieu, comme s'exprime Prodicus. C'est celle-là que finit par suivre Hercule. »

Polus.

Polus et la plupart des autres sophistes ont eu un mérite littéraire, c'est d'avoir excellé dans ces énumérations brillantes, dans ces descriptions qu'ils regardaient à tort comme des définitions véritables, mais qui donnaient une idée vive, sinon complète, d'un vice, d'une vertu, d'une science ou d'un art.

On pardonne volontiers à Polus d'avoir été le zélateur de Gorgias, quand on lit ce morceau sur la justice[1], qui n'a guère d'autre défaut que de vouloir être une démonstration en forme, et de faire entrer le terme défini lui-même dans ce que Polus donnait peut-être comme une définition : « La justice, chez l'homme, mérite à mon avis le nom de mère et de nourrice des autres vertus. Il n'est pas possible, sans elle, d'être ni tempérant, ni courageux, ni sensé. Car elle est une harmonie, une paix, le concert bien réglé de l'âme entière. On verra bien mieux encore sa puissance, si nous examinons la nature des autres qualités morales. Elles n'ont qu'une utilité partielle, et elles ne s'appliquent qu'à des individus, tandis que la justice s'exerce sur l'ensemble de tous les êtres et se fait sentir à une multitude d'hommes. Oui, c'est elle qui dirige, avec un souverain empire, l'univers même : elle y est providence, harmonie, justice enfin. Ainsi l'ont décrété des dieux bienfaisants. Dans la cité, elle se nomme, non sans raison, paix et bonnes lois. Dans la famille, elle est la concorde mutuelle du mari et de la femme, l'affection des serviteurs pour leurs maîtres, la sollicitude des maîtres pour leurs serviteurs. Dans le corps, elle est la qualité par excellence, celle qu'aiment le plus tous les êtres vivants ; à savoir, une santé

---

[1]. Il est écrit en dialecte dorien.

que rien n'altère. Dans l'âme, elle est cette sagesse qu'acquièrent les hommes par la science et la justice. Or, si elle gouverne et conserve ainsi le tout et les parties, et si elle y fait régner la concorde et l'amitié, comment ne l'appellerait-on pas, d'un suffrage unanime, la mère et la nourrice de tout ce qui existe au monde? » Sans doute le sophiste se montre encore çà et là; et l'on pourrait chicaner sur la justesse de quelques idées ou sur la façon dont Polus les a déduites. Mais on conviendra que celui qui était capable d'écrire ou de parler ainsi méritait d'être mieux qu'un sophiste. On peut dire de Polus, je crois, ce que saint Basile disait de Prodicus : « Ce n'est point un auteur méprisable. »

Il faut reconnaître aussi que les sophistes, en s'occupant, plus qu'on ne l'avait fait avant eux, de la forme des phrases, de la valeur et de la constitution organique des mots, n'ont pu manquer de faire quelques découvertes plus ou moins importantes, et de préparer les éléments d'un système grammatical raisonné. Protagoras fut le premier, suivant quelques-uns, qui distingua les trois genres de noms, le masculin, le féminin et le neutre, ou, pour me servir de ses termes, le mâle, la femelle et les choses. De pareilles trouvailles ont excité, je le conçois, l'admiration des contemporains, qui avaient jusque-là parlé mâle et femelle sans le savoir ; et c'était une compensation, et quelle compensation encore ! à la corruption de la morale publique et privée, à la perversion du bon goût, à l'avilissement de l'esprit, à la décadence de la poésie, à l'empoisonnement de l'éloquence. D'ailleurs, on avait la rhétorique !

CHAPITRE XXVII.

SOCRATE.

Caractère de Socrate. — Lutte de Socrate contre les sophistes. — Doctrines de Socrate sur le beau et sur l'éloquence.

Caractère de Socrate.

Il est impossible de parler des sophistes sans qu'à l'instant le nom de Socrate se présente à nous de lui-même.

Socrate fut, avant tout, leur contradicteur, leur ennemi convaincu, ardent, implacable. Il ne pactisa jamais avec eux ; et il parvint, à force de courage, de bon sens et d'esprit, sinon à extirper tout le mal qu'ils avaient fait, du moins à l'affaiblir considérablement, et à dissiper l'infatuation des âmes simples et sincères que leurs doctrines n'avaient pas tout à fait gangrenées. Socrate, né en 470, appartenait à cette robuste et brillante génération qui avait été bercée aux héroïques souvenirs de Marathon et de Salamine, et qui acheva, par les armes et par les arts de la paix, l'œuvre de la grandeur athénienne. C'était un homme instruit et lettré, comme l'étaient même les plus pauvres citoyens de la ville, grâce à cette excellente éducation publique si vivement décrite par Aristophane. C'était un soldat intrépide dans le combat, infatigable dans la marche, supportant avec une patience admirable la faim et la soif, le froid et la chaleur. C'était un citoyen toujours prêt à sacrifier sa vie au devoir, comme il le prouva dans plus d'une occasion, et comme il en donna par sa mort un éclatant et sublime témoignage. Le sculpteur Sophroniscus, son père, avait fait de lui un sculpteur ; et la nature ne lui avait pas refusé les qualités qui font le grand artiste. Mais il laissa bientôt le ciseau avec lequel il venait de façonner les trois Grâces, afin de se livrer à la sagesse, c'est-à-dire, selon la maxime qu'il avait adoptée pour devise, afin de se connaître lui-même. Il ne s'enferma point dans une contemplation solitaire : il communiqua à qui voulut sa sagesse. Il se fit le précepteur de ses compatriotes, non par amour du gain, ni pour faire parler de lui, mais en vertu d'une sorte de vocation intérieure. On le voyait, sur la place publique, discutant avec les uns et les autres, et travaillant de toutes ses forces à éclairer leur raison, à corriger leurs défauts, à former leurs esprits aux saintes idées du vrai, du beau et de l'honnête. C'était encore son métier de sculpteur, comme il disait; seulement il avait changé d'outil et de matière.

Lutte de Socrate contre les sophistes.

Telle était la vie qu'il menait déjà depuis quelques années, quand les sophistes parurent. Il eut bien vite percé à jour et leur fausse science et leurs faux talents, et deviné quelle détestable peste venait de s'abattre sur Athènes. Il commença la guerre dès l'arrivée de Gorgias. Il la continua, sans paix ni trêve, jusqu'à la fin de sa vie, durant quarante ans entiers, contre les sophistes, contre leurs disciples, contre tous ceux qui, de près ou de loin, avaient subi l'influence désastreuse de leurs doctrines. Avec les disciples et les admirateurs, Socrate se contentait de ces conversations familières où, en interrogeant et en provoquant la réflexion, il amenait peu à peu l'interlocuteur à ses propres idées; habile, comme il le disait lui-même, à accoucher les esprits, et exerçant sur eux, selon son expression encore, l'art de sa mère, la sage-femme Phénarète. Avait-il affaire avec les sophistes eux-mêmes, il y mettait plus de solennité; et d'ailleurs ces grands hommes n'étaient pas de ceux qu'il eût à cœur de guérir, ou qu'il se flattât de ramener : tout ce qu'il voulait, c'était de démasquer leur ignorance réelle, l'impiété et l'immoralité de leurs enseignements.

Voici comment il s'y prenait d'ordinaire. Il se faisait conduire par quelque ami dans une de ces réunions publiques ou privées que le merveilleux personnage, Gorgias ou tout autre, devait honorer de sa présence et charmer de ses discours au plus juste prix. Il écoutait religieusement la magnifique dissertation; il ne s'irritait pas des bravos décernés à l'orateur; il témoignait même de son admiration pour des talents si prodigieux. Puis, quand l'enthousiasme s'était quelque peu apaisé, il demandait la permission d'adresser au savant homme une question toute simple, ou de lui demander une petite explication, qui ne l'embarrasserait guère. Le sophiste, par exemple, avait-il fait le panégyrique de la vertu, Socrate s'étonnait qu'il n'eût pas commencé par dire ce qu'était précisément la vertu, çe qui la faisait être la vertu et non pas autre chose. Que si le sophiste s'en tirait par une des énumérations dont j'ai parlé, et se mettait à faire la liste des diverses qualités qu'on nomme des vertus, Socrate n'avait pas de peine à lui montrer qu'il n'avait pas répondu à la question. Le sophiste se piquait d'honneur, et ne restait point à court de paroles. Tantôt il essayait quelque énumération nouvelle, que Socrate rejetait au même titre que la première; tantôt il se lançait dans quelque amplification sur le pouvoir de la vertu, sur ses attraits, sur le bonheur et la tranquillité de l'âme vertueuse. L'assemblée, comme de raison, applaudissait à tout rompre; mais Socrate insistait, et voulait avoir sa définition. Souvent, le sophiste impatienté avait recours à son arsenal d'arguments captieux, et posait à son tour des questions ou soulevait difficulté contre difficulté. C'était là que l'attendait Socrate.. Alors s'engageait la lutte véritable. Socrate, armé de principes assurés, d'un bon sens imperturbable, d'une clairvoyance que rien ne pouvait mettre en défaut, se dégageait de tous les liens avec prestesse et grâce, et ramenait la discussion à des termes précis. Avec une exquise politesse de formes, il se mettait à presser son adversaire, le forçait de concession en concession, le précipitait de piége en piége, jusqu'à l'absurde, jusqu'aux contradictions les plus ridicules. Il devenait manifeste, à la fin, que le sophiste ne savait pas même ce qu'était la chose sur laquelle il avait disserté; et Socrate avait atteint son but.

Jamais Socrate n'abusait de la victoire. Il lui suffisait que l'ennemi rendît les armes, ou qu'il désertât la bataille. Sa plus cruelle vengeance, et il ne l'exerçait pas toujours, c'était de reprendre lui-même le sujet traité, et d'établir les vrais principes à la place du bavardage sophistique. Il ne le faisait

CHAPITRE XVII.

ne pas par un discours en forme. Une anecdote, un mythe allégorique qu'il avait entendu conter, disait-il, ou bien quelques apophthegmes, le commentaire d'un oracle, les paroles de quelque prêtre qu'il rappelait, il ne lui en fallait pas davantage; et, pourvu que les auditeurs emportassent dans leur âme quelque germe nouveau de sagesse et de vertu; pourvu surtout que beaucoup commençassent à se défier de leurs admirations irréfléchies, Socrate croyait avoir dignement accompli sa tâche. Il n'aspirait ni au renom d'homme éloquent, ni à celui de savant homme : « Tout ce que je sais, disait-il, c'est que je ne sais rien. » C'était la seule science dont il se targuât en présence des sophistes; et l'ironie socratique n'est pas autre chose que la mise en pratique de cette maxime fameuse, à l'aide de laquelle Socrate fait trébucher à chaque pas la science prétendue des hommes qui ne savent pas qu'ils ne savent rien.

Doctrines de Socrate sur le beau et sur l'éloquence.

Mais Socrate n'était pas seulement le plus spirituel, le plus fin, le plus profond des critiques, et le plus courtois : il avait, sur tous les points essentiels de la morale, de la politique et de la religion, des idées parfaitement arrêtées, des solutions toutes pratiques; et son ignorance apparente couvrait la science la plus réelle et même le plus complet système que jusque-là philosophe eût conçu. Ce n'était pas une de ces constructions fantastiques comme en avaient élevé les Ioniens ou les Éléates. Socrate, qui cherchait avant tout le beau et le bien, s'interdisait les spéculations sur la nature universelle des choses. Il ramena, comme dit Cicéron, la philosophie du ciel sur la terre. Ce n'est pas ici le lieu de rappeler quelles vives et saines lumières il répandit sur toutes les questions qui importent à la dignité et à la grandeur morale de l'espèce humaine. Je me bornerai à dire quelques mots de la manière dont Socrate parlait du beau, et de l'idée qu'il se faisait du véritable orateur et de la véritable éloquence.

L'artiste, suivant Socrate, ne saurait produire le beau

dans ses œuvres en copiant servilement la nature. Il faut qu'il choisisse entre les éléments qu'elle fournit; et ce choix suppose chez l'artiste une conception antérieure, en vertu de laquelle il est capable de distinguer ce qui est beau de tout ce qui ne l'est pas : « Il était allé un jour chez Cliton le statuaire; il s'entretenait ainsi avec lui : « Je vois bien que tu ne représentes pas de la même manière l'athlète à la course, le lutteur, le pugile, le pancratiaste; mais le caractère de vie qui charme surtout les spectateurs, comment l'imprimes-tu à tes ouvrages? » Comme Cliton hésitait, et tardait à répondre : « C'est peut-être, lui dit Socrate, en conformant tes statues à tes modèles vivants, que tu les montres plus animées? — Voilà tout mon secret. — Suivant les différentes postures du corps, certaines parties s'élèvent, tandis que d'autres s'abaissent; quand celles-ci sont pressées, celles-là fléchissent; lorsque les unes se tendent, les autres se relâchent : n'est-ce pas en imitant cela, que tu donnes à l'art la ressemblance de la vérité? — Précisément. — Cette imitation de l'action des corps ne donne-t-elle pas du plaisir aux spectateurs? — Cela doit être. — Il faut donc exprimer la menace dans les yeux des combattants, la joie dans le regard des vainqueurs. — Assurément. — Il faut donc aussi *que la statuaire exprime par les formes les actions de l'âme* [1]. » Socrate prouve de même au peintre Parrashius que la peinture doit reproduire surtout le caractère moral des personnages [2]. Le beau, d'après Socrate, le beau véritable, celui qui élève l'âme et qui allume en elle l'admiration et l'enthousiasme, est inséparable du bon, dans la réalité même comme dans la langue grecque, qui les unissait quelquefois en une seule expression, formée des mots *beau* et *bon*, et qui se servait du mot *beau* lui-même pour signifier aussi le bon et l'honnête.

Socrate n'appelait pas poésie une versification sonore, une musique qui ne parle qu'à l'oreille et ne dit rien à l'esprit. Il regardait la rhétorique et l'éloquence comme deux choses à peu près incompatibles. La seule tactique légitime, selon lui,

[1]. Xénophon, *Mémoires de Socrate*, livre III, chapitre x.
[2]. *Id., ibid.*

c'est de s'emparer d'abord des idées admises généralement comme évidentes, mais à condition de les dégager insensiblement de tout impur alliage, et d'amener les auditeurs à ce qui est essentiellement vrai, bon et juste : « Dans toute discussion, il procédait, dit Xénophon, par les principes le plus généralement avoués, persuadé que c'était une méthode infaillible. Aussi n'ai-je connu personne qui sût mieux amener ses auditeurs à reconnaître les vérités qu'il voulait leur démontrer. C'est, disait-il, parce qu'Ulysse savait déduire ses preuves des idées reçues par ceux qui l'écoutaient, qu'Homère a dit de lui qu'il était un orateur sûr de sa cause[1]. » Platon a trop mêlé ses propres conceptions aux idées qu'il avait reçues de son maître, pour qu'on puisse distinguer avec certitude tout ce qu'il y a de vraiment socratique dans ses dialogues, même dans les plus socratiques. On sent toutefois assez souvent que ce que dit le Socrate du dialogue, Socrate vivant non-seulement a pu, mais a dû le dire. Ainsi, c'est bien Socrate qui a dû dire ces paroles que Platon lui fait prononcer dans le *Gorgias* : « Le bon orateur, celui qui se conduit selon les règles de l'art, visera toujours à ce but, la justice, et dans les discours qu'il adressera aux âmes, et dans toutes ses actions ; et, soit qu'il accorde, soit qu'il enlève quelque chose au peuple, il l'accordera ou il l'enlèvera par le même motif, son esprit étant sans cesse occupé de faire naître la justice dans l'âme des citoyens et d'en bannir l'injustice ; d'y faire germer la tempérance et d'en écarter l'intempérance ; d'y introduire enfin toutes les vertus et d'en exclure tous les vices. »

L'homme qui avait démasqué les sophistes, et qui avait consacré sa vie à la pratique de toutes les vertus, à la recherche et à l'enseignement de la vérité ; l'homme qui croyait que l'art n'est rien sans le beau, ni l'éloquence sans le juste, méritait mille fois de boire la ciguë ; et il la but. Un poète tragique sans talent, un richard méchant ou fanatique et un démagogue éhonté s'associèrent pour l'accusation. Socrate fut condamné ; mais Mélitus, Anytus et Lycon ne tuèrent pas les idées de Socrate.

[1] Xénophon, *Mémoires de Socrate*, livre IV, chapitre vi.

CHAPITRE XXVIII.

ORATEURS DE LA FIN DU CINQUIÈME SIÈCLE AVANT J. C.

Démagogues. — Hommes d'État. — Antiphon. — Discours attribués à Antiphon. — Andocide. — Lysias.

Démagogues.

Dès que Athènes se fut laissé corrompre par les enseignements des sophistes, elle devint la proie des démagogues; et les dernières années de Périclès, attristées par des calamités domestiques, le furent même un instant par l'injustice populaire. Ces chefs nouveaux, dont le peuple raffolait, n'étaient autre chose que les orateurs politiques formés par les sophistes. Ainsi ce que les sophistes ont fourni à la tribune athénienne, ce sont des hommes du genre de Cléon, d'Hyperbolus, de ce Lycon que j'ai nommé tout à l'heure; c'est une foule de noms plus ou moins honnis dans l'histoire, et dont quelques-uns ne sont même connus que grâce aux sarcasmes des anciens comiques. Le seul de ces orateurs qui paraisse avoir eu un talent assez remarquable, c'est Cléon, comme il était sans doute le seul aussi qui eût du courage. Mais Cléon était un ambitieux sans principes, un homme farouche et emporté. Son éloquence se sentait à la fois et de la violence de son caractère et de la bassesse de son âme. Il avait le geste véhément, et Plutarque dit quelque part que Cléon fut le premier orateur qu'on vit ouvrir son manteau en parlant et se frapper la cuisse. Une certaine adresse impudente lui servait à dissimuler la perversité de ses desseins, et à les faire passer sous le couvert de l'intérêt général; et sa verve intarissable, son outrecuidance militaire enchantaient les Athéniens. Thucydide dit de Cléon : « C'était le plus violent des citoyens, et celui de tous les orateurs d'alors dont le peuple goûtait le mieux les conseils[1]. » Il fut donné à Cléon de pré-

---

[1]. Thucydide, livre III, chapitre XXXVI.

valoir jusqu'à sa mort contre les plus gens de bien, et de détruire presque toute l'influence politique de Démosthène et de Nicias, les deux meilleurs généraux de ce temps-là, mais à qui manquait la puissance oratoire. Les autres démagogues ne furent guère que des agitateurs de bas étage, des hommes qui n'avaient pour talent que les roueries et les finesses, non usées encore, de la sophistique.

Hommes d'État.

Il ne faut point compter parmi eux Alcibiade ni Critias. C'étaient, malgré tous leurs défauts et tous leurs vices, deux hommes d'État et non point deux démagogues, deux véritables orateurs et non point deux parleurs impudents. Ajoutez qu'ils ne s'étaient pas formés à l'école des sophistes. Alcibiade avait appris à connaître les affaires dans la maison de Périclès, son oncle et son tuteur. Il n'avait pas fait grand profit des leçons de vertu que lui avait données Socrate; mais il se souvenait de ses leçons de goût. Il parlait avec une grâce parfaite et avec infiniment d'esprit; et un léger défaut dans la prononciation, un grasseyement un peu enfantin, l'hésitation même avec laquelle il cherchait quelquefois le mot propre, n'empêchaient pas qu'on l'écoutât avec plaisir, de même que sa morgue aristocratique et ses insolences de bon ton avaient le don de charmer les Athéniens. Mais il n'avait pas même besoin, pour réussir auprès du peuple, de se mettre en frais d'éloquence. Les Athéniens s'éprirent, dès les premiers jours, de passion pour lui : il n'avait guère qu'à former des souhaits; on obéissait instantanément à tous ses désirs. Aussi négligea-t-il de perfectionner ses talents oratoires, et demanda-t-il ses succès à d'autres prestiges, à sa jeunesse, à sa beauté, à son courage, à sa richesse et à ses libéralités.

Critias, le tyran et le poète élégiaque, était aussi un disciple de Socrate. L'ambition fit de lui un homme violent et sanguinaire, un sophiste au besoin, habile à couvrir de généreuses apparences les plus détestables pensées; mais il se garda bien d'emprunter aux sophistes leur style et leur façon de dire. C'était un pur attique, et par la simplicité du tour et par la langue. Son éloquence, comme sa poésie, était un peu sèche, mais non sans vigueur ni sans éclat. Il avait laissé des discours écrits, et il méritait de figurer dans la liste des orateurs classiques; mais les critiques alexandrins se sont souvenus sans doute des vices et des crimes de l'homme, et ils ont condamné l'orateur.

Antiphon.

Il restait même encore, après Périclès, quelques hommes de la vieille génération, que l'âge n'avait point désarmés, qui n'étaient ni des sophistes ni des ambitieux, et qui perpétuaient, à travers cette corruption politique, les antiques traditions de l'honneur et de la vertu. Tel semble avoir été Antiphon, le digne ami de Thucydide et de Socrate. Il était né en 480, à Rhamnunte en Attique. Comme Thucydide, il eut plusieurs fois des commandements militaires, durant la guerre du Péloponnèse. On croit même qu'il fut archonte en 418. Il était l'âme du parti aristocratique. En 411, il fut mis en accusation et condamné à mort, à l'âge de soixante-neuf ans, sous prétexte de trahison, parce qu'il avait essayé de conclure la paix avec les Lacédémoniens. Son cadavre fut jeté hors du territoire, sa maison rasée, ses enfants et sa postérité dégradés de leurs droits civiques. Le discours qu'Antiphon avait prononcé pour sa défense était, dit-on, un chef-d'œuvre; mais ses juges étaient sourds, et l'avaient condamné d'avance.

Thucydide fait un beau portrait de cet homme éloquent et honnête : « Antiphon, dit-il, ne le cédait en vertu à aucun Athénien de son temps ; il excellait et à penser et à exprimer ses pensées. Sa réputation de sévérité avait contribué à le rendre suspect au peuple; mais pour ceux qui étaient en procès, soit devant les tribunaux, soit devant le peuple lui-même, l'appui d'Antiphon seul valait mieux que tous les conseils[1]. » Antiphon était, comme on le voit, encore

[1]. Thucydide, livre VIII, chapitre LXVIII.

plus un orateur judiciaire qu'un orateur politique. Il s'était voué surtout à la défense des accusés, et il avait fait mettre cette inscription au-dessus de la porte de sa demeure : *Ici l'on console les malheureux*. Il avait amassé à ce métier une fortune considérable, et aussi en enseignant aux jeunes gens ces principes de l'art oratoire que lui avaient révélés son talent, son expérience, surtout son âme. On prétend qu'à quarante ans et plus, il alla à l'école de Gorgias. Sans doute ce fut, comme Socrate y allait, pour pénétrer les vanités de la sophistique, pour apprendre à prémunir ses disciples contre les arguments captieux, et pour se confirmer lui-même dans ces graves et sévères méthodes. Les contemporains d'Alcibiade donnaient au vieil orateur de l'aristocratie le nom de Nestor ; et le titre de Rhamnusien était devenu synonyme d'homme éloquent, grâce à l'éloquence du citoyen de Rhamnunte. Antiphon déplaisait souverainement aux générations nouvelles ; et pourtant l'admiration triomphait des préventions de la haine.

Discours attribués à Antiphon.

Nous possédons quinze discours attribués à Antiphon. Mais la haute idée que nous sommes en droit de nous faire des œuvres qui lui avaient mérité l'honneur de figurer parmi les grands orateurs, ne permet guère de regarder ces discours comme authentiques. Ce sont des plaidoyers, dont trois seulement semblent avoir été prononcés dans des causes réelles. Les douze autres ne sont que des déclamations d'école, distribués en trois tétralogies : chaque tétralogie se compose de quatre discours roulant sur le même sujet. Il est fort possible que ces douze plaidoyers soient sortis de l'école même d'Antiphon, et que ce soient les rédactions de quelques exercices de ses disciples ; mais la main du maître n'y est pas beaucoup visible. Les trois autres eux-mêmes ne sont guère plus dignes d'Antiphon. D'abord on y chercherait en vain quelque chose qui ressemble à l'éloquence ; et, au lieu de cette plénitude de pensées, de cette gravité, de cette majesté, dont on prétend qu'Antiphon avait enseigné le

secret à Thucydide, on y trouve en abondance, et dans le
style et dans la diction, les défauts de l'école de Gorgias, les
antithèses, les désinences symétriques, et toutes ces combinaisons de mots et de syllabes dont les sophistes étaient si
fiers. Le moins mauvais des trois, le plaidoyer pour un
Mitylénien accusé d'avoir assassiné en voyage un certain Hérode, en est lui-même infecté. Si ce discours est d'Antiphon,
il faut ou que Thucydide nous ait trompés, ou que l'orateur
ait été sujet à des chutes bien extraordinaires. Le Rhamnusien devait écrire pour ses clients des discours un peu plus
pathétiques et un peu moins affectés que le plaidoyer pour
Hélos de Mitylène. Peu nous importe d'ailleurs d'où viennent ce discours et les deux autres, et surtout les trois tétralogies.

Andocide.

La vie d'Andocide forme avec celle d'Antiphon un frappant contraste. Il était né à Athènes en 468. Sa jeunesse fut
livrée à de folles dissipations, son âge mûr à toute sorte
d'intrigues, et la veillesse même ne le rendit pas sage. Il
acquit, par son talent, l'autorité que ne pouvaient lui donner
ses vices. Il fut un des citoyens chargés de négocier, avec
Lacédémone, la paix de trente ans qui précéda la guerre du
Péloponnèse. En 415, il fut enveloppé avec Alcibiade dans
une accusation de sacrilége, à propos de la mutilation des
Hermès et de la profanation des mystères. Il s'en tira en ac-
cusant à son tour d'autres personnes qui n'avaient point été
soupçonnées, et en profitant des priviléges accordés aux révé-
lateurs. Il se mit ensuite à courir le monde, et il s'enrichit par
toute sorte de moyens. Rentré à Athènes, il en fut chassé par
les Trente, et il n'y revint qu'avec Thrasybule. On reprit plus
tard contre lui la vieille accusation de sacrilége ; et, à soixante-
huit ans, il lui fallut défendre sa vie de nouveau menacée.
Il échappa cette fois encore ; mais il prit le parti de quitter
sa patrie, où presque tous les gens de bien étaient ses ennemis, et il alla mourir en exil, sans doute dans l'île de
Cypre, auprès de son ami le roi Évagoras, à qui il avait

vendu à deniers comptants une petite-fille du juste Aristide, sa propre cousine et sa pupille.

Cet homme méprisable et méprisé se transformait à la tribune ou en face de ses accusateurs, et faisait oublier, à force de talent, toutes ses turpitudes. Ce n'était pas une éloquence impétueuse, ni ces mouvements sublimes qui ne partent que des grandes âmes. C'était un courant pur, limpide, d'une rapidité modérée; une clarté d'exposition parfaite, un style sans aucun apprêt, simple, naïf, le style de la vieille école, et je ne sais quel parfum d'innocence qui ne sentait guère son Andocide. Tel se montre encore à nous cet orateur, dans les quatre discours qui nous restent des sept qu'il avait écrits. On en jugera à l'exorde du plaidoyer par lequel Andocide se défendit, en l'an 400, contre l'accusation capitale intentée par Céphisius et appuyée par Lysias :

« Les intrigues et les animosités de mes ennemis, acharnés à me persécuter dès l'instant de mon retour dans Athènes, vous sont connues, citoyens; et de longues réflexions sur ce sujet seraient superflues. Je me borne à une juste demande, qui vous sera facile à accorder, et à moi bien précieuse. Songez qu'en comparaissant devant vous librement, sans caution, sans emprisonnement préalable, je m'appuie sur le bon droit, sur votre équité, certain que, loin de me laisser en proie à mes ennemis, vous m'arracherez de leurs mains par une sentence conforme aux lois et à votre serment. De toutes parts on me rapportait les paroles de ces hommes ; — Andocide n'attendra pas son jugement ; il s'éloignera, il prendra la fuite. Qui ? lui, affronter un procès périlleux, lorsqu'il peut partir, emporter d'abondantes provisions, retourner dans cette île de Cypre, où il a des domaines considérables donnés par la munificence d'un prince ! Quelle considération le retiendrait ici ? ne voit-il pas le triste état de la république ? — Combien de tels pensers sont loin de mon cœur, ô Athéniens ! Non, quelques jouissances que m'offre l'étranger, quelque humiliée que puisse être Athènes, je ne saurais vivre éloigné de ma patrie ; et le titre d'Athénien me semble bien préférable à celui de citoyen des villes les plus florissantes. Pénétré de ces sentiments, je remets ma vie entre vos mains. »

Tout le reste du discours *sur les Mystères* est digne de ce début. Andocide s'élève jusqu'au pathétique, quand il raconte ce qui s'est passé dans la prison où il était enfermé avec ses proches, et comment ceux-ci l'ont déterminé à faire des révélations. Il y a aussi des portraits de quelques-uns de ses ennemis, qui sont tracés de main de maître. Les autres discours d'Andocide, sans être des chefs-d'œuvre, sont remarquables par des qualités analogues, et précieux, comme le discours *sur les Mystères*, par les détails intéressants qu'ils nous fournissent concernant l'histoire contemporaine.

Lysias.

Lysias, que les Alexandrins nomment avec Antiphon et Andocide, est bien plus connu, non pas peut-être parce que nous possédons de lui un assez grand nombre de discours, mais parce que Cicéron a célébré plus d'une fois ses mérites. Il était né à Athènes en 459. Céphale, son père, était un riche Syracusain établi depuis quelque temps en Attique. Lysias, avec son frère aîné Polémarque, alla habiter Thuries en Italie, après la mort de son père. Il y resta longtemps, et il ne revint à Athènes qu'en l'année de la mort de l'orateur Antiphon. Après la prise d'Athènes par les Lacédémoniens, ils furent en butte, Polémarque et lui, à la haine des Trente. Leurs biens furent confisqués, et Polémarque forcé de boire la ciguë. Lysias s'enfuit à Mégare avec d'autres proscrits. Il rentra dans Athènes après la destruction de la tyrannie, et il fut admis par Thrasybule au nombre des citoyens. On lui contesta depuis ses droits; et, pour un simple défaut de forme, il les perdit sans pouvoir jamais les recouvrer. Il mourut en 379, à quatre-vingts ans.

Lysias avait écrit plus de deux cents discours; mais il n'en avait personnellement prononcé que quelques-uns. Sa condition d'étranger ne lui permettait pas de se mêler activement des affaires politiques ni de monter à la tribune : il écrivait pour d'autres, ou simplement pour être lu. C'est surtout comme

auteur de plaidoyers qu'on l'estimait chez les anciens :
« Ceux, dit Cicéron dans le *Brutus*, qui prennent Lysias
pour modèle, prennent pour modèle un orateur judiciaire non pas certes bien ample ni bien majestueux, mais
néanmoins fin et élégant, et assez solide pour se bien soutenir dans les causes du barreau. » Ailleurs Cicéron répète le
même éloge, puis il ajoute : « On oserait presque déjà le
nommer un orateur parfait. » Quintilien, après avoir aussi
parlé de la finesse et de l'élégance de Lysias, ajoute judicieusement : « Si c'était assez pour l'orateur d'expliquer des
faits, il ne faudrait chercher rien de plus parfait que Lysias,
car il n'y a chez lui rien d'inutile, rien de superflu. Cependant il ressemble plus à une claire fontaine qu'à un grand
fleuve. »

Les Athéniens, si jaloux de leur atticisme, reconnaissaient
dans Lysias un des plus purs écrivains attiques; et ce renom
fit de lui, dès son vivant, un classique, un auteur qu'on étudiait pour la diction et pour le choix exquis des termes. Mais,
il faut bien le dire, c'était là presque toute l'éloquence de
Lysias. Rien de plus tiède et même d'aussi peu intéressant
que ses discours, à moins qu'on y cherche des renseignements historiques ou des particularités grammaticales. Quelques narrations bien faites, où tout a un air de naturel et
de vraisemblance, c'est beaucoup trop peu pour justifier ceux
qui veulent voir dans Lysias autre chose qu'un habile artisan de style. Lysias n'a pas même cette étincelle de la
flamme oratoire qu'on sent chez Andocide. Voyez, par exemple, son accusation contre Ératosthène, celui des Trente auquel il attribuait la mort de son frère. Il raconte les malheurs
de Polémarque et les siens presque aussi froidement que si
c'était l'histoire d'hommes des temps antiques; et, quand il
peint la sanglante oligarchie des Trente, il ne trouve pas
un de ces accents énergiques qui décèlent une véritable émotion. Que s'il en est ainsi d'un discours que Lysias avait prononcé lui-même, on peut juger de ce que sont des plaidoyers
composés pour d'autres ou des discours d'apparat. Son
*Oraison funèbre des guerriers d'Athènes morts en secourant
les Corinthiens* est insipide. Nous ne pouvons nous faire à

l'idée d'une éloquence sans enthousiasme et sans pathétique. Lysias avait écrit pour Socrate accusé un discours apologétique, que Socrate refusa. Si nous ne connaissions pas les motifs de ce refus, nous serions tentés de supposer que Socrate se défiait de l'éloquence de son ami, et qu'il ne se souciait pas d'être défendu par le froid accusateur d'Ératosthène.

Depuis que ceci a été imprimé pour la première fois, un professeur de l'Université, M. Jules Girard, a écrit, au sujet de l'atticisme de Lysias, une ingénieuse et savante dissertation. M. Girard ne tente point, contre nature, de faire de Lysias un prototype de Démosthène : il insiste avec raison sur les vraies qualités de l'écrivain, sur les services que Lysias avait rendus au bon goût par ses exemples, sur le charme de son style, sur l'admirable pureté de sa diction. Il ne m'en coûte rien d'admettre les résultats de cette étude approfondie. Tout ce que j'ai prétendu, c'est que Lysias ne remplit point l'idée que nous sommes en droit de nous faire de l'éloquence complète, du complet orateur. M. Girard le dit comme moi. Seulement il fait ses réserves en faveur de l'homme à qui l'éloquence a dû de pouvoir atteindre à la perfection du style oratoire. Après avoir montré ce qui distingue éminemment l'art grec et la poésie grecque : « L'éloquence athénienne, dit-il, si on se la représente à son plus haut degré de perfection, offre les mêmes caractères de précision, de beauté et de grandeur. C'est l'accord d'une pensée juste et belle avec une expression juste et belle. Les Athéniens jouissent alors avec bonheur de cette puissance d'une langue qui rend immédiatement, sans effort et sans détour, chacune des beautés, chacune des délicatesses de la pensée qu'elle traduit; tant les rapports des mots et des idées sont exacts, tant leur union est intime! si bien que l'harmonie des paroles fait saisir en même temps cette harmonie immatérielle des idées qui est la musique de l'âme. Cet idéal sublime n'est point dans Lysias : ni la nature de ses œuvres ni celle de son esprit ne le comportaient. Mais, s'il fut donné quelquefois à ses successeurs de l'atteindre, ils en furent en partie redevables à celui dont ils ne purent surpasser l'élégante précision et la gracieuse simplicité. Ils durent marcher dans la voie qu'il avait le premier tracée d'une manière certaine; et la langue qu'il leur livra possédait déjà les qualités les plus essentielles au digne instrument de la grande éloquence. Il fallut seulement nourrir davantage cette éloquence un peu maigre, et distribuer des nuances plus riches et plus éclatantes sur cette teinte douce et unie qui était répandue également partout. Denys d'Halicarnasse compare les œuvres de Lysias à ces peintures anciennes qui manquaient des ressources d'un art plus avancé, et n'offraient encore ni la variété des couleurs, ni les effets d'ombre et de lumière, ni la science des tons et de la perspective, mais charmaient cependant par la correction irréprochable du dessin et l'inimitable pureté des contours. Ou bien aussi elles lui rappellent le talent déjà fin et gracieux du sculpteur athénien Calamis, que devaient bientôt éclipser la souplesse plus savante et la majesté plus hardie de Phidias. » Il n'y a, ce me semble, aucune contradiction entre ce qu'on vient de lire et ce qu'on a lu plus haut. En tout cas, c'est pour moi une véritable bonne fortune de pouvoir offrir au lecteur cette page à la fois solide et intéressante.

CHAPITRE XXIX.

XÉNOPHON.

Vie de Xénophon. — Xénophon écrivain. — Ouvrages de Xénophon. — Traités philosophiques, dialogues, etc. — Compositions historiques. — Éloquence de Xénophon.

Vie de Xénophon.

Nous venons de parler d'hommes sur lesquels Socrate avait exercé une influence plus ou moins directe : en voici un qui fut son disciple dévoué, son panégyriste, et qui dut à Socrate d'être un brave, un philosophe, un esprit ouvert à toutes les connaissances, un écrivain sérieux, utile, exempt de tous les défauts que prisait alors le vulgaire, sinon doué d'un véritable génie. Je veux parler de Xénophon, l'auteur de tant d'ouvrages si divers et si justement estimés.

Xénophon fils de Gryllus naquit à Erchie, un des bourgs de l'Attique, vers l'an 445 avant notre ère. A dix-huit ans, il commença à suivre les leçons de Socrate, et il demeura, durant de longues années, un de ses plus assidus auditeurs. En 424, à la bataille de Délium, Socrate lui sauva la vie. Poussé par l'esprit d'aventure et par le désir de s'instruire, Xénophon, âgé de plus de trente ans, se mit à voyager, et finit par s'engager au service de Cyrus le Jeune. C'est lui qui ramena d'Asie, après la bataille de Cunaxa, l'armée des Dix Mille, dont les principaux chefs avaient péri. Quand il rentra à Athènes, Socrate venait d'expirer. Xénophon avait déjà publié quelques opuscules : la mort de son maître bien-aimé décida sa vocation d'écrivain. Il composa l'*Apologie de Socrate*, et l'intéressant recueil des conversations du philosophe, intitulé *Mémoires de Socrate*, nouvelle apologie, plus naïve et plus complète, et grâce à laquelle la monstrueuse sentence fut appréciée bientôt comme elle le méritait et les accusateurs de Socrate plongés à jamais dans l'infamie.

Le spectacle des déportements de la démagogie athénienne remplissait l'âme de Xénophon d'amertume et de dégoûts. Il s'était lié d'amitié avec le roi de Sparte Agésilas, dont il admirait le grand caractère; et les institutions de la ville de Lycurgue séduisaient son esprit, ami avant tout de l'ordre, de la justice, de la simplicité. Suspect de *laconisme*, comme on disait, c'est-à-dire de partialité pour les Lacédémoniens, le premier prétexte qu'il donna contre lui fut saisi avec passion : un décret public lui interdit le retour, dès qu'il fut parti pour rejoindre Agésilas, qui faisait la guerre en Asie. Il se regarda désormais comme un véritable Lacédémonien, et il n'hésita point à prendre parti contre Athènes, dans les querelles intestines de la Grèce. En 394, à Coronée, il combattait à côté d'Agésilas. Mais là finit sa vie publique. Les Spartiates lui avaient donné des biens en Élide, à Scillunte près l'Olympie : il se retira sur ses domaines, et il y vécut en repos jusqu'à une extrême vieillesse, occupé d'agriculture et de chasse, et composant ces livres qui lui ont fait une belle renommée. Il avait plus de quatre-vingts ans quand les Athéniens, réconciliés avec les Spartiates, révoquèrent l'arrêt de bannissement porté contre lui. Mais il ne paraît pas que Xénophon soit jamais revenu se fixer dans sa patrie. Il s'était marié assez tard, et il avait alors deux fils dans la fleur de l'âge. Ces deux jeunes hommes combattirent dans les rangs de l'armée qui fut défaite à Mantinée, en 363, par Épaminondas. Gryllus, l'un des deux, y fut tué. On dit que le père célébrait un sacrifice quand on lui apporta la funeste nouvelle. Il ôta la couronne qu'il avait sur sa tête; puis, ayant appris que Gryllus était mort en brave, il la remit sans verser une larme, disant : « Je savais bien que mon fils était mortel. » Mais, malgré cet effort de résignation, sa douleur fut profonde et dura tout le reste de sa vie. Pour se distraire et se consoler, il se remit, avec plus d'ardeur et de fécondité que jamais, à composer de nouveaux ouvrages, et il ne suspendit ses travaux qu'à son dernier jour. Il avait quatre-vingt-dix ans, dit-on, quand il écrivit le traité *des Revenus de l'Attique*, si toutefois ce petit livre est de lui. Il mourut peu de temps après, à Corinthe, en l'année 355 ou 354 avant notre ère.

Xénophon écrivain.

Les éloges que les anciens ont décernés à Xénophon se rapportent uniquement à son style. Cicéron, par exemple, dit que ce style est plus doux que le miel, ou bien encore que les Muses ont parlé par la bouche de Xénophon. Quintilien se borne à répéter à peu près la même chose, sinon qu'il applique à Xénophon le mot d'un poëte comique à propos de Périclès, que la Persuasion était assise sur ses lèvres. Il est certain que les écrits de Xénophon sont en général d'une agréable lecture. Ils le doivent sans doute à la simplicité, à la clarté de l'élocution, à cette grâce non maniérée dont parle Quintilien ; mais ils le doivent bien plus encore à l'intérêt ou à l'utilité des choses qu'explique ou que raconte l'auteur. Si Xénophon avait passé sa vie à composer des discours, il aurait pu avoir des admirateurs à Athènes, ou parmi les amateurs de l'atticisme ; mais on ne le lirait plus guère aujourd'hui, car il n'avait point ce feu sacré sans lequel il n'est pas d'orateurs. Xénophon ne manquait pas d'imagination, mais de cette imagination qui ne convient qu'aux genres tempérés. Il était presque tout raison, si je ne puis dire. Cette raison s'animait assez pour n'être point froide ; mais jamais Xénophon ne connut la passion ni l'enthousiasme. Il a décrit lui-même, bien mieux que ne l'ont fait tous les critiques anciens ou modernes, le caractère particulier de son style et de ses ouvrages. C'est dans le dernier chapitre du traité *de la Chasse*. Au lieu de discourir, après tant d'autres, sur des qualités qui ne nous sont pas parfaitement sensibles, je traduirai cette page, curieuse à plus d'un titre, car on y trouve l'opinion personnelle de Xénophon sur ces sophistes qui nous ont occupés :

« J'admire que ces hommes appelés sophistes prétendent pour la plupart guider les jeunes gens à la vertu, tandis qu'ils les mènent au vice. Car nous n'avons encore vu personne que les sophistes du jour aient rendu homme de bien ; et eux-mêmes ne publient pas d'écrits dont la lecture puisse faire des hommes vertueux. Ils n'ont presque jamais composé que des ouvrages frivoles, qui ne servent qu'à amuser inutilement la jeunesse, et où la vertu n'entre pour rien. Ceux qui espéraient vainement y trouver quelque instruction solide perdent leur temps à les lire : ils n'ont plus le goût des études utiles, ils apprennent des choses mauvaises. Je reproche fortement aux sophistes des torts aussi graves. Mais je les blâme aussi de remplir leurs écrits d'expressions recherchées, et jamais de bonnes pensées capables de former les jeunes gens à la vertu. Pour moi, je ne suis qu'un homme vulgaire ; mais je sais que la première instruction morale vient de la nature même : après elle, il faut consulter les hommes vraiment sages et éclairés, et non pas ceux qui ne connaissent que l'art de tromper. Peut-être mon style est-il dépourvu d'élégance. Je ne suis point jaloux d'un tel avantage, mais j'ai à cœur de tracer les leçons nécessaires à ceux qui se forment à la vertu. Or, ce ne sont pas des mots qui peuvent instruire, ce sont des pensées, si elles sont bonnes. Bien d'autres que moi blâment les sophistes du jour, mais non pas les philosophes, de mettre toute leur industrie aux mots et de négliger les choses. Je sais que leurs écrits sont bien composés, et avec méthode : aussi n'auront-ils pas de peine à reprendre sur-le-champ ce qui est défectueux en moi. Au reste, j'écris pour être vrai, non pour faire des sophistes mais des sages et des gens de bien. Je veux que mes ouvrages soient utiles, et non pas seulement qu'ils le paraissent; car je veux que nul n'en puisse jamais renverser les principes. Les sophistes, au contraire, ne parlent et n'écrivent que pour tromper et pour s'enrichir; et ils ne sont à personne d'aucune utilité. Car il n'y eut jamais et n'y a pas maintenant un seul sage parmi eux : ce leur est bien assez qu'on les nomme sophistes; titre flétrissant, aux yeux du moins des hommes d'un sens raisonnable. »

Le style de Xénophon n'a rien d'artificiel comme celui des sophistes, ni même d'artistement travaillé comme celui de Thucydide. Non pas qu'il soit absolument sans art; mais l'art n'y est qu'à l'état latent, si je l'ose dire. L'écrivain ne vise point à l'effet : il s'applique uniquement à exposer avec netteté sa pensée, à la montrer tout entière, à en bien délimiter la portée et l'étendue. L'art de Xénophon consiste à tout dire, et non pas à rien faire deviner; à suivre exactement les déductions, et non pas à surprendre l'assentiment; à choisir les tours et les expressions les plus naturels, et non pas les plus saisissants; enfin à placer les termes, non point en raison de leur valeur pittoresque et musicale, mais là où les appellent l'usage commun et le génie de la langue.

Ouvrages de Xénophon.

Je ne saurais trop féliciter Xénophon d'avoir si bien eu conscience de la nature de son talent, et de s'être volontairement réduit au rôle d'écrivain pratique. Ses plus médiocres ouvrages, ceux où il est tombé souvent au-dessous de lui-même, l'*Apologie de Socrate* par exemple, et l'*Éloge d'Agésilas*, sont ceux précisément où il a voulu prendre quelquefois un ton plus élevé et atteindre à la dignité oratoire. Mais, grâce à Dieu, il a presque toujours su mesurer sa tâche à ses forces. Ses livres ne sont pas tous des chefs-d'œuvre, mais il n'y en a pas un seul qui soit une œuvre sans valeur. Aussi bien Xénophon est-il autre chose qu'un habile constructeur de phrases. C'est un homme d'expérience et de goût, qui rédige les leçons qu'il a entendues; qui raconte les événements dont il a été témoin, ou qu'il a entendu raconter; qui communique les observations qu'il a faites lui-même sur les chevaux, sur la chasse, sur les finances, sur la politique, sur mille sujets. C'est un polygraphe presque universel, qui écrit non pas pour faire parler de lui, ni pour un vil lucre, mais pour éclairer les hommes et les rendre meilleurs. Voilà ce qui fera vivre à jamais ses écrits, même les plus faibles, parce qu'il a laissé dans chacun d'eux quelque parcelle de son âme.

Traités philosophiques, dialogues, etc.

Le plus précieux et sans contredit le plus vivant des ouvrages de Xénophon, c'est le recueil des conversations de Socrate, ces *Mémoires* dont j'ai cité ailleurs un passage. Ce n'est pas que Xénophon se soit donné beaucoup de peine ni pour en disposer les parties dans un ordre satisfaisant, ni même pour reproduire dans toute leur vérité dramatique ces scènes où Socrate est le principal acteur. Il s'est contenté de choisir, parmi les conversations qu'il avait jadis rédigées, celles qui pouvaient le mieux servir à l'apologie des doctrines de son maître, et d'y ajouter quelques réflexions pour mieux faire ressortir le sens des actions ou des paroles de Socrate; puis il a mis le tout dans un ordre tel quel, ou à peu près, et l'a partagé en quatre livres. On accuse Platon d'avoir donné à Socrate plus d'esprit qu'il n'en avait : Xénophon, au contraire, lui en a ôté quelque peu. Certes, le vrai Socrate avait plus de verve, plus de finesse et plus de grâce que celui des *Mémoires*. Mais cette image est fidèle, bien que sensiblement affaiblie : c'est toujours Socrate, c'est-à-dire le plus aimable et le meilleur des hommes. Xénophon a fait mieux que justifier Socrate, il l'a fait aimer.

L'*Apologie* est un morceau fort court, demi-oratoire demi-polémique, qui ne vaut pas la moindre petite conversation des *Mémoires*. L'*Economique* et le *Banquet* sont deux dialogues socratiques, le premier sur l'administration domestique et l'agriculture, le second sur divers points de morale. L'*Hiéron* est un dialogue entre le tyran Hiéron et le poëte Simonide. C'est le parallèle du tyran et du simple citoyen, avec des observations judicieuses sur l'art de gouverner les hommes. Ces dialogues, où Xénophon a mis du sien beaucoup plus que dans les *Mémoires*, et aussi les traités politiques, *Constitutions de Sparte et d'Athènes*, *Revenus de l'Attique*, suffisent à faire classer Xénophon parmi les philosophes moralistes, non pas au premier rang, tant s'en faut, mais à un rang très-honorable encore.

D'autres traités, d'un genre fort différent de ceux-là, l'*Équitation*, le *Commandant de Cavalerie*, la *Chasse*, sont ceux peut-être qui renferment le plus d'idées originales, et qui prouvent le mieux la fécondité de l'esprit de Xénophon. Il était passé maître dans les arts dont il traçait les préceptes : il les décrit en maître, et avec amour. Malheureusement, tout a changé depuis. Presque tout l'intérêt pratique de ces trois ouvrages a disparu ; et d'ailleurs ils sont d'une nature trop spéciale pour que je me hasarde à en dire tout le bien que j'ose en penser moi-même.

Compositions historiques.

Le livre qui a fait la réputation de Xénophon comme historien, son chef-d'œuvre à coup sûr, c'est l'*Anabase*, autrement dit le récit de l'expédition de Cyrus le Jeune dans la haute Asie et la retraite des Dix Mille. Xénophon en était. Il s'y trouvait à peu près par hasard, comme il le conte lui-même ; mais, après la mort des chefs de l'armée grecque, il fut un des cinq chefs nouveaux qu'on élut, et qui commandèrent l'immortelle retraite. La narration est exacte, détaillée, méthodique, suffisamment animée. L'ouvrage est bien composé, et l'intérêt se soutient d'un bout à l'autre de ces sept livres. Il n'y a pas ce qu'on pourrait appeler des morceaux brillants. Les portraits, même celui de Cyrus, sont dans une manière simple et un peu nue, et ne tranchent pas sur le reste de l'ouvrage. Les harangues ne sont guère que ce qu'elles ont dû être dans la réalité, des exhortations, des conseils, des explications, comme en comportaient et les circonstances, et les habitudes d'une armée composée de volontaires. L'historien ne s'oublie point non plus à décrire en détail les pays qu'il a traversés, ni à faire de complets tableaux des mœurs et de la physionomie des peuples qui les habitent : quelques traits lui suffisent, et ceux-là seulement que le lecteur a besoin de connaître pour comprendre la nature des obstacles dont les Dix Mille eurent à triompher. Ce qui charme surtout, c'est la modestie du narrateur, qui avait eu lui-même une part si grande dans le salut de ses frères d'armes; c'est son courage, c'est sa persévérance indomptable ; c'est cette piété non affectée, qui lui fait voir toujours présente une sorte de providence divine, et qui lui fait naïvement rapporter à quelque inspiration d'en haut les résolutions généreuses et énergiques que lui dictait l'héroïsme de son cœur. L'homme avait été grand dans de terribles conjonctures : l'historien n'est pas demeuré indigne de l'homme.

Xénophon, qui avait publié l'ouvrage de Thucydide, en a écrit la continuation, et il a poussé son récit jusqu'à la bataille de Mantinée. Les *Helléniques*, c'est le titre de cette histoire divisée en sept livres, n'ont guère d'importance que par la pénurie de renseignements où nous sommes relativement à ce demi-siècle dont elles comblent à peu près la lacune. C'est un récit incomplet, sans trop de suite, généralement peu impartial, et où l'on ne reconnaît pas toujours l'esprit, sinon la main, de l'auteur de l'*Anabase*. Il faut plus que de la bonne volonté pour y trouver, comme font quelques-uns, rien qui rappelle la marche d'Hérodote et sa manière. Ce n'est pas Hérodote qui aurait si légèrement glissé sur des événements tels que la paix d'Antalcidas et la bataille d'Ægos-Potamos ; ce n'est pas lui surtout qui aurait oublié, comme fait trop souvent l'historien, les noms glorieux de Pélopidas, d'Épaminondas, de Conon, de Timothée. Il faut bien dire que Xénophon, à quatre-vingts ans passés, avec ses préjugés politiques, et dans une retraite où les moyens d'information devaient lui faire un peu défaut, n'était pas à la hauteur d'une tâche qui eût exigé des recherches considérables, un jugement ferme et presque intrépide, quelque chose de doux à tous les bons, de rude à tous les méchants, Thucydide enfin avec sa soif du vrai et son âme puissante. Ce n'est pas que la faiblesse de l'âge s'y fasse remarquer par l'affaiblissement du style. C'est quelquefois encore la narration de Xénophon, agréable, variée, pleine de naturel et de grâce ; et c'est toujours la diction de celui qu'on regardait comme le plus charmant des prosateurs attiques. Mais il s'agissait, dans un si grand sujet, d'autre chose que de récits bien faits et de bon style.

Xénophon n'était guère plus à l'aise quand il écrivait son *Agésilas*, quoique ce fût l'éloge d'un ami et le récit d'une vie qu'il connaissait très-bien. Le ton oratoire ne lui va qu'à demi. D'ailleurs il y avait, dans un tel panégyrique, si vrai qu'il fût au fond, mainte occasion de blesser la vérité de l'histoire, la vérité vraie ; et c'est à quoi Xénophon, en plus d'un lieu, n'a pas manqué, non point sciemment mais par un effet de ses préoccupations laconiennes.

La *Cyropédie*, qui est aussi une œuvre de l'extrême vieillesse de Xénophon, est celle pourtant où il a le mieux déployé toutes les ressources de son esprit, tous les agréments de sa narration et de son style. C'est soi-disant, comme l'annonce le titre, le tableau de l'éducation du grand Cyrus et l'histoire de sa vie ; mais la fiction tient dans ce tableau et dans cette histoire plus de place que la réalité. C'est une sorte de roman historique en huit livres, où personnages et épisodes, fort intéressants d'ailleurs, ne ressemblent pas beaucoup à ce que nous savons de plus certain et sur les événements qui ont troublé le monde oriental au sixième siècle, et sur le caractère des hommes qui ont figuré dans ces révolutions. Xénophon a voulu donner à ses contemporains des leçons de politique et de morale, bien plus que leur narrer les faits et gestes de Cyrus et de son peuple. Aussi a-t-il transformé les barbares en hommes parfaitement policés, en savants, en philosophes. Les Perses de l'ancien temps sont une sorte d'idéal qu'il présente à l'admiration et aux méditations de la Grèce dégénérée. Cyrus est le portrait non moins idéal de l'homme digne de commander à des hommes. Malgré le charme de cette production singulière, on ne saurait trop s'empêcher de regretter que Xénophon, qui devait si bien connaître la Perse et ses annales, ne nous ait pas donné simplement l'histoire authentique de la vie et des conquêtes de Cyrus.

Éloquence de Xénophon.

Si Xénophon avait fait, comme Lysias, le métier d'orateur, il aurait eu, dans la postérité, le sort de Lysias. On ne le lirait plus aujourd'hui. Ce n'est pas qu'il soit aussi étranger à la vraie éloquence que le fils de Céphale. Je prétends seulement qu'il n'avait ni cette passion ardente ni cet enthousiasme véhément, sans lesquels les discours les plus travaillés, j'entends les grands discours oratoires, ne sont rien que cendre et poussière. Mais son âme honnête, pleine de l'amour du bien et du beau, a trouvé plus d'une fois des accents pathétiques, pour flétrir les actions viles ou les coupables pensées, pour célébrer l'héroïsme et la vertu. Il y a même telle courte harangue où il s'est élevé jusqu'à l'éloquence, en laissant parler toute seule son indignation contre les lâches. Voyez, par exemple, avec quelle énergie il repousse, dans l'*Anabase*, la proposition que faisait aux Grecs le Béotien Apollonide. Il n'y avait, selon ce cœur pusillanime, d'autre salut pour les Dix Mille, après la trahison de Tissapherne, que de se rendre à Artaxerxès et d'implorer sa clémence : « O très-étonnant personnage ! s'écrie Xénophon ; quoi ! tu ne comprends pas ce que tu vois, tu ne te souviens pas de ce que tu entends ! Et pourtant tu étais avec nous quand le roi, après la mort de Cyrus, enorgueilli de sa bonne fortune, envoya nous commander de mettre bas les armes. Au lieu de les mettre bas, nous nous en couvrîmes, et nous allâmes planter nos tentes près de lui. A ce défi, que répondit-il ? Que ne fit-il pas pour obtenir la paix ? il envoya des députés, il sollicita notre alliance, et il nous fournit des vivres jusqu'à ce que le traité eût été conclu. Puis, nos généraux, nos chefs de bande, confiants dans la foi du traité, sont allés sans armes conférer avec eux, comme tu nous conseilles de le faire encore Où en sont-ils maintenant ? frappés, blessés, couverts d'outrages, ils ne peuvent, les infortunés, obtenir la mort qu'ils implorent sans doute comme un bienfait. Tu sais tout cela, et tu traites de bavards frivoles ceux qui conseillent la défense ; et tu proposes qu'on aille de nouveau supplier le roi ! Mon avis, soldats, c'est de repousser ce misérable de nos rangs ; c'est de lui ôter son grade, de lui mettre les bagages sur le dos, d'en faire un goujat. Un Grec vil à ce point est l'opprobre de sa patrie, l'opprobre de la Grèce entière [1]. »

CHAPITRE XXX.

PLATON.

École de Socrate. — Vie de Platon. — Génie dramatique de Platon. — Le *Phédon*. — Dialogues contre les sophistes. — Le *Banquet*. — La *République* et les *Lois*. — Diversité infinie de l'œuvre de Platon. — Style de Platon.

École de Socrate.

Socrate avait vu affluer autour de lui, de toutes les contrées de la Grèce, de tous les pays habités par les Grecs, des jeunes gens avides de s'instruire, ou des hommes que ne satisfaisaient ni les systèmes des philosophes spéculatifs, ni les brillantes et immorales inepties des sophistes. La plupart des disciples de Socrate se bornèrent à cultiver la sagesse à la façon de leur maître, et ne furent que de purs socratiques. D'autres, plus ambitieux, prirent des directions particulières ; et, tout en restant fidèles à la méthode de Socrate, ils fondèrent des écoles originales, qui ne furent ni sans influence ni sans gloire. Presque tous, socratiques ou chefs d'école, avaient laissé des écrits ; et presque tous étaient estimés, chez les anciens, pour leur talent littéraire : ainsi Criton, l'homme honnête et dévoué ; ainsi le Thébain Simmias ; ainsi Glaucon

---

[1]. Xénophon, *Anabase*, livre III, chapitre 1.

d'Athènes ; ainsi le cordonnier Simon ; ainsi Eschine le philosophe, Cébès, Aristippe, Euclide de Mégare, etc. Mais les ouvrages de ces écrivains ont péri. Ceux qu'on publie quelquefois sous le nom d'Eschine, de Simon, de Cébès, sont d'une telle médiocrité qu'ils ne méritent guère de nous arrêter un seul instant. Ce sont des ébauches de dialogues, plutôt que des dialogues véritables ; non pas de ces ébauches où resplendit déjà l'empreinte divine du génie, mais des choses sans vie, sans éclat, sans caractère, et aussi peu dignes de leurs auteurs prétendus que de ce grand Platon aux œuvres de qui on les joint d'ordinaire. Le moins mauvais de tous ces écrits, le *Tableau* de Cébès, où la destinée humaine est symboliquement figurée, n'est même point de Cébès le Thébain, disciple de Socrate, mais d'un autre Cébès philosophe stoïcien, et d'une époque par conséquent beaucoup plus récente.

Nous pouvons nous consoler de ne pas posséder tous les monuments littéraires de l'école de Socrate. Je dis nous qui cherchons ici le beau, la perfection de l'art, l'inspiration, et non pas les systèmes philosophiques ni la filiation des doctrines. N'avons-nous pas Xénophon et ses ouvrages? n'avons-nous pas surtout Platon, et aussi complet, peu s'en faut, aussi rayonnant de beauté que l'eurent jamais les Grecs eux-mêmes? et Platon, à lui seul, pour parler ici à la façon d'Homère, combien n'en vaut-il pas d'autres?

Vie de Platon.

Platon naquit à Athènes en 430 ou en 429. Ariston son père, un des citoyens les plus considérables de la ville, passait pour être issu du roi Codrus ; et sa mère, Périctione, descendait du législateur Solon. On dit qu'il porta d'abord le nom d'Aristoclès, et qu'on lui donna ensuite celui de Platon, qui signifie *large*, à cause de sa constitution forte et robuste. Il excellait, dans sa jeunesse, aux exercices du corps autant qu'à ceux de l'esprit. Il s'appliqua longtemps avec ardeur à la musique, à la poésie, et même à la peinture. Quelques-uns veulent qu'il ait songé, dès l'âge de vingt ans, à se livrer à la philosophie. Suivant les témoignages les plus certains, il avait déjà vingt-sept ans quand il entendit pour la première fois Socrate. Il se préparait alors à disputer le prix de la tragédie aux fêtes de Bacchus. Sa vocation se décida ce jour-là même; et l'art dramatique perdit le seul homme peut-être capable de relever la tragédie de sa décadence. Il brûla ses pièces, comme il avait déjà brûlé, dit-on, des essais épiques après les avoir comparés aux poëmes d'Homère. Il s'adonna désormais tout entier à la philosophie.

Socrate mourut en 399. Platon ne l'eut guère que trois ans pour son guide. Mais ces trois ans furent admirablement employés; et Socrate put lire déjà quelques-uns des chefs-d'œuvres de son disciple. On prétend que le *Phèdre* lui arracha cette exclamation : « Que de choses ce jeune homme me fait dire, à quoi je n'ai jamais pensé! » Ces choses étaient, en effet, au-dessus des méditations habituelles de Socrate, mais non pas contraires à l'esprit de ses doctrines. Si l'anecdote est vraie, il faut voir dans les paroles de Socrate l'expression d'un étonnement naturel en présence de ces conceptions sublimes et de cet enthousiasme poétique, et nullement l'expression du moindre blâme. L'affection que Socrate témoigna à Platon jusqu'à son dernier jour est la preuve qu'il n'y eut jamais entre eux l'ombre d'un nuage.

Platon était digne, par la noblesse de son caractère, de l'affection d'un tel maître. Il fit des efforts surhumains pour sauver la vie à Socrate. Il essaya de le défendre jusque dans l'assemblée du peuple; mais on ne le laissa pas achever son discours. Poursuivi lui-même par la haine des fanatiques, qui cherchait d'autres victimes, il fut forcé de quitter Athènes. Il se retira d'abord à Mégare, auprès de son ami Euclide; puis il se mit à voyager. Il visita l'Italie, la Libye, l'Egypte; il alla entendre tous les philosophes de quelque renom qui perpétuaient, dans diverses contrées, les traditions de Parménide, d'Héraclite, de Pythagore. A trois reprises différentes il se rendit en Sicile. Denys l'Ancien, et ensuite Denys le Jeune, après l'avoir accueilli avec empressement, ne le purent souffrir ni l'un ni l'autre dès qu'il se fut montré à eux avec toute sa franchise. Il fut victime de la perfidie et de la cruauté de Denys l'Ancien, qui le fit vendre comme esclave, et il dut se soustraire par la fuite aux effets de la colère de Denys le Jeune.

Platon revint enfin se fixer dans sa patrie, et il ouvrit, dans les jardins d'Académus, cette école fameuse qui fut durant longtemps une pépinière d'hommes vertueux et de profonds penseurs. Il ne quitta l'Académie qu'à la mort. Après y avoir enseigné quarante années, il la laissa florissante à Speusippe, son disciple et son neveu. Il prolongea sa vie au delà de quatre-vingts ans, jusqu'en 348, sans avoir rien perdu encore de sa vigueur d'esprit ni de son génie, puisqu'il était occupé à mettre la dernière main à un de ses chefs-d'œuvre, les dialogues des *Lois*.

Platon était l'homme le plus savant de son siècle, et ses écrits ne sont pas moins étonnants peut-être par la variété des connaissances qu'ils supposent, que par la hauteur des idées et la nouveauté des aperçus. Mais ce qui doit nous occuper ici, ce n'est point le philosophe dont la tête puissante a enfanté ce système où se concilient, dans une harmonie merveilleuse, l'esprit pratique de Socrate et l'esprit spéculatif des anciens philosophes ; où se retrouve tout ce que le génie avait découvert déjà des secrets de la nature divine et de la nature humaine, mais animé, vivifié par des conceptions à la fois plus idéales et plus réelles ; ce système enfin que des erreurs de détail, des paradoxes, des défauts graves, n'empêchent pas d'être, dans son ensemble, le plus profond, le plus parfait et le plus vrai de tous les systèmes. Parlons donc du prosateur, de l'homme éloquent, de l'artiste, du poëte, car nul ne fut jamais plus poëte que Platon.

Génie dramatique de Platon.

Les ouvrages modernes qu'on nomme des dialogues philosophiques ne sont, pour la plupart, qu'une série de propositions et d'arguments contradictoires, thèses, objections et réponses. Les personnages qui sont censés disputer ensemble ne sont pas des êtres vivants, quelque nom qu'ils portent d'ailleurs, mais des abstractions, de simples chiffres ; et plusieurs même les donnent bien comme tels, car ils les appellent Philalèthe, Pamphile, un Chrétien, un Chinois, etc., ou, plus simplement et avec plus de vérité encore, A, B, C. Fénélon et Malebranche eux-mêmes, malgré leur génie, ne sont jamais sortis des errements vulgaires. S'ils ont dérobé quelque chose à Platon, ce n'est pas l'art de créer ou de reproduire de vrais personnages. Les dialogues de Platon n'ont rien de commun avec leurs prétendus dialogues. Ce sont des compositions dramatiques dans toute la force du terme, ayant leur cadre bien dessiné, leur nœud, leurs péripéties et leur dénoûment. Même dans les dialogues où Platon s'est plus préoccupé de la pensée que de la forme, dans ceux qui sont par excellence des œuvres philosophiques, dans le *Parménide*, dans le *Timée*, jamais Platon n'a manqué aux conditions essentielles du genre ; et les hommes qu'il y met aux prises sont bien réellement des hommes, et ceux-là même dont ils portent les noms, Socrate, Parménide, Zénon, Timée, Critias et les autres. Si la conversation n'est pas vraie, elle est vraisemblable ; si ces hommes n'ont pas parlé ainsi, ils ont pu parler ainsi ; enfin si Platon a élevé à une sorte d'idéal leurs caractères, leurs pensées, leur langage, il ne leur a rien ôté de leur vie, de ce qui les rend reconnaissables, intéressants même, en dehors des doctrines que chacun d'eux représente. Mais c'est surtout dans les dialogues où le philosophe traite des sujets à la portée de tous qu'il a déployé, avec un art incomparable, toutes les ressources de ce génie dramatique que la nature lui avait si richement départi.

Le Phédon.

Socrate, à la fin du *Banquet*, force Aristophane et Agathon à reconnaître qu'il appartient au même homme d'être à la fois poëte tragique et poëte comique. On dirait que Platon, en contredisant ainsi les opinions reçues, songeait à ce qu'il sentait en lui-même. Il y a en effet chez lui cette double veine, ce double talent, qu'il prêtait indistinctement à tous les auteurs dramatiques. Le *Phédon*, par exemple, est une tragédie que je ne crains pas de mettre en parallèle, pour la conduite et même pour l'intérêt, avec les plus belles œuvres du théâtre antique. Est-il exposition plus saisissante que la scène où les amis de Socrate entrent dans la prison? Le condamné vient d'être débarrassé de ses fers; Xanthippe sa femme est assise auprès de lui, tenant un de ses enfants dans ses bras et poussant des lamentations. Socrate, qui doit périr ce jour-là, mais qui n'est déjà plus aux pensées de la terre, se tourne du côté de Criton : « Criton, dit-il, qu'on reconduise cette femme chez elle. » Il se met ensuite à converser avec ses amis de sujets et d'autres; et il les engage dans cet entretien suprême qui ne finit qu'à l'arrivée du serviteur des Onze. Est-il spectacle plus sublime que de voir cet homme juste, ce sage méconnu, ce grand citoyen qui va mourir, et mourir par le crime de ses concitoyens, non pas seulement résigné à son sort, mais travaillant à faire passer, dans les cœurs qui ne veulent pas être consolés, quelque chose de cette sérénité, de ce calme, de cette joie grave et douce, qui lui est comme un avant-goût de la vie future, et qui la leur démontre plus vivement encore que les plus vives raisons? Est-il dénoûment tragique plus touchant que le tableau des derniers instants de Socrate? Et quelle impression profonde n'emporte-t-on pas, après que Phédon s'est écrié : « Telle fut, Échécrate, la fin de notre ami, de l'homme nous pouvons bien dire le meilleur que nous ayons jamais connu, le plus sage et le plus juste des hommes. »

Dialogues contre les sophistes.

Les dialogues contre les sophistes sont au contraire des comédies complètes, où le héros de la vertu n'est plus que ce faux ignorant dont j'ai essayé ailleurs de dépeindre la physionomie, ce bonhomme aux questions naïves, ce redresseur obstiné des discussions, ce maître de l'ironie, cet adversaire courtois et impitoyable, ce triomphateur plein de modestie et de bon goût. Quant aux sophistes, Platon ne leur a rien ôté ni de leur esprit, ni de leur adresse, ni de leur faconde; il leur a plutôt ajouté des talents, comme il a prêté à Socrate quelque chose de lui-même. Ce sont bien là les sophistes tels qu'ils ont dû être, pour pouvoir si longtemps captiver les âmes irréfléchies. Ce sont bien là ces hommes spirituels et éloquents que les jeunes gens, comme dit Platon lui-même, portaient en triomphe sur leurs têtes. Et chacun d'eux a non-seulement les doctrines qui lui étaient propres, mais les tours qu'il affectionnait, mais les ornements accoutumés de son style, mais sa diction même. Non pas que Platon se soit amusé à faire des pastiches : il n'a retenu des fleurs sophistiques que celles dont le bon goût pouvait le moins s'offenser ; mais elles sont encore d'un parfum assez décidé pour que nul ne puisse contester leur provenance. D'ailleurs Gorgias ne ressemble point à Protagoras, ni Protagoras à Hippias, ni Hippias aux autres. Autant de sophistes, autant d'hommes, autant de types divers. Ils n'ont de commun entre eux que l'esprit d'erreur, et que leur échec dans la lutte contre Socrate. Je me trompe ; il n'en est pas un seul qu'on soit tenté de plaindre. Car ils sont fort plaisants, mais, comme ce personnage de notre théâtre, sans se douter de l'être ; et c'est là ce qui les rend plus plaisants encore. Le *Gorgias*, où Socrate défait successivement Gorgias, Polus et Calliclès, à propos de la rhétorique, et le *Protagoras*, où, à propos de la question si la vertu peut s'enseigner, il défait Protagoras, Hippias et Prodicus, sont les plus admirables des dialogues comiques de Platon.

Le Banquet.

Mais c'est dans les dialogues simplement gais ou sérieux, dans ceux où les personnages sont des amis passant quelques instants de loisir à deviser ensemble, que se trouvent les œuvres les plus étonnantes de Platon, sinon comme poëte dramatique, au moins comme écrivain, comme homme éloquent, comme poëte inspiré. Encore le *Banquet* l'emporte-t-il même sur le *Gorgias* et le *Protagoras* par la vive peinture des caractères, comme il l'emporte sur tous les autres dialogues de Platon par le mouvement, par la variété infinie, par la progression continue, par cette harmonie formée de tous les tons imaginables, par ce style composé de tous les styles, où l'on passe sans effort du comique, du plaisant et du grotesque même au sublime le plus élevé qu'ait jamais atteint l'intelligence humaine. Il s'agit, entre les convives d'Agathon, de définir et de louer l'amour. Phèdre, Pausanias, Éryximaque, Aristophane et Agathon font paraître successivement l'amour sous divers aspects, chacun selon ses idées, selon son tempérament, selon son caractère. Socrate, sommé de parler à son tour, raconte une conversation qu'il avait eue jadis avec une femme de Mantinée nommée Diotime : artifice fort simple, et qui met Platon à l'aise; car il a pu ainsi faire passer sans invraisemblance, par la bouche de Socrate, toutes les idées qu'il lui plaisait, même des idées auxquelles le fils de Sophroniscus n'avait certes songé de sa vie, et exhaler tout le souffle lyrique de son âme. Voici la conclusion du discours de la prétendue femme de Mantinée : « Le droit chemin de l'amour, qu'on y marche de soi-même ou qu'on y soit guidé par un autre, c'est de commencer par les beautés d'ici-bas, et de s'élever à la beauté suprême en passant successivement, pour ainsi dire, par tous les degrés de l'échelle. Ainsi, d'un seul beau corps à deux, de deux à tous les autres, des beaux corps aux belles occupations, des belles occupations aux belles sciences. Enfin, de science en science, on parvient à la science par excellence, qui n'est autre chose que la science du beau suprême.... Supposons un homme qui contemplerait la beauté pure, simple, sans mélange, non chargée de chairs ni de couleurs humaines, ni de toutes les autres vanités périssables, la beauté divine en un mot, la beauté une et absolue. Penses-tu que ce lui serait une vie misérable d'avoir les regards tournés de ce côté, de contempler, de posséder un tel objet? Ne crois-tu pas, au contraire, que cet homme, qui perçoit le beau par l'organe auquel le beau est perceptible, sera seul capable, ici-bas, d'engendrer, non pas des fantômes de vertu, puisqu'il ne s'attache pas à des fantômes, mais des vertus véritables, car c'est à la vérité qu'il s'attache? Or, c'est à celui qui enfante et nourrit la véritable vertu qu'il appartient d'être aimé de Dieu; et si quelque homme mérite d'être immortel, c'est lui entre tous. »

La fin du dialogue est consacrée presque tout entière au panégyrique de Socrate, au tableau de sa vie comme homme, comme citoyen, comme soldat, comme instituteur de la jeunesse. Rien ne saurait donner l'idée de cette admirable apologie, aussi piquante et originale dans la forme, que satisfaisante et complète au fond. C'est Alcibiade qui s'est chargé de tracer le portrait de son maître. Il vient d'entrer dans la salle du festin avec quelques joyeux compagnons, dans l'équipage d'un homme qui a déjà fait bombance. Il est ivre; et il débite, avec la verve et la vérité du vin, tout ce qu'il sait de Socrate, tout ce qu'il a vu de lui, tout ce qu'il a contre lui sur le cœur. Je ne puis mieux faire que de citer quelques traits du début de sa bouffonne et sérieuse harangue : « Je soutiens que Socrate ressemble tout à fait à ces Silènes qu'on voit exposés dans les ateliers des statuaires, et que les artistes représentent avec des pipeaux ou une flûte à la main : séparez les deux pièces dont ces Silènes se composent, et vous verrez dedans la figure sainte de quelque divinité. Je soutiens ensuite qu'il ressemble au satyre Marsyas. Quant à l'extérieur, toi-même, Socrate, tu ne pourrais contester l'exactitude de mes comparaisons; et quant au reste, elles ne sont pas moins justes : en voici la preuve. Es-tu, oui ou non, un railleur effronté? Si tu le nies, je produirai des témoins. N'es-tu pas aussi un joueur de flûte, et bien plus merveilleux que Marsyas? Il charmait les hommes par la puissance des sons que sa bouche tirait des instruments.... La seule différence qu'il y ait entre toi et lui, c'est que, sans instruments, et simplement avec tes discours, tu produis les mêmes effets. » Suit le tableau des prestiges de cet homme divin, et le récit de ses relations avec Alcibiade à Athènes, à l'expédition militaire de Potidée, à la déroute de Délium. Puis le harangueur revient à sa première idée, et il compare non plus Socrate, mais les discours de Socrate, aux Silènes qui s'ouvrent : « Malgré le désir qu'on a d'entendre parler Socrate, ce qu'il dit paraît, au premier abord, parfaitement grotesque. Les mots et les expressions qui revêtent extérieurement sa pensée sont comme la peau d'un outrageux satyre. Il vous parle d'ânes bâtés, de forgerons, de cordonniers, de corroyeurs, et on le voit disant toujours les mêmes choses dans les mêmes termes; de sorte qu'il n'est pas d'ignorant ni de sot qui ne soit prêt à se moquer de ses paroles. Mais qu'on ouvre ses discours,

qu'on pénètre à l'intérieur, et l'on trouvera d'abord qu'eux seuls ont du sens, ensuite qu'ils sont tout divins, et qu'ils renferment en foule de saintes images de vertu, et presque tous les principes, je me trompe, tous les principes où doit fixer ses regards quiconque aspire à devenir homme de bien. »
Il est impossible, on en conviendra, de caractériser d'une manière plus frappante et l'éloquence populaire de Socrate, et la tendance tout à la fois pratique et élevée de ses doctrines.

La République et les Lois.

Les dialogues qui forment les dix livres de la *République* et les douze livres des *Lois* sont essentiellement expositifs et didactiques. Ils ne pouvaient donc avoir toutes ces qualités dramatiques que nous admirons dans la plupart des autres. Mais ce désavantage y est bien compensé par la richesse des développements oratoires. C'est là aussi que Platon s'est donné ses coudées franches, et qu'il a été le plus complétement lui-même. Ce ne sont plus seulement les conversations de Socrate plus ou moins idéalisées ; ce sont, peu s'en faut, les leçons de Platon dans l'Académie. Socrate est encore le principal interlocuteur de la *République*; mais, tout en conservant sa physionomie connue, il s'est transformé jusqu'à un certain point, et ses discours ont pris, en général, une ampleur et une majesté inaccoutumées. Dans les *Lois*, il n'est pas même question de Socrate. L'étranger athénien qui a le premier rôle, c'est Platon lui-même, avec toute la gravité, toute la grâce noble, toute la majestueuse sérénité de son caractère. Aussi ces deux grandes compositions sont-elles remplies de morceaux magnifiques, et d'un ordre un peu différent, par la forme au moins, de tout ce qu'on rencontre dans les autres dialogues. La *République* particulièrement, que Platon a portée à toute la perfection où il la voulait laisser, est comme une sorte de musée, où les yeux sont charmés de tous côtés par de merveilleux tableaux. Je n'en détacherai qu'un seul, mais le plus extraordinaire peut-être, celui que les Pères de l'Église ont si souvent rappelé, et qui semble comme une prophétie du christianisme. C'est le portrait idéal du méchant et de l'homme de bien :

« Il faut d'abord que l'homme injuste se conduise comme font les artistes habiles. Ainsi un bon pilote, un bon médecin, voit clairement jusqu'où son art peut aller, ce qui est possible ou impossible : il tente l'un, il abandonne l'autre; puis, s'il a fait par hasard quelque faute, il sait adroitement la réparer. Il faut de même que l'homme injuste conduise ses injustices avec assez d'adresse pour n'être pas découvert, puisqu'il doit être injuste par excellence; et celui qui se laisse surprendre en défaut doit passer pour malhabile. Car l'injustice suprême, c'est de paraître juste sans l'être. Donnons donc à l'homme parfaitement injuste l'injustice parfaite. Ne lui ôtons rien de ses ressources. Permettons-lui, tout en commettant les plus grands crimes, de se faire la réputation du plus juste des hommes. S'il vient par hasard à broncher, qu'il sache se relever aussitôt. Qu'il soit assez éloquent pour persuader son innocence à ses juges, si jamais on l'accuse de quelqu'un de ces crimes; assez courageux, assez puissant par lui-même, par les amis qu'il s'est faits, par la richesse qu'il a acquise, pour emporter de force ce qu'il ne pourra obtenir que par la force.

« En présence de cet homme ainsi doué, plaçons, par le discours, l'homme juste, c'est-à-dire un homme simple, généreux, et qui veut, selon l'expression d'Eschyle, non point paraître vertueux mais l'être. Il faut donc lui ravir la réputation d'honnête homme. Car, s'il passe pour tel, ce renom lui vaudra honneurs et récompenses; et l'on ne distinguera plus s'il est vertueux par amour de la justice même, ou seulement des honneurs et des biens qu'il en tire. En un mot, dépouillons-le de tout hormis de la justice, et faisons-en l'opposé complet de notre méchant. Que, sans commettre d'injustice, il passe pour le plus scélérat des hommes, afin que sa vertu soit mise à l'épreuve. Que rien ne le fasse fléchir, ni l'infamie, ni les mauvais traitements; mais qu'il demeure inébranlable jusqu'à la mort, ayant toute sa vie le renom d'homme injuste, et juste pourtant. Voilà donc deux hommes parvenus au degré suprême, l'un de la justice, l'autre de l'injustice :

jugez maintenant lequel est le plus heureux. » Un peu plus loin, Platon complète ainsi le dernier portrait : « Ce juste, tel que je l'ai dépeint, on le fouettera, on le mettra à la torture, on le chargera de chaînes, on lui brûlera les deux yeux; enfin, après qu'il aura enduré mille maux, on l'attachera sur une croix, et on lui fera sentir qu'il ne faut pas s'embarrasser d'être juste, mais de le paraître. »

Platon, dans le *Gorgias*, avait posé d'une main ferme et sévère les principes de cette austère et sublime morale. Quel malheur qu'il ait construit pour des demi-dieux, et non pour des êtres humains, sa cité imaginaire, et qu'il ait mêlé aux vérités les plus hautes et les plus fécondes de graves et funestes erreurs! Sans doute Platon a réduit, dans les *Lois*, l'idéal de l'État à des proportions moins fantastiques et plus réalisables en ce monde, et il s'y est montré plus constamment fidèle à ses propres principes; mais je ne puis m'empêcher de regretter que le plus grand des moralistes et des politiques ait mérité une fois d'être nommé le plus grand des utopistes.

Diversité infinie de l'œuvre de Platon.

Je n'ai rien dit des mythes de Platon, de ces récits allégoriques où le philosophe a su rendre sensible aux yeux ce qui échappait aux prises mêmes de sa dialectique subtile : vérités de sentiment, rêveries, probabilités, surtout les merveilles du monde intelligible. Je n'ai pas parlé des préambules de quelques dialogues, de ceux du *Phèdre* par exemple et de la *République*, qui sont des modèles du genre, jusqu'à présent incomparables. J'ai oublié de mentionner ces histoires ou ces contes, que Platon contait si bien, tels que le récit de l'invention des caractères d'écriture, ou celui des aventures de Gygès. Après avoir consacré tant de pages à Platon, je m'aperçois que j'aurais encore presque tout à dire; et pourtant je suis contraint de m'arrêter. Je devrais montrer Platon établissant, dès ses débuts, les principes éternels et immuables de l'esthétique, comme on la nomme, en même temps que ceux de la morale, et préludant par les brillantes images du

Phèdre aux images sublimes du *Banquet*. Je devrais le montrer, dans l'*Ion*, définissant l'indéfinissable, et donnant à qui veut une claire idée de l'essence même de la poésie; dans le *Ménexène*, traçant après tant d'autres le panégyrique de sa patrie, avec une éloquence digne de Périclès, qu'il fait parler, et digne de lui-même : le *Ménexène* est un modèle d'oraison funèbre que Platon a voulu présenter aux sophistes et aux orateurs qui avaient si souvent profané, depuis Gorgias, la noble fonction de payer à des braves un dernier tribut d'affection et de reconnaissance. J'aurais enfin à analyser une foule de chefs-d'œuvre dont je n'ai pas même prononcé les noms : le *Premier Alcibiade*, ou de la nature humaine; le *Criton*, fameux par la prosopopée des Lois, qui rappellent à Socrate ses devoirs de citoyen ; le *Critias*, ou la description de cette Atlantide jadis rêvée par Solon; le *Grand Hippias*, ou la réfutation des fausses théories du beau, etc. Et, au bout de ce long travail, il me restait encore à chercher et comment les doctrines littéraires de Platon forment avec sa morale un tout indissoluble, et comment Platon est tout entier, je dis le philosophe, dans la théorie des idées. Mais je me bornerai à citer ce passage de l'*Orateur*, où Cicéron a résumé, avec tant de netteté et un si rare bonheur d'expressions, tout ce qu'il m'importe de rappeler ici, tout ce qui a le plus directement rapport à l'objet que nous avons eu vue :

« J'émets d'abord en fait qu'il n'y a rien de si beau, dans aucun genre, qui ne soit inférieur en beauté à cette autre chose dont il reproduit les traits, à cet original que ne peuvent percevoir ni les yeux, ni les oreilles, ni aucun sens, et que seules embrassent la pensée et l'intelligence. Ainsi nous pouvons imaginer des œuvres plus belles même que les statues de Phidias, qui sont ce qu'on voit de plus parfait en ce genre.... Et quand cet artiste façonnait la figure de Jupiter ou de Minerve, il n'avait pas sous ses yeux un modèle vivant dont il tirât la ressemblance ; mais il y avait dans son esprit une image incomparable de beauté, qu'il voyait, qui fixait son attention, dont son art et sa main cherchaient à saisir les traits. De même donc que dans les formes et les figures, il y a aussi, pour les objets qui ne tombent pas d'eux-mêmes sous les yeux, quelque chose de parfait et d'excellent, dont l'image intelligible sert de modèle à nos imitations : ainsi nous voyons par l'esprit l'image de la parfaite éloquence ; nous en cherchons la copie par les oreilles. Ces formes des choses, Platon les appelle *idées*.... Il dit qu'elles ne naissent point, qu'elles sont de tout temps, et qu'elles sont contenues dans la raison et l'intelligence. Toutes les autres choses, selon lui, naissent, périssent, s'écoulent, disparaissent, et ne restent pas longtemps dans un seul et même état. Par conséquent, tout objet dont on veut disputer avec méthode doit toujours être ramené à la forme suprême, au type du genre dont il fait partie. »

Style de Platon.

Entre tant de formules dont on s'est servi pour faire comprendre ce qu'est le style de Platon, la moins imparfaite est celle de Quintilien, qui laisse pourtant en dehors quelques-uns des plus magnifiques côtés de ce prodigieux écrivain : « De tous les philosophes, dit-il, dont M. Tullius avoue avoir tiré le plus de parti pour l'éloquence, peut-on douter que Platon ne soit le premier, soit par la finesse de la discussion, soit par une faculté d'élocution divine et homérique? car il s'élève beaucoup au-dessus du style de la prose.... Aussi me semble-t-il inspiré non pas d'un esprit humain, mais d'un esprit comme celui qui parlait à Delphes par la voix des oracles. » Notez qu'il n'y a rien, dans les paroles de Quintilien, qui fasse soupçonner cette puissance dramatique que nous avons admirée, ni surtout cette veine comique, cette infinie variété de tons, toutes les qualités enfin par lesquelles Platon ne brillait pas moins peut-être que par la majesté épique et oratoire, ou par l'habileté à triompher dans la dispute. Je n'essayerai pas à mon tour une appréciation qui, pour être plus complète que les autres, risquerait toujours d'être fort défectueuse, à moins d'être développée à l'infini et de sortir des bornes étroites de cet ouvrage. A ceux pour qui Platon est l'inconnu, je ne dirai qu'un mot, mais expressif je crois, et qui leur donnera une idée à peu près suffisante de cet incomparable génie. Qu'ils imaginent un homme qui serait tout à la fois Pascal, Bossuet et Fénélon. Cet homme, ce n'est pas encore Platon écrivain ; mais Platon philosophe dépasserait ce colosse, et de cent coudées.

CHAPITRE XXXI.

ARISTOTE ET THÉOPHRASTE.

Comparaison d'Aristote et de Platon. — Vie d'Aristote. — Poésies d'Aristote. — Dialogues d'Aristote. — Traités populaires. — Caractère des grands ouvrages d'Aristote. — Vie de Théophraste. — Les *Caractères*.

Comparaison d'Aristote et de Platon.

Aristote nous apparaît avant tout, et presque uniquement, comme le contradicteur de Platon ; non-seulement comme le contradicteur de ses doctrines, mais comme un écrivain qui avait pris à tâche de différer absolument, et par le ton et par le style, de l'auteur du *Phédon* et du *Banquet*. Ce n'est là pourtant qu'une image incomplète et trompeuse. Aristote fut, dans la réalité, je ne dis pas plus digne de son divin maître, mais beaucoup plus semblable à Platon qu'on ne le prétend d'ordinaire. Quant aux doctrines, Aristote a beau prendre sans cesse Platon à partie : ce qu'il a conservé de Platon est bien plus considérable que ce qu'il en a rejeté ; il n'a fait le plus souvent que répéter sous une autre forme, plus sévère et plus scientifique, ce que Platon avait chanté en poëte ou révélé en hiérophante ; et, là même où il attaque le plus vivement Platon, ce sont encore des conceptions platoniciennes qu'il perfectionne ou qu'il détériore, plutôt que des idées vraiment nouvelles qu'il introduit dans la science. Il est resté bien plus spiritualiste et bien plus platonicien qu'il ne l'avouait lui-même. Son originalité philosophique n'a brillé de tout son éclat que dans les sciences que Platon avait négligées, ou qu'il n'avait pu connaître. Partout ailleurs, ce n'est guère qu'une méthode nouvelle substituée à une ancienne méthode; et les résultats sont en général moins satisfaisants, même pour la raison.

« De toutes les sciences, dit Cuvier, celle qui doit le plus à Aristote, c'est l'histoire naturelle des animaux. Non-seulement il en a connu un grand nombre d'espèces, mais il les a étudiées et décrites d'après un plan vaste et lumineux, dont peut-être aucun de ses successeurs n'a approché ; rangeant les faits non point selon les espèces, mais selon les organes et les fonctions, seul moyen d'établir des résultats comparatifs : aussi peut-on dire qu'il est non-seulement le plus ancien auteur d'anatomie comparée dont nous possédions les écrits, mais encore que c'est un de ceux qui ont traité avec le plus de génie cette branche de l'histoire naturelle, et celui qui mérite le mieux d'être pris pour modèle. Les principales divisions que les naturalistes suivent encore dans le règne animal sont dues à Aristote; et il en avait déjà indiqué plusieurs, auxquelles on est revenu dans ces derniers temps, après s'en être écarté mal à propos. Si l'on examine le fondement de ces grands travaux, on verra qu'ils s'appuient tous sur la même méthode, laquelle dérive elle-même de la théorie sur l'origine des idées générales. Partout Aristote observe les faits avec attention; il les compare avec finesse, et cherche à s'élever vers ce qu'ils ont de commun. »

Quant au style d'Aristote, il n'en faut pas juger uniquement d'après les ouvrages qui nous sont parvenus. Aristote avait eu plusieurs manières. Ce n'est que dans son âge mûr et dans sa vieillesse qu'il dépouilla complétement l'artiste, et qu'il écrivit avec ce dédain de l'élégance et de la grâce, avec cette concision excessive qui ne redoute pas les ténèbres, et qui réduit presque la diction à une sténographie de la pensée. Il avait composé, en plusieurs genres, des ouvrages admirables par la richesse et le coloris du style ; et ses dialogues, sans égaler ceux de Platon, étaient comptés parmi les plus beaux monuments de la littérature grecque. Son imagination était vive et puissante; il était poëte comme l'avait été son maître, et il s'était exercé avec succès au maniement des rhythmes de la poésie, même de la poésie lyrique. Les vers qui restent de lui, les débris de ses dialogues, de ses traités populaires, et le témoignage unanime des auteurs anciens, prouvent qu'il avait été, durant longtemps, le continuateur des traditions littéraires de l'Académie.

Vie d'Aristote.

Aristote était né en 384, à Stagire sur le golfe Strymonien. Nicomachus son père, qui était médecin d'Amyntas II, roi de Macédoine, le laissa orphelin fort jeune, sous la tutelle d'un certain Proxène, d'Atarne en Asie Mineure. A dix-sept ans, Aristote vint étudier à Athènes; trois ans après il commença à suivre les leçons de Platon, et il ne quitta plus l'Académie qu'à la mort du philosophe. En 348, il retourne à Atarne, se lie d'amitié avec le tyran Hermias, et devient son gendre. En 345, Hermias est assassiné, et Aristote se réfugie dans l'île de Lesbos. Philippe, roi de Macédoine, l'appelle à sa cour, et lui confie l'éducation d'Alexandre. Quand Alexandre fut monté sur le trône, Aristote vint se fixer à Athènes, et ouvrit une école de philosophie, dans le gymnase nommé Lycée. Après la mort d'Alexandre, en 323, il fut obligé de quitter Athènes, pour échapper à une accusation d'impiété, et il s'enfuit à Chalcis en Eubée, où il mourut de maladie, vers la fin de l'année suivante, à l'âge de soixante-deux ans.

Poesies d'Aristote.

Cet écrivain, que nous connaissons si froid, si sec, si rude, si peu facile à entendre, a eu cette singulière fortune qu'en dépit des ravages du temps, nous possédons encore, de ses poésies, quelques échantillons assez beaux pour nous forcer à saluer en lui le premier poëte lyrique de son siècle, un vrai fils de Simonide et de Pindare, un poëte qui eût mérité, même à ce seul titre, même en un siècle plus favorisé des Muses, éloges et renom. Les fragments des chants épiques et des élégies d'Aristote sont trop informes ou trop insignifiants pour qu'on puisse juger s'il avait marché d'un pied suffisamment ferme dans les voies d'Homère et de Tyrtée. Mais le scolie sur Hermias, qu'on nomme aussi l'*Hymne à la Vertu*, est une des plus pures et des plus sublimes inspirations du génie antique :

« Vertu, objet des travaux de la race mortelle, le plus noble but que puisse poursuivre notre vie ! pour ta beauté, ô vierge ! mourir même est dans la Grèce un sort envié, et endurer sans fléchir d'accablantes fatigues ; si vive est la passion que tu jettes dans le cœur, si pleins d'immortalité les fruits que tu portes ! fruits plus précieux que l'or, qu'un père ou une mère, que le sommeil qui nous repose à la fin du jour. C'est pour toi qu'Hercule fils de Jupiter, que les fils de Léda ont accompli de pénibles exploits, proclamant par leurs œuvres ta puissance souveraine. C'est par amour pour toi qu'Achille et Ajax sont descendus au séjour de Pluton ; c'est pour ta beauté chérie que le nourrisson d'Atarne [Hermias] a mis en deuil la lumière du soleil. Aussi est-il glorieux par ses œuvres ; et les Muses le rendront immortel, les Muses filles de Mnémosyne, qui célébreront en lui l'ami sûr et fidèle, l'observateur des lois de Jupiter hospitalier. »

On suppose que cette ode faisait partie du recueil lyrique cité sous le titre d'*Éloges*. D'ailleurs, son authenticité est incontestable. On la lit dans le *Banquet des Sophistes*, dans Diogène de Laërte et dans Stobée.

Dialogues d'Aristote.

Les dialogues d'Aristote étaient des ouvrages d'une lecture fort agréable, et égayés de tous les ornements qu'admettait ce genre multiple et divers. Un passage de l'*Eudème*, cité par Plutarque dans la *Consolation à Apollonius*, en fournit une preuve frappante : « O toi, le plus grand et le plus fortuné des hommes ! sache que nous estimons heureux ceux qui sont morts, et que nous regardons comme une impiété de mentir ou de médire sur leur compte, maintenant qu'ils sont devenus bien plus parfaits. Cette opinion est si ancienne, que personne n'en connaît ni l'auteur ni la première origine. Elle est établie parmi nous depuis plusieurs siècles. D'ailleurs, tu sais la maxime qui de tout temps est dans la bouche de tout le monde. — Quelle est-elle ? — C'est que le plus grand bien est de ne pas naître, et que la mort est préférable à la vie. Les dieux ont souvent confirmé cette maxime par leur témoignage, et particulièrement lorsque Midas, ayant pris un Silène à la chasse, lui demanda ce qu'il y avait de meilleur et de plus désirable pour l'homme. D'abord le Silène refusa de répondre, et garda un silence obstiné. Enfin, Midas ayant mis tout en œuvre pour le forcer à le rompre, il se fit violence, et il proféra ces paroles : « Fils éphémères d'un dieu terrible et « d'une Fortune jalouse, pourquoi me forcer de vous dire ce « qu'il vous vaudrait mieux ignorer ? La vie est moins misé- « rable lorsqu'on ignore les maux qui en sont l'apanage. Les « hommes ne peuvent avoir ce qu'il y a de meilleur, et ils ne « sauraient participer à la nature la plus parfaite. Ce qui « vaudrait mieux pour eux, c'est de n'être pas nés. Le second « bien après celui-là, et le premier entre ceux dont les « hommes sont capables, c'est de mourir de bonne heure. »

L'*Eudème* était, pour ainsi dire, le *Phédon* d'Aristote. Aristote y établissait, par des arguments à lui, la doctrine de son maître sur la nature de l'âme et sur ses destinées après cette vie. Les autres dialogues étaient, pour la plupart, des traités moraux. Dans quelques-uns aussi Aristote avait discuté, et toujours au sens platonicien, les questions relatives à l'art oratoire. Le *Gryllus*, par exemple, était une appréciation sévère de l'enseignement des sophistes, et comme un dernier écho des belles discussions du *Gorgias* et du *Protagoras*.

Traités populaires.

On dit qu'Aristote abandonna dès sa jeunesse la forme du dialogue, parce qu'il désespérait de jamais égaler Platon. Mais il ne fit pas pour cela divorce avec les Grâces; et l'homme qui, à quarante ans, cultivait encore la poésie, et la poésie lyrique, conserva, assez longtemps après la mort de Platon, le goût du beau style et de l'élégance littéraire. Il est probable que la plupart des traités qu'il écrivit sous la

forme didactique, jusqu'à l'époque où il ouvrit l'école du
Lycée, étaient non moins remarquables par les agréments de la
diction que par la solidité des principes. Sans cela, comment
Cicéron aurait-il pu parler de l'éloquence d'Aristote, et se
donner lui-même pour un imitateur de sa manière? L'éloge
d'Aristote par Quintilien fait allusion aussi à des traités fort
différents de l'*Organon*, de la *Métaphysique*, de la *Politique*
même : « Je ne sais si Aristote est plus distingué ou par la
profondeur de la science, ou par le nombre de ses écrits, ou
par *la douceur de son style*, ou par la pénétration de son esprit inventif, ou par la variété de ses ouvrages. » La *Lettre à
Alexandre sur le Monde* est le seul des écrits d'Aristote où
l'on trouve aujourd'hui quelque chose de cette douceur de
style; et le chapitre sixième de cet opuscule prouve que Cicéron était fondé à vanter l'éclat et l'abondance de la diction
d'Aristote, et son éloquence même. Il n'y a pas beaucoup
d'écrits antiques, après ceux de Platon, où l'on ait jamais
parlé de Dieu, de la cause motrice et conservatrice du monde,
en termes plus magnifiques ni avec de plus frappantes
images. Quand même ce traité serait apocryphe, comme le
veulent quelques-uns sur des raisons légères, on serait
toujours en droit d'affirmer qu'Aristote en avait composé
d'analogues. Et c'est probablement d'un de ces traités que
Cicéron a tiré le morceau si vif et si remarquable qu'il cite
quelque part dans son ouvrage *de la Nature des Dieux*[1].

Caractère des grands ouvrages d'Aristote.

Je dois dire toutefois que, dès avant l'époque où Philippe
l'appela en Macédoine, Aristote avait déjà entrepris de dompter
la passion de ses contemporains pour les futilités brillantes,
et de s'imposer au lecteur par la seule force du raisonnement, par l'attrait unique de la vérité. C'est dans sa retraite
de Mitylène, vers 344, qu'il avait composé, dit-on, sa *Politique*. La forme de ce traité est d'une sévérité déjà toute
scholastique; mais la nature du sujet force à chaque instant

1. Livre II, chapitre xxviii.

le philosophe, bon gré mal gré, à se dérider quelque peu, et à égayer, ou, si l'on veut, à éclairer la discussion par des exemples empruntés à l'histoire, par des esquisses de mœurs ou de caractères. La *Politique* s'adressait aux hommes d'État et aux penseurs de tous les pays et de toutes les écoles. Mais la plupart des autres grands ouvrages d'Aristote semblent n'avoir été écrits que pour l'usage particulier des disciples du Lycée. Ce sont les résumés des leçons que le philosophe leur faisait deux fois par jour, en se promenant à l'ombre des arbres. Ce sont ces fameux traités *acroatiques* ou *acroamatiques*, dont le nom même indique la destination spéciale, car le mot ἀκρόαμα signifie *leçon*, et qui ne furent connus du vulgaire que longtemps après la mort d'Aristote. Tels sont, par excellence, la *Physique*, la *Métaphysique*, les traités de logique qui forment ce qu'on appelle l'*Organon*. La *Rhétorique* elle-même avait besoin du commentaire du maître. Les seuls initiés y pouvaient trouver plaisir sans trop de labeur. Il y a, dans ce livre, beaucoup de choses sèches, subtiles, sans application pratique. Ce sont trop souvent des curiosités de psychologue ou même de sophiste. Fénelon n'a pas tort de dire que l'ouvrage d'Aristote sert bien plus à faire remarquer les règles de l'art à ceux qui sont déjà éloquents, qu'à inspirer l'éloquence et à former de vrais orateurs. Mais Aristote entendait faire sans doute une sorte de philosophie de l'éloquence, et non pas un manuel d'invention oratoire à l'usage des apprentis Périclès.

Je ne dis rien de la *Poétique*, qui n'est qu'un informe lambeau d'un ouvrage perdu, ou que l'ébauche d'un ouvrage inachevé. Ce petit livre, infiniment trop célèbre, est précieux pour les renseignements qu'il fournit à l'histoire; mais il est plein de théories hasardées, et il prouve qu'Aristote s'entendait mieux à composer de beaux vers qu'à définir l'essence de la poésie, ou qu'à régler les lois des genres littéraires. Il suffit, pour sentir toute la fausseté et tout le néant de ce prétendu code, de relire le *Phèdre* et l'*Ion*. Je ne crois pas qu'il y ait rien de plus étrange, dans les fastes de l'esprit humain, que la fortune de cette *Poétique*, s'imposant au monde dans le temps même où la philosophie d'Aristote perdait toute autorité, et conservant pendant plus de deux siècles son empire, en dépit presque de toute raison. Il est vrai qu'on ne confrontait guère le texte d'Aristote, et qu'on s'en rapportait aveuglément aux commentateurs. Mais ce qui est aussi étrange pour le moins, c'est que les Heinsius, les d'Aubignac et d'autres, aient pu trouver ce qu'ils ont trouvé dans ce texte; et je tombe de mon haut, quand je vois tout ce qu'ils ont rêvé *en cherchant à comprendre la purgation des passions par la terreur et la pitié*, et comment tout ce qui est dans l'épopée est dans la tragédie, et comment l'homme est poëte parce qu'il a l'instinct de l'imitation à un plus haut degré que le singe. *Ce n'est pas leur faute si le génie de Corneille et de Racine n'a pas été étouffé dans cette prison qu'ils avaient construite*, et où n'aurait pu vivre assurément la libre et fière nature des Eschyle, des Sophocle et des Euripide.

On rencontre pourtant çà et là, dans les traités acroamatiques, à travers ce prodigieux dédale de distinctions, de définitions et de syllogismes, des choses un peu plus humaines, et qui rappellent l'Aristote platonicien. Il y en a jusque dans la *Métaphysique*. Ainsi, par exemple, les pages admirables où Aristote décrit les caractères de la vraie philosophie, et en particulier ce charmant passage[1] : « De même que nous appelons homme libre celui qui s'appartient et qui n'a pas de maître, de même cette science, seule entre toutes les sciences, peut porter le nom de libre. Celle-là seule en effet ne dépend que d'elle-même. Aussi pourrait-on, à juste titre, regarder comme plus humaine la possession d'une telle science. Car la nature de l'homme est esclave par tant de points, que Dieu seul, pour parler comme Simonide, devrait jouir de ce beau privilége. Toutefois il est indigne de l'homme de ne pas chercher la science à laquelle il peut atteindre. Si les poëtes ont raison, si la divinité est capable de jalousie, c'est à l'occasion de la philosophie surtout que cette jalousie devrait naître, et tous ceux qui s'élèvent par la pensée devraient être malheureux. Mais il n'est pas possible que la divinité soit jalouse; et les poëtes, comme dit le proverbe, sont souvent

---

[1]. Aristote, *Métaphysique*, livre I, chapitre II.

menteurs. » Mais ces bonnes fortunes de style sont rares, même dans la *Rhétorique*, même dans les ouvrages de morale.

Si j'ose dire bien franchement toute ma pensée, il me semble que la gloire d'Aristote n'aurait rien perdu, et que la vérité aurait gagné beaucoup, si ces textes difficiles, scabreux, trop souvent unintelligibles, ou, ce qui revient au même, susceptibles souvent de dix interprétations diverses, avaient pu être praticables à tous les lecteurs, ou du moins à tous les hommes dont le sens est droit et l'esprit cultivé. Le départ du vrai et du faux se serait fait bien vite ; Aristote aurait appartenu au monde entier, et non point à une secte ; et il n'aurait pas eu cette déplorable destinée de déchoir et de remonter alternativement dans l'estime des hommes, et de subir tour à tour ou des adorations insensées ou des mépris non mérités. Son génie l'aurait maintenu à jamais parmi les grands écrivains ; et, en dépit des vicissitudes de ses systèmes, il aurait eu éternellement des lecteurs sinon des disciples, des admirateurs sinon des fanatiques.

Vie de Théophraste.

Le philosophe qu'Aristote avait proclamé le plus savant et le plus habile de ses auditeurs, Théophraste, le second chef de l'école du Lycée, se garda bien de suivre les erremeu's littéraires de son maître ; ou plutôt il choisit parmi les exemples d'Aristote, et il se fit une manière à la fois sobre et élégante, analogue à celle des traités qu'on nommait *exotériques*, c'est-à-dire populaires. Théophraste, qui n'avait guère qu'une douzaine d'années de moins qu'Aristote, était plutôt son ami et son collaborateur que son disciple. Il avait assisté avec lui aux leçons de Platon dans l'Académie. Ce nom de Théophraste, sous lequel nous le connaissons, lui fut décerné par les auditeurs du Lycée, que charmait sa parole : *Théophraste* signifie parleur divin. Quand il était venu de la ville lesbienne d'Érèse sa patrie, il se nommait Tyrtame. Il avait quarante-neuf ans en 422, à la mort d'Aristote. Il vécut, selon quelques-uns, au delà d'un siècle. Si la préface des *Caractères* était authentique, c'est à l'âge de quatre-vingt-dix-neuf ans qu'il aurait tracé ces fines et spirituelles esquisses. Mais l'opinion la plus probable est celle qui le fait mourir en 286, à quatre-vingt-cinq ans. Il avait composé d'innombrables ouvrages, dont quelques-uns nous sont parvenus. Ce sont, pour la plupart, des traités relatifs à l'histoire naturelle, à la météorologie, à la métaphysique, c'est-à-dire des livres où Théophraste devait à peu près se borner à être clair, simple, précis, comme il l'est en effet, et qu'un homme de génie, Platon ou Buffon, ou même Aristote, eût pu seul élever jusqu'à l'éloquence et jusqu'au sublime : or, Théophraste n'était qu'un homme de beaucoup de savoir et de beaucoup d'esprit. Mais les *Caractères* nous donnent une idée des agréables qualités auxquelles Théophraste avait dû son beau nom.

Les Caractères.

Les *Caractères* ne sont point un livre, quoi qu'en dise la préface apocryphe dont j'ai parlé. Ce sont des extraits d'un grand ouvrage aujourd'hui perdu, peut-être d'une *Poétique*. Ce sont probablement, comme on l'a conjecturé, des modèles que Théophraste avait dessinés pour l'usage des poëtes. Aristote lui-même avait donné l'exemple de cette méthode pratique, non pas dans sa *Poétique*, mais dans sa *Rhétorique* et dans sa *Morale*. Qui ne connaît le tableau des quatre âges de la vie qu'Horace a tiré du deuxième livre de la *Rhétorique*, et que Boileau a mis en beaux vers d'après Horace ? Mais ce qui n'était qu'un heureux accident dans les livres essentiellement techniques d'Aristote, était devenu ce semble, dans l'œuvre de Théophraste, une portion fort importante, sinon la portion capitale. D'ailleurs, Aristote se bornait à quelques traits fort généraux, et jetés sans beaucoup d'art ni d'apprêt. Théophraste pénètre plus avant dans l'analyse des vices et des travers : il les décrit avec détail, et jusque dans les plus fines nuances. Ses portraits, sobrement colorés par une imagination heureuse et tempérée, ont pourtant une certaine monotonie, qui tient à la répétition à peu près identique des formules de définition usitées parmi les péripatéticiens. Les

Caractères sentent un peu l'école. Il est à regretter que Théophraste n'ait pas cherché davantage cet agrément de la variété, qui doublerait non pas la valeur réelle mais le charme des portraits. Mais ce défaut était bien plus léger aux yeux des Grecs qu'aux nôtres :

« Cet ouvrage, dit la Bruyère, a toujours été lu comme un chef-d'œuvre dans son genre. Il ne se voit rien où le goût attique se fasse mieux remarquer, et où l'élégance grecque éclate davantage. On l'a appelé un livre d'or. Les savants, faisant attention à la diversité des mœurs qui y sont traitées, et à la manière naïve dont tous les caractères y sont exprimés, et la comparant d'ailleurs avec celle du poëte Ménandre, disciple de Théophraste, ne peuvent s'empêcher de reconnaître, dans ce petit ouvrage, la première source de tout le comique; je dis de celui qui est épuré des pointes, des obscénités, des équivoques, qui est pris dans la nature, qui fait rire les sages et les vertueux. »

La Bruyère, comme presque tous les traducteurs, surfait un peu l'original sur lequel il a travaillé. Sa copie, hélas! ne donne pas beaucoup l'idée d'un chef-d'œuvre, surtout d'un chef-d'œuvre de bon comique. Mais il ne faut pas juger des *Caractères* d'après la traduction de la Bruyère. La Bruyère traduisait sur un texte fautif et très-incomplet. Il y a des portions de caractères, et même deux caractères entiers, qu'on a retrouvés depuis, dans des manuscrits inconnus des premiers éditeurs. Il faut dire aussi que la Bruyère n'a pas même traduit l'ancien texte avec beaucoup d'exactitude, et qu'en reproduisant la pensée d'autrui, il n'a presque rien de cette verve, de cette spirituelle vivacité, de cette énergie et de cet éclat avec lequel il exprime ses propres pensées. Je vais donner la traduction à peu près exacte d'un des caractères dont le texte diffère le plus de celui que la Bruyère avait sous les yeux. C'est le vingt-sixième, intitulé *de l'Oligarchie*. Après avoir défini ce qu'il entend par là, Théophraste parle comme il suit de l'amateur d'oligarchie, autrement dit de l'antidémocrate :

« Quand le peuple se dispose à adjoindre à l'archonte quelques citoyens, pour l'aider de leurs soins dans la conduite d'une fête publique, notre homme prend la parole, et soutient qu'il leur faut donner un plein et entier pouvoir. Et si d'autres proposent d'en élire dix, il s'écrie qu'il suffit d'un seul. De tous les vers d'Homère il n'a retenu que celui-ci : *Le commandement de plusieurs n'est pas bon; qu'il n'y ait qu'un seul chef;* il ignore tous les autres. Voici, du reste, quels sont ses discours habituels : « Il nous faut délibérer en « conseil particulier sur ces objets; il faut nous délivrer de « cette multitude assemblée sur la place, et lui fermer le « chemin des magistratures. » Si le peuple l'accueille par des huées ou lui fait quelque affront : « Il faut qu'eux ou nous « quittions la ville. » Il sort de chez lui vers le milieu du jour, bien drapé dans son manteau, la chevelure et la barbe ni trop ni trop peu rognées, les ongles artistement taillés; il fanfaronne par la place, disant : « Il n'y a plus moyen de « vivre dans la ville, à cause des sycophantes; » et encore : « Quel supplice, dans les tribunaux, d'avoir à subir ces « maudits plaideurs! » et : « Je m'étonne qu'on soit assez « fou pour briguer les charges publiques. La multitude est « ingrate, et elle se donne sans cesse au plus offrant et au « plus prodigue. » Il exprime sa honte de voir assis à côté de lui, dans l'assemblée, un citoyen maigre et malpropre. « Quand cesserons-nous, dit-il encore, de nous ruiner en « acceptant des fonctions onéreuses, et en équipant des tri-« rèmes? » Il déclare l'engeance des démagogues une peste détestable; et c'est Thésée, selon lui, qui fut la cause première de tous les maux d'Athènes. « C'est Thésée, dit-il, « qui rassembla dans la ville le peuple des douze bourgs; « c'est lui qui détruisit le pouvoir royal. Mais il en a porté la « juste peine; il a été la première victime des haines popu-« laires. » Et ces discours, et d'autres qui les valent, il les tient aux étrangers tout aussi bien qu'à ceux des citoyens qui sympathisent avec lui de mœurs et de sentiments.

CHAPITRE XXXII.

ORATEURS DU QUATRIÈME SIÈCLE AVANT J. C.

Isocrate. — La rhétorique d'Aristote et la rhétorique d'Isocrate. — Isocrate orateur. — *L'Antidosis*. — Isée — Lycurgue d'Athènes. — Hypéride. — Dinarque. — Démade. — Phocion.

Isocrate.

Je reviens aux orateurs. Le premier nom que je rencontre est celui d'un homme qui fut moins orateur peut-être que ne l'avait été Lysias, et dont nul orateur, chez les Grecs, n'égala, ne balança même la renommée. Isocrate n'est qu'un sophiste, le plus habile si l'on veut, le plus savant et le plus honnête de tous, mais toujours et partout un sophiste, même quand il accable les sophistes de ses injures.

Isocrate naquit en l'an 436 avant notre ère. Ses premiers maîtres furent des sophistes, Gorgias, Prodicus et d'autres. Socrate, qu'il suivit assez tard, fut impuissant à effacer de son esprit l'empreinte de funestes doctrines, et ne parvint à en faire ni un philosophe ni un sage. Il demeura toute sa vie un homme avide d'argent, de plaisirs et de réputation, et, ce semble, un politique sans principes bien arrêtés, pour ne pas dire vil et mercenaire. Il se destinait aux magistratures; mais la faiblesse de sa voix et la timidité insurmontable de son caractère lui interdirent l'accès de la tribune. Pour se dédommager de cet inconvénient, et pour réparer les brèches que la guerre du Péloponnèse avait faites à son patrimoine, il ouvrit une école d'éloquence. Il se fit rhéteur, comme nous dirions; mais les Grecs n'avaient qu'un seul mot pour désigner le rhéteur et l'orateur véritable. On le nommait donc Isocrate l'orateur. Il eut bientôt de nombreux disciples. Il écrivait des discours sur toute sorte de sujets, et particulièrement des plaidoyers. Il entretenait une brillante et lucrative correspondance avec les rois de Cypre et de Macédoine. Leçons, discours ou lettres, il faisait tout payer à deniers comptants, et fort cher. Il amassa des richesses immenses, et il n'en fit pas toujours un très-bon usage. Le succès extraordinaire de son enseignement et de ses écrits lui fit des jaloux, non pas seulement parmi les sophistes et les orateurs, mais parmi les philosophes mêmes. On prétend qu'Aristote et Xénocrate n'en pouvaient prendre leur parti, et que ce vieillard bel esprit leur était particulièrement insupportable. On dit même qu'Aristote parodiait à son adresse ce vers du *Philoctète* d'Euripide : « Il est honteux de se taire, et de laisser parler les barbares. »

La rhétorique d'Aristote et la rhétorique d'Isocrate.

Que si Aristote n'éleva point école contre école, et s'il n'écrivit sa *Rhétorique* qu'assez longtemps après la mort d'Isocrate, il n'est pas moins vrai qu'Aristote s'est proposé, dans cet ouvrage, de réconcilier l'art oratoire avec la philosophie, et de l'arracher à ce grossier empirisme où l'avait maintenu Isocrate à l'exemple des sophistes, ses maîtres. Aristote a fait de la rhétorique une partie de la science de l'homme; il l'a fondée, non plus sur des artifices et des tours de main, mais sur des principes élémentaires et universels. Il a montré que l'art était autre chose que l'artifice. En définissant la rhétorique une dialectique du vraisemblable, une dialectique populaire et politique, il en a donné l'idée la plus complète et la plus satisfaisante que jamais rhéteur ait trouvée. Il a fait la théorie du raisonnement oratoire, et analysé profondément les idées qui rendent compte de la plupart de nos déterminations et de nos jugements. Il a décrit ce qu'on appelle les mœurs, avec une exactitude et une finesse admirables. Il a marqué non moins heureusement les vrais caractères du style oratoire, et il ne s'est pas borné, comme tant d'autres, à des phrases vides et creuses, ou à une interminable énumération des figures de pensées et de mots. La langue de l'orateur, selon lui, c'est la langue du raisonnement; et le meilleur style, c'est celui qui nous apprend le plus de choses, et qui nous les apprend le mieux. Mais la *Rhétorique* est venue un peu tard, et quand l'éloquence politique rendait les derniers soupirs. Les orateurs qu'Aristote avait préparés par ses leçons ont dû tourner vers d'autres carrières leur ambition et leur activité. Pour Isocrate, ce qu'il enseignait ne différait nullement de ce qu'il avait lui-même appris des sophistes. Ses propres ouvrages prouvent qu'il pratiquait sans scrupule tous les petits artifices en quoi l'art consistait à leurs yeux. Seulement, un fonds d'honnêteté naturelle, le souvenir des leçons de Socrate, les exemples littéraires de Platon, enfin ce sens attique qui semble avoir été sa qualité la plus appréciée, le préservèrent des aberrations où avaient été entraînés Gorgias et les siens. Aussi les disciples qui sortaient de son école valaient-ils mieux que les démagogues formés par les sophistes. On conçoit donc qu'il ne se soit pas reconnu pour ce qu'il était réellement, et qu'il ait écrit contre les sophistes un discours où il est loin de les traiter en fils ou en frère.

Isocrate fut un des hommes qui travaillèrent le plus activement pour faire accepter aux Athéniens l'immixtion des Macédoniens dans les affaires de la Grèce, et pour préparer la fortune de Philippe et d'Alexandre. Il répétait sans cesse et partout qu'il fallait un chef à la Grèce. On dit pourtant qu'il mourut de chagrin le jour où l'on ensevelit les morts de Chéronée. Il est vrai qu'il ne fallait pas une émotion bien vive pour tuer un vieillard de quatre-vingt-dix-huit ans.

Isocrate orateur.

Isocrate est un écrivain oratoire fort habile, beaucoup plus habile que ne l'avait été même Lysias. Il écrivait avec une lenteur extrême, et il calculait indéfiniment le poids d'une longue ou d'une brève, la dimension d'un mot, le circuit d'une période. Il mit quinze ans, dit-on, à composer, à limer et à polir son *Panégyrique d'Athènes*, qui n'a pas cinquante pages, et qui n'est pas un chef-d'œuvre.

Il n'y a rien dans ses écrits qui ressemble à l'éloquence. On y trouve assez souvent des idées justes, des faits à noter pour l'histoire, des choses belles et bonnes, mais souvent aussi des assertions fort contestables, des idées fausses, de la sophistique pure, et en général des phrases, des mots, puis des phrases et des mots encore, et rien dedans. C'était bien la peine qu'Isocrate s'acharnât, quinze années durant, à perfectionner le *Panégyrique*, pour y laisser ces rodomontades de vieux fat gâté par le succès, ces défis à tous les critiques de trouver rien à reprendre dans son ouvrage! Je suis bien convaincu que tous les termes y sont employés dans le plus pur sens attique; que tous les mots y sont à la place la plus convenable; que toutes les phrases y sont parfaitement irréprochables et pour le tour et pour l'harmonie; mais ce savant architecte en voyelles et en consonnes semble s'être assez peu occupé de la valeur réelle de quelques-unes de ses pensées. Il dit, en parlant de l'éloquence, qu'elle a le don « de rabaisser ce qui est grand aux yeux de l'opinion, de rehausser ce qui paraît le moins estimable, de prêter à ce qui est ancien les grâces de la nouveauté, et les traits de l'antiquité à ce qui est nouveau. » Gorgias l'avait dit avant Isocrate. Isocrate le répète sérieusement: c'est comme s'il nous avertissait de ne pas ajouter foi à tout ce qu'il va nous conter, et de prendre partout le contre-pied de ses paroles.

Platon, dans le *Phèdre*, fait un grand éloge d'Isocrate, et lui pronostique les plus brillantes destinées oratoires. Mais le *Phèdre* a été écrit à une époque où Isocrate était jeune encore, et où il venait donner une preuve de courage en essayant de défendre, devant les Trente, son ami Théramène. Platon conserva, sans nul doute, des sentiments d'affection pour un homme qui s'était exposé aux ressentiments populaires en portant publiquement le deuil de la mort de Socrate; mais je ne saurais croire que l'auteur du *Gorgias* ait jamais vu un grand orateur dans l'auteur de l'*Éloge d'Hélène*. Cicéron, qui avait célébré les mérites de Lysias, ne pouvait manquer de s'extasier devant l'écrivain qui était une sorte de Lysias perfectionné. Pour nous modernes, nous pouvons bien, comme l'a fait Thomas, rappeler les honorables témoignages de Platon, de Cicéron, de Quintilien, de Denys d'Halicarnasse; nous pouvons rappeler aussi les deux statues élevées à Isocrate, et la colonne surmontée d'une sirène, symbole de son éloquence; mais cette éloquence elle-même, nous ne la voyons nulle part dans les œuvres d'Isocrate, et nul ne nous l'y fera jamais voir. Non, certes, Isocrate n'était pas un homme médiocre. C'est un homme consommé dans l'art de bien dire, même quand il ne dit rien ; c'est, si l'on veut, un artiste éminent, si toutefois on peut donner ce titre à un contempteur de la vérité, à un sophiste, à un homme qui pensait fort peu, qui sentait moins encore, et qui n'a guère eu d'autre passion qu'une vanité égoïste et l'amour du lucre et des plaisirs. Il suffit, pour juger Isocrate, de lire l'interminable préambule du discours où il exhorte Philippe à pacifier la Grèce, c'est-à-dire à l'asservir, et à tourner contre l'Asie les armes réunies de tous les peuples helléniques. Ce qui occupe principalement, presque uniquement, ce prétendu politique et ce prétendu orateur, c'est la crainte de n'avoir pas mis peut-être dans son style tous les agréments que Philippe aimerait à y trouver. Il finit même par s'écrier, avec une feinte modestie : « Si seulement mon discours était écrit avec cette variété de nombre et de figures dont jadis je connaissais l'usage, et que j'enseignais à mes disciples en leur montrant les secrets de mon art ! Mais, à mon âge, on ne retrouve plus ces tours. »

Il y a longtemps, bien longtemps, que ce qui précède a été écrit, et qu'on l'a imprimé pour la première fois. J'ai eu l'occasion depuis de rendre à Isocrate meilleure justice. C'est en 1863, à l'occasion de l'*Antidosis*, publiée par M. Ernest Havet. Je donne ici cette étude nouvelle, qui servira à la première de correctif et de complément. C'est presque une palinodie : cependant tout n'est pas faux dans ce qu'on vient de lire.

L'Antidosis.

Isocrate était riche, et on avait oublié de l'inscrire dans la liste des trois cents citoyens tenus d'équiper à leurs frais des bâtiments de guerre, et chargés des services publics les plus onéreux. Un certain Mégaclide, porté au rôle pour l'armement d'une trirème, dénonça Isocrate comme plus riche que lui ; et Isocrate fut condamné ou à s'acquitter de la triérarchie, ou à échanger, aux termes de la loi, sa fortune contre celle de Mégaclide. Il préféra armer la trirème. Cette action en substitution de personne ou de biens, c'est ce que les Athéniens nommaient *antidosis*, mot qui porte sa signification lui-même : contre le don, échange mutuel.

Le *Discours sur l'Antidosis* n'est point celui qui fut prononcé dans le procès intenté par Mégaclide, où Isocrate avait pour défenseur son beau-fils Apharée. C'est une composition toute fictive, et dont l'affaire d'antidosis n'est que le prétexte et l'occasion. Isocrate aurait pu intituler ce discours, *Apologie;* et le traducteur a eu parfaitement raison de nous prévenir par un premier titre tout français: *le Discours d'Isocrate sur lui-même*. Voici comment Isocrate, dans l'exorde, explique et les motifs qui l'ont déterminé à écrire, et le but qu'il s'est proposé :

« J'avais cru toute ma vie que ces travaux mêmes auxquels je me livrais, et la vie paisible que je menais d'ailleurs, me mettraient bien dans l'esprit de ceux qui ne sont pas du métier ; mais voilà qu'au moment où je touche à la fin de ma carrière, un échange de biens qu'on m'a proposé au sujet de l'armement d'un vaisseau, et le procès qui en a été la suite, m'ont fait voir que ceux-là même ne m'étaient pas tout aussi favorables que je l'espérais. J'ai vu que les uns avaient sur mes occupations des opinions tout à fait erronées, et qu'ils inclinaient à prêter l'oreille aux malveillants ; que d'autres, bien éclairés sur la nature de mes travaux, me jalousaient, partageant les mauvais sentiments des sophistes, et se réjouissaient des opinions mensongères qui s'étaient répandues sur mon compte. On a bien vu paraître ces dispositions ; car, sans que mon adversaire ait touché aucun argument qui se rattachât directement à la cause, et sans qu'il ait fait autre chose que de déclamer contre l'influence que peut exercer mon art, et d'exagérer mes richesses et le nombre de mes disciples, on m'a condamné à payer l'armement du vaisseau. J'ai supporté cette dépense comme il convient à quelqu'un qui n'est pas homme à se montrer trop étourdi d'un pareil coup, et qui n'a pas non plus l'habitude de prodiguer son bien avec une folle insouciance. Mais m'étant aperçu, comme j'ai dit, qu'un nombre de citoyens beaucoup plus considérable que je ne croyais avaient pris de moi une opinion injuste, je me demandai comment je m'y prendrais pour leur montrer, à eux et à la postérité, mon véritable caractère, celui de ma vie et de mes travaux, plutôt que de me résoudre à me laisser condamner sans jugement, et à me livrer toujours, comme je venais de le faire, à la discrétion de la calomnie. J'ai pensé que l'unique moyen d'arriver à ce but serait d'écrire un discours qui fût comme un tableau fidèle de mes sentiments et de toute ma vie; car c'est ainsi que je pouvais espérer de me faire bien connaître et de laisser de moi un monument plus beau que toutes les statues de bronze. Mais j'ai compris que, si j'entreprenais mon éloge, d'une part je ne pourrais y introduire tous les détails dans lesquels je voulais entrer, de l'autre je ne pourrais traiter cette matière de façon à plaire aux lecteurs, et même sans les indisposer contre moi. J'ai mieux aimé supposer un procès, une accusation intentée contre moi, un sycophante qui la soutient, et qui veut me perdre : l'accusateur débitant les calomnies qui se sont produites dans le procès d'échange ; et moi, dans une défense fictive, réfutant ces imputations. J'ai pensé que j'aurais ainsi l'occasion d'entrer dans toutes les considérations que je veux développer. C'est d'après ces motifs que je me suis mis à écrire ce discours, non plus dans la vigueur de l'âge, mais à quatre-vingt-deux ans. On pardonnera donc si mon style y paraît plus faible que dans mes précédents ouvrages. »

Isocrate suppose donc qu'un sycophante du nom de Lysimaque a intenté contre lui une action devant le tribunal qui jugeait les causes criminelles. Il se représente comme en danger de mort ; et l'accusation à laquelle il est censé répondre est analogue à celle qui avait été jadis fatale à Socrate. Un pareil artifice littéraire semble, au premier abord, quelque peu étrange. Mais il faut se reporter aux habitudes du temps. Isocrate n'écrivait pas pour les simples lecteurs de cabinet. Le *Discours sur l'Antidosis*, comme ses autres œuvres, était destiné à la déclamation publique. L'auteur prend même le soin d'indiquer aux récitateurs la meilleure façon de le faire valoir :

« Je prie ceux qui se chargeront de lire mon discours, de le débiter comme un ouvrage qui contient des éléments divers et d'un style approprié aux différents sujets qui y sont traités. Je les engage à porter toujours leur attention sur ce qui va être dit, plutôt que sur ce qu'on vient de dire ; surtout à ne pas vouloir absolument le lire tout d'un trait, mais à le ménager de façon qu'ils ne fatiguent pas l'attention des auditeurs. C'est en suivant ces recommandations que vous pourrez bien voir si je n'ai pas trop perdu de mon talent. »

La forme oratoire était commandée par le mode même de publicité. Une discussion simple et nue, un mémoire justificatif conforme à nos idées, se fût assez mal prêté à la solennité d'une représentation quasi dramatique. D'ailleurs les Grecs aimaient avant tout ce qui leur rappelait les luttes de la parole; et il y avait longtemps que les sophistes leur avaient montré pour la première fois des accusés fictifs plaidant pour leur vie dans des causes imaginaires. La seule différence qu'il y ait, c'est que, dans l'*Antidosis*, l'orateur et l'accusé ne font qu'un; et ceci est tout à l'avantage d'Isocrate : si la forme est factice, le fond du moins est sérieux; une émotion réelle anime la diction, et plus d'une fois le sentiment s'échappe en accents d'une vraie éloquence. M. Havet signale notamment à notre admiration ce beau passage où le vieillard annonce qu'il va défendre sa philosophie, c'est-à-dire les principes de rhétorique qu'il enseignait aux jeunes gens : « J'aimerais mieux mourir à l'instant même, après avoir parlé d'une manière digne de mon sujet et vous avoir donné de l'art du discours l'opinion qu'il mérite qu'on en conserve, que de vivre encore une longue vie pour le voir prisé comme on le prise aujourd'hui parmi vous. » C'est bien le cœur d'Isocrate qui parle ici. Un tel langage, c'est l'âme même de cet homme qui était, depuis un demi-siècle et plus, la personnification des études libérales et du talent de bien dire. Les auditeurs devaient applaudir; mieux encore, s'attendrir sur lui, avec lui. M. Havet le pense, et M. Havet a raison de le penser.

Le plus grave inconvénient de la forme adoptée par Isocrate, c'est de provoquer de temps en temps le souvenir des discours consacrés par Xénophon et Platon à la défense de leur maître. Ces comparaisons ne sont pas toujours à l'avantage d'Isocrate. Il embellit quelquefois les thèmes de ses devanciers, et les rend siens par un tour nouveau ou des traits heureux ; mais d'autres fois il les gâte ou par excès ou par défaut, tantôt forçant la pensée, tantôt restant au-dessous de notre attente. Dans quelques passages, il prend le contre-pied de ce que nous lisons chez les apologistes de Socrate, et s'en trouve plutôt mal que bien. Socrate avait déclaré devant ses juges qu'il ne se reconnaissait point responsable de la conduite de ceux qui passaient pour avoir été ses disciples : eux seuls, selon lui, avaient à encourir ou l'infamie de leurs vices ou la bonne renommée de leurs vertus. Isocrate revendique la responsabilité, ce qui est en soi un peu téméraire ; et il comble la témérité en défiant qu'on lui cite aucun méchant sorti de ses mains. On pourrait même dire qu'il va jusqu'à la rodomontade :

« Si, parmi ceux qui ont vécu près de moi, il en est qui aient montré des vertus en servant leur patrie, leurs amis et leur famille, je consens qu'on les loue seuls et qu'on ne m'en sache aucun gré ; si au contraire il y a eu parmi eux de mauvais citoyens, de ces délateurs, de ces accusateurs qui convoitent le bien d'autrui, je veux en être seul responsable. Voilà, on en conviendra, une proposition bien modeste et bien légitime. Je renonce à rien prétendre sur les gens de bien ; et, si on me montre ces méchants qu'on m'impute d'avoir formés, je consens à payer pour eux. »

De pareils arguments n'eussent pas beaucoup embarrassé un accusateur réel. Ils étaient peut-être de mise dans une apologie fictive. Ils disent vivement et la confiance d'Isocrate en lui-même et la noblesse de son caractère. C'est une beauté en son genre, mais dans un genre faux selon moi, et qui sent par trop sa sophistique. On ne se pose jamais de la sorte, quand on a en face de soi un contradicteur.

Mais ce n'est point à titre de plaidoyer, d'œuvre oratoire plus ou moins parfaite, que le discours *sur l'Antidosis* est intéressant pour nous ; c'est plutôt comme pièce historique, comme tableau complet d'une grande existence. Car Isocrate n'était pas seulement le plus illustre des maîtres de la jeunesse; c'était un homme d'État, un publiciste pour mieux dire, un personnage considérable, et dont la parole écrite avait l'importance et l'effet de celle même qui tombait enflammée du haut de la tribune du Pnyx. On connaît Isocrate, quand on a lu le discours *sur l'Antidosis*. On le connaît d'autant mieux qu'il y cite textuellement des morceaux de ses principaux ouvrages, et d'assez longs, et de ceux qui le satisfaisaient le plus lui-même. M. Havet n'a rien hasardé en disant qu'Isocrate est là tout entier. Il y a encore autre chose dans ce discours. Il y a l'impression d'un contemporain sur l'état des esprits à Athènes au milieu du quatrième siècle; il y a des détails curieux sur une foule de choses jusqu'à présent peu connues, de véritables bonnes fortunes pour l'érudition; il y a des témoignages d'une haute valeur sur les hommes du temps; et Timothée, dont Isocrate fait un si beau portrait, ne sera pas peu redevable à la mise en lumière du discours *sur l'Antidosis*.

On n'avait autrefois que l'exorde et la péroraison de ce plaidoyer : c'est tout ce qu'Auger a pu traduire. Un Grec de Corfou, André Moustoxydis, retrouva en Italie, il y a une cinquantaine d'années, le corps entier du discours, qui est un des plus longs qu'il y ait, même en ne tenant pas compte des citations textuelles du *Panégyrique* et des autres ouvrages que nous possédons. Personne n'avait jamais traduit en notre langue les pages publiées par Moustoxydis. C'est donc à juste titre que M. Havet revendique pour le traducteur du plaidoyer complet le droit d'écrire, en tête de son travail, *traduit en français pour la première fois*. C'est même à cette circonstance que nous devons d'avoir le discours *sur l'Antidosis* non pas dans un volume quelconque, mais dans une de ces merveilles de typographie comme en produit l'Imprimerie impériale : beau papier, justification élégante, types admirables, irréprochable correction. Il fallait une traduction *princeps* pour mériter ces honneurs.

Auguste Cartelier, à qui nous la devons, était un professeur de l'Université, mort il y a quelques années dans la force de l'âge. M. Ernest Havet reproduit, en tête du volume, la touchante notice qu'il avait autrefois consacrée au souvenir de son ami. Ceux qui ont connu personnellement Auguste Cartelier le retrouvent là tout entier, tout vivant. Ce ne sont pas eux qui taxeront d'illusions les témoignages du biographe sur cette nature si belle et si noblement douée. Ce ne sont pas non plus les lecteurs du discours *sur l'Antidosis* qui songeront à mettre en doute le talent d'Auguste Cartelier. Son travail est excellent. Cette copie de l'antique est égale ou supérieure à ce qu'on vante le plus en fait de traductions. On n'a jamais été ni plus fidèle, ni plus précis, ni plus élégant, ni plus grec en meilleur français.

Le travail de l'éditeur est considérable, plus considérable que celui du traducteur même. Une longue introduction, ou plutôt un véritable ouvrage, sur le caractère et le génie d'Isocrate, et sur l'importance du discours traduit par Auguste Cartelier; un commentaire philologique où toutes les difficultés du texte sont signalées, discutées et éclaircies : c'est la moitié au moins du volume, et cette moitié est de la main de M. Havet. On reconnaît dans les notes cet esprit sain, net et libre, cette science et cette conscience que M. Havet porte partout avec lui, et dont ses études sur le texte des *Pensées* de Pascal sont un si admirable monument. C'est bien là cette philologie qui voit autre chose dans les mots que des syllabes et des sons, et qu'il nous peint éloquemment lui-même comme l'exercice des plus nobles facultés intellectuelles : « La vraie érudition sait, de la lettre morte, tirer la vie, et des débris du passé faire des instruments au service de l'avenir. » Ceci n'est pas une vaine formule, une simple phrase à effet; c'est la pratique même du philologue; et ce que M. Havet préconise, c'est l'art où personne n'a plus que lui excellé.

L'introduction est un autre chef-d'œuvre en son genre. Ce n'est que depuis que j'ai lu ces belles pages que je sais ce que c'est qu'Isocrate. M. Havet est entré au plus profond de l'homme, du politique, de l'artiste, et a ranimé cette imposante figure. Nous ne demanderons plus désormais à Isocrate où est son éloquence. M. Havet nous a fait voir qu'à côté de l'éloquence de Démosthène, il y en avait une autre, et quelle était cette autre : de hautes pensées, des sentiments vrais, exprimés sous les formes les plus parfaites, et dans une prose dont la cadence enchante l'oreille et l'âme. Oublions la diatribe de Fénelon et les exagérations de Longin. Reconnaissons que pas un écrivain n'a mérité mieux qu'Isocrate d'être compté au nombre des classiques. Rectifions et complétons nos jugements. N'insistons plus si rudement sur des défauts peut-être imaginaires, en tout cas moins graves qu'on ne le crie; et faisons amende honorable à toutes ces qualités merveilleuses et charmantes que nos préventions nous empêchaient d'apercevoir. Pour ma part, je rends les armes, et sans aucune arrière-pensée. Comment nier encore le génie d'Isocrate, n'eût-on lu de l'étude littéraire de M. Havet que ce que je vais transcrire ? Il ne s'agit pourtant que de style et de diction :

« La phrase d'Isocrate se recommande plus encore par la période que par l'image; elle est ce qui tient le plus de place dans son art, et ce qui faisait la principale nouveauté de son talent. La période est née de ce que j'appellerai le *développement*, car je ne veux pas me servir du mot d'amplification, qui a été déshonoré. Le développement est aussi fécond que l'amplification est stérile. Il ne multiplie pas seulement les mots, il ouvre une idée et lui fait produire tout ce qu'elle contient en elle et qui ne paraissait pas d'abord. Seulement cette abondance même n'apporterait que confusion, si elle n'était pas ordonnée : il faut que les détails se distribuent en groupes distincts, dont chacun ait comme un centre vers lequel l'esprit soit ramené par la marche même de la phrase. Voilà ce que fait la période. Le mouvement général de la pensée dans le discours tout entier se compose de la suite des mouvements moins étendus qu'elle accomplit successivement dans l'enceinte de chaque période, comme la terre achève une révolution sur elle-même à chaque pas qu'elle fait dans l'orbite qu'elle décrit autour du soleil. Le *nombre* est inséparable de la période. Naturellement tout mouvement large se cadence; la parole solennelle devient d'elle-même un chant. Et, comme Isocrate a passé tous les orateurs dans l'éloquence d'apparat, il est aussi le premier par le *nombre*, et c'est toujours à lui qu'on en rapporte l'honneur. Sa phrase rassemble dans la plus heureuse harmonie la magnificence du mètre poétique et le mouvement libre et naturel du discours. On pourrait lui appliquer les expressions célèbres de Montaigne *sur la sentence pressée au pied nombreux de la poésie*. Telle période d'Isocrate se faisait applaudir comme de beaux vers, et se gravait de même dans les mémoires; mais ni les beaux vers ni même les belles périodes ne peuvent véritablement se traduire, et je ne puis qu'indiquer, en exemple de ces développements où le discours est comme une belle rivière qui coule à pleins bords, le passage du *Discours panégyrique* qui embrasse la seconde guerre Médique; morceau triomphant, qui éclipsa absolument, quand il parut, le *Discours funèbre*, jusque-là fameux, de Lysias. Ce sont là des phrases dont les Athéniens s'enivraient, non pas seulement, comme disait Socrate, parce qu'ils y étaient loués, mais parce qu'elles sont magnifiques. L'auteur, enivré lui-même, trouvait qu'en comparaison de sa manière, celle des orateurs ordinaires était bien petite; et Denys n'a pas assez d'expressions pour célébrer la grandeur, la dignité, la majesté de ce style, et cette élévation merveilleuse du ton *qui est celle d'une langue de demi-dieux plutôt que d'hommes.* »

Ne blasphémons donc plus Isocrate. C'est Paul Louis Courier qui avait raison, quand il s'écriait : « Quel écrivain ! quel écrivain ! » Ajoutez que tous ceux des contemporains d'Isocrate qui excellèrent dans son art l'avaient appris de lui, même ce Théopompe qui se vantait insolemment d'être le premier qui eût su écrire en prose. Courier, dans une lettre à un Suédois de ses amis, compare Isocrate au grand Gustave, qui suscita par ses exemples tant d'illustres capitaines.

Isée.

Isée, qui fut le rival d'Isocrate comme maître de rhétorique, est beaucoup moins connu qu'Isocrate. On ne sait ni où il naquit, ni la date de sa naissance, ni celle de sa mort. Il avait été à l'école de Lysias, et il compta Démosthène parmi ses disciples. Quelques-uns lui attribuent l'invention des noms par lesquels on désigne les figures de rhétorique. S'il n'avait eu que cette gloire, nous ne perdrions pas notre temps à parler de lui. Mais il a excellé dans le genre judiciaire; et les onze plaidoyers qui nous restent de lui, quoique tous relatifs à des affaires de succession, sont intéressants pour d'autres encore que pour ceux qui s'enquièrent des dispositions du code civil d'Athènes. On y reconnaît un homme d'un vrai talent, exposant les faits avec clarté et précision, discutant les preuves avec une logique serrée, vigoureux à l'attaque, prompt à la réplique, écrivain d'une simplicité nue, mais pleine de verve et d'entrain; non pas sans doute un grand orateur, mais un parfait avocat attique. Juvénal vante quelque part la véhémence d'Isée. Il est probable que cet Isée de Juvénal n'est point l'orateur athénien, mais le rhéteur Isée, célèbre à Rome au temps des Antonins. N'importe; il n'y aurait aucune exagération à appliquer le compliment à l'orateur Isée, et même au pied de la lettre. Lysias avait été réduit, par sa condition d'étranger, à n'être guère qu'un rédacteur de discours judiciaires. Isée fut plus proprement ce que nous nommons un avocat. Comme Lysias, il écrivait ordinairement pour d'autres; mais souvent aussi il parlait en personne pour ses clients. Un de ses plus remarquables plaidoyers est celui qu'il prononça lui-même à propos de la succession d'un certain Nicostrate, dont les héritiers étaient trop jeunes pour porter la parole. On trouve dans les autres plaidoyers des tableaux de mœurs fort piquants; mais c'est là qu'est le plus vivement et le plus spirituellement tracé. Nicostrate était mort en pays étranger, laissant quelque bien, et n'ayant que des parents collatéraux. Voici comment Isée raconte les obstacles que ses clients ont eu déjà à surmonter avant le procès que leur intente Chariade:

« Qui ne se rasa point la tête à la mort de Nicostrate? qui ne prit des habits de deuil, comme si le deuil eût dû le rendre héritier? Que de parents et de fils adoptifs revendiquaient la succession! On plaida à six différentes reprises, pour les deux talents qui la composaient. D'abord, un certain Démosthène se disait son neveu; mais il se retira, lorsque nous l'eûmes convaincu de mensonge. Parut ensuite un nommé

Télèphe, qui prétendait que le défunt lui avait légué toute sa fortune, mais qui renonça sur-le-champ à ses prétentions. Il fut suivi d'Amyniade, qui vint présenter à l'archonte un enfant qu'il disait fils de Nicostrate : l'enfant n'avait pas trois ans, et il y en avait onze que Nicostrate était absent d'Athènes ! A entendre un certain Pyrrhus, qui se montra bientôt après, Nicostrate avait consacré ses biens à Minerve, et les lui avait légués à lui. Enfin Ctésias et Cranaüs disaient que Nicostrate avait été condamné envers eux à un talent : n'ayant pu le prouver, ils prétendirent que Nicostrate était leur affranchi ; ce qu'ils ne prouvèrent pas davantage.

Combien d'avocats auraient besoin d'apprendre d'Isée à se défaire de toutes les superfétations, de tous les ornements de mauvais goût qui déparent leurs plaidoyers, et surtout de cette prolixité qui est la peste de l'éloquence judiciaire !

Lycurgue d'Athènes.

Voici enfin un véritable orateur, un orateur politique, un homme d'État. Il se nommait Lycurgue, et il était né en 408, d'une des plus illustres familles d'Athènes. Il fut disciple d'Isocrate ; mais il ne garda rien d'Isocrate, ni dans son caractère ni dans son éloquence, grâce aux enseignements plus sérieux qu'il avait ensuite reçus à l'école de Platon. Il se distingua de bonne heure par ses talents, et il fut chargé des emplois les plus considérables et les plus difficiles. Il administra pendant douze années consécutives les finances de la république. Il fit porter des lois sévères et presque draconiennes pour la répression de tous les abus. Il purgea l'Attique des brigands qui l'infestaient. Il poussa avec activité l'exécution des grands travaux d'utilité publique, équipa des troupes, augmenta la flotte, garnit les arsenaux. C'est lui qui fit élever des statues de bronze aux trois grands poëtes tragiques, et qui ordonna le dépôt aux archives nationales d'un exemplaire de leurs œuvres. Philippe n'eut point d'ennemi plus redoutable, ni les hommes vendus à Philippe de plus terrible, de plus impitoyable persécuteur. Souvent accusé, il triompha de toutes les attaques. Sa probité, son courage et son talent sortirent de toutes les épreuves avec un nouveau lustre. Il fut un des orateurs dont Alexandre demanda la tête, après la destruction de Thèbes, et qui furent sauvés par l'intercession du vénal Démade. On dit qu'il se fit porter, avant sa mort, au temple de la Mère des dieux et au sénat, pour rendre compte de son administration. Un seul homme osa élever la voix contre lui : il répondit victorieusement à toutes les imputations de cet homme, et se fit reporter ensuite dans sa maison, où il ne tarda pas à expirer. C'était vers l'an 326 ; il avait plus de quatre-vingts ans.

Presque tous les discours qu'avait laissés Lycurgue étaient des accusations. C'était là qu'excellait ce magistrat intègre, cet homme qu'on avait surnommé l'Ibis, autrement dit le destructeur des reptiles. Le discours *contre Léocrate* est le seul que nous possédions. Léocrate était un riche citoyen qui, après la bataille de Chéronée, s'était enfui d'Athènes. Lycurgue, au nom des lois, au nom du serment civique, au nom de tous les sentiments les plus sacrés, demande que Léocrate soit déclaré traître à la patrie, et puni du supplice des traîtres. Rien de plus fort ni même de plus rude que ce discours; rien qui sente moins la sophistique et l'apprêt. Lycurgue se borne, en général, à rappeler d'illustres exemples, à citer des faits historiques, des textes de décrets, les vers de quelques poëtes inspirés. Mais les vers d'Homère ou de Tyrtée, les lois antiques, l'histoire entière, l'héroïsme des grands citoyens, tout retombe sur la tête de Léocrate comme un poids accablant. La colère et l'indignation éclatent de temps en temps, et achèvent l'œuvre de la dialectique et du droit. Ainsi, après avoir rappelé le serment que prêtaient les jeunes Athéniens. Lycurgue s'écrie :

« Que de générosité, que de piété dans ce serment! Pour Léocrate, il a fait tout le contraire de ce qu'il a juré. Aussi peut-on être, plus qu'il ne l'a été, impie, traître à son pays? Peut-on plus lâchement déshonorer ses armes qu'en refusant de les prendre et de repousser les assaillants? N'a-t-il pas évidemment abandonné son compagnon et déserté son poste, celui qui n'a pas voulu même s'enrôler et se montrer dans les rangs? Où donc aurait-il pu défendre tout ce qu'il y a de saint et de sacré, celui qui s'est dérobé à tous les dangers? Enfin, de quelle plus grande trahison pouvait-il se rendre coupable envers la patrie, qu'en la délaissant, qu'en permettant, autant qu'il était en lui, qu'elle tombât au pouvoir des ennemis! Et vous ne condamneriez pas à mort cet homme coupable de tous les forfaits! Qui donc punirez-vous! » Et c'était un vieillard septuagénaire qui s'exprimait avec cette véhémence.

On croit que Léocrate fut condamné. Mais une victime bien plus considérable, que Lycurgue avait fait immoler aux lois après le désastre de Chéronée, c'était Lysiclès, le général traître ou incapable qui commandait les Athéniens dans la bataille. Il reste quelques paroles du discours de Lycurgue contre lui, et bien plus rudes encore et plus véhémentes que tout ce qu'on trouve même dans l'accusation contre Léocrate : « Tu commandais l'armée, ô Lysiclès! et mille citoyens ont péri; et deux mille ont été faits prisonniers; et un trophée s'élève contre la république; et la Grèce entière est esclave! Tous ces malheurs sont arrivés quand tu guidais nos soldats; et tu oses vivre, tu oses voir la lumière du soleil, te présenter sur la place publique; toi, monument de honte et d'opprobre pour ta patrie! »

On dit que Lycurgue manquait d'art; mais ce défaut, si c'en est un, était bien compensé par des qualités que tout l'art du monde eût été impuissant à produire; par de vraies qualités oratoires, par cette éloquence enfin dont Isocrate et tant d'autres n'ont jamais poursuivi que l'ombre

Hypéride.

Hypéride, que les anciens regardaient comme le premier des orateurs après Démosthène et Eschine, ne nous est connu que par les témoignages de Cicéron, de Quintilien et de quelques autres auteurs. Il n'existe aucun discours qu'on puisse lui attribuer avec certitude. Hypéride était, comme Lycurgue, un des plus ardents adversaires des Macédoniens. Il périt leur victime. Après la bataille de Cranon, il fut livré à Antipater, qui lui fit arracher la langue avant de le mettre à mort. On vantait l'ordre et l'économie des discours d'Hypéride, la force de ses raisonnements, la vivacité et la douceur de son style. Mais Quintilien remarque que c'est surtout dans la manière de traiter les sujets tempérés qu'il méritait d'être pris pour modèle.

Depuis que ce qui précède a été écrit, on a retrouvé des discours entiers d'Hypéride. Nous avons aujourd'hui la fameuse oraison funèbre dont Stobée nous avait conservé une page admirable. Cet éloge de Léosthène et des soldats tués dans la guerre Lamiaque justifie pleinement la remarque de Quintilien. M. Dehèque nous a donné ce discours. J'emprunte à sa traduction une des belles pages que nous avons désormais à joindre, dans nos souvenirs, à celle qui est de tout temps classique chez les amis des belles-lettres :

« Voilà pour quels principes ces guerriers ont souffert fatigues sur fatigues; voilà comment, par leurs périls de tous les jours, écartant de nous les terreurs qui pesaient sur Athènes et sur la Grèce entière, ils ont donné leur vie pour assurer la nôtre. Aussi leurs pères sont comblés de gloire, leurs mères signalées à l'estime de tous; leurs sœurs trouvent ou trouveront des maris, comme le veut notre loi, et leurs enfants auront dans la vertu de ces hommes toujours vivants une juste recommandation auprès du peuple.

« J'ai dit *toujours vivants*, car il ne faut pas appeler morts ceux qui quittent si glorieusement la vie ; il faut dire qu'ils ont passé à une vie heureuse. En effet, s'il y a quelque endroit où l'homme soit récompensé, la mort n'a pu être pour ces guerriers que le commencement de grands biens. Comment donc ne pas les estimer bienheureux? Comment croire qu'ils ont quitté la vie, au lieu de renaître à une existence meilleure que la première? A leur première naissance, ils n'étaient que de pauvres enfants : aujourd'hui ce sont des hommes. Dans leur première vie, il leur a fallu faire preuve d'eux-mêmes au prix de longs et nombreux périls : ils entrent dans l'autre déjà connus et célébrés pour leur courage. Quand oublierons-nous jamais leur dévouement, et où ne seront-ils pas toujours un objet d'émulation et d'éloges? »

Dinarque.

Dinarque de Corinthe, né vers l'an 360, s'établit à Athènes à l'époque où Alexandre passa en Asie, et y devint un des chefs du parti macédonien. Il se fit un renom comme orateur, et il fut un des ennemis les plus acharnés de Démosthène. Plus tard, il eut l'honneur d'être compté au nombre des amis de Phocion, et de périr comme lui victime de Polysperchon, l'indigne tuteur des enfants d'Alexandre. Il nous reste de de Dinarque trois discours d'accusation, dont le plus remarquable est celui qu'il prononça devant le peuple athénien contre Démosthène, et dont nous dirons un mot plus tard. Dinarque est véhément et passionné, et son style n'est pas sans couleur et sans force. Aussi les Alexandrins l'ont-ils placé dans la liste des orateurs classiques, avec tous ceux dont j'ai déjà parlé dans ce chapitre

Alcidamas. — Hégésippus.

Il y a quelques autres noms qui méritent d'être mentionnés ici, encore que nous ne cherchions nullement à dresser le catalogue de tous les hommes qui ont porté, au quatrième siècle, le titre d'orateurs. Tel est Alcidamas d'Élée en Éolide, disciple de Gorgias, et orateur ou plutôt sophiste à la façon d'Isocrate. Nous avons de lui deux harangues d'école, écrites sans trop de prétention. Tel est Hégésippus, qui travailla avec talent à la même œuvre que Lycurgue et Hypéride. Quelques-uns lui attribuent la harangue *sur l'Halonèse*, morceau assez médiocre et entaché de mauvais goût. Mais Plutarque, dans les *Apophthegmes*, cite un mot de lui qui vaut mieux que cette harangue, et qui prouve qu'Hégésippus était un homme de cœur, et capable d'atteindre à la vraie éloquence. Un jour, qu'il parlait avec force contre Philippe, un Athénien l'interrompit en s'écriant : « Mais c'est la guerre que tu proposes ! — Oui, par Jupiter! dit Hégésippus; et je veux, de plus, des deuils, des enterrements publics, des éloges funèbres, en un mot tout ce qui doit nous rendre libres et repousser de nos têtes le joug macédonien. »

Démade. — Phocion.

Les huit orateurs dont Alexandre avait demandé la tête, avec celles de Lycurgue et de Démosthène, ne sont connus que par leur nom. Mais Démade, cet autre orateur qui se chargea, moyennant cinq talents, d'aller apaiser la fureur d'Alexandre, et qui y réussit en effet, avait laissé la réputation d'un homme puissant par la parole, sinon d'un honnête homme. Il n'écrivait pas ses discours. Phocion n'écrivait pas non plus les siens, qui n'étaient pas si brillants que ceux de Démade, mais qui produisaient bien plus d'effet encore. On mettait ces deux orateurs en parallèle avec Démosthène. « On convenait généralement, dit Plutarque dans la *Vie de Démosthène*, que Démade, en s'abandonnant à son naturel, avait une force irrésistible, et que ses discours improvisés surpassaient infiniment les harangues de Démosthène, méditées et écrites avec tant de soin. Ariston de Chios rapporte un jugement de Théophraste sur ces deux orateurs. On lui demandait ce qu'il pensait de Démosthène : « Il est digne de sa « ville, répondit Théophraste. — Et Démade ? — Il est au« dessus de sa ville. » Le même philosophe conte encore que Polyeucte de Sphette, un des hommes qui administraient alors les affaires d'Athènes, reconnaissait Démosthène pour un très-grand orateur, mais que Phocion lui paraissait bien plus éloquent, parce qu'il enfermait beaucoup de sens en peu de mots. On prétend que Démosthène lui-même, toutes les fois qu'il voyait Phocion se lever pour parler contre lui, disait à ses amis : « Voilà la hache de mes discours qui se « lève. » Mais il est douteux si c'était à l'éloquence de Phocion ou à sa réputation de sagesse que faisait allusion Démosthène, et s'il ne croyait pas qu'une seule parole, un seul signe, d'un homme qui par sa vertu a mérité la confiance publique, a plus d'effet qu'une accumulation de longues périodes. »

CHAPITRE XXXIII.

ESCHINE. DÉMOSTHÈNE.

Vie d'Eschine. — Procès de la Couronne. — Éloquence d'Eschine. — Vie de Démosthène. — Discours de Démosthène. — Mort de Démosthène ; honneurs rendus à sa mémoire. — Éloquence de Démosthène. — Discours *pour Ctésiphon*. — Style de Démosthène. — Ironie de Démosthène. — Sublime de Démosthène. — Éloquence politique après Démosthène et Eschine.

Vie d'Eschine.

Eschine, le plus fameux de tous les rivaux de Démosthène, était né à Cothoce en Attique, l'an 393, d'un pauvre maître d'école et d'une joueuse de tympanon. Il fut d'abord athlète, puis comédien ambulant, puis greffier ou secrétaire d'un magistrat. Enfin, à quarante ans environ, il se hasarda dans la carrière politique, et il devint en peu de temps un des principaux personnages d'Athènes. C'était un homme d'une belle prestance, et doué d'une voix sonore et harmonieuse. Il avait l'esprit très-cultivé, très-fin et même très-délié ; et sa pauvreté ne l'avait pas empêché, durant sa jeunesse, d'aller entendre les leçons de Platon et d'Isocrate. Eschine fut un philippiste modéré, et, quoi qu'en ait dit Démosthène, un des chefs les plus honnêtes du parti macédonien. Je ne veux pas dire qu'Eschine ait toujours été un modèle de vertu, et qu'il n'ait jamais accepté aucun présent de Philippe ; mais tout semble prouver que, s'il fut un homme passionné, violent, injuste même, il ne mérite pourtant pas les titres de mauvais citoyen, de traître, d'âme vénale, que lui a tant prodigués son ennemi.

Les premiers coups furent portés par Démosthène, au retour de cette ambassade en Macédoine dont ils étaient l'un et l'autre, mais d'où ils revenaient avec des sentiments bien opposés : Démosthène, ouvertement déclaré pour la guerre contre Philippe ; Eschine, au contraire, tout disposé à traiter pacifiquement avec le Macédonien. Timarque, un des amis de Démosthène, se préparait à accuser en forme Eschine devant le peuple. Mais Eschine prévint Timarque, et le fit condamner lui-même, en vertu de la loi de Solon qui dégradait des priviléges civiques les prodigues et les hommes de mœurs infâmes. Nous possédons le plaidoyer *contre Timarque*, un des plus virulents discours, un des plus cruels et des plus habiles qu'on ait jamais prononcés, mais dont il n'est guère possible de rien transcrire, bien qu'il nous soit parvenu adouci par Eschine lui-même dans quelques passages, qui étaient d'abord plus violents et plus outrageux, s'il est possible, que nous ne les lisons aujourd'hui.

Peu de temps après, en 442, Démosthène accusa publiquement Eschine, non pas précisément de trahison, mais de prévarications politiques, et conclut contre lui à la peine de mort. C'est ce qu'on nomme le procès de l'Ambassade. Eschine prouva facilement qu'il n'avait pas manqué à ses instructions dans sa mission auprès de Philippe, et que les arguments de son adversaire se réduisaient, malgré les apparences, à des présomptions, à des soupçons, à des calomnies. Son discours, que nous possédons, est une réponse péremptoire à celui de Démosthène, que nous possédons aussi ; mais c'est une œuvre moins passionnée et moins vivante. Avec plus d'ordre et de précision dans le récit des faits, avec plus de finesse et plus d'esprit, et malgré la vérité qu'il avait pour soi, ou plutôt à cause de cette vérité même, Eschine est resté un peu froid, surtout quand on le lit après Démosthène. Il gagna sa cause ; mais l'impression produite par les éloquentes invectives de Démosthène semble avoir affaibli considérablement dès lors l'autorité morale d'Eschine.

Procès de la Couronne.

Le procès de la Couronne, qui ne se termina qu'en 330, et où Eschine fut vaincu, marque l'apogée et la fin de sa carrière oratoire. Voici de quoi il s'agissait. Un citoyen nommé Ctésiphon avait proposé de décerner à Démosthène une couronne d'or, pour le récompenser de ses services, et de la lui mettre sur la tête dans le théâtre, en présence de tout le peuple assemblé. Eschine déposa, contre Ctésiphon, un acte d'accusation, plusieurs années avant la mort de Philippe ; mais il ne prononça son fameux discours que huit ou neuf ans plus tard, quand le procès, suspendu par les événements qui avaient suivi la déroute de Chéronée, fut repris et définitivement jugé. Eschine démontre fort bien, dans ce discours, que la proposition de Ctésiphon est illégale ; que la loi défend de couronner un citoyen qui n'a pas rendu ses comptes, et qu'en tous cas le couronnement ne saurait avoir lieu au théâtre. Toute la première partie de cette accusation est un excellent plaidoyer, irréfutable au point de vue juridique. La seconde partie, où Eschine entreprend de démontrer que Démosthène n'a rendu aucun service à l'État, et qu'il est l'auteur de tous les maux d'Athènes, est très-vive, souvent pathétique, toujours brillante ; mais les arguments sont trop souvent faibles ou vicieux, et n'emportent pas suffisamment la conviction. On sent l'ennemi injuste, le déclamateur, le sophiste même. On ne s'étonne pas qu'après des prodiges d'esprit, et même d'éloquence, Eschine ait échoué dans son entreprise, tout en ayant pour sa cause le texte des lois. L'admirable péroraison du discours est gâtée elle-même, vers la fin, par un trait de mauvais goût. Je citerai ce morceau, un de ceux où l'on aperçoit le mieux tout à la fois et les éminentes qualités d'Eschine et ses défauts :

« Que penserez-vous de ses forfanteries, quand il dira : Ambassadeur, j'ai arraché les Byzantins des mains de Philippe ; orateur, j'ai soulevé contre lui les Acarnaniens, j'ai frappé les Thébains d'effroi ? car il s'imagine que vous êtes devenus assez simples d'esprit pour l'en croire ; comme si c'était la Persuasion que vous nourrissiez dans la ville, et non pas un sycophante ! Mais quand, à la fin de son discours, il appellera pour sa défense les complices de sa corruption, voyez, sur cette tribune où je parle, les bienfaiteurs de la république rangés en face d'eux pour repousser leur audace. Solon, qui a décoré la démocratie des plus belles institutions, Solon le philosophe, le grand législateur, vous prie, avec sa douceur naturelle, de ne point sacrifier aux phrases d'un Démosthène vos serments et les lois. Aristide, qui régla les contributions de la Grèce, et dont le peuple dota les filles devenues orphelines, s'indigne de l'avilissement de la justice : « Rougissez, s'écrie-t-il, en songeant à la conduite de « vos pères ! Arthmius de Zélie avait apporté en Grèce l'or « des Mèdes, et il avait fixé son séjour dans notre ville : « proxène du peuple athénien, il n'échappa à la mort que « pour être banni d'Athènes et de tous nos territoires; et ce « Démosthène, qui n'a pas simplement apporté l'or des « Mèdes, mais qui l'a reçu pour ses trahisons, et qui le pos-« sède encore, vous vous disposez à lui mettre une couronne « d'or sur la tête ! » Thémistocle enfin, et les morts de Marathon, et ceux de Platées, et les tombeaux mêmes de nos aïeux, ne gémiront-ils point, croyez-vous, si l'homme qui sert, de son propre aveu, les barbares contre les Grecs, est jamais couronné? Pour moi, ô Terre, ô Soleil ! ô Vertu ! et vous, intelligence, science, par quoi nous discernons le bien et le mal ! j'ai accompli mon devoir; j'ai dit. Si j'ai accusé le crime avec force, et comme il le mérite, j'ai parlé suivant mon désir; suivant mon pouvoir du moins, si j'ai été au-dessous de la tâche. Quant à vous, sur les preuves que j'ai fournies, sur celles que j'ai pu omettre, prononcez d'après la justice et d'après les intérêts de la république. »

Ctésiphon ne fut point condamné. Eschine n'eut pour lui que le cinquième des voix, au lieu de la moitié plus un cinquième, qu'il lui eût fallu d'après la loi relative aux accusations politiques. Passible d'une amende de mille drachmes, et honteux de sa défaite, il quitta Athènes le jour même, et il se retira à Éphèse. Il y attendait le retour d'Alexandre, engagé alors dans des expéditions lointaines. Mais Alexandre ne revint pas ; et Eschine, après la mort de son protecteur, alla se fixer à Rhodes, où il ouvrit une école de rhétorique, qui fut célèbre longtemps encore après lui. Il mourut en 314, à Samos, où il était venu pour quelque affaire. Il était âgé de soixante-dix-neuf ans.

Éloquence d'Eschine.

Eschine n'avait écrit que les trois discours que nous possédons. Les anciens les nommaient les trois Grâces. Ce sont des Grâces quelquefois un peu molles et un peu affectées, mais dignes pourtant de leur nom. Quintilien reproche avec raison à Eschine d'avoir plus de chair que de muscles. Eschine est un artiste et un homme d'imagination, bien plus qu'un logicien puissant. Il dispose très-habilement le plan général d'un discours; mais il ne sait ni en serrer étroitement les parties, ni condenser les arguments, ni produire cette unité d'impression qui est le triomphe de l'éloquence. Mais il est brûlant de passion, plein de mouvement et d'éclat. Il abonde en expressions heureuses, en figures non moins justes que hardies. Il dépasse quelquefois le but, mais assez rarement, si l'on juge ce qu'il dit non pas d'après les règles de la vérité absolue, mais d'après ce que lui-même estimait la vérité. Peut-être pèse-t-il un peu trop les mots, comme tous ceux qui avaient fréquenté l'école d'Isocrate; mais ce n'est pas lui qu'on peut jamais accuser de parler pour ne rien dire : il dit trop, plus souvent que trop peu, et il nuit involontairement à sa cause. Ce n'est pas, tant s'en faut, l'orateur parfait; mais c'est un des plus parfaits qu'il y ait eu au monde.

Vie de Démosthène.

Démosthène, qui était déjà célèbre à l'époque des débuts d'Eschine, était de huit ans plus jeune que son rival. Il était né en 385, à Péanie en Attique. Il perdit, à l'âge de sept ans, son père, qui était un riche armurier. Ses tuteurs dilapidèrent sa fortune, et négligèrent son éducation. Il alla, malgré eux, entendre Platon et Euclide de Mégare; et l'Académie n'eut pas de plus zélé disciple. Il résolut de poursuivre devant les tribunaux les misérables qui avaient abusé de son état d'orphelin. Il prit, pour se guider dans ses études oratoires, cet Isée dont nous avons parlé. Parvenu à l'âge de majorité, il plaida contre ses tuteurs t il les fit condamner à des restitutions considérables. Il est probable qu'Isée l'avait aidé dans la composition des cinq plaidoyers qu'il prononça dans le procès, et que nous possédons.

Démosthène essaya bientôt de monter à la tribune aux harangues; mais il fut deux fois repoussé par des huées. Son style parut pénible et obscur, son débit sans facilité et sans grâce. Ces échecs, au lieu de le rebuter, ne firent qu'enflammer sa passion pour la gloire. Il s'enferma, durant plusieurs années, dans une solitude profonde, travaillant avec une opiniâtreté acharnée à vaincre ses défauts naturels, pâlissant sur les livres, copiant et recopiant Thucydide, méditant, composant, surtout déclamant. Enfin il reparut à la lumière, maître de lui-même et de toutes les ressources de l'art. Il avait alors vingt-cinq ans. Il parvint en peu de temps à la puissance et à la renommée. Il se servit aussi de son talent pour accroître sa fortune. Il écrivait des plaidoyers comme avaient fait Antiphon, Isée et tant d'autres; et son caractère âpre et violent s'accommodait mieux du rôle d'accusateur ou de demandeur, que de celui de défendeur ou d'apologiste. Les nombreux discours judiciaires qui nous restent de lui ne sont qu'une petite partie de ceux qu'il avait écrits ou prononcés.

Discours de Démosthène.

Les plaidoyers de Démosthène suffiraient à eux seuls pour maintenir à leur auteur une réputation immortelle. On y trouve déjà la plupart des qualités qu'il développa avec tant d'éclat dans ses discours politiques, surtout la raison passionnée, la dialectique entraînante. Mais ses harangues au peuple et ses plaidoyers politiques l'emportent autant sur ses plaidoyers judiciaires que ceux-ci l'emportent sur les plaidoyers d'Isée et de tous les autres orateurs attiques. La plupart des *Philippiques* sont des chefs-d'œuvre. Quant à la défense de Ctésiphon, ce fameux discours *de la Couronne*, c'est Démosthène tout entier, tout vivant, tout brûlant encore du génie et des passions qui l'animaient il y a plus de vingt siècles.

Pendant quatorze ans, Philippe ne put faire un pas sans

se trouver en face de Démosthène. Ses projets, à peine éclos, étaient dénoncés à la Grèce, du haut de la tribune du Pnyx ; il voyait surgir de toutes parts des ennemis, aux accents de cette voix inspirée ; et Démosthène n'hésitait pas à engager, dans cette lutte sainte, jusqu'à son honneur même. Il recevait l'or du roi de Perse, pour combattre l'or de Philippe ; et il allait le semant par la Grèce, sans se soucier si on le soupçonnait d'en garder sa part, et de vendre aussi ses paroles. Plutarque dit, avec une évidente exagération, qu'à Chéronée, Démosthène soldat ne fut pas digne de Démosthène orateur, et que celui qui avait tant contribué à amener cette désastreuse bataille, abandonna son poste et jeta ses armes. Mais les Athéniens ne lui en firent pas un crime, soit qu'il y eût à sa conduite des circonstances atténuantes, soit qu'ils n'exigeassent point d'un homme de tribune ce qu'ils étaient en droit d'exiger d'un homme du métier, surtout d'un général, comme était Lysiclès.

Philippe mort, Démosthène essaya de soulever la Grèce contre son successeur. Mais la ruine de Thèbes montra que la Grèce n'avait fait que changer son premier maître contre un maître plus terrible. L'éloignement d'Alexandre permit aux Athéniens de se croire libres un moment, et Démosthène reconquit toute son influence. Il reçut enfin, dans le théâtre, le jour du concours des tragédies nouvelles, cette couronne d'or que Ctésiphon avait proposé jadis de lui décerner au nom du peuple, en récompense de son dévouement et de ses services.

Mais, peu de temps après son triomphe, il éprouva une amère disgrâce. Harpalus était venu à Athènes cacher le fruit de ses brigandages, et marchandait la protection des orateurs, afin qu'on lui permît de rester dans la ville. Démosthène proposa d'abord de renvoyer Harpalus ; puis il s'abstint de parler, le jour où l'on décida qu'Harpalus quitterait Athènes. Son silence, qu'il expliquait par une esquinancie qui lui avait ôté la voix, fut interprété contre lui. On l'enveloppa dans le procès intenté aux fauteurs d'Harpalus. Il fut condamné par l'Aréopage à une amende de cinquante talents [1] ; et la sen-

---

[1]. 260 833 fr. de notre monnaie.

nouvelle qu'Alexandre n'était plus le tira de sa mélancolie et lui rendit toute l'activité de sa jeunesse. Il court se joindre aux ambassadeurs d'Athènes, qui travaillaient à former, contre les Macédoniens, une ligue nouvelle des peuples grecs ; et bientôt il rentra dans sa patrie, rappelé par le vœu unanime de ses concitoyens. On lui fit une réception magnifique, et on le chargea, cette année-là, du sacrifice à Jupiter Sauveur. C'est le moyen qu'on prit pour l'exempter du payement de son amende. On consacrait d'ordinaire une somme d'argent aux frais de la cérémonie : on compta cinquante talents à Démosthène, avec quoi il se libéra envers le trésor public. La bataille de Cranon, en 322, détruisit toutes les espérances des amis de la liberté. Antipater et Cratère imposèrent leurs volontés à la Grèce. Athènes reçut une garnison macédonienne, et la mort de Démosthène fut ordonnée. Démosthène s'enfuit avec quelques amis, dévoués comme lui aux vengeances des vainqueurs. Il passa seul dans l'île de Calaurie, et il chercha un asile dans le temple de Neptune. Les satellites d'Antipater, après avoir essayé en vain de l'attirer hors du sanctuaire, s'apprêtaient à l'en arracher par la force. Il leur épargna ce sacrilège. Il avala du poison, qu'il portait toujours avec lui, et il s'avança vers la porte du temple. Il tomba en passant devant l'autel du dieu, et les soldats ne relevèrent qu'un cadavre.

Quand la ville d'Athènes commença à respirer et retrouva une ombre d'indépendance, elle réhabilita la mémoire de Démosthène. Démocharès, neveu de l'orateur, fit adopter un décret, où sont rappelés en termes magnifiques tous les services rendus par Démosthène à la patrie et à la liberté ; et on lui éleva, en vertu de ce décret, une statue de bronze qui portait cette inscription : « Si ta force, Démosthène, avait égalé ton génie, jamais le Mars macédonien n'eût commandé dans la Grèce. »

Éloquence de Démosthène.

Le bon Plutarque a remarqué avec raison que plusieurs choses ont manqué à Démosthène, surtout la vraie force d'âme, et qu'avec tout son génie, Démosthène n'a pourtant pas mérité d'être placé au rang des orateurs antiques, de ceux qui avaient été, comme Périclès, de grands hommes d'État et des généraux habiles et braves. Cette fière assurance que donnait à Périclès la conscience des grandes œuvres accomplies, Démosthène, si malheureux dans toutes ses entreprises, n'en avait souvent que l'apparence. Il n'a point cette majesté simple et sublime qui fut le caractère de l'éloquence de Périclès; et, quoi qu'en disent les rhéteurs, il a trop négligé de sacrifier aux Grâces, même à ces Grâces un peu mâles et sévères dont Périclès fut entre tous l'heureux favori. Ces réserves faites, je souscris à tous les éloges dont anciens et modernes ont à l'envi comblé Démosthène. Je nie seulement que Démosthène remplisse toute l'idée qu'on se peut former de l'éloquence, et qu'il ne laisse jamais rien à désirer. C'est le plus complet de tous les orateurs qui ont écrit; mais ce n'est ni l'éloquence personnifiée, comme quelques-uns le prétendent, ni l'idéal de l'orateur.

Je fais bon marché des reproches que d'autres lui adressent, de n'avoir pas toujours un plan parfaitement clair, et de marcher par sauts et par bonds, au lieu de suivre un ordre méthodique. Les *Philippiques*, qui sont en général fort courtes, et dont chacune n'embrasse qu'un petit nombre de faits, échappent à cette accusation. Les grands discours, pour n'être pas construits avec un art visible au premier aspect, ont cette unité véritable que les plus habiles dispositions ne sauraient remplacer; je veux dire qu'ils sont tous fondés sur une idée principale, dont toutes les autres ne sont que des préparations, des développements et des corollaires.

Discours pour Ctésiphon.

Voyez le discours *de la Couronne;* et dites si les Athéniens, après avoir entendu Démosthène, pouvaient hésiter à confesser eux-mêmes que Démosthène avait eu raison de conseiller la guerre où ils avaient été vaincus. C'est là l'idée qui revient sous toutes les formes, et dont ne distraient notre esprit ni l'apologie du décret proposé par Ctésiphon, ni les invectives lancées contre Eschine. Justifier Ctésiphon, c'est, pour l'orateur, se glorifier lui-même; accuser Eschine, c'est provoquer la comparaison, c'est préparer les esprits à recevoir avec confiance les arguments qui renverseront l'échafaudage dressé par la haine. Cherchez dans tout le discours : il n'y a rien qui ne conspire, plus ou moins directement, à mettre en lumière l'idée que je viens d'indiquer ; rien qui ne tourne à la louange de Démosthène et à la confusion d'Eschine. Mais là où Démosthène se trouve surtout à l'aise, c'est quand il raconte ce qu'il a fait et ce qu'il a voulu faire. Tout en avouant que quelque chose lui a fait défaut, il prouve qu'il a opéré des prodiges, et il provoque les acclamations. Je vais citer un de ces passages justement admirés, où la raison et la passion ne font qu'un, pour ainsi dire, et d'où l'évidence semble jaillir en traits de flamme :

« Quelque part que j'aie été envoyé par vous en ambassade, jamais je ne suis revenu défait par les députés de Philippe, ni de la Thessalie, ni d'Ambracie, ni de chez les Illyriens, ni de chez les rois thraces, ni de Byzance, ni de tout autre lieu quelconque, ni dernièrement enfin de Thèbes. Mais ce que j'avais emporté sur ses députés par la parole, lui-même survenant le détruisait par les armes. Et tu t'en prends à moi! et tu ne rougis pas d'exiger, tout en me raillant de ma lâcheté, que j'aie été à moi seul plus fort que toute la puissance de Philippe, et cela par la parole! Car de quelle autre ressource disposais-je? Je n'étais maître ni de la vie de personne, ni du sort de ceux qui ont combattu, ni de la conduite des opérations militaires ; et c'est de cela que tu me demandes compte! Quel délire! Mais sur tous les devoirs imposés à l'orateur, examine-moi comme tu voudras : j'y consens. Quels sont-ils donc, ces devoirs? étudier les affaires dès leur principe, en prévoir les suites, les annoncer aux citoyens : voilà ce que j'ai fait ; corriger, autant qu'il se peut, les lenteurs, les irrésolutions, les ignorances, les rivalités, vices où sont nécessairement en proie tous les États libres ; porter les citoyens à la concorde, à l'amitié, au zèle du bien public : tout cela je l'ai accompli, et nul ne saurait m'accuser d'avoir rien négligé de ce que je pouvais....

J'ai fait plus encore. En ne me laissant pas corrompre à prix d'argent, j'ai vaincu Philippe ; car, de même que l'acheteur triomphe de celui qui se vend et qui reçoit le prix de la vente, de même l'homme resté pur et incorruptible triomphe du marchandeur. Par conséquent Athènes, dans ma personne, est invaincue. »

Style de Démosthène.

On a comparé l'orateur politique à cet homme qu'une main irrésistible pousse en avant, qui marche sans cesse, qui ne peut s'arrêter, qui ne peut que respirer en passant le parfum des fleurs. C'est bien à Démosthène que s'applique cette image. Il s'abandonne quelquefois à des mouvements hardis, ou fait des peintures brillantes ; mais toujours et partout on sent que c'est une démonstration qu'il poursuit, et que ces peintures, que ces mouvements, sont des arguments dans leur genre et concourent à la grande œuvre de la persuasion. Le style de Démosthène n'a pas même, comme celui d'Eschine, ces ornements demi-poétiques qui visent surtout à charmer. C'est par le tour, par l'élan de la pensée, par le choix et la position des mots, qu'il se rapproche de la poésie ; et l'on sent en lui quelque chose du maître qu'il s'était donné, de ce Thucydide dont nous avons analysé ailleurs la puissante manière. Démosthène, c'est Thucydide devenu orateur politique, et avec les différences profondes de caractère, d'idées, et même de diction, que suppose ce passage des temples sereins de la sagesse au monde orageux des passions et des rivalités jalouses.

On a souvent comparé Démosthène et Cicéron ; mais Fénelon est de tous les critiques celui qui a le mieux montré pourquoi il était permis de préférer Démosthène : « Je ne crains pas de dire que Démosthène me paraît supérieur à Cicéron. Je proteste que personne n'admire plus Cicéron que je fais : il embellit tout ce qu'il touche ; il fait honneur à la parole ; il fait des mots ce qu'un autre n'en saurait faire ; il a je ne sais combien de sortes d'esprit ; il est même court et véhément toutes les fois qu'il veut l'être, contre Catilina contre Verrès, contre Antoine. Mais on remarque quelque parure dans son discours. L'art y est merveilleux, mais on l'entrevoit. L'orateur, en pensant au salut de la république, ne s'oublie pas et ne se laisse point oublier. Démosthène paraît sortir de soi, et ne voir que la patrie. Il ne cherche point le beau, il le fait sans y penser ; il est au-dessus de l'admiration. Il se sert de la parole, comme un homme modeste de son habit pour se couvrir. Il tonne, il foudroie; c'est un torrent qui entraîne tout. On ne peut le critiquer, parce qu'on est saisi : on pense aux choses qu'il dit, et non à ses paroles. On le perd de vue ; on n'est occupé que de Philippe, qui envahit tout. Je suis charmé de ces deux orateurs ; mais j'avoue que je suis moins touché de l'art infini et de la magnificence de Cicéron que de la rapide simplicité de Démosthène. »

Ironie de Démosthène.

Je ne ferai point ici l'énumération des qualités que les critiques de tous les temps ont signalées dans les discours de Démosthène. Je remarquerai seulement que Démosthène, qui platonise si souvent, et qui exprime avec tant de noblesse les plus pures et les plus hautes doctrines morales, est de tous les orateurs celui qui a manié avec le plus de puissance l'arme terrible du ridicule. Son ironie est comme un poignard qu'il tourne et retourne, avec une infernale complaisance, dans la poitrine de son ennemi. Certes, Eschine avait dû faire rire plus d'une fois aux dépens de Démosthène, même quand il le nommait subtil jongleur, coupeur de bourses, bourreau de la république. Mais aussi quelle vengeance ! Voyez Démosthène s'emparant de la maladroite apostrophe à la Terre, au Soleil, à la Vertu, et faisant à sa façon l'histoire d'Eschine et celle de sa famille. Depuis longtemps le pauvre maître d'école et la joueuse de tympanon étaient morts et oubliés. Démosthène les fait revivre, et sous quels traits encore ! Atromète, c'est-à-dire Intrépide, nom qu'Eschine donnait à son père en signant le sien, devient Tromès, c'est-à-dire Trembleur; et Tromès est un esclave, et le plus vil des esclaves. Glaucothée, le nom de la mère, est aussi, selon Démosthène, de l'invention d'Eschine : cette femme est une prostituée ; c'est une épousée de chaque jour ; c'est le Lutin, comme on l'appelait de son vrai nom. Et, après qu'il a stigmatisé ces turpitudes, réelles ou prétendues : « Gueux et esclave, s'écrie-t-il, les Athéniens t'ont fait riche et libre, et, loin d'en être reconnaissant, tu te vends pour les trahir? » Le discours est plein d'allusions plus ou moins piquantes aux métiers où Eschine avait employé sa pénible jeunesse. Vers la fin, Démosthène remet en scène Tromès l'esclave et Glaucothée, qui n'en pouvaient mais ; il rappelle à Eschine le temps où il balayait la classe d'Elpias, et celui où il aidait la sorcière dont il était né à faire des incantations magiques. Eh bien ! ce même homme que la colère entraîne à ces excès indignes d'un sage, sinon peut-être d'un orateur politique, il s'élève sans effort, sans secousse, du sein de cette fange qu'il a remuée, jusque dans les régions idéales, jusqu'à ces pensées surhumaines qui ravissent notre âme hors d'ellemême et hors du monde, et qui sont le sublime, où aspirent si vainement même de nobles natures.

Sublime de Démosthène.

« Démosthène présente un argument, dit Longin, pour la défense de sa conduite politique. Quelle était la forme qui s'offrait d'elle-même? « Vous n'avez point failli, Athéniens, « en vous exposant au danger pour la liberté et le salut de « la Grèce. Et vous en avez pour preuve des exemples do« mestiques. Car ils n'ont point failli, ceux qui ont combattu « à Marathon, à Salamine, à Platées. » Mais, inspiré subitement comme d'un dieu, et ravi, pour ainsi dire, par Phébus même, il prononce ce serment où il atteste les héros de la Grèce : « Non, vous n'avez pu faillir ; non ! j'en jure par ceux « qui affrontèrent jadis les périls à Marathon ! » On le voit.... diviniser les ancêtres des Athéniens, en invoquant comme des dieux ceux qui sont morts en braves, et, du même coup, rappeler à ses juges le noble orgueil de ceux qui ont jadis exposé leur vie dans cette journée, et transformer son argument en l'élevant jusqu'au sublime, jusqu'au pathétique, en forçant la conviction par des serments nouveaux, extraordinaires. Du même coup encore il fait descendre avec ses paroles, dans les âmes de ceux qui l'écoutent, un baume salutaire qui guérit leurs blessures. Il les console par ses éloges ; il leur donne à entendre qu'ils n'ont pas moins à être fiers de leur combat contre Philippe, que des victoires de Marathon et de Salamine. »

On conte qu'Eschine, à Rhodes, commença ses leçons d'éloquence par la lecture des deux harangues prononcées au sujet de la Couronne. La sienne achevée, les applaudissements éclatèrent. Et comme on s'étonnait qu'avec un tel chef-d'œuvre il n'eût pas vaincu : « Attendez, » dit-il ; et il lut le discours de Démosthène. Les applaudissements redoublèrent. Alors Eschine : « Que serait-ce donc si vous eussiez entendu le monstre lui-même ? »

Éloquence politique après Démosthène et Eschine.

Démosthène et Eschine n'eurent point d'héritiers. Ceux que la Grèce esclave appela encore des orateurs n'étaient que des déclamateurs et des sophistes. Démétrius de Phalère lui-même méritait à peine le nom d'orateur, quoiqu'il eût été le disciple de Démosthène, et malgré ses talents d'homme d'État, de parleur habile et d'écrivain. Sans juger de lui par le traité apocryphe *de l'Élocution*, il ne fut, de l'aveu même des anciens, qu'un bel esprit honnête, une sorte d'Isocrate moins spéculatif, et entendant assez bien l'art de commander aux hommes. Au reste, quel besoin avait de l'éloquence véritable cet archonte décennal élu sous l'influence de la Macédoine, ce gouverneur d'Athènes dont les volontés n'avaient pas de contradicteur, et n'en pouvaient avoir ?

CHAPITRE XXXIV.
HISTORIENS DU QUATRIÈME SIÈCLE AVANT J. C.

Ctésias. — Philistus. — Théopompe. — Éphore.

Ctésias.

Il ne nous reste aucun des ouvrages historiques composés par les écrivains qui s'étaient portés, au siècle de Démosthène et d'Eschine, pour les émules d'Hérodote, de Thucydide et de Xénophon. C'est une perte bien vivement regrettable, d'abord et surtout à cause des lumières que fourniraient ces ouvrages sur une foule de sujets, et ensuite parce que leurs auteurs, sans être des hommes de génie, n'étaient pas tous dénués de talent littéraire.

Ctésias de Cnide, qui avait été pendant de longues années médecin d'Artaxerxès Muémon, laissa une *Histoire de Perse* et un autre récit sur l'Inde. Il avait un style agréable; mais il se souciait bien plus, ce semble, d'amuser son lecteur que de lui dire la vérité. Les extraits de Ctésias, dans Photius, sont pleins de fables puériles, mêlées quelquefois à des renseignements d'un haut intérêt.

Philistus.

Philistus de Syracuse, confident, ministre et général de Denys l'Ancien, et qui périt en défendant contre Dion la cause de Denys le Jeune, a été apprécié assez diversement par ceux qui avaient lu ses histoires. Plutarque lui reproche d'avoir beaucoup trop admiré ce qui brille. A propos d'un mot de Diogène à Denys le Jeune : « Quand je compare à ces paroles, dit-il dans la *Vie de Timoléon*, les plaintes que fait l'historien Philistus sur le sort des filles de Leptinès, tombées, comme il s'exprime, du haut des opulentes félicités de la tyrannie dans un état bas et obscur, je crois entendre les lamentations d'une femmelette regrettant ses parfums, ses robes de pourpre et ses bijoux d'or. » Mais Plutarque ne prétend pas, tant s'en faut, que les ouvrages de Philistus fussent sans valeur. Philistus, d'après Cicéron et Quintilien, était un écrivain habile, et qui rappelait quelquefois Thucydide. Son style avait de la concision et de l'énergie. Il est probable que son *Histoire de Sicile* était d'une lecture tout à la fois instructive et attrayante. Mais les livres de Philistus sur les deux Denys, écrits par un des complices de leur tyrannie, ne pouvaient être que des apologies passionnées, et non pas des compositions dignes du beau nom d'histoires.

Théopompe.

Théopompe de Chios, disciple d'Isocrate, après avoir été longtemps orateur, selon l'expression de Quintilien, ou, comme nous dirions, rhéteur et sophiste, se fit le continuateur de Thucydide, l'abréviateur d'Hérodote, et composa en outre une histoire universelle de son temps, sous le titre de *Philippiques*, à cause du rôle qu'avaient joué dans la Grèce Philippe et les Macédoniens. Polybe est sévère pour ce dernier ouvrage. Il accuse formellement Théopompe d'avoir calomnié les mœurs et le caractère du père d'Alexandre, et d'en avoir fait un tyran abominable après l'avoir annoncé d'abord comme le plus grand des héros. Théopompe se vantait d'être le premier historien grec qui eût su écrire. Il est certain que Xénophon, encore moins Hérodote et Thucydide, n'écrivait pas à la manière d'Isocrate. Mais on est en droit de penser que les *Helléniques* de Théopompe feraient une assez triste figure à la suite de la *Guerre du Péloponnèse*; que son abrégé d'Hérodote ne servirait qu'à faire admirer davantage les *Muses*; que ses *Philippiques* même, en dépit de leur beau style, n'étaient pas un chef-d'œuvre. Un historien qui songe tant à ses phrases a en général peu de zèle pour la vérité, et cherche bien plus à faire montre de son talent qu'à éclairer et à instruire. Théopompe a pu ne pas démériter d'Isocrate; mais il ne pouvait être et il n'a été qu'un historien suspect, un brillant sophisticateur de faits et de caractères, un faiseur de narrations plutôt qu'un historien.

Éphore.

Éphore de Cymé, disciple aussi d'Isocrate, et écrivain non moins prétentieux que Théopompe, avait embrassé dans un seul corps d'ouvrage toutes les annales de la Grèce, depuis le retour des Héraclides jusqu'au milieu du quatrième siècle. L'honnête Plutarque, après avoir blâmé, dans la *Vie de Dion*, les imputations calomnieuses dont un écrivain passionné flétrissait la mémoire de Philistus, ajoute ces paroles, qui prouvent qu'Éphore historien était resté un sophiste, et un sophiste de la pire espèce : « Éphore ne se montre guère plus sage dans les louanges qu'il donne à Philistus. Car, bien qu'il soit le plus habile des écrivains pour colorer de prétextes spécieux les actions mêmes les plus injustes, pour donner à des mœurs dépravées des motifs raisonnables, et pour trouver des discours capables d'en imposer, néanmoins il ne détruira jamais l'idée qu'on a de Philistus, le plus décidé partisan de la tyrannie, l'homme qui a le plus admiré et recherché la pompe, la puissance, les richesses, et les alliances avec les tyrans. » Il faut dire cependant qu'Éphore avait quelques-unes des qualités du véritable historien. Polybe, qui lui reprochait beaucoup d'erreurs, reconnaît qu'il s'était enquis avec soin de l'origine des villes, et que personne n'avait mieux que lui débrouillé les migrations des peuples. Polybe lui accorde de profondes connaissances dans les choses qui concernent la marine et les guerres navales, mais lui refuse une compétence suffisante dans la stratégie. Enfin il cite quelque part un mot d'Éphore, qui semble prouver chez cet historien un certain amour de la vérité et de l'exactitude : « S'il était possible d'assister à la fois à tous les événements, cette manière de connaître l'emporterait sur toutes les autres. » Celui qui parlait ainsi devait être difficile dans l'examen des témoignages.

Un grand nombre d'hommes avaient rédigé, dans le quatrième siècle, des ouvrages du genre historique. Mais ceux dont je viens de parler sont les seuls dont les noms soient parvenus à quelque notoriété littéraire. Presque tous les autres nous sont à peu près complétement inconnus; et beaucoup d'entre eux avaient écrit sans aucun souci de la forme, et uniquement pour préparer des matériaux à l'histoire. Peut-on appeler historiens, par exemple, les scribes qui enregistraient jour par jour les faits et gestes d'Alexandre le Grand?

CHAPITRE XXXV.

COMÉDIE MOYENNE.

Définition de la Comédie moyenne. — Poëtes de la Comédie moyenne. Antiphane. — Alexis.

Définition de la Comédie moyenne.

J'ai dit ailleurs quelles avaient été, durant le quatrième siècle, les tristes destinées de la tragédie. J'ai déjà fait allusion aux autres misères poétiques de ce siècle, si fécond pourtant en philosophes et en orateurs. Non-seulement Aristote en est le seul lyrique, mais nous n'avons pas même un seul nom qu'on puisse citer dans l'épopée, dans l'élégie, dans aucun genre enfin sinon dans la poésie dramatique, et particulièrement dans la comédie.

Ce que les anciens critiques ont nommé la Comédie moyenne est assez difficile à définir, et paraît avoir eu des caractères fort divers, selon l'humeur et l'esprit des poëtes. On peut dire du moins ce que cette comédie n'était pas. Elle différait de la comédie de Cratinus, d'Eupolis et d'Aristophane par l'absence du chœur et par l'emploi à peu près uniforme du mètre iambique. La loi dont j'ai parlé à propos du *Plutus* interdisait d'ailleurs au poëte la faculté de mettre en scène aucun personnage vivant, et de traiter aucun sujet politique. Cependant la Comédie moyenne n'était point une imitation vraisemblable des mœurs, une reproduction idéalisée des scènes de la vie. Ménandre, l'inventeur de la Comédie nouvelle, passe pour être le premier qui ait présenté, comme on dit, le miroir aux hommes.

CHAPITRE XXXV. COMÉDIE MOYENNE.

Les poëtes savaient pourtant trouver des ressources, et charmer leur public. Ils ont même été d'une fécondité prodigieuse. Athénée affirme avoir lu, pour sa part, huit cents pièces de la moyenne Comédie. M. Egger détermine avec précision quelques-uns des secrets de la pratique des successeurs d'Aristophane. On aimait les énigmes : le théâtre donnait des énigmes à discuter et à débrouiller. On détestait les Macédoniens : le théâtre mettait en scène le soldat fanfaron. Les courtisanes fournissaient une abondante matière. Il y avait aussi l'éternelle question des misères du mariage : « Trois fois malheur, disait un personnage d'Eubulus, trois fois malheur à celui qui fut le second des maris! Je plains encore le premier : il ne savait pas quel fléau c'est qu'une femme. Mais le second savait là-dessus à quoi s'en tenir. » Le même poëte nous fournit un dialogue où sont énumérées les femmes célèbres par leur méchanceté. A Médée l'interlocuteur oppose Pénélope; à Clytemnestre, Alceste; mais à Phèdre il n'oppose aucun nom connu, ayant épuisé la liste des femmes vertueuses.

La gastronomie et tout ce qui s'y rattache, voilà un sujet qui reparaît sans cesse : « Sur ce thème, dit M. Egger, pourtant bien banal, des mœurs athéniennes, rien n'est plus piquant que les descriptions et les tableaux qui abondent dans la Comédie moyenne. Ici, des scènes de marché : l'orgueil et la fourbe des poissonniers; les convoitises de l'honnête citoyen, ou du paresseux sans argent, qui s'extasie, le ventre vide, devant les friandises qu'il ne peut acheter. Là, des scènes d'intérieur : un parasite qui raconte les origines de sa profession, la faisant remonter jusqu'aux lois de Solon et jusqu'aux exemples des dieux; un cuisinier qui expose avec emphase les secrets de son art et la haute influence de la cuisine sur les affaires humaines. »

On peut compléter ce que nous apprennent les fragments de la Comédie moyenne, par quelques conjectures qui se présentent d'elles-mêmes à l'esprit. Ainsi, il est probable que beaucoup de poëtes suivirent l'exemple qu'avait donné Aristophane, et qu'ils dialoguèrent des allégories morales assez semblables au *Plutus*. Quelques-uns durent s'en tenir à des tableaux tout fantastiques, uniquement destinés à charmer les yeux et les oreilles, comme seraient les *Oiseaux* réduits à la mesure fixée par les Trente. Épicharme eut sans doute des émules ; et les poëtes se dédommagèrent sur les dieux de la retenue que la loi leur imposait à l'égard des hommes. Qui sait? c'est peut-être aux auteurs de la Comédie moyenne que nous devons l'*Amphitryon*, sous la forme que Plaute lui a conservée. Ils auront remanié la satire d'Épicharme ; ils l'auront développée davantage ; ils lui auront donné plus de mouvement et d'action. Cela est vraisemblable, à moins qu'on attribue à Plaute lui-même le travail par lequel l'œuvre sicilienne est devenue presque aussi compliquée que le sont nos propres comédies. Je crois aussi qu'on essaya, dès ce temps-là, d'introduire dans la comédie quelque chose de cet intérêt dramatique auquel avaient largement suppléé jadis les licences de toute sorte et les personnalités ; et Aristophane avait encore fourni le premier modèle. Il y avait dans le *Cocalus*, la dernière pièce qu'il eût écrite, une séduction et une reconnaissance, par conséquent une sorte d'intrigue romanesque, analogue à celles qu'offrent les pièces latines imitées de la Comédie nouvelle. Mais la ressource capitale de la Comédie moyenne, c'était la critique philosophique et littéraire. Les poëtes ne s'enflamment plus comme autrefois pour ces grands intérêts qui partageaient la république. Ce qui les passionne, c'est la lutte des systèmes, ce sont les rivalités des philosophes, ce sont les prétentions des rhéteurs tenant école et se dénigrant les uns les autres. L'Académie et le Lycée, le Portique et toutes les autres sectes, sont la pâture du théâtre. Il va sans dire que la poésie, surtout la poésie sérieuse, n'échappe pas aux railleries des poëtes comiques. Quelques-uns pensent que la satire s'en tenait aux choses et épargnait les personnes. Pourtant les noms propres ne manquent pas dans les vers qui nous restent de la Comédie moyenne, et des noms qui étaient portés par des personnages alors vivants ; et l'on verra tout à l'heure que la comédie ne les citait pas toujours pour faire plaisir à ceux qui les portaient. Les poëtes comiques s'égayèrent plus d'une fois aux dépens des philosophes eux-mêmes, que ne garantissait pas, ce semble, la loi portée dans l'intérêt des hommes d'État, et que les gouvernants du jour s'inquiétaient assez peu de voir livrer aux risées populaires. En définitive, la Comédie moyenne ne fut guère que la Comédie ancienne accommodée aux exigences de la loi, et vacillant d'essais en essais sans jamais s'arrêter à une forme déterminée qu'on puisse regarder comme le type d'un genre véritable.

Poëtes de la Comédie moyenne.

Les poëtes de la Comédie moyenne dont on a relevé les noms et dont on possède des fragments sont extrêmement nombreux. Mais les critiques alexandrins n'en ont placé que deux dans la liste des classiques, Antiphane et Alexis. Antiphane était un Rhodien établi à Athènes. Alexis y était venu de la colonie athénienne de Thuries. La vie de ces deux poëtes est à peu près complétement inconnue. On sait seulement qu'ils avaient été l'un et l'autre d'une fécondité presque miraculeuse. On attribuait à Antiphane deux cent quatre-vingts comédies, à Alexis deux cent quarante-cinq. A en juger par les fragments qu'on a recueillis, ces comédies n'étaient pourtant pas écrites dans un style négligé. Le vers ïambique y est construit d'après des règles aussi sévères pour le moins que dans les comédies d'Aristophane. Il est vrai que la diction n'a rien retenu, ou presque rien, de ce qui était propre à la poésie; mais Antiphane et Alexis sont poëtes par le choix exquis des termes, par l'art avec lequel ils les placent, par la vivacité des tours, par la grâce et le piquant des images.

Antiphane.

Antiphane excellait à peindre d'un trait les vérités morales. Il dit, en parlant de la vieillesse: « Elle est l'autel des maux; c'est là qu'on les voit tous chercher asile. » Il dit, en parlant de la vie: « Elle ressemble bien fort au vin; quand il n'en reste que quelques gouttes, elle devient vinaigre. » Ce poëte avait une vive conscience des difficultés et de la dignité de son art. Dans une comparaison ingénieuse entre la tragédie et la comédie, il remarque qu'une tragédie, par son titre seul, commande déjà l'attention : « Que je nomme seulement Œdipe, et l'on sait tout le reste : son père, Laïus ; sa mère, Jocaste ; ses filles, ses fils, ses malheurs, ses forfaits. » Il se moque de la machine, qui sert si souvent à tirer les poëtes tragiques d'embarras ; puis il montre que les poëtes comiques n'ont pas avec leur genre, ni surtout avec le public, la partie aussi belle : « Il nous faut tout inventer, personnages, événements, histoire du passé, histoire du présent, catastrophe, entrée en matière. Si Chrémès ou quelque Phidon manque de mémoire, on le siffle impitoyablement. Les Teucer et les Pélée peuvent prendre de ces licences. » On se souvient que la tragédie, au temps d'Antiphane, n'était plus que l'ombre d'elle-même, et qu'elle méritait tous les reproches imaginables.

Alexis.

Alexis est quelquefois un moraliste à la façon d'Antiphane : « Il n'est pas de rempart, il n'est pas de trésor, il n'est rien au monde qui soit malaisé à garder comme une femme. » Mais souvent il l'est à la sienne, c'est-à-dire avec une verve cynique et une sorte de débraillé qui remettent en mémoire les joyeusetés de Rabelais et les *propos des beuveurs* : « Quels contes est-ce que tu nous débites-là ? Et le Lycée, et l'Académie, et l'Odéon, niaiseries de sophistes, où je ne vois rien qui vaille ! Buvons, Sicon, mon cher Sicon ; buvons à outrance, et menons joyeuse vie tant qu'il y a moyen d'y fournir. Vive le tapage, Manès ! Rien de plus aimable que le ventre. Le ventre, c'est ton père ; le ventre, c'est ta mère. Vertus, ambassades, commandements, vaine gloire que tout cela, et vain bruit du pays des songes ! La mort mettra sur toi sa main de glace au jour marqué par les dieux. Que te demeurera-t-il alors ? ce que tu auras bu et mangé, et rien de plus. Le reste est poussière : poussière de Périclès, de Codrus ou de Cimon ! » Les derniers vers de ce morceau semblent imités de la fameuse épitaphe qu'on lisait, dit-on, sur le tombeau de Philippe, père d'Alexandre : « J'emporte avec moi tout ce que j'ai mangé, le souvenir de mes débauches et des plaisirs que me donna l'amour. »

Alexis n aimait ni Platon ni les pythagoriciens, et semble avoir été lui-même, jusqu'à un certain point, l'apôtre de ce sensualisme grossier qu'enseignait dans la comédie son professeur de débauche. Il y a une scène fort spirituelle où il nous peint Platon, Speusippe, Ménédème et les disciples de l'Académie discutant sur la nature, distinguant le règne animal des arbres et des légumes, et cherchant à quel genre appartient la citrouille. Sur les pythagoriciens, Alexis ne tarit pas. Il se moque de ces gens qui vivent, comme il dit, de pythagorismes, de raisonnements bien limés et de pensées bien fines. Il ne veut pas qu'on mette le ventre au régime. Il ne croit même pas qu'on l'y mette en effet. Pour lui les pythagoriciens ne sont que des hypocrites, fidèles à la lettre de la doctrine, non à son esprit. N'est-ce pas là le sens de ce passage, qui vient à la suite d'une énumération des règles de l'institut pythagorique : « Épicharidès pourtant, qui est de la secte, mange du chien. — Oui, mais du chien mort : ce n'est plus un être animé. »

CHAPITRE XXXVI.

COMÉDIE NOUVELLE.

Antécédents de la Comédie nouvelle. — Poètes de la Comédie nouvelle. Caractère de la Comédie nouvelle. — Ménandre. — Philémon.

Antécédents de la Comédie nouvelle.

La Comédie nouvelle n'a pas besoin de définition. C'est la comédie même, c'est-à-dire l'imitation des scènes de la vie, la peinture des mœurs et des caractères. Antiphane et Alexis aidèrent sans doute à sa naissance, mais beaucoup moins qu'on ne se le figure. Les véritables précurseurs de Ménandre furent Euripide et Sophron. J'ai déjà dit combien les poètes de la Comédie nouvelle admiraient Euripide. Philémon allait un peu loin dans son enthousiasme : « Si j'étais sûr en vérité, s'écriait-il, que les morts conservassent encore quelque sentiment, comme certaines gens le prétendent, je me pendrais afin de voir Euripide. » Euripide avait toute sorte de titres à ces préférences. Il avait réduit les légendes héroïques à l'état de chroniques bourgeoises; il avait remplacé les demi-dieux par des hommes, marchant comme nous sur la terre et partageant nos faiblesses ; il avait donné à ses personnages une diction presque vulgaire, toute pleine d'expressions empruntées ou aux discussions de la place publique ou aux conversations du foyer. Ménandre était tellement nourri de la lecture d'Euripide, qu'il lui empruntait à chaque instant des mots, des pensées, des phrases, des vers entiers. Même encore aujourd'hui, on peut reconnaître la trace de ces emprunts. Mais ce que Ménandre imitait surtout, c'était ce ton de vérité avec lequel Euripide avait fait parler les passions, c'était l'art ingénieux que le poëte tragique avait déployé pour donner à l'intrigue de ses pièces la vraisemblance humaine et l'intérêt. Philémon et les autres émules de Ménandre n'en usaient guère moins librement avec Euripide; et les ouvrages du *poëte d'or*, comme ils nommaient l'auteur de *Médée*, étaient une mine abondante où ils puisaient à pleines mains les exemples et les secours.

Sophron n'était pas, comme Euripide, un poëte tragique. Ce n'était pas même un poëte dans le sens rigoureux du terme, puisque ses compositions dramatiques n'étaient point écrites en vers. Il avait vécu à Syracuse, vers le temps des Denys. Voici en quoi consistaient ses pièces, qu'il intitulait du nom de *mimes*, μῖμοι, du mot μιμοῦμαι, qui signifie *imiter*. Sophron avait imaginé de rédiger, en prose dorienne, des scènes dialoguées, où il faisait parler des hommes et des femmes du peuple, avec la naïveté spirituelle et la pittoresque énergie de leur langage. Platon, qui avait peut-être connu Sophron à Syracuse, admirait ces tableaux, et s'en inspirait, dit-on, pour donner aux personnages de ses dialogues le plus qu'il pouvait de naturel et de vie. Les mimes de

Sophron étaient des imitations fidèles de la réalité, comme l'indique leur nom même, et comme nous en pouvons juger encore en lisant tel poëme où Théocrite a pris Sophron pour modèle. Mais ces mimes n'étaient point, à proprement dire, des comédies. Il n'y avait pas de nœud général, pas d'action. C'étaient des scènes qui se suivaient sans lien nécessaire, sans préparation, et par un effet du hasard. D'ailleurs, ils n'étaient pas susceptibles d'être mis au théâtre, et ils n'étaient faits que pour la lecture ou la récitation.

J'ajoute que les admirables dialogues de Platon fournissaient aux poëtes comiques, plus encore que les mimes de Sophron, plus encore que les tragédies d'Euripide, des modèles parfaits de style dramatique. Ces chefs-d'œuvre montraient sans cesse à leurs yeux tout ce qu'on pouvait donner aux fictions comiques de vérité, de vraisemblance, d'énergie et de grâce. Il est assez étrange qu'aucun critique n'en ait jamais fait la remarque, et qu'il faille aujourd'hui revendiquer pour Platon une part dans l'enfantement de cet art nouveau qui faisait dire plus tard avec quelque apparence de raison, sinon sans recherche : « O vie, et toi Ménandre ! lequel de vous a imité l'autre ? »

Poëtes de la Comédie nouvelle.

Ménandre, qui réussit le premier avec éclat dans la Comédie nouvelle, était né à Athènes en 342, et il mourut en 290, à cinquante-deux ans. Ses succès attirèrent dans les mêmes voies une foule de poëtes, parmi lesquels les Alexandrins en ont particulièrement distingué jusqu'à quatre, mais dont un seul, Philémon de Soles en Cilicie, balança, peu s'en faut, sa renommée. Philémon eut une carrière plus longue que Ménandre, et lui survécut près de trente ans.

On attribuait à Ménandre quatre-vingts pièces, et environ cent cinquante à Philémon. Les trois autres classiques, Philippide, Diphile et Apollodore, le cédaient à l'un et à l'autre en fécondité comme en mérite, malgré leur talent et malgré le nombre considérable encore de leurs comédies.

CHAPITRE XXXVI.

Caractère de la Comédie nouvelle.

C'est dans les comiques latins, surtout dans Térence, qu'il faut chercher à se faire une idée du système dramatique de la Comédie nouvelle. Quatre des pièces de Térence sont traduites ou imitées de Ménandre, et les deux autres d'Apollodore. Térence nous apprend lui-même de quelle façon il s'y prenait avec ses modèles. Comme les pièces grecques étaient, en général, trop courtes pour remplir la mesure latine des cinq actes, et trop simples d'intrigue pour intéresser suffisamment les grossiers spectateurs du théâtre de Rome, il réduisait deux pièces grecques en une seule, ou plutôt il allongeait et compliquait la pièce traduite ou imitée, en y introduisant des scènes et des personnages empruntés à quelque autre comédie.

Voici à peu près à quoi se réduisait le thème dramatique, dans la plupart des pièces de Ménandre et de ses émules : une fille abandonnée en bas âge, ou enlevée à ses parents ; un jeune homme qui s'amourache d'une étrangère, et qui refuse l'épouse qu'on lui a choisie ; une reconnaissance qui fait découvrir, dans l'étrangère prétendue, quelque Athénienne bien née ; un mariage enfin, qui arrange tout, et qui rend tout le monde plus ou moins content. Sur ce canevas, se dessinaient un certain nombre de caractères, qu'on voyait presque invariablement passer d'une comédie dans une autre : le père avare et dur, tyran domestique, ou le père faible et complaisant ; la mère de famille raisonnable, ou la femme grondeuse, impérieuse, et qui rappelle à satiété qu'on ne l'a pas prise sans dot ; le fils de famille, dissipateur, léger, presque débauché, mais plein, au fond, de probité et d'honneur, et capable d'un véritable amour ; l'esclave rusé, qui aide le fils à soutirer l'argent du bonhomme de père ; le parasite, alléché par l'espoir de quelques bons repas ; le sycophante, qui brouille les affaires pour pêcher en eau trouble ; le soldat fanfaron, brave en paroles, poltron en réalité, qui vante ses exploits apocryphes et raconte de fabuleuses campagnes ; le marchand d'esclaves et l'entremetteuse, deux personnages sans foi, sans probité ni vergogne ; la jeune fille chait vers les doctrines d'Épicure, toutes neuves alors, et que n'avaient point encore corrompues ceux qui s'enorgueillirent du nom de pourceaux, ou plutôt dont on n'entrevoyait pas, à travers les vertus du maître, les funestes et immorales conséquences. Au reste, Ménandre ne disserte guère; mais il se plaît, comme les épicuriens, à insister sur le côté misérable de la condition humaine, afin de faire mieux sentir le prix de la sagesse, de la modération, de l'apaisement des troubles intérieurs, de la sérénité de l'âme. Il y a, dans ses fragments, des choses admirablement belles, et de cette beauté sérieuse qui s'associait si bien, dans la Comédie nouvelle, avec une aimable gaieté. Voici un de ces passages, qui nous a été conservé par Plutarque, dans la *Consolation à Apollonius* : « Si tu es né, Trophime, seul entre tous les hommes, quand ta mère t'a enfanté, doué du privilège de ne faire que ce qui te convient et d'être toujours heureux, et si quelque dieu t'a promis cette faveur, tu as raison de t'indigner ; car ce dieu t'a menti et s'est mal conduit envers toi. Mais si c'est aux mêmes conditions que nous que tu respires l'air commun à tous les êtres, pour te parler en style plus tragique, il faut supporter mieux ces malheurs et te faire une raison. Pour tout dire en un mot, tu es homme, et, partant, sujet plus qu'aucun être au monde à passer en un clin d'œil de l'abaissement à la grandeur, puis ensuite de la grandeur à l'abaissement. Et c'est vraiment justice. Car l'homme, qui est si chétif de sa nature, tente d'immenses entreprises ; et, quand il tombe, presque tous ses biens périssent dans sa chute. Pour toi, Trophime, tu n'as pas perdu une opulente fortune ; tes maux présents n'ont rien d'excessif : ainsi donc résigne-toi, pour l'avenir, à cet état de médiocrité. »

Voici un autre morceau, cité par Stobée, où la leçon morale est présentée sous une forme plus vive et plus agréable encore : « Tous les autres êtres sont beaucoup plus heureux et beaucoup plus raisonnables que l'homme. Et d'abord, considérez, par exemple, cet âne-ci. Son sort est incontestablement misérable. Pourtant aucun mal ne lui arrive par son propre fait : il n'a que les maux que lui a donnés la nature. Nous, au contraire, outre les maux inévitables, nous nous en chait vers les doctrines d'Épicure, toutes neuves alors, et que n'avaient point encore corrompues ceux qui s'enorgueillirent du nom de pourceaux, ou plutôt dont on n'entrevoyait pas, à travers les vertus du maître, les funestes et immorales conséquences. Au reste, Ménandre ne disserte guère ; mais il se plait, comme les épicuriens, à insister sur le côté misérable de la condition humaine, afin de faire mieux sentir le prix de la sagesse, de la modération, de l'apaisement des troubles intérieurs, de la sérénité de l'âme. Il y a, dans ses fragments, des choses admirablement belles, et de cette beauté sérieuse qui s'associait si bien, dans la Comédie nouvelle, avec une aimable gaieté. Voici un de ces passages, qui nous a été conservé par Plutarque, dans la *Consolation à Apollonius* : « Si tu es né, Trophime, seul entre tous les hommes, quand ta mère t'a enfanté, doué du privilége de ne faire que ce qui te convient et d'être toujours heureux, et si quelque dieu t'a promis cette faveur, tu as raison de t'indigner ; car ce dieu t'a menti et s'est mal conduit envers toi. Mais si c'est aux mêmes conditions que nous que tu respires l'air commun à tous les êtres, pour te parler en style plus tragique, il faut supporter mieux ces malheurs et te faire une raison. Pour tout dire en un mot, tu es homme, et, partant, sujet plus qu'aucun être au monde à passer en un clin d'œil de l'abaissement à la grandeur, puis ensuite de la grandeur à l'abaissement. Et c'est vraiment justice. Car l'homme, qui est si chétif de sa nature, tente d'immenses entreprises ; et, quand il tombe, presque tous ses biens périssent dans sa chute. Pour toi, Trophime, tu n'as pas perdu une opulente fortune ; tes maux présents n'ont rien d'excessif : ainsi donc résigne-toi, pour l'avenir, à cet état de médiocrité. »

Voici un autre morceau, cité par Stobée, où la leçon morale est présentée sous une forme plus vive et plus agréable encore : « Tous les autres êtres sont beaucoup plus heureux et beaucoup plus raisonnables que l'homme. Et d'abord, considérez, par exemple, cet âne-ci. Son sort est incontestablement misérable. Pourtant aucun mal ne lui arrive par son propre fait : il n'a que les maux que lui a donnés la nature. Nous, au contraire, outre les maux inévitables, nous nous en créons d'autres à nous-mêmes. Éternue-t-on, l'inquiétude nous prend ; prononce-t-on une parole malsonnante, nous nous mettons en colère ; quelqu'un a-t-il eu un songe, notre frayeur est extrême ; qu'une chouette vienne à crier, nous sommes tout tremblants. Rivalités, gloire, ambition, lois, ce sont là autant de maux que nous avons ajoutés de surcroît à ceux de la nature. »

La poésie de Ménandre n'est point ce libre jeu d'une imagination hardie et prime-sautière, qui nous charme jusque dans les bouffonneries d'Aristophane ou dans les gaillardises d'Alexis. C'est la raison ornée, c'est l'expérience et le bon sens revêtus d'une forme populaire. Ménandre rachète par la valeur pratique des pensées, par la profondeur des sentiments, par une sorte de pathétique tempéré, ce qu'il a perdu du côté de l'enthousiasme et de la fantaisie. C'est Ménandre qui a fourni l'original du vers sublime où Térence donne la définition de l'homme vraiment digne du nom d'homme.

Plutarque préfère Ménandre à Aristophane. Il n'était peut-être pas nécessaire de sacrifier l'un à l'autre. Les deux génies diffèrent du tout au tout. Les deux genres n'ont de commun que le nom. A quoi bon une comparaison en règle entre la comédie d'Aristophane et la comédie de Ménandre? Mais Plutarque a raison d'admirer, chez Ménandre, la finesse, la délicatesse et la grâce du badinage, le respect des bienséances, la passion du bien. Je crois pourtant, si j'en juge d'après le théâtre de Térence, que la comédie de Ménandre n'était pas toujours une école de vertu. L'immoralité était quelquefois dans les choses, dans les sujets mêmes ; elle n'était jamais dans l'expression. D'ailleurs il y avait des œuvres d'une irréprochable pureté, témoin l'*Andrienne*.

Térence est un des plus charmants poëtes qu'il y ait eu au monde. Quelle perte que celle des originaux de ses chefs-d'œuvre ! Ce Térence, si beau, si parfait pour nous, n'était pour Jules César qu'un demi-Ménandre.

Philémon.

Je ne crois pas qu'il nous soit possible de déterminer avec

une précision satisfaisante ce qui distinguait Philémon de Ménandre. Il me semble toutefois que Philémon a quelque chose de plus rude, ou, si l'on veut, de moins humain et de moins sympathique. Sa morale tient de Zénon plus que d'Épicure. Son style ne diffère de celui de Ménandre que par plus de tenue, et aussi par moins d'abandon et de grâce. Quintilien nous dit que beaucoup de contemporains mettaient Philémon au-dessus de Ménandre. C'étaient sans doute les hommes d'un goût très-sévère, les philosophes, ceux qui avaient fréquenté l'Académie ou le Lycée, ceux surtout qui avaient entendu, dans le Portique, l'éloquente voix du grand Zénon. Voici une définition de l'homme juste à laquelle Platon lui-même aurait applaudi, et où respire comme un souffle des doctrines morales de la *République* et du *Gorgias* : « L'homme juste n'est pas celui qui ne commet point d'injustice, mais celui qui, pouvant en commettre, ne le veut point. Ce n'est pas celui qui s'est abstenu de prendre des choses de peu de valeur, mais celui qui a le courage de n'en pas prendre de précieuses, pouvant se les approprier et les posséder sans crainte de châtiment. Ce n'est pas celui qui se borne à observer les règles vulgaires, mais celui-là seulement qui a un cœur pur et sans fourbe, et qui veut être juste, non le paraître. » Jusque dans les passages où Philémon s'émeut des misères humaines, on aperçoit un censeur peiné, sinon irrité, de nos faiblesses, et non plus l'aimable consolateur qui relève l'âme abattue de Trophime : « Si les larmes étaient un remède à nos maux et si toujours celui qui pleure cessait de souffrir, nous achèterions les larmes à prix d'or. Mais présentement, seigneur, nos maux ne s'inquiètent guère de nos larmes ; et c'est la même route qu'ils suivent, qu'on pleure ou non. Que gagnons-nous donc à pleurer ? rien ; mais la douleur a son fruit comme les arbres : ce sont les larmes. »

Philémon, dans les concours dramatiques, l'emportait souvent sur Ménandre. Mais le prix était décerné par des juges dont les sentences pouvaient être dictées par des considérations qui n'avaient rien de littéraire. Il paraît que le public ne les ratifiait pas toujours. On prétend que Ménandre lui-même, qui avait conscience de sa supériorité, s'étant rencontré en face de son rival : « Je te prie, lui dit-il, ne rougis-tu pas quand tu remportes sur moi la victoire? » Mais le consentement unanime de l'antiquité finit par mettre les deux poëtes chacun à sa place : Ménandre au premier rang, Philémon au deuxième, mais à peu de distance du premier, et bien au-dessus de tous les autres poëtes de la Comédie nouvelle. Ceux-ci n'étaient que des hommes de talent, même ceux que les Alexandrins avaient mis dans leur canon, c'est-à-dire dans la liste des classiques.

CHAPITRE XXXVII.

DEUX PHILOSOPHES POËTES.

Caractère des écrivains athéniens du troisième siècle avant J. C.
Timon le sillographe. — Cléanthe.

Caractère des écrivains athéniens du troisième siècle avant J. C.

Athènes, en disparaissant du monde politique, vit s'éteindre chez elle les dernières lueurs de ce génie littéraire qui avait jeté tant d'éclat durant plus de trois cents années. Elle conserva des écoles florissantes ; elle compta, dans tous les genres, des maîtres habiles ; elle eut des dissertateurs, des glossateurs, des grammairiens, des philosophes estimables : elle ne vit plus, jusqu'au temps de Proclus, ni un poëte, ni un prosateur de quelque renom. Dès le troisième siècle avant notre ère, les philosophes les plus opposés de doctrines, Épicure comme Zénon, et les disciples mêmes du Lycée et de l'Académie, semblent s'accorder sur un point : c'est qu'il faut laisser aux sophistes les vanités du beau style et les futiles recherches du bien dire. Même les mieux doués prennent à tâche d'écrire comme s'ils avaient horreur des succès populaires, et ne s'adressent qu'aux adeptes de leurs doctrines. Ce qui reste d'Épicure est d'une obscurité sibylline et à peu près impénétrable. Zénon, si éloquent et si spirituel dans ses discours, était, dans ses livres, sec, didactique et sans agrément. Chrysippe composait ses ouvrages avec un absolu mépris de la forme. Il regardait comme perdu tout le temps qu'eussent exigé la conception d'un plan systématique, l'harmonieuse distribution des parties du sujet, l'arrondissement des phrases, et même la correction du style ; et il écrivait en conséquence : « Non-seulement, disait-il, il faut négliger la collision des voyelles, pour ne penser qu'à ce qui est plus grand et de plus grande importance, mais il faut encore laisser passer certains défauts et certaines obscurités, et faire même des solécismes dont d'autres rougiraient. » On conviendra que, s'il y a une sorte de raison au fond de ces préceptes, il y a aussi des paradoxes un peu étranges, et que la permission du solécisme est chose au moins exorbitante. Arcésilas, le chef de la nouvelle Académie, avait assez de talent pour écrire des chefs-d'œuvre ; mais il n'ambitionna point cette gloire, et il se contenta de bien parler, et de laisser le souvenir de ses bons mots. Deux hommes seulement semblent avoir eu à cœur de vivre dans la postérité véritable, et non point dans une secte plus ou moins durable et fameuse. Ces deux hommes, un philosophe pyrrhonien et un disciple de Zénon, sont les derniers poëtes dont puisse se vanter l'Athènes des successeurs d'Alexandre ; et peut-être l'un des deux fut-il même le dernier des grands prosateurs attiques.

Timon le sillographe.

Timon le sillographe était de Phliunte. Après avoir étudié la philosophie dans l'école de Mégare, il s'attacha à Pyrrhon, et il devint plus tard, par la mort de son maître, le chef de l'école sceptique. Il se fixa d'assez bonne heure à Athènes qu'il ne quitta plus, et il y mourut vers l'an 260, à quatre-vingt-dix ans. Il avait écrit des ïambes, qui étaient probablement des satires philosophiques ou morales. Mais l'ouvrage qui l'avait rendu célèbre, c'étaient les *Silles*, en trois livres, dont Diogène de Laërte donne l'analyse et cite d'assez nombreux passages. Le mot *sille*, σίλλος, signifie *sarcasme*. Les *Silles* de Timon ne démentaient pas leur titre. Timon se moquait impitoyablement de toutes les doctrines qui n'étaient pas la sienne, et il ne ménageait pas plus les personnes que les choses mêmes. Ses satires étaient écrites en hexamètres ; et il parodiait de temps en temps, à l'adresse des philosophes, les vers les plus célèbres des anciens poëtes. Deux livres des *Silles*, le second et le troisième, étaient dialogués ; mais, dans le premier livre, Timon attaquait directement, et en son propre nom. Je vais citer quelques-uns des jugements de ce spirituel et redoutable frondeur. Il dit de Platon : « A leur tête marchait le plus large[1] d'eux tous, un agréable parleur, rival, par ses écrits, des cigales qui font retentir leurs chants harmonieux, posées sur les arbres d'Hécadémus. » On reconnaît ici la comparaison d'Homère à propos des vieillards qui causent entre eux sur les remparts de Troie. Il dit de Socrate : « C'est d'eux que descend ce tailleur de pierres, ce raisonneur légiste, cet enchanteur de la Grèce, ce subtil discuteur, ce railleur, cet imposteur pédant, cet attique raffiné. » Il se moque de tout et de tous avec une liberté de langage qui rappelle les comiques du temps d'Aristophane, et avec cette verve et cet entrain sans lesquels la satire, surtout la satire philosophique, n'est plus rien que glace et ennui. Je remarque ici qu'il ne faut pas confondre Timon le sillographe avec Timon le misanthrope, fameux par ses bons mots. Celui-ci vivait à Athènes plus d'un siècle avant l'auteur des *Silles*. Je remarque aussi que Timon de Phliunte n'était pas le premier poëte qui eût réussi dans la critique sarcastique des philosophes et des doctrines. Ménippe, né à Gadares en Phénicie, lui avait donné l'exemple. Ce Ménippe était un cynique de l'école de Diogène. Il s'était beaucoup moqué de Platon, d'Aristote, de tous ses contemporains les plus célèbres, et il avait fait lire ses écrits, où s'entremêlaient agréablement la prose et les vers. Il ne reste rien ni de ses vers ni de sa prose ; mais on donne encore aujourd'hui le nom de *ménippées* aux satires, philosophiques ou non, dont les auteurs passent alternativement, comme faisait Ménippe, du langage ordinaire aux mètres de la poésie, et des mètres de la poésie au langage

---

[1]. Allusion au nom de Platon, qui signifie *large*.

ordinaire. Au reste, Timon le sillographe laissa bien loin derrière lui les essais du philosophe de Gadares, et demeura dans son genre un modèle inimitable.

Cléanthe.

Cléanthe fut un homme d'un esprit bien différent. Il était né à Assos en Éolie, vers l'an 310 environ, et il était assez connu déjà quand Timon écrivit les *Silles*, pour avoir sa place dans cette curieuse galerie de portraits : « Quel est ce bélier qui parcourt les rangs, ce lourd citoyen d'Assos, ce grand parleur, ce mortier, cette masse inerte ? » Ce philosophe d'un extérieur si peu avantageux avait une grande âme et un beau génie. Il avait commencé par exercer le métier d'athlète ; puis la pauvreté l'avait réduit à se mettre au service des jardiniers d'Athènes. Il connut Zénon, et il s'éprit de l'amour de la philosophie. Il passait la nuit dans les jardins, à tirer de l'eau et à arroser les plantes ; le jour, il allait entendre Zénon, et travaillait à suppléer par l'étude au défaut de son éducation première. Il fut, après Zénon, le chef du Portique, et il vécut jusqu'à l'âge de quatre-vingts ans, ou, selon quelques-uns, de quatre-vingt-dix-neuf ans.

Les ouvrages en prose composés par Cléanthe devaient être remarquables par les agréments du style. Au moins le philosophe ne s'interdisait-il pas les vives images, les allégories, les tableaux à la manière de Platon et du premier Aristote. J'en juge ainsi d'après la page que Cicéron lui a empruntée, où l'on voit la Volupté assise sur un trône, et les vertus réduites à la servir, obéissant à tous ses commandements, n'ayant d'autre affaire, se hasardant tout au plus à lui donner tout bas quelques conseils. Admirable résumé du système moral d'Épicure, et qui en fait vivement saillir aux yeux les erreurs et les absurdités. Mais ce n'est point par conjecture que nous voyons dans Cléanthe un vrai poëte. L'hymne en vers épiques adressé à Jupiter, dont je vais transcrire le commencement et la fin, est quelque chose de mieux encore qu'un précieux monument de la philosophie stoïcienne ; c'est l'œuvre sublime d'un poëte inspiré :

« Salut à toi, le plus glorieux des immortels, être qu'on adore sous mille noms, Jupiter éternellement tout-puissant; à toi, maître de la nature; à toi, qui gouvernes avec loi toutes choses! C'est le devoir de tout mortel de t'adresser sa prière; car c'est de toi que nous sommes nés, et c'est toi qui nous as doués du don de la parole, seuls entre tous les êtres qui vivent et rampent sur la terre. A toi donc mes louanges, à toi l'éternel hommage de mes chants! Ce monde immense, qui roule autour de la terre, conforme à ton gré ses mouvements, et obéit sans murmure à tes ordres. C'est que tu tiens dans tes invincibles mains l'instrument de ta volonté, la foudre au double trait acéré, l'arme enflammée et toujours vivante; car tout, dans la nature, frissonne à ses coups retentissants. Avec elle tu règles l'action de la raison universelle qui circule à travers tous les êtres, et qui se mêle aux grands comme aux petits flambeaux du monde. Roi suprême de l'univers, ton empire s'étend sur toutes choses. Rien sur la terre, dieu bienfaisant, ne s'accomplit sans toi, rien dans le ciel éthéré et divin, rien dans la mer; rien, hormis les crimes que commettent les méchants par leur folie.... Jupiter, auteur de tous biens, dieu que cachent les sombres nuages, maître du tonnerre, retire les hommes de leur funeste ignorance; dissipe les ténèbres de leur âme, ô notre père! et donne-leur de comprendre la pensée qui te sert à gouverner le monde avec justice. Alors nous te rendrons en hommages le prix de tes bienfaits, célébrant sans cesse tes œuvres, comme c'est le devoir de tout mortel; car il n'est pas de plus noble prérogative, et pour les mortels et pour les dieux, que de chanter éternellement, par de dignes accents, la loi commune de tous les êtres. »

CHAPITRE XXXVIII.

LITTÉRATURE ALEXANDRINE.

Le Musée d'Alexandrie. — Caractère de la littérature alexandrine. Lycophron. — Callimaque. — Apollonius. — Érudits alexandrins.

Le Musée d'Alexandrie.

Le troisième siècle avant Jésus-Christ fut pour la Grèce proprement dite une époque de confusion et de misères. Mais il y avait, autour de la Grèce, des pays qu'avait conquis la civilisation grecque, et où les hommes vivaient dans des conditions assez favorables pour pouvoir vaquer avec succès aux travaux de l'intelligence et ajouter quelque chose à l'héritage des générations antiques. La Sicile, grâce au génie d'Hiéron II, jouissait du repos et renaissait à la gloire. Quelques-uns des royaumes formés des démembrements de l'empire d'Alexandre étaient gouvernés par des princes amis des lettres et des arts. Les Ptolémées surtout s'efforçaient, par tous les moyens, de bien mériter du monde savant. Ils attiraient à Alexandrie les hommes les plus célèbres; ils leur assuraient une honorable existence; ils rassemblaient quatre cent mille volumes dans le palais du Bruchion, soixante et dix mille dans les dépendances du temple de Sérapis; ils fondaient le Musée, qui était tout à la fois et une académie, et une sorte d'université où enseignèrent Callimaque, Apollonius, Zénodote et tant d'autres maîtres distingués. On dit que Démétrius de Phalère, chassé d'Athènes en 307, et qui avait trouvé dans Ptolémée Soter un digne protecteur, paya cette hospitalité en inspirant au roi l'idée d'un vaste établissement littéraire, et en organisant lui-même le Musée par ses soins.

Caractère de la littérature alexandrine.

Les écrivains d'Alexandrie se sont exercés dans tous les genres, mais ils n'ont réellement excellé que dans ceux où nous n'avons rien à voir. Les œuvres qui recommanderont à jamais l'époque des premiers Ptolémées, c'est la traduction des livres hébreux par les Septante; ce sont les recherches chronologiques de Manéthon; ce sont les travaux des critiques pour épurer, pour commenter les textes anciens; ce sont les écrits d'Euclide le géomètre et de quelques autres savants. Mais la littérature proprement dite végéta tristement dans cette atmosphère de science et d'érudition, et ne donna que des fruits sans sève ni saveur. Un grand nombre d'hommes pourtant eurent, dans Alexandrie, le renom de poètes. Il y en avait jusqu'à sept dont les tragédies étaient estimées. Il y avait des poètes comiques, des auteurs de drames satyriques, des poètes épiques, didactiques, lyriques, élégiaques. Quelques-uns s'étaient exercés dans tous les genres; presque tous avaient été d'une fécondité extraordinaire. C'étaient, pour la plupart, des gens d'esprit et même de talent; c'étaient des littérateurs instruits, des versificateurs habiles; mais pas un seul parmi eux n'a mérité d'être compté au nombre des vrais poètes. J'en juge ainsi d'après ce qui nous reste des plus fameux, Lycophron de Chalcis, Callimaque de Cyrène et d'autres. S'il fallait faire une exception, ce serait peut-être en faveur de Philétas de Cos, qui fut le précepteur de Ptolémée Philadelphe. Les Latins ont vanté ses élégies; et il a sur les autres cet avantage, que presque tous ses vers ont péri, et que nous sommes dans l'impossibilité de contrôler les jugements de ses admirateurs.

Lycophron.

1 n'en est pas de même de Lycophron. Nous avons de ce prétendu tragique un poème entier, qui peut donner une idée suffisante de ce qu'il était capable de faire comme émule de Sophocle ou d'Eschyle. Eschyle avait fait jadis parler Cassandre: c'est elle aussi que Lycophron met en scène, sous le nom d'Alexandra. Elle y est seule, non pas même en personne, mais par un délégué; et ce délégué prononce, tant pour elle que pour lui-même, un discours qui n'a pas moins de quatorze cent soixante et quatorze vers. Ce

discours est tout le poëme. C'est une prophétie sur la ruine de Troie. Mais, si les Troyens n'en ont entendu que de pareilles de la bouche de Cassandre, il ne faut point s'étonner qu'ils se soient peu souciés de comprendre et de croire. Lycophron semble avoir pris à tâche d'être complétement inintelligible, non-seulement pour le vulgaire, mais pour tous ceux qui ne connaissaient pas à fond les traditions mythologiques, les généalogies des héros, la géographie des temps antéhistoriques; pour tous ceux enfin qui n'avaient pas présentes à la mémoire les inventions des poëtes les moins lus : appellations extraordinaires de lieux ou de personnes, épithètes une seule fois employées, mots sans analogues dans la langue, tours insolites, formes grammaticales étranges, archaïsmes de toute sorte, et bien d'autres choses encore. Il n'y a presque pas une phrase, dans l'*Alexandra*, qui ne contienne plusieurs énigmes, et cent fois plus obscures que celles du Sphinx; et, sans les commentaires anciens, compilés au moyen âge par un certain Tzetzès, il est douteux que jamais aucun moderne eût réussi à faire ce que faisait à dix-sept ans Joseph Scaliger, et ce qu'ont fait depuis, à ce qu'on dit, certains Anglais excentriques : à lire Lycophron. J'ai lu les dix premiers vers, grâce à Tzetzès; et j'en ai eu plus qu'assez. Mais il est probable que les savants archéologues du Musée étaient des Œdipes en état de deviner du premier coup, et qui se pâmaient d'aise à chaque logogriphe, contents à la fois et de leur esprit et de celui de l'auteur; car Lycophron en avait. Quant à l'érudition, nul n'était en état de lui rien remontrer, parmi les familiers de Ptolémée Philadelphe. Mais quel outrage au bon sens et au bon goût! quelle aberration mentale! Ce savant homme a inventé l'anagramme : certes, cette gloire était digne de lui.

Ceci a été écrit et imprimé en 1850, c'est-à-dire trois ans avant que M. Dehèque publiât son travail sur l'*Alexandra*. J'étais resté des semaines et des mois en face de l'in-folio de Potter, sans me sentir le courage de pénétrer plus loin que l'entrée, dans ce que Stace appelle le dédale du noir Lycophron. M. Dehèque nous a mis en main le fil d'Ariane; et il suffit aujourd'hui au lecteur français de quelques heures de patience et d'application pour faire ce voyage, si difficile autrefois du propre aveu de ceux qui l'avaient accompli. Je l'ai fait à mon tour, et j'en remercie le savant helléniste. J'ai admiré l'art avec lequel M. Dehèque a su rendre visibles les ténèbres de l'*Alexandra*. Sa traduction est aussi claire que le comportait le sujet; et son commentaire, plein d'une érudition à la fois abondante et sobre, ne laisse aucune difficulté sans solution. Je reviens donc de ma lecture avec une grande estime pour les talents de M. Dehèque; mais il m'est aussi impossible aujourd'hui qu'il y a six ans de voir dans Lycophron autre chose qu'un versificateur. Ce versificateur est habile, j'en conviens : il connaît à fond tous les secrets du métier; il imite à merveille les formes des meilleurs maîtres, et ses ïambes sont bien frappés et d'après les règles les plus sévères. Je conviens encore que la phrase poétique est artistement construite, et même que l'expression éveille à chaque instant le souvenir d'une foule de belles choses, que Lycophron avait lues, comme nous, dans Euripide, dans Sophocle, dans Eschyle. Mais je mentirais si j'allais plus loin. M. Dehèque lui-même ne conteste pas que l'idée d'écrire une tirade de quatorze cents vers et plus ne soit une idée parfaitement absurde. Encore si c'était Cassandre qui s'adressât à nous directement! On pourrait à toute rigueur se prêter à la fiction, sauf à trouver qu'elle parle bien longtemps, et surtout dans un style bien étrange. Mais non! la prophétesse est séquestrée loin des hommes; et c'est un soldat qui raconte à Priam ce qu'elle a débité dans sa prison sous l'inspiration du dieu si bien surnommé Loxias. Et veut-on savoir comment ce soldat parle pour son propre compte? voici le début du poëme : « Tout ce que tu désires savoir, je te le dirai avec exactitude, depuis le premier mot (jusqu'au dernier). Si le récit s'allonge, pardonne, ô mon roi; car la jeune prophétesse n'a plus avec le calme d'autrefois ouvert ses lèvres harmonieuses, mais elle lançait des paroles confuses, incessantes; et de sa bouche, qui mâchait du laurier, sortait une voix fatidique qui rappelait celle du sombre Sphinx. Tu vas entendre, prince, ce que j'ai conservé dans ma pensée et ma mémoire; et, usant de ta sagacité, c'est à toi de suivre la trace obscure des énigmes, et de trouver par quelle voie directe une marche savante conduit à la vérité qui est dans l'ombre. Pour moi, ayant détaché la corde du stade, j'entre dans le récit des discours prophétiquement ténébreux, en m'élançant vers la première borne comme un agile coureur[1]! » Sur quoi un savant et spirituel critique remarque que le soldat de Lycophron sait le bon effet des images dans la poésie, et que Cassandre elle-même ne pratique pas mieux que lui l'art de la métaphore et de la comparaison. Le même critique dit judicieusement qu'il eût fallu du moins qu'on sentît, en passant du soldat à la prophétesse, la différence du langage militaire et de la parole inspirée. C'est ainsi qu'il fût résulté, de l'arrangement imaginé par Lycophron, une sorte d'opposition piquante entre la vulgarité du personnage qui raconte et les raffinements de pensée et de style qui remplissent le récit.

M. Dehèque passe condamnation sur ce point et sur bien d'autres. Il confesse que plusieurs des inventions poétiques de Lycophron sont insensées, et surtout l'histoire du séjour d'Hercule dans le ventre d'une baleine. Connaissez-vous, en effet, rien de plus grotesquement ridicule que ceci : « Hélas! hélas! malheureuse nourrice, livrée aux flammes, comme autrefois par la flotte et l'armée du lion des trois nuits, qui disparut dans la large gueule du chien de Neptune! Là, vivant, tandis qu'il hachait les entrailles du monstre, brûlé dans le ventre de cette marmite, sur ce fourneau sans feu, il vit tomber la chevelure de sa tête, lui, le meurtrier de ses enfants, le fléau de sa famille[2]. » M. Dehèque ne prend pas davantage sous sa protection les bizarreries du style de son auteur, et il ne fait pas plus grâce que moi à ce parti pris d'obscurité, à ces archaïsmes, à ces tours inusités, à tout ce qu'on a de tout temps reproché à Lycophron. Il se rabat avec complaisance sur le mérite scientifique du poëme, j'allais dire du traité ; et il rappelle le mot du docte Canter, qui proclamait la lecture de l'*Alexandra* une des plus utiles qu'on pût faire

---

1. Lycophron, *Alexandra*, vers 1 et suivants.
2. Lycophron, *Alexandra*, vers 31 et suivants.

pour s'instruire à fond dans une partie considérable de la mythologie et même de l'histoire. Mais c'est une assez pauvre gloire pour un poète, ou pour un homme se donnant comme tel, qu'on dise de lui que son poème rend des services, que son poème est utile à la façon d'un dictionnaire. Ovide du moins, quand il versifiait le calendrier, n'oubliait pas toujours qu'il avait écrit les *Métamorphoses*. M. Dehèque voudrait qu'on reconnût aussi, dans Lycophron, quelque trace de vraie poésie, et qu'on y entendît, selon son expression, l'*os magna sonaturum*. Je regarde et j'écoute ; mais je ne vois rien, je n'entends rien. Il termine son *Introduction* par cette phrase : « Le poème de Lycophron est un verger encombré d'épines et de ronces, où il y a, pour ceux qui y pénètrent, quelques belles fleurs, quelques beaux fruits à cueillir, comme dans un autre jardin des Hespérides. » Bachmann, un des éditeurs de Lycophron, avait dit la même chose en assez jolis vers latins. M. Rigault, le critique que j'ai cité à propos des métaphores du soldat, semble se ranger à l'avis de Bachmann et de M. Dehèque. Il transcrit même le morceau suivant comme un passage vraiment clair, où l'allusion n'a rien de forcé, et où l'allégorie ne manque pas de transparence : « Voici, mon pauvre cœur, voici ce qui t'affligera comme le plus grand des malheurs : c'est lorsque l'aigle aux ailes frémissantes, au noir plumage, aux serres belliqueuses, imprimera sur la terre l'empreinte de ses ailes, ornière creusée par une course circulaire, comme un bouvier trace un large sillon ; lorsque, poussant un cri de triomphe, solitaire et terrible, après avoir enlevé dans ses serres le plus aimé de mes frères, le nourrisson, le fils d'Apollon, il le déchirera avec ses ongles, avec son bec, et souillera de son sang la plaine et les prairies qui l'ont vu naître. Après avoir reçu le prix du taureau égorgé, qu'il pèsera dans l'exact plateau d'une balance, à son tour ayant versé une rançon égale, un brillant lingot du Pactole, il disparaîtra dans l'urne funéraire, pleuré par les nymphes qui aiment les eaux du Béphyre et la cime du Libèthre dominant Pimplée ; lui, le vendeur de cadavres, qui, craignant la mort, ne rougira pas de revêtir même une robe de femme, agitant près d'un métier

la navette bruyante; qui descendra le dernier sur le rivage
ennemi, et qui, ô mon frère, avait peur de ta lance, même
en songe¹. » M. Rigault dit, au sujet de ce passage : « Il ne
faut pas un grand effort d'esprit pour deviner de quels personnages il s'agit. Les images ne manquent pas de grandeur, pas plus que d'exactitude, et l'expression est brillante
sans excès d'affectation. » Je ne nie pas que l'auteur de
l'*Alexandra* n'ait fait ici preuve d'imagination à sa manière; et je ne tiens pas à contester aucune des qualités de
grandeur, d'exactitude, etc., que le critique veut bien admirer dans ce tableau. Je dis simplement qu'après avoir lu la
citation, je me suis demandé de quels personnages il s'agissait, et que je ne l'ai point deviné. Il faut donc plus d'effort
d'esprit que ne le dit M. Rigault pour comprendre, même
ici. Ce n'est que par les notes de M. Dehèque que j'ai vu
qu'il s'agissait d'Hector et d'Achille. Ainsi le plus clair
passage de Lycophron est inintelligible sans commentaire!
Jugez des autres!

Callimaque.

Callimaque était un érudit, et de la force de Lycophron
même. Il avait composé une multitude d'ouvrages didactiques en prose, et des poëmes dans tous les genres connus.
Les contemporains admiraient particulièrement ses élégies,
et ne faisaient pas difficulté de le mettre au premier rang
des poëtes qui avaient manié le rhythme de Callinus et de
Tyrtée. Nous ne possédons que peu de fragments de ces
élégies tant vantées : mais Catulle a traduit la plus fameuse,
et avec une grande fidélité, comme on le voit en comparant le latin aux vers qui restent de l'original. C'est la
Chevelure de Bérénice. Malgré l'approbation de Catulle et
malgré l'enthousiasme de quelques commentateurs, je ne
puis m'empêcher de trouver cette élégie détestable. Il n'y a
ni sentiment ni chaleur; il y a de l'esprit sans doute, mais
qui n'est que de l'esprit. Callimaque affecte les noms extra-

---

1. Lycophron, *Alexandra*, vers 258 et suivants.

ordinaires; et l'on en trouve, dans la pièce traduite, d'aussi étranges que ceux qui remplissent l'*Alexandra*. Nul ne sait encore ce que c'est que les rochers Latmiens; il faut des Tzetzès pour nous faire comprendre ce que le poëte a voulu dire quand il parle de la progéniture de Thia, de Zéphyritis, etc.; et l'on est fort étonné d'apprendre qu'il s'agit tout simplement ou du soleil, ou de Vénus, ou de telle autre chose non moins connue. La Chevelure, qui sait l'histoire et la géographie comme un professeur du Musée, rappelle que les Mèdes, avec le fer, ont percé le mont Athos; puis elle s'écrie : « Que peuvent faire des cheveux, quand de telles masses cèdent au fer? » Puis elle fait une imprécation contre les Chalybes, c'est-à-dire contre les inventeurs du fer, toujours à propos des ciseaux qui l'ont fait tomber de la tête de Bérénice. Il est assez difficile de pousser plus loin l'oubli du bon sens et du bon goût, et il faudrait être Lycophron pour y parvenir.

Les *Epigrammes* de Callimaque sont souvent d'une obscurité impénétrable, par suite des mêmes défauts. Quelques-unes néanmoins sont suffisamment lisibles et ne manquent pas de grâce. Telle est, par exemple, celle où Callimaque représente Pittacus conseillant un jeune homme sur le mariage, et l'engageant à choisir dans sa condition et non point au-dessus.

Les *Hymnes* de Callimaque ne valent pas ses *Épigrammes*. Cléanthe invoquait, sous le nom de Jupiter, le vrai dieu du monde et de l'humanité; il exprimait des idées, des doctrines; il tirait ses accents du fond même de son âme. Callimaque reprend froidement les thèmes mythologiques, et conte, sans y croire, les aventures de Jupiter, de Cérès ou d'Apollon. Ce que les Homérides faisaient avec une piété naïve, il le fait pour montrer qu'aucun talent poétique ne lui est étranger, et pour étaler devant les amateurs toute cette érudition dont il n'avait pu donner ailleurs que des échantillons incomplets. Les six poëmes prétendus religieux qui nous restent de Callimaque ne sont guère qu'une accumulation de mythes peu connus, de noms et d'épithètes moins connus encore ; et, malgré certains morceaux brillants, tels que le récit du supplice d'Érysichthon, ils n'appartiennent guère plus à la vraie poésie que l'*Alexandra* même. Callimaque est un Lycophron tempéré. C'est, si l'on veut, le premier des versificateurs; mais c'est l'avant-dernier des poëtes, sinon aux yeux de ceux qui ont pris la peine de le commenter ou de le traduire.

Apollonius.

Callimaque avait, parmi ses disciples, un jeune homme d'Alexandrie nommé Apollonius, qui était né avec des dispositions très-heureuses. Ce jeune homme, à peine âgé d'une vingtaine d'années, publia un poëme épique sur l'expédition des Argonautes. Le succès de cet ouvrage alluma la jalousie de son maître. Callimaque ne se contenta point de critiquer Apollonius en paroles : il écrivit contre lui une satire des plus virulentes, et travailla à le perdre dans l'esprit du monarque. Apollonius céda à l'orage : il quitta son pays, et il se retira à Rhodes, où il enseigna la rhétorique et la grammaire et où il obtint le droit de cité. Voilà pourquoi on lui donne ordinairement le nom d'Apollonius de Rhodes. C'est à Rhodes qu'Apollonius remania son poëme, et le mit dans l'état où nous le possédons. Cette seconde édition eut un succès encore plus grand que la première. Apollonius fut rappelé à Alexandrie, et y devint un personnage considérable. Il est vrai que Callimaque était mort, et que le vieux poëte malveillant n'était plus là pour ravaler le mérite de son ancien disciple. Apollonius prolongea sa vie jusqu'à l'âge de quatre-vingt-dix ans, et mourut dans les premières années du deuxième siècle. On dit que son corps fut mis dans le tombeau où reposait Callimaque. Ces deux hommes, si hostiles l'un à l'autre pendant leur vie, durent sentir se ranimer leur poussière, quand on les rapprocha ainsi dans le même néant.

Les *Argonautiques* sont le chef-d'œuvre de la littérature Alexandrine. Le plan du poëme est timide. Apollonius se traîne servilement sur les traditions vulgaires; même parmi ces traditions, il ne choisit pas toujours ce qu'il y a de plus caractéristique. Mais le talent ne lui fait pas absolument défaut. On peut admirer, dans les *Argonautiques*, des beautés de détail d'un ordre assez distingué. Comparé aux poëtes ses maîtres, Apollonius est un soleil. Il l'emporte infiniment sur Callimaque même. On a noté, dans la peinture de la passion de Médée, plusieurs traits heureux que Virgile a omis de dérober. Mais cette peinture même, qui est, comme dit un savant critique, la maîtresse pièce de l'œuvre, laisse infiniment à désirer encore. La mignardise et les faux brillants y altèrent ou même y effacent à chaque instant le beau caractère de la tradition antique. Apollonius écrit du moins pour de simples mortels, ou à peu près. Il abuse peu de son savoir mythologique; il fait des récits agréables; il trouve quelquefois d'assez heureuses images; mais il manque de vie et de force. Son poëme appartient, en somme, au genre ennuyeux. Il n'y a que quatre chants; mais cette élégance un peu fade donne bien vite des nausées, surtout si l'on vient de lire la quatrième *Pythique* de Pindare ou la *Médée* d'Euripide. Apollonius a le tort de se trouver à chaque instant en concurrence avec les plus grands poëtes, et de provoquer des comparaisons fâcheuses. Aussi est-on tenté à chaque instant de jeter son livre, et de courir à ceux où respirent le sentiment, la passion, le génie.

Voilà ce qu'ont été les coryphées de la poésie alexandrine. Qu'était-ce donc de tous les poëtes à la suite, de ces hommes qui n'ont jamais été connus hors des murs d'Alexandrie, ou dont la postérité a daigné à peine recueillir les noms? Il est probable que nous ne trouverions pas beaucoup à admirer dans les poëmes de Philiscus, de Sosithée, de Sosiphanès, d'Homère le Jeune.

Érudits alexandrins.

On est fondé à être sévère pour ceux qui se trompent sur la nature de leur talent, et qui aspirent en dépit de Minerve à des triomphes pour lesquels ils ne sont point faits. Mais, quand ces faux poëtes n'ont pas été uniquement des beaux esprits infatués d'eux-mêmes; quand leur vie a été honorablement occupée, et qu'ils ont racheté par des travaux utiles les erreurs de leur amour-propre, il ne faut que les plaindre d'avoir perdu un temps précieux à mesurer des syllabes et à aligner de prétendus vers; il faut se rappeler les services qu'ils ont rendus, et insister moins rudement sur leurs ridicules. Pourtant ne doit-on pas mettre au-dessus d'eux les hommes qui ont eu assez de raison pour se résigner à n'être que des érudits, des littérateurs, des grammairiens, des savants, des maîtres de la jeunesse? Je ne saurais trop féliciter les anciens d'avoir distingué les noms de quelques-uns de ceux-ci, et de leur avoir fait une part de gloire. Zénodote d'Éphèse a été surfait par eux; mais Aristophane de Byzance et Aristarque méritaient, et au delà, toutes les louanges, particulièrement Aristarque, dont le nom est resté synonyme, depuis vingt siècles, de bon sens, de bon goût, de jugement éclairé et solide. Nous devons infiniment à ces deux hommes. N'eussent-ils fait que nous donner un Homère pur et correct, ils auraient des droits encore à une vive reconnaissance. Mais la recension des poésies homériques et l'interprétation de ces vers immortels n'a été qu'une petite portion de leurs travaux. Ils ont restauré les textes de tous les auteurs anciens qu'ils comptaient parmi les classiques; et il n'a pas tenu à eux que nous n'ayons Sophocle, ou Eschyle, ou Euripide, ou Aristophane, ou même Eupolis et Ménandre, aussi complets, aussi conformes que nous avons encore Platon et Homère.

CHAPITRE XXXIX.
LITTÉRATURE SICILIENNE.

Génie de la Sicile. — Timée l'historien. — Rhinton et l'hilarotragédie. — Théocrite. — Idylles de Théocrite. —Idylles bucoliques. — Les *Syracusaines*. — Idylles mythologiques. — Épîtres. — Épigrammes de Théocrite. — Jugement sur Théocrite. — Bion et Moschus.

Génie de la Sicile.

La population grecque de la grande ville fondée en Égypte par Alexandre était une agglomération de toute sorte d'éléments divers, sans cohésion, sans unité, un mélange confus de toutes les races, de tous les esprits, de tous les dialectes. L'absence complète d'originalité dans la littérature alexandrine n'a donc rien qui doive beaucoup nous surprendre. Ce n'est qu'au bout de longs siècles que la Grèce d'Égypte prit une physionomie vraiment à elle, qu'elle eut à son tour un génie propre, et qu'elle se proclama à juste titre l'héritière de la Grèce européenne. Mais la vieille Sicile, que nous avons vue jusqu'à présent payer son large tribut aux lettres et à la pensée, n'avait besoin que de se souvenir d'elle-même pour produire encore, au troisième siècle avant J. C., des œuvres vivantes et originales. Elle n'y manqua pas. La poésie, après laquelle couraient en vain les hommes du Musée, ne lui fit pas défaut; et, pour juger si les études sévères furent encore florissantes chez elle, il suffit de prononcer le grand nom d'Archimède.

Timée l'historien.

Le plus connu des prosateurs siciliens de cette période, à part Archimède, dont nous n'avons pas à nous occuper, c'est l'historien Timée de Tauroménium, que nous ne connaissons pourtant que par le témoignage des écrivains postérieurs. Il avait composé une histoire de la Sicile en plus de quarante livres. Cet ouvrage était remarquable par l'exactitude chronologique, par l'étendue des recherches, par l'abondance des détails ; mais ces qualités précieuses étaient contre-balancées par de très-grands défauts. Le style de Timée manquait de simplicité. Cet historien avait mérité malheureusement d'être compté parmi les modèles de ce qu'on nommait l'éloquence asiatique, c'est-à-dire l'éloquence à la façon des orateurs ou plutôt des rhéteurs de l'école dégénérée d'Eschine. Un reproche bien autrement grave, que quelques-uns lui adressaient, c'était d'aimer à conter des fables, de manquer trop souvent d'impartialité, et de voir de préférence le mauvais côté des actions humaines.

Polybe, qui a pris le récit des événements au point même où l'avait laissé Timée, est très-sévère pour l'historien dont il se donne à plusieurs reprises pour le continuateur. Le douzième livre de son ouvrage, ou du moins ce qui reste de ce douzième livre, est presque tout entier consacré à la critique de l'ouvrage de Timée. Polybe va jusqu'à dire que Timée ne se trompe pas toujours involontairement ; et il cite quelques faits qui prouvent, chez son devancier, un médiocre respect pour la vérité vraie. Il se moque avec beaucoup d'esprit et des longues harangues que Timée prêtait contre toute vraisemblance à ses personnages, et de ce patriotisme ridicule qui lui représentait la Sicile comme plus importante à elle seule que la Grèce entière, et tout ce qui se faisait en Sicile comme uniquement digne d'occuper le monde, et les Siciliens comme le plus sage des peuples, et les Syracusains comme les premiers des hommes et les plus propres aux grandes entreprises : « De telle sorte, ajoute Polybe, qu'il ne laisse guère aux enfants de nos écoles, ou à des jeunes gens échauffés par le vin, chance de le surpasser en raisonnements bizarres, dans quelque panégyrique de Thersite, ou dans une diatribe contre Pénélope, ou dans tout autre paradoxe de ce genre. » Mais l'imperfection sur laquelle Polybe insiste particulièrement, c'est que l'ouvrage de Timée n'était qu'une rédaction faite d'après d'autres ouvrages, et que Timée n'avait jamais été qu'un homme de cabinet, étranger à l'art militaire, à la politique, dénué par conséquent des plus essentielles qualités du grand historien. Voici quelques réflexions de Polybe à ce sujet, qui méritent, je crois, d'être mises sous les yeux du lecteur, et qui ne sont pas moins justes et sensées aujourd'hui qu'il y a vingt siècles : « Timée, dans son trente-quatrième livre, écrit ces lignes : J'ai continuellement habité Athènes pendant cinquante ans ; je n'ai pu ainsi évidemment m'initier au métier des armes. — Non, Timée, pas plus qu'à la connaissance des lieux par toi-même. — Il en résulte que si, dans le courant de son histoire, il rencontre quelque détail de topographie, il commet mensonge ou erreur ; et, lorsqu'il trouve la vérité, il en est de lui comme de ces peintres qui représentent dans leurs tableaux des animaux d'après des mannequins : dans ces compositions, les lignes extérieures sont quelquefois parfaites ; mais ce qui manque, c'est cette vigueur d'un robuste animal rendue au naturel avec la vérité qui fait la vraie peinture.... C'est là l'écueil de Timée, et en général de tous ceux qui n'ont pour fonds que cette science empruntée aux livres. Il leur manque l'exposition vive des choses, qu'entendent ceux-là seuls qui parlent par expérience. Aussi les historiens qui n'ont pas pris part aux affaires ne sauraient-ils éveiller dans l'âme de véritables émotions. Nos pères exigeaient, chez les historiens, des peintures si vraies, si sensibles, que, s'il était question de gouvernement, ils s'écriaient que l'auteur devait nécessairement être versé dans la politique et savoir ce qui s'y passe ; s'il traitait de l'art militaire, qu'il avait porté les armes et pris part aux combats ; de l'économie domestique, qu'il avait eu une femme et élevé des enfants. De même pour toutes les autres carrières de la vie. On ne peut espérer en effet un tel résultat que chez les historiens qui ont passé par la pratique, et qui choisissent le genre d'histoire fondé sur l'expérience. Sans doute, avoir figuré soi-même en toutes choses, avoir en tout joué un rôle, est bien difficile ; mais connaître par l'usage ce qu'il y a de plus important et de plus ordinaire, c'est chose indispensable [1]. »

1. Polybe, *Histoire générale*, livre xii, chapitre xxv, i, o.

Rhinton et l'hilarotragédie.

Rhinton de Syracuse n'était pas un historien, mais un poëte. Ce poëte paraît même avoir été un homme de talent, et qui cherchait le nouveau dans l'art dramatique, au hasard de ne rencontrer que le bizarre. Il inventa une espèce de drame, qu'il nommait *hilarotragédie*, c'est-à-dire tragédie gaie. C'était une parodie comique de la tragédie, une sorte de drame satyrique moins les satyres. Le *Goutteux-Tragique* de Lucien, et le *Pied-Léger* qu'on y joint comme contre-partie, peuvent donner une idée de ce que devaient être les farces dramatiques de Rhinton. Nous dirons plus loin quelques mots sur le meilleur de ces deux poëmes.

Théocrite.

Enfin voici un grand poëte, un poëte essentiellement sicilien, qui ne ressemble à rien de ce qui l'a précédé, et qui a été original non pas seulement dans un genre, comme on le dit, mais dans les genres les plus divers ; ce Théocrite dont une seule idylle, même la moins belle, vaut mieux que tout Callimaque et que tout Apollonius. Il était de Syracuse ; mais on ne sait ni la date de sa naissance ni celle de sa mort. Sa vie serait à peu près inconnue, s'il n'en avait lui-même rappelé les principales circonstances. Dans sa jeunesse, il habita quelque temps à Cos, et il y reçut les leçons du poëte Philétas. Il se rendit ensuite à Alexandrie, probablement avec son maître, et il y resta jusqu'en l'an 275, ou environ. Ptolémée Philadelphe, malgré sa générosité et ses largesses, ne l'y put fixer. Peut-être la jalousie de Callimaque ou de quelqu'un des autres poëtes patentés du Musée lui en rendait-elle le séjour insupportable. Il revint à Syracuse, et il ne quitta plus guère la Sicile. C'est là qu'il composa la plupart de ses poésies. Quelques-uns prétendent qu'il fut négligé d'Hiéron, ce que j'ai peine à croire. Dans la pièce intitulée les *Grâces ou Hiéron*, il se plaint en effet que les puissants de la terre aient peu de souci des Muses ; mais rien ne prouve que ce soient là des reproches indirects au héros dont il fait ensuite un si magnifique éloge ; et, à supposer qu'Hiéron jusque-là n'eût point encore songé à lui, il ne manqua pas sans doute de réparer sa faute, après avoir lu ces aimables et piquantes remontrances. Il paraît que Théocrite mourut à un âge très-avancé, et même qu'il eut le malheur d'assister, dans son extrême vieillesse, à la prise de Syracuse par les Romains.

Il avait laissé des poésies de plusieurs sortes, élégies, hymnes, ïambes, dont nous ne possédons rien ; des épigrammes, dont nous avons quelques-unes, et ces pièces diverses intitulées *Idylles*, qui nous sont presque toutes parvenues, et, peu s'en faut, sans altérations ni lacunes.

Idylles de Théocrite.

Le mot *idylle*, εἰδύλλιον, est le diminutif d'un autre mot, εἶδος, qui signifie proprement *image*. L'idylle est donc une image en raccourci, une esquisse, et, par extension, un petit poëme d'un genre quelconque. Le titre du recueil des poésies de Théocrite répond à peu près à ce que nous nommons des *poésies fugitives*. Comme un certain nombre des pièces de ce recueil sont des chants bucoliques, et notamment la première, on comprend que le mot idylle soit considéré par quelques-uns comme la désignation du genre pastoral, et que Théocrite ne soit connu du vulgaire que comme un chantre de bergers. En réalité il y a, dans ses trente idylles, des poëmes de toute nature, et qui n'ont, pour la plupart, rien de commun avec les chevriers ni les pâtres. Il y a des morceaux épiques, il y en a même de lyriques ; telle idylle est un mime, telle autre un épithalame ; telle autre est une épître, comme on disait du temps de Boileau ; telle autre est une simple épigramme ; quelques-unes enfin sont tout simplement des idylles dans le sens propre du terme, et ne sauraient rentrer dans aucune classification connue. Presque tous ces poëmes sont écrits en dialecte dorien ; presque tous sont en vers hexamètres. Toutefois le vingt-cinquième est en dialecte ionien ; le trentième est dans la langue et dans le mètre des chants anacréontiques ; enfin le vingt-huitième et le vingt-

neuvième appartiennent, par la forme du vers et un peu
par la couleur de l'idiome, à certaines variétés de la poésie
lyrique des Éoliens, celles où dominaient les combinaisons
du trochée et de l'ïambe.

Idylles bucoliques.

Il nous importe assez peu que Théocrite ait été le premier
poëte bucolique, ou que tels et tels aient essayé avant lui de
faire parler des bergers. C'est à peine si on sait les noms des
prédécesseurs de Théocrite. Il nous suffit que Théocrite est
le poëte bucolique par excellence. D'ailleurs, l'idée de faire
parler des bergers n'avait par elle-même rien de bien original,
après que tant de poëtes avaient déjà fait dialoguer entre eux
des gens de tous états, et après que Sophron, dans ses mimes,
s'était attaché à reproduire les allures, l'esprit, le langage des
classes populaires.

Théocrite est le seul des poëtes bucoliques aujourd'hui
connus qui ait peint les bergers d'après nature: je veux dire
que Théocrite avait sous les yeux, dans son pays, des chevriers, des pâtres, des bouviers, musiciens et chanteurs ; que
les figures qu'il a tracées avaient leurs types plus ou moins
parfaits dans la réalité même, et qu'il s'est borné à faire sur
eux ce que les poëtes dramatiques faisaient pour mettre en
scène des fils de famille, des esclaves fripons, des prosti-
tueurs, des sycophantes ou des soldats. Il a élevé ses modèles
à la dignité de l'art. Tous les autres poëtes bucoliques ont
imité ou Théocrite ou les imitateurs de Théocrite ; ou bien
encore ils ont créé un monde pastoral complétement imaginaire. Il n'est donc pas étonnant que la plupart d'entre eux
n'aient guère fait que des œuvres factices, sans vie, sans intérêt, et qui ne sont pas plus comparables à celles du poëte
syracusain que la nuit ne l'est au jour.

Les bergers de Théocrite n'ont pas plus d'esprit qu'on ne
leur en peut supposer, et ils n'ont que la sorte d'esprit qui
se développe spontanément dans la vie la moins sophistiquée.
C'est une finesse naïve et gracieuse, ce n'est jamais du bel
esprit. Ils sont passionnés, violents, outrageux même. Ce

sont'de vrais enfants de la solitude, et qui ne se doutent que médiocrement des bienséances sociales. En un mot, ils sont vivants, on les voit. Ce sont bien des chevriers, des pâtres, des bouviers : ils ne ressemblent à rien au monde qu'à eux-mêmes. La langue qu'ils parlent est d'une extrême simplicité, mais énergique comme leurs passions, mais pleine de chaleur et de force ; et, quoiqu'ils n'aillent pas chercher bien loin leurs expressions ni leurs images, ils ne cessent pas un instant d'être dignes de la poésie, même quand ils s'accablent d'injures, même quand ils disent de ces choses qu'un rustre peut seul proférer sans rougir. Ils sont poétiquement brutaux, ils ne sont point obscènes. J'aimerais mieux sans doute que Théocrite eût effacé quelques traits un peu plus que vifs ; mais je n'ai pas le courage de lui reprocher le tort d'être un peintre fidèle. Toutefois il est permis de préférer, même à ses plus admirés tableaux de la vie champêtre, même à ceux où il a exprimé avec le plus de bonheur les brûlants transports de l'amour, d'autres idylles non moins charmantes, mais plus chastes et plus pures. C'est dans les idylles non bucoliques que sont, à mon avis, les plus parfaits chefs-d'œuvre de Théocrite.

Les Syracusaines.

Les *Syracusaines* sont regardées avec raison comme un mime ; seulement c'est un mime en vers. Théocrite y présente, à la manière de Sophron, une suite de scènes empruntées à la vie commune, mais sans nœud dramatique, et qui ne tiennent de la comédie que par le ton du dialogue et les caractères des personnages.

Deux commères de Syracuse, dont les maris habitent Alexandrie, se sont donné rendez-vous chez l'une d'elles, afin d'aller voir ensemble, au palais de Ptolémée, la célébration des fêtes d'Adonis. Elles causent de choses et d'autres, médisent quelque peu de leurs maris, et finissent par se mettre en route. Ce n'est pas sans peine qu'elles arrivent au palais. La rue est pleine d'une foule énorme ; elles rencontrent les chevaux de guerre du roi ; il leur faut fendre, à la porte du palais, la presse des gens que la curiosité amène comme elles. Elles s'en tirent bravement. Les voilà en face des merveilles de la fête, et près du lit où repose Adonis. Ce sont des exclamations à n'en plus finir. Un voisin les veut faire taire, mais il n'a pas le dernier mot avec elles. Elles se taisent pourtant : c'est quand la prêtresse chante un hymne en l'honneur d'Adonis. Après le chant, elles voudraient bien rester encore ; mais l'une des deux se rappelle que son mari est à jeun, et qu'il ne serait pas bon de le faire trop longtemps attendre.

Si la traduction pouvait donner une idée approchante de l'esprit des deux commères et de leur malicieuse naïveté, je transcrirais quelque chose de leur conversation entre elles ou avec des gens de la foule. Mais je ne me hasarderai pas à gâter leur aimable caquetage, en faisant évaporer cette senteur dorienne qui lui donne tant de piquant et de grâce.

Idylles mythologiques.

Je ne crois pas exagérer en mettant les *Syracusaines* au premier rang parmi les œuvres de Théocrite. A côté d'elles, mais non pas au-dessous, il faut placer la complainte amoureuse de Polyphème adolescent. Car Théocrite a eu le don de rendre la mythologie aussi vivante que l'imitation même des tableaux de la vie réelle ; non pas une fois seulement, mais toutes les fois qu'il a touché à ces sujets antiques. Le récit du premier exploit d'Hercule, par exemple, dans la vingt-quatrième idylle, est égal au morceau analogue qu'on lit chez Pindare. C'est que les thèmes mythologiques sont pour Théocrite autre chose que des matières à versification. Il ne s'est pas borné, comme ses contemporains d'Alexandrie, à ressasser les mythes anciens et à combiner des épithètes : sous les personnages imaginaires qu'il met en scène, il y a des êtres véritables ; dans le cadre fourni par la tradition antique, il y a une pensée, un sentiment, quelque chose qui sort des entrailles mêmes du poëte. Ce qu'aperçoit Théocrite, ce qu'il peint des plus vives couleurs, c'est l'amour maternel d'Alcmène, c'est la vaillance des Dioscures, c'est la beauté de l'épouse de Ménélas, c'est un premier amour, respectueux et passionné, c'est l'efficacité de l'étude et de la poésie pour guérir ou du moins pour calmer les souffrances du cœur. Cela signifie simplement que Théocrite est un poète ; car, pour les poëtes dignes de ce beau nom, il n'y a pas de sujets usés ni rebattus. Voici la dix-neuvième idylle, la plus courte de tout le recueil, et une idylle mythologique. La poésie anacréontique elle-même n'a rien de plus gracieux ni de plus frais que cette petite allégorie : « Un jour l'Amour voleur pillait les rayons d'une ruche. Une abeille fâchée lui piqua de son aiguillon le bout des doigts. L'Amour est pris d'une vive douleur ; il souffle sur sa main ; il frappe du pied la terre, et s'envole. Il va montrer sa plaie à Vénus, et se plaint qu'un animal aussi petit que l'abeille fasse de si grandes blessures. Et la mère, souriant : « N'es-tu pas semblable aux abeilles ? Tu n'es qu'un « petit enfant ; mais quelles blessures tu fais ! »

Épîtres.

Les épîtres de Théocrite, c'est-à-dire les idylles où le poëte s'adresse en son propre nom à tel ou tel personnage, et où il garde d'un bout à l'autre la parole, ne sont pas les pièces les moins précieuses de ce petit livre, où tout a son prix. L'éloge de Ptolémée (idylle XVII) ne sort peut être pas assez des formes officielles du panégyrique, et montre un peu trop de vertus, de noblesse, de puissance, de munificence, dans le roi d'Égypte et dans ses ancêtres. Ces apothéoses et ces éloges par-dessus les nues se sentent du pays où le poëte écrivait alors. L'idylle ne vaut que par quelques détails heureux, et par ce style qui ne perd jamais rien de son naturel et de sa vérité, même dans l'expression de sentiments exagérés et de pensées quelquefois suspectes. Mais l'épître à Hiéron (idylle XVI) ne laisse rien à désirer au goût le plus difficile. L'éloge du chef des Syracusains est simple et vrai ; les souhaits de Théocrite pour le bonheur de sa patrie partent du cœur d'un citoyen dévoué ; et l'apologie de la poésie et des poëtes, qui remplit les deux tiers de l'idylle, a je ne sais quelle teinte de mélancolie douce et plaintive, qui ajoute son charme à celui des éloquentes invectives de Théocrite contre l'esprit mercantile des hommes de son temps, plus soucieux d'augmenter leurs richesses que de s'ennoblir par l'amour des belles choses.

La *Quenouille* (idylle XXVIII) est aussi une sorte d'épître. Théocrite avait pour ami intime un certain Nicias, médecin et poëte, qui vivait à Milet en Ionie. C'est à lui que Théocrite avait déjà dédié et l'idylle du *Cyclope* et celle où il raconte la disparition d'Hylas (XIII). Cette fois, il envoie à la femme de son ami une quenouille d'ivoire faite à Syracuse; et c'est à la quenouille elle-même qu'il adresse ses vers : « O quenouille, amie de la laine, don de Minerve aux yeux brillants, les bonnes ménagères se plaisent aux travaux qu'on accomplit avec toi. Suis-moi avec confiance dans la belle ville de Niléus, près du temple de Cypris, qu'ombragent de flexibles et verdoyants roseaux. Car c'est là que je demande à Jupiter de pousser mon navire d'un vent favorable, afin que j'aie le bonheur de voir mon ami Nicias, et d'échanger des embrassades avec lui, ce nourrisson sacré des Muses à la voix séduisante. Et toi, formée d'un ivoire artistement travaillé, je t'offrirai en don à l'épouse de Nicias. Dans ses mains, tu serviras à préparer la matière de toute sorte de tissus propres à vêtir des hommes, de toutes sortes de transparentes étoffes telles qu'en portent les femmes. Aussi, puissent, dans leurs pâturages, les mères des agneaux se dépouiller deux fois l'année de leur molle toison en faveur de la belle Theugénis! C'est à ce point qu'elle est laborieuse; et elle aime tout ce qui plaît aux femmes d'un noble caractère. Car je ne voudrais pas te donner à une maison indolente et paresseuse, toi née dans mon pays, puisque ta patrie c'est la ville que fonda jadis Archias d'Éphyre, c'est la moelle de l'île aux trois promontoires, la cité des héros fameux. Tu vas donc être dans la maison d'un homme qui sait une foule de savants remèdes pour préserver les mortels des funestes maladies; tu vas habiter l'aimable Milet dans la terre d'Ionie, afin que Theugénis se distingue entre ses compagnes par la beauté de sa quenouille, et que tu rappelles à son esprit le souvenir du poëte son hôte. Oui, l'on se dira en te voyant : Le présent est petit, mais la gratitude est grande; tout est précieux qui vient d'un ami. »

La Muse n'a jamais parlé avec plus de délicatesse et de

grâce; et l'on comprend le mot de Louis XIV, qui ne connaissait pourtant qu'une traduction de l'idylle : « C'est un modèle en galanterie. » Ce jugement d'un homme qui s'entendait si bien aux choses de ce genre me dispense d'insister sur le mérite singulier de cette pièce délicieuse.

Épigrammes de Théocrite.

Les épigrammes de Théocrite ne sont des épigrammes que dans le sens primitif de ce mot. Ce sont de courtes inscriptions pour des statues, pour des offrandes, pour des tombeaux. Elles ne sont pas toutes en vers élégiaques, ni en dialecte dorien. Elles sont remarquables seulement par la précision du style, et par cette élégante simplicité qui est le caractère commun de tous les écrits du poëte. Il y en a une pourtant, le *Vœu à Priape*, qui a quelque étendue, et qui mériterait d'être placée parmi les idylles. La fraîche et riante description du site champêtre où s'élève la statue du dieu rappelle sans trop de désavantage les agréables tableaux dont Théocrite a souvent égayé ses poëmes bucoliques.

Jugement sur Théocrite.

« Théocrite est admirable dans son genre : au reste, cette muse rustique redoute non-seulement le barreau mais aussi la ville elle-même. » Ces paroles sont de Quintilien. L'éloge est un peu vague; et le rhéteur latin n'a vu dans le poëte de Syracuse que le chantre des Thyrsis et des Damœtas. Oui sans doute, Théocrite est admirable dans le genre pastoral; mais il est admirable aussi dans bien d'autres genres, et dans ceux-là même qui ressemblent le moins à la poésie des champs. La trompette d'Homère ne sonnait pas faux à sa bouche, et la lyre d'Anacréon rendait sous sa main de mélodieux accords. Ce poëte si bien doué n'a laissé que de courts morceaux. C'est là le point par où il est inférieur aux antiques maîtres, à ceux dont les œuvres se nomment l'*Iliade*, *Agamemnon*, *Antigone*, *Iphigénie*. Mais il est de leur famille. Il marche l'égal d'Hésiode, de Tyrtée, de Théognis. Pourquoi faut-il que si peu de noms soient venus s'ajouter au sien dans la liste des poëtes de génie enfantés par la Grèce ?

Bion et Moschus.

Bion et Moschus, dont on rapproche quelquefois les noms de celui de Théocrite, n'ont pas manqué de talent, mais ils ont trop souvent manqué de naturel et de simplicité. Leurs grâces sont souvent affectées; et l'esprit, chez eux, remplace quelquefois le sentiment. Mais quelquefois aussi ils ne sont pas indignes du poëte qu'ils avaient pris pour modèle. Théocrite, qui put lire leurs ouvrages, et qui était leur ami, leur reprocha sans doute les ornements dont ils aimaient à parer leur style; il dut regretter que leur muse délaissât trop les champs, ou qu'elle songeât trop, dans la ville, aux applaudissements des gens raffinés. J'imagine pourtant qu'il dut trouver beaucoup à louer dans ces vers si bien faits, et dans cette diction qui rappelle si heureusement la sienne. Bion et Moschus, malgré leurs défauts, font véritablement honneur à la poésie dorienne et à la Sicile.

Bion n'était pas Sicilien; mais il avait passé sa vie à Syracuse. C'est par Moschus que nous savons où il était né, et comment il est mort. Dans sa lamentation funèbre sur Bion : « Voici pour toi, s'écrie-t-il, ô le plus harmonieux des fleuves! une seconde douleur; voici une nouvelle douleur, ô Mélès! Tu perdis autrefois Homère, le doux interprète de Calliope; et tu pleuras cet illustre fils par le gémissement de tes flots, et tu remplis la mer entière de tes plaintes. Maintenant tu verses des larmes sur un autre de tes fils, et tu te consumes dans un récent chagrin [1]. » Ainsi Bion était de Smyrne, et probablement d'origine ionienne. La contrée où il vécut, surtout les exemples et les succès de Théocrite, expliquent suffisamment pourquoi il n'écrivit pas dans la langue de sa ville natale, et comment Moschus a pu lui donner le surnom d'Orphée dorien. Il est probable que Bion ne parvint pas à un grand âge, car il périt empoisonné : « Le poison est venu, ô

[1]. Moschus, *Idylles*, III, vers 71 et suivants.

Bion! vers ta bouche; et tu as vu le poison. Comment a-t-il passé par tes lèvres et ne s'est-il point adouci? Quel mortel assez féroce pour t'avoir préparé du poison, pour te l'avoir donné quand tu parlais? Il a donc échappé au charme de ton chant[1]! » Les amis du poëte eurent du moins la satisfaction de voir punir les scélérats qui lui avaient ôté la vie : « La justice, ajoute Moschus les a tous atteints. » Moschus énumère quelques-uns des contemporains qui mêlaient leurs regrets aux siens; et c'est là que nous voyons que Théocrite, vieux déjà sans doute, avait survécu à Bion : « Tous ceux à qui les Muses ont donné une bouche retentissante, tous les poëtes bucoliques pleurent ton destin et ta mort. Il pleure, ce Sicélidas la gloire de Samos; et, chez les Cydoniens, Lycidas fond en larmes, lui qu'on voyait auparavant l'œil souriant, le front joyeux. Philétas gémit chez les Triopides ses concitoyens, sur les bords du fleuve Halès, et Théocrite gémit dans Syracuse[2]. »

Quant à Moschus, tout ce qu'on sait de lui, c'est qu'il était de Syracuse, et qu'il avait été disciple de Bion. Il dit en propres termes que Bion avait formé des poëtes, et qu'il est lui-même un de ces poëtes que Bion avait formés : « Pour moi, je te chante les accords du gémissement ausonien. Car je ne suis point étranger au chant bucolique. Je suis un des héritiers de cette muse dorienne que tu enseignas à tes disciples. Tu nous as fait la plus belle part de tes biens : d'autres possèdent tes richesses, mais tu m'as légué le chant[3]. »

Ce qui reste des œuvres de Bion et de Moschus n'a rien de commun, ou presque rien, avec la poésie bucolique, et le titre d'*Idylles*, qu'on lit en tête de ces compositions, répond encore moins que dans le recueil de Théocrite à la définition accréditée. Ce sont des lamentations funèbres, des morceaux épiques, des fragments d'épithalames, etc. Mais il est assez vraisemblable que les chants bucoliques tenaient une large

---

1. Moschus, *Idylles*, III, vers 116 et suivants.
2. *Id.*, *ibid.*, vers 94 et suivants.
3. *Id.*, *ibid.*, vers 100 et suivants.

place dans ce qui a péri ; et ce n'est pas sans raison que Moschus donnait à Bion le titre de berger, et qu'il tenait sur lui-même le langage qu'on vient d'entendre.

La première idylle de Bion, qui a près de cent vers, et qui passe pour son chef-d'œuvre, est une complainte sur la mort du bel Adonis. Ce poëme est gracieux et touchant, plein de sentiments doux et d'attendrissantes images. Il y a même une scène vraiment pathétique, et qui a fourni au Tasse un de ses tableaux les plus admirés. Vénus arrive près d'Adonis mourant, comme Herminie près de Tancrède; et l'expression de la douleur et du désespoir d'une amante n'est guère moins poignante et vraie dans les vers du poëte grec que dans ceux du grand poëte italien. Cependant il y a plus d'un trait, plus d'un mot, qu'eût effacés Théocrite, s'il avait écrit l'idylle de Bion. Il y en a jusque dans le discours que Bion prête à Vénus. Ce n'est pas Théocrite qui eût fait dire à la déesse : « Ma ceinture a péri avec toi. » L'idée est juste; mais Théocrite l'eût présentée autrement, et sous une image moins recherchée. Aussi, quel que soit le charme de ce poëme, je ne puis m'empêcher de préférer d'autres morceaux où le langage de Bion est plus simple, et où le goût, même sévère, n'a rien à désavouer. Tel est le fragment de l'idylle qui était intitulée *Épithalame d'Achille et de Déidamie*; telle est surtout la deuxième idylle, que je vais transcrire en entier : « Un oiseleur encore tout jeune, qui chassait aux oiseaux dans un bocage épais, aperçut le volage Amour perché sur la branche d'un buis. Ravi à la vue de cet oiseau, qui lui apparaissait si grand, il réunit ensemble tous ses gluaux, et il se mit à guetter l'Amour, qui voltigeait çà et là. Mais bientôt l'enfant se dépite du peu de succès de ses efforts : il jette ses gluaux, et il s'en va trouver un vieux laboureur, qui lui avait enseigné l'art de la pipée. Il lui conte son aventure, il lui montre l'Amour perché sur la branche. Mais le vieillard hoche la tête, et répond à l'enfant : « Sus-
« pends ta chasse, et n'attaque pas cet oiseau. Fuis loin de
« lui, car c'est une bête dangereuse. Tu seras heureux tant
« que tu ne l'auras pas pris; mais, quand tu auras atteint
« l'âge d'homme, cet oiseau, qui maintenant fuit et vol-

« tige, il viendra soudain de lui-même se poser sur ta
« tête. »

Les vers que j'ai cités de la complainte sur la mort de
Bion sont les meilleurs de Moschus. On a pu remarquer, à
côté des accents d'une douleur vraie et bien sentie, une certaine emphase et je ne sais quoi de forcé. D'ailleurs, l'idylle
est bien loin d'être un chef-d'œuvre. Moschus, pleurant
son maître et son ami, a été moins bien inspiré que Bion
pleurant un héros imaginaire. Mais peut-être le modèle qu'il
avait sous les yeux a-t-il nui plutôt qu'aidé à la perfection de
son poëme. Bion avait montré toute la nature en deuil à la
mort d'Adonis, les Amours se lamentant, puis Vénus, puis
les Grâces, puis les Muses ; mais c'est la douleur des
Amours, surtout celle de Vénus, qui remplit presque toute
l'idylle. Moschus nous peint à son tour un deuil universel ;
mais ici l'énumération n'en finit pas. Avant d'arriver à
ces traits d'éloquence et de sentiment que j'ai notés, il faut
passer à travers les gémissements et les soupirs, non-seulement des Muses siciliennes, non-seulement de Phœbus, non-
seulement des rossignols et des cygnes, mais des abeilles et
des hirondelles, mais des brebis et des dauphins, mais des
arbres et des fleurs, des vallons et des montagnes, et, comme
on l'a vu, des fleuves eux-mêmes.

Il y a, outre la complainte en l'honneur de Bion, trois
idylles entières, l'*Amour fugitif*, *Europe*, *Mégare femme
d'Hercule*. La première est un signalement de l'Amour, fait
par Vénus. Il me semble que cette mère connaît et dépeint
beaucoup trop bien les défauts et la malice de son enfant ; et,
si le portrait est vrai, on peut remarquer que ce n'était point
à Vénus de le faire. Je crois aussi que Moschus eût pu se
dispenser de faire dire à Vénus que le flambeau de l'Amour
embrase le soleil lui-même. *Europe* est un morceau beaucoup
plus développé, et écrit non plus en langue dorienne mais
en dialecte épique. C'est le récit de l'enlèvement de la fille
d'Agénor. Mais les préliminaires du récit sont d'une longueur
disproportionnée. Le poëme entier n'a que cent soixante et
un, ou, selon quelques éditeurs, cent soixante-deux vers ; et
Jupiter n'aperçoit Europe qu'au vers soixante-quatorzième,

et le taureau divin n'arrive qu'au quatre-vingt-neuvième dans la prairie où la jeune fille joue avec ses compagnes! La troisième idylle est une conversation naïve et touchante entre la femme d'Hercule absent et la mère du héros. Mégare se lamente sur la mort de ses enfants, massacrés par leur père, et sur le triste abandon où se consume sa vie. Alcmène la console en gémissant avec elle, en lui témoignant une tendresse de mère, et en lui racontant un songe qui semble présager de nouveaux malheurs à celui qu'elles chérissent l'une et l'autre. Cette idylle est, selon moi, le chef-d'œuvre de Moschus. C'est du moins la plus simplement écrite. A peine peut-on reprocher au poëte tel mot recherché, telle image trop brillante, telle comparaison trop complaisamment épuisée. Quant aux fragments d'idylles qui suivent les pièces entières, ils sont tout à fait insignifiants. Le recueil se termine par une épigramme qui témoigne avec quelle facilité Moschus se laissait aller aux idées fausses et au mauvais goût. Voici cette épigramme, qui est intitulée l'*Amour laboureur* : « Le redoutable Amour, ayant déposé son flambeau et son arc, prit un aiguillon à piquer les bœufs, et suspendit la besace à son épaule. Puis il attela le cou des taureaux sous le joug pénible, et il ensemença le fertile sillon de Cérès. Puis il leva les yeux au ciel, et il s'adressa ainsi à Jupiter lui-même : « Féconde mes guérets, si tu ne veux pas que je te fasse traî« ner ma charrue, toi taureau d'Europe! »

Ceux qui pourraient avoir la fantaisie de comparer cet article sur Bion et Moschus avec ce que j'ai imprimé dans la première édition de mon ouvrage, m'accuseront sans doute de contradiction, et s'étonneront que je consacre aujourd'hui plusieurs pages à ces deux poëtes, quand je m'étais contenté de leur accorder autrefois trente-deux lignes. Il est bien vrai qu'autrefois j'ai insisté presque uniquement sur leurs défauts. Aujourd'hui je leur rends plus impartiale justice. J'explique ce qu'ils ont d'excellent; je les juge en eux-mêmes; je ne leur demande plus si impérieusement de remplir cet idéal que j'avais conçu en lisant Théocrite. On a vu d'ailleurs que je ne dissimule aucune de leurs imperfections. Je suis heureux d'avoir obtempéré ainsi aux aimables remontrances que j'ai trouvées à mon adresse dans la *Literatura griega* du savant don Braulio Foz, et de m'être mis d'accord avec lui sur le seul point peut-être où ses opinions et les miennes paraissaient essentiellement différer, et dans le fond et surtout dans les termes.

CHAPITRE XL.

AUTRES ÉCRIVAINS DU TROISIÈME SIÈCLE AV. J. C.

Rhianus. — Aratus. — Euphorion de Chalcis. — Hermésianax, etc.

Rhianus.

Tandis que la poésie et la science brillaient d'un si vif éclat dans la patrie de Théocrite et d'Archimède, et que l'érudition alexandrine contrefaisait le talent et le génie, c'est à peine s'il restait çà et là, disséminés dans diverses contrées, quelques hommes dignes du nom de poëtes ou de prosateurs.

Un certain Rhianus, Crétois, avait écrit plusieurs poëmes héroïques : une *Héracléide*, des *Thessaliques*, des *Messéniaques*, etc. C'est à l'aide surtout des *Messéniaques* de Rhianus que Pausanias a écrit ses intéressants sinon authentiques récits des guerres de Messénie. Il est probable que les *Thessaliques* n'étaient, comme les *Messéniaques*, qu'une sorte d'histoire en vers. L'*Héracléide* devait ressembler à tous les poëmes du même nom, et appartenir à cette espèce d'épopée dont la vie entière d'un héros était le sujet, et qui péchait, comme le remarquent les anciens, par un vice fondamental, le défaut d'unité. Au reste, les vers qu'on cite de Rhianus ne sont pas de nature à nous faire bien vivement regretter la perte de ses ouvrages. Il n'y en a guère qui s'élèvent au-dessus du médiocre. Le fragment de vingt et un vers sur l'action de la Justice, ou plutôt sur les vengeances d'Até, serait une chose remarquable, si Rhianus avait véritablement tiré de sa Minerve ces pensées, ces images.

ces vives expressions. Mais il n'a guère fait que fouiller dans sa mémoire. C'est Homère, c'est Hésiode, c'est Eschyle, qu'il faut saluer au passage, en lisant ces vers. Rhianus n'y est que pour l'arrangement, et pour quelques ornements de mauvais goût.

Aratus.

Le poëme d'Aratus, intitulé *Phénomènes et Pronostics*, a eu l'honneur d'être imité en vers latins, d'abord par Cicéron, puis par Germanicus. L'homme qui a écrit ce poëme était un savant universel, médecin, mathématicien, critique, etc. On s'en aperçoit en le lisant. Il a très-exactement résumé ce qu'on savait alors et sur l'apparition et la disparition des astres, et sur les signes naturels qui permettent de pronostiquer le beau ou le mauvais temps ; il a même écrit en bon style, et ses vers sont généralement bien tournés et suffisamment simples. Mais il a oublié un peu trop que ce n'est pas là toute la poésie, je dis toute la poésie didactique ; et il est resté sec et ennuyeux, en dépit de ses mérites, et malgré certains passages qui ne sont pas sans éclat. Comment en effet un poëte, même mieux doué qu'Aratus, eût-il pu captiver le lecteur en s'interdisant tout mouvement, toute variété ; en s'abstenant de peindre l'homme, de le faire parler, ou d'exprimer tout au moins des sentiments qui répondissent, dans notre cœur, à ces fibres par quoi nous-mêmes nous nous sentons hommes ? Aratus n'a donc fait, peu s'en faut, qu'un manuel scientifique versifié, et non pas proprement une épopée didactique, un poëme qui rappelle les *Œuvres et Jours*. Il paraît que les *Phénomènes* étaient le plus estimé de tous les ouvrages composés par Aratus, soit en prose, soit en vers. Aratus était né dans les premières années du troisième siècle, à Soles en Cilicie ; et il passa de longues années à la cour d'Antigonus Gonatas, roi de Macédoine.

Euphorion de Chalcis.

Euphorion de Chalcis, qui fut bibliothécaire d'Antiochus le Grand, était un érudit et un poëte. Quintilien se contente, à son sujet, de remarquer que Virgile faisait cas de ses ouvrages, puisqu'il parle, dans les *Bucoliques*, de chants que lui-même composait à la manière du poëte de Chalcis. Mais le rhéteur latin s'est privé de lire les vers d'Euphorion. Cette lecture n'était pas chose très-facile. Le poëte, qui était compatriote de Lycophron, semblait avoir ambitionné, comme Lycophron, le surnom de ténébreux. L'espèce d'épopée où Euphorion avait raconté les traditions de l'Attique ancienne partageait, avec l'*Alexandra*, l'honneur d'être impénétrable au vulgaire, et obscure même pour de consommés mythologues. Il est probable que ce n'est point là ce qui valait à Euphorion l'estime de Virgile, et qu'il y avait, parmi ses poëmes de diverses sortes, des productions un peu moins savantes et un peu plus humaines ; mais il est douteux qu'un poëte épique aussi détestable que l'auteur des *Mélanges* (c'était le titre de l'épopée d'Euphorion) ait été autre chose, dans aucun genre, qu'un modèle assez peu digne d'être imité.

Hermésianax, etc.

Il reste d'Hermésianax de Colophon un fragment d'élégie amoureuse qui n'est pas sans quelque valeur poétique. C'est une revue spirituelle et piquante de tous les poëtes et de tous les sages fameux, depuis Homère jusqu'à Philétas, qui s'étaient laissé subjuger par l'amour.

Tels sont, avec le Chaldéen Bérose, qui avait écrit en grec une histoire de son pays d'après les monuments authentiques, les seuls noms un peu connus que fournisse le catalogue littéraire de ce siècle, en dehors de ceux qui appartiennent à l'Attique, à l'Égypte et à la Sicile. J'en ai passé sous silence un grand nombre ; mais je ne crois pas qu'on me sache mauvais gré de n'avoir rien dit, par exemple, de prétendus poëtes qui avaient imaginé des acrostiches plus ou moins extraordinaires, ou qui arrangeaient la longueur respective des vers d'un poëme de telle façon que l'ensemble présentât la forme de quelque objet, d'un œuf, d'une hache, d'un autel, d'une paire d'ailes, d'une flûte de Pan, etc. Ces sottises métriques n'ont rien de commun avec la poésie.

CHAPITRE XLI.

ÉCRIVAINS DES DEUX DERNIERS SIÈCLES AV. J. C.

Stérilité littéraire de cette période. — Nicandre. — Méléagre.
Panétius et Posidonius. — Polybe.

Stérilité littéraire de cette période.

Nous allons rapidement parcourir la longue période qui s'étend depuis la première apparition des Romains dans la Grèce jusqu'au règne de l'empereur Auguste. C'est une sorte de Sahara littéraire, où nous ne rencontrerons pas beaucoup d'oasis. On dirait que les Grecs, durant ces soixante et dix années, n'aient eu d'autre affaire que de se façonner au joug de leurs maîtres, ou de travailler, comme dit Horace, à conquérir un farouche vainqueur et à porter dans le Latium les arts de la civilisation. Pendant qu'ils servaient aux Romains de pédagogues et d'initiateurs, ils perdaient eux-mêmes cette activité féconde qui naguère encore produisait des merveilles. Deux poètes du troisième ou du quatrième ordre, deux philosophes moralistes, un historien philosophe, voilà toute la littérature grecque de ces temps misérables. Non pas qu'il ne nous reste d'autres écrits que les vers de Nicandre et de Méléagre, que la prose de Polybe ou le souvenir de celle de Panétius et de Posidonius ; mais que nous importent ici les travaux de quelques savants, les commentaires de quelques grammairiens, ou même des compilations de récits mythologiques, comme le livre d'Apollodore ?

Nicandre.

Quintilien nous apprend que Nicandre avait eu chez les Latins deux imitateurs, Macer et Virgile. Il paraît en effet que Nicandre était l'auteur d'un poëme didactique sur l'agriculture, dont Virgile tira quelque parti pour ses *Géorgiques*. Mais les deux poèmes de Nicandre que nous possédons ne donnent pas une haute idée de ce que devaient être ceux que nous n'avons plus. Nicandre, qui florissait vers le milieu du deuxième siècle avant J. C., était prêtre d'Apollon à Claros en Ionie, et passait pour un habile médecin en même temps que pour un bon poëte. Ses deux poëmes, intitulés l'un *Thériaques*, l'autre *Alexipharmaques*, sont de la médecine versifiée et non point de la poésie. Il énumère, dans le premier, les animaux venimeux, dans le second les divers poisons qui peuvent s'ingérer avec les aliments, et les contre-poisons par lesquels on peut combattre leurs ravages. Une série de sèches descriptions, c'est à peu près tout ce qu'on trouve chez Nicandre. Aratus s'est donné quelquefois carrière, et a oublié l'astronomie pour la poésie; mais Nicandre n'oublie pas un instant qu'il est médecin, et il fait œuvre, sauf le mètre, la langue poétique et les épithètes, de disciple d'Hippocrate et non de disciple d'Homère.

Méléagre.

Méléagre du moins est un poëte. Il vivait quelque temps après Nicandre, et il était né à Gadares dans la Syrie. On croit que ce poëte ne fait qu'un avec le philosophe cynique du même nom, qui avait composé des satires en prose. La nature de quelques-unes de ses épigrammes ne dément pas l'opinion qui le range parmi les hommes de l'école de Diogène. Il avait les passions vives, mais autre chose que de la délicatesse dans les goûts. Les petites pièces qu'on a de lui ne sont pas sans mérite, surtout par rapport au temps où il a vécu. A part un certain luxe de synonymes et d'épithètes, on ne peut pas lui reprocher de bien graves défauts ; j'entends au point de vue de la poésie, non à celui de la morale. Il a du mouvement, de la grâce, et il ne manque pas trop de naturel. Sa description du printemps serait une charmante idylle, si l'on en pouvait retrancher quelques mots surabondants, quelques images hasardées. Méléagre mérite une place à côté de Bion et de Moschus, ou, si l'on veut, à peu de distance au-dessous d'eux. Ce poëte, dont les vers sont un des ornements de l'*Anthologie*, est le premier Grec qui ait eu l'idée de former un recueil de morceaux choisis. La *Couronne d'Épigrammes*, comme il avait intitulé son anthologie, était formée de fleurs empruntées à quarante-six poëtes plus ou moins fameux. Mais ce recueil n'existe plus.

Panétius et Posidonius.

Panétius, né à Rhodes vers l'an 190, était un philosophe stoïcien. Il tint quelque temps à Rome une école que fréquentèrent les hommes les plus illustres, entre autres Scipion Émilien. Cicéron nous apprend lui-même que le traité *des Devoirs* n'est qu'une traduction un peu arrangée, une imitation libre, de l'ouvrage que Panétius avait composé sur le même sujet. Posidonius, disciple de Panétius et un des maîtres de Cicéron, avait fourni de même, au grand philosophe romain, la matière des beaux traités *de la Divination*, *du Destin* et *de la Nature des Dieux*. C'est dire assez que les écrits des deux stoïciens étaient des œuvres du plus haut mérite, puisqu'il a suffi de les transcrire et de les remanier pour en faire des chefs-d'œuvre. Cicéron en a embelli la forme ; mais qui peut douter que les originaux n'aient été remarquables par la gravité du style, par la précision, par la vigueur, par cette mâle éloquence qui naît toujours d'une conviction profonde et d'un véritable amour de la vertu ? Nous savons que Panétius et Posidonius étaient éloquents lorsqu'ils parlaient ; leur enthousiasme pour Platon prouve que le beau ne leur était pas plus indifférent que le bien ; ils avaient, dans le stoïcisme même, de bons modèles littéraires ; et sans doute ils durent être plus jaloux de rivaliser de perfection avec Cléanthe que d'imperfection avec Chrysippe.

Polybe.

Polybe naquit en 205 ou 204, à Mégalopolis en Arcadie. Lycortas son père était un des chefs de la Ligue achéenne. Lui-même il joua un rôle considérable dans les événements qui décidèrent sans retour du sort de la Grèce. Il ne tint pas à lui que sa patrie ne conservât son indépendance. Mais les

Romains l'emportèrent, et Polybe fut un des otages qu'ils emmenèrent avec eux pour s'assurer de la fidélité de leurs sujets. C'est en 166 qu'il vint à Rome; et son exil dura de longues années. Scipion Émilien sut apprécier dignement le mérite de Polybe. Il le traita comme un ami ; il en fit son conseiller, son compagnon inséparable. Polybe était à ses côtés lorsqu'il entra dans Carthage vaincue. Cette illustre amitié servit à son tour le héros achéen dans l'exécution du grand dessein qu'il avait conçu dès les premiers temps de son séjour en Italie. Il se proposait d'écrire l'histoire des conquêtes de Rome, et de faire comprendre à ses concitoyens pourquoi un petit peuple du Latium, si longtemps inconnu des Grecs, avait dû finir par commander au monde. On lui permit de consulter les archives de l'État, et d'y puiser tous les renseignements dont il avait besoin. On s'empressa à l'envi de lui fournir des matériaux. On le laissa voyager en Égypte, en Gaule, en Espagne et dans d'autres contrées, pour compléter ses recherches.

Au bout de plusieurs années, Polybe mit la dernière main à son ouvrage, et le publia sous le titre d'*Histoire générale*. C'était en effet l'histoire générale du monde, durant la période qui avait suffi à Rome pour en faire la conquête, ou du moins pour abattre tous les ennemis capables de lui disputer l'empire : « Y a-t-il un homme, dit Polybe dans son préambule, assez frivole ou indolent pour ne pas se soucier de connaître comment, et par quelle sorte de politique, presque tous les pays de la terre habitée furent soumis en moins de cinquante-trois ans, et n'eurent plus que les Romains pour maîtres[1] ? » Le demi-siècle dont parle Polybe est le temps qui s'écoula depuis le commencement de la deuxième guerre Punique jusqu'à la défaite du roi Persée : « Avant cette époque, dit encore Polybe[2], les événements du monde étaient comme disséminés.... Mais, à partir de là, l'histoire commence à former comme un corps : les événements de l'Italie et de l'Afrique s'enlacent avec ceux qui se passent en Asie

---

1. Polybe, *Histoire générale*, livre I, chapitre IV.
2. *Id., ibid.*, livre I, chapitre III.

et en Grèce, et tout aboutit à une fin unique. » Toutefois, avant d'entrer au cœur de son sujet, l'historien consacre deux livres entiers à en exposer les préliminaires. Il raconte même avec quelque détail la première guerre Punique, et tous les faits importants qui s'étaient accomplis en Sicile, en Afrique, en Illyrie, en Gaule, en Espagne et en Grèce avant l'invasion de l'Italie par Annibal. L'ouvrage n'avait pas moins de quarante livres, c'est-à-dire cinq fois environ l'étendue de celui de Thucydide. Nous ne possédons en entier que les cinq premiers livres; mais on a d'assez considérables fragments de la plupart des autres, surtout depuis les découvertes de l'illustre Angelo Mai.

L'histoire, telle que l'a conçue Polybe, ne se borne point à raconter ni à peindre, ni même à suggérer des réflexions utiles. La recherche approfondie des causes qui ont engendré les événements, la mise en lumière des occasions qui les ont déterminés, des circonstances où ils se sont produits, des effets qui en ont été les conséquences, voilà ce que se propose essentiellement cette histoire, que Polybe appelle histoire *pragmatique*, d'un terme emprunté à l'école péripatéticienne, et qui servait à désigner les sciences d'application pratique et particulièrement les sciences morales. L'historien contemple les faits historiques, il les explique, il les juge ; c'est directement et en son nom qu'il donne ses explications, qu'il exprime ses jugements ; il disserte, il enseigne, en même temps qu'il peint ou raconte : il fait une *pragmatie*, comme Polybe nomme maintes fois son œuvre, c'est-à-dire un traité de politique et de morale à propos du spectacle des choses humaines. Il travaille à former l'expérience du lecteur, à l'initier au maniement des affaires, à élever sa pensée, à développer en lui les germes de l'homme d'État.

Polybe est resté jusqu'à ce jour le type le plus accompli de ce genre d'histoire, dont il fut le premier modèle. Nul historien n'a jamais été ni plus passionné pour la vérité, ni plus exact dans le récit des faits, ni plus judicieux dans leur appréciation. Il a la conscience, le savoir, le coup d'œil; il ne déclame jamais; il est du petit nombre des hommes dont la bouche n'a jamais servi d'interprète qu'à la raison. Sans lui nous ne connaîtrions que fort imparfaitement les Romains, en dépit même de Tite Live, de Salluste et de tant d'autres. C'est lui qui nous a livré les secrets de leur politique; c'est chez lui qu'on saisit l'esprit de leurs institutions; et, n'eût-il fait que nous apprendre ce qu'était leur organisation militaire, il nous aurait mieux dit pourquoi ils furent les héritiers de l'empire d'Alexandre, que ne le disent les belles phrases sur la Fortune qui domine en toutes choses, et sur la vertu des vieux temps, et sur les consuls pris à la charrue. Bossuet et Montesquieu se bornent bien souvent à traduire Polybe. Les idées les plus fécondes et les plus vraies qu'on admire dans le *Discours sur l'Histoire universelle* et dans la *Grandeur des Romains*, ne sont autre chose que des emprunts faits à l'*Histoire générale*. Et ni Montesquieu ni Bossuet n'y ont pris, tant s'en faut, tout ce qu'ils y eussent pu recueillir, je dis plus, tout ce qu'ils y auraient dû prendre.

Cet ouvrage a ses défauts. Le récit est un peu froid, et les grandes figures n'ont point, dans les tableaux de l'historien, cette vivacité et cet éclat qui attirent et charment les regards. L'esprit est toujours satisfait avec Polybe; l'imagination a toujours à désirer. Elle voudrait, dans le style, plus de lumière et de mouvement; elle voudrait quelque chose de la grâce d'Hérodote ou de l'énergie pittoresque de Thucydide. Les passages de Polybe que j'ai cités à propos de Timée montrent pourtant que l'historien trouvait quelquefois, pour exprimer sa pensée, des formes agréables et piquantes. Les Grecs reprochaient aussi à Polybe de n'avoir pas écrit dans la langue classique. Ils remarquaient dans sa prose des termes et des tournures insolites, et un certain abus des expressions techniques empruntées au vocabulaire péripatéticien. L'*Histoire générale* n'en est pas moins un des plus beaux monuments du génie antique, et un de ceux qui font le plus d'honneur à l'humanité.

Denys d'Halicarnasse reproche durement à Polybe son manque d'art dans ce que les rhéteurs nommaient l'arrangement des mots. Il va jusqu'à dire que la lecture de Polybe est assommante. Le bon Rollin lui-même s'est senti indigné de cette condamnation. Il montre que la prétendue qualité prônée par Denys, le ton oratoire et les périodes cadencées, est un vrai défaut, et que Polybe a bien fait de n'y point tomber. Puis il ajoute : « Un style militaire, simple, négligé, se pardonne à un écrivain tel que le nôtre, plus attentif aux choses mêmes qu'aux tours et à la diction. Je n'hésite donc point à préférer au jugement de ce rhéteur celui de Brutus, qui, loin de trouver la lecture de Polybe ennuyeuse, s'en occupait continuellement et en faisait des extraits dans ses heures de loisir. On le trouva appliqué à cette lecture la veille du jour où se donna la fameuse bataille de Pharsale. » Polybe n'a jamais beaucoup souffert des sottises débitées à son intention par un homme que personne, chez les anciens, ne prenait pour un oracle ; mais je sais un gré infini à Rollin de sa protestation.

Polybe, durant son long exil, avait toujours présente cette patrie achéenne pour laquelle il avait tant travaillé et tant souffert. Plutarque nous le peint défendant la mémoire de Philopœmen contre les accusations d'un Romain qui voulait faire détruire les monuments élevés à la gloire du vainqueur de Machanidas. La cause se plaidait en justice, et l'éloquence de Polybe sauva les statues du héros. Ceci se passait vers le temps de la ruine de Corinthe, trente-sept ans après la mort de Philopœmen. Polybe demanda et obtint, dans sa vieillesse, de revoir son pays. Il y revint en 128 ; et il mourut, cinq ou six ans après, dans cette Achaïe où il s'était signalé jadis par sa bravoure, ses talents politiques et ses vertus.

CHAPITRE XLII.

ÉCRIVAINS GRECS CONTEMPORAINS D'AUGUSTE ET DES PREMIERS EMPEREURS.

Imitateurs de Polybe. — Juba. — Denys d'Halicarnasse. — Diodore de Sicile. — Strabon. — Apion. Josèphe. — Sophistes nouveaux. — Dion Chrysostome. — *Histoire Eubéenne*. — Philon.

Imitateurs de Polybe.

Polybe n'eut point d'héritiers vraiment dignes de lui. Toutefois il eut de nombreux imitateurs, et quelques-uns d'entre eux furent des écrivains utiles et estimables, sinon des penseurs bien profonds et des historiens bien parfaits. Il est à croire pourtant que la continuation de l'*Histoire générale*, dont Posidonius était l'auteur, se recommandait par des qualités analogues à celles que nous prisons dans l'ouvrage du héros de Mégalopolis. Mais il ne reste rien de ce travail, non plus que des compositions historiques de Castor, de Théophane, de Juba.

Juba.

Ce dernier est cité fréquemment par Plutarque et avec de grands éloges. La perte de son *Histoire romaine* est fort regrettable. Il avait fait des recherches très-consciencieuses, et il avait visé surtout à l'exactitude et à la clarté. Il était fils de ce roi Juba qui fut vaincu par César. Il fut amené enfant à Rome, et suivit le char triomphateur. César le fit élever avec soin, et Auguste le dédommagea plus tard des biens qu'il avait perdus : « La captivité, dit Plutarque dans la *Vie de César*, fut pour lui le plus heureux des accidents. Né barbare et Numide, il lui dut d'être compté parmi les plus savants des historiens grecs. »

CHAPITRE XLII.

Denys d'Halicarnasse.

Nous possédons, du moins en partie, l'*Histoire ancienne de Rome* par Denys d'Halicarnasse. Cet ouvrage embrassait toute la période qui s'étend depuis la fondation de Rome jusqu'à la première guerre Punique, et finissait par conséquent au point même où commence celui de Polybe. Denys était venu se fixer à Rome après la bataille d'Actium, pour étudier la langue latine, et pour préparer les matériaux nécessaires à l'exécution de son dessein. Il y fit un long séjour; et c'est là qu'il écrivit et publia son *Histoire*, fruit de vingt-deux ans de recherches. Des vingt livres qu'avait cet ouvrage nous possédons les onze premiers, ainsi qu'un certain nombre de fragments des neuf autres, retrouvés pour la plupart dans ces derniers temps par Angelo Mai.

Denys d'Halicarnasse présente les Romains comme un peuple d'origine grecque; et c'est la Grèce qui leur a fourni, à l'entendre, leurs mœurs, leur culte, leurs institutions. Il conclut sans cesse de l'analogie plus ou moins réelle à l'imitation directe; souvent même il lui arrive de voir des concordances là où il n'y a que des contrastes. On conçoit qu'une pareille préoccupation ne pouvait manquer de le jeter dans de graves erreurs. Ce n'est donc pas un guide auquel on se puisse fier, surtout dans les questions d'origines. Il a d'ailleurs altéré à plaisir la vérité de ses récits en prêtant à ses personnages, même aux êtres quasi fabuleux des temps héroïques, des discours d'une prolixité révoltante, et qui n'ont guère d'autre but que de faire admirer aux amateurs son habileté à manier la langue oratoire. Cependant il y a quelques parties traitées avec simplicité, des morceaux intéressants et où le goût n'a pas trop à reprendre; et le style, assez recherché en général, se détend quelquefois et ne sent pas toujours le rhéteur.

Rollin, qui fait un grand éloge de Denys, est bien forcé d'avouer que son mérite principal est d'être un utile magasin de documents. Il critique même assez vivement l'opinion d'un traducteur de l'*Histoire ancienne de Rome*, qui mettait sans façon Denys sur la même ligne que Tite Live. Il montre, dans ce qui est commun aux deux historiens, le plus frappant contraste : chez le Romain, partout des qualités de premier ordre ; chez le Grec, presque toujours faiblesse, prolixité, langueur même. Il compare le récit du combat des Horaces et des Curiaces, tel que Tite Live l'a donné, avec les pages correspondantes de l'*Histoire ancienne de Rome*; et le pauvre talent de Denys ne se trouve pas très-bien de cette confrontation. Soyez sûr que ce n'est point Denys qui a fourni à Corneille la dramatique et saisissante matière des vers que vous savez par cœur.

Il faut bien le dire, Denys d'Halicarnasse était au-dessous de sa tâche d'historien. Ses livres de critique sont très-inférieurs pourtant à son *Histoire*. Ce qui est au moins bizarre, c'est que ce compilateur des annales du peuple roi n'a pas l'air de se douter que Rome ait une littérature. Il ne dit pas un mot de l'éloquence latine. Il ne prononce pas même le nom de Cicéron. Au reste, ses jugements sur les orateurs prouvent qu'il ne savait pas ce que c'est que l'éloquence, et qu'il la mettait tout entière dans les artifices de la diction. Ses jugements sur les historiens sont presque ridicules. Il reproche par exemple à Thucydide d'avoir mal choisi son sujet, et d'avoir retracé à ses concitoyens de tristes et humiliants souvenirs. Il voudrait que l'historien eût réservé sa belle oraison funèbre pour une meilleure occasion, parce que les premières escarmouches de la guerre n'en valaient pas la peine : comme si Thucydide n'avait songé qu'à faire un discours dont la place était indifférente, et non pas à reproduire à sa manière ce qui s'était réellement passé aux funérailles des premières victimes. Denys d'Halicarnasse ne voit partout que des mots et des phrases. Aussi ne faut-il pas s'étonner de l'entendre s'extasier sur la renaissance de l'éloquence dans le siècle où il écrit lui-même. L'homme qui regardait le *Phèdre* de Platon comme une œuvre sans valeur était de force à prendre pour des orateurs tous les rhéteurs du temps, et à se croire lui-même un phénix entre tous les écrivains anciens et modernes.

CHAPITRE XLII.

Diodore de Sicile.

Diodore, né à Argyrium en Sicile, a compilé, sous le titre de *Bibliothèque historique*, une histoire universelle en quarante livres. Il avait voyagé dans une grande partie de l'Europe et de l'Asie, il avait visité l'Égypte, et il n'avait rien négligé pour ramasser partout des matériaux utiles. Mais il n'a pas su coordonner ces matériaux et en former un tout harmonieux. Sa préface, où il expose en fort bons termes les devoirs de l'historien, n'est, comme on l'a remarqué, que la brillante façade d'un médiocre édifice. Diodore est ordinairement ennuyeux. Il écrit simplement, mais sans chaleur, sans intérêt. Pourtant Diodore a eu des fanatiques. Henri Estienne, le premier éditeur de la *Bibliothèque historique*, va jusqu'à dire que Diodore brille parmi tous les historiens anciens que nous connaissons, comme le soleil parmi les astres. En revanche, la plupart des critiques parlent de Diodore avec un souverain mépris. L'abbé Terrasson, qui l'a traduit en français, le traitait d'inepte et de pis encore. Il disait à ses amis : « Je traduis Diodore dans toute sa turpitude. »

Diodore n'est pas un grand écrivain ; ce n'est pas non plus un penseur profond ; ce n'est même pas toujours une autorité à laquelle on puisse se fier sans réserve. On a constaté, dans la *Bibliothèque historique*, d'assez nombreuses erreurs de faits et de dates. Diodore est inférieur non-seulement à Hérodote et à Thucydide, mais à Denys même. Ce n'est pas dire qu'il soit sans mérite. Il a pour nous un mérite tout particulier, c'est d'avoir été un compilateur consciencieux. Si l'on considère son ouvrage non point proprement comme une histoire, mais seulement comme une collection de documents historiques, c'est un des plus précieux monuments de l'antiquité ; car ce qu'on retrouve, sous Diodore, ce sont des textes empruntés à une foule d'historiens, dont les écrits n'existent plus, tels que Hécatée, Ctésias, Philistus et bien d'autres. C'est donc une véritable bibliothèque historique ; et l'ouvrage, sous ce rapport, n'est pas trop indigne de son titre. Nous possédons les cinq premiers livres, qui traitent de l'Égypte, de l'Assyrie et des premiers temps de la Grèce, et dix autres

livres (XI-XX), qui vont jusqu'à la bataille d'Ipsus. Les
fragments des vingt-cinq livres perdus ne sont pas très-considérables ; et c'est encore à M. Mai qu'on en doit le plus
grand nombre. Diodore avait poussé le récit des événements
jusqu'aux campagnes de César dans les Gaules. Diodore était
contemporain de Denys d'Halicarnasse, et il passa de longues années à Rome, sous César et Auguste.

Strabon

Strabon le géographe, né vers l'an 50 avant notre ère à
Amasée en Cappadoce, vivait par conséquent vers le même
temps que Denys et Diodore. Comme eux il habita longtemps
à Rome. Il avait d'ailleurs fait de lointains voyages, et visité
la plupart des contrées qu'il décrit. Sa *Géographie* en dix-sept
livres, que nous possédons peu s'en faut tout entière, est
une véritable encyclopédie, pleine de détails intéressants et
d'aperçus lumineux sur l'histoire, la religion, les mœurs, les
institutions politiques des anciens peuples. On y trouve
même des discussions de critique littéraire assez importantes. Strabon a fort bien vu tout le parti qu'on peut tirer des
fables antiques, comme témoignage naïf et spontané des
idées et de la sagesse des temps primitifs. Esprit judicieux,
érudit consommé, écrivain clair et correct, son ouvrage n'est
pas seulement une mine inépuisable pour les historiens, les
littérateurs et les philologues ; c'est une agréable lecture, et
surtout une des plus utiles qu'on puisse faire.

Apion. Josèphe.

Un certain Apion, grammairien, que les habitants d'Alexandrie avaient député à Caligula pour se plaindre des Juifs,
avait composé divers ouvrages historiques ou politiques. Il
était Égyptien, et son ouvrage le plus considérable était une
Histoire d'Égypte. Cette histoire a péri, ainsi que tous les
autres écrits d'Apion. On connaît pourtant assez bien son
traité contre les sectateurs de la religion de Moïse, parce

qu'Apion a eu un contradicteur, et que la réponse en faveur des Juifs nous est parvenue.

Le contradicteur d'Apion n'était autre que le célèbre historien Josèphe. Josèphe, ou plutôt Iosèpe, était Juif. Il était né à Jérusalem en l'an 37 de notre ère, et il appartenait à la race sacerdotale. Il combattit contre Vespasien, puis s'attacha à sa fortune, prit le prénom de Flavius, et fut en grande faveur auprès de lui et auprès de Titus son fils. Il accompagna Titus à ce siège de Jérusalem dont lui-même a retracé les terribles et saisissants épisodes. L'*Histoire de la guerre de Judée* par Josèphe est un récit dramatique, où l'intérêt croît de scène en scène jusqu'au dénoûment, jusqu'à cette catastrophe qui n'a peut-être pas d'égale dans les annales de l'univers, et dont les conséquences, après dix-huit siècles, se font sentir encore. L'ouvrage a sept livres. Écrit d'abord en syriaque, l'auteur lui-même le traduisit en grec hellénistique, comme on appelait le grec courant d'alors, par opposition à la langue classique, que les atticistes essayaient de conserver pure de tout mélange. L'*Histoire ancienne des Juifs*, par le même écrivain, est précieuse surtout parce qu'elle remplit la lacune de plusieurs siècles qui se trouve entre les livres de l'Ancien Testament et ceux du Nouveau. Mais Josèphe a beaucoup sacrifié au goût de ses lecteurs grecs et romains. Il altère souvent les antiques traditions de la Bible; il efface l'originalité de la physionomie du plus extraordinaire de tous les peuples; il hellénise et romanise une histoire qui ne ressemble à rien au monde sinon à elle-même.

Sophistes nouveaux.

Le nom de *sophiste*, décrédité jadis par Socrate et Platon, reprit, sous les empereurs romains, une signification honorable ; ou plutôt on se borna à rendre leur véritable nom à ceux que les Romains appelaient rhéteurs, et que les Grecs avaient trop longtemps appelés des orateurs. Les sophistes étaient proprement des professeurs de belles-lettres. Ils enseignaient l'art d'improviser et d'écrire des discours, et ils étaient eux-mêmes écrivains et improvisateurs. Ils traitaient toute sorte de sujets. Ils faisaient des harangues politiques du genre de celles dont parle Juvénal : ils donnaient à Sylla le conseil d'abdiquer la dictature, ou ils exhortaient les Athéniens, comme fait Lesbonax, sophiste contemporain de Tibère, à s'armer de courage contre les ennemis dans la guerre du Péloponnèse. Ils dissertaient sur des questions morales ou même scientifiques, mais en s'attachant presque uniquement au bien dire, et avec peu de souci de la vérité pure et même du bon goût. En un mot, c'était Gorgias, c'était Protagoras; c'étaient même quelquefois des triomphes oratoires comparables à ceux qui avait jadis allumé la sainte indignation de Socrate. Il va sans dire que la plupart de ces orateurs qui faisaient tant de bruit ne méritaient nullement leur réputation. Il faut pourtant faire exception pour quelques-uns; et, sans parler de Plutarque et de Lucien, qui furent des hommes de génie, plusieurs de ces sophistes étaient mieux que de vides déclamateurs, et méritent une place dans l'histoire de la littérature.

Dion Chrysostome.

Le plus célèbre des sophistes du siècle dont nous énumérons les écrivains est Dion, qui fut nommé Chrysostome, c'est-à-dire *bouche d'or*, à cause de son éloquence. Il était né à Pruse en Bithynie, et il florissait à Rome dès le temps de Néron. Lorsque Vespasien parvint à l'empire, Dion lui conseilla de rétablir la république. Impliqué plus tard dans une conspiration contre Domitien, il s'enfuit loin de l'Italie. Il était sur les bords du Danube quand on y reçut la nouvelle de la mort de l'empereur et de l'élection de Nerva. L'armée campée dans ces parages allait se révolter : Dion, qui était dans le camp, mais déguisé en mendiant, se fait connaître, harangue les soldats, les ramène à l'obéissance; et Nerva est proclamé d'une voix unanime. Dion jouit d'une grande faveur sous Nerva et sous Trajan, et mourut dans un grand âge, avec le renom du premier des orateurs et des écrivain du temps.

C'était un homme, en effet, d'un talent très-distingué, sinou un homme de génie. Parmi les quatre-vingts discours ou dissertations qui nous restent de lui, il y en a qui sont des morceaux remarquables : ainsi le *Discours olympique*, où Dion fait paraître Phidias expliquant devant les Grecs assemblés la composition de son Jupiter Olympien ; ainsi le discours intitulé *Diogène*, où il s'agit du gouvernement des États, et plusieurs autres encore. On reconnaît dans ces ouvrages un esprit formé par la lecture et la méditation des antiques modèles. La chaleur du style, un peu factice quelquefois, n'est pas toujours le produit du choc des mots. Dion avait des entrailles, comme il avait de la science et du courage ; et ses phrases, trop bien tournées peut-être, sont pleines souvent d'une vraie émotion. Si Dion s'était moins attaché à la forme, s'il n'avait point abusé de l'atticisme, s'il avait écrit avec plus d'abandon, et qu'il n'eût point affecté de tant platoniser, ou de reproduire les tours et les expressions de Xénophon et de Démosthène, il occuperait un rang élevé parmi les écrivains moralistes, sinon parmi les orateurs.

Histoire Eubéenne.

C'est dans les discours de Dion Chrysostome que se trouve le premier écrit en langue grecque qu'on puisse intituler roman ou nouvelle. L'*Histoire Eubéenne* est une charmante pastorale. C'est le tableau du bonheur champêtre de deux familles qui vivent, dans un canton désert de l'Eubée, du produit de leur chasse, des fruits de leur petit domaine et du lait de leurs troupeaux. J'ai surtout remarqué le naïf récit que fait un des deux pères du voyage qu'il avait été forcé de faire à la ville, pour répondre aux sommations des collecteurs d'impôts, qui avaient découvert leur existence, et qui avaient envoyé demander de l'argent. Le pauvre chasseur ne connaissait la ville que pour y avoir été conduit une fois, dans son enfance : « Je vis donc comme la première fois, dit-il, une foule de grandes maisons, environnées d'une forte muraille, des bâtiments carrés d'une grande hauteur ; des tours sur le mur ; dans le port, des navires à l'ancre, et aussi immobiles que sur le lac le plus tranquille. On ne voit rien de pareil sur cette côte où tu as abordé, et c'est pour cela que les vaisseaux y périssent. Je vis encore une immense multitude réunie dans la ville : ce n'étaient partout que cris, tumulte étourdissant. Il me semblait que tous ces gens-là se battaient entre eux. Mon conducteur me mena à je ne sais quels magistrats, et leur dit en riant : « Voici l'homme à qui vous « m'avez envoyé; il ne possède rien qu'une cabane avec une « solide enceinte de pieux. » Les magistrats partaient en ce moment pour le théâtre ; j'y allai avec eux. Ce théâtre est une sorte d'enceinte qui ressemble à une vallée, avec cette différence que les côtés, au lieu d'être allongés, s'arrondissent en demi-cercle. Ce n'est pas une vallée naturelle; elle est bâtie en pierres. Mais sans doute tu te ris de moi de te raconter ce que tu connais parfaitement. D'abord la foule s'occupa longtemps à je ne sais quoi : tantôt tout le peuple applaudissait gaiement et avec transport des gens qui étaient là; tantôt il criait avec indignation et fureur; sa colère était alors terrible; aussi ceux qui en étaient l'objet étaient-ils aussitôt frappés d'épouvante : les uns couraient çà et là en demandant merci; les autres, tout éperdus, jetaient leurs vêtements. Moi-même je faillis une fois tomber de frayeur, étourdi par une clameur semblable à une tempête subite ou à un coup de tonnerre qui aurait éclaté sur ma tête. Puis arrivèrent d'autres gens, qui se mirent à haranguer le peuple. Quelques-uns des spectateurs se levèrent du milieu de la foule, et en firent autant. Les uns ne disaient que quelques mots, les autres faisaient de longs discours. Il y en avait qu'on écoutait longtemps en silence; d'autres étaient accueillis tout d'abord par des vociférations, etc. »

Quand je dis que l'*Histoire Eubéenne* est le plus ancien des romans grecs, on entend bien que je ne parle que de ceux qui nous sont parvenus. Je rappellerai plus bas, à propos des romans de Lucien, le peu qu'on sait sur les devanciers de Dion et sur leurs ouvrages.

Dion.

Dion Chrysostome semble s'être proposé de donner au

paganisme un caractère spiritualiste et moral, qui le rendit capable de lutter contre les nouvelles doctrines venues de l'Orient. Un esprit plus profond et plus sérieux, Philon le Juif, avait essayé d'établir l'accord de la théologie hébraïque avec la philosophie platonicienne. Philon ramène la Bible à des allégories; il retrouve dans Moïse la création telle que Platon l'a conçue; il applique au monde idéal, prototype du monde sensible, aux idées que Dieu enferme en lui de toute éternité, les noms de Verbe et de Fils de Dieu. Cet audacieux et éloquent théosophe, ce Platon juif, comme on le nommait, était né à Alexandrie en l'an 30 avant notre ère. Il appartenait, comme Josèphe, à la race sacerdotale. Il vint à Rome sous Caligula, demander pour les Juifs d'Alexandrie le droit de cité romaine; mais il échoua dans cette entreprise. Il laissa une foule d'écrits, dont les plus importants subsistent encore.

Un autre Philon, contemporain de celui-là, mais qui n'avait de commun avec lui que le nom, Philon de Byblos, est connu pour avoir traduit du phénicien en grec l'antique ouvrage de Sanchoniathon; traduction dont la perte est plus regrettable que celle de bien des écrits originaux.

CHAPITRE XLIII.

PLUTARQUE.

Vie de Plutarque. — Génie de Plutarque. — Ouvrages historiques de Plutarque. — Plutarque moraliste. — Style de Plutarque.

Vie de Plutarque.

Plutarque naquit à Chéronée dans la Béotie, vers le milieu du premier siècle de notre ère. On ignore l'année précise de sa naissance; mais on sait, par son propre témoignage, qu'à l'époque du voyage de Néron en Grèce, c'est-à-dire à la date de l'an 66, il suivait, à Delphes, les leçons du philosophe Ammonius. A son retour dans sa patrie, il fut employé, quoique fort jeune, à quelques négociations avec les villes voisines. Bientôt après il se maria. C'est à Chéronée qu'il passa sa vie presque tout entière. Il mettait sa gloire et son patriotisme à empêcher par sa présence, comme il le dit naïvement lui-même, que cette ville, qui n'avait jamais été bien importante, ne s'amoindrît encore, et à faire jouir ses concitoyens de l'estime et de la faveur dont il était l'objet. Il vint pourtant à Rome à plusieurs reprises, et il y donna, sur divers sujets de philosophie, de littérature et d'érudition, des leçons publiques, qui furent la première origine et la première occasion des nombreux traités qui composent ce qu'on appelle les *Morales*. Tout ce qu'il y avait d'illustres personnages dans Rome assistait à ces leçons; et c'est là ce qui a pu faire dire que Trajan, presque aussi âgé que Plutarque, avait eu Plutarque pour maître. Plutarque parlait à ses auditeurs romains non point dans leur langue, mais dans la sienne. Le grec était un idiome qu'entendaient parfaitement tous les gens lettrés de l'Italie. D'ailleurs Plutarque n'a jamais su le latin assez bien pour le parler. Il nous dit lui-même, dans la *Vie de Démosthène*, qu'il n'avait pas eu le temps, durant son séjour en Italie, de se livrer à une étude approfondie de cette langue, à cause des affaires publiques dont il était chargé, et de la quantité de gens qui venaient tous les jours s'entretenir avec lui de philosophie. Il ne commença à étudier fructueusement les auteurs latins que fort tard, quand il se mit à écrire ses *Vies comparées* des hommes illustres de la Grèce et de Rome.

On ne connaît pas l'année de sa mort; mais l'opinion la plus probable est qu'il mourut quelque temps avant la fin de règne d'Adrien, à l'âge de soixante-douze ou soixante-quinze ans.

Génie de Plutarque.

De tous les écrivains de l'antiquité classique, Plutarque est sans contredit le plus populaire parmi nous. Il doit cette popularité à la nature de son génie, au choix des sujets qu'il a traités, surtout à l'éternel intérêt qui s'attache au souvenir des grands hommes dont il a peint les images. Mais son premier traducteur, le vieux Jacques Amyot, a contribué pour une large part à sa renommée. Amyot n'était pas un écrivain vulgaire. Le Plutarque d'Amyot est vivant; et il n'est pas d'auteur, dans notre langue, qui soit plus Français que ce Grec mort en Béotie il y a dix-huit siècles.

L'idée sur laquelle reposent les *Parallèles ou Vies comparées* rappelle les thèses factices des écoles de rhéteurs. Mais rien n'est moins sophistique, rien n'est moins d'un rhéteur que l'exécution de ce plan, qui nous semble d'abord si bizarre; et le lecteur est entraîné, bon gré mal gré, par le charme étrange répandu non pas dans les récits seulement, mais dans ces comparaisons mêmes qui suivent chaque couple de *Vies*, où deux héros, un Grec et un Romain, sont rapprochés trait pour trait, confrontés en vertu d'un principe uniforme, et pesés au même poids.

Je lis partout ces mots, *le bon Plutarque*. Mais cette épithète ne convient qu'au Plutarque français d'Amyot; non point même proprement, mais par l'effet de l'illusion de naïveté que font sur nous cette langue et ce style, vieux de trois siècles. Plutarque est un écrivain sans fard et sans apprêt, heureusement doué par la nature, et qui répand à pleines mains tous les trésors de son âme. C'est un homme de bonne foi; c'est le Montaigne des Grecs, comme le caractérise excellemment Thomas. Il a même quelque chose de cette manière pittoresque et hardie de rendre les idées et de cette imagination de style, qui donnent tant de prix aux *Essais*. Nul historien n'a excellé comme lui à reproduire les traits des personnages historiques, je dis surtout les traits de leur âme; à les peindre, à les faire vivre, agir et marcher. Les poètes dramatiques n'ont eu qu'à le copier, pour tracer de saisissantes et immortelles figures.

« Quels plus grands tableaux, dit M. Villemain, que les adieux de Brutus et de Porcie, que le triomphe de Paul-Émile, que la navigation de Cléopâtre sur le Cydnus, que le spectacle si vivement décrit de cette même Cléopâtre, penchée sur la fenêtre de la tour inaccessible où elle s'est réfugiée, et s'efforçant de hisser et d'attirer vers elle Antoine, vaincu et blessé, qu'elle attend pour mourir! Combien d'autres descriptions d'une admirable énergie! Et, à côté de ces brillantes images, quelle naïveté de détails vrais, intimes, qui prennent l'homme sur le fait, et le peignent dans toute sa profondeur en le montrant avec toutes ses petitesses! Peut-être ce dernier mérite, universellement reconnu dans Plutarque, a-t-il fait oublier en lui l'éclat du style et le génie pittoresque; mais c'est ce double caractère d'éloquence et de vérité qui l'a rendu si puissant sur toutes les imaginations vives. En faut-il un autre exemple que Shakespeare, dont le génie fier et libre n'a jamais été mieux inspiré que par Plutarque, et qui lui doit les scènes les plus sublimes et les plus naturelles de son *Coriolan* et de son *Jules César?* Montaigne, Montesquieu, Rousseau, sont encore trois grands génies sur lesquels on retrouve l'empreinte de Plutarque, et qui ont été frappés et colorés par sa lumière. Cette immortelle vivacité du style de Plutarque, s'unissant à l'heureux choix des plus grands sujets qui puissent occuper l'imagination et la pensée, explique assez le prodigieux intérêt de ses ouvrages historiques. Il a peint l'homme, et il a dignement retracé les plus grands caractères et les plus belles actions de l'espèce humaine. »

Ouvrages historiques de Plutarque.

Ces compositions ont pourtant leurs défauts, et même des défauts assez graves. Les *Vies* ne sont presque jamais des biographies complètes; et l'historien laisse trop souvent dans l'ombre les faits même les plus considérables, ou ne leur donne pas toute la place qu'ils devraient avoir. Ses préoccupations morales ou dramatiques lui font oublier quelque peu les droits imprescriptibles de la vérité, qui veut être dite tout entière. Plutarque, qui écrivait rapidement et sans beaucoup de critique, laisse échapper de temps en temps des erreurs matérielles, surtout en ce qui concerne Rome et ses institutions : il interprète souvent à faux le sens des auteurs latins d'où il tire ses documents. Souvent aussi il préfère, soit insouciance ou défaut de jugement, des autorités suspectes comme il a fait dans le récit de la prétendue corruption de

Démosthène. Il se met quelquefois avec lui-même dans des contradictions manifestes. Tout cela est avéré, et d'autres péchés sans doute que j'oublie dans le nombre. Mais que ne pardonne-t-on pas à un écrivain qui sait nous prendre, et à chaque instant, par le cœur et par les entrailles, et qui ne cesse jamais de nous enchanter, même quand ce qu'il conte semble le plus vulgaire ou le plus futile? « Plutarque, dit J. J. Rousseau, excelle par les mêmes détails dans lesquels nous n'osons plus entrer. Il a une grâce inimitable à peindre les grands hommes dans les petites choses; et il est si heureux dans le choix de ses traits, que souvent un mot, un sourire, un geste, lui suffit pour caractériser son héros. Avec un mot plaisant, Annibal rassure son armée effrayée, et la fait marcher en riant à la bataille qui lui livra l'Italie. Agésilas, à cheval sur un bâton, me fait aimer le vainqueur du Grand-Roi. César, traversant un pauvre village et causant avec ses amis, décèle, sans y penser, le fourbe qui disait ne vouloir être que l'égal de Pompée. Alexandre avale une médecine et ne dit pas un seul mot : c'est le plus beau moment de sa vie. Aristide écrit son propre nom sur une coquille, et justifie ainsi son surnom. Philopœmen, le manteau bas, coupe du bois dans la cuisine de son hôte. Voilà le véritable art de peindre. La physionomie ne se montre pas dans les grands traits, ni le caractère dans les grandes actions : c'est dans les bagatelles que le naturel se découvre. Les choses publiques sont ou trop communes ou trop apprêtées; et c'est presque uniquement à celles-ci que la dignité moderne permet à nos auteurs de s'arrêter. »

Le style historique de Plutarque n'est pas un très-grand style. C'est, comme dit Thomas, la manière d'un vieillard plein de sens, accoutumé au spectacle des choses humaines, qui ne s'échauffe ni ne s'ébat, dont l'admiration est calme, dont le blâme évite les éclats. Il va, s'arrête, revient, suspend le récit, répand sur sa route les digressions et les parenthèses. A proprement parler, Plutarque n'est point un narrateur. C'est un ami qui s'entretient avec un ami au sujet d'hommes fameux et d'événements mémorables.

Plutarque moraliste.

La grande collection des œuvres diverses de Plutarque, connue vulgairement sous le titre de *Morales*, contient des traités de toute valeur et presque de tout genre. Il est vrai que Plutarque est un moraliste avant tout. Son âme d'honnête homme passionné pour le bien se mêle à tout ce qu'il écrit : c'est là ce qui donne tant de vie même à ses dissertations d'antiquités; c'est là ce qui fait lire ses discussions métaphysiques, politiques ou religieuses; c'est là ce qui rend intéressantes jusqu'à ses faiblesses d'esprit. On lui pardonne sans peine d'avoir été fort injuste envers les stoïciens; et, quand on songe à son amour tout filial pour Chéronée, on s'explique qu'il ait fait un livre contre l'historien Hérodote, qui avait dû traiter sévèrement dans ses récits la Béotie et les Béotiens. Mais parmi cette multitude d'écrits, qui pour la plupart n'ont avec la morale proprement dite que des rapports indirects et fortuits, il en est un certain nombre dont la morale didactique est le sujet, la substance même; et ceux-là sont les plus renommés de toute la collection : ce sont ceux où le génie de Plutarque s'est montré avec tous ses avantages. Quelques-uns sont d'une haute éloquence. Le dialogue intitulé *des Délais de la Justice divine* est la plus grande et la plus belle œuvre que la littérature et la philosophie grecques eussent enfantée depuis le temps de Platon. Le dialogue intitulé *de l'Amour* n'est guère moins remarquable en son genre. Plutarque n'a pas traité ce sujet dans la grande manière de Platon, et son livre n'est point une contrefaçon du *Banquet*. Il a laissé la métaphysique profonde et la haute poésie; il s'est enfermé dans le domaine des réalités de la vie domestique; il a voulu se montrer uniquement ce qu'il était, bon époux, bon père de famille, conteur très-aimable. Son livre est le panégyrique de l'amour légitime, et contient le récit d'une foule d'anecdotes dont la tendresse conjugale est le thème ordinaire. C'est là, vers la fin du dialogue, que Plutarque raconte la touchante histoire du dévouement d'Empone, que nous nommons, d'après les Latins, Éponine. Il y a encore d'autres écrits, dans la collection, qui passeraient pour des chefs-d'œuvre, s'ils n'étaient éclipsés par le voisinage de ces ouvrages renommés. Ainsi la *Consolation à sa femme* sur la mort de sa fille est une lettre pleine d'émotion, de naïveté et de tendresse. Les traités *sur la Superstition, sur le Mariage, sur la Noblesse*, bien d'autres encore, ou pour mieux dire tous les traités moraux de Plutarque, et en général tous ses écrits de quelque nature que ce soit, se recommandent par des qualités estimables, et procurent au lecteur agrément et profit. Toujours et partout on y sent cet amour du bon et du beau, cette simplicité de cœur, cette parfaite sincérité, qui captivent le sentiment, alors même que la raison a quelque chose encore à désirer.

Montaigne, au livre deuxième des *Essais*, fait une comparaison en règle entre les *Morales* de Plutarque et les *Épîtres* de Sénèque. Ce qui lui plaît surtout, c'est la brièveté des opuscules et la variété des sujets : « Ils ont touts deux cette notable commodité pour mon humeur, que la science que j'y cherche y est traictée à pieces descousues, qui ne demandent pas l'obligation d'un long travail, dequoy je suis incapable.... Il ne fault pas grande entreprinse pour m'y mettre ; et les quitte où il me plaist : car elles n'ont point de suitte et dependance des unes aux aultres. Ces aucteurs se rencontrent en la pluspart des opinions utiles et vrayes ; comme aussi leur fortune les feit naistre environ mesme siècle ; touts deux precepteurs de deux empereurs romains ; touts deux venus de païs estrangier ; touts deux riches et puissants. Leur instruction est de la cresme de la philosophie, et presentée d'une simple façon, et pertinente. Plutarque est plus uniforme et constant ; Seneque plus ondoyant et divers : Cettuy cy se peine, se roidit et se tend, pour armer la vertu contre la foiblesse, la crainte et les vicieux appetits ; L'aultre semble n'estimer pas tant leurs efforts, et desdaigner d'en haster son pas et se mettre sur sa garde. Plutarque a les opinions platoniques, doulces et accommodables à la société civile ; L'aultre les a stoïques et épicuriennes, plus esloignées de l'usage commun, mais, selon moy, plus commodes en particulier et plus fermes... Seneque est plein de poinctes et saillies ; Plutarque, de choses : celuy là vous eschauffe plus et vous esmeut ; cettuy ci vous contente davantage et vous paye mieulx; il nous guide, l'aultre nous poulse. » Montaigne, qui ne lisait Plutarque que dans Amyot, croyait comme Amyot que Plutarque avait été précepteur de Trajan et avait joué un rôle en politique. Sauf ce trait, le parallèle est juste; et Plutarque moraliste y est admirablement caractérisé.

Style de Plutarque.

Je ne dois pas dissimuler que la diction de Plutarque est loin d'être digne de celle des anciens maîtres. Plutarque a subi, autant et plus que personne, la fatale influence du siècle où il vivait. Sa langue n'est plus celle de Platon, de Xénophon, de Thucydide. Il n'a pas même essayé, comme ceux qu'on appelle atticistes, d'en retrouver les secrets. Il prend ses termes de toute main; il se teint des couleurs de tous les écrivains dont il reproduit les pensées, peu soucieux d'effacer les disparates et d'adoucir les tons criards. Rien de fondu, rien d'achevé; nulle conformité, nulle règle, nulle mesure. Sa façon d'écrire est plus aiguë, dit Jacques Amyot dans son expressif langage, plus docte et pressée, que claire, polie ou aisée. Dacier compare ce style à ces anciens bâtiments dont les pierres ne sont ni polies ni bien arrangées, mais bien assises, et ont plus de solidité que de grâce et ressentent plus la nature que l'art.

CHAPITRE XLIV.

STOÏCIENS NOUVEAUX.

Caractère du stoïcisme au temps des Antonins. — Épictète. — Arrien. Marc-Aurèle.

Caractère du stoïcisme au temps des Antonins.

Le génie romain s'accommodait médiocrement des spéculations métaphysiques sur lesquelles les premiers stoïciens avaient prétendu construire l'édifice de leur système. On trouve, dans Épictète et dans Marc-Aurèle, des preuves assez multipliées d'une sorte d'indifférence au sujet d'une foule de problèmes plus ou moins importants, agités autrefois dans le Portique par Zénon, par Chrysippe, par tous les philosophes dont ils se glorifiaient pourtant de suivre la trace morale. Ils ont fait bon marché surtout de ces arguties où se complaisait la logique stoïcienne. Le stoïcisme, chez eux, est réduit à ses véritables proportions ; ils en ont émondé, d'une main ferme et courageuse, toutes les superfétations parasites. D'accord avec leurs maîtres sur les points vraiment essentiels, ils ont porté dans tout le reste une grande liberté d'esprit et la féconde vertu de l'indépendance. D'ailleurs le stoïcisme, au deuxième siècle de notre ère, ne pouvait plus parler le langage qui avait suffi jadis aux contemporains de Pyrrhus. Le temps avait marché, et transformé, par son action insensible, les dispositions et la volonté des hommes. Il y avait, dans toutes les âmes, comme une source d'amour qui ne demandait qu'à s'épancher. L'idée de la fraternité humaine germait sourdement au fond des cœurs. Il suffit d'ouvrir au hasard les livres d'Épictète et de Marc-Aurèle, pour reconnaître la trace lumineuse de l'immense progrès moral accompli depuis trois siècles. Cette humilité, ce renoncement à soi-même, dont Épictète proclame sans cesse l'efficace vertu ; cette tendresse expansive, cet amour du prochain, ce dévouement au bonheur des hommes, qui furent à la fois toute la vie et toute la philosophie de Marc-Aurèle, semblent d'un autre monde, pour ainsi dire, si on les compare aux méditations de Zénon et de Chrysippe sur ce qui fait la force et la dignité de l'âme, sur les rapports de l'homme avec ses semblables. Les maîtres du Portique niaient la douleur et proscrivaient la pitié ; ils mettaient presque au rang des crimes les faiblesses de l'âme et les émotions les plus douces et les plus naturelles. La nature a repris ses droits, et dans le stoïcisme même, par Épictète et Marc-Aurèle. Il n'y a chez eux rien d'utopique : l'un a dicté des leçons qui sont devenues, par le changement de quelques mots, la règle de saint Nil et des solitaires du mont Sinaï ; et l'autre a fait, en se peignant lui-même, un des plus sublimes traités de morale qu'on ait jamais écrits.

Épictète.

« Épictète, dit Pascal dans les *Pensées*, est un des philosophes du monde qui ait le mieux connu les devoirs de l'homme. Il veut, avant toutes choses, qu'il regarde Dieu comme son principal objet ; qu'il soit persuadé qu'il gouverne tout avec justice ; qu'il se soumette à lui de bon cœur, et qu'il le suive volontairement en tout, comme ne faisant rien qu'avec une très-grande sagesse : qu'ainsi cette disposition arrêtera toutes les plaintes et tous les murmures, et préparera son esprit à souffrir paisiblement les événements les plus fâcheux. Ne dites jamais, dit-il : J'ai perdu cela ; dites plutôt : Je l'ai rendu ; Mon fils est mort : Je l'ai rendu ; Ma femme est morte : Je l'ai rendue. Ainsi des biens et de tout le reste. Mais celui qui me l'ôte est un méchant homme, direz-vous. Pourquoi vous mettez-vous en peine par qui celui qui vous l'a prêté vienne le redemander ? Pendant qu'il vous en permet l'usage, ayez-en soin comme d'un bien qui appartient à autrui, comme un voyageur fait dans une hôtellerie. Vous ne devez pas, dit-il encore, désirer que les choses se fassent comme vous le voulez, mais vous devez vouloir qu'elles se fassent comme elles se font. Souvenez-vous, ajoute-t-il, que vous êtes ici comme un acteur, et que vous jouez votre personnage dans une comédie, tel qu'il plaît au maître de vous le donner. S'il vous le donne court, jouez-le court ; s'il vous le donne long, jouez-le long : soyez sur le théâtre autant de temps qu'il lui plaît ; paraissez-y riche ou pauvre, selon qu'il l'a ordonné. C'est votre fait de bien jouer le personnage qui vous est donné ; mais de le choisir, c'est le fait d'un autre. Ayez toujours devant les yeux la mort, et les maux qui semblent les plus insupportables ; et jamais vous ne penserez rien de bas et ne désirerez rien avec excès. Il montre en mille manières ce que l'homme doit faire. Il veut qu'il soit humble, qu'il cache ses bonnes résolutions, surtout dans les commencements, et qu'il les accomplisse en secret : rien ne les ruine davantage que de les produire. Il ne se lasse point de répéter que toute l'étude et le désir de l'homme doivent être de connaître la volonté de Dieu et de la suivre. Telles étaient les lumières de ce grand esprit, qui a si bien connu les devoirs de l'homme. Heureux s'il avait aussi connu sa faiblesse ! »

Arrien.

Épictète n'avait rien écrit lui-même ; mais Arrien, un de ses disciples, a rédigé, sous le titre de *Manuel*, un abrégé des doctrines morales d'Épictète, et il a recueilli dans un ouvrage considérable, intitulé *Dissertations*, les leçons et les conversations de ce grand philosophe. Le *Manuel* et les *Dissertations* sont des chefs-d'œuvre, non pas seulement par la noblesse et la vérité des pensées, mais par la mâle beauté d'un style simple, clair, correct, énergique, et qui n'est dénué ni d'élégance ni même de grâce. Arrien avait pris Xénophon pour modèle ; et les *Dissertations* rappellent, sans trop de désavantage, les *Mémoires de Socrate*. On y trouve même quelquefois des choses sublimes. C'est là, par exemple, qu'est ce dialogue de Vespasien et d'Helvidius Priscus, où l'âme humaine atteint à des proportions presque divines : « Ne va pas au sénat. — Il dépend de toi que je ne sois pas sénateur ; mais, tant que je le suis, il faut que je me rende aux délibérations. — Eh bien ! soit, vas-y ; mais n'y dit mot. — Ne me demande pas mon avis, et je me tairai. — Mais il faut que je te le demande. — Et moi, il faut que je dise ce qui me paraît juste. — Mais, si tu parles, je te ferai périr. — Quand donc t'ai-je dit que je fusse immortel ? Tu feras ce qui est ton affaire, et moi ce qui est la mienne. La tienne est de tuer : la mienne, de périr sans crainte ; la tienne est d'exiler : la mienne, de partir sans regret[1]. »

Arrien n'était pas seulement un excellent écrivain philosophique, il fut encore un des meilleurs historiens de l'antiquité. Son *Histoire de l'Expédition d'Alexandre*, en sept livres,

---

[1]. *Dissertations*, livre I, chapitre I, paragraphe 19.

est un résumé fidèle et très-bien fait des relations originales rédigées ou par les compagnons d'armes du conquérant macédonien, ou par les historiographes attachés à sa personne. Le récit est clair et intéressant ; la marche des armées, les batailles, les siéges, sont retracés de main de maître. Le style a les mêmes qualités qu'on admire dans les *Dissertations*, et l'ouvrage n'est pas indigne d'être rapproché de l'*Anabase* ; car c'est encore Xénophon qu'Arrien avait pris pour modèle dans cette composition historique. Cette histoire l'emporte infiniment sur tous les autres ouvrages dont Alexandre a fourni le sujet. L'*Indique*, qui en forme le complément, est écrite en dialecte ionien, dans la manière d'Hérodote. La description qu'Arrien nous a laissée de l'Inde, des mœurs des habitants, de leurs institutions, de leur caractère, s'accorde mieux que toutes les autres relations antiques avec ce que nous savons aujourd'hui de cette merveilleuse et immuable contrée. Arrien avait continué ses récits au delà du règne d'Alexandre. Photius donne l'abrégé de l'histoire des successeurs du conquérant macédonien, et nous apprend que cette histoire avait dix livres. Arrien avait écrit d'autres ouvrages de philosophie, d'histoire, de géographie, dont il ne reste que peu de chose, et deux traités sur l'art militaire et un autre sur la chasse, que nous possédons tous les trois. C'était un homme d'État, un général distingué, et non point un rhéteur ou un sophiste. Il était né à Nicomédie en Bithynie, dans les premières années du deuxième siècle. Il porta les armes avec distinction sous Adrien, et il s'éleva, par ses talents seuls, à une haute fortune. Dès l'an 134 il fut nommé gouverneur de la Cappadoce, et les Antonins lui prodiguèrent des marques de leur estime et de leur bienveillance.

Marc-Aurèle.

Le deuxième Antonin, que nous nommons ordinairement Marc-Aurèle, a écrit en grec l'admirable livre intitulé *Pour lui-même*, autrement dit les *Pensées* : « Jamais philosophe, dit Montesquieu, n'a mieux fait sentir aux hommes les douceurs de la vertu et la dignité de leur être que Marc-Antonin. Le cœur est touché, l'âme agrandie, l'esprit élevé. » Marc-Aurèle est peut-être le plus grand des moralistes ; ce n'est pas, tant s'en faut, un parfait écrivain. Arrien soignait son style ; Marc-Aurèle jette rapidement des notes, sans s'inquiéter d'autrui. D'ailleurs il lui eût été impossible peut-être, à lui Romain, de ne pas laisser dans son grec des choses plus ou moins contestables. Ce qui est trop certain, c'est que Marc-Aurèle n'est pas, comme Arrien, un atticiste. Il n'a rien de commun, pour la langue, ni avec Xénophon, ni encore moins avec Platon, ni même avec aucun auteur classique. Il est presque à demi barbare. Souvent, au lieu d'exprimer explicitement sa pensée, il se borne à des formules de son invention, à des mots de rappel qui lui suffisaient pour s'entendre avec lui-même, et qui ne nous offrent à nous que des énigmes à déchiffrer. Le néologisme de l'auguste écrivain s'inquiète assez peu des prescriptions de l'analogie, et ses constructions insolites déroutent à chaque instant toutes les prévisions grammaticales. Mais de combien de beautés sublimes n'étincelle pas ce style, ou plutôt cette pensée, malgré la bizarre irrégularité de la forme et les âpretés de la diction ! J'en pourrais citer de nombreux et frappants exemples. Je me bornerai à un seul ; c'est le passage où Marc-Aurèle résume en quelques mots les principes fondamentaux de sa doctrine : « Tout ce qui t'accommode, ô monde ! m'accommode moi-même. Rien n'est pour moi prématuré ou tardif, qui est de saison pour toi. Tout ce que m'apportent les heures est pour moi un fruit savoureux, ô nature ! Tout vient de toi ; tout est dans toi ; tout rentre dans toi. Un personnage dit : O bien-aimée cité de Cécrops ! Mais toi (Marc-Aurèle), ne peux-tu pas dire : O bien-aimée cité de Jupiter ! »

M. C. Martha, qui a écrit sur Marc-Aurèle des pages si émues, dit admirablement dans quel esprit nous devons nous mettre pour bien comprendre ce qu'il appelle l'examen de conscience d'un empereur romain : « Si l'on veut pénétrer dans ce livre si simple, il faut le lire avec simplicité, écarter les discussions philosophiques, ne pas regarder au système qu'il renferme. On fait tort à Marc-Aurèle, quand on rajuste en corps de doctrine ces pensées décousues, et que de ces libres et paisibles effusions on fait un sujet d'érudition ou de controverse. Ce n'est pas une œuvre de philosophie, mais, si l'on peut dire, de piété stoïque. On ne le comprend que si on le lit avec le cœur. Une âme qui se retire dans la solitude, qui veut oublier les jugements des hommes, les livres, le monde, qui ne s'entretient qu'avec elle-même et avec Dieu, ne doit pas être l'objet de curiosités vaines. Il y a comme une bienséance morale à l'écouter comme elle parle, avec candeur, à se laisser charmer par son accent. Serait-ce donc se montrer trop profane que d'apporter à la lecture et à l'étude de ce livre si pur quelques-uns des sentiments que nous croyons nécessaires pour bien goûter la mysticité de Gerson ou de Fénelon? »

CHAPITRE XLV.

LUCIEN.

Vie de Lucien. — Scepticisme de Lucien. — Lucien moraliste et écrivain. — Romans de Lucien. — *Lucius ou l'Ane.* — *Histoire véritable.* — Poésies de Lucien.

Vie de Lucien.

Lucien naquit à Samosate, capitale de la Comagène, province de Syrie. On ne sait ni la date de sa naissance ni celle de sa mort. On sait seulement qu'il fut contemporain de Trajan, d'Adrien et des Antonins, et qu'il parvint à une grande vieillesse. Ses parents le destinaient à la profession de sculpteur; mais il n'avait aucun goût pour cet art. Il abandonna, dès la première leçon, le maître à qui on l'avait confié, et qui était le frère de sa mère. Il s'adonna tout entier à l'étude des belles-lettres, et il fut bientôt en état de tirer parti de ses talents Jusqu'à l'âge de quarante ans, il se borna à plaider ou à donner des leçons de rhétorique, d'abord à Antioche, puis à Athènes. C'est alors qu'il commença à écrire pour le public et à voyager. Il vint en Italie et il y fit un assez long séjour. Il passa de là dans les Gaules, ensuite dans l'Asie Mineure. Enfin il se fixa en Égypte, où l'empereur Marc-Aurèle lui avait assigné d'importantes fonctions administratives et judiciaires. C'est à Alexandrie probablement qu'il mourut, dans les premières années du règne de Commode. Avant d'arriver aux honneurs, il avait déjà acquis fortune et renom. Ses écrits étaient avidement dévorés, et on lui payait des prix considérables pour ces leçons et ces déclamations qu'il faisait sur son passage, à la manière des sophistes et des rhéteurs du temps. Après avoir raconté le songe qui avait déterminé, disait-il, sa vocation littéraire, il ajoute : « Tel qui aura entendu le récit de mon songe sentira, j'en suis sûr, le courage renaître dans son âme. Il me prendra pour exemple ; il réfléchira à ce que j'étais, lorsque j'entrai dans la carrière et me livrai à l'étude sans rien redouter de la pauvreté qui me pressait alors ; et il voudra m'imiter, en voyant en quel état je suis revenu vers vous, non moins illustre qu'aucun sculpteur, pour ne rien dire de plus[1]. »

Scepticisme de Lucien.

Quelques-uns ont avancé, mais sans preuves, que Lucien avait embrassé la foi chrétienne, et qu'il avait ensuite apostasié. On voit au contraire, par les écrits mêmes de Lucien, que le christianisme était à peu près pour lui lettres closes. Il n'en a qu'une connaissance très-imparfaite, très-vague, et qui ne se sent guère des instructions que recevaient alors les catéchumènes. Il va jusqu'à prétendre que les chrétiens avaient fait de Pérégrinus leur pontife, leur législateur et leur dieu. Il représente les chrétiens comme une tourbe imbécile, qui se laisse duper par le premier charlatan venu : « Ces malheureux, dit-il, croient qu'ils sont immortels, et qu'ils vivront éternellement. En conséquence, ils méprisent les supplices, et ils se livrent volontairement à la mort. Leur premier législateur leur a persuadé qu'ils sont tous frères. Dès qu'une fois ils ont déserté notre culte, ils renient les dieux grecs et adorent ce sophiste crucifié dont ils suivent

---

1. Lucien, *Songe ou Vie*, à la fin.

les lois. Comme ils reçoivent ses préceptes avec une confiance aveugle, ils méprisent tous les biens et les croient communs. Si donc il s'élevait parmi eux un imposteur adroit, il pourrait s'enrichir très-promptement, en se moquant de ces hommes simples et crédules[1]. »

Lucien est un sceptique, sceptique en fait de philosophie comme en fait de religion. Les dieux de l'Olympe et les philosophes sont perpétuellement en butte à ses irrévérencieuses attaques. Mais comme son scepticisme n'a rien de spéculatif, et n'est au fond que l'humeur satirique de son esprit, les sceptiques eux-mêmes ont leur part à ses boutades. Ainsi, dans les *Sectes à l'Encan*, où tous les chefs d'écoles philosophiques sont ridiculisés avec tant d'esprit, Pyrrhon n'est pas plus épargné que les autres. Le maître qui l'achète comme esclave lui prouve, par des arguments un peu rudes, qu'il y a quelqu'un là ; et, quoique le philosophe répète encore, sous les coups, *Abstiens-toi de rien décider*, ce n'est pas lui qui a gain de cause : le bâton fait merveilles, et Pyrrhon, bon gré mal gré, suit son maître au moulin. Je définirais volontiers le scepticisme de Lucien une méthode satirique ; car ce scepticisme n'exclut pas la croyance aux vérités de l'ordre naturel, et repose même essentiellement sur les données du sens commun. Seulement Lucien s'arrête aux principes les plus grossiers : il ne voit ou ne veut voir que ce qui se voit, se sent et se touche. Le monde de la pensée n'est pour lui que le pays des chimères. Tout ce qui dépasse l'étroit horizon de nos sens et de notre vie n'a jamais existé, selon lui, que dans l'imagination des philosophes ou dans les croyances déraisonnables de la multitude ignorante.

Nul écrivain ne saurait donner une plus vive idée de l'état des âmes dans ce siècle, où le paganisme ne faisait plus illusion à personne, et où le christianisme n'avait point encore complétement triomphé. La réputation et l'estime dont jouit toute sa vie un pareil mécréant et un pareil blasphémateur montrent, mieux que ne feraient tous les discours, combien

---

1. Lucien, *Mort de Pérégrinus*, chapitre XIII.

s'était relâché le lien religieux, et combien peu les gouvernants eux-mêmes se souciaient non-seulement de l'orthodoxie païenne, mais même du respect dû à des choses si longtemps sacrées. Voici comment Timon le misanthrope s'adresse à Jupiter, au dieu très-bon et très-grand, au maître des dieux et des hommes, dans un des dialogues de Lucien : « O Jupiter ! protecteur de l'amitié et de l'hospitalité, toi qui présides aux sociétés et aux festins, qui lances des éclairs et reçois nos serments, assembleur des nuages, agitateur du bruyant tonnerre ; toi enfin que les poètes, dans leur enthousiasme, appellent de tant d'autres noms, surtout quand ils sont embarrassés par le mètre, car alors tu prends à leur gré des noms de toute sorte, tu soutiens la chute du vers, et tu remplis les lacunes du rhythme : où sont maintenant et tes retentissants éclairs, et ton tonnerre aux terribles hurlements, et ta foudre enflammée, étincelante, épouvantable ? Ah ! ce ne sont depuis longtemps que sottises écloses du cerveau des poëtes, et dont il ne reste qu'un cliquetis de mots. Cette foudre tant célébrée, qui atteignait de si loin, et dont tes mains étaient toujours armées, elle s'est, je ne sais comment, éteinte tout à fait, et refroidie au point de ne conserver plus même une étincelle de colère pour punir les méchants. Oui, un homme méditant le parjure craindrait plutôt le lumignon d'une lampe mal éteinte la veille, que la flamme de cette foudre qui dompte l'univers. Il leur semble que tu ne lances qu'un vieux tison, dont ils n'ont à redouter ni le feu ni la fumée, et qui ne saurait leur faire d'autre mal que de les couvrir de suie[1]. » Aristophane, que Lucien imite si souvent, et les autres comiques anciens, avaient plus d'une fois livré aux risées populaires certaines légendes, ridicules en effet, ou certains dieux que le peuple lui-même ne respectait guère ; mais ce que Lucien prend ici pour l'objet de ses sarcasmes, sous le nom de Jupiter, c'est l'idée même de la Divinité, c'est la notion même de la Providence. Durant ce siècle étrange, à côté des chrétiens, qui portaient en eux les destinées du monde ; à côté des stoïciens, qui étaient

---

[1] Lucien, *Timon*, chapitre I.

par leurs sentiments et leurs doctrines morales des chrétiens sans le savoir, la foule, qui avait perdu la foi à ses dieux antiques, vivait dans une absolue indifférence, ou se plongeait dans de stupides et dégradantes superstitions. Il y avait des devins, des sorciers, des thaumaturges ; plus d'un charlatan se proclama dieu : Apollonius de Thyane avait des croyants et des adorateurs après sa mort, et il en avait eu pendant sa vie même.

Lucien moraliste et écrivain.

Quand Lucien se borne à la critique des travers et des ridicules de ses contemporains, il est admirable de bon sens, autant que de verve et d'esprit. Avec quelle franchise impitoyable il démasque les fourberies des sophistes, et met à nu l'indigence philosophique ou littéraire des hommes qui se paraient, aux yeux du peuple, des beaux noms d'orateur et de philosophe ! Ce n'est pas Socrate avec son urbanité charmante ; mais c'est une raison imperturbable, une inépuisable érudition ; ce sont des plaisanteries de bon aloi, et aussi vivement dites que justement appliquées ; c'est un art où se sent tout à la fois quelque chose du génie de Platon et quelque chose aussi de la pétulance des anciens comiques.

Lucien n'est pas très-original par le fond des idées ; mais il excelle à peindre les idées mêmes, à les mettre en saillie, à en faire saisir jusqu'aux plus fugitives nuances. Il emploie d'ordinaire la forme du dialogue ; et il ne le cède à personne, pas même à Platon, pour l'imitation des tours de la conversation familière, pour la grâce et le piquant de la diction. Mais ses dialogues sont en général fort courts, et tout fantastiques ; je veux dire que Lucien met en scène des personnages de pure invention pour la plupart, et qui ne conversent ensemble qu'en vertu de son caprice d'artiste et de sa volonté souveraine : ainsi Timon et Mercure ; ainsi la Vertu, le Syllogisme et les philosophes ; ainsi le savetier Micyllus et son coq ; ainsi des morts de tous les temps et de tous les pays. Ce ne sont pas, à proprement dire, des compositions dramatiques : ce sont de simples conversations philosophiques plus ou moins sérieuses, des esquisses de morale, d'art ou de littérature. Il y a des dialogues qui n'ont pas grande importance, et qui ne valent que par l'exquise perfection d'un style digne de l'époque des grands prosateurs attiques; mais quelques-uns sont des œuvres parfaites en leur genre, et dignes de figurer au premier rang, après les œuvres incomparables du grand Platon. Il n'est personne qui ne connaisse les *Dialogues des Morts*, le *Songe*, *Toxaris*, le *Navire*, et tant d'autres morceaux admirables à bien des égards.

Les opuscules où Lucien parle en son propre nom ne sont pas si célèbres que ses dialogues. Ce n'est pourtant que l'auteur y soit inférieur à lui-même. La *Mort de Péréginus*, par exemple, et la *Vie d'Alexandre le faux Prophète*, sont des récits fort agréables. Le traité *sur la Manière d'écrire l'Histoire* est un livre instructif, et en même temps un chef-d'œuvre de plaisanterie élégante et de bon goût.

Romans de Lucien.

Il y a surtout deux écrits de Lucien qui méritent une attention particulière. Ce sont deux romans. L'un est intitulé *Histoire véritable*, l'autre *Lucius ou l'Ane*. Mais ces deux romans sont aussi des satires; et, ce que Cervantès a fait pour tourner en ridicule les récits extravagants des auteurs à la mode dans l'Espagne de Philippe III, Lucien l'avait fait pour dégoûter ses contemporains de livres bien plus extravagants encore que ne furent jamais les romans de chevalerie. Ceci soit dit sans aucune comparaison de ses deux opuscules avec la grande épopée des faits et gestes de l'ingénieux hidalgo de la Manche. Je note seulement la similitude de l'intention, et l'emploi du même moyen dans un but tout semblable.

Les romans à la mode, au temps de Lucien, rentraient tous à peu près dans deux catégories distinctes, les voyages imaginaires et les métamorphoses. L'*Odyssée* passait pour avoir fourni le type primitif de tous ces récits. Homère avait montré Circé changeant les hommes en bêtes. Le cadre général de la fiction, dans les métamorphoses, c'était l'histoire des transformations d'un homme en un autre homme, d'un homme en bête, d'une bête en homme. Homère avait conduit son héros dans des contrées où jamais depuis n'aborda personne, et qui n'avaient jamais existé que dans sa riche et féconde imagination. D'autres voulurent à leur tour s'illustrer par des découvertes qu'on pouvait faire sans sortir du cabinet; et ils racontèrent ce qu'ils avaient rêvé de quelque nouvelle Schérie, de quelque nouveau pays des Cimmériens, ou même de quelque région plus fantastique encore : « Iambule, dit Lucien dans la préface de l'*Histoire véritable*, a composé, sur les productions de l'Océan, une foule de contes incroyables ; et, quoique personne ne se fasse illusion sur ses invention fabuleuses, il a su, par la manière dont il a traité son sujet, y répandre quelque intérêt. Beaucoup d'autres ont, dans le même dessein, mêlé au récit de leurs voyages supposés, de leurs excursions lointaines, la description d'animaux monstrueux, d'hommes sauvages, de mœurs étranges. »

Nous ne savons ni le titre de l'ouvrage d'Iambule, ni les noms de ces nombreux auteurs qui avaient été ou les devanciers ou les émules de ce conteur, dont l'époque même est inconnue. Mais nous savons que le plus ancien des romans dont Photius a fait l'analyse n'était lui-même qu'un voyage imaginaire, au fond duquel se trouvait comme plaquée une histoire d'amour. Le titre même était: *des Choses incroyables qui se voient au delà de Thulé*. Photius fait vivre l'auteur de ce roman au siècle qui suivit la mort d'Alexandre. Mais le nom même du conteur, Antonius Diogène, indique manifestement un Grec romanisé, par conséquent un homme qui n'a pu vivre que dans les derniers temps de la république ou dans les premières années de l'empire. Quoi qu'il en soit, on ne peut guère douter que la plupart des récits que rappelle Lucien n'appartinssent à des temps déjà reculés. Les métamorphoses du moins dataient de plusieurs siècles. Apulée, qui a écrit la métamorphose par excellence, appelle son *Ane d'or* une *Milésienne*. Ainsi ces fables de Milet, dont Ovide signale la licence, étaient des métamorphoses. Je ne prétends pas qu'Aristide de Milet n'eût raconté que des histoires de transformations; mais il en avait assurément raconté, et comme lui son imitateur latin Sisenna, dont les livres scandalisèrent la pudeur du général des Parthes, à l'époque du désastre de Crassus. Il serait parfaitement vain d'entreprendre de dire pour quelle part le merveilleux entrait dans les contes de Sisenna ou d'Aristide. Il nous suffit de ce que fait entendre le mot d'Apulée.

Quelques-uns ont même été jusqu'à prétendre que le conte intitulé *Lucius ou l'Ane*, n'était autre chose qu'une de ces fables de Milet, et rédigée par Aristide ou par quelqu'un des émules d'Aristide. Mais rien n'est plus éloigné, comme le remarque un critique, de la molle langueur des œuvres ioniennes que le style sobre, précis, et même un peu sec, de l'auteur de *Lucius*. Mille traits d'ailleurs décèlent une littérature vieillie, qui abuse de l'esprit, une civilisation raffinée ou corrompue, qui se fait un jeu des choses les plus saintes. La date du livre est écrite, si je puis dire, à chaque page, presque à chaque ligne; et il faut vraiment fermer les yeux pour ne pas reconnaître partout le génie et la main du grand railleur de Samosate.

Lucius ou l'Ane.

Voici, du reste, ce qu'on lit dans la *Bibliothèque* de Photius : « J'ai lu les *Métamorphoses*, de Lucius de Patras, en plusieurs livres. La diction en est claire et élégante, le style plein de douceur. Il évite avec soin les agencements insolites de mots; mais, pour le fond des choses, il recherche le merveilleux outre mesure : c'est en quelque sorte un second Lucien. Les deux premiers livres reproduisent presque littéralement l'ouvrage de Lucien, intitulé *Lucius ou l'Ane*, à moins que ce soit Lucien qui ait copié Lucius. J'inclinerais même volontiers à croire que Lucien est l'imitateur, car je n'ai pu découvrir lequel des deux est antérieur à l'autre. Il aurait alors tiré son ouvrage, comme d'un bloc, de celui de Lucius, abrégeant, élaguant tout ce qui ne lui semblait pas aller à son but, conservant même les mots et les tournures ; de sorte que le livre intitulé *Lucius ou l'Ane* ne serait que la réunion en un même ensemble de tous ces plagiats. On trouve d'ailleurs chez tous deux mêmes inventions merveilleuses, mêmes turpitudes, avec cette seule différence que Lucien, dans cet ouvrage comme dans tous les autres qu'il a composés, n'a d'autre but que de jouer ou de bafouer les superstitions de la Grèce. Lucius, au contraire, parle sérieusement : il croit aux transformations d'homme en bête et réciproquement, et à tout ce radotage de vieilles fables qu'il a racontées et cousues dans son livre. »

Il est évident que Lucien a écrit son roman après Lucius, et pour se moquer de Lucius et de ses pareils. Supposez Lucien antérieur à Lucius, et vous ne comprendrez pas comment il a pu faire de Lucius le héros de son roman, l'affubler de la peau d'âne, le mettre dans des situations analogues à celles où Lucius lui-même devait mettre plus tard ses propres héros. La parodie n'a pu venir qu'à la suite des histoires sérieusement absurdes dont parle Photius. Aussi bien Lucien a-t-il su faire un admirable mélange des deux éléments qui composent le livre. La satire ne nuit jamais au récit, ni le récit à la satire. Son roman est un piquant tableau des joies et des misères de la vie, telle qu'elle était en ce temps-là ; et, sauf quelques traits licencieux, qu'il eût pu retrancher sans aucun dommage, même pour sa réputation d'homme d'esprit, c'est un conte très-bien fait, vivement et gaiement conté, et où la vérité s'accouple sans effort au fantastique et à l'invraisemblable. Cet âne qui a été un homme, et qui redevient un homme, nous intéresse autant, par ses aventures, qu'eût pu faire le plus brillant des héros. C'est que, sous cette forme grossière, sous ce poil rude et négligé, on sent encore un homme ; c'est qu'il y a, dans ces entrailles d'animal, un cœur d'homme, que glace la crainte ou que ranime l'espérance, et qui passe tour à tour, comme le nôtre, par les sentiments les plus divers.

CHAPITRE XLV.

Histoire véritable.

Lucien a expliqué lui-même, dans la préface de l'*Histoire véritable*, ce qu'il s'était proposé en écrivant cet ouvrage : « Les athlètes, dit-il, et ceux qui s'adonnent aux exercices physiques, ne se préoccupent pas seulement du bon état du corps et de la fréquentation des gymnases ; ils ont soin aussi de se ménager les moments de repos, et ce repos même est à leurs yeux la partie la plus essentielle de leurs exercices. Il en doit être de même, ce me semble, de ceux qui se livrent à l'étude : après une longue application à des ouvrages sérieux, ils ont besoin de donner à leur esprit quelque relâche, pour le disposer à reprendre le travail avec une nouvelle vigueur. Rien n'est plus propre à leur procurer cette distraction que la lecture d'ouvrages qui n'offrent point seulement à la pensée un simple délassement par la grâce et le charme de la diction, mais qui se recommandent encore sous le rapport de la conception et comme œuvres d'art. J'espère que cet opuscule sera goûté à ce titre. Il plaira non-seulement par la singularité du sujet et le choix piquant des détails, par la vérité des fictions, l'attrait et la vraisemblance du récit, mais aussi parce que, dans cette conception, chacun des traits contient une allusion plaisante à quelqu'un des poëtes, des historiens et des philosophes anciens, qui ont rempli leurs écrits d'une foule de prodiges et d'événements fabuleux. J'aurais pu citer leurs noms, si tu ne devais, lecteur, les reconnaître aisément toi-même. »

Lucien cite pourtant des noms, Ctésias l'historien, et cet Iambule dont nous avons parlé. On se rappelle aussi la phrase que j'ai transcrite plus haut, sur les autres auteurs de voyages imaginaires. Il aurait pu nommer, et en première ligne, Antonius Diogène. M. Zevort, qui vient de traduire les *Romans grecs* (1856), le remarque avec raison : « On pourrait croire, dit-il, à la lecture de l'*Histoire véritable*, que Lucien a tiré de sa riche imagination toutes les balivernes qu'il raconte, les hommes-plantes, les sirènes à pied d'âne, l'île-fromage, le voyage dans la lune, le séjour dans le corps de la baleine, la bataille des îles, afin de faire mieux ressortir l'absurdité de ces misérables inventions; mais, quand on retrouve dans Diogène quelques-unes des conceptions les plus incroyables de Lucien, et une foule d'autres qui ne leur cèdent guère en extravagance, l'excursion à la lune, le voyage aux enfers, avec l'historique des lieux, les hommes qui ne voient que la nuit, les charmes qui font mourir chaque jour et ressusciter au soleil couchant, on est forcé de reconnaître que la moisson de rêves fantastiques était assez riche pour qu'il n'eût qu'à élaguer et à choisir. »

Au reste, Lucien a choisi avec un tact parfait ; et sa burlesque odyssée est une lecture on ne peut plus agréable et piquante. L'ouvrage n'a guère qu'un défaut, c'est d'être incomplet: il s'arrête à la fin du deuxième livre, là même où l'auteur en annonce plusieurs autres, qui devaient contenir le récit de ses aventures après son naufrage sur le continent des antipodes. Mais la principale gloire de Lucien romancier c'est d'avoir fourni à Rabelais et à Swift quelques-unes des idées, et non pas les moins originales, qu'on admire dans *Gargantua* et dans les *Voyages de Gulliver*.

Poésies de Lucien.

Lucien, sans être un grand poëte, faisait des vers agréables. Parmi ses épigrammes, disséminées à travers l'*Anthologie*, il y en a une où il parle lui-même du recueil de ses œuvres : « C'est Lucien qui a écrit ceci, savant dans les choses antiques et censeur des sottises. Car c'est sottise, même ce qui semble sage aux hommes. Les hommes n'ont aucune pensée fixe et certaine : ce que tu admires, d'autres en font risée. » On voit que Lucien ne songeait nullement à déguiser son scepticisme. Il s'en fait gloire comme de son premier titre à l'estime des amis de la vérité, ou, si l'on veut, des ennemis du mensonge et de l'universelle hypocrisie. Je n'ai pas cité cette épigramme comme la meilleure pièce du petit bagage poétique de Lucien. Plus d'une autre l'emporte infiniment sur celle-là, et par la pensée, et par le tour, et par l'expression. Elles sont, pour la plupart, assez mordantes et malicieuses, et elles mériteraient fort bien le nom d'épigrammes, au sens même où on le prend toujours en français. J'en citerai une qui a quelque étendue, et dont le sel est assez piquant pour ne pas perdre toute sa saveur dans le passage d'une langue à une autre : « Un médecin m'envoya son fils, pour qu'il apprît chez moi les belles-lettres. Dès que l'enfant sut *Chante la colère*[1] et *fit d'innombrables maux*[2], et le vers qui suit ces deux-là, *précipita aux enfers beaucoup d'âmes valeureuses*, le père ne l'envoya plus à mes leçons. Et, dès qu'il me vit : Mon ami, dit-il, je te remercie ; mais mon fils peut apprendre tout cela chez moi ; car je précipite aux enfers beaucoup d'âmes, et je n'ai nul besoin, pour cette besogne, d'un professeur de belles-lettres. »

J'ai mentionné, à propos du poëte Rhinton, les deux parodies tragiques attribuées à Lucien. La première, où le poëte met en scène un goutteux avec la Goutte elle-même et ses suppôts, et où la déesse donne d'incontestables preuves de sa souveraine et terrible puissance, est l'œuvre d'un talent fort distingué, et peut compter entre les plus spirituelles productions de Lucien. Il est impossible d'imaginer une application plus heureuse du style majestueux de la tragédie et des splendeurs lyriques du chœur, à l'expression d'infortunes risibles, d'idées et de sentiments grotesques. Je doute que Rhinton lui-même eût jamais rien écrit, dans son temps, qui l'emportât sur le *Goutteux-Tragique*. Je ne dis rien du *Pied-Léger*, qui est la plus faible de ces deux hilarotragédies, et dont on conteste avec raison l'authenticité. Voici l'imprécation par où débute le personnage dont la Goutte a fait son esclave à jamais : « O nom détestable, ô nom détesté des dieux ! Goutte, qui fais gémir sans cesse, fille du Cocyte ; toi que, dans les ténébreux cachots du Tartare, la Furie Mégère a enfantée de ses entrailles ; toi qui as sucé, nourrisson funeste, le lait d'Alecto : qui donc t'a fait monter à la lumière, divinité maudite ? Tu es venue pour être le fléau des hommes. Oui, s'il y a, après la vie, un supplice pour punir les mortels des crimes qu'ils ont commis sur la terre,

---

1. Homère, *Iliade*, vers 1 du chant Iᵉʳ.
2. *Id., ibid.*, vers 2.

ce n'est pas la soif qui eût dû châtier Tantale, ni la roue tournante Ixion, ni le rocher Sisyphe, dans les demeures de Pluton : il fallait simplement que tous les scélérats fussent enchaînés de tes douleurs qui torturent les membres. Comme mon triste et pauvre corps, du bout des doigts à la plante des pieds, est pénétré d'un suc vicié, d'une bile amère ! Comme il est là exhalant avec effort, de sa poitrine oppressée, ce faible souffle, et brûlé intérieurement de continuelles souffrances ! Le mal enflammé s'élance du fond de mes entrailles, ravageant ma chair de ses ardents tourbillons. On dirait le cratère de l'Etna vomissant ses feux. » Tout le petit drame est sur ce ton tragi-comique ; et, quand le Goutteux s'adresse au bâton dont il ne peut pas même se servir ; surtout quand il est réduit à confesser, devant la Goutte, l'inanité des remèdes, et à implorer la pitié de celle qu'il a d'abord maudite, ses accents sont plus pathétiques encore, c'est-à-dire plus plaisants.

CHAPITRE XLVI.

AUTRES ÉCRIVAINS DU SIÈCLE DES ANTONINS.

Hérode Atticus. — Élius Aristide. — Hermogène. — Iamblique le romancier. — Maxime de Tyr. — Sextus Empiricus. — Appien, etc.

Hérode Atticus.

Un grand nombre de sophistes eurent, en ce siècle, le renom d'orateurs excellents ou d'écrivains de génie. Tel fut, par exemple, Tibérius Claudius Atticus Hérodès, autrement dit Hérode Atticus. Il était né à Marathon en Attique, dans les premières années du deuxième siècle. Son père lui avait laissé une immense fortune, dont il fit un noble usage. Antonin le Pieux le choisit pour précepteur de ses deux fils adoptifs, Lucius Vérus et Marc-Aurèle. Il fut élevé, en 143, à la dignité de consul, et il fut chargé du gouvernement d'une partie de l'Asie et de la Grèce. Il embellit Athènes de magnifiques monuments, dont quelques restes subsistent encore de nos jours. Hérode Atticus était un improvisateur plutôt qu'un écrivain; et c'est par des déclamations qu'il s'était fait sa grande renommée. On peut croire qu'en sa qualité d'Athénien, il se piquait d'une pureté de diction irréprochable. Du moins le peu qu'il avait écrit, ses *Dissertations* et ses *Éphémérides*, se recommandait par cette qualité, sinon par l'originalité des idées. Ces deux ouvrages ont péri. La déclamation *sur le Gouvernement*, qui porte son nom, est trop vide de bon sens et écrite avec trop peu de goût, pour qu'on puisse l'attribuer à un homme qui fut doué de talents politiques, qui avait pratiqué les affaires, et qui passait pour un continuateur des bonnes traditions oratoires.

Élius Aristide.

Nous possédons un grand nombre de discours d'Élius Aristide, disciple d'Hérode Atticus; et ces ouvrages sont d'un grand intérêt pour l'histoire de la décadence du paganisme. Aristide était un païen fervent, et même une sorte d'illuminé. Il était Bithynien de nation. Après de longs voyages, il se fixa à Smyrne, et il y remplit jusqu'à sa mort les fonctions de prêtre d'Esculape. Smyrne ayant été renversée en 178 par un tremblement de terre, il détermina Marc-Aurèle à la rebâtir. Aristide ne fut guère moins célèbre que son maître : les contemporains n'hésitaient pas à le mettre au premier rang des orateurs. Je n'ai pas besoin de dire qu'il n'a rien de commun avec Démosthène. C'est un déclamateur habile et un écrivain châtié ; il imite assez heureusement les antiques modèles; il traite les lieux communs de morale avec une véritable supériorité. Mais ce style élégant et clair, ces idées empruntées à tout le monde, tout cet art et tout cet esprit ne constituent, en somme, que des œuvres d'un genre faux, fade et ennuyeux, sinon, comme je l'ai déjà dit, aux yeux de ceux qui étudient l'état moral des âmes durant cette période extraordinaire. On sent, dans les écrits d'Aristide, l'influence des prédications chrétiennes. Ainsi il adresse aux Smyrnéens un discours contre l'usage des représentations comiques, qui semble avoir été inspiré par les sermons des premiers Pères de l'Eglise sur cet inépuisable sujet. Au reste, Aristide s'occupe, en général, beaucoup plus du choix et de l'arrangement des mots que des choses mêmes. Pourvu qu'il charme l'oreille, il s'inquiète assez peu de parler au cœur où à l'esprit. Cette éloquence n'est pas celle que Socrate définit dans le *Gorgias*. Je ne m'étonne donc point qu'Aristide ait écrit deux discours consacrés à la défense de la rhétorique contre les attaques de Platon.

Hermogène.

Le sophiste Hermogène, né à Tarse en Cilicie, passa dans son temps pour un prodige. Il est inconnu aujourd'hui, et il mérite de l'être. Sa *Rhétorique*, que nous possédons presque entière, est l'ouvrage d'un esprit très-délié, très-subtil, d'un anatomiste consommé en fait de mots et de figures. Mais ces catégories savantes et ces règles géométriquement déduites n'apprennent rien d'essentiel; et l'imitation de Démosthène, qu'il prêche sans cesse, n'est pas cette contemplation du beau qui élève notre âme, et qui la sollicite à produire à son tour de nobles pensées : c'est quelque chose de quasi mécanique; c'est l'éloquence prise à la main et transportée hors de chez elle, c'est-à-dire anéantie. On s'étonne, dit un critique, d'une telle indifférence pour ce qui fait l'âme de la véritable éloquence; et l'on est humilié à la pensée que la *Rhétorique* d'Hermogène ait pu si longtemps éclipser, dans les écoles, Platon, Aristote et Cicéron. Je dois remarquer que la précocité extraordinaire des talents de ce sophiste fut sans doute pour beaucoup dans l'engouement dont furent l'objet sa personne et ses écrits. A quinze ans, Hermogène professait la rhétorique avec éclat, et Marc-Aurèle lui-même fut alors curieux de l'entendre. Il n'avait que dix-huit ans quand il composa le traité tant admiré jadis. A vingt-cinq ans, il avait cessé d'être un homme : il perdit la mémoire et la parole; et il végéta, dans un état presque complet d'idiotisme, jusqu'à un âge très-avancé.

CHAPITRE XLVI.

Iamblique le romancier.

Un livre qui serait plus curieux pour nous que la *Rhétorique* d'Hermogène, c'est le roman intitulé *Babyloniques*; mais ce roman ne nous est connu que par l'analyse de Photius. L'auteur se nommait Iamblique; mais il ne faut pas le confondre avec Iamblique le philosophe, qui lui est bien postérieur. Il était né en Syrie, et il avait été élevé par un savant babylonien. Il se donnait lui-même comme un adepte des sciences occultes et comme un digne disciple des mages. Non-seulement il avait étudié la langue et la littérature chaldéennes, non-seulement il s'entendait à la magie, mais il avait fourni des preuves signalées de ses talents prophétiques : ainsi il avait prédit l'expédition de Vérus contre les Parthes, et le succès de cette expédition. C'est du moins ce qu'il voulait que l'on crût, ce qu'il avait écrit en toutes lettres dans son livre. Ce qui nous intéresserait dans ses récits, ce n'est pas peut-être le tableau du bonheur conjugal de Rhodanès et de Sinonis, ni celui de la passion de Garmos roi de Babylone, qui veut ravir Sinonis à son époux, ni celui des atroces vengeances du tyran, de la fuite des deux victimes, de la poursuite sans fin dont les accidents et les péripéties remplissaient l'ouvrage. On aurait là sans doute de précieuses révélations sur cette étrange société où Iamblique avait passé sa vie, et sur les contrées qu'avait parcourues ce mage à la fois grec et barbare, ce rhéteur nourri aux lettres babyloniennes, et qui avait assisté aux grandes révolutions de la haute Asie. Photius nous apprend d'ailleurs qu'Iamblique était un écrivain de talent. Quelques-uns des épisodes cités par le patriarche semblent même indiquer une certaine grâce d'imagination, je ne sais quoi de riant et d'aimable. Il n'y a pas trois siècles, les *Babyloniques* subsistaient encore en manuscrit dans la bibliothèque de l'Escurial et dans une bibliothèque de Florence; mais ce livre a disparu on ne sait comment, et l'on renonce presque à le retrouver désormais, à moins de quelque heureux hasard.

Maxime de Tyr.

Maxime de Tyr est plutôt un philosophe qu'un sophiste. Il a eu le bon esprit de n'écrire que sur des sujets sérieux, et de viser à être utile. L'ouvrage que nous possédons sous son nom se compose d'une suite de petits traités sur des questions de philosophie morale. C'est la doctrine platonicienne mise à la portée de tout le monde. Maxime de Tyr n'a rien d'original : il se borne à commenter les pensées de Platon ; mais il s'exprime en bons termes, et il ne manque ni d'imagination ni de goût. C'est un des auteurs de ce temps-là qui méritent le mieux d'être lus. Quoiqu'il n'ait jamais passé pour un phénix d'éloquence, il est plus éloquent en réalité que tous les déclamateurs qui pullulaient alors ; ou, si l'on veut, il est moins étranger qu'eux aux choses du sentiment et de l'âme. Cet homme estimable vivait à Rome sous le règne de Commode. Il ne faut pas le confondre avec le stoïcien Maximus, qui fut un des maîtres de Marc-Aurèle.

Sextus Empiricus. Appien, etc.

Sextus Empiricus, qui écrivait aussi sous le règne de Commode, est le plus savant de tous les sceptiques anciens. Son érudition est immense, sa logique imperturbable, son esprit net et délié. Nous avons de lui deux ouvrages écrits dans un très-bon style, très-simple et très-clair, les *Hypotyposes pyrrhoniennes* et le traité *contre les Dogmatiques*, vulgairement cité comme un ouvrage contre les mathématiciens. Sextus était un médecin, comme l'indique son surnom.

Appien d'Alexandrie, avocat et jurisconsulte à Rome, puis intendant des affaires domestiques des empereurs, fut contemporain de Trajan, d'Adrien et d'Antonin le Pieux. Il avait écrit en vingt-quatre livres une histoire romaine par peuples et par provinces, depuis les temps les plus reculés jusqu'à Auguste. Il reste environ la moitié de cet ouvrage. Appien est de l'école de Polybe ; mais il n'a pas le discernement et l'exactitude de ce grand historien, à plus forte raison sa profondeur et son génie. C'est un narrateur sec et froid, mais non pas pourtant ennuyeux, surtout quand il conte de grands événements, comme la guerre de Pont et la guerre civile. D'ailleurs l'ouvrage a une importance considérable par ce qu'il nous apprend. Appien n'est pas toujours une médiocre doublure de Polybe et de Plutarque. Sans lui, nous ignorerions une foule de choses. Montesquieu a tiré beaucoup de profit de la lecture d'Appien. Les chapitres d'Appien sur les proscriptions de Sylla, sur celles des triumvirs, ont fourni maint trait énergique au peintre de la grandeur et de la décadence des Romains. Appien n'est pourtant qu'un écrivain assez faible. Les rhéteurs font cas des harangues dont il a parsemé sa narration. Mais on peut dire, en général, que son style a peu de défauts graves et encore moins de remarquables qualités.

Je pourrais allonger beaucoup ce chapitre, car le siècle des Antonins fut d'une extrême fécondité en écrivains de toute sorte. Il n'y a guère de période, dans la littérature grecque, qui nous ait laissé un si grand nombre d'ouvrages. Mais bien peu de ces écrivains méritent de figurer dans notre galerie. Quelques-uns, illustres à d'autres titres, ainsi, les médecins Arétée et Galien, ne sauraient être appréciés par les profanes, et ne souffriraient pas même ce que nous avons pu nous permettre avec le vieillard de Cos. Je passerai sous silence et ces hommes justement fameux et le menu peuple des sophistes, des grammairiens, des écrivailleurs. Je nommerai pourtant Pausanias, non pas à cause de son talent, ais parce que son livre est un des plus utiles, et, en dépit même de son imperfection littéraire, un des plus intéressants que nous aient légués les anciens. C'est une description complète de la Grèce européenne. L'auteur, qui avait parcouru les contrées qu'il décrit, rédigea sa relation dans sa vieillesse, et compléta son travail en puisant aux meilleures sources d'informations. Pausanias manque d'ordre dans la disposition des parties; il n'a pas cette imagination qui met les objets en relief, et qui peint pour faire comprendre; enfin, son style est souvent négligé, affecté, diffus, obscur. Mais il rachète amplement tous ces défauts par l'innombrable quantité de renseignements précieux qu'il a réunis sous la main des historiens, des mythologues, des amateurs de beaux-arts et d'antiquités. L'homme qui a compilé et rédigé les descriptions de l'Attique, de la Corinthie, de la Laconie, de l'Élide, de l'Achaïe, de l'Arcadie, de la Béotie et de la Phocide, vivait à Rome vers la fin du deuxième siècle. Il était né en Cappadoce ou en Lydie, et il avait été disciple d'Hérode Atticus.

CHAPITRE XLVII.

OPPIEN. BABRIUS.

Longue stérilité de la poésie. — Oppien. — Poëmes didactiques d'Oppien. — Babrius. — Recueil des fables de Babrius. — Qualités et défauts des fables de Babrius. — Originalité de Babrius.

Longue stérilité de la poésie.

Il n'y a pas un seul nom de poëte grec qui ait la moindre notoriété littéraire, depuis Méléagre jusqu'à Oppien et à Babrius, c'est-à-dire pendant plus de trois siècles. Si Lucien ne s'était pas amusé à versifier quelques bagatelles agréables, le siècle même des Antonins serait aussi vide de poésie que les deux cents ans qui l'ont précédé. Quelques morceaux didactiques, ou plutôt techniques, débris de poëmes aujourd'hui perdus, quelques épigrammes souvent spirituelles, voilà tout ce qui nous reste de ces trois siècles, avec les noms obscurs d'Héliodore, d'Andromachus, de Marcellus, de Straton. Nicandre lui-même est un soleil, si on le compare aux médecins qui ont écrit en vers la recette de la thériaque, ou telle autre prescription du codex de ces temps-là. Mais Oppien et Babrius furent deux poëtes de talent, et qui méritent quelque attention, sinon une admiration bien vive.

Oppien.

Oppien était d'Anazarbe en Cilicie, et il vivait du temps de Septime Sévère. Son père, qui était un riche citoyen de la ville, ayant encouru la disgrâce de l'empereur, fut dépouillé de ses biens et exilé. Oppien l'accompagna dans l'île de Mélite, c'est-à-dire de Malte, où on l'avait relégué ; et c'est dans cette retraite qu'il composa ses poëmes didactiques. Il alla ensuite à Rome pour les offrir à Antonin Caracalla, fils de Sévère. L'empereur lui-même fut charmé des vers d'Oppien. Il fit au poëte un présent magnifique, et lui accorda la grâce de son père. Mais Oppien était à peine de retour à Anazarbe qu'il y mourut de la peste, à l'âge d'environ trente ans. Ses concitoyens lui élevèrent un tombeau surmonté d'une statue, et ils firent graver sur le marbre du monument cette inscription un peu emphatique : « Je suis Oppien ; j'ai acquis une gloire immortelle. La Parque jalouse et le cruel Pluton ont ravi à la fleur de son âge l'interprète des Muses. Si j'avais vécu plus longtemps, et si le sort jaloux m'eût laissé sur la terre, aucun mortel n'aurait atteint ma renommée. »

Poëmes didactiques d'Oppien.

Oppien laissait d'assez nombreux ouvrages, et notamment trois poëmes didactiques, un sur la chasse, ou les *Cynégétiques*, un sur la pêche, ou les *Halieutiques*, et un sur la manière de prendre les oiseaux, ou les *Ixeutiques*. Ce dernier poëme n'existe plus ; mais nous possédons les *Halieutiques* au complet, et il ne manque guère que le cinquième chant des *Cynégétiques*, qui en avait cinq comme le poëme sur la pêche. Les deux ouvrages d'Oppien ont assez de qualités et assez de défauts pour justifier tous les éloges et toutes les critiques. Un scholiaste, dans son enthousiasme, appelle Oppien un océan de grâces. C'est le plus fleuri des poëtes grecs, comme le remarque avec raison un savant du dix-septième siècle. Mais il faut bien le dire, ces fleurs ne sont pas toujours de très-bon goût, et Oppien semble avoir plus à cœur de les entasser en gerbes que de les disposer en guirlandes. Il y a, dans ses vers, cette exubérance de la jeunesse qui charme et fatigue tout à la fois. La disposition générale des parties de chaque poëme est assez plausible ; mais le poëte revient trop souvent aux mêmes idées, et il reproduit trop souvent, dans ses descriptions, les traits qu'il a dessinés ailleurs. Il a abusé, par exemple, en jeune homme qu'il était, de la peinture des effets de l'amour. Il ne se tient pas de revenir sans cesse à cet inépuisable sujet, et ce n'est pas toujours pour en tirer des richesses nouvelles. Son abondance est un peu stérile ; et, quoi qu'en dise Jules César Scaliger, il est resté à mille lieues de l'incomparable perfection des *Géorgiques*. Toutefois il y a quelques-uns de ses tableaux qui sont tracés de main de maître, et qui soutiennent assez bien la comparaison avec les immortelles peintures de Virgile. Par exemple, le combat des deux taureaux, dans le second chant des *Cynégétiques*. Le style d'Oppien n'est pas seulement orné et nombreux ; il est animé, fort, énergique : il ne lui manque qu'un peu plus de sobriété.

Les naturalistes estiment l'exactitude scientifique d'Oppien, malgré les fables qu'il mêle quelquefois à la vérité, par erreur, ou plutôt par ignorance. Quand il se borne à décrire ce qu'il a vu ou ce qu'il a observé, on peut l'en croire sur parole ; et, comme dit Buffon, une probabilité devient une certitude par son témoignage. Buffon n'a pas dédaigné de puiser plus d'une fois à cette source. Il suffit, pour s'en convaincre, de rapprocher quelques-uns des morceaux du poëte cilicien avec les passages analogues qui se trouvent dans l'*Histoire naturelle*. Voyez comment Oppien parle de l'éléphant, vers la fin du chant second des *Cynégétiques:* « De tous les animaux terrestres, il n'en est aucun dont la taille égale celle de l'éléphant. On le prendrait, en le voyant, pour le vaste sommet d'une montagne, ou pour un nuage épais qui recèle dans ses flancs la tempête redoutée des mortels, et qui s'avance en menaçant les campagnes. L'énorme tête du quadrupède est coiffée de deux oreilles creuses et découpées ; entre ses yeux sort un nez long, mince et flexible : on l'appelle trompe ; c'est la main de l'éléphant : avec elle il exécute aisément tous ses desseins. Ses pieds ne sont point d'égale longueur : ceux de devant sont plus élevés que ceux de derrière. La peau dont son corps est revêtu est rude au toucher, désagréable à la vue, et si dure, que le tranchant du fer, à quoi tout cède, ne la saurait entamer. L'éléphant est doué d'un courage extrême. Féroce tant qu'il habite les forêts, il s'apprivoise aisément avec les humains, et il devient leur ami fidèle. On le voit dans les prairies, dans le fond des vallées, déraciner les hêtres, les oliviers sauvages, les palmiers dont la tête s'élevait majestueuse dans les airs, et les renverser en les frappant de ces armes aiguës qui lui sortent des mâchoires. Mais, entre les puissantes mains des mortels, il oublie bientôt ce fier courage, et il dépouille toute la férocité de son caractère : il supporte le joug, reçoit un frein dans sa bouche, et se laisse monter par des enfants, qui le dirigent dans ses travaux. On dit que les éléphants parlent entre eux, et qu'il sort de leur bouche une voix articulée ; mais cette voix animale ne se fait pas entendre à tout le monde : il n'y a que leurs conducteurs qui soient en état de la comprendre. »

Je n'ai pas cité ce passage comme un de ceux qui peuvent le mieux donner une idée des mérites et des défauts poétiques d'Oppien. Il y en a, dans l'un et dans l'autre poëme, qui rempliraient plus complétement cet objet : ainsi, dans les *Halieutiques*, la description de l'échénéis ou rémore et celle de la torpille ; ainsi celle de la chasse au lion, dans les *Cynégétiques*. C'est là qu'Oppien est tout à la fois et exact naturaliste et peintre brillant ; c'est là aussi qu'il se laisse aller un peu trop à cette prodigalité dont j'ai parlé : il épuise, peu s'en faut, tout l'arsenal des images et des comparaisons poétiques, et il verse ses trésors à plein sac, comme disait Corinne à propos de Pindare. Je me contenterai d'y renvoyer le lecteur curieux de vérifier par lui-même les assertions des critiques. Mais je veux transcrire un court morceau du premier chant des *Halieutiques*, où Oppien est plus poëte que dans la description de l'éléphant, et où il s'est préservé, un peu mieux qu'ailleurs, de ses défauts accoutumés : « Tous les poissons, durant l'hiver, ont une extrême appréhension de ces tourmentes, de ces tempêtes, qui bouleversent et font mugir les flots : il n'est même aucun être vivant au sein des ondes qui ne redoute la mer, lorsqu'elle est irritée. Les uns restent alors tremblants et sans force dans le sable qu'ils ont creusé de leurs nageoires ; d'autres se roulent tout en masse dans les trous des rochers ; d'autres fuient, et vont chercher un asile dans les profondeurs les plus basses et les plus reculées. Le bouleversement des ondes ni la furie des vents ne se font point sentir dans les extrêmes profondeurs, et aucune tempête n'atteint jusqu'aux dernières couches, jusqu'aux derniers retranchements des eaux. Ils échappent ainsi aux maux et aux funestes effets de l'hiver terrible. Mais lorsque le printemps rend à la terre sa parure de fleurs, et fait sourire les ondes, qui respirent délivrées des noirs frimas ; lorsqu'un air plus doux caresse mollement la surface des flots, alors les poissons, tout joyeux, s'élancent de toutes parts dans le voisinage de la terre. Telle une ville chérie des dieux, heureuse de survivre au fléau destructeur de la guerre, après y avoir été longtemps en proie : libre enfin et respirant des maux qu'elle a soufferts, elle donne volontiers l'essor à sa joie ; elle se plaît à reprendre les utiles travaux de la paix, et elle voit ses habitants se livrer sans crainte aux plaisirs de la table et de la danse. Tels les poissons, débarrassés de leurs longues douleurs et de la crainte des tempêtes, s'agitent et bondissent, ivres de joie et de bonheur, et pareils à des danseurs agiles. » Oppien, comme on le voit même ici, ne peut guère s'empêcher de dépasser de temps en temps la juste mesure. C'est le Lucain des Grecs ; je veux dire un poëte plein de talent et d'imagination, mais trop jeune pour être complétement maître de lui-même et dompter sa fougue. D'ailleurs il n'y a pas de comparaison possible entre les humbles sujets traités par Oppien et l'immense tableau ébauché par le neveu de Sénèque. Mais Oppien est, en définitive, un poëte distingué, un des moins indignes parmi ceux qui avaient entrepris, depuis les philosophes poëtes, de marcher sur les traces du chantre des *Œuvres et Jours*.

Babrius.

C'est par conjecture qu'on fait vivre Babrius au commencement du troisième siècle de notre ère. On suppose que le roi Alexandre, père de ce jeune Branchus à qui le poëte a dédié son recueil, est l'empereur Alexandre Sévère, assassiné en l'an 235, à l'âge de vingt-six ans. On suppose aussi que

Babrius était un Romain et non pas un Grec, à cause de la forme latine de son nom, Valerius Babrius. Quelques latinismes, qu'il a laissé échapper çà et là, semblent appuyer cette dernière conjecture. Mais on ignore véritablement l'époque où vivait Babrius. Julien est le premier auteur qui ait cité son nom. Peut-être le roi Alexandre et son fils Branchus n'ont-ils rien de commun avec la maison des princes syriens; peut-être Babrius a-t-il écrit dans le deuxième ou dans le premier siècle de notre ère; et il n'est pas même prouvé que certains critiques aient absolument eu tort d'en faire un contemporain d'Auguste.

Recueil des Fables de Babrius.

Il y a quelques années, Babrius était à peu près inconnu. On possédait à peine le texte d'une douzaine de ses fables, tant bien que mal restitué par de savants philologues. On disputait sur son nom : quelques-uns voulaient que ce fût Babrias, ou même Gabrias. Aujourd'hui nous sommes plus avancés. Minoïde Mynas a trouvé, dans un couvent du mont Athos, un manuscrit qui contient cent vingt-trois fables. C'est plus de la moitié de ce que devait contenir le recueil total de Babrius, comme il est facile de s'en assurer au simple coup d'œil. Les fables sont disposées par ordre alphabétique, d'après la première lettre du premier vers de chacune. Or, nous les lisons toutes sans interruption, depuis l'alpha jusqu'à l'omicron inclusivement ; et il y en a quatre qui commencent par l'omicron.

Les Fables de Babrius sont intitulées *Mythiambes*, c'est-à-dire *Fables iambiques*. Elles sont écrites en vers scazons. Babrius n'est pas le premier fabuliste qui ait appliqué à l'apologue la forme métrique inventée par Hipponax. Callimaque l'avait fait bien avant lui, comme on le voit par les fragments de ses poésies perdues ; et d'autres sans doute l'avaient fait avant Callimaque. Mais il est douteux que pas un des conteurs ésopiques ait manié le choliambe avec plus de dextérité et de bonheur que Babrius.

Qualités et défauts des Fables de Babrius.

Babrius est un très-bon versificateur, souvent même un bon poëte. Car, il faut bien le dire, tout n'est pas or dans la trouvaille de Mynas. Il y a des fables dont le style est obscur et recherché, ou dont la conclusion morale est loin d'être satisfaisante. Tel apologue est puéril ; tel autre n'est pas assaisonné d'un sel bien attique ; tel autre n'est qu'un conte licencieux, qui n'a rien de commun avec l'apologue. Enfin Babrius se répète assez souvent d'une fable à l'autre, et il traite jusqu'à trois fois le même sujet, en se bornant à changer les personnages : ainsi il nous peint et la grenouille qui veut se faire aussi grosse que le bœuf, et le lézard qui veut avoir la longueur du serpent, et le milan qui veut imiter le hennissement du cheval. Mais le bon l'emporte sur le mauvais dans le recueil, et l'excellent n'y est pas rare. Plusieurs pièces sont de petits chefs-d'œuvre. La plus longue de toutes est aussi une des plus belles : c'est celle où Babrius conte les stratagèmes du renard pour amener la biche dans l'antre du lion malade[1]. Les discours de maître renard sont admirables. La Fontaine lui-même ne l'eût pas fait beaucoup mieux parler. On conçoit que la biche s'y soit laissé prendre, même après qu'elle avait senti la griffe du lion sur son oreille, et qu'elle n'avait dû la première fois son salut qu'à une fuite rapide. Elle suivit une seconde fois le beau diseur, et elle s'en trouva mal. Le lion eut le festin qu'il avait manqué d'abord. Voici les derniers traits de l'apologue : « Le pourvoyeur était là, brûlant d'avoir part à la curée. Le cœur de la biche vient à tomber, il s'en saisit furtivement : ce fut le salaire de ses peines. Cependant le lion, ayant compté chacun des viscères, cherchait le cœur, qu'il préférait entre tous ; et il fouillait tous les coins de sa couche et de son antre. Mais le renard, lui donnant adroitement le change : « Elle n'en avait point, dit-il ; ne cherche pas en vain. Quel cœur[2] pou-

1. C'est la fable xcv, le Lion malade.
2. Le mot καρδία signifie tout à la fois le cœur et l'intelligence, l'esprit, le bon sens.

vait-elle avoir, elle qui est entrée deux fois dans la caverne du lion? » Cette fable du *Lion malade* a plus de cent vers, et il serait difficile d'y relever un seul mot qui sente l'affectation et le mauvais goût. On n'eût pas plus purement écrit, ni avec plus d'esprit et de finesse, au temps d'Aristophane ou de Ménandre.

Il n'y a, dans Babrius, qu'un très-petit nombre de fables dont le sujet nous fût inconnu avant la découverte du manuscrit. Quelques Byzantins, comme Tzetzès, Ignatius Magister, Planude, qui nous ont laissé des collections de fables ésopiques arrangées ou défigurées par eux en prose ou en vers, avaient mis largement à contribution le recueil de Babrius : ils n'ont fait souvent que briser son mètre, et effacer les ionismes qui ornaient sa diction attique ; ou bien, quand ils ne le traduisaient pas en prose, ils ont réduit à quelques vers, bien ou mal tournés, la matière de chacun de ses apologues. Plusieurs des fables inconnues sont fort médiocres ; mais il y en a une au moins qu'on peut ranger parmi les meilleures du poëte. C'est la deuxième du recueil, *le Laboureur qui a perdu son Hoyau :* « Un laboureur, faisant des fosses dans sa vigne, perdit son hoyau. Il s'enquérait si quelqu'un des paysans qui étaient par là ne le lui aurait point dérobé. Tous disaient que non. Ne sachant que faire, notre homme les conduisit tous à la ville, pour leur déférer le serment. Car on croit qu'il n'habite aux champs que des dieux un peu bonasses, et que ceux qui sont dans l'intérieur des murs sont des dieux véritables, et qui ont l'œil à tout. Quand ils eurent passé la porte, et comme ils se lavaient les pieds à la fontaine après avoir déposé leurs besaces, ils entendirent le héraut criant qu'il compterait mille drachmes à qui donnerait des renseignements sur des objets volés dans le temple du dieu :
« Oh! oh! dit notre homme en entendant ceci, j'ai fait un
« sot voyage! Comment le dieu connaîtrait-il les voleurs
« des autres, lui qui ne sait pas ceux qui l'ont dépouillé, et
« qui cherche à prix d'argent si personne lui en peut fournir
« nouvelles? »

Originalité de Babrius.

Ce serait un travail impossible que de chercher jusqu'à quel point Babrius fut un fabuliste original, puisque rien ne reste, ou presque rien, des œuvres de ces poëtes, sans doute fort nombreux, qui s'étaient exercés dans l'apologue depuis le temps d'Ésope jusqu'au siècle d'Auguste. Nul doute que Babrius ne se soit borné d'ordinaire, comme avait fait le fabuliste latin avant lui, à puiser dans la riche matière jadis importée d'Orient, grossie et enrichie par Ésope et par maint autre, et dont les débris forment encore aujourd'hui un total de quatre ou cinq cents sujets d'apologues. Cependant il y a telle fable dont Babrius semble avoir été l'inventeur même, et non pas seulement l'élégant et spirituel rédacteur. En voici une très-jolie, la cinquante-septième du recueil[1], qui lui a été inspirée sans nul doute par quelque mésaventure qu'il avait éprouvée en voyageant dans les contrées infestées par les Arabes pillards : « Mercure, ayant rempli un chariot de mensonges et de ruses de mille sortes, et de toutes les coquineries qu'il y ait, parcourait le monde, passant de peuple en peuple successivement, et distribuant à chaque homme une petite portion de sa marchandise. Il arrive dans le pays des Arabes. Là, son chariot, dit-on, se brise en chemin, et s'arrête court. Les Arabes pillent le bagage du marchand, comme si c'était un riche trésor. Le chariot est vidé ; Mercure ne peut plus continuer son trafic, non qu'il eût faute d'hommes à visiter encore. Depuis ce temps, les Arabes, et j'en ai fait l'expérience, sont fourbes et imposteurs ; et il n'y a pas sur leur langue un seul mot de vérité. »

Quelques-uns mettent Babrius au-dessus de Phèdre, c'est-à-dire au-dessus de tous les poëtes fabulistes connus, un seul excepté. Je crois qu'il est plus juste de le placer sur le même rang que Phèdre, ou même un peu au-dessous. Si Babrius l'emporte en général par la sévérité de la versification, par

---

[1] *Le Chariot de Mercure et les Arabes.*

la vigueur et la concision du style, Phèdre a plus de tenue dans les idées, et sa diction n'a aucun des défauts qu'on est en droit trop souvent de reprocher à Babrius.

CHAPITRE XLVIII.

PHILOSOPHES ALEXANDRINS.

Naissance de l'éclectisme. — Ammonius Saccas. — Plotin. — Longin. Porphyre. — Iamblique le philosophe.

Naissance de l'éclectisme.

J'ai remarqué ailleurs qu'Alexandrie, au temps des Ptolémées, n'avait pas un esprit qui lui fût propre, et que les éléments divers qui fermentaient dans cette grande cité avaient mis des siècles à se fondre en un tout véritable, et à produire quelque chose d'original et de nouveau. C'est sous la domination romaine qu'on commença à voir poindre en Égypte les premières lueurs de ce génie, tout à la fois grec et oriental, qui jeta plus tard un si magnifique et si puissant éclat. L'enseignement du Musée, sous les Lagides, n'était que l'écho sonore de l'Académie, du Lycée, du Portique, de toutes les écoles grecques, depuis celles de Thalès et de Pythagore jusqu'à celles d'Épicure et de Pyrrhon. Les savants et les lettrés qui composaient cette espèce de confédération ou d'institut n'avaient de commun entre eux que l'amour des traditions helléniques. Ils restèrent essentiellement Grecs, dans une ville orientale, malgré le perpétuel contact des idées venues de la Syrie, de la Judée ou du haut Orient, et malgré l'influence qu'eût dû exercer sur eux l'esprit non éteint encore de la vieille Égypte des Pharaons. Mais, dès le premier siècle de notre ère, quelques hommes sortis d'Alexandrie essayaient déjà de rapprocher et de mêler les doctrines de l'Orient et celles de la Grèce. Philon, par exemple, et Josèphe lui-même, participent à la fois des deux mondes, et sont Grecs sans cesser de se rattacher aux traditions bibliques. Cet éclectisme n'aboutit, pendant de longues années, qu'à des résultats imparfaits; et l'Alexandrin Potamon, qui vivait à la fin du deuxième siècle, n'avait encore fait entrer dans son système qu'une partie des doctrines de la philosophie grecque, et non pas les plus hautes ni les plus propres à enserrer, dans une vaste unité, tous les trésors de la pensée antique.

Ammonius Saccas.

Un portefaix d'Alexandrie fut le créateur de la grande école éclectique, dont Potamon et quelques autres n'avaient été que les précurseurs. Il se nommait Ammonius. Le surnom de Saccas, *porteur de sacs*, lui venait du métier qu'il avait fait longtemps. Il était né de parents chrétiens; mais il ne paraît pas qu'homme fait il ait pratiqué le christianisme, ni enseigné à ses disciples autre chose qu'un système de philosophie. Origène et plusieurs autres chrétiens célèbres suivirent ses leçons, qui attiraient d'innombrables auditeurs; mais ses disciples véritables et ses héritiers directs furent des philosophes. Ammonius Saccas n'avait rien écrit; mais des témoignages certains nous font connaître, sinon ses enseignements, au moins leur esprit et leurs tendances. Ce fut cet homme inspiré de Dieu, comme s'exprime Hiéroclès, qui purifia les opinions des anciens philosophes, et qui établit l'harmonie entre les doctrines de Platon et d'Aristote, dans ce qu'elles ont d'essentiel et de fondamental. Plotin et les autres philosophes de l'Ecole d'Alexandrie ne firent que développer, que pousser à leurs conséquences, les principes posés par le maître; et quelques-uns de leurs écrits ne sont probablement que les rédactions ou les commentaires des leçons mêmes d'Ammonius.

Plotin.

Plotin, le plus fameux des philosophes alexandrins, était né à Lycopolis dans la haute Égypte, vers l'an 205 de notre ère. Il avait vingt-huit ans quand il vint à Alexandrie. Il entendit Ammonius, et il s'écria : « Voilà ce que je cherchais! » Il fut peudant plusieurs années le plus assidu de ses auditeurs. A l'âge de trente-neuf ans, il suivit en Perse l'armée de l'empereur Gordien, afin d'étudier sur les lieux mêmes les mystères de la sagesse orientale. Il échappa à grand'peine au désastre de l'expédition. Après l'avénement de Philippe, il vint se fixer à Rome, où il enseigna longtemps avec un grand éclat. Il mourut dans la Campanie, vers l'an 270, aussi estimé pour ses vertus qu'admiré pour la puissance et la fécondité de son génie. Plotin laissait un nombre d'écrits considérable. Porphyre son disciple les recueillit, les mit en ordre, et les disposa en six parties, divisées chacune en neuf livres, comme l'indique le nom d'*Ennéades*, c'est-à-dire de neuvaines, qu'il donna aux grandes divisions du recueil.

Les traités de Plotin ne sont point des chefs-d'œuvre littéraires. Le philosophe, tout entier à la pensée, s'est médiocrement préoccupé de la forme. Il manque d'ordre dans la composition; il n'a pas cette marche ferme et soutenue sans laquelle on n'est écrivain qu'à demi. Rien de plus inégal et de plus mêlé que les produits de cet esprit extraordinaire. Tantôt ce sont des abstractions sèches et subtiles, tantôt une sorte de poésie enthousiaste : ici, un style obscur, pénible, tout hérissé de formules; là, des pages brillantes, animées, pleines de mouvement et de vie. C'est un torrent d'eau trouble, qui roule des sables d'or. Plotin n'est pas même un écrivain bien correct; et Porphyre, qui passe pour avoir retouché ses ouvrages, semble s'être attaché à conserver à la diction son caractère d'âpre et rude originalité.

Jusqu'à quel point Plotin a-t-il reproduit l'enseignement d'Ammonius? n'a-t-il été que l'interprète fidèle de la pensée du maître, ou bien faut-il voir en lui le Platon d'une doctrine dont Ammonius n'aurait été que le Socrate? Ces questions, que quelques-uns se sont posées, le savant auteur de l'*Histoire critique de l'Ecole d'Alexandrie* les déclare insolubles : « Mais quand les livres de Plotin n'auraient fait, dit M. Vacherot, que commenter l'enseignement d'Ammonius, ce commentaire plein de génie n'en serait pas moins le premier, le plus brillant et le plus profond monument du néo-platonisme. Non-seulement la pensée alexandrine n'a jamais dépassé le point où l'a élevée Plotin dans ses *Ennéades*, mais encore elle s'est maintenue rarement à cette hauteur, sous les philosophes qui lui ont succédé. »

Les *Ennéades* forment une sorte d'encyclopédie philosophique, qui débute par la psychologie, la morale, la physique, et qui finit par la théologie. C'est le platonisme élargi, et embrassant dans ses vastes proportions toutes les idées qui appartiennent à la doctrine universelle du genre humain, tout ce que Plotin reconnaissait comme vrai dans toutes les sectes, dans tous les systèmes, dans toutes les religions. Cet éclectisme est un peu confus, et s'égare quelquefois, abusé par de faux semblants d'analogies : d'ailleurs, la concordance des doctrines n'est souvent qu'une pure illusion. Mais la source principale des erreurs de Plotin et de ses successeurs, c'est ce mysticisme qui leur faisait admettre une faculté instinctive supérieure à la raison, et capable de nous élever, par l'enthousiasme et l'extase, à l'intuition directe de l'unité suprême. Plotin lui-même n'a pas su s'arrêter sur cette pente dangereuse. Mais ce n'est point à nous de signaler les écarts où l'ont entraîné ses élans mystiques. Je remarquerai seulement l'altération fâcheuse que le philosophe alexandrin a fait subir à la doctrine de Platon sur le beau. Plotin nous condamne à une contemplation stérile de la beauté en soi, et il nous arrête, comme un critique le dit avec raison, dans une sorte de quiétude extatique. Ce n'est plus cette fécondation de l'âme, cette provocation à l'épanchement des belles pensées et des belles œuvres, cet enthousiasme créateur qu'allume en nous, suivant Platon, le beau envisagé face à face.

Longin.

Un seul philosophe, dans l'école d'Alexandrie, resta fidèle aux pures traditions platoniciennes : c'est l'auteur du traité *du Sublime*. Peut-être est-ce à cette répugnance pour les tendances mystiques de ses contemporains, que Longin dut d'être relégué dédaigneusement parmi les sophistes et les rhéteurs.

Plotin lui refusait le titre de philosophe. C'était pourtant un philosophe très-distingué, en même temps qu'un habile écrivain. Il avait rédigé des commentaires estimés sur le *Phédon* et sur le *Timée*, et composé plusieurs autres ouvrages, non moins remarquables par la justesse et l'élévation des idées que par les brillantes qualités du style. C'était un esprit sain et vigoureux, et capable de grandes choses. On sait qu'il fut le ministre de la reine Zénobie, et qu'Aurélien le fit mettre à mort, après la prise de Palmyre. Il était de quelques années plus jeune que Plotin, et il avait suivi avec lui les leçons d'Ammonius Saccas.

Le traité *du Sublime* est le seul écrit de Longin dont nous ayons autre chose que des fragments. C'est l'œuvre d'un vrai philosophe. Les sophistes et les rhéteurs n'ont jamais rien laissé qui vaille la moindre page de cet excellent petit livre. Ce n'est pas Longin qui se fût avisé de réduire l'éloquence à des formules matérielles, et la poésie à la versification. Les sophistes les plus habiles à construire des périodes ne sont point des Démosthènes à ses yeux, ni les plus savants mesureurs de dactyles et de spondées des Hésiodes et des Homères. Il montre que le sublime ne naît point du choc et de la combinaison des mots, et que sa source est au plus profond de l'âme, dans les vives émotions, dans les idées nobles et généreuses. Il ne sépare jamais l'art de la nature, l'expression de la pensée, le beau du vrai. Il s'est rarement trompé dans ses jugements littéraires; et son tact est presque infaillible quand il signale, chez les grands écrivains, et les grandes qualités qui justifient leur renommée, et les défauts dont la nature humaine ne peut guère se préserver, et dont les traces apparaissent jusque dans les plus immortels chefs-d'œuvre.

Longin a au plus haut degré ce don de l'admiration, sans lequel il n'est pas de critique féconde. Il voit le beau partout où il est, sans acception de temps et de pays. Grec, il loue dignement Cicéron; païen, il emprunte à Moïse un exemple de ce sublime dont il essayait de déterminer les caractères : « Il convie ses lecteurs, dit M. Egger, à l'étude des anciens modèles, comme à une école de vertu et d'éloquence; et, par son exemple, il leur montre le salutaire effet d'un commerce journalier avec les maîtres de l'art. Que d'éloquence, en effet, dans sa manière de commenter les mouvements sublimes d'Homère et de Démosthène ! Que d'élévation dans cette image où il représente les écrivains de génie comme un tribunal à la fois encourageant et sévère, auquel nous devons, par la pensée, soumettre nos œuvres, pour savoir si elles seront dignes de la postérité ! Voilà ce que Fénelon louait tant chez Longin, le talent d'échauffer l'imagination en formant le goût : c'est le talent de Cicéron dans ses admirables dialogues sur l'art oratoire; c'est ce goût inspiré, qui vient du cœur autant que de l'esprit, et qui fait aimer autant qu'admirer le critique. Une chose y manque peut-être ; je veux dire cette haute correction et cette simplicité de style, privilége heureux des siècles classiques. » Le passage de Longin que j'ai cité à propos du discours *pour Ctésiphon* peut donner une idée de la manière vive et passionnée du philosophe, et des qualités brillantes, trop brillantes même parfois, de son esprit et de son style.

Nous attachons au mot *sublime* une signification fort différente de celle du mot *beau*. Les philosophes modernes ont insisté avec raison sur la différence des jugements en vertu desquels nous prononçons que telle chose est belle, que telle autre est sublime ; et la pénétrante analyse de Kant a marqué scientifiquement la borne qui les sépare. Le sentiment du beau est un plaisir doux, calme, sans mélange ; celui du sublime est une émotion d'une nature sévère, mêlée de plaisir et de peine, de satisfaction et de trouble, quelque chose enfin de sérieux et de triste. Voici comment s'exprime à ce sujet M. Jules Barni, le savant interprète de la *Critique du Jugement :* « Rapprochons les jugements que nous portons sur le beau et ceux que nous portons sur le sublime. Les premiers supposent une certaine harmonie de nos facultés : la contemplation d'une chose belle satisfait également les facultés qu'elle met en jeu, les sens et l'esprit, ou, comme dit Kant, l'imagination et l'entendement. Les seconds, au contraire, supposent une sorte de disconvenance entre nos facultés : dans la contemplation du sublime, l'imagination est abattue, mais au profit de la raison. Considérons enfin le beau et le sublime dans les choses mêmes. Le beau réside toujours dans des formes arrêtées, déterminées, harmonieuses : le monde du beau est celui des formes et de l'harmonie. Le sublime, au contraire, implique l'absence de toute forme, ou des formes gigantesques qui échappent aux prises de l'imagination : le monde du sublime est le champ de l'infini. » Nous ne pouvons pas reprocher à Longin d'avoir négligé ces distinctions métaphysiques, et d'avoir mêlé, dans son traité, le sublime proprement dit avec le beau, ou même simplement avec ce qu'on nomme le *style sublime*. Il nous a plu de traduire le titre de traité, περὶ ὕψους, par une expression restreinte ; mais ce n'est pas seulement le sublime que Longin a voulu désigner par ce titre, c'est tout ce qui se distingue par un caractère de grandeur et de majesté ; c'est la hauteur, suivant la signification propre du terme, c'est-à-dire l'excellence littéraire : hauteur dans la pensée, hauteur dans l'expression de la pensée, sublime et style sublime ; tout ce qui est noble, frappant, magnifique ; tout ce qui montre le vrai dans une vive splendeur ; tout ce qui fait dire, au premier aspect : Voilà le génie ! Longin a donc eu le droit d'admirer tout à la fois et les vers par lesquels l'éclaireur thébain raconte le serment des sept chefs, qui ne sont que du style sublime, et le mot sublime qui peint d'un trait la puissance absolue du Créateur : « Dieu dit : Que la lumière soit ; et la lumière fut. »

Porphyre.

Porphyre, le plus célèbre des disciples de Plotin, était né en 233, à Batanée en Syrie. Son nom syrien était Malk, qui signifie *roi*, et dont le nom grec de Porphyre, c'est-à-dire revêtu de la pourpre, n'est que l'équivalent. Porphyre fut, à Rome, le successeur de Plotin, et il y enseigna avec succès la philosophie et l'éloquence, jusque dans les premières années du quatrième siècle. C'est à Rome qu'il mourut, en l'an 304. Il avait laissé une foule de traités sur toute sorte de matières. Sa science embrassait presque tout le domaine de l'esprit humain. Il nous reste quelques-uns de ses ouvrages. Les plus connus sont la *Vie de Plotin* et le traité *de l'Abstinence des Viandes*. Tous sont remarquables par les agréments d'un style élégant et limpide. Il ne paraît pas que Porphyre ait été un philosophe bien original; mais il développa les doctrines de Plotin sous une forme plus attrayante et plus littéraire. Il fut, selon l'expression de son biographe, comme la chaîne de Mercure jetée entre les dieux et les mortels. Je ne puis mieux faire connaître cet homme éloquent, ce savant universel, qu'en transcrivant ici une des belles pages que lui a consacrées l'auteur de l'*Histoire critique de l'École d'Alexandrie*.

« Porphyre, dit M. Vacherot, portait dans les matières philosophiques un esprit excellent, et dans les questions de littérature et d'érudition un goût exquis et une critique aussi solide qu'élevée. Si l'on ajoute à cela une activité prodigieuse de travail, une ardeur infatigable pour la polémique, un rare génie d'organisation et de direction, on comprendra comment il devint le grand athlète de son parti, dans la lutte de la philosophie et du christianisme.... Le signe unique auquel on pourrait reconnaître l'origine syrienne de Porphyre, c'est la science profonde des traditions religieuses de toute cette partie de l'Orient, et particulièrement des livres hébreux. Du reste, il n'a ni goût ni estime pour cette sagesse de l'Orient : il lui oppose sans cesse la science grecque, et ne la cite guère que pour la réfuter. On sent partout, dans le Syrien Porphyre, un élève des Muses grecques ; et jamais enfant de la Grèce n'a voué un culte aussi tendre à sa noble patrie. Porphyre ne s'attacha point à la philosophie grecque, comme beaucoup d'Orientaux, uniquement par goût pour le platonisme : il l'aime pour elle-même, et l'embrasse avec ferveur dans toutes ses parties. Platon est sans doute de tous les philosophes celui qui lui convient le mieux ; mais il cultive avec ardeur la science d'Aristote, et commente sa logique. Enfin, sauf l'enthousiasme mystique, qu'il tient de l'Orient comme tous les philosophes de cette école, tous les caractères de l'esprit grec, la rigueur, la méthode et la subtilité de la pensée, la clarté et l'élégance de la forme, se révèlent dans les œuvres philosophiques de Porphyre. »

Iamblique le philosophe.

Iamblique, disciple de Porphyre, balança la réputation de son maître, et celle de Plotin même. C'était un Syrien, comme son homonyme Iamblique le romancier, comme son maître Porphyre. Il enseigna dans Alexandrie, et non point à Rome. Il mourut en l'an 333. Ce fut un mystique dans toute l'acception du terme. Il mêla à la philosophie la magie et les pratiques théurgiques, c'est-à-dire certains actes par lesquels il prétendait établir une communication directe entre Dieu et l'homme, ou entre l'homme et les êtres divins nommés démons. Ce qui reste de ses écrits n'est pas de nature à donner une haute idée de ses talents littéraires ; ou du moins Iamblique semble avoir pris à tâche de se distinguer de Porphyre, non-seulement en se séparant de lui sur divers points de doctrine, mais en affectant une sorte de mépris pour tout ce qui tient à l'art de la composition et au travail de la forme. Il est vrai que nous ne possédons aucun de ses grands ouvrages. Le livre des *Mystères égyptiens* n'est, selon les critiques, qu'une compilation d'école, rédigée par les disciples d'Iamblique, et non par Iamblique lui-même. La *Vie de Pythagore* est un écrit sans méthode, où les idées les plus disparates hurlent de se voir accouplées, et dont le style n'est guère plus satisfaisant que l'ordonnance. Mais les fragments de quelques autres écrits montrent une érudition plus sûre, plus de bon sens, et même quelque chose de ce génie que les contemporains admiraient dans celui qu'ils qualifiaient d'homme merveilleux et d'homme très-divin. Il n'est pas jusqu'à cet étrange chaos des *Mystères égyptiens*, où l'on ne puisse trouver, à côté des rêves les plus extravagants, plus d'une idée profonde et lumineuse, qui fait honneur au maître dont les enseignements l'ont fournie. Après avoir exposé ce qu'il est permis de connaître et de deviner des doctrines particulières à Iamblique, l'auteur de l'*Histoire critique* remarque que l'activité spéculative de l'école d'Alexandrie s'arrête à ce philosophe : « L'œuvre de création, dit M. Vacherot, est consommée ; la polémique et le commentaire vont lui succéder. »

CHAPITRE XLIX.
HISTORIENS ET SOPHISTES DU TROISIÈME SIÈCLE.

Dion Cassius. — Hérodien. — Élien. — Les deux Philostrate. — Diogène de Laërte. — Athénée. — Alciphron.

Dion Cassius.

La littérature grecque du troisième siècle est presque tout entière dans les noms de Plotin, de Longin, de Porphyre, d'Iamblique. Ce n'est pas que nous ne possédions des ouvrages considérables, composés par d'autres auteurs appartenant à cette période; mais ces ouvrages, précieux à certains égards, n'ont rien, ou presque rien, qui les recommande à nos yeux. Dion Cassius est un historien du troisième ou du quatrième ordre. Son *Histoire romaine*, que nous avons en partie, sert à remplir plusieurs lacunes dans les annales du peuple romain; mais le style en est inégal et déclamatoire, et Dion n'a ni un jugement parfaitement sain, ni une critique suffisamment éclairée.

Quelques-uns exaltent cet historien, et surfont singulièrement sa valeur. D'autres le considèrent comme une autorité absolument nulle. Il faut distinguer. Il y a en Dion deux hommes. Son témoignage est considérable, là où il a vu; les inscriptions et les médailles ont souvent confirmé ses dires. Mais Dion se trompe sans cesse quand il s'agit de faits un peu anciens, et n'est qu'un garant des plus suspects. Avant de se fier à lui, c'est un devoir d'examiner avec soin ses assertions et de vérifier ses sources : « Par exemple, dit M. Egger, en ce qui concerne l'histoire de J. César et des guerres faites en Gaule, où Dion n'était pas allé, je ne vois pas qu'un narrateur éloigné de deux siècles des événements qu'il raconte, et qui n'en a pas vu le théâtre, puisse être par lui-même un garant digne de confiance. »

Hérodien.

Hérodien, qui nous a laissé une *Histoire des Empereurs* depuis la mort de Marc-Aurèle jusqu'à l'avénement du jeune Gordien, est un écrivain disert et agréable, mais plus curieux de se faire lire que d'instruire véritablement le lecteur. On dirait même qu'il ignore les deux sciences qui sont comme les yeux de l'histoire, la chronologie et la géographie. Cependant Hérodien avait été contemporain des événements qu'il raconte. Il avait même rempli des fonctions publiques. Hérodien était rhéteur ou sophiste de profession, et l'on s'en aperçoit, aux qualités mêmes de son livre. Photius fait un magnifique éloge d'Hérodien, et Rollin semble adopter le jugement de Photius; mais si on loue, comme ils font, le talent d'écrivain déployé dans l'*Histoire des Empereurs*, il faudrait ne point passer sous silence les graves imperfections qui déparent cette œuvre et en diminuent la valeur.

Élien.

La compilation d'Élien, intitulée *Histoires diverses*, n'est qu'un fatras de matériaux empruntés à d'autres livres, et entassés sans goût, sans jugement, sans critique. Élien vivait à Rome sous les règnes d'Héliogabale et d'Alexandre Sévère. Il était professeur d'éloquence, autrement dit sophiste ou rhéteur. Son livre, quoique mal fait, contient des choses intéressantes. Si l'auteur avait cité ses sources, cette compilation aurait une vraie importance. Ce n'est qu'une sorte d'ana dont il faut se méfier.

Les deux Philostrate.

La *Vie d'Apollonius de Tyane*, par Philostrate l'Ancien, est pleine de fables absurdes, d'erreurs géographiques et d'anachronismes. Philostrate est un sophiste et un sectaire plutôt qu'un historien. Il écrit agréablement; et, s'il n'avait prétendu composer qu'un récit imaginaire, on pourrait le placer, parmi les romanciers anciens, à un rang assez distingué.

Mais Philostrate voulait qu'on prît son livre au sérieux ; et son pythagoricien thaumaturge est une sorte de Christ païen, qu'il essaye de mettre à la place du triomphant crucifié. Sous ces contes à dormir debout, sous ces récits de miracles, sous ces prédictions après coup, sous cet étalage de toutes les folies mystiques et théurgiques, il y a une intention religieuse manifeste. C'est tout à la fois et une polémique en règle contre l'Évangile, et une sorte d'évangile posthume du paganisme périssant.

D'autres ouvrages de Philostrate, et même l'ouvrage qu'on attribue à son neveu Philostrate le Jeune, ne sont que des exercices de rhéteur, ou à propos d'une galerie de tableaux, ou à propos des aventures de quelques héros antiques. Les esquisses biographiques intitulées *Vies des Sophistes* présentent un certain intérêt, mais non pas bien vif ; car les noms célébrés par Philostrate sont tombés pour la plupart dans un profond et éternel oubli.

Diogène de Laërte.

Le Cilicien Diogène de Laërte a eu le talent de faire un ouvrage indispensable à tous ceux qui veulent connaître la vie et les doctrines des philosophes anciens, en compilant sans ordre, sans suite, sans jugement, souvent même sans y rien comprendre, les livres de sa bibliothèque. Cet ouvrage ridicule, informe, mal composé, encore plus mal écrit, et où ce que l'auteur a mis de sa personne est presque toujours ou niais ou inutile, ces *Vies des Philosophes* sont pleines de documents de toute sorte qui ne se trouvent que là ; et les débris d'une foule de livres aujourd'hui perdus donnent à celui d'un sophiste dénué de goût et de bon sens une importance que n'ont pas des productions à beaucoup d'égards plus estimables.

Athénée.

La compilation d'Athénée, intitulée *Souper des Sophistes*, est du moins l'œuvre d'un homme qui se donnait la peine de coordonner ses idées et de les exprimer dans un langage humain. Ses sophistes devisent à table, et font ensemble assaut d'érudition. Grâce à leurs causeries, et, si l'on veut, à leur pédanterie, il y a d'admirables morceaux de l'ancienne littérature dont nous jouissons aujourd'hui, et qui nous seraient inconnus sans Athénée. Athénée n'est pas, tant s'en faut, un dialogiste parfait ni un écrivain classique ; mais il ne manque pas de talent. Son livre prouve qu'il avait prodigieusement lu, et qu'il avait bien compris ce qu'il lisait et bien digéré ses connaissances archéologiques et littéraires. Athénée était de Naucratis, en Egypte ; il avait étudié dans ces savantes écoles où s'était formée la science des Plotin et des Longin, et il avait enseigné lui-même avec éclat la rhétorique et la grammaire.

Alciphron.

Parlerons-nous d'Alciphron, et de ces lettres qu'il suppose écrites par des pêcheurs, des parasites, des courtisanes, etc. ? Il est impossible d'imaginer rien de plus faux que ce prétendu genre épistolaire. Ce ne sont que des déclamations sophistiques, ou des tableaux de mœurs tracés d'après d'anciens poëtes, et non point d'après ce que l'auteur avait lui-même sous les yeux. Mais Alciphron prodigue les ornements de style ; il est fleuri, sinon raisonnable ; l'élégance des termes, l'éclat des métaphores, la beauté des tours, lui tiennent lieu de bon goût : aussi passait-il en son temps pour un phénix littéraire, pour un écrivain supérieur à Longin et à Porphyre, qui avaient le tort d'être de grands et sérieux esprits, et de n'écrire que pour les gens capables de quelque effort d'attention et d'intelligence.

CHAPITRE L.

ÉCOLE D'ATHÈNES

Athènes au quatrième siècle. — Libanius. — Thémistius. — Julien. — Julien et la Gaule. — Ouvrages de Julien. — Proclus. — Traités philosophiques de Proclus. — Proclus poëte. — Successeurs de Proclus.

Athènes au quatrième siècle.

Les écoles d'Athènes n'avaient jamais perdu leur vieille réputation ; et la cité de Minerve passait encore, du temps de l'Empire, pour le séjour favori des Muses. Mais les maitres qui perpétuaient, dans la patrie de Socrate et de Sophocle, le culte de la philosophie et des lettres, semblent s'être bornés à un enseignement oral : c'est à peine si les noms de quelques-uns d'entre eux sont arrivés jusqu'à nous. C'étaient des hommes instruits, et fort capables de transmettre aux autres les principes des sciences et des arts. Seulement ils ne s'inquiétaient pas beaucoup d'ajouter eux-mêmes quelque chose à l'antique héritage. Ce n'est pas que la liberté leur fit défaut : ils formaient entre eux comme une petite république, où l'on n'entrait que par l'élection, et dont les empereurs respectaient les coutumes et les franchises. Ils se contentaient de jouir des trésors jadis amassés par le génie, et ils vivaient dans cette quiétude un peu molle que donnent et le contentement de soi-même et les succès obtenus sans beaucoup d'efforts, et le bien-être présent et la sécurité du lendemain. Les progrès du christianisme, la suppression des écoles païennes dans les villes où dominait l'esprit nouveau, les tendances de la politique impériale, qui menaçait d'adorer bientôt ce qu'elle avait brûlé et de brûler ce qu'elle avait adoré, enfin le souffle puissant des doctrines néo-platoniciennes : il n'en fallait pas tant, j'imagine, pour réveiller ce monde de philosophes et de beaux esprits, pour les tirer de leurs agréables rêves, pour les rappeler au sentiment de la réalité. Leur vie, au quatrième siècle, devint un combat; et la lutte ne cessa plus, jusqu'au jour où un empereur abolit l'enseignement des sciences et des lettres profanes, et rendit muets les échos qui avaient redit les accents harmonieux du divin Platon.

C'est à Athènes que le polythéisme fit le plus d'efforts pour se rajeunir, et qu'il s'arrêta le plus longtemps sur le penchant de sa décadence. Là brillèrent les dernières lueurs du génie païen; là se formèrent les hommes qu'on peut nommer les derniers des Grecs. C'est à Athènes que Julien apprit le détail des opérations théurgiques, et qu'il se pénétra de ce mysticisme alexandrin qui fit de lui, sous la pourpre impériale, un personnage si original et si étrange; c'est à Athènes qu'avaient étudié et enseigné les Libanius, les Thémistius, avant de devenir des hommes considérables dans l'empire; c'est à Athènes enfin que vécurent et enseignèrent les derniers païens dignes du beau nom de philosophes.

Libanius.

Libanius était né en 314 ou 315, à Antioche sur l'Oronte; et c'est à Antioche qu'il mourut, vers la fin du quatrième siècle, après avoir brillé sur différents théâtres, surtout dans la nouvelle capitale où Constantin avait transporté le siége de l'empire. Libanius était un païen fervent, mais non point fanatique. Il avait pour amis quelques-uns des plus illustres représentants des doctrines chrétiennes, les Basile, les Chrysostome, les Grégoire de Nazianze. Malgré son amour et son admiration pour Julien, il blâme le restaurateur des vieilles croyances d'avoir porté trop loin le zèle, et d'avoir exercé contre les chrétiens de fâcheuses rigueurs. Il nous reste de lui un grand nombre d'ouvrages, mais qui appartiennent tous plus ou moins au genre sophistique. Ce sont des discours sur divers sujets d'histoire, de mythologie, de morale; ce sont des harangues officielles; ce sont des modèles à l'usage des adeptes de l'art oratoire, etc. La seule partie vraiment intéressante des œuvres de Libanius, c'est le recueil de ses lettres. Il y en a plus de deux mille, et c'est là qu'on peut étudier avec le plus de fruit l'état de la littérature et de la société grecques au quatrième siècle. Libanius n'est pas moins sophiste ni moins affecté dans un billet de quelques lignes que dans un discours destiné à être déclamé en public. Mais quand ce billet s'adresse à saint Basile, et que saint Basile ne dédaigne pas de répondre aux compliments du rhéteur païen par des éloges presque fabuleux, le lecteur moderne ne peut s'empêcher d'éprouver un plaisir piquant et singulier en parcourant ces monuments de la courtoisie antique. Je n'ai pas besoin de remarquer qu'il n'y a rien de commun entre Libanius et l'éloquence, et que l'orateur de Constantinople, comme l'appellent quelques-uns, n'est qu'un habile artisan de phrases, un écrivain beaucoup plus soucieux des tours du beau langage que du naturel des sentiments et de la vérité des pensées.

Thémistius.

Thémistius est un esprit plus sérieux et plus élevé. C'est un philosophe, un homme d'État; et, quoiqu'il ne soit pas toujours exempt des défauts qu'on peut reprocher à Libanius, et qu'il se souvienne un peu trop de son métier de maître de rhétorique, la chaleur de ses convictions, la noblesse de ses sentiments, la hauteur de ses idées, impriment à son style cette gravité éloquente, cette onction, ce je ne sais quoi qui fait estimer l'écrivain, parce que sous cet écrivain il y a un homme. Thémistius était né vers l'an 325, dans la Paphlagonie. Il prolongea sa vie jusqu'à la fin du quatrième siècle, car on sait qu'il vivait encore sous Arcadius. Il remplit à Constantinople des charges importantes, et ses vertus lui concilièrent l'estime des chrétiens mêmes comme celle des païens. Théodose n'hésita pas à le donner pour maître à son fils Arcadius. Cependant Thémistius resta toute sa vie un païen, ou plutôt un libre penseur. Sa réputation d'éloquence lui avait fait donner le surnom d'Euphradès ou parleur distingué.

Nous possédons plusieurs ouvrages de Thémistius. Ses commentaires sur quelques-uns des traités d'Aristote sont estimés et méritent de l'être. Mais ce ne sont pas ces utiles travaux qui lui avaient valu son surnom. Ses discours ne sont quelquefois que des harangues d'apparat, des panégyriques d'empereurs, des pièces de chancellerie, et non pas des monuments littéraires. Mais la plupart roulent sur des objets d'une importance éternelle, et n'ont rien perdu, même aujourd'hui, de leur intérêt et de leur à-propos. Voyez, par exemple, avec quelle vigueur de bon sens et de raison il s'adresse à l'empereur Valens, pour lui recommander la tolérance religieuse [1] : « Il est des bornes où expire le pouvoir de la force. Les décrets et les colères des rois sont forcés d'avouer la liberté des vertus, et, par-dessus tout, du sentiment religieux. On commande, on impose les opérations du corps ; mais aux sentiments du cœur, aux actes et aux dispositions de la pensée appartiennent l'indépendance et la souveraineté.... Un despotisme insensé a déjà osé cette violence sur les hommes, et, méprisant leurs résistances, a prétendu imposer à tous les opinions d'un seul ; mais il aboutit à ceci, que tous, en face des supplices, dissimulaient leurs sentiments véritables sans se convertir à sa doctrine.... Ce qui est hypocrite ne saurait durer : or, une religion née de la crainte, et non de la volonté, qu'est-ce autre chose qu'une hypocrisie ? Dieu a déposé l'idée de sa divinité au fond de toute âme, même de celle du sauvage et du barbare ; et cette idée est si souveraine en nous, que la violence et la persuasion ne peut rien contre elle. Quant à la manière de l'exprimer, il l'a laissée à la volonté de l'homme. En appeler à la force contre la conscience, c'est donc entrer en guerre avec Dieu, puisqu'on essaye d'arracher aux hommes un pouvoir qu'ils tiennent de Dieu même.... C'est la variété des opinions religieuses qui a nourri et développé la piété ; c'est elle qui l'entretiendra éternellement. Les coureurs, dans le stade, se dirigent tous vers le même juge, mais ceux-ci d'un côté, ceux-là d'un autre : de même, au terme de notre vie, il est un juge unique, souverain et juste ; mais différentes routes mènent à lui, routes tortueuses, droites, rudes, planes, qui toutes se réunissent au même lieu de repos. L'ardeur et l'émulation des athlètes s'éteindraient sans cette multiplicité des chemins : intercep-

---

[1] C'est dans le douzième *Discours*.

ter ces mille sentiers, n'en laisser qu'un seul pour tous, ce serait étouffer le combat dans un étroit défilé. Enfin, s'il faut dire la vérité, l'accord de toutes les opinions, ce rêve des hommes ignorants, ne peut que déplaire à Dieu. Ne semble-t-il pas, en effet, interdire et condamner lui-même cette uniformité de culte ? La nature, dit Héraclite, aime le mystère. Le père de la nature l'aime davantage encore. Ainsi, en se tenant loin de nos regards et hors de la portée de la science humaine, ne nous déclare-t-il point assez qu'il ne demande pas à tous le même culte, mais qu'il veut que nous le méditions chacun par notre intelligence, et non par celle d'un autre ? »

Thémistius a dirigé quelques-uns de ses discours contre ceux qui s'enorgueillissaient du nom de sophistes ; et il repousse énergiquement ce titre pour lui-même, comme une qualification infamante. On voit qu'il était en droit de se compter parmi les membres d'une famille plus noble que celle de Gorgias, et qu'il n'était pas complétement indigne de ce grand Platon dont il étudiait assidûment les œuvres.

Julien.

Julien n'était point, comme Thémistius, un homme sage et réfléchi. Il ne connut bien ni son temps ni les hommes de ce temps. La passion, dans son âme, l'emportait sur la prudence, et son mysticisme l'entraîna aux plus fâcheux écarts. Il ne gagna que de l'odieux dans l'entreprise de restaurer le polythéisme, et de ramener la foule aux anciens temples. Ses vertus personnelles, ses talents militaires, son courage, son esprit, tout ce qui aurait suffi en un autre siècle pour le placer au rang des héros de l'humanité, n'a abouti qu'à faire de lui un sophiste d'une espèce bizarre, ou, si l'on veut, un artiste dont les fantaisies archéologiques ont un instant compromis le sort du monde. Mais nous n'avons point à juger ici le politique malhabile. Il s'agit de l'écrivain ; et les ouvrages de Julien méritent de figurer parmi les plus remarquables et les plus originales productions du génie antique. On n'a pas souvent écrit, dans les siècles de décadence, avec cette verve, avec cette spirituelle vivacité, ni surtout avec ce bon goût classique et cette pureté de diction, peu s'en faut irréprochables.

Julien et la Gaule.

Il n'y a pas, dans toute la littérature grecque, un auteur dont la lecture soit plus intéressante pour nous; je dis pour des Français, pour des Parisiens. C'est en défendant la Gaule contre les barbares que Julien conquit sa gloire militaire. C'est près de Lutèce, au palais des Thermes, que Julien fut proclamé empereur. C'est dans un écrit de Julien qu'on trouve le premier tableau de ce qui fut plus tard Paris. Qui de nous pourrait être indifférent devant une page comme celle que je vais transcrire?

« J'étais alors en quartiers d'hiver près de ma chère Lutèce. Les Celtes appellent ainsi la petite ville des Parisii. C'est un îlot jeté sur le fleuve, qui l'enveloppe de toutes parts. Des ponts de bois y conduisent de deux côtés. Le fleuve diminue ou grossit rarement; il est presque toujours au même niveau, été comme hiver; l'eau qu'il fournit est très-agréable et très-limpide à voir et à qui veut boire. Comme c'est une île, les habitants sont forcés de puiser leur eau dans le fleuve. L'hiver y est très-doux, à cause de la chaleur, dit-on, de l'Océan, dont on n'est pas à plus de neuf cents stades, et qui peut-être répand jusque-là quelque douce vapeur : or, il paraît que l'eau de mer est plus chaude que l'eau douce. Que ce soit cette cause, ou quelque autre qui m'est inconnue, le fait n'en est pas moins réel : les habitants de ce pays ont de plus tièdes hivers. Il y pousse de bonnes vignes, et quelques-uns se sont ingéniés d'avoir des figuiers, en les entourant, pendant l'hiver, comme d'un manteau de paille ou de tout autre objet, qui sert à préserver les arbres des injures de l'air. » C'est aux habitants d'Antioche que Julien parle de Lutèce, à propos de la rude vie qu'il menait en Gaule, et dont il oppose le tableau, dans le *Misopogon*, aux mœurs sensuelles et efféminées de la cité orientale.

Le récit de la révolte des légions contre Constance est trop long pour être transcrit. On le lira dans l'*Épître au Sénat et au Peuple d'Athènes*. J'en citerai quelques traits seulement : « Tout à coup les soldats entourent le palais. Ils crient tous ensemble, pendant que je me demande ce que je dois faire et que je ne m'arrête à aucun parti. Je prenais quelque repos dans une chambre voisine de celle de ma femme, alors vivante ; de là, par une embrasure entr'ouverte, je me prosterne devant Jupiter. Au moment où les cris redoublent, et où tout est en désordre dans le palais, je demande au dieu un signe de sa volonté. Il me l'accorde sur-le-champ, et m'ordonne d'y obéir et de ne point m'opposer au vœu des soldats.... Vers la troisième heure environ, je ne sais quel soldat m'offre un collier : je le passe autour de mon cou, et je fais mon entrée dans le palais, soupirant, les dieux le savent, du plus profond de mon cœur.... Les amis de Constance, jugeant à propos de saisir l'occasion, ourdissent contre moi de nouvelles trames, et distribuent de l'argent aux soldats.... Un des officiers de la suite de ma femme surprend cette intrigue..., Il se sent pris d'enthousiasme comme les gens qu'inspirent les dieux, et se met à crier en public, au milieu de la place : *Soldats, étrangers et citoyens, ne trahissez point l'empereur!* A ces mots, le cœur revient aux soldats. Tous accourent en armes vers le palais ; et là, m'ayant trouvé vivant, ils se livrent à la joie comme des hommes à la vue inespérée d'un ami. Ils m'entourent de tous côtés, m'embrassent, me portent sur leurs épaules.... Cependant la foule qui m'environne me demande les amis de Constance pour les livrer au supplice. Les dieux savent quels combats j'ai rendus pour leur sauver la vie. »

Quand Julien arriva en Gaule, les Germains étaient maîtres de toute la rive gauche du Rhin : ils occupaient toutes les contrées entre le fleuve et les Vosges, tout le massif de ce qu'on nomme aujourd'hui le Hundsrück, l'Eifel et l'Ardenne. Les riches plaines de la haute Moselle, de la haute Meuse, la Belgique même, avaient été dévastées et n'étaient plus qu'un immense désert. En quatre campagnes, Julien reporta l'empire à ses frontières, rétablit le prestige des armes romaines, et eut raison des Germains jusque dans la Germanie même. Ammien Marcellin raconte admirablement ces grandes guerres. Mais combien plus admirable encore est le simple et modeste récit qu'en fait Julien lui-même à ces Athéniens qui s'étaient dévoués dès le premier jour à sa cause ! Julien, dans cette page, est digne des plus illustres narrateurs de l'antiquité ; et sa façon de dire a je ne sais quelle ingénuité charmante à quoi je ne saurais rien comparer. Il n'y a que le héros qui puisse parler ainsi de ce qu'il a fait, et peindre sans y penser son génie, son courage, la noblesse et la beauté de son âme. Ce n'est pas sans émotion que je transcris cet admirable passage : « Ayant trouvé la Gaule dans cette situation, je reprends Agrippina (Cologne), ville située sur le Rhin, prise depuis dix mois environ, et ensuite Argentoratum (Strasbourg), forteresse voisine du pied même des monts Varsègues (Vosges). Ce fut un glorieux combat, et la renommée en est peut-être arrivée jusqu'à vous. Les dieux firent tomber en mon pouvoir le roi des ennemis ; mais je n'enviai point ce succès à Constance. Quoique privé des honneurs du triomphe, j'étais le maître de faire égorger mon prisonnier, ou bien de le mener à travers toute la Celtique, de le donner en spectacle aux villes, et de me faire une sorte de plaisir des malheurs de Chnodomaire : personne ne m'en empêchait. Je ne jugeai point à propos cependant de rien faire de semblable ; mais je le renvoyai droit à Constance, qui revenait alors de chez les Quades et les Sauromates. Ainsi, tandis que je combattais, Constance avait fait un voyage d'agrément, bien accueilli par les nations qui habitent les rives de l'Ister (du Danube) ; et ce n'est pas moi, c'est lui qui triomphait. Dans la seconde et la troisième année qui suivent, la Gaule entière est purgée de barbares ; la plupart des villes sont relevées ; un grand nombre de vaisseaux tirés de la Bretagne viennent y mouiller. J'appareille avec une flotte de six cents navires, dont trois cents construits par mes soins en moins de dix mois, et j'entre dans les eaux du Rhin : opération difficile, vu les incursions des barbares qui habitent les rives. Florentius (préfet du prétoire) croyait la chose tellement impossible, qu'il avait promis deux mille livres d'argent pour obtenir d'eux le passage ; et Constance, instruit du marché, y avait donné les mains. Il m'écrit d'y consentir, à moins que je ne trouve la condition par trop déshonorante. Or, comment ne l'eût-elle pas été, puisqu'elle paraissait l'être à Constance, trop habitué à céder aux caprices des barbares? Je ne leur donne rien, je marche contre eux; et, les dieux protecteurs s'étant déclarés pour moi, je soumets les territoires de la nation des Saliens, j'expulse les Chamaves, je m'empare d'une grande quantité de bœufs, de femmes et d'enfants; enfin j'inspire à tous une si grande terreur, et l'appareil de mon invasion est si redoutable, qu'ils m'envoient sur-le-champ des otages, et qu'ils assurent des vivres à mes soldats. Il serait trop long d'énumérer et de vous raconter en détail tout ce que j'ai fait durant ces quatre années. En voici le résumé. Quand j'eus le titre de César, je traversai trois fois le Rhin, et je ramenai d'au delà de ce fleuve vingt mille prisonniers repris sur les barbares. Deux batailles et un siége me mirent en possession de mille hommes capables de servir et à la fleur de l'âge. J'envoyai à Constance quatre cohortes d'excellents fantassins, trois autres de bons cavaliers et deux légions superbes. Je suis maître en ce moment, grâce aux dieux, de toutes les villes, et j'en pris alors près de quarante. »

Ouvrages de Julien.

La lecture de Julien est sans danger. Ce qui reste de ses écrits contre le christianisme est fort peu de chose, et d'une telle faiblesse, ou plutôt d'une telle puérilité, qu'on a peine à comprendre que des Pères de l'Église aient daigné relever de pareilles attaques. Il n'est pas à craindre qu'aucun Français d'aujourd'hui répudie l'Évangile pour les fictions des poëtes païens, et se mette à offrir des sacrifices aux dieux de l'Olympe. Il n'est guère plus vraisemblable que les deux opuscules *sur le Roi Soleil* et *sur la Mère des Dieux* fassent beaucoup d'adeptes au mysticisme alexandrin et à la théurgia d'Iamblique. D'ailleurs ces écrits sont obscurs et peu intéressants. S'il n'y en avait, dans Julien, que de ce fond et de ce style, nous ne parlerions pas de leur auteur. Mais quelles œuvres que le *Misopogon* et les *Césars!* disons mieux: quelles merveilles de verve et de grâce, de bon goût classique, de diction pure et élégante ! c'est Lucien même. L'*Épître au Sénat et ou Peuple d'Athènes* est d'une beauté qui ne pâlit pas à côté des plus nobles monuments de l'éloquence antique ; et les traités où Julien se borne au rôle de philosophe et de moraliste ne sont pas trop indignes de ce Marc-Aurèle dont il méditait sans cesse la vie et les *Pensées*. L'épistolographe et le poëte même, dans Julien, méritent aussi plus qu'un regard distrait. Il n'y a que les *Panégyriques* qui aient aujourd'hui médiocre chance de plaire. Ils m'ont déplu. Cela est par trop factice et déclamatoire. Ce qui gâte encore ces exercices de rhétorique, ce sont les sujets, évidemment imposés par des convenances politiques, ou même par des nécessités fâcheuses. Je conçois encore que Julien ait loué Eusébie, à qui il devait beaucoup; mais Constance, le meurtrier de tous les siens ! On n'est pas obligé de lire ces éloges. Il y a pourtant, dans ces discours d'un genre si faux, des passages fort remarquables. Ainsi ce portrait idéal d'un bon prince que l'*Essai sur les Éloges* nous a rendu familier, et dont Thomas signale à bon droit la vérité, la justesse, la parfaite raison. Mais des morceaux brillants, des traits heureux, des vérités de détail, des qualités de style éminentes, ce n'est point assez. L'éloquence continue, même avec Trajan pour objet, est à peine tolérable. Qu'est-ce donc que l'éloquence intermittente, appliquée aux mérites imaginaires de l'abominable Constance ?

Nous ne connaissons que par fragments le livre de Julien pour la défense de *l'hellénisme*, c'est-à-dire des traditions religieuses de la Grèce, contre les attaques du christianisme. Nous n'avons rien de ses *Mémoires* sur ses campagnes en Germanie. S'il était permis, dit un critique, de juger de cet écrit par le caractère général de ses œuvres littéraires, il semble qu'on devait y retrouver la simplicité et la précision de César, avec plus de grâce, mais avec moins de nerf et de concision. Le chef-d'œuvre de Julien, c'est la satire intitulée les *Césars* ou le *Banquet*. C'est le tableau des vertus, des vices et des travers des empereurs. Les figures y sont tracées de main de maître, avec une finesse de touche et une vérité de couleurs admirables. Constantin n'y est pas flatté ; mais cet homme sanguinaire, hypocrite, efféminé, couvert de crimes, méritait peut-être moins de ménagements encore. La satire contre les habitants d'Antioche, intitulée *Misopogon*, c'est-à-dire l'ennemi de la barbe, n'est guère moins pleine de sel et d'agrément. Toutefois on éprouve une sorte de sentiment pénible en voyant le maître de l'univers commettre la majesté impériale dans l'ironie et l'invective, parce que les Galiléens d'Antioche se sont moqués de ses prétentions philosophiques, et de son costume négligé, et de sa barbe mal peignée, et de ses manières brusques et sans dignité. Mais c'est là surtout, c'est dans les aveux qu'il ne peut s'empêcher de faire lui-même, qu'on aperçoit le plus visiblement quel était alors l'état général des âmes, et combien le paganisme décrété par ordonnance répondait peu aux instincts et aux besoins des peuples : « Vers le dixième mois, arrive l'ancienne solennité d'Apollon; et la ville devait se rendre à Daphné, pour célébrer cette fête. Je quitte le temple de Jupiter Casius, et j'accours, me figurant que j'allais voir toute la pompe dont Antioche est capable. J'avais l'imagination remplie de parfums, de victimes, de libations, de jeunes gens revêtus de magnifiques robes blanches, symboles de la pureté de leur cœur ; mais tout cela n'était qu'un beau songe. J'arrive dans le temple, et je n'y trouve pas une victime, pas un gâteau, pas un grain d'encens. J'en suis étonné ; je crois pourtant que les préparatifs sont au dehors, et que, par respect pour ma qualité de souverain pontife, on attend mes ordres pour entrer. Je demande donc au prêtre ce que la ville offrira dans ce jour si solennel : « Rien, me répondit-il ; voilà seulement « une oie que j'apporte de chez moi, car la ville n'a rien « offert aujourd'hui. »

Les discours et les lettres de Julien prouvent, non moins éloquemment, que la réaction païenne s'était arrêtée à la société officielle, et qu'elle n'avait point gagné la grande société de l'empire. Pour donner au polythéisme une apparence de vie, Julien est réduit à prêcher, pour ainsi dire, la contrefaçon du christianisme. Ainsi, dans ses instructions à un gouverneur de la Galatie, il reconnaît que les chrétiens l'emportent en vertus extérieures sur les païens ; et c'est à cette contagion du bien, apparent ou réel, qu'il attribue tous les progrès de la secte abhorrée. Puis, après avoir recommandé à ceux qui la détestent comme lui de ne plus se laisser vaincre ainsi aux yeux des peuples, et après avoir dit à Arsace de ne pas souffrir que les prêtres des dieux mènent une vie inconvenante ou dissipée, Julien ajoute ces paroles : « Établis dans chaque cité des hospices, pour que les gens sans asile ou sans moyens de vivre y jouissent de nos bienfaits, quelle que soit d'ailleurs la religion qu'ils professent. Il serait trop honteux que nos sujets fussent dépourvus de tout secours de notre part, tandis qu'on ne voit aucun mendiant ni chez les Juifs, ni même parmi la secte impie des Galiléens, qui nourrit non-seulement ses pauvres mais souvent les nôtres. »

L'historien de l'École d'Alexandrie, qui a consacré à Julien des pages excellentes, caractérise comme il suit le talent littéraire de l'auteur des *Césars :* « Écrivain plein de grâce et de naturel, il laisse rarement échapper des traits de mauvais goût ou des mouvements déclamatoires. Il a plus d'esprit que d'imagination, plus de vivacité que d'éloquence, plus de finesse que d'élévation et de grandeur. Aucun auteur du temps ne peut lui être comparé pour la simplicité de la composition, pour la clarté et l'élégance du style. »

Proclus.

Entre Julien et Proclus, il y a un laps de temps assez considérable ; mais la littérature païenne n'offre de l'un à l'autre que des noms obscurs. Les moins indignes d'être cités sont ceux des hommes modestes qui enseignaient la philosophie à Athènes, vers la fin du quatrième siècle et dans la première moitié du cinquième : ainsi Plutarque fils de Nestorius et Syrianus, les deux maîtres qui transmirent à Proclus le riche héritage de la science alexandrine. Mais ces deux philosophes eux-mêmes nous sont peu connus. Leurs ouvrages ont péri, à l'exception du savant commentaire de Syrianus sur la *Métaphysique* d'Aristote. Peut-être quelques-uns des écrits de Proclus ne sont-ils que les rédactions des leçons de ses maîtres. Nous savons du moins que Plutarque, dans son extrême vieillesse, avait voulu lire et étudier, avec un jeune homme de si grande espérance, certains dialogues de Platon, et qu'il lui avait fait rédiger des commentaires, en lui disant : « C'est sous ton nom que les connaîtra la postérité. »

Proclus était né en 412 à Xanthe en Lycie, ou, selon d'autres, à Constantinople, mais d'une famille lycienne. Il alla fort jeune faire ses premières études à Alexandrie ; puis il vint, à l'âge de vingt ans, se mettre à Athènes sous la direction de Plutarque et de Syrianus. Après avoir complété son éducation par les voyages, il se fixa à Athènes, et il succéda, vers l'an 450, à Syrianus dans la direction de l'école. De là le surnom de Diadochus, c'est-à-dire successeur, qu'on joint quelquefois à son nom. Il enseigna pendant plus de trente années avec un succès extraordinaire, et il mourut en l'an 485. C'est le dernier des grands philosophes grecs ; c'est aussi le dernier des grands prosateurs et le dernier des grands poëtes. La littérature grecque eut l'insigne honneur de finir avec un homme en qui revivait tout à la fois quelque chose de l'âme d'Homère et quelque chose de l'âme de Platon.

Traités philosophiques de Proclus.

Proclus avait beaucoup écrit. Quoique nous ne possédions qu'une portion de ses œuvres, ce reste est très-considérable, et contient des traités d'une importance capitale, entre autres les immenses commentaires sur le *Timée*, sur le *Parménide*, sur l'*Alcibiade*, et les *Éléments de Théologie*. Il y a aussi certains opuscules fort remarquables, dont les originaux grecs ont péri, et qui n'existent plus que dans une grossière et défectueuse traduction latine du treizième siècle. La manière de Proclus n'a rien de la brusquerie impétueuse, du désordre, de la confusion que nous avons signalés dans les écrits de Plotin : elle se rapproche plutôt de l'élégance facile et agréable de Longin et de Porphyre. Le penseur profond et le savant universel ne font jamais tort à l'écrivain. Proclus s'avance méthodiquement, lentement, avec détail, mais avec clarté, disant tout ce qu'il a à dire, ne laissant rien à deviner au lecteur. C'est un excellent auteur didactique. Si Plotin fait sentir plus vivement et plus fortement la vérité, Proclus, comme dit M. Vacherot, la fait mieux comprendre. Le même critique caractérise excellemment l'entreprise du philosophe d'Athènes : « Proclus fut, plus qu'aucun autre philosophe de cette époque, pénétré de l'esprit alexandrin, de cet esprit qui aspire à tout comprendre, tout expliquer, tout concilier. Il n'est pas une tradition du sens commun, quelles qu'en soient la nature et l'importance, dont il n'ait tenu compte. Toute la philosophie alexandrine d'abord, et en outre toute la science du passé, viennent se résumer dans ce système, qu'on pourrait définir avec raison la synthèse universelle des nombreux éléments de la sagesse antique, élaborée sous l'influence du platonisme. Proclus exprimait énergiquement le caractère de sa mission, quand il s'appelait le pontife de toutes les religions ; il aurait pu ajouter : et le philosophe de toutes les écoles. »

Proclus poëte.

Les poésies de Proclus prouvent que le philosophe n'était pas moins propre à exprimer lui-même la vérité sous des formes éclatantes et populaires, qu'à la retrouver au fond des symboles antiques, dans les vers d'Orphée, d'Homère ou de Pythagore. Ces poésies sont des hymnes religieux. C'était le temps où de prétendus poëtes mettaient sous le nom d'Orphée des prières hiératiques et mystiques, où la poésie fait complétement défaut, et qu'ils appelaient des hymnes (il y en a quatre-vingt-huit, qui n'ont rien de commun, je ne dis pas avec le génie d'Orphée, mais même avec le talent des sectaires orphiques qui vivaient au temps de Pisistrate et des Pisistratides). Les hymnes de Proclus, au contraire, sont tout étincelants de verve et d'inspiration ; et trois au moins de ces six morceaux peuvent passer pour des chefs-d'œuvre. Les deux hymnes à *Vénus* n'ont pas une grande importance peut-être ; celui d'*Hécate et Janus* est très-court et un peu insignifiant ; mais l'hymne *au Soleil* est magnifique de pensées et d'images, et l'hymne à *Minerve Polymétis*, c'est-à-dire à la Science et à la Sagesse, est plus élevé et plus brillant encore. L'hymne *aux Muses*, que je vais transcrire en entier, donnera une idée des transformations que Proclus faisait subir aux vieilles traditions. On verra que tout est nouveau dans ses prières, excepté les noms des divinités qu'il invoque, et que ce sont les dogmes de sa philosophie qu'il traduit poétiquement, alors même qu'il a l'air de marcher dans les chemins battus de la mythologie. C'est là ce qui fait le profond intérêt de ces vers; c'est par là que cette poésie est vivante et immortelle, et comparable aux œuvres les plus admirées que nous ait léguées le génie littéraire de la Grèce. Proclus est un vrai poëte et un grand poëte; non pas un des héros de la poésie, comme Homère ou Eschyle, mais un des plus grands après les premiers. C'est l'égal au moins de Cléanthe :

« Chantons, oui, chantons la lumière qui élève en haut les mortels : ce sont les neuf filles du grand Jupiter, les Muses à la voix harmonieuse. Quand nos âmes erraient au travers des abîmes de la vie, leurs livres salutaires les ont sanctifiées, et les ont préservées de l'atteinte funeste des terrestres douleurs. C'est par elles que nos âmes ont appris à s'élancer au-dessus des flots profonds de l'oubli, afin d'arriver pures vers l'astre associé à leurs destins, vers cet astre qu'elles ont abandonné jadis, lorsqu'elles tombèrent sur la plage de l'existence, follement éprises d'amour pour la matière. Quant à moi, déesses, calmez mes agitations tumultueuses, et enivrez-moi des paroles sensées des sages; faites que la race des hommes impies ne puisse me dévoyer du sentier sacré, lumineux et fécond. Du sein de la foule sans règle et sans frein attirez continuellement vers la lumière sainte mon âme errante; chargez-la des fruits de vos livres précieux, et accordez-lui de posséder toujours le don d'éloquence et de persuasion. Écoutez-moi, dieux qui tenez le gouvernail de la sagesse sacrée; vous qui allumez dans les âmes des mortels la flamme qui les enlève en haut; vous qui les ravissez au séjour des immortels, loin du gouffre ténébreux de ce monde, en les sanctifiant par les purifications des chants mystiques. Écoutez-moi, sauveurs puissants; dans les saints livres montrez-moi la pure lumière; dissipez le brouillard qui est sur mes yeux, afin que je distingue sans peine le dieu immortel et l'homme. Qu'un pernicieux démon ne me retienne pas éternellement loin des bienheureux, sous les courants profonds de l'oubli. Qu'un châtiment funeste n'enchaîne pas dans les liens de la vie mon âme tremblante au sein des flots de l'humanité glacée, mon âme qui ne veut plus errer ainsi désormais. Mais exaucez-moi, dieux guides de la sagesse resplendissante. Je fais effort pour gagner la voie qui conduit vers vous : révélez-moi les mystères, et les initiations des paroles sacrées. »

Le seul défaut qu'on puisse reprocher aux vers de Proclus, c'est un peu de redondance dans les épithètes, et la répétition trop fréquente des mêmes idées et des mêmes mots.

Successeurs de Proclus.

Proclus laissa après lui l'école d'Athènes assez florissante. Marinus, qui lui succéda comme lui-même avait succédé à Syrianus, était un homme de quelque talent et un philosophe distingué. Nous n'avons de lui qu'une *Vie de Proclus*, ouvrage intéressant quoique fort médiocre ; mais nous savons qu'il avait composé des traités estimés sur plusieurs points importants de la science. Damascius, qui était un écrivain élégant, et dont l'imagination enthousiaste s'était éprise d'une vive passion pour les doctrines particulières à Iamblique, se sépara plus d'une fois de Proclus son maître. C'est ce que nous apprend Simplicius, l'excellent commentateur d'Aristote et d'Épictète. Simplicius et Damascius étaient dans tout l'éclat de leur renommée quand Justinien, en l'an 529, ordonna de fermer les écoles de philosophie. Ils se réfugièrent, avec quelques-uns de leurs disciples, auprès du roi de Perse Chosroès. Ils rentrèrent plus tard dans l'empire ; mais ils furent impuissants à y ranimer le foyer éteint de la civilisation païenne.

CHAPITRE LI.

APPENDICE.

Héliodore. — Longus. — Achille Tatius. — Xénophon d'Éphèse. — Aristénète. — Stobée. — Eunape. — Nonnus. — Coluthus. — Tryphiodore. — Quintus de Smyrne. — Musée le Grammairien. — Agathias.

Nous pourrions nous dispenser de pousser plus loin l'énumération des auteurs qui ont écrit en grec et se sont fait un certain nom dans le quatrième et le cinquième siècle, ou même plus tard encore. Ceux qui n'appartiennent point à la littérature chrétienne font partie de cette littérature byzantine qui ne produisit jamais une œuvre originale, et dont les pastiches plus ou moins ingénieux sont aussi peu classiques que le sont, dans un autre genre, les écrits latins des plus habiles cicéroniens de la Renaissance. Il y a cependant quelques prosateurs et quelques poëtes qu'on est accoutumé à compter parmi les Grecs proprement dits, et dont deux au moins, Héliodore et Longus, ont en France une réputation égale à celle des plus grands génies de l'antiquité. Il est donc nécessaire de dire un mot de chacun de ces auteurs, et de caractériser leurs ouvrages.

Héliodore.

Héliodore était un chrétien. Il fut même, dans sa vieillesse, évêque de Tricca en Thessalie. Il vivait à la fin du quatrième siècle et dans la première moitié du siècle suivant. Son fameux roman intitulé *Éthiopiques*, cette histoire des amours du Thessalien Théagène et de l'Éthiopienne Chariclée, serait parfaitement inconnu chez nous si Jacques Amyot ne s'était donné la peine de le traduire, et si Racine, dans sa jeunesse, ne s'était passionné pour les amoureux tableaux de l'évêque de Tricca. Ce roman, tout fantastique, n'est qu'un tissu d'aventures sans vérité, sans vraisemblance, sans rien qui se rapporte à aucun temps ou à aucun lieu particulier. Les mœurs que peint Héliodore ne sont pas moins fausses et imaginaires. Quant aux combinaisons dramatiques, en quoi consiste tout l'intérêt de la fable, elles n'ont pas dû coûter à l'auteur de grands efforts d'esprit. Il s'est borné à entasser dans son livre les inventions éparses à travers les œuvres des poëtes anciens, et surtout des poëtes de la Comédie nouvelle : pirates, brigands, combats, enlèvements, captivités, reconnaissances, etc. Malgré le mouvement qu'il se donne, Héliodore n'aboutit guère qu'à être ennuyeux. Mais notre vieux Amyot l'a gratifié de ce style naïf et charmant qui ferait lire des écrits plus mauvais encore que les *Éthiopiques*.

Longus.

Longus a eu le même bonheur qu'Héliodore ; il a été traduit par Jacques Amyot. Longus, dont l'époque est inconnue, est un des écrivains les plus sophistiques et les plus affectés qu'il y ait. Il n'a d'autre souci que le jeu des mots et des syllabes ; son récit pastoral ne lui est qu'une matière à sentences et à descriptions ; la vérité des tableaux l'occupe infiniment moins que leur vivacité et leur éclat. Le roman de *Daphnis et Chloé* est un livre mal composé, où tout est faux, aventures, mœurs, caractères, style surtout ; je dis le livre de Longus ; mais tous ces défauts ou s'atténuent ou disparaissent, dans la prose exquise du vieux traducteur français. Un original plus que médiocre, un ouvrage spirituel sans doute, mais dénué de naturel et de grâce, indécent et obscène plutôt que voluptueux, est devenu, sous la main d'Amyot, non pas un livre bien chaste, mais un tableau plein de charme et d'agrément. Paul-Louis Courier, qui a complété et corrigé la version d'Amyot, a eu le bon esprit de n'en point altérer la physionomie, et de comprendre que Longus serait presque illisible s'il était reproduit autrement que sous ce costume gaulois qui dissimule ou transforme ses imperfections.

Achille Tatius.

Achille Tatius l'emporte sur Longus et sur Héliodore par la pureté du style et par l'intérêt des récits. Mais il n'a point eu d'Amyot pour illustrer son nom, et pour naturaliser chez nous son œuvre. Le roman de *Leucippe et Clitophon* n'est pas composé avec beaucoup d'art. Tatius ne sait pas mieux qu'Héliodore et Longus observer les lois de la vraisemblance ; mais il est amusant parce qu'il rit quelquefois, et parce que les poëtes comiques lui ont prêté quelque chose de leur gaieté, et non pas seulement des inventions bizarres, des aventures, des péripéties, en un mot le bagage dramatique.

On ignore si Achille Tatius est antérieur à Héliodore ou Héliodore à Achille Tatius. Au reste, son ouvrage ressemble si fort à celui de l'évêque de Tricca, qu'il n'est guère impossible ou qu'Héliodore ait imité *Leucippe et Clitophon*, ou qu'Achille Tatius ait imité les *Éthiopiques*. Seulement Héliodore est chaste, et ne peint jamais le vice que pour en inspirer l'horreur, tandis qu'Achille Tatius se complaît dans certains sentiments et dans certaines idées qui prouvent que les lecteurs de ce temps-là n'étaient pas très-difficiles en fait de morale et de pudeur. Leucippe conserve comme Chariclée sa pureté virginale, à travers toute sorte d'aventures; mais le résultat final n'excuse nullement les moyens, et les tableaux d'Achille Tatius méritent trop souvent les plus graves reproches. Pour rendre complète justice à cet auteur, il est indispensable, comme le remarque M. Zevort, de s'arrêter surtout aux détails, à la forme, au style, dans lequel brille encore, à travers les grâces fardées et l'afféterie, un visible reflet de l'élégance antique, quelque chose de la manière de Platon.

Xénophon d'Éphèse.

Le roman d'*Anthia et Habrocome*, autrement dit les *Éphésiaques*, ressemble aux livres de Tatius et d'Héliodore, et pour la marche des événements, et pour le choix des épisodes, et pour le mépris de la réalité. C'est surtout, comme chez Tatius, une parfaite indifférence morale, et un cynisme étrange dans l'emploi des matériaux les plus immondes. Mais Xénophon d'Éphèse, l'auteur de ce roman, est bien loin d'avoir le talent de ses devanciers : « L'élégance travaillée de Tatius, dit M. Zevort, a fait place à la sécheresse ; à la manière épique d'Héliodore a succédé une froide exposition historique ; les inventions, de plus en plus communes, s'enflent et s'exagèrent jusqu'à l'absurde ; l'unité même est sacrifiée : Habrocome et Anthia, séparés dès le début, ont chacun un roman à part ; l'auteur court sans cesse de l'un à l'autre, et est obligé de renouer vingt fois le fil de leur histoire. On sent, en lisant les *Éphésiaques*, que Xénophon s'efforce de renchérir sur ses prédécesseurs, pour ne point leur ressembler ; mais, comme les couleurs lui manquent, il va d'une hyperbole à une autre, et finit par perdre entièrement le sens du vrai et du possible. S'il veut donner une idée de la beauté des deux amants, il montre tous les peuples prosternés devant eux, et les adorant comme les dieux. Pour mieux éprouver leur vertu et intéresser à leurs maux, il invente de bizarres supplices. » En somme, le livre de Xénophon d'Éphèse ne mérite guère d'être lu, même dans le français excellent de son dernier traducteur. Cela est sec, comme l'avoue le traducteur lui-même, et pauvre d'idées, et d'un intérêt plus que médiocre, et digne enfin de ces arrangeurs de mots qui pullulaient dans les derniers siècles de la Grèce.

Aristénète.

Aristénète, qui est du cinquième ou du sixième siècle, est un sophiste, ou, si l'on veut, un romancier, dans le genre d'Alciphron. Ses *Lettres* sont des contes amoureux, ou plutôt des exercices de style sur des sujets érotiques. Il ne faut chercher, dans ces compositions sophistiques, que ce qu'y a voulu mettre l'auteur, c'est-à-dire des phrases assez habilement construites, pleines d'ornements d'un goût suspect et de locutions empruntées aux poëtes. Aristénète est un déclamateur sans talent. Ses amoureux sont des fous de sens rassis, dissertant à perte de vue sur des sentiments qui leur sont étrangers, et impuissants à produire en nous aucune émotion véritable.

Stobée. Eunape.

A tous ces écrivains soi-disant originaux, qui n'ont d'original que leurs défauts de toute espèce, je n'hésite guère à préférer ce Stobée qui s'est borné à recueillir et à mettre en ordre les extraits de ses lectures, ou même cet Eunape qui a rédigé en mauvais style et avec peu de critique les *Vies* des philosophes et des sophistes de son temps. Leurs livres sont très-précieux pour nous, surtout celui de Stobée, où l'on trouve d'admirables morceaux de prose et de poésie qui, sans la compilation de ce Philosophe amateur, seraient perdus à tout jamais.

Nonnus.

Les poètes du cinquième et du sixième siècle, ou du moins les versificateurs qu'on s'accorde à faire vivre dans cette période, sont en général au-dessous du médiocre, et bien dignes de l'oubli où les a laissés la postérité. Il n'y a pas, dans les quarante-huit chants des *Dionysiaques* de Nonnus, la moindre étincelle de ce génie poétique qui brille encore dans Proclus d'un si vif éclat. Nonnus est très-savant dans la mythologie; il n'ignore aucune des traditions qui concernent Bacchus son héros; il fait le vers avec facilité : peut-être de son temps l'a-t-on pris pour un Homère. Mais cette érudition et cette versification habile n'ont produit qu'un poëme insipide. Nonnus était un Égyptien de Panopolis. Il se fit chrétien, et il écrivit, après sa conversion, une paraphrase en vers de l'Évangile de saint Jean.

Coluthus. Tryphiodore.

Coluthus, qu'on croit Égyptien aussi, nous a laissé un petit poëme, intitulé l'*Enlèvement d'Hélène*, qui n'a d'autre mérite que d'être extrêmement court, et de ne pas ennuyer trop longtemps le lecteur curieux de connaître ce pastiche homérique. Harles, un des éditeurs de Coluthus, dit en propres termes que l'auteur de l'*Enlèvement d'Hélène* n'est qu'un inepte imitateur d'Homère. Ses vers sont bien faits; mais il n'a guère plus de mérite à les avoir faits que notre P. Giraudeau à avoir fabriqué ceux de son utile rhapsodie. Il y a pourtant une belle chose dans le poëme : c'est le tableau du désespoir d'Hermione, au moment où la fille d'Hélène s'aperçoit du départ de sa mère. Mais il est trop manifeste que Coluthus, là comme partout, n'a fait que copier, et que ce n'est pas à lui qu'il faut rapporter l'honneur d'avoir trouvé ces pathétiques accents. Cela vient de quelque poëme ou de quelque tragédie antique. Le rédacteur nouveau n'y est que pour les fausses notes qui y détonent de temps en temps, et surtout sans doute pour les derniers traits, qu'il m'est difficile d'attribuer à d'autres qu'à Coluthus : « Ce ne sont pas les bois que j'accuse de mon malheur, et je ne crains pas davantage les eaux sacrées de l'Eurotas. Serait-il possible qu'elles fussent assez calmes pour te retenir submergée, sans te porter de temps en temps à la surface? Les fleuves ainsi que les mers sont peuplés de naïades; et ces naïades ne font point de mal aux femmes qui vont les visiter. »

La *Prise d'Ilion* par Tryphiodore, compatriote, dit-on, et contemporain de Coluthus et de Nonnus, est un peu plus longue que l'*Enlèvement d'Hélène*, et n'en est pas beaucoup meilleure.

Quintus de Smyrne.

Le poëme de Quintus de Smyrne intitulé *Reliefs d'Homère*, ou les *Posthomériques*, est une sorte d'abrégé des épopées cycliques, divisé en quatorze chants. Il y a fort peu d'originalité de composition et de style dans ces récits, par lesquels Quintus a prétendu continuer l'*Iliade*. Mais si le poëte ignore l'art de former un tout de diverses parties et de soutenir l'intérêt par des gradations habilement ménagées, il a de temps en temps des veines assez heureuses, et l'on sent que ses vers ont été inspirés quelquefois par de bons modèles. Sans doute Arctinus, Leschès et d'autres pourraient revendiquer pour leur part presque tout ce qu'on est tenté d'admirer chez

Quintus; mais il y a quelque mérite littéraire à avoir su choisir avec assez de goût parmi les inventions dont les poëtes cycliques avait rempli leurs épopées.

Musée le grammairien.

Le chef-d'œuvre épique de cette période, c'est le petit poëme intitulé *Héro et Léandre*, de Musée le grammairien. Le récit de la catastrophe est simple et touchant ; le poëme est assez bien conduit, et écrit en général avec une pureté de style et une naïveté de sentiment qui rappelle les siècles de la belle poésie. Mais on y trouve aussi des traces d'affectation sophistique, et comme une marque manifeste des temps de la décadence. Ce n'est d'ailleurs qu'une bluette, puisque l'ouvrage entier n'a pas quatre cents vers ; mais c'est une bluette jolie et gracieuse.

Agathias.

L'*Anthologie* contient un certain nombre d'épigrammes assez piquantes, dont les auteurs appartiennent à la période que nous sommes en droit de regarder comme la fin de la littérature grecque proprement dite. Le genre épigrammatique est le seul où les Grecs n'aient pas cessé d'exceller, et même assez longtemps après Julien et Proclus. Ainsi Agathias, à la fin du sixième siècle, composait encore de très-spirituelles épigrammes, dont plusieurs comptent parmi les meilleures de l'*Anthologie*. Il n'était pourtant versificateur que par occasion, et c'est comme historien qu'il est plus ordinairement connu. Il avait formé un recueil d'épigrammes anciennes, qui a servi de base à ceux de Céphalas et de Planude ; et c'est en compilant ce recueil qu'il s'était avisé d'y introduire des morceaux de sa façon. En voici un que Lucien n'aurait pas désavoué peut-être, et qui terminera agréablement, je l'espère, cette interminable revue des dernières productions du génie grec expirant :

« Le paysan Calligène, après avoir ensemencé sa terre, vint dans la maison de l'astrologue Aristophane, et lui de-

manda : « Ferai-je une bonne moisson? recueillerai-je des
« épis en grande abondance? » Celui-ci, ayant pris des jetons, les disposa sur sa tablette, puis supputa sur ses doigts,
puis dit à Calligène : « Si ton champ est suffisamment arrosé
« par la pluie; s'il ne produit pas des touffes de mauvaises
« herbes; si la gelée ne brise pas les sillons; si la grêle ne
« déchire pas la pointe des gerbes naissantes; si le gibier ne
« dévaste pas tes guérets; enfin si la récolte n'éprouve au-
« cun autre désagrément, soit de l'air, soit de la terre, je te
« prédis une bonne moisson, et tu couperas des épis magni-
« fiques. Seulement, crains les sauterelles. »

FIN.

TABLE ANALYTIQUE DES MATIÈRES.

LES CHIFFRES INDIQUENT LES PAGES.

A

ABDÉRITAINS, 310.
ACADÉMIE (l'), 391.
ACHARNIENS (les), comédie d'Aristophane, 328, 329.
ACHÉUS d'Érétrie, poëte tragique, 312.
ACHILLE, dans Homère, 63, 67.
ACHILLE TATIUS, romancier, 578.
ACROAMATIQUES (traités), ou acroatiques, ouvrages d'Aristote destinés aux disciples du Lycée, 408.
ACUSILAOS d'Argos, logographe, 234.
AÈDES, d'abord prêtres, 15; piériens, 19, 21; autres aèdes religieux, 22, 23; aèdes épiques, 24, 25; aèdes cités par Homère, 25, 28.
AGATHIAS, poëte, 591, 592.
AGATHON d'Athènes, poëte tragique, 312, 313.
AGÉSILAS (éloge d'), par Xénophon, 386.
AGIAS de Trézène, poëte cyclique, 121.
AJAX, dans Homère, 69, 70.
ALCÉE de Mitylène, poëte lyrique, 163, 169.
ALCIBIADE, orateur, 370.
ALCIDAMAS d'Élée, orateur, 432.
ALCIPHRON, sophiste, 568.
ALCMAN, poëte lyrique, 176, 179.
ALCMÈNE, dans les *Grandes Éées* d'Hésiode, 136.
ALEXANDRA, poëme de Lycophron, 471, 476.
ALEXANDRE; édition d'Homère, faite pour lui par Aristote, 84; *Lettre sur le Monde*, que lui adresse Aristote, 407.
ALEXANDRINE (littérature), 470 et suiv.
ALEXANDRINS (erudits), 479, 480; leurs travaux de critique sur Homère, 85, 86.
ALEXIS, poëte comique, 456, 457.
ALPHABET GREC, perfectionné par Simonide, 193.
AMMONIUS SACCAS, fondateur de l'école éclectique, 575.
ANABASE (l'), ouvrage historique de Xénophon, 384, 385; discours tiré de l'*Anabase*, 387, 388.
ANACRÉON, poëte lyrique, 189, 194.

ANANIUS, poëte satirique, 154.
ANAXAGORE de Clazomènes, philosophe, 232, 233.
ANAXIMANDRE de Milet, philosophe, 231.
ANAXIMÈNE, philosophe, 231.
ANDOCIDE d'Athènes, orateur, 373, 375.
ANTIDOSIS, discours d'Isocrate, 418, 424.
ANTIMACHUS, poëte épique, 339, 340.
ANTIPHANE, poëte comique, 455, 456.
ANTIPHON de Rhamnunte, orateur, 371, 373.
ANTONINS (caractère du siècle des), 523, 529; 531 et suiv.
APION, grammairien, 511.
APOLLON Délien (hymne à), 110, 111.
APOLLON Pythien (hymne à), 112, 113.
APOLLONIUS de Rhodes, poëte épique, 478, 479.
APOLLONIUS de Tyane, 566.
APOLOGUE (l'), 95; 135; 155 (voy. *Ésope, Babrius*).
APPIEN, historien, 545.
ARATUS, poëte didactique, 498.
ARCHILOQUE, poëte satirique, 133, 135.
ARGONAUTIQUES (les), poëme d'Apollonius de Rhodes, 478, 479.
ARION, poëte lyrique, 174, 175.
ARISTARQUE, critique alexandrin, 480.
ARISTÉNÈTE, sophiste et romancier, 588, 589.
ARISTIDE, orateur, 353, 354.
ARISTOPHANE; sa vie, 323, 324; son caractère, 324; appréciation littéraire, 324 et suiv. (voy. *Comédies d'Aristophane*).
ARISTOPHANE de Byzance, critique alexandrin, 480.
ARISTOTE; sa vie, 404; ses poésies, 404, 405; ses *Dialogues*, ses traités populaires, 405, 407; ses grands ouvrages (voy. *Acroamatiques*), 408, 410; ses travaux sur Homère, 85.
ARRIEN, auteur du *Manuel d'Épictète*, de *Dissertations* philosophiques, 526, et d'une *Histoire d'Alexandre*, 527.

HIST. GR. 33

594   TABLE ANALYTIQUE DES MATIÈRES.

ATHÉNÉE, auteur du *Souper des Sophistes*, 567, 568.
ATHÈNES (éducation des enfants à), 357; école d'Athènes, au quatrième siècle de J. C., 569, 570.
ATLANTIDE (l'), poème de Solon, 146, 147.

B

BABRIUS, fabuliste, 551, 556.
BACCHUS (hymne à), 117.
BACCHYLIDE, poète lyrique, 201, 202.
BANQUET (le), dialogue de Platon, 394, 397.
BATRACHOMYOMACHIE (la), poème attribué à Homère, 156, 159.
BÉROSE, historien, 499.
BION et MOSCHUS, poètes bucoliques, 492, 497.
BRONTINUS, poète orphique, 220.

C

CADMUS de Milet, logographe, 234.
CALLIMAQUE, poète alexandrin, 476, 478.
CALLINUS d'Éphèse, poète élégiaque, 126, 127.
CALLISTRATE; scolie en l'honneur d'Harmodius et d'Aristogiton, 203, 204.
CARACTÈRES de Théophraste, 411, 413.
CÉBÈS; *Tableau de la vie humaine*, 389.
CERCOPS, poète orphique, 220.
CÉRÈS (hymne à), 115, 117.
CHANTS PRIMITIFS, leur caractère religieux, 15.
CHARON de Lampsaque, logographe, 235, 236.
CHÉRÉMON, poète tragique, 314, 315.
CHŒRILUS, poète tragique, 259.
CHŒRILUS de Samos, poète épique, 339.
CHŒUR TRAGIQUE, 265; chœurs d'Eschyle, 276, 277.
CHOLIAMBE, ou trimètre scazon, 152.
CHORIZONTES, grammairiens d'Alexandrie qui attribuaient l'*Iliade* et l'*Odyssée* à deux poètes différents, 53.
CITHARE, phorminx, instrument à cordes; description selon Homère, 30, 31.
CLÉANTHE, philosophe poète, 468, 469.
CLÉON, orateur, 349; 369, 370.
COLUTHUS, poète épique, 589, 590.
COMÉDIE; ses origines, 315 à 7; DORIENNE, Épicharme, Phormis, 318, 319; ATHÉNIENNE, satire politique et scandaleuse, Cratès, Cratinus, Eupolis, 319, 323; COMÉDIE ANCIENNE, 316, 338; COMÉDIE MOYENNE, 452, 457; COMÉDIE NOUVELLE, 460, 465.
COMÉDIES D'ARISTOPHANE; politiques, philosophiques, littéraires, 328; les *Acharniens*, plaidoyer en faveur de la paix, 328, 329; les *Chevaliers*, contre Cléon, 329, 330; la *Paix*, allégorie de circonstance, 330; *Lysistrate*, nouveau plaidoyer pour la paix, 330; les *Nuées*, contre Socrate, 331; les *Guêpes*, 331, 332; l'*Assemblée des Femmes*, 332, 333. *Plutus*, contre l'aveuglement de la Fortune, 333; les *Fêtes de Cérès*, contre Euripide, 334; les *Grenouilles*, contre Euripide, 334, 335; les *Oiseaux*, pièce fantastique, 335, 336.
COMOS, banquet des fêtes de Bacchus, 316, 317; fête en l'honneur des vainqueurs des jeux, 209.
CONCOURS DRAMATIQUES, 260, 261.
CORINNE de Tanagre, poétesse, 187.
CORYPHÉE, chef du chœur, 266.
CRATINUS, poète de l'ancienne Comédie, 337, 338.
CRATINUS, poète, 339; orateur, 370, 371.
CTÉSIAS de Cnide, historien, 449.
CTÉSIPHON; procès de la Couronne, 435, 437 (voy. *Démosthène*).
CYCLIQUES (poèmes), épopées complétant l'œuvre d'Homère, 117, 118; poètes cycliques, Arctinus, Stasinus, Lesches, Agias, Eugamon, 118, 123.
CYCLOPE (le), drame satyrique d'Euripide, 299, 301.
CYROPÉDIE, roman historique de Xénophon, 386, 387.

D

DAMASCIUS, philosophe, 584.
DÉINADE, orateur, 433.
DÉMÉTRIUS de Phalère, orateur, 448.
DÉMODOCUS, aède des Phéaciens, 27, 28.
DÉMOSTHÈNE; sa vie, 438, 439; ses plaidoyers, 439; ses discours politiques, 440; procès d'Harpalus, 440, 441; discours de la *Couronne*, 443, 445; jugement de Plutarque, 442; comparaison avec Périclès, 443 (voy. *Ctésiphon*, *Eschine*).
DENYS d'Halicarnasse, historien, 508, 509.
DESCRIPTIONS d'Homère, 77, 78.
DIALECTES; béotien ou éolien, concordance avec le latin, 5; dorien, variété de l'éolien, bous ouverts, rareté des sifflantes, 6; ionien, le plus éloigné du type primitif, sons liquides, voyelles, euphonie, 6, 7; épique, langue commune de la poésie, 7, attique, ionien plus sévère, langue littéraire de toute la Grèce, 7, 8;
DIALOGUES d'Aristote, 405, 406.
DIALOGUES de Platon, compositions dramatiques, 392, 393; contre les sophistes, 394, 395; le *Phédon*, 392, 393; le *Banquet*, 394, 395; la *République* et les *Lois*, 397, 399.

TABLE ANALYTIQUE DES MATIÈRES.   535

DIASCÉVASTES, ordonnateurs des œuvres d'Homère, 84.
DIEUX (les) d'Homère, 62.
DINARQUE de Corinthe, orateur, 432; plaidoyer contre Démosthène, 441.
DIODORE de Sicile, historien, 510, 511.
DIOGÈNE d'Apollonie, philosophe, 233.
DIOGÈNE de Laërte, compilateur, 567.
DION CASSIUS, historien, 565.
DION CHRYSOSTOME, sophiste, 513; l'*Histoire eubéenne*, 514, 515.
DIONYSUS ZAGREUS, le Bacchus des Orphiques, 219.
DIORTHEUNTES, correcteurs des œuvres d'Homère, 84, 85.

E

ECLECTISME alexandrin, 556 et suiv.
ÉCRITURE; son antiquité chez les Grecs, 37, 43.
ÉÉES (les *Grandes*), poème d'Hésiode, 105, 106.
ÉLÉGIE; origine, étymologie, 124; règles prosodiques, récitation élégiaque, accompagnement, 125; le vers élégiaque et le vers anapestique, 132, 133.
ÉLIEN, compilateur, 565.
ÉLINES ou *linus* (v.), nom générique des chants tristes, 15.
ÉLIUS ARISTIDE, sophiste, 547, 548.
ÉLOQUENCE, originaire de Sicile, selon les rhéteurs: Corax, Gorgias, 351; origines véritables de l'éloquence, 352.
EMPÉDOCLE d'Agrigente, philosophe, 224, 226.
ÉPHORE de Cymé, historien, 431, 432.
ÉPICHARME de Cos, poète comique, 318, 320.
ÉPICTÈTE, philosophe, 525, 526.
ÉPIGONES (les), épopée attribuée à Homère, 122.
ÉPIGRAMME; sa nature chez les Grecs, 200.
ÉPITHALAMES de Sappho, 172, 173.
ÉPODE, introduit par Stésichore entre la strophe et l'antistrophe du chœur, 180.
ÉRINNA, poétesse lesbienne, 173, 174.
ESCHINE, orateur; sa vie, 434, 435; procès de la couronne, 435, 437.
ESCHYLE; sa vie, 268, 270; son génie lyrique et dramatique, 276, 279; comparaison d'Eschyle et de Sophocle, 281, 282 (voy. *Tragédies d'Eschyle*).
ÉSOPE, fabuliste, 155, 156.
ÉTHIOPIDE (l'), continuation de l'*Iliade*, 119.
EUGAMON, auteur de la *Télégonie*, complément de l'*Odyssée*, 121, 122.
EUMOLPIDES (les), famille sacerdotale d'Eleusis, 22.
EUNAPE, biographe, 569.

EUPHORION de Chalcis, érudit et poète, 498, 499.
EUPOLIS, poète de l'ancienne Comédie, 331.
EURIPIDE; sa vie, 292, 295; enthousiasme des anciens pour lui, 298, 310; son génie dramatique, 302, 308 (voy. *Tragédies d'Euripide*).
EURIPIDOMANIE (l'), raillée par Lucien, 310.
EXOTÉRIQUES (traités) d'Aristote, 406, 407.

F

FEMMES; leur condition à Athènes, 169, 170; chez les Eoliens et les Doriens, 170, 171; les femmes dans Homère, Hélène, Pénélope, Andromaque, Calypso, Circé, Nausicaa, 71, 73; dans Hésiode, Pandore, 104, 105; dans Simonide d'Amorgos, 136, 137; dans Euripide, 303, 304.

G

GRECS ou HELLÈNES; leur origine, leur civilisation primitive, 1, 4.
GRYLLUS (le), dialogue d'Aristote, 406.

H

HÉCATÉE de Milet, logographe, 235.
HÉGÉSIPPUS, orateur, 432.
HÉLÈNE (l') d'Homère, 71, 73.
HÉLIODORE, romancier, 585, 586.
HELLANICUS de Mitylène, logographe, 236.
HELLÉNIQUES (les) de Xénophon, 385.
HÉRACLITE d'Éphèse, philosophe, 231, 232.
HERCULE (le *Bouclier d'*), attribué à Hésiode, 106, 107.
HERMESIANAX de Colophon, poète élégiaque, 499.
HERMIAS (scolie d'Aristote sur), 405.
HERMOGÈNE de Tarse, rhéteur, 543.
HÉRODE ATTICUS, sophiste, 541, 542.
HÉRODIEN, historien, 566.
HÉRODOTE d'Halicarnasse; sa vie, 237, 240; plan de son histoire, 240, 241; Hérodote, écrivain, 242, 243; moraliste, 244, 245 (voy. *Histoire d'Hérodote*).
HÉSIODE d'Ascra; sa vie, 90, 93; poète moraliste, crée l'apologue, 94, 95; ouvrages attribués à Hésiode, 105 (voy. *Éées, Hercule, Œuvres et Jours, Théogonie*).
HIPPOCRATE de Cos, médecin, prosateur ionien, 245; sa vie, 245, 248; ses ou-

596   TABLE ANALYTIQUE DES MATIÈRES

vrages authentiques, 248, 250; son style, 250, 251.
HIPPONAX d'Éphèse, inventeur de la parodie, 152, 153.
HISTOIRE D'HÉRODOTE; plan sommaire et appréciation, 240, 242; style, 242, 243; enseignement moral, véracité, etc., 244, 245.
HISTOIRE DE THUCYDIDE; harangues, narrations, 344, 346; style attique, art sans artifice, excellence morale, 346, 351.
HOMÈRE; doutes élevés sur l'existence d'Homère, 43, 45; analyse de ses deux poèmes, 45, 53 (voy. *Iliade* et *Odyssée*); qu'il n'y a eu qu'un Homère, 55, 57; date probable de l'existence d'Homère, 58; qu'il était Ionien, 59, 61; dieux et héros dans Homère, 62, 73 (voy. *Dieux, Achille, Ulysse, Ajax, Hélène*); naïveté d'Homère, 73, 75; sublime d'Homère, 75, 76; Homère moraliste, 78, 80; son style, 80, 83.
HYBRIAS de Crète; scolie, 204.
HYMÉNÉE (chant de l'), 18, 19.
HYMNES HOMÉRIQUES, 109, 115 (voy. *Apollon, Mercure, Vénus, Cérès, Bacchus*).
HYPÉRIDE, orateur, 430, 431.

I

JALÉMUS (l'), même chant que le *Linus*, 16.
IAMBLIQUE le romancier, 544.
IAMBLIQUE le philosophe, 564.
IBYCUS de Rhegium, poète lyrique, 184, 186.
IDYLLES de Théocrite; définition de l'idylle, 485: *Bucoliques*, 486, 487; les *Syracusaines*, 487, 488; *Mythologiques: Polyphème, Hercule*, etc.), 488, 489; *Épîtres*, 489, 491.
ILIADE; analyse de l'*Iliade*, 45, 50; l'*Iliade* et l'*Odyssée* sont l'œuvre du même poète, 53, 54; dieux et héros de l'*Iliade*, Achille, Priam, Ajax, Hélène, Thersite, etc., 67, 73, naïveté de cette poésie, Patrocle et Cébrion, Diomède et Paris, Phœnix, 73, 76; qualités littéraires du style, versification, 80, 83; transmission des épopées homériques, 83, 86.
INTERPOLATIONS dans le texte d'Homère, 86, 88.
Ion de Chios, poète tragique et historien, 311, 312.
IONIE (décadence littéraire de l'), 138, 139.
IONIEN (dialecte), commun dans le principe, à tous les prosateurs, 233, 234.
ISÉE, orateur, 426, 428.
ISOCRATE, orateur, 414, 426 (voy. *Antidosis*).

J

JOSÈPHE, historien, 512.
JUBA, historien, 507.
JULIEN (l'empereur), 573; ses ouvrages, 577, 579, discours et lettres, 579, 580.
JUPITER (combat de) et des Titans, dans la *Théogonie* d'Hésiode, 101, 102.
JUSTINIEN ferme les écoles de philosophie, 584.

L

LANGUE GRECQUE; son origine, 1, 4; caractères généraux, dialectes ramenés à trois types (voy. *Dialectes*), 4, 8; qualités littéraires, 8, 9.
LASUS, poète lyrique, 186, 187.
LÉGISLATEURS de la haute antiquité, 294.
LESCHÈS, poète épique, 120, 121.
LIBANIUS, sophiste, 570, 571.
LINUS (le), hymne de deuil, 16.
LOGOGRAPHES (les), premiers historiens, 233, 236.
LOIS (dialogue des), de Platon, 397.
LONGIN, philosophe, 559; *Traité du Sublime*, 560, 592; jugement sur Démosthène, 447, 448.
LONGUS, sophiste et romancier, 586.
LUCIEN de Samosate; sa vie, ses voyages, 529, 530; scepticisme de Lucien, 530, 533; verve et bon sens de sa critique, 533, 534; ses romans, 534, 539; ses poésies, 539, 541.
LYCOPHRON, poète alexandrin, 471, 476.
LYCURGUE d'Athènes, orateur, 428; son discours contre Leocrate, 429; contre Lysiclès, 430
LYRE, cithare perfectionnée; invention de Terpandre, 30, 31.
LYSIAS d'Athènes, orateur, 375, 378.

M

MARC-AURÈLE; le livre des *Pensées*, 527, 529.
MARGITÈS (le), poème satirique attribué à Homère, 137, 138.
MARINUS, philosophe, 584.
MAXIME de Tyr, philosophe platonicien, 545.
MÉLÉAGRE, poète: sa *Couronne d'Épigrammes*, 501, 502
MÉNANDRE, poète comique, 461, 463.
MERCURE (hymne à), 113, 114.
MÈTRES; versification d'Homère, ses licences, 82, 83; vers élégiaque, ses règles, licences, 125; mètres lyriques d'Alcée, strophe alcaïque, 168; strophe sapphique, 168; mètres d'Alcman, 179; mètres de Stésichore, 180, 181; mètres employés dans la tragédie, dans les chœurs, 264, 265.

TABLE ANALYTIQUE DES MATIÈRES. 597

MIMNERME, poète élégiaque, 138, 140.
MOSCHUS, poète bucolique, 425, 427.
MUSÉE; traditions sur ce personnage, 21, 22.
MUSÉE le grammairien); poème de *Héro et Léandre*, 491.
MUSÉE d'Alexandrie, fondé par les Ptolémées, 470 ; les savants du Musée restent grecs, malgré le contact de l'Orient, 516, 517; érudits du Musée, 479, 480.
MUSIQUE grecque, 161, 162.
MYTHOLOGIE grecque, 10, 14.

N

NICANDRE, médecin et poète, 500, 501.
NONNUS, poète épique, 589.
NUÉES (les) d'Aristophane, 331.

O

ODYSSÉE; analyse de l'*Odyssée*, 50, 52; l'*Odyssée* et l'*Iliade* sont l'œuvre du même poète, 53, 54; comparaison des deux poèmes, 55, 57; caractère d'Ulysse, 67, 69; Hélène dans l'*Odyssée*, 72 ; Pénélope , Nausicaa , Calypso , Circé, 72, 73; descriptions, 77, 78; style d'Homère, 80, 81; le chant XI° de l'*Odyssée*, 87, 88.
OECHALIE (prise d'), poème cyclique attribué à Homère, 122, 123.
ŒUVRES ET JOURS d'Hésiode; analyse, 94, 98; authenticité de ce poème, 103, 104; mythe de Pandore, réflexions d'Hésiode sur les femmes, 104, 105.
OLYMPUS, musicien, 24.
ONOMACRITUS, poète orphique, 220.
OPPIEN de Cilicie, 547; poèmes didactiques, les *Cynégétiques*, les *Halieutiques*, les *Ixeutiques* (perdu), 548, 551.
ORPHÉE (légendes sur), 20, 21; recueil des poésies orphiques, 220, 222.
ORPHIQUE (école), 218, 219.

P

PANDORE, dans Hésiode, 103, 104.
PANÉGYRIQUE d'Athènes, par Isocrate, 416, 417.
PANÉTIUS de Rhodes, philosophe stoïcien, 507.
PANYASIS, poète épique, 338, 339.
PARALOGE, PARACATALOGE, récitation des ïambes, 265.
PARMÉNIDE d'Élée, philosophe poète, 223, 224.
PARODIE, poème héroï-comique, inventé par Hipponax, 152.
PARTHÉNIES, odes d'Alcman destinées à être chantées par les jeunes filles, 178.
PARTHES; acteurs grecs à la cour des rois parthes, 309, 310.

PATHÉTIQUE d'Euripide, 305, 307.
PAUSANIAS; *Description de la Grèce* 546, 547.
PÉAN (le); explication de ce mot, 17; divers péans, 17, 18.
PÉRICLÈS, orateur, 354, 357; son portrait dans Thucydide, 350, 351.
PHÉDON (le), dialogue de Platon, 392, 393.
PHÉMIUS, aède épique; son chant dans l'*Odyssée*, 26, 27.
PHÉRÉCYDE de Léros, logographe, 225, 226.
PHÉRÉCYDE de SCYROS; sa *Théogonie*, premier livre écrit en prose, 230, 231.
PHILÉMON, poète comique, 463, 464.
PHILÉTAS de Cos, poète alexandrin, 471.
PHILISTUS de Syracuse, historien, 449, 450.
PHILOMÈLE, légende mythologique, 20.
PHILON de Byblos, traducteur de Sanchoniathon, 516.
PHILON le Juif, philosophe, 515, 516.
PHILOSTRATE, sophiste et sectaire, 566, 567.
PHOCION, orateur, 433.
PHOCYLIDE de Milet, poète gnomique, 147, 148.
PHŒNIX, dans l'*Iliade*, 74, 75.
PHORMINX, comme la cithare (v.), 30, 31.
PHRYNICHUS, poète tragique, 257, 258.
PIGRÈS, auteur présumé de la *Batrachomyomachie*, 159.
PINDARE; sa vie, 205, 206; sa rivalité avec Bacchylide et Simonide, 204 ; jugement d'Horace , 206, 207 ; *Odes triomphales*, leur caractère, 207, 209 ; forme dorienne ou éolienne, 210; versification de Pindare, 211 ; plan des odes, 212, 213; épisodes pindariques, 213, 214; obscurité de Pindare, 214, 215; la dixième *Néméenne*, 216, 217; fragments, 217, 218.
PISISTRATE fait recueillir les œuvres d'Homère, 83, 84.
PITTACUS de Mitylène et Alcée, 165.
PLATON; sa vie, 389, 391; il fonde l'Académie et y professe durant ans, 391; son génie dramatique dans ses dialogues 391, 392 (voy. *Phédon, Banquet, République, Lois*); diversité infinie de l'œuvre de Platon, 399, 401; son style, 401, 402; Platon juge sévèrement la morale d'Homère, 78.
PLOTIN, philosophe; sa vie, 557, 558; ses *Ennéades* recueillies par Porphyre, 558, 559.
PLUTARQUE ; sa vie, 516, 517; son génie, 517 , 519 ; défauts de ses ouvrages, 519; sa morale, 521, 523; son style, 523.
PLUTARQUE fils de Nestorius, 580.
POÉSIE; transmission des compositions poétiques, 35, 36; récitation poétique, 31, 32.

POÈTE (le), défini par Platon, 189; rôle des poètes dans la formation des légendes religieuses, 12, 14.
POLITIQUE (la) d'Aristote, 408, 409.
POLITIQUE (la) d'Aristote, 407, 408.
POLLUX, lexicographe, cité, 275.
POLUS, sophiste, 361, 362.
POLYBE; sa vie, 502, 503; son *Histoire générale*, 503, 504; sa manière d'écrire l'histoire, 504, 506.
PORPHYRE, philosophe, successeur de Plotin, 562, 563.
POSIDONIUS, philosophe et historien, continuateur de Polybe, 502
PRATINAS de Phliunte, inventeur du drame satyrique, 258, 259.
PRIAM, dans Homère, 64, 66.
PROCLUS, philosophe; sa vie et ses travaux, 580, 582; Proclus poète, 582, 584.
PRODICUS de Céos, sophiste, 360, 361.
PROSE; pourquoi les Grecs écrivirent si tard en prose, 228
PROVERBES, dans Hésiode, 94; sur Hésiode, 93; sur Simonide, 195.
PTOLÉMÉES (les), protecteurs des lettres, des sciences et des arts, 470.
PYTHAGORE, 226; *Vers dorés*, 227.

Q

QUENOUILLE (la); 1, poème de la Lesbienne Erinna, 173, 174; 2, idylle de Théocrite, 490, 491.
QUINTUS de Smyrne, poète épique, 590, 591.

R

RELIGION primitive des Grecs, 10, 12; dieux d'Homère, 12, 13; 62, 63.
RÉPUBLIQUE (la), dialogues de Platon, 397, 399
RHAPSODES (les), 32; 33, 84.
RHAPSODIE (la), 32, 33.
RHÉTORIQUE D'ARISTOTE (la), 415, 416.
RHIANUS, poète épique, 497, 498.
RHINTON de Syracuse, poète dramatique, 484.
ROMA (hymne à), attribué à Erinna, 174.

S

SALAMINE (la), élégie de Solon, 140, 141.
SAPPHO de Mitylène, poétesse; sa vie, 168, 172; ses poésies, 172, 173.
SCIRPHUS (le), comme le Linus (v.), 17.

SCOLIES, chansons de table, 202, 204.
SEXTUS EMPIRICUS, philosophe, 545.
SICILIENS, leur passion pour les poésies d'Euripide, 308, 309.
SILLES, satires philosophiques de Timon de Phliunte, 466, 468.
SIMONIDE d'Amorgos, poète satirique, 136, 137.
SIMONIDE de Céos; sa vie, 193, 195; moraliste et savant, 193; génie lyrique de Simonide, 195, 196; pathétique de Simonide, 198; poésies religieuses, élégies, 199; épigrammes, 200, 201.
SMYRNE, patrie probable d'Homère, 59, 61.
SOCRATE; sa vie, 363, 364; mots de Socrate, 366, 369, *passim*; nez des traces, 364; sa théorie sur le beau, 366, 367; sa manière de discuter, 364, 366; attaques d'Aristophane, 331; Socrate condamné versifiait des fables dans sa prison, 155; sa mort, 392, 393.
SOCRATIQUES, disciples de Socrate, 388, 389.
SOLON, poète, 140; la *Salamine*, 140, 141; élégie sur ses lois 142, 143; oratives de sa vieillesse, 143, 144; son élégie morale, 144, 145; son apologie en vers iambiques, 145; ses soins pour les œuvres d'Homère, 83.
SOPHISTES; sens propre du mot, 355; joués dans les *Nuées*, 357; leur éloquence, leur style, 559; combattus et discrédités par Socrate, 364, 366; sophistes sous les empereurs, 512, 513.
SOPHOCLE; sa vie, 289, 290; Sophocle et Eschyle comparés, 281, 287; son jugement sur Euripide, 307 (voy. *Tragédies de Sophocle*).
SOPHRON de Syracuse, poète dramatique, 458, 459
STASINUS, poète cyclique, 118, 119.
STÉSICHORE d'Himère, poète lyrique, 180; ses ouvrages, 182, 183; sa vie, 183, 184.
STOBÉE compilateur, 589; nous a conservé un fragment de Callinus, 126, 127; un fragment de Bacchylide, 292.
STOÏCISME chez les Romains, 523, 525.
STRABON: sa *Géographie*, 511.
SUBLIME (traité du) de Longin, 560, 561; différence entre le sublime et le beau, 561, 562; notre mot de *sublime* ne rend pas toute l'idée de Longin, 562 (voy. Longin).
SUCCESSEURS de Proclus, 584.
SUIDAS, cité sur Arion, 175; et *passim*.
SUSARION, premier poète comique, 317, 318.
SYRACUSAINES (les), idylle de Théocrite, 487, 488.
SYRIANUS, commentateur d'Aristote, 580.

T

TÉRENCE, imitateur de la Comédie nouvelle, 460.
TERPANDRE d'Antissa, musicien et poëte lyrique, 160, 162.
THAMYRIS, aède, dans Homère, 25, 26.
THÉATRE; description du théâtre de Bacchus, 261, 264; logéum, gradins, amphithéatre, *thymèle*, choreutes, coryphée, 262, 264; appareil scénique antérieur à Eschyle, tréteaux, costume, masque, cothurne, 254, 257; chœur du dithyrambe décrit par Eschyle, 256; répétitions dramatiques, 266, 267.
THÉBAIDE, poème cyclique attribué à Homère, 122.
THÉMISTIUS, philosophe, 571; ses ouvrages, 571, 573.
THÉMISTOCLE; son éloquence, 352, 353.
THÉOCRITE de Syracuse; sa vie, 484, 485; jugement littéraire, 485 et suiv.; ses œuvres (voy. *Idylles de Théocrite*).
THÉODECTE de Phasélis, poète dramatique, 315.
THÉOGNIS de Mégare, poëte gnomique, 148; ses poésies, 149, 152.
THÉOGONIE (la), poème d'Hésiode, 99; analyse, 100, 102; combat de Jupiter et des Titans, 101, 102; mythe de Pandore, 104; authenticité de ce poème, 103, 105.
THÉOPHRASTE, philosophe péripatéticien, 410, 411; le livre des *Caractères* (v.), 411, 413.
THÉOPOMPE de Chios, historien, 450.
THERSITE; son portrait dans Homère, 73.
THESPIS; la tragédie avant Thespis, 252, 253; ses innovations, 253, 254.
THRÈNE, chant des morts en usage dans les temps héroïques, 19.
THUCYDIDE, historien; sa vie, 342, 344; ses maîtres, 349, 350; son rôle politique, 343; son ouvrage, 344, 346 (voy. *Histoire de Thucydide*).
TIMÉE l'historien, 451, 453.
TIMOCRÉON de Rhodes, poëte lyrique, 187, 188.
TIMON le sillographe, philosophe et poëte satirique, 466, 468 (voy. *Silles*).
TRAGÉDIE avant Thespis, 252, 253.
TRAGÉDIES D'ESCHYLE; caractères généraux, 276, 279; *Prométhée enchaîné*, 270; passage cité, 278, 279; les *Perses*, 271; les *Sept contre Thèbes*, 271, 272; l'*Orestie*, trilogie (*Agamemnon*, *Choéphores*, *Euménides*), 272, 275; les *Suppliantes*, 275, 276.
TRAGÉDIES D'EURIPIDE; catalogue raisonné, dates et sujets, 295, 299.
TRAGÉDIES DE SOPHOCLE; caractères généraux, 283, 284; *Antigone*, 284, 285; *Electre*, 285; les *Trachiniennes*, 286; *OEdipe-roi*, 286; *Ajax*, 286, 287; *Philoctète*, 287, 288; *OEdipe à Colone*, 288.
TROISIÈME SIÈCLE av. J. C.; situation de la Grèce, 465, 466.
TRYPHIODORE, poète épique, 550.
TYRTÉE, poëte élégiaque, 127; légende et histoire, 127, 129; ses élégies guerrières, 130, 132; autres ouvrages, 132, 133.
TZETZÈS, commentateur de Lycophron, 472.

U

ULYSSE ; son caractère dans Homère, 67, 69.

V

VALÈRE MAXIME; récit fabuleux de la mort d'Eschyle, 269.
VÉNUS (hymne à), 114.

X

XANTHUS de Sardes, logographe, 234.
XÉNOPHANE, de Colophon, philosophe et poëte, 222, 223.
XÉNOPHON, philosophe et historien; sa vie, 378, 380; qualités et défauts de Xénophon, 380, 382; écrivain pratique, 383; ses ouvrages (voy. *Agésilas*, *Anabase*, *Cyropédie*, *Helléniques*); traités didactiques, 383, 384.
XÉNOPHON d'Éphèse, romancier, 587, 588.

Z

ZALEUCUS, législateur des Locriens, 225, 230.
ZÉNODOTE, critique alexandrin, 480.
ZÉNON d'Élée, philosophe, 233.
ZEUS, dieu de l'air et de la lumière, 10.

FIN DE LA TABLE ANALYTIQUE DES MATIÈRES.

TABLE DES CHAPITRES.

	Pages
PRÉFACE	1
CHAPITRE I. Préliminaires	1
CHAP. II. La Poésie grecque avant Homère	15
CHAP. III. Les Rhapsodes	30
CHAP. IV. Homère	43
CHAP. V. Hésiode	88
CHAP. VI. Hymnes homériques et poèmes cycliques	109
CHAP. VII. Poésie élégiaque et Poésie iambique	124
CHAP. VIII. Suite de la Poésie élégiaque	138
CHAP. IX. Poésie choliambique. Parodie. Apologue	152
CHAP. X. Lyriques éoliens	160
CHAP. XI. Lyriques doriens	176
CHAP. XII. Lyriques ioniens, Scolies	189
CHAP. XIII. Pindare	205
CHAP. XIV. Théologiens et Philosophes poètes	218
CHAP. XV. Premières compositions en prose	228
CHAP. XVI. Hérodote. Hippocrate	237
CHAP. XVII. Origines du Théâtre grec	251
CHAP. XVIII. Eschyle	268
CHAP. XIX. Sophocle	281
CHAP. XX. Euripide	292
CHAP. XXI. Décadence de la tragédie	311
CHAP. XXII. Ancienne Comédie	316
CHAP. XXIII. Autres poètes du siècle de Périclès	338
CHAP. XXIV. Thucydide	342
CHAP. XXV. Ancienne éloquence politique	351
CHAP. XXVI. Sophistes	357
CHAP. XXVII. Socrate	363
CHAP. XXVIII. Orateurs de la fin du cinquième siècle avant J. C.	369
CHAP. XXIX. Xénophon	378
CHAP. XXX. Platon	388
CHAP. XXXI. Aristote et Théophraste	402
CHAP. XXXII. Orateurs du quatrième siècle avant J. C.	414
CHAP. XXXIII. Eschine. Démosthène	434
CHAP. XXXIV. Historiens du quatrième siècle avant J. C.	449
CHAP. XXXV. Comédie moyenne	452
CHAP. XXXVI. Comédie nouvelle	457
CHAP. XXXVII. Deux philosophes poètes	465
CHAP. XXXVIII. Littérature alexandrine	470
CHAP. XXXIX. Littérature sicilienne	481
CHAP. XL. Autres écrivains du troisième siècle avant J. C.	497
CHAP. XLI. Écrivains des deux derniers siècles avant J. C.	500
CHAP. XLII. Écrivains grecs contemporains d'Auguste et des premiers empereurs	507
CHAP. XLIII. Plutarque	516
CHAP. XLIV. Stoïciens nouveaux	523
CHAP. XLV. Lucien	529
CHAP. XLVI. Autres écrivains du siècle des Antonins	541
CHAP. XLVII. Oppien. Babrius	547
CHAP. XLVIII. Philosophes alexandrins	556
CHAP. XLIX. Historiens et Sophistes du troisième siècle	565
CHAP. L. École d'Athènes	569
CHAP. LI. Appendice	583

FIN DE LA TABLE DES CHAPITRES.

COULOMMIERS. — Typogr. A. MOUSSIN.

www.ingramcontent.com/pod-product-compliance
Lightning Source LLC
Chambersburg PA
CBHW060412230426
43663CB00008B/1458